Christiane Franke, Jahrgang 1963, lebt und schreibt in Wilhelmshaven. Sie ist Dozentin für Kreatives und Krimi-Schreiben im Bereich Erwachsenen- und Jugendbildung. Im Emons Verlag erschien ihr Kriminalroman »Mord ist aller Laster Ende«.
Mehr unter: www.christianefranke.de

Dieses Buch ist ein Roman. Handlungen und Personen sind frei erfunden. Ähnlichkeiten mit lebenden oder toten Personen sind nicht gewollt und rein zufällig.

CHRISTIANE FRANKE

Mord im Watt

KÜSTEN KRIMI

emons:

© Hermann-Josef Emons Verlag
Alle Rechte vorbehalten
Umschlagfoto: Heike Dratwa, Wilhelmshaven
Umschlaggestaltung: Tobias Doetsch, Berlin
Druck und Bindung: CPI – Clausen & Bosse, Leck
Printed in Germany 2011
ISBN 978-3-89705-827-9
Küsten Krimi
Originalausgabe

Unser Newsletter informiert Sie
regelmäßig über Neues von emons:
Kostenlos bestellen unter
www.emons-verlag.de

Montag

Der große Raum war dunkel, lediglich die drei Monitoring-Plätze gaben stakkatoartig grün blinkendes Licht ab. Von den davorsitzenden Controllern sprach niemand; es war vier Uhr nachts, und alles, was man sich so erzählte, war gesagt. Nicht mehr lange, und sie würden abgelöst. An den Schaltpulten blinkten Leuchtdioden auf und erloschen wieder, die Monitore veränderten sich, doch alles schien in Ordnung, beruhigend, wie immer eben. Es herrschte Ruhe im Herzstück des Raffineriegeländes, der Schaltzentrale, in der alle technischen Vorgänge rund um die Uhr beobachtet wurden. Eine ganz normale Schicht.

Mit einem Mal jedoch starrte Till Lorentzen wie elektrisiert auf seine Bildschirmwand. Blinzelte. Das, was er auf einem der Monitore sah, konnte eigentlich gar nicht wahr sein. »Das gibt's doch nicht«, murmelte er, während er hektisch versuchte, den Vorgang zu stoppen. Schweröl trat aus, wo zu diesem Zeitpunkt kein Schweröl auslaufen durfte. Er blinzelte noch einmal. Das war ein Versehen oder würde sich in wenigen Momenten als solches herausstellen. Sicher war er einem Irrtum aufgesessen, hatte die Daten missverstanden, die vor ihm über den Bildschirm flimmerten.

Doch es tat sich nichts, weder von allein noch durch sein Zutun. Schweißperlen bildeten sich auf seiner Stirn und oberhalb der Lippe, obwohl die Raumtemperatur konstant bei neunzehn Grad blieb. Wie verrückt hämmerte Till auf der Tastatur herum, versuchte es mit jedem ihm bekannten Befehl. Keine Reaktion. Dann, genauso überraschend, wie er aufgetreten war, hörte der Ölaustritt auf. Till zwinkerte. Rieb sich die Nase. Alles war wieder normal. Nichts wies darauf hin, dass er noch vor einem Augenblick Zeuge von etwas geworden war, was er sich in seinen kühnsten Träumen nicht hätte ausmalen können.

»Alles in Ordnung, Till?«, rief sein Kollege Bernd vom anderen Terminal rüber. »Jaja«, gab Till abwesend zurück. Zu sehr war er noch in seiner Irritation gefangen. Er konnte nicht begreifen, was sich da eben abgespielt hatte. Nur durch ein fast zaghaftes Blinken einer Diode war er darauf aufmerksam geworden, dass aus einem Ventil der Löschbrücke Schweröl in die Nordsee floss. Nicht viel, aber es war geflossen. Till schüttelte den Kopf. So etwas durfte nicht passieren. Was war da los gewesen? Das war der Super-GAU! Der Schweiß trat ihm immer noch aus allen Poren. Er wollte Bernd von dem Vorfall berichten und hatte den Mund bereits geöffnet, da überlegte er es sich anders. Jetzt war ja alles wieder in Ordnung. Als sei nichts gewesen. *Gar* nichts. Till schüttelte erneut den Kopf und überprüfte die Messgeräte. Alles ganz normal. Und doch war er sich sicher, keiner Täuschung aufgesessen zu sein. Er hatte gesehen, dass Öl ausgetreten war. Normalerweise hätte er eingreifen können. In diesem Fall nicht. Warum nicht? Er schluckte. Da hatte jemand von außerhalb auf das System zugegriffen und es manipuliert. Denn intern ließ sich nur von seinem Computerterminal aus die Beladung der Tanker mit Schweröl steuern, die anderen Controller überwachten andere Bereiche.

Das schloss einen Fehler seiner Kollegen aus. Und er selbst hatte den Vorgang nur beobachtet, war zu dem Zeitpunkt selbst überhaupt nicht aktiv gewesen. Wie auch. Es lag ja nichts an, weswegen er Schweröl hätte pumpen müssen. Er warf einen Blick auf die Uhr. Zehn Minuten nach vier. Er musste die Wasserschutzpolizei verständigen. Es würde einen sichtbaren Ölteppich geben, der spätestens dann bemerkt würde, wenn die Lotsen am Morgen mit dem Heli zu den Tankern geflogen wurden. Doch bis dahin hatte er noch ein paar Stunden. Er entschied sich, zunächst zu schweigen und genau darüber nachzudenken, was passiert war. Vielleicht handelte es sich ja um eine rein visuelle Störung im System? Dann hatte es möglicherweise gar keinen Ölaustritt gegeben.

Was aber war, wenn es den Ölfilm wirklich gab? Dann handelte es sich um eine verdammt gefährliche Sicherheitslücke.

Ohne dass er es registrierte, wanderte Tills linke Hand zum Mund, und er begann, am Daumennagel zu knabbern.

Wenn das wirklich der Fall war, säßen sie auf einem Pulverfass.

***

Kriminaloberkommissarin Christine Cordes saß mit einem Becher Kaffee auf ihrem Bett und las die Zeitung. Urlaub. Ganze zwei Wochen lang. Sie hatte das Gefühl, ihn dringend zu brauchen, und ärgerte sich ein wenig darüber, dass ihre innere Uhr sie zur gewohnten Zeit geweckt hatte. Aber egal, sie hätte sowieso um halb acht aufstehen müssen, immerhin wollte sie heute nach Langeoog fahren. Für eine Woche hatte sie sich dort in einem Hotel einquartiert und, da die Wetterprognose vielversprechend war, in ihren kleinen Koffer nur wenige Klamotten gepackt. Laut Routenplaner würde sie fünfundfünfzig Minuten bis Bensersiel brauchen. Die Fähre ging erst um elf Uhr dreißig, aber sie wollte zeitig los, um auf jeden Fall genügend Vorlauf zu haben, wusste sie doch nicht, wie viel Zeit Parken, Ticketkauf und Gepäckabfertigung in Anspruch nehmen würden. Noch war es dunkel, aber Christine hoffte, auf der Fahrt die Küste entlang die ersten Sonnenstrahlen zu sehen.

Das Telefon klingelte. Sie stutzte und warf einen Blick auf die Uhr. Es war zehn Minuten nach sieben.

»Cordes.«

»Max ist da.« Mit diesen wenigen, etwas zögerlich gesprochenen Worten schaffte es Christines Noch-immer-Gatte Frank augenblicklich, ihr die Lust auf den bevorstehenden Urlaub zu nehmen. »Hab gedacht, ich ruf dich als Erstes an.«

Danke schön. So schnell hätte sie es nicht unbedingt wissen müssen.

»Er wurde vor zwei Stunden geboren. Wiegt dreitausendsiebenhundert Gramm und ist dreiundfünfzig Zentimeter groß.«

Und so genau hätte sie es erst recht nicht wissen müssen.

»Jasna ist jetzt mit ihm auf dem Zimmer, ich hab gedacht, ich meld mich schnell bei dir.«

Sie hatte Frank schon wesentlich fester sprechen hören, es

war, als sei es ihm mehr als unangenehm, sie anzurufen. Christine fiel auf, dass sie immer noch nichts gesagt hatte. Das gehörte sich nicht. Sie räusperte sich: »Gratuliere.«
»Danke. Ich werd jetzt wieder reingehen. Wie gesagt, wollte mich nur mal eben melden. Irgendwie ...« Frank stockte kurz. »Ich dachte, ich bin es dir schuldig.«
»In Ordnung. Und ... danke«, quetschte Christine heraus. »Ist vielleicht ganz gut, dass ich es gleich von dir erfahren habe.« Ohne seine Antwort abzuwarten, beendete sie das Gespräch.

***

Nach nur einmaligem Klopfen und unter dem missbilligenden Blick von Edith Weber öffnete Till Lorentzen die Tür zum Büro des Sicherheitschefs.
»Entschuldige, dass ich so früh am Morgen bei dir hereinplatze, Erich. Aber es ist verdammt wichtig.«
Ihm fiel auf, dass er unprofessionell und nervös wirkte, aber wie sollte man bitte schön normal wirken, wenn man das erlebt hatte, was er erlebt hatte? Ihm war klar geworden, dass er die Geschäftsleitung ohne weiteren Aufschub über den Vorfall informieren musste. Selbst wenn gar kein Öl ausgetreten war und er nichts beweisen konnte, weil alles zu schnell vonstatten gegangen und ihm selbst nur durch einen glücklichen Umstand aufgefallen war – wer sah schon acht Stunden am Stück permanent auf die Monitore?
»Schon gut. Setz dich.« Erich Janssens Stimme klang angespannt und nicht gerade wohlwollend. Till wusste, dass das nichts mit ihm persönlich, sondern mehr mit Janssens Terminkalender zu tun hatte, der immer zum Bersten gefüllt war. Als oberster Sicherheitschef flog er im Auftrag der Raffinerie quer durch die Welt, war gerade erst aus den USA zurückgekommen und litt sicher noch ein wenig unter dem Jetlag. Hinzu kam die enorme Belastung, unter der sein Onkel derzeit stand, denn seit über einem Jahr verharrte die Raffinerie in Warteposition. Es stand auf der Kippe, ob sie wieder anfahren konnten oder ob sie verkauft oder

vom jetzigen Betreiber in ein Tanklager umfunktioniert werden würden. Letzteres wäre der schlimmste Fall, das bedeutete den Verlust von vierhundert Arbeitsplätzen. Diejenigen der Zulieferbetriebe nicht mitgerechnet.

Till hatte eine für ihn nicht gerade typische Beharrlichkeit an den Tag legen müssen, um Edith Weber, Janssens Sekretärin, die kurz vor dem Rentenalter stehen musste und den Beinamen »die Eiserne« trug, von der Dringlichkeit seines Anliegens zu überzeugen. Nun war er zu angespannt, um sich setzen zu können, also wehrte er mit einer Handbewegung ab und blieb vor dem Schreibtisch stehen.

»Es hat einen Ölaustritt gegeben letzte Nacht, Erich. Nicht viel, vielleicht nur eine Minute lang, aber es ist Schweröl in die Nordsee gelangt.«

Janssen sah ihn verständnislos an. »Was?«

Till wiederholte, was er gesagt hatte.

»Wie konnte das geschehen?«, fragte Janssen bestürzt und fuhr wütend fort: »So ein verdammter Mist! Wir können uns keine Negativschlagzeilen erlauben! Gerade jetzt, wo es gilt, einen neuen Investor zu finden. Es geht um Arbeitsplätze, das betrifft die gesamte Region. Verdammt noch mal, wir sind bekannt dafür, absolut sicher zu sein. Was für eine Schlamperei!«

»Es war keine Schlamperei, Erich. Da steckt vielleicht mehr dahinter.« Till sprach mit ernster Stimme. Das Gefühl familiärer Vertrautheit linderte seine Panik, immerhin war Erich Janssen sein Patenonkel. Und der saß hier in der Raffinerie an jenen Machthebeln, an die Till in seiner eigenen Position nicht herankam. An die er auch gar nicht gelangen wollte. Das wäre viel zu viel Verantwortung und sicher nichts für ihn. Till wollte ein gemütliches Leben. Ein Einkommen, von dem er sich auch mal eine kleine Extravaganz leisten konnte, aber Verantwortung im größeren Stil? Nein. Das sollten andere übernehmen, aus diesem Holz war er nicht geschnitzt.

Janssen hatte Tills Bemerkung mit erstaunt erhobenen Augenbrauen zur Kenntnis genommen. »Das musst du mir erklären«, verlangte er.

Wenige Minuten später hatte Till alles berichtet und offenbarte seinem Patenonkel die Ergebnisse seiner Grübeleien. Zunächst die harmloseste Variante. Die bestand seines Erachtens darin, dass es ein technisches Problem gab und er nur deshalb das Ventil nicht hatte schließen können.

»Nehmen wir das einfach mal an. Man muss ja nicht gleich davon ausgehen, dass da irgendwo geschlampt wurde. Unterbrich mich nicht«, sagte Janssen barsch, als Till weitersprechen wollte. Er warf einen Blick auf die Uhr. »Es ist noch früh genug. Ich werde jetzt die Wasserschutzpolizei benachrichtigen, damit die gar nicht erst auf den Gedanken kommen, wir würden nachlässig arbeiten oder etwas vertuschen wollen. Wie gut, dass du den Vorfall gesehen hast. So können wir aktiv werden und intern nachforschen, was da geschehen ist. Die Softwareabteilung wird den Fehler schon finden. Offiziell geben wir an, es sei menschliches Versagen gewesen. Eine ›kleine Panne‹ halt. Kann mal vorkommen. Darf nicht, aber kann.«

Till hoffte nur, dass die Helikopterpiloten noch nichts gesehen oder gar gemeldet hatten. Denn obwohl eine vergleichsweise geringe Menge ausgelaufen war, würde der Ölteppich bei Tageslicht weit zu sehen sein. Schweröl verdunstete nicht. Es trieb auf dem Wasser, schwarz wie Teer.

Janssen überlegte laut weiter. »Ich gehe mal davon aus, dass die Umweltaktivisten zwar laut schreien werden, dass sich der Schaden in Bezug auf unseren Ruf letztlich aber doch in Grenzen halten wird. Immerhin waren wir bislang für keine Umweltpanne verantwortlich. Und so viel Öl war es ja nun auch nicht. Wir werden uns zerknirscht geben, und in ein paar Tagen hat sich die Lage wieder beruhigt. Wie gesagt: Wir müssen den Schaden begrenzen, gerade jetzt, vor dem Hintergrund, dass wir händeringend einen Investor suchen. Es darf kein negatives Licht auf die Raffinerie fallen. Da sind wir uns doch einig?« Ein strenger Blick traf Till.

»Natürlich«, sagte der. »Deshalb bin ich doch zu dir gekommen.«

Janssen atmete schwer. »Gut.« Er griff zum Telefon und wollte Till damit offensichtlich aus dem Gespräch entlassen. Doch so schnell ließ der sich nicht vertreiben.

»Was, wenn es kein Programmfehler war?«, fragte er, während Janssen die Telefontasten drückte. »Wenn es Sabotage war?« Janssen ließ den Hörer sinken und lehnte sich in seinem Stuhl zurück. »Das kann nicht sein«, sagte er tonlos zu Till. »Wie kommst du denn auf diese Idee?«

Till nahm nun doch auf der anderen Schreibtischseite Platz, setzte sich auf die äußerste Kante des Besucherstuhles, jeden Muskel angespannt. »Man sollte diesen Gedanken nicht ausschließen. Obwohl mir ein technischer Defekt natürlich lieber wäre. Aber ich habe von meinem Desk aus nicht eingreifen können. Warum nicht? Warum kam ich nicht in die Steuerung?«

»Hör mal, Sabotage. Das ist ein wenig hoch gegriffen, findest du nicht?«, fragte Erich zweifelnd.

»Ja. Nein. Ich glaube ja eigentlich auch nicht daran, aber ich würde es auch nicht ganz ausschließen. Denn immerhin ist ein solcher Störfall in all den Jahren, in denen ich für diesen Bereich verantwortlich bin, noch nicht vorgekommen.«

»Gut. Wir behalten das im Hinterkopf. Erst aber warten wir ab, was die Softwareabteilung dazu sagt.«

Till nickte. Er spürte, wie Erleichterung ihn durchflutete. Sein Patenonkel ging besonnen und systematisch vor. So war es richtig. Er selbst war von Panik gepackt worden, wo Ruhe, Umsicht und nüchternes Vorgehen gefragt war. Es war ein beruhigendes Gefühl, die Verantwortung an Erich abgeben zu können.

»Wer weiß außer dir von der Sache?«, fragte Janssen jetzt.

»Keiner. Ich habe niemandem etwas gesagt. Wollte keine schlafenden Hunde wecken.«

»Gut.« Janssen stand auf. Dabei stieß er an seinen Schreibtisch, sodass die kleinen Wimpel der Raffinerie und mehrerer Service-Clubs zu wackeln begannen. Er trat ans Fenster, die Hände in die Taschen seiner Anzughose gesteckt, und schwieg. Till akzeptierte das Schweigen, ihm war bewusst, dass das Gedankenräderwerk seines Patenonkels am Rotieren war.

Nach ein paar Minuten drehte Janssen sich wieder zu ihm

um.« Wie gesagt: Mach dir keine Gedanken. Wir lassen das System heute noch checken. Und wenn wir die Ursache für diesen Zwischenfall dort nicht finden, werden wir weitere Schritte veranlassen. Es kann nichts passieren, Till. Dank deiner Aufmerksamkeit. Wir haben Verantwortung, tragen und zeigen sie. Das ist immer schon das Markenzeichen unserer Raffinerie gewesen. Und du hast heute dazu beigetragen, dass das Vertrauen in dieses Markenzeichen noch weiter untermauert wird.« Ein Lächeln, in dem Till so etwas wie Stolz auf den Patensohn zu entdecken glaubte, glitt über Janssens Gesicht.

»Danke. Ich bin froh, dass ich mich an dich wenden konnte. Ich halte die Augen offen. Und werde auch die anderen Controller aus meinem Bereich darauf ansetzen.«

»Auf gar keinen Fall!«, wehrte Janssen ab. »Lass das sein! Wir werden die Angelegenheit so lange wir können klein halten und im engsten internen Kreis untersuchen. Aber du könntest eine Kopie des Dienstplanes machen. Und wachsam sein. Beobachte! Mehr nicht.« Er sah Till eindringlich an. »Zu niemandem ein Wort. Hast du verstanden?

Till nickte. Erich hatte recht. Das musste zwischen der Geschäftsleitung und ihm bleiben. Er hatte zwar Wiebke in einer Mail davon erzählt, aber das ging schon klar. Da brauchte er sich keine Gedanken zu machen. Er hatte schon immer alles, was ihn beschäftigte, mit ihr besprochen. Und sie hatte sein Vertrauen nie missbraucht. Aber davon musste er Erich ja nichts erzählen. Besser, der wusste nichts davon.

»Hast du mal darüber nachgedacht, ob sich einer deiner Kollegen in der letzten Zeit auffällig oder anders verhalten hat?«, wollte Janssen unvermittelt wissen.

»Nein. So weit hab ich gar nicht gedacht. Aber auf Anhieb fällt mir da auch nichts ein.«

»Gut. Ein weiterer Grund zur Beruhigung. Lass uns also zunächst davon ausgehen, dass es sich tatsächlich um einen zwar üblen, aber zu behebenden Softwarefehler handelt.«

Immer noch stand Janssen vor dem Fenster. Im Hintergrund jagten Wolken über den bis vor Kurzem noch gänzlich blauen

Frieslandhimmel. Schauspiele wie dieses hatten schon viele Künstler zum Malen frieslandtypischer Bilder veranlasst. In Janssens Büro hingen zwei wunderbare Ölgemälde des Schortenser Malers Heinz Sauermann, der, wie Till wusste, die winzigen Details über lange Jahre mit dem Nagel des kleinen Fingers statt eines Pinsels gemalt hatte. Doch im Gegensatz zu Sauermanns oft vom Frühjahrswind über den Himmel gejagten Wolken schien sich jetzt ein Herbststurm anzukündigen. Über der Landschaft und über der Raffinerie.

»Warten wir den Systemcheck ab. Dann entscheiden wir weiter. Ich werde jetzt die Wasserschutzpolizei informieren, unsere Hilfe anbieten und unser Bedauern über dieses kleine Missgeschick zum Ausdruck bringen.« Ein schwerer Seufzer entwich Janssens Brust. »Drück die Daumen, dass es sich wirklich nur um einen technischen Defekt handelt, Till.«

***

»Wir bitten Sie, die Möwen nicht zu füttern, denn Vögel tragen keine Windeln«, witzelte der Bootsführer. Die Lautsprecherdurchsage auf der »Frisia IV« klang blechern, und im Gegensatz zu manchem, der sie zum ersten Mal hörte und dem sie ein Lächeln entlockte, war Christine Cordes heute nicht nach Humor.

Das Telefonat mit Frank hing ihr nach, sie hatte während der Fahrt hierher an nichts anderes gedacht.

Jetzt saß sie an Deck auf einer der orangefarbenen Hartplastikbänke und hielt ihr Gesicht in die Oktobersonne, die erstaunlicherweise immer noch ungeheure Wärme ausstrahlte. Der Sommer war schwül und sehr nass gewesen. Christine konnte sich an keinen Sommer erinnern, der derartig dicke Regentropfen und so viele Hagelkörner gebracht und mit oft über dreißig Grad die Natur fast tropisch hatte wachsen lassen. Genauso oft wie zum Staubsauger hatte sie zum Rasenmäher greifen müssen. Auch die Ligusterhecke war sicher um zwanzig Zentimeter gewachsen. Im letzten Jahr noch hatten Frank und sie gemeinsam im Garten gewerkelt, abends bei einem Glas Wein am Feuerkorb auf der

Terrasse gesessen und sich über Gott und die Welt unterhalten. Letztes Jahr noch.

»Mama, sind wir bald daaaa?« Ein kleines, blond bezopftes Mädchen von vielleicht fünf Jahren zupfte an der Jacke seiner Mutter, die dabei war, zwei Tupperdosen im Familienrucksack zu verstauen.

»Gleich. Guck, da vorn liegt Langeoog ja schon.« Die Frau hatte gar nicht aufgeschaut, offensichtlich war die ostfriesische Insel nicht zum ersten Mal ihr Ziel.

»Und dann fahren wir wieder mit der bunten Bimmelbahn?«

»Sicher.« Die Mutter verzurrte den Rucksack und strich ihrer Tochter abwesend über den Schopf.

Christine schaute weg. Ob sie selbst auch manchmal abwesend ihrem Kind gegenüber gewesen wäre, wenn sie und Frank eines gehabt hätten? Bestimmt kam so etwas vor. Zeugte nicht zwingend von mangelnder Mutterliebe.

Verdammt! Verdammt, verdammt, verdammt! Sie wollte Urlaub machen, hatte sich vorgenommen, diese Insel freudig und gut gelaunt für sich zu erobern! Auf gar keinen Fall hatte auf ihrem Urlaubsplanungszettel gestanden: »Hinfahrt: Gedanken darüber machen, wie es wäre, wenn sich dein Kinderwunsch erfüllt hätte.« Scheißkerl. Frank hätte kaum einen schlechteren Zeitpunkt für seinen Anruf wählen können.

Andererseits hatte sie nun eine ganze Woche Zeit, dieses Wissen zu verarbeiten. Es an sich abperlen zu lassen angesichts all des Neuen, was sie auf Langeoog erleben würde. So würde sie trotz dieser Nachricht Gelegenheit haben, sich zu erholen und ausgeglichen wieder in den Alltag einzusteigen. Schlimmer wäre es gewesen, wenn der Anruf ihres Noch-Ehemanns sie auf der Heimfahrt erwischt hätte.

***

»Sie haben Post.«

Wiebke Lorentzen öffnete ihren E-Mail-Account und machte sich in Gedanken den sicher einhundertsiebenunddreißigsten

Vermerk, diese blöde Benachrichtigung zu deaktivieren. Wie sollte sie sich auf ihren Bürokram konzentrieren, wenn sie sich jedes Mal wieder – und leider immer äußerst gern – durch E-Mails davon ablenken ließ? Aber es war Oktober, und Touristenandrang gab es in diesem Monat nur kurz, während der Herbstferien, ansonsten bereitete sich Langeoog auf seinen Winterschlaf vor. Also war es okay, ein bisschen Zeit zu vertrödeln, immerhin war die Saison hart und anstrengend genug gewesen.

Wiebke hatte im familieneigenen Teegeschäft unweit des Bahnhofs genügend von dem mitbekommen, was die Niedersachsen, die Bayern, die Meck-Pommer, die Berliner, vor allem aber die Rheinländer loswerden wollten. Selbstverständlich gehörte das Anhören der Nörgelei am zu warmen, zu kalten, zu nassen oder zu windigen Urlaubswetter zu ihrem Job; Stinkstiefel gab es eben in jedem Bundesland. Außerhalb des Ladens war Langeoog aber glücklicherweise groß genug, solchen Meckerern aus dem Weg zu gehen und auf nette Menschen zu stoßen. Und von den ewig Unzufriedenen mal abgesehen, mochte sie ihr kleines Geschäft in Spuckweite zum Rathaus, dem kleinen Park und dem Hotel »Flörke«, in dessen Gebäude es auch eine kleine Bäckerei gab. Jeden Morgen versorgte sich Wiebke dort mit einem »Strandläufer«: einem aus Kaffee und mit wechselndem Aufschnitt belegten Brötchen bestehenden Angebot zum Festpreis.

Frühmorgens hatte sie meist Schwierigkeiten, in die Puschen zu kommen. Sie stellte den Wecker zeitlich recht knapp, stand mehr als ungern auf, versorgte ihre Katze und duschte (oder umgekehrt), sprang in ihre Klamotten, verzichtete aufs Make-up (denn wen scherte es auf der Insel, wie sie aussah?) und stürmte aus der Wohnung. Ihr Hollandrad stand immer angeschlossen neben dem Hauseingang, und bis sie die Bäckerei gegenüber dem Rathaus erreichte, war sie zumindest so weit wach, dass sie Ronaldo, der so gar keine Ähnlichkeit mit dem gleichnamigen brasilianischen Fußballspieler hatte, in klaren Worten sagen konnte: »Einmal Strandläufer bitte.« Aber eigentlich musste sie das gar nicht mehr sagen, sogar die drei Süßstofftabletten tat Ronaldo inzwischen automatisch dazu. Heute allerdings zeigte der Kaffee nicht die gewünschte »Hallo-wach«-Wirkung, dabei hätte sie es gerade heute dringend gebraucht, wo sie so viel lästigen Bürokram zu erledigen hatte. Und als hätten sie sich abgesprochen, stellte der Großteil der Touristen Fragen, die man leicht auch im Vorfeld hätte klären können. Wenn sie vor der Anreise mal ins Internet geschaut hätten. Oft kam Wiebke sich vor, als sei ihr Teeladen eine Außenstelle des Fremdenverkehrsamtes. Nur hatte das keine so breit gefächerten Öffnungszeiten. Egal, Wiebke liebte den Kontakt zum Publikum, mochte Touristen jeglicher Couleur und empfand es als Privileg, dort arbeiten zu können, wo andere Urlaub machten. Und da sie sich sowohl um den Verkauf als auch das Büro kümmerte, bot ihr Job auch noch genügend Abwechslung, um ihn gern zu machen.

Sie klickte auf ihren E-Mail-Eingang und lächelte. Till. Wie schön. Der Kontakt zu ihrem Bruder war von jeher sehr eng, eigentlich verging kein Tag, ohne dass sie sich eine E-Mail schickten. Sie telefonierten natürlich auch, was bei Till wegen seines Schichtdienstes allerdings nicht immer so einfach war. Aber Mails konnte man ja zu jeder Tages- und Nachtzeit versenden. Sie wollte die Nachricht gerade öffnen, als ihre Aushilfe Ulla sie mit den Worten »Wiebke, kannst du mich hier bitte kurz unterstützen?« nach vorn rief.

Mit leichtem Bedauern vertagte sie das Lesen der E-Mail und trat in den Verkaufsraum, wo ihr ein großer Mann mit sichtlich südländischem Einschlag eine Fünfhundert-Gramm-Packung »Langeooger Teezeit« zum Abkassieren reichte und gleichzeitig nach der Möglichkeit fragte, mit einer Pferdekutsche zur Meierei zu gelangen.

***

Christine sah aus dem Fenster des pinkfarbenen Waggons, während die Langeooger Inselbahn vom Anleger ins Dorf fuhr. Vorbei an Weiden, Wiesen, am Minigolfplatz und an den Fahnen auf der gegenüberliegenden Seite, die auf einen richtigen Golfplatz hinwiesen. Das wäre etwas für Siebelt, dachte sie spontan, denn ihr Chef verbrachte eine Menge Zeit auf dem heimischen Golfplatz in Mennhausen. Oft schon hatten sie und ihre Kollegen darüber gelacht, wenn er gegen Ende einer Besprechung ein wenig gehetzt auf die Uhr sah. Zusammen mit einem meist hektischen Aufbruch war sein »Ich muss dann jetzt los, hab noch einen Termin außer Haus« in der Polizeiinspektion inzwischen zu einem geflügelten Satz geworden.

Am Flugplatz nebenan hob eine kleine Maschine ab. Augenblicklich hatte Christine Reinhard Meys Stimme im Ohr: »Wind Nordost, Startbahn null drei ... bis hier hör ich die Motoren ...«

Obwohl sie schon immer gern geflogen war und in ihrer Kindheit sonst was darum gegeben hätte, statt mit dem Fahrrad mit einer Boeing 747 zur Schule zu fliegen, hatte sie stets Bedenken hinsichtlich kleiner Flugzeuge gehabt. Nach wie vor stieg sie ohne zu Murren in jede größere Maschine, hatte Langstreckenflüge ebenso wie Kurzstrecken nach Wien, Rom, Mallorca und London hinter sich, aber in solch ein kleines Flugzeug zu steigen löste Panik in ihr aus. Ein einziges Mal war sie bisher mit so einer Cessna oder wie das Flugzeug hieß, geflogen. Sie hatte Höllenängste ausgestanden. Allein die Tatsache, dass sie mit ausgestreckten Armen sowohl die linke als auch die rechte Innenseite des Flugzeuges berühren konnte, ließ ihr Vertrauen in dessen Sicherheit auf ein Minimum schrumpfen. Dennoch – und Gott sei Dank – hatte sie diesen Flug gesund überstanden. Danach hatte sie sich allerdings geschworen, so etwas nur im äußersten Notfall zu wiederholen. Und dieser Urlaub war Urlaub und kein Notfall, also begann die Fahrt nach Langeoog mit der Fähre ab Bensersiel und der anschließenden Inselbahn.

Der Bahnhof war erreicht, die Waggons hielten. Zusammen mit Christine ergossen sich Massen urlaubswilliger Fahrgäste auf den Bahnsteig und drängten in Richtung der Gepäckcontainer. Christine war froh, nur den kleinen Koffer als Handgepäck mitgenommen zu haben. Sie lächelte, als sie die Pferdekutschen an der Straße warten sah, die Markenzeichen und Touristenattraktion gleichermaßen waren, denn auch Langeoog zählte zu den autofreien Inseln. Heute würde sie aber keine Kutsche in Anspruch nehmen, ihre Unterkunft lag nach Ortsplan nur ein paar Meter weiter. Ein nettes Hotel mit maritimem Flair und Frühstücksbüfett. Was brauchte sie mehr?

***

»Hi, Kleine!«, begann Tills Mail, die er am frühen Morgen von seinem iPhone gesendet hatte. Im Laden war jetzt wieder Ruhe eingekehrt, und Wiebke lehnte sich entspannt auf ihrem Bürostuhl zurück. Till schrieb gern längere Mails, war stets recht ausführlich. Sie liebte seine Art zu erzählen.

»Du glaubst nicht, was heute hier los ist. Bin noch ganz konfus und kopflos. Muss das alles erst verkraften und runterfahren. Hab mich nach Schichtende erst mal mit Kaffee und Brötchen in die Kantine gesetzt. Also, pass auf: Wie ich da so an meiner Bildschirmwand sitze, sehe ich ...«

Mit wachsender Irritation las Wiebke die Mail ihres Bruders. Das war ja wirklich unglaublich. Wie gut, dass er sich damit an Erich wenden wollte. Kaum vorstellbar, was hätte geschehen können, wenn Till nicht so aufmerksam gewesen wäre.

Sie schüttelte den Kopf. Bestimmt war die Menschheit schon an mancher Katastrophe nur deshalb knapp vorbeigeschlittert, weil es solche Zufallsentdeckungen gab wie die, die ihr Bruder in der vergangenen Nacht gemacht hatte. Sie nahm sich vor, Till am Abend anzurufen. Vielleicht gab es bis dahin ja auch schon mehr Informationen.

Mitten in ihre Gedanken hinein erklang die Ladentürglocke, und sie musste nach vorn, denn Ulla hatte schon frei.

***

Das Zimmer war maritim eingerichtet. Kleine Steuerräder an den Wänden, flankiert von Zierfischen aus Holz. Auf dem kleinen Tisch lag eine mittelblaue Leinendecke, die Bettwäsche in dem ausgeklappten Schrankbett allerdings war blütenweiß. Der

Abstand zwischen den vorderen Bettfüßen und der Wand war jedoch so knapp, dass Christine sicher war, sich in der Nacht die Zehen derbe daran zu stoßen. Denn sie musste grundsätzlich einmal nachts zur Toilette. Das Badezimmer war ordentlich und sauber, wenngleich innenliegend, aber da sie es mit niemandem teilen musste, war auch das kein Problem. Sie ließ ihren Koffer neben der Tür stehen, setzte sich auf das Fußende des bezogenen Doppelbettes, ließ sich einfach nach hinten fallen und blickte an die Decke. Der Schmerz, der sie jetzt und sicher auch in den nächsten Tagen immer mal wieder mitten im Bauch erwischte, würde vorbeigehen. Sie würde ihn ignorieren. Ihr Leben fand ohne Frank statt. Nun, nach der Geburt seines Kindes, erst recht. Mit lang vermisster Entschlossenheit erhob sie sich, zog das Handy aus ihrer Handtasche und setzte Franks Handynummer auf die Sperrliste. Ja. Das hätte sie schon längst tun sollen. Ein kurzes, befreites Lachen entfuhr ihr. Sie schnappte sich ihren Koffer, öffnete ihn und begann, sich für die vor ihr liegende Woche häuslich in dieser Unterkunft einzurichten. Obwohl sie Übernachtung mit Frühstück gebucht hatte, holte sie einen Reisewasserkocher aus ihrem Gepäck. Sie liebte es, morgens nach dem Duschen, noch vor dem Anziehen, in Ruhe einen Cappuccino oder einen Tee zu trinken. Bei ihrer Ankunft hatte sie in der Nähe einen Teeladen gesehen, dort würde sie gleich mal vorbeigehen und einen typischen Langeoog-Tee besorgen, mit dem sie den nächsten Morgen auf ihrem Zimmer beginnen könnte.

***

Einige Monate vorher

»*Es ist die Bauchspeicheldrüse. Tut mir leid. Da kann man nicht viel machen.*« Der Arzt machte nicht einmal ein betroffenes Gesicht und war mitsamt seinem Gefolge aus dem Krankenzimmer verschwunden, noch ehe sie genau realisiert hatte, was er gesagt hatte.
Bauchspeicheldrüse.

Schweigend, wie in einen Kokon gehüllt, hob sie die Hand vor den Mund. Eine entsetzliche Leere machte sich in ihr breit, gefolgt von einem lautlosen, aber umso heftigeren jähen Schrei, den sie erstickte, indem sie in ihre Hand hineinbiss. Sie wollte sich nicht die Blöße geben, gellend durchs Krankenhaus zu schreien.

Bauchspeicheldrüsenkrebs. Das hieß, es blieb ihr nicht einmal ein halbes Jahr. Wie zum Hohn zwitscherten die Vögel vor ihrem Fenster lauter, hatte sie das Gefühl, dass die Sonne für einen Moment heller wurde. Soweit sie wusste, gab es keine Chance auf Heilung. Mit dieser Diagnose trug man das Kreuz schon auf der Stirn. Sie biss in ihren gekrümmten Zeigefinger, Tränen liefen lautlos ihre Wangen hinunter. Ein halbes Jahr. So wenig, dabei hatten sie doch noch so viel vor. Sie schluckte. Wie sollte sie es ihm beibringen?

Durfte sie ihn von seinem Leben, seiner Lebensaufgabe abhalten, indem sie ihm ihre Endlichkeit bewusst machte? Was würden das für Wochen oder Monate werden, wenn sie immer den Tod mit im Bett hatten? Wie würde sich ihr Miteinander verändern? Würde er sich verändern? Und wie würde er nach ihrem Tod darüber denken, wenn er alles, was jetzt sein Leben war, für sie an den Rand schob? Hatte man ihn bis dahin überholt? Wäre er überflüssig? Wie würde sein weiteres Leben verlaufen? Nach ihrem Tod?

Nach ihrem Tod. Er würde weiterleben dürfen, müssen, je nachdem, wie man es betrachtete. Welches Recht hatte sie, sein Leben, das das ihre um Jahre überdauern würde, nachhaltig zu schädigen?

Völlige Gefühllosigkeit übermannte sie. Sie trug Verantwortung. Verdammt noch mal, sie trug Verantwortung für ihn! Das tat sie seit so vielen Jahren, und damit durfte sie doch jetzt nicht aufhören! Er hatte ihr oft schon gesagt, er wisse nicht, wie er ohne sie dorthin gekommen wäre, wo er jetzt war, sie sei seine Stütze. Da durfte sie ihm ihre Kraft doch jetzt nicht nehmen. Nicht, solange sie selbst noch über etwas Kraft verfügte. Ein Ruck ging durch ihren Körper. Ihre hanseatische Erziehung brach in ihr durch. Sie war immer schon stark gewesen. Und diese Stärke würde sie aufrechterhalten. Wie lange es auch dauern würde.

Die Tür ging auf. Mit einem Lächeln trat er ein, und sie gab sich Mühe, nicht vor ihm zusammenzubrechen. Sei stark, mahnte sie sich.
»*Hallo, Liebes.« Er gab ihr einen Kuss auf den Mund.* »*Was haben die Ärzte gesagt?« Er wies auf die gepackte Reisetasche, die neben ihr auf dem Bett stand.* »*Du darfst heim?« Freude machte sich auf seinem Gesicht breit.*
»*Ja, es ist nur eine Kleinigkeit, ein Muskel, der vom vegetativen Nervensystem gestört wird. Sonst ist alles in Ordnung.« Bemüht lächelnd streichelte sie sein Gesicht, ließ ihn die Tasche tragen, und gemeinsam verließen sie das Krankenhaus.*

***

Die Glocke über der Ladentür erinnerte Christine an ihren Urlaub in Thailand. Auch dort verkündeten allerorts kleine Klangspiele ein melodisches Willkommen. Natürlich konnte man das Phuket von vor fünfundzwanzig Jahren nicht mal ansatzweise mit dem heutigen Langeoog vergleichen, aber immerhin, beides war Urlaub, und die Klangspiele damals und heute vermittelten ihr ein angenehmes Gefühl. Was wollte man mehr?

Als sie den Laden betrat, war niemand zu sehen, doch fast augenblicklich erschien hinter einem dunkelblauen Vorhang eine große, fast knabenhaft gebaute Frau mit kurzen Haaren, deren Farbton an das Fell eines Rehkitzes erinnerte. Über einem weißen T-Shirt mit Knopfleiste trug sie eine Latzhose, und hätte man Christine erzählt, dass sie ihr freiwilliges ökologisches Jahr auf der Insel machte, hätte es sie nicht verwundert. Im Teeladen hätte sie allerdings etwas Maritimeres erwartet, selbst wenn die Latzhose blau war.

»Moin. Was kann ich für Sie tun?« Die Stimme der Latzhosenträgerin war sympathisch. Christine lächelte.

»Eigentlich gucke ich nur. Na ja. Nein. Ich brauche einen schönen Tee, ich habe zwar meinen Reisewasserkocher und die Teefilter ins Gepäck gepackt, aber den Tee vergessen. Und ein Morgen auf der Insel ohne Tee ...«

»… geht gar nicht«, komplettierte die Latzhosenträgerin Christines Satz.

»Genau. Also, was empfehlen Sie mir?«

Während der nächsten halben Stunde Teeverkostens und Teeriechens kredenzte die Latzhosenträgerin, die Wiebke hieß, auch einen herrlichen Rooibos-Zitronen-Tee. Heiß auf Eiswürfel gegossen wurde er zu einem Eistee, den Christine in dieser Art noch nie genossen hatte.

Wiebke lachte über Christines Verwunderung. »Na, hören Sie, wenn Sie aus Wilhelmshaven kommen, müssten Sie diese Art der Eistee-Zubereitung doch kennen. Ich hab mir das vom Teepalast in der NordseePassage abgeguckt.«

»Dann werde ich denen das nächste Mal, wenn ich dort bin, erzählen, dass ich hier diesen tollen Tee gekostet habe; ich bin dort nämlich Stammkunde. Aber irgendwie ist die Eisteevariante wohl an mir vorbeigegangen.«

»Na, zumindest hatte das den Vorteil, dass ich Ihnen etwas Neues zeigen konnte, wo Sie sich ja wirklich auskennen.«

Obwohl zwischendurch der eine oder andere Kunde den Laden betrat, floss das Gespräch zwischen Wiebke und Christine weiterhin offen und nett. Am Ende verließ Christine den Laden mit einer reichlichen Auswahl an Teesorten.

***

Die Gesichter der anderen Teilnehmer der Videokonferenz zeigten die gleiche Bestürzung, die Till empfunden hatte. Er saß neben Erich Janssen und betrachtete ihn. Wie immer war sein Onkel souverän und vermittelte den Eindruck, die Lage im Griff zu haben. Aber es ließ sich nicht verleugnen, dass die Situation brisant war. Auch die anderen beiden am Tisch sitzenden Männer standen sichtlich unter Strom. Kenneth Olsen, der für den innerbetrieblichen Ablauf zuständig war, schrieb ständig irgendwelche Dinge auf den vor ihm liegenden Block. Till sah förmlich, wie er im Geiste sämtliche Mitarbeiter durchging, die in der Lage und fähig gewesen sein könnten, das System zu manipulieren. Denn der durchgeführte Systemcheck hatte ebenso wie betriebsinterne Überprüfungen ergeben: Es war alles in Ordnung. Es gab keinen Hinweis darauf, dass sich die Software zwischendurch einfach mal »aufgehängt« hatte und es deshalb zu der Panne gekommen war. Der Eindruck, dass jemand ganz gezielt und überaus geschickt manipuliert hatte, verdichtete sich.

Wie bei einem Verhör hatte Till sich vorhin gefühlt, als er von Martin Weinberg, dem Geschäftsführer der Raffinerie, in Gegenwart aller Anwesenden und der Videokonferenz-Teilnehmer ausführlich zu dem Vorfall befragt worden war. Jedes Detail hatte Till in seinem haarsträubenden, aber doch wohl irgendwie verständlichen Englisch berichtet: sein Stutzen, als er den Ölaustritt bemerkte, seine Versuche, das Ventil zu schließen, und schließlich seine Panik, als ihm klar wurde, dass er keinen Einfluss auf dieses vermaledeite Ventil nehmen konnte. Dann der Moment, als sich das Ventil schloss. Die Erleichterung. Und das riesengroße Fragezeichen, was zur Hölle da geschehen sein mochte. Denn seltsamerweise gab es in den automatischen Computeraufzeichnungen nichts, was belegte, dass Till keinen Hirngespinsten aufgesessen war. Nur den Ölteppich hatte es als sichtbaren Beweis gegeben. So hatte er sich an eine mittelalterliche Inquisition erinnert gefühlt, als er wieder und wieder schildern musste, was geschehen war.

Inzwischen hatte er alles, was er zu sagen hatte, bestimmt fünf Mal wiederholt und versuchte dem zu folgen, was die anderen sagten. Das war gar nicht so einfach, denn besonders viel verstand er nicht von dem, was gesagt wurde, da alles auf Englisch stattfand. Auch wenn er die Sprache im Bereich seiner technischen Aufgaben durchaus beherrschte, überforderte ihn normale Konversationsgeschwindigkeit eindeutig. Darüber war er sich klar, und das war ihm an sich auch völlig egal. Jetzt aber wünschte er sich, in dieser Sprache mehr zu Hause zu sein. Momentan jedoch blieb ihm nichts weiter übrig, als sich aus den Brocken dessen, was er verstand, und den Mienen der anderen, aber auch am Tonfall der jeweiligen Redner einen Reim zu machen.

Es beschlich ihn ein Gedanke: Was wäre, wenn man ihm keinen Glauben schenkte? Wenn man es doch für Schlamperei hielt? Für *seine* Schlamperei?
Aufmerksam und argwöhnisch betrachtete er die anderen. Bislang hatte er sich in der Raffinerie wie in einer Familie gefühlt. Zwar gab es auch hier Menschen, mit denen er besser, und andere, mit denen er nicht so gut auskam, aber so war das Leben halt. Jetzt versuchte er herauszufinden, welche Haltung sich hinter den Gesichtern verbarg. Wie sie zu ihm standen. Er spürte, dass sich vor allem Irritation unter ihnen breitmachte. Auch er fühlte sich angesteckt von der Besorgnis, die immer größer zu werden schien. Aber das konnte doch nicht das Ende ihres Lateins sein! Wo bitte blieb die plausible und einleuchtende Erklärung für den Vorfall? Wieder zweifelte er an sich. War er übermüdet gewesen? Hatte er einen Fehler gemacht? Sich alles eingeredet, um die Schuld von sich zu weisen? Litt er an einer Krankheit, die sein Gedächtnis aussetzen ließ oder es mit falschen Informationen versorgte?
Er schreckte aus seinen Gedanken hoch, als die Stimme des Krisenmanagers der Mutterfirma aus den USA deutliche Worte fand, die auch Till verstand. »Okay. There's no other possibility. *So first you have to find the mole.*«
Augenblicklich saß Till aufrecht im Stuhl.
Das, was er gerade noch angezweifelt hatte, schien auf der anderen Seite des großen Teiches als Tatsache festzustehen. Ein Maulwurf unter den Kollegen, einer, der gegen die anderen arbeitete. Till war fassungslos. Er war seit so vielen Jahren hier. Kannte seine Kollegen, auch die der Fremdfirmen. Man war doch ein Team, zog an einem Strang! Gleich darauf war ihm klar: Er würde der Sache selbst auf den Grund gehen. Er würde herausfinden, wer das System manipuliert haben könnte. Immerhin war der Kreis derer, die dazu in der Lage waren, überschaubar.

***

»Na, vermisst du Christine schon?« Niksteit streckte gegen Mittag seinen Struwwelpeterkopf in das Büro von Kriminaloberkommissarin Oda Wagner. »Ich hab gedacht, wo sie im Urlaub ist, könnte es dich vielleicht nach Gesellschaft gelüsten, nach männlicher obendrein. Kommst du gleich mit auf 'nen Kaffee und ein Brötchen? Oder bist du mit Jürgen verabredet und hast keine Zeit für einen einsamen Kollegen?«

»Doch, klar. In zwanzig Minuten?« Oda war froh über die Ablenkung, sie hasste den Papierkram, der seit einigen Jahren immer mehr und aufwendiger wurde. Wenn das so weiterginge, hätten sie bald kaum noch Zeit, sich um ihre eigentliche Arbeit zu kümmern, sondern wären nur noch mit dem Ausfüllen von Formularen beschäftigt. »Was schwebt dir denn vor?«

Niksteit schob seinen schmalen Körper in ihr kleines Büro. »Och, ist ja heute ein traumhafter Herbsttag. Ich hab gedacht, wir könnten zum ›Havencafé‹ spazieren und draußen in der Sonne sitzen. Von wegen Rauchen und so.« Er grinste sein übliches Pumucklgrinsen.

Oda griente zurück. Auch sie gehörte zur aussterbenden Gattung der Raucher. Zwar qualmte sie längst nicht so viel wie ihr Kollege, aber so ab und zu brauchte sie eine Zigarette. Zur Entspannung, redete sie sich ein. Dabei wusste sie, sie sollte aufhören. Allein schon, weil Jürgen Nichtraucher war und er ihr mehrmals auf spöttische Art gesagt hatte, er würde an den Abenden, an denen sie nicht zusammen waren, einfach am Aschenbecher riechen, und schon hätte er das Gefühl, sie wäre da. Natürlich gab sie ihm dann einen Stupser und nannte ihn einen Frechdachs, aber dieser Satz nagte doch ein wenig an ihr. Dabei bemühte sie sich wirklich, das Rauchen zu lassen, wenn sie den Abend und die Nacht zusammen verbrachten. Ganz aber gelang ihr das leider nicht.

Im Winter, nahm sie sich jetzt vor, im Winter werde ich aufhören. Wenn ich drinnen nirgends mehr rauchen darf und es draußen zu kalt ist. Das wird mein Weihnachtsgeschenk an Jürgen sein. Prompt stieg ihre Stimmung um ein Vielfaches, hatte sie die erste Hürde doch schon gemeistert. Innerlich natürlich zunächst, aber immerhin.

»Ich mach das hier noch eben fertig und komm dann rüber zu dir. Will Lemke auch mit?«
»Nö.« Nieksteit schüttelte den Kopf. »Der hat sich an irgendwas festgebissen und meint, er kann nicht weg. Kennst ihn ja.«
Oda schmunzelte. Lemke war der Pedant in ihrer Abteilung, kam gleich nach – oder ... nein, eigentlich noch vor Christine in seiner Art, allen Dingen auf den Grund zu gehen und nicht lockerzulassen. Eine Art Bullterrier. Dabei wirkte er rein äußerlich eher wie »Schwiegermutters Liebling« mit seiner gescheitelten Frisur und den College-Schuhen, die ja so langsam wieder in Mode kamen.
»Also nur wir zwei?«, fragte sie.
»*Yes, darling. Only* wir zwei.«
»Du solltest an deinem Englisch arbeiten«, feixte Oda und machte mit der Hand »Verschwinde«-Zeichen. »Und nun hau ab, ich komm, wenn ich hier fertig bin.«
»Also, *à bientôt*.« Mit einem Zwinkern überließ Nieksteit Oda wieder ihrem Papierkram.

***

»Das hätte nicht passieren dürfen.«
Michael Winter in dieser Situation ungehalten zu nennen wäre völlig untertrieben. Er schäumte vor Wut über so viel Dilettantismus.
»Wie konnten Sie so unvorsichtig sein?«
Es hatte ihn angesichts dieser Nachricht nicht in seinem Sessel gehalten, er war aufgesprungen und lief, den schnurlosen Telefonhörer in der Hand, wie ein Tiger im Käfig vor dem großen Fenster seines Münchener Büros auf und ab. Den herrlichen Blick in den Innenhof, der mit Bäumen und Pflanzkübeln so begrünt war, dass man fast das Gefühl hatte, man würde in einen Garten blicken und nicht nur auf eine sechzig Quadratmeter große Steinfläche, genoss er entgegen seiner sonstigen Gepflogenheit nicht. Selbst die junge Frau in erfreulich kurzem Rock, die sich gerade auf einem der Sitzmöbel aus geflochtenem Irgendwas auf eine

durchaus erotisch zu nennende Weise niederließ, konnte seine Wut nicht zügeln. Er beobachtete sie und ihre wesentlich unattraktivere Begleitung, aber das war Routine und hatte ausnahmsweise nicht wirklich etwas mit den beiden Frauen zu tun. Unter anderen Voraussetzungen, an anderen Tagen hätte er der Minirockträgerin zu gern beim Schlürfen ihres Caffè Latte zugesehen. Nur kurz kam ihm in den Sinn, dass sie neu in diesem Büroblock sein musste. Er hatte sie noch nie gesehen, denn er wusste: Diese Frau hätte er nicht vergessen. Diese Frau hätte er inzwischen längst schon im Bett gehabt. Doch jetzt war kein Augenblick für seinen Jagdinstinkt, zu viel stand auf dem Spiel.

Mit einem unbewussten Seufzer wandte er sich vom Anblick ihrer wunderschönen langen Beine ab und konzentrierte sich auf das Telefonat. Es war zu wichtig, als dass er sich davon ablenken lassen durfte. Doch es würden auch wieder andere Zeiten kommen. Er machte sich eine Notiz auf seiner imaginären Jagdliste und setzte die Minirockträgerin ganz nach oben.

»Ich habe doch nicht ahnen können, dass jemand in dieser einen Minute so genau hinschaut«, erwiderte der Mann am anderen Ende der Leitung trotzig. »Es stand achtundneunzig zu zwei, dass das bemerkt würde. Die Gefahr war wirklich minimal. Eine Minute habe ich gebraucht, um zu überprüfen, ob mein System auch wirklich funktioniert. Ich bitte Sie, was ist eine Minute? Ich hätte ja schlecht meine Kollegen oder sonst wen um Hilfe bitten können.

Zudem hatte ich mit vier Uhr morgens eine Zeit ausgesucht, in der die Aufmerksamkeit gemeinhin nicht so groß ist. Ich habe dafür gesorgt, dass es keine Aufzeichnungen gibt, und der Wetterbericht hatte eine starke Strömung vorhergesagt, sodass die Öllache uns eigentlich gar nicht so einfach zuzuordnen gewesen wäre. Das hat auch Zeit und vor allem Nerven gekostet. Was glauben Sie denn?

Es war schlicht ein unglücklicher Zufall, dass es entdeckt wurde. Glauben Sie mir. Sie sitzen da hoch und trocken und haben keine Ahnung, wie es hier vor Ort zugeht. Sie ordnen nur an, erwarten, dass alles so läuft, wie Sie es sich am grünen Tisch ausgerechnet haben. Mit den Kollegen hier muss ich, nicht Sie klarkommen!« Ablehnung schwang in der Stimme seines Telefonpartners mit.

Oh ja, Winter wusste, dass der andere ihn verachtete. Klar, er selbst würde das sicher genauso sehen. Aber hier ging es um die große Sache, da hatte man sich unterzuordnen, um dem Ziel näher zu kommen. Und das, was geschehen war, war nicht ohne.

Nun mussten sie hoffen, dass dieser von seinem V-Mann vermasselte Eingriff, der ja im Grunde bestätigt hatte, dass es möglich war, die Raffinerie von außen zu beeinflussen, dass dieser Versuch vonseiten der Raffinerie zunächst heruntergespielt und offiziell als kleine Panne dargestellt wurde. Denn kleine Pannen waren zwar ärgerlich, jedoch nicht weiter schlimm. Winter verfügte über einen ausgiebigen Stab von Leuten, die nur dazu da waren, solche Dinge wieder auszubügeln. Natürlich würde das auch in diesem Fall gelingen. Man durfte nicht zulassen, dass aus einer kleinen Panne eine große wurde, die die Erreichung des ganz großen Ziels ins Wanken brächte. Dazu hatten sie zu viel Zeit und Geld investiert. Darum musste er jetzt seinen Gesprächspartner wieder auf die richtige Spur kriegen. Der wirkte nervös, was dem Ganzen nicht zuträglich war. Er sollte die Ruhe selbst sein, deswegen war er aus der Reihe der möglichen Kandidaten ausgewählt worden. Dass er jetzt zu strauchelnd begann, gefiel Winter gar nicht. Er versuchte, die sachliche Ebene wiederherzustellen.

»Schauen wir also, wie wir der Sache so wenig Bedeutung wie möglich beimessen können. Wie groß ist Lorentzens Glaubwürdigkeit innerhalb des Betriebes?«

»Er arbeitet seit vielen Jahren in der Raffinerie. Ist ehrlich, zuverlässig und akkurat. Keine Techtelmechtel mit Kolleginnen, keine Besäufnisse auf Betriebsfesten, er hält sich aus allem raus, will in nichts hineingezogen werden.«

»Ein reines Arbeitstier? Das gibt es in der heutigen Zeit doch gar nicht mehr«, zweifelte Winter. »Irgendwo muss man auch bei ihm ansetzen können. Seine Glaubwürdigkeit ins Wanken bringen.«

Er überlegte angestrengt. »Verdammt!«, fluchte er dann, und die Wut brach wieder durch. »Das war ein riesiger Fehler! Wir sind noch nicht so weit. Sehen Sie zu, wie Sie das Problem aus der Welt schaffen. Man muss Zweifel an dem bekommen, was Lorentzen erzählt. Schieben Sie ihm irgendetwas unter, egal was. Streuen Sie das Gerücht, dass er seit Jahren ein Verhältnis mit einem minderjährigen Jungen hat. Oder mit seinem Hund schläft. Oder an einem Frauenhändlerring beteiligt ist. Irgendetwas.«

Sein Gesprächspartner widersprach vehement. »Das glaubt kein Mensch. Vor allem nicht jetzt, nachdem er den Fehler entdeckt hat. Das riecht ja meilenweit gegen den Wind. Da wird er sicher mit nichts mehr hinter dem Berg halten und alles in der Belegschaft herumerzählen. Er wird nicht an seinem Image kratzen lassen. Ganz bestimmt nicht.«

»Meine Güte, strengen Sie Ihr Hirn an, Mann!« Winter merkte, dass er anfing zu kochen. Er hasste es, mit Dilettanten zu tun zu haben. »Es geht hier nicht um Kinkerlitzchen, weder auf unserer noch auf Ihrer Seite, falls Sie es vergessen haben sollten. Wohingegen *wir* es sicherlich verkraften könnten, wenn aus dieser Sache nichts wird. Wir können uns einen anderen Weg suchen, um zum Ziel zu gelangen. Das kostet uns lediglich Zeit, was zwar ärgerlich wäre, und natürlich Geld, was kein Problem darstellt. Bei Ihnen, mein Lieber, sieht das aber ja wohl gänzlich anders aus. Sie haben weder das eine noch das andere in ausreichendem Maße. Überlegen Sie sich also gut, was Sie tun. Und überlegen Sie sich auch, was passiert, wenn wir Ihnen unsere Unterstützung entziehen.«

Nach dieser Drohung veränderte sich das Schweigen in der Leitung. Winter merkte, dass es in dem anderen arbeitete. »Was ist los? Reden Sie schon, Mann!«

»Ich hab überlegt, ob man Lorentzen vielleicht eine Art Deal anbieten könnte«, kam es etwas zögerlich. »Vielleicht kann man sich ja vorsichtig an ihn herantasten und ausfindig machen, was sein größter Wunsch ist? Dessen Erfüllung man ihm anbieten könnte?«

Spontan brach ein Lachen aus Winter heraus. »Wunderbar,

Mann. Da sind Sie ja voll auf unserer Spur! Das ist eine hervorragende Idee! Machen Sie das. Treten Sie an Lorentzen heran und kriegen Sie heraus, wonach es ihn verlangt. Am besten heute noch. Geben Sie ihm durch die Blume zu verstehen, dass Sie in der Lage sind, dafür zu sorgen, dass seine Träume Realität werden. Lassen Sie von sich hören, wenn Sie Erfolg hatten.« Er legte ohne ein weiteres Wort auf.

Erleichtert darüber, einen gangbaren Weg der Problemlösung gefunden zu haben, warf er einen intensiven Blick in den Innenhof, wo die Minirockträgerin sich immer noch in der wärmenden Oktobersonne rekelte. Er wünschte, sie würde jetzt, wie damals Sharon Stone in »Basic Instinct«, die Beine so langsam übereinanderschlagen, dass er genau sehen konnte, was und ob sie überhaupt etwas unter dem Röckchen trug. Er beschloss, hinunterzugehen.

***

Wiebke hatte die Bestellungen per E-Mail an die Großhändler verschickt und war nun dabei, die lästigen Papierrechnungen in die entsprechenden Ordner zu verfrachten. Das war absolut nicht ihr Ding, Bürokram lag ihr überhaupt nicht. Am liebsten hätte sie selbst Teesorten entwickelt, wäre durch die Welt geflogen, um irgendwo neue Ceylon-, Assam- oder sonst was für Teesorten zu prüfen, einzukaufen und dann mit anderen Dingen zu neuen Geschmackskompositionen zu verweben. Nach dem Abi hatte sie ein halbes Jahr auf einer Teeplantage in China gearbeitet, das war eine unvergessliche Zeit, die sie eine Menge gelehrt hatte, vor allem aber Demut darüber, wie sie hier leben durfte. Darum grämte sie sich auch nicht allzu sehr über die lästigen Aufgaben im Büro, denn die Gespräche mit den Kunden, die ja nach Langeoog kamen, um hier die schönsten Tage ihres Jahres zu verbringen, waren für Wiebke im Großen und Ganzen ein Grund zur Freude. So wie das Gespräch heute Morgen mit der Frau aus Wilhelmshaven. Da war gleich etwas mitgeschwungen, das musste positive Energie sein, denn es passierte Wiebke selten, dass sie sich derart lange mit Kunden unterhielt. Dieses Gespräch hatte sie noch dazu in vollen Zügen genossen und sich sogar diebisch gefreut, als die Rede auf China, Thailand und Hongkong kam. Sie hätten noch viel länger klönen können, ohne dass es ihnen langweilig würde, hatten beide festgestellt, und Wiebke hatte der Kundin erzählt, dass sie abends gern ins »In't Dörp« in der Barkhausenstraße ging. Das wollte sie heute Abend wieder tun, und sie würde sich wirklich freuen, sie dort zu treffen.

So. Die letzte Rechnung des Energieversorgers war abgeheftet; erstaunlicherweise hatte sie ein klitzekleines bisschen weniger verbraucht als im letzten Jahr. Wiebke schnaubte zufrieden durch die Nase und ließ den Kopf im Nacken kreisen, denn sie hatte das Gefühl, etwas verspannt zu sein. Sorgfältig schloss sie das Schubfach mit der Ladenkasse. Die Tageseinnahmen hatte sie, wie jeden Abend, in den Nachttresor der gegenüberliegenden Sparkasse geworfen, lediglich das Wechselgeld behielt sie hier, aber das war nichts, was Diebe reizen könnte. Überhaupt waren Diebstähle und größere Delikte auf Langeoog eher selten, weil man im Notfall sowohl Hafen als auch Flughafen schnell schließen konnte. Verbrechen waren hier auf der Insel nicht so leicht auszuüben wie auf dem Festland, ein Umstand, der Wiebke ungemein beruhigte. Sie ließ erneut den Kopf im Nacken kreisen und stand auf. Feierabend. Zeit für eine Dusche.

Sie hatte die Hand schon auf dem Lichtschalter, als das Telefon klingelte. Unwillig warf sie einen Blick darauf, doch als sie Tills Handynummer sah, lächelte sie. Für ihren Bruder hatte sie immer Zeit.

»Na, du Eumel«, begrüßte sie ihn, nachdem sie das Gespräch angenommen hatte und sich gemütlich in ihrem Bürostuhl zurücklehnte, »wie sieht's denn bei dir drüben auf dem Festland aus?«

»Nicht so gut, wenn ich ehrlich sein soll.« Till klang erschöpft.

Wiebke runzelte die Stirn. »Was ist los? Gab es noch so einen komischen Vorfall?«

»Nee. Tagsüber war alles okay. Was du aber auch wieder denkst. Wir hatten eben ein Konferenzgespräch mit den Obermotzen in den USA. Waren insgesamt zu fünft. Also echt geheim. Na ja, ist ja auch echt ein Hammer. Das war nämlich kein Softwarefehler. Da hat wohl wirklich jemand manipuliert. Du glaubst gar nicht, wie die mich ausgequetscht haben. Es kam mir fast vor, als glaubten die, ich sei es gewesen. Das war ganz schön unangenehm. Aber am Ende hab ich sie doch überzeugen können.« Wiebke hörte Wind rauschen.

»Das gibt's ja gar nicht. Es war kein Softwarefehler? Und nun? Wo steckst du überhaupt? Bist du draußen unterwegs?«

»Ja, auf dem Weg zum Auto. War ein harter Tag, bin noch ganz benebelt von vorhin. Kam gar nicht so schnell mit, wie die Englisch gesprochen haben. Übrigens, das Ganze wird hier klein gehalten. Offiziell heißt es, es habe einen Fehler während eines Sicherheits-Checks gegeben und dabei sei etwas Öl ausgetreten. Niemand darf wissen, dass das System auf meine Eingaben überhaupt nicht reagiert hat. Du also auch nicht. Ist klar, oder? Das wollt ich dir nur eben schnell sagen.« Ihr Bruder hatte einen Tonfall, als würde er sie direkt und streng anblicken.

»Sicher. Ich weiß von nichts. Aber wer sollte mich auch danach fragen?« Wiebke zuckte mit den Schultern und lächelte, als ihr einfiel, dass Till es nicht sehen konnte.

»Weiß ich doch. Ich sag es ja auch nur so aus Vorsicht. Wäre für mich nämlich ganz schön daneben, wenn herauskäme, dass ich solche Dinge mit meiner Schwester bespreche. Wo es doch um höchste Sicherheit geht und so.« Sie hörte sein jungenhaftes Lachen. »Ich hab mir übrigens vorgenommen, selbst zu recherchieren.«

»Selbst? Was willst du selbst recherchieren?« Wiebke verstand nicht, was Till damit meinte.

»Na, wegen der Öleinleitung, du Dussel! Es gibt im Betrieb nicht viele Leute, die daran hätten herummanipulieren können. Ich bin das mal durchgegangen, es kommen maximal zehn in Frage. Ich werde ganz behutsam nachbohren. Immerhin kenne ich alle seit Jahren. Da hat man Vertrauen zueinander entwickelt.

Mir wird bestimmt auffallen, wenn sich einer komisch benimmt. Und bevor die Betriebskommission sich einschaltet und Unruhe stiftet, ist es besser, ich picke den Schuldigen ohne großes Aufsehen heraus. Ich hab auch schon eine Idee, wie ich ihm oder ihr auf die Spur komme. Wäre ja gelacht, wenn ich das nicht hinkriegen würde. Außerdem fühle ich mich in der Sache irgendwie auch persönlich angegriffen. Ich muss herausfinden, was dahintersteckt.«

»Till.« Wiebke bekam angesichts der Vehemenz, mit der ihr Bruder sprach, ein komisches Gefühl. »Sei vorsichtig. Hörst du?«

Till lachte unbekümmert. »Ach Schwesterlein, jetzt würde ich gern dein Gesicht sehen! Natürlich bin ich vorsichtig. Mach dir mal nicht so viele Sorgen. Da wird irgendeiner aus der Sicherheitsabteilung rumgefummelt haben. Wart's ab, der hat vor, uns in ein paar Tagen die Lücke mit der dazu passenden Lösung zu präsentieren. Die spielen sich doch gern mal auf, die Sicherheits-Fuzzis. Testen was, wovon die Basis nichts weiß, um sich später damit zu profilieren. Es war ja nun wirklich absoluter Zufall, dass ich es bemerkt habe. Ich werde das sportlich sehen. Wie ein Rätsel. Ich werde es lösen und demjenigen, der dahintersteckt, die Show stehlen. Ganz einfach. So, Süße, nun muss ich Schluss machen. Ich meld mich wieder. Tschüssi.«

»Tschüss«, antwortete Wiebke, und schon tutete es im Hörer.

***

Es war schon ein paar Stunden dunkel. Michael Winter mochte den Herbst nicht. Wenn es nach ihm gegangen wäre, gäbe es das ganze Jahr hindurch Licht von morgens halb sieben bis abends um zehn. So hätte er mit seiner freien Zeit zumindest etwas anfangen können. Wenn er denn welche gehabt hätte. Für ihn war freie Zeit ein Fremdwort, jedoch keines, das ihm wirklich abging. Denn er hatte es geschafft. Er saß an den Hebeln der Macht. Die Befugnis, über die Sonnenstunden des Tages zu bestimmen, gehörte leider nicht dazu. Aber er war jemand, den andere respektierten. Respektieren *mussten*, manchmal auch fürchten. So hätte sein alter Herr sich das sicher gewünscht. Nur die Branche, in der Winter Macht ausübte, die hätte seinem hanseatischen Vater garantiert nicht gefallen. Dennoch, Winter war stolz darauf, sich aus dem total verkorksten Sohn einer hochherrschaftlichen Bremer Kaufmannsfamilie, dem der Vater nicht nur nichts zugetraut, sondern den er achtkantig aus dem Haus geschmissen hatte, zu einem Mann entwickelt zu haben, den man nirgends unterschätzte. Jeder, der das wagte, wurde schmerzhaft eines Besseren belehrt. Doch es gab natürlich immer wieder Menschen, die versuchten, sich seiner Macht zu entziehen. So wie dieser Trottel aus der Raffinerie, der so blöd gewesen war, sich beim Testen der Öleinleitung erwischen zu lassen. Bislang konnte niemand beweisen, dass er es war, oder wissen, wie er es angestellt hatte. Dennoch. So etwas war unachtsame Schlamperei. Und die ließ er niemandem durchgehen.

Mit einem ärgerlichen Seufzer wählte Winter die Nummer des Prepaidhandys, das sich sein V-Mann in der Raffinerie auf sein Geheiß hin bei einem Billigdiscounter gekauft und unter fremdem Namen angemeldet hatte. An sich hätte er bereits anrufen und erfolgreichen Vollzug des Auftrages vermelden müssen, doch vom Jadebusen kam nur Schweigen. Das ließ Winter nicht zu. Er erwartete, dass seine Aufträge umgehend ausgeführt und nicht ausgesessen wurden.

Er trommelte ungeduldig mit seiner rechten Hand auf dem Schreibtisch herum, während das Freizeichen ertönte. Auch das empfand Winter als bodenlose Unverschämtheit. In einer Situation wie dieser hatte der Mann das Handy stets griffbereit zu haben. Denn auch für ihn stand eine Menge auf dem Spiel. Sieben. Acht. Bei neun würde die Mailbox anspringen. In letzter Sekunde hörte Winter ein abgehetztes »Ja?«.

Ohne sich zu melden, sagte er: »Ich warte auf Ihren Bericht. Womit können wir Lorentzen kaufen?« Winter war noch nie ein Freund großer und weitschweifiger Reden gewesen. Nur Fakten zählten im Kampf auf dem Weg nach oben.

»Ich ... äh ...« Das dämliche Gestottere am anderen Ende der Leitung verhieß nicht nur nichts Gutes, Winter ahnte, dass nicht

einmal der Versuch unternommen worden war, mit Lorentzen zu reden. Dennoch wollte er es genau wissen.
»Fakten, Mann. Nennen Sie mir Fakten. Ich habe weder Zeit noch Lust, um den heißen Brei herumzureden. Sagen Sie mir, mit was wir Lorentzen so beeindrucken können, dass er seine Behauptungen revidiert und vorgibt, auf diese Art versucht zu haben, einen Fehler zu vertuschen.«
Leise und kaum verständlich kam die Bestätigung dessen, was Winter bereits ahnte: »Ich hab noch nicht mit ihm gesprochen.«
Winter riss sich zusammen, um zumindest noch einen gemäßigten Tonfall an den Tag legen zu können, doch er merkte bereits, wie es in ihm brodelte. »Das glaube ich jetzt nicht. Hören Sie. Es geht um eine Menge. Warum, zum Teufel, haben Sie nicht mit ihm gesprochen?« Jetzt wurde er doch lauter, und es war ihm egal. Sollte der Trottel am anderen Ende der Leitung doch zusammenzucken bei der Lautstärke, die aus dem Handy heraus sein Trommelfell attackierte. Der Typ hatte geschlurt. So etwas hatte Winter noch nie zugelassen. »*Sie* haben den Fehler gemacht, Lorentzen hat ihn bemerkt. Nun müssen *Sie* mit Lorentzen sprechen und die Sache regeln. Sie sind doch ein intelligenter Bursche. Kriegen wir Lorentzen ins Boot, ist alles gut. Wenn er bei seiner Geschichte bleibt, nur weil Sie nicht in der Lage sind, mit ihm zu reden ...«, Winter betonte das »reden« so wie Marlon Brandos »Pate«, wenn er mit seinen »Freunden« sprach, »möchte ich wirklich nicht in Ihrer Haut stecken.« Er machte eine kunstvolle Pause, in der er das angestrengte Atmen am anderen Ende der Leitung registrierte. Doch er brauchte sich keine Gedanken zu machen, sein Gesprächspartner war kerngesund. Bevor er den Kontakt zu ihm aufnahm, hatte Winter über seine Organisation sämtliche relevanten Daten abfragen lassen. Wenn man die richtigen Leute kannte, war das kein Problem. Nur mit dem Alkohol sollte sein V-Mann sich mäßigen, seine Leberwerte waren zwar noch nicht grenzwertig, fielen aber bei jeder Routineblutuntersuchung ein wenig aus dem Rahmen.
»Was meinen Sie damit?« Die Stimme war ein angstvolles Krächzen.

»Meine Güte.« Winter sprach nun wieder normal sachlich. »Muss ich Ihnen das wirklich erklären? Denken Sie darüber nach und sehen Sie zu, dass sie Lorentzen auf unsere Seite ziehen. Dann ist alles gut. Sie machen das schon.« Am anderen Ende hörte Winter erneut eine Art Keuchen, aber er legte ohne Zögern auf. Der Mann hatte verstanden.

Doch er misstraute ihm. Das Projekt durfte keinesfalls aufgrund irgendwelcher Sentimentalitäten unwichtiger Spielfiguren gefährdet werden. Es war Zeit, von hier aus zu handeln. Genervt schlug er sein altmodisches Telefonverzeichnis aus Leder auf. Seine Mutter hatte es ihm geschenkt, als er den Job in dieser Firma bekam. Ahnungslos war sie gewesen, seine Mama, und ahnungslos war sie noch immer. Das war auch besser so. Er würde ihr garantiert nie verraten, was für Telefonnummern er in dem Lederbuch notierte.

»Ja?«

»Fitzner, Winter hier. Fahren Sie nach Wilhelmshaven. Da läuft was nicht ganz rund. Sie müssen die Sache vor Ort beobachten. Und notfalls eingreifen.«

»Jetzt?« Auch sein neuer Gesprächspartner war kein Freund vieler Worte.

»Ja.«

***

Die Lichter der Barkhausenstraße, ihrer Geschäfte und ihrer Gastronomie hatten bereits etwas Herbstliches. Christines Blick blieb kurz am Tchibo-Schaufenster hängen. Für einen Augenblick liebäugelte sie mit einem Relax-Kissen, das ihr angesichts ihrer in den letzten Wochen ständig am linken Halsstrang entstehenden Nackenschmerzen, die bis in der Kopf hochzogen, verlockend erschien. Zumal der Laden, der eine Art überdimensionaler Kiosk war, noch geöffnet hatte. Aber sie wollte ungern mit einer Plastiktüte als Begleiter den weiteren Abend verbringen, und so vertagte sie die Entscheidung auf morgen. Sie orientierte sich kurz: Auf der rechten Seite kam zunächst ein Italiener, daran schloss sich das »Dörp« an, von dem Latzhosen-Wiebke erzählt hatte. Christine ging ein paar Schritte darauf zu. Auf den ersten Blick sah sie, dass die Restaurantkneipe nicht erst eine Saison existierte, sondern seit Langem zum Inselalltag gehörte. Sie öffnete die Tür. Auf der rechten Seite sah die Einrichtung mehr nach Restaurantbetrieb aus, während geradeaus und links das Kneipenambiente überwog. Sie blickte sich um, doch das Gesicht der Teeladenbesitzerin war nicht zu sehen. Schade. Aber Christine ging auch gern allein in Restaurants, und so entschied sie sich, an einem kleinen Tisch Platz zu nehmen und die Speisekarte zu studieren. Sie hatte Hunger, war nach ihrem Besuch im Teeladen nur mit einer Flasche Mineralwasser und einem Buch im Gepäck losgezogen und hatte seit mindestens fünf Stunden nichts in den Magen bekommen. Umso mehr freute sie sich jetzt auf eine herzhafte Kleinigkeit oder auch mehr.

Es hatte sich gelohnt, Langeoog an der Wasserkante entlang zu erkunden. Sie war erstaunt, was für große Sandbänke es vor der Insel auf der der Nordsee zugewandten Seite gab. Die Hinweisschilder für Touristen wiesen mehr als eindringlich auf die Gefahren hin, die die Nordsee bei auflaufendem Wasser bot. Zu oft schon hatte die DLRG offensichtlich Menschen retten müssen, die die Unterströmung, die sich zwischen den Sandbänken und der Insel entwickelte, unterschätzten und in große Gefahr gerieten. Christine hatte sich in den Sand gesetzt, die Hosenbeine ihrer Jeans hochgekrempelt und kopfschüttelnd betrachtet, wie unbekümmert die Menschen zwischen und auf den Sandbänken herumliefen. Dann war auch sie barfuß über die Rillen des Wattenmeeres gelaufen, aber so weit hinein hatte sie sich dann doch nicht getraut. Stattdessen war sie, den Rucksack geschultert, bei einer angenehmen Brise am Ufer entlang durchs Watt gelaufen und hatte den Blick immer mal wieder gesenkt, in der nicht wirklich vorhandenen Hoffnung, Bernstein zu entdecken. Irgendwo am Strand hatte sie schließlich ihren Rucksack in den Sand plumpsen lassen, das Buch herausgezogen und sich eine wunderbare Ruhestunde gegönnt, in der sie seit Langem mal wieder das Gefühl hatte, innerlich ausgeglichen und zufrieden zu sein. Mit diesem Gefühl hatte sie den Rückweg äußerst beschwingt angetreten. Auf der Höhe der großen Sandbank, die inzwischen schon wieder vom Meer umflutet und fast schon nicht mehr zu sehen war, war sie stehen geblieben. Wo war die typische Brandung, die sie aus Kinderzeiten kannte? Das Wasser schien seicht zu sein. Vor allem flach. Hohe Wellen gab es nicht, was jedoch auch am harmlosen Oktobertag liegen konnte, vielleicht wühlte die See bei starkem Wind oder Sturm stärker auf? Da sie aber ihren Badeanzug zu Hause gelassen hatte, würde sie gar nicht erst in die Versuchung kommen, Wellen oder Nichtwellen auszuprobieren. Und wenn das Wetter derart umschlagen sollte, dass man sich nicht so viel draußen aufhalten konnte, gab es immer noch die Möglichkeit, die Saunalandschaft im Erlebnisbad zu genießen, dazu brauchte man keinen Badeanzug.

Christines Magen machte sich durch heftiges Knurren bemerkbar. Sie schlug die Speisekarte auf, und sofort stahl sich ein Lächeln auf ihr Gesicht. Denn die Gerichte darin waren nicht nur auf Hoch-, sondern auch auf Plattdeutsch beschrieben. Herrlich! Das war Urlaub pur! Mit dem Gefühl, frisch und tief durchatmen zu können, widmete sich Christine dem Speisenangebot. Die Küche bot reichlich Verlockendes an, aber sie entschied sich schnell. »Fisch Dörnanner na 'n indisch Rezept mit Tomatensoß un Riis. Scharp oder ok nich.« Ja. Das war genau das Richtige. Ein Fischgulasch auf Reis. Nicht zu schwer, und einen guten Weißwein würde es sicher auch geben. Christine gab bei der blonden Bedienung, die aussah, als sei sie noch keine achtzehn, ihre Bestellung auf und lehnte sich zurück. Es würde sicher ein paar Minuten dauern, bis der Wein kam. Sie ließ ihren Blick über die anderen Gäste schweifen. Überwiegend waren es Paare. Na ja, zumindest machten nicht alle einen verliebten Eindruck, das war ja schon mal beruhigend.

Aus einer spontanen Eingebung heraus schnappte sie sich ihr Handy. Ohne groß darüber nachzudenken, tippte sie die Buchstaben ein und schickte die SMS weg. Erst als die Meldung kam, dass die Nachricht gesendet wurde, registrierte sie, dass sie Franks

Neuigkeit nicht nur an Gudrun, sondern auch an Oda geschickt hatte. »Max ist geboren. Ich mach mir trotzdem einen schönen Urlaub«, hatte sie geschrieben. Na ja. Passiert war passiert, und irgendwie hatte ihre Kollegin auch ein Anrecht darauf, Bescheid zu wissen. Immerhin hatte Oda in der letzten Zeit einiges an Christines normalerweise überhaupt nicht vorhandenen Stimmungsschwankungen ertragen müssen. Hatte Oda zumindest behauptet. Christine hingegen würde Stein und Bein schwören, sich genauso wie immer verhalten zu haben. Sie würde sich keinesfalls durch ihr Privatleben im Job beeinträchtigen lassen. Egal. Die SMS waren raus. Christine verstaute gerade ihr Handy wieder in der Tasche, als es piepte. Zu ihrer Überraschung war nicht Gudrun der Absender. Odas »Lass dich davon nicht unterkriegen! Hast du nicht nötig! Schönen Urlaub, O.« ließ Christine ungläubig lächelnd den Kopf schütteln. Was war das denn? Auf jeden Fall war es schön. Das Lächeln kroch weiter über ihr Gesicht und entwickelte sich zu einem satten und sehr zufriedenen lautlosen Lachen. Heute schien ja doch ihr Tag zu sein, bei all den netten Begegnungen, die sie hatte.

Passend zu diesem Gedanken brachte die Bedienung Wein und Besteck, und in dem Augenblick, als Christine das Weinglas an die Lippen führte, sah sie Latzhosen-Wiebke durch die Tür kommen.

***

»Das war Christine. Franks Baby ist da«, informierte Oda ihren Freund, den Journalisten Jürgen Töpfer, der eben mit sichtbarem Genuss ein Stück Venusmuschelfleisch von seinen Spaghetti alle Vongole aufgabelte. »Ein Sohn.«

Sie saßen im »Casa Grande«, das an diesem Abend gut besucht war. Im Sommer konnte man vor dem Restaurant unter großen Sonnenschirmen auf der Terrasse sitzen. Dafür war es zu Odas Bedauern inzwischen leider etwas zu kühl. Von der wagenradgroßen Pizza, die mit ihrem dünnen Boden und dem reichhaltigen Belag aus Schinken und frischen Champignons vollkommen Odas Geschmack traf, hatte sie ein Drittel bereits gegessen, den Rand allerdings beiseitegeschoben.

Sie tippte schnell eine Antwort, drückte auf »Senden« und legte ihr Handy zurück auf den Tisch.

Jürgen ließ das Muschelfleisch in seinen Mund gleiten. »Tja. Da muss sie nun mit klarkommen. Nützt ja nichts. Auch wenn es sicher nicht einfach für sie ist.«

»Ich find, es ist eine Sauerei, dass er ihr das gesagt hat. Damit verdirbt er ihr doch den ganzen Urlaub.«

»Was regst du dich denn so auf? Kann dir doch eigentlich völlig egal sein.« Jürgen wickelte die nächsten Spaghetti um seine Gabel.

»Ach lass mich, ich reg mich halt auf. Immerhin hatte Christine es durch diesen Knaller nicht leicht in der letzten Zeit. Hat Nieksteit heute Mittag auch gesagt. Der wird sich sicher ebenso aufregen, wenn ich es ihm erzähle.«

»Vermutlich steht's morgen eh in der Zeitung. Zuzutrauen wäre es dem Typen ja. Vielleicht wollte er aber auch nur verhindern, dass Christine die Nachricht aus der Zeitung erfährt, und hat sie deshalb selbst informiert«, mutmaßte Jürgen.

»Sie lässt sie sich nicht nachschicken. Ich krieg sie stattdessen.« Oda steckte sich grinsend ein neues Stück Pizza in den Mund. »Lieb von ihr, oder?«

Natürlich las Oda regelmäßig die Zeitung, jedoch nur, weil irgendeiner sie in der Polizeiinspektion im Frühstücksraum liegen ließ. Darum ging Oda lieber etwas später frühstücken als die anderen. Sie hatte die Zeitung aus zwei Gründen nicht abonniert: Zum einen wollte sie Geld sparen, zum anderen vertrat sie als gefühlte Umweltschützerin – immerhin besaß sie aus diesem Grund auch keinen eigenen Pkw – den Standpunkt, dass man die Nachrichten im Zeitalter der modernen Technik ebenso gut online verbreiten und lesen konnte.

Jürgen hingegen ließ sich die Zeitung grundsätzlich nachschicken, aber das war ja kein Wunder, immerhin war sie sein täglich Brot, und er musste auch im Urlaub wissen, was im »Wilhelmshavener Kurier« stand. Selbstverständlich hatte Jürgen auch andere Zeitungen wie die »Frankfurter Allgemeine« und das »Hamburger Abendblatt« abonniert. An manchen Abenden, die sie zusammen verbrachten, verfluchte Oda diese bedruckten Riesenblätter, denn Jürgen hockte auch in ihrer nicht alltäglichen Gegenwart regelmäßig über Berichten und Reportagen.

»Na ja. Hoffen wir, dass die Inselluft und die Eindrücke ihr helfen, diese Nachricht gut zu verdauen. Was anderes kannst du jetzt sowieso nicht machen«, stellte Jürgen fest. Auf seinem Tellerrand sammelten sich die leeren Venusmuschelschalen. Er hatte eine weitere Gabel Nudeln aufgedreht und hielt sie ihr zum Probieren hin. Oda öffnete den Mund wie ein Vögelchen den Schnabel und zupfte mit den Lippen die Nudeln von der Gabel. »Köstlich«, entfuhr es ihr. Sie leckte sich mit der Zunge den Rest Knoblauchöl von der Oberlippe. »Du hast recht. Das Einzige, was ich machen kann, ist, ihr zwischendurch eine SMS zu schicken.«

Sie schob ihren Pizzateller beiseite, auf dem noch einiges an abgeschnittenem Pizzarand lag; etwas, was Oda vor einem Jahr nie passiert wäre. Inzwischen jedoch hatte sie vier Kilo abgenommen und fühlte sich zwar noch nicht phantastisch, aber zumindest auf dem besten Wege dahin.

»Sag mal.« Sie legte den Kopf ein wenig schräg, betrachtete Jürgens Teller und in ihren Augen blitzte ein Lächeln. »Die Venusmuscheln … war das jetzt irgendeine versteckte Botschaft, die du mir mit der Auswahl deines Abendessens übermitteln wolltest?«

***

Er hatte es doch herausgefunden. Natürlich. Wie hatte sie auch annehmen können, diese Diagnose vor ihm verheimlichen zu können. Als Patientin war man nicht mehr so selbstbestimmt, wie man dachte. Man war Teil eines Ablaufes. Gezwungen, sich zu integrieren. Ihr Leben lang hatte sie autark und sehr selbstsicher über alles bestimmt, was sie und ihr Leben betraf. Hatte Rücksicht auf die genommen, die ihr nahestanden, und war doch immer, zu jeder Zeit die Herrin über alles gewesen, was ihr Leben betraf.

Das hatte sich mit der Diagnose geändert. Obwohl sie es nicht wollte, es den Schwestern sogar verboten hatte, hatte er mit den Ärzten sprechen und von ihnen die Ergebnisse erfahren können, die sie ihm vorenthalten wollte.

In dem Augenblick, als er durch die Tür ins Wohnzimmer getreten war, hatte sie Bescheid gewusst. Vielleicht lag es daran, wie er die Klinke heruntergedrückt hatte, am Zeitlupentempo, mit dem er die Tür öffnete und schloss, vielleicht an der Art, wie er nun auf sie zukam. Vielleicht war es auch alles zusammen, was ihr die Gewissheit gab, dass er Bescheid wusste.

Tiefer Schmerz durchschnitt ihren Körper, als sie ihn sah. Dieser Schmerz, gepaart mit dem Wissen, wie sehr die Diagnose ihn getroffen haben musste, war beinahe schlimmer als der Moment, in dem sie selbst erfahren hatte, wie es um sie stand. Mit sich selbst würde sie schon irgendwie klarkommen. Nun aber galt es, ihm zu helfen, seine Stütze zu sein. Er würde erst ihrem aussichtslosen Kampf zuschauen und anschließend ohne sie weiterleben müssen. Es konnte schnell gehen. Unvermittelt wuchs so etwas wie ein stärkender Kraft-Ast in ihrem Rücken, an dem sie sich aufrichtete. An dem sie gerade wurde. Sie durfte nicht zulassen, dass er litt. Sie musste ihn schützen. Ihm den Schmerz nehmen, zumindest jetzt. Musste ihn vorbereiten auf die Zeit, wenn sie nicht mehr an seiner Seite sein würde, nicht mehr auf ihn aufpassen konnte.

Ein für sie gänzlich fremder, zynischer Gedanke kam in ihr auf. War das der Unterschied zwischen Männern und Frauen? Waren Frauen, wenn es darauf ankam, doch das stärkere Geschlecht? Ein Lächeln glitt über ihre Lippen. Nein. Nein, stärker waren Frauen wohl nicht. Vielleicht waren sie nur insgesamt gefühlsintensiver, gleichgültig, worum es ging. Wenn sie rückblickend die gemeinsamen Jahrzehnte betrachtete, dann erfüllte sie nur eines: Dankbarkeit. Dankbarkeit und Zufriedenheit für so viele wundervolle Jahre. So unendlich viele Momente gemeinsamen Lachens. Für Momente, in denen sie, obwohl zwischenzeitlich räumlich fern voneinander, sich dennoch so nah waren. Ying und Yang, das sich gegenseitig Ergänzende ... das war es, was sie beide waren, selbst wenn es beruflich nicht immer leicht gewesen war.

»Ich habe mit dem Arzt gesprochen«, sagte er und setzte sich neben sie auf die Couch. Sie sah, dass er geweint haben musste. Normalerweise strahlten seine Augen in einem Blau, das sie vom ersten Augenblick an in ihren Bann gezogen hatte. Es war ein leuchtendes Blau, eine Mischung aus Ernsthaftigkeit und Schalk, aber sie konnten auch Liebe pur sein. Jetzt sahen sie wässrig aus und rot unterlaufen. Sie erinnerten sie an den Anblick ihrer eigenen Augen im Spiegel, nachdem sie die Diagnose erfahren und versucht hatte, all ihren Schmerz herauszuweinen. Doch Schmerz ließ sich nicht so leicht fortweinen.

»Es gibt keine Heilung«, sagte sie nüchtern.

»Das werden wir noch sehen.« Er klang beinahe trotzig. »Du darfst dich nicht aufgeben. Hörst du? Ich gebe dich nicht auf, und ich lasse nicht zu, dass du dich aufgibst! Ich werde einen Weg finden. Vertrau mir. Ich finde einen Weg.« Dann zog er sie an sich. Hielt sie fest und drückte sie, bis es wehtat. Aber sie sagte nichts. Sie hielt sich ebenso an ihm fest.

***

Dunkle Wolken stoben über den noch dunkleren Himmel. Der typisch norddeutsche Wind hatte in den letzten Stunden an Stärke gewonnen. Doch Unwetter oder auch nur Regen würde es nicht geben, dazu jagten die Wolken zu schnell hintereinander her. Till Lorentzen winkte dem Pförtner zu. »Bis morgen!«, grüßte er. Heute fiel ihm keiner der sonst für ihn üblichen lockeren Sprüche ein.

Nachdem sie abgesprochen hatten, es offiziell wie eine Panne beim Sicherheits-Check aussehen zu lassen, hatte er mit seinen Kollegen telefoniert, die gemeinsam mit ihm Schicht geschoben hatten. Denen war nichts aufgefallen. Außerdem gab es ja auch nur diesen einen sichtbaren Beweis, ein weiterer Ölteppich war nirgends gemeldet worden. Auch Dieter, den Till gestern abgelöst hatte, war nichts aufgefallen. »Alles normal, alles so wie immer«, war seine telefonische Auskunft gewesen.

»Ich hab schon überlegt, ob die das absichtlich eingebaut haben, um zu gucken, wie wir reagieren«, hatte Till zu Dieter gesagt, der diese Gedanken aber sofort mit »Du hast ja 'ne Macke« abgetan hatte. Mit Uwe, der die Schicht nach ihm angetreten hatte, wollte er sich nachher auf ein Bier treffen. Das machten sie ab und zu, vor allem, wenn Uwe einen seelischen Mülleimer brauchte. Heute allerdings war der Anstoß zum »Feierabendbier« von Till gekommen.

Normalerweise war Till nicht der Typ, der nach Feierabend in einer Kneipe Zuspruch oder gar Zuflucht suchte. Dazu hatte er weder Lust, noch sah er ein, irgendeinem Kneipier Geld in den Rachen zu stopfen. Sein Bierchen konnte er für wenige Cents auch auf seinem eigenen Balkon trinken. Am liebsten wäre er auch heute schnurstracks nach Hause gegangen, hätte sich unter die Dusche gestellt und dann auf die Couch fallen lassen. Der Tag hatte eindeutig an seinen Nerven gezerrt. Aber das Gespräch mit Uwe sollte ihm den letzten Rest Unsicherheit nehmen, den er noch verspürte.

Das »Spectakel« war relativ leer, als er eintrat. Von Uwe keine Spur, aber das passte zu seinem Kollegen, Uwe war im Privatleben, anders als im Job, dafür bekannt, notorisch unpünktlich zu sein. Wahrscheinlich weckte ihn seine Frau Sigrid morgens pünktlich und trieb ihn an, sonst würde er garantiert ständig zu spät kommen. Till stellte sich an die Theke, orderte ein Jever, zog seine Jacke aus und legte sie über die Sitzfläche des Barhockers, auf dem er sich nun niederließ. Es dauerte nicht lange, bis eine junge Studentin – die neu hier sein musste, denn die Inhaberinnen und auch die anderen Bedienungen kannte er seit Jahren – das frisch gezapfte Pils vor ihn hinstellte.

Durstig trank er einen großen Schluck. In einem Anflug von Entspannung ließ er die Schultern sinken. Etwas langsamer trank er einen weiteren Schluck. Sah sich um. Vorn im Erker saßen zwei Pärchen unter den Stehlampen, die Fackeln simulierten, und hatten jeweils einen Teller vor sich stehen. Bei deren Anblick lief Till das Wasser im Mund zusammen; überbackenen Schafskäse hatte er hier auch schon oft gegessen.

Die Atmosphäre im »Spectakel« war heimelig, die hohen Decken, der Terrazzo-Fußboden, die Einrichtung, alles hatte etwas vom Großstadtflair der Kaiserzeit. Oder jedenfalls irgendetwas in der Art. Genauer konnte er das irgendwie nicht beschreiben. Nach der Trennung von Ina war er oft mit Wiebke hier gewesen, gemeinsam hatten sie das eine oder andere Kleinkunstprogramm angeschaut, denn das »Spectakel« bot jungen Künstlern gern eine Plattform.

Während er noch überlegte, ob er etwas essen sollte, hörte er die Tür und Schritte. Er blickte auf, aber noch immer war es nicht Uwe. Langsam wurde Till ungeduldig. Bestimmt war Uwe wieder bei seiner Freundin und kam von der nicht los. Dann hätte er es Till aber sagen können. Denn lediglich als Alibi herzuhalten und deswegen noch stundenlang warten zu müssen, dazu hatte Till gerade heute absolut keine Lust. Die Studentin wechselte die Musik, legte eine CD von Norah Jones auf, und Till bestellte sich jetzt doch einen Schafskäse. Bis der kam, konnte er gut noch eine rauchen. Er schnappte sich sein Bier und die Packung West und ging auf die kleine Terrasse hinter dem Lokal, auf der immer noch ein Sonnenschirm neben einer Tischgruppe stand. Kaum hatte er die Zigarette angezündet, trat ein Mann aus der Tür, der ihm gegenüber an der Theke gesessen hatte.

»Das waren noch Zeiten, als man drinnen rauchen durfte, was?«, sagte er und gesellte sich zu Till. Er war von mittlerer Größe und Statur, mit Jeans, gestreiftem Hemd und einem schwarzen Lederblouson bekleidet. Eher unauffällig, keiner, der einem auf den ersten Blick im Gedächtnis haften blieb.

»Tja. Das können Sie laut sagen. Aber man muss vielleicht wirklich auf diejenigen Rücksicht nehmen, die essen wollen. Ist nicht so gut, wenn andere einen dabei vollqualmen.«

»Stimmt«, gab der andere zu. »Aber für Einraumkneipen ist das sicher nicht leicht. Gerade die typischen Eckkneipen lebten doch davon, dass die Stammkunden abends auf ein Bierchen und eine Zigarette kamen. Wenn sie die Zigarette nun nicht mehr rauchen dürfen, ist da ein ganzer Wirtschaftssektor in Gefahr, denn die Stammgäste bleiben jetzt sicherlich zu Hause und trinken da ihr Bier.«

»Na ja. Kann schon sein. Aber hier gibt es ja noch die lockere Variante. Das sieht in Bayern schon ganz anders aus. Nicht mal Raucherräume dürfen die jetzt noch haben. Das nenne ich wirklich wirtschaftsschädigend. Also in Bayern möchte ich keinen Urlaub mehr machen. Nur noch durchfahren, aber nicht mehr übernachten.« Till redete sich in Rage.
»Man kann sich arrangieren.« Der andere lächelte. »Ich leb nämlich in München.«
»Na, das war dann ja eine lange Fahrt. Machen Sie Urlaub hier?«
»Nein, so lang war die Fahrt nicht, ich hatte bis heute Mittag in Hamburg zu tun. Und werde auch kaum Zeit haben, Wilhelmshaven richtig kennenzulernen, denn ich muss meinen Auftrag erledigen und bin sicher übermorgen schon wieder fort.«
»Na, dann sind Sie ja ein viel gefragter Mann.« Lächelnd schnappte Till sich sein inzwischen leeres Glas und ging wieder hinein. Gerade rechtzeitig, denn aus der Küche kam die Chefin mit dem vor sich hin brodelnden Schafskäse. Er bestellte ein neues Bier und klönte ein wenig mit ihr. Auch sein Rauchpartner kam zurück und gab ein weiteres Jever in Auftrag. Till sah, dass er ein Handy aus der Tasche zog und ein extrem kurzes Gespräch führte. Doch er wunderte sich nur kurz darüber, denn erstens war ihm das Telefonverhalten anderer völlig egal, und zweitens kam Uwe endlich gehetzt durch die Tür.

***

Zufrieden drückte Michael Winter die Aus-Taste seines Handys. Wunderbar. Hartwig Fitzner hatte Kontakt zu Lorentzen aufgenommen. Nun würde es nicht lang dauern, und sie wüssten, wie sie ihn davon überzeugen konnten, den Vorfall in der Raffinerie zu vergessen.
Er rieb sich die Hände. Es war ein schöner Tag gewesen, und der Abend würde noch besser werden. Die langbeinige Blondine stand auf dem Programm. Er hatte sie – rein zufällig natürlich – in den fünfzehn Minuten Mittagspause, die er sich gönnte,

mit einem Becher Kaffee in der Hand im Innenhof angerempelt. Dabei schwappte – rein versehentlich natürlich – ein wenig Kaffee über ihre weiße Bluse mit dem großzügigen Ausschnitt, wofür er sich wortreich bei ihr entschuldigte. Selbstredend würde er die Kosten für die Reinigung übernehmen und sie als Wiedergutmachung zum Essen in ein rustikal eingerichtetes, aber überaus feines Restaurant einladen, das bislang ein echter Geheimtipp war.

Die Süße würde gar nicht wissen, wie ihr geschah, und erst merken, was los war, wenn sie in seinem Bett lag. Er plante maximal fünf Stunden für dieses Intermezzo ein. Dann wollte er wieder am Schreibtisch sitzen, denn Winter arbeitete gern nachts, wenn die ganze Welt zu schlafen schien. Er betrachtete seine Fingernägel und schloss eine Wette ab. Er würde sie gleich heute rumkriegen. Wenn nicht, was ihm zugegebenermaßen ein wenig Hochachtung vor ihr abnötigen würde, wollte er zweihundert Euro zugunsten des WWF spenden. Er liebte es, diese Wetten mit sich selbst abzuschließen. Meistens gewann er, nur äußerst selten musste er eine Überweisung ausfüllen. An sich war das langweilig. Winter wartete auf den Tag, an dem ihm eine Frau Paroli bieten würde. Dafür würde er liebend gern tausend Euro oder mehr spenden. Natürlich wäre es möglich, dass er sich in der Blondine irrte, aber gerade das machte den Reiz aus. Sollte sie auf spröde machen, würde er weitere Anläufe starten. Und den Wetteinsatz jedes Mal um fünfzig Euro erhöhen. Er wusste ja, wo er sie finden würde: in der Steuerberaterpraxis auf der anderen Seite des Bürokomplexes. Dort hatte sie frisch angefangen. Winter grinste und fuhr sich mit seinem durch Spucke angefeuchteten Zeigefinger über die Augenbrauen. Zehn zu eins, dass sie gleich heute die Segel streichen würde.

***

»Entschuldige, dass ich zu spät bin.« Uwe ließ sich vollkommen außer Atem neben Till auf einen freien Barhocker fallen. »Aber Andrea ... ich wollte wirklich nur kurz vorbeischauen, weil ich sie sonst heute nicht gesehen hätte, aber ... puh ... Sie hat schnell was zum Abendbrot gezaubert, einen Tee gekocht, wir haben uns in ihre Küche gesetzt und gequatscht, und ruck, zuck war die Zeit um, beziehungsweise ich war schon spät dran. Tut mir echt leid, Till.«

»Komm erst mal wieder zu Atem«, gab Till lächelnd zurück, den das zweite Bier und der Schafskäse milde gestimmt hatten. »Ist okay, ich bin hier bestens aufgehoben. Scheint ja immer noch alles gut zu laufen mit der Andrea.«

Uwe nickte und machte der Studentin mit der rechten Hand ein Zeichen, dass er ebenfalls ein Pils trinken wollte.

»Aber wie stellst du dir das künftig vor?« Till sah Uwe ernst an. »So kann es doch nicht weitergehen. Du wirst dich entscheiden müssen. So ist das für Sigrid und die Kinder verdammt unfair. Für Andrea auch, aber die wusste wenigstens, worauf sie sich einlässt. Das weiß Sigrid bis heute nicht. Ich finde, das darfst du ihr nicht antun. Dazu geht das alles schon zu lange. Das hat Sigrid nicht verdient.«

»Ich weiß, Till, ich weiß es doch.« Gequält griff Uwe zu seinem Bierglas und prostete ihm zu. »Es ist nur so verdammt schwer. Ich mag weder der einen noch der anderen wehtun. Was soll ich nur machen? Bin ich feige, wenn ich mich nicht zu Andrea bekenne, nur weil sie so viel älter ist als ich? Hat sie jemand anderen verdient, der mit ihr auch in der Öffentlichkeit auftritt? Aber sie sagt immer, es sei okay so, wie es zwischen uns ist. Sie legt keinen Wert darauf, händchenhaltend durch die Marktstraße zu gehen oder auf irgendwelche offiziellen Partys und so. Ihr reicht es so. Und für mich ist sie ... die perfekte Frau. Na ja«, Uwe verzog die Mundwinkel, »darüber haben wir ja schon diverse Male gesprochen. Aber deswegen sind wir ja nicht hier. Schieß los, was hast du auf dem Herzen? Bin ja froh, wenn ich mal derjenige bin, den du um Rat fragst, und nicht immer umgekehrt. Geht's um den Job oder um eine neue Frau?« Er grinste vielsagend.

»Quatsch. Daran ist überhaupt nicht zu denken. Natürlich geht es um den Job. Um diese Unregelmäßigkeiten im Ablauf.«

»Was?« Uwe war ernsthaft entsetzt. »Dafür willst du doch wohl nicht mich verantwortlich machen?«
»Blödsinn. Wer sagt denn so was? Ich will mich nur mit dir darüber unterhalten. Ist dir irgendwas aufgefallen?« Till atmete hörbar ein, was sicherlich kein taktisch wertvoller Zug war.
»Was soll mir denn aufgefallen sein?« Der Argwohn in Uwes Blick sprach Bände.
»Hey ... ganz ruhig ... Ich wollte nur wissen, ob es bei dir vielleicht auch schon mal so 'nen Sicherheits-Check gegeben hat, bei dem es zu einem geringen Ölaustritt kam. Hast du davon mal was bemerkt? War da was, wo du erst gedacht hast, das ist ja merkwürdig, was du dann aber abgetan hast?«
»Nö. Da war nichts. Und so was tut man doch nicht so einfach ab.«
»Weißt du, es macht mich einfach stutzig, dass es diesen Störfall gegeben hat. Ich überlege, ob ich was falsch gemacht habe oder ob der Fehler bei denen von der Sicherheit lag.«
»Klar. Ich wäre auch ganz schön konfus. Aber in meiner Schicht war wirklich alles okay. Und vorher auch. Zumindest hab ich so was bisher noch nie gehabt. Oder bemerkt. Kann ja sein, dass da doch mal was war, ich aber zu dem Zeitpunkt grad Kaffee trinken war. Oder auf dem Klo oder so. Aber dann wär doch auch irgendwo ein kleiner Ölteppich entstanden. Das hätte irgendjemand mitgekriegt. Nee, ich glaub, das war wirklich das erste Mal.«
Till war ein Stück weit enttäuscht. Er hätte sich besser gefühlt, wenn auch Uwe einen derartigen Vorfall oder zumindest einen solchen Versuch beobachtet hätte. »Tu mir einen Gefallen und guck in der nächsten Zeit mal ganz genau hin, ja?«
»Klar. Mach ich. Vielleicht hat Dieter ja was gesehen.« Uwe machte der Studentin ein Zeichen, dass sie noch zwei Bier bringen sollte. Eigentlich wollte Till nichts mehr trinken, aber im Zeichen der Aufklärung und der mit dem Bier verbundenen Chance, vielleicht doch noch etwas zu erfahren, widersprach er nicht.

※※※

»Das find ich ja schön, Sie hier zu treffen«, sagte Wiebke, als sie an Christines Tisch trat. »Was dagegen, wenn ich mich zu Ihnen setze?«

»Natürlich nicht, ich würde mich freuen«, kam die ehrliche Antwort von Christine, und schwups saß Wiebke auf dem Stuhl ihr gegenüber. Sie zeigte auf die Speisekarte, die Christine bereits geschlossen hatte.

»Haben Sie schon ausgesucht und bestellt, oder essen Sie nichts?«

»Doch. Nach einem langen Marsch um die halbe Insel gelüstete es mich nach etwas Fischigem. Und als ich den ›Fisch Dörnanner‹ gesehen habe, war klar: der oder keiner.«

»Gute Wahl«, meinte Wiebke, »das indische Rezept ist wirklich lecker. Ich hab schon zu Haus gegessen. Wenn es Ihnen nichts ausmacht, leiste ich Ihnen einfach mit einem Bier Gesellschaft.«

Sie klönten ungezwungen, und es war für Christine auch kein bisschen befremdlich zu essen, während Wiebke dabeisaß, etwas, was sie sich nie hätte vorstellen können. Doch hier auf der Insel, das merkte sie, tickte ihre Uhr ein wenig anders, sie war in manchen Dingen gelassener, sah vieles ein wenig lockerer. Das war ein gutes Gefühl. Nach dem zweiten Wein und Wiebkes drittem Bier boten sie einander das Du an, und es schien, als würden sie sich schon seit Jahren kennen. Eine Vertrautheit entstand, die aber vielleicht gerade darin begründet war, dass sie sich fremd waren und Christine in einer Woche die Insel und damit Wiebkes privates Umfeld wieder verlassen würde.

Nach dem Fisch, der Christine ausgezeichnet schmeckte, hatten sie ausgetrunken und waren hinüber zum »Café Leiß« geschlendert, um dort draußen im Strandkorb, in Fleecedecken gehüllt, vom netten Kellner mit Ziegenbart einen »Eisberg« serviert zu bekommen.

»Den gibt's nur hier auf Langeoog«, verriet Wiebke ihr. »Da darfst du zwar nur maximal zwei von trinken, weil der doch recht viele Umdrehungen hat, aber er ist einfach göttlich. Und außerdem herrlich dekadent. Wann kann man sonst behaupten, einen Cocktail mit echtem Gold zu trinken?« Sie kicherte ein wenig beschwipst, und auch Christine merkte, dass der Eisberg irgendetwas in ihr zum Schmelzen brachte. Sie fühlte sich herrlich wohl und entspannt. Der gusseiserne Neptun, der neben dem Eingang des Cafés wachte, schien ihnen ebenfalls wohlwollend zuzunicken, und Christine nahm sich vor, morgen ganz bestimmt ein Foto von ihm zu machen.

Der flotte Kellner brachte gerade den zweiten Eisberg, als Wiebke sagte: »Hör mal, wenn du aus Wilhelmshaven kommst, dann kennst du vielleicht meinen Bruder. Der arbeitet dort in der Raffinerie.«

»Hm. Keine Ahnung. Ich kenn ja nicht so viele Leute, bin noch nicht so lange da. Außer der Arbeit hab ich bislang wenig private Kontakte.«

»Schade.« Wiebke schlürfte am Strohhalm den Eisberg. »Ist ein Netter, der Till, allerdings viel zu sehr mit seinem Beruf verbandelt. Oder zu sehr Eigenbrötler, keine Ahnung. Aber er ist wirklich ein ganz Lieber.« Wiebke hatte sich, wohl wegen des Eisbergs und der Biere davor, in Fahrt geredet. »Ich würd ihm so gönnen, dass er endlich mal in den richtigen Beziehungshafen einläuft. Aber nein ... da hatte er mit Ina eine gute Beziehung, und die beiden haben sogar ein Kind zusammen. Merle. Sie ist total süß, meine Nichte. Aber was macht Till? Lässt das alles voll vor die Mauer laufen. Ist nix mehr mit Vater, Mutter, Kind. Ina hat irgendwann die Faxen dicke gehabt und sich von Till getrennt.« Wiebke seufzte vernehmlich und winkte dem Ziegenbartträger: »Mach uns noch zwei, bitte.«

»Ich glaub, ich möchte nicht mehr«, versuchte Christine zu intervenieren, aber Wiebke wischte ihre Bedenken mit großer Geste beiseite.

»Quatsch. Einen können wir noch. Du kannst morgen ausschlafen, und ich hab die Ulla im Laden. Wo wir doch grad so nett zusammensitzen und uns unterhalten ... Das muss man ausnutzen. So jung kommen wir nicht mehr zusammen.«

Beim dritten Eisberg erzählte Wiebke davon, dass die Freundin ihres Bruders dessen Arbeitswut nicht ausgehalten und sich mehr von dieser Beziehung erhofft hatte. Till hatte dafür so gar kein Verständnis aufbringen können. »Er war immer schon strebsam und engagiert, ging in dem auf, was er tat. Ob das der Job war oder die Musik, Till macht alles entweder ganz oder gar nicht. Es machte ihn echt fertig, dass Ina diese Psycho-Öko-Schiene fuhr. Nach dem Motto: Lieber arbeitslos und glücklich als Job und wenig Zeit füreinander. Für Till aber gibt es nur die Konstellation: Job und glücklich.« Wiebke schlürfte lautstark an ihrem Eisberg, inzwischen aber durchaus langsamer.

Mittlerweile hatten sich die Besucher in den anderen Strandkörben der Außenterrasse des »Café Leiß« dezimiert, immer noch aber luden Teelichter in Glasbehältern anheimelnd zum Verweilen ein. Es war ein überaus stimmungsvoller Abend, der zu Christines »Rundum-Wohlgefühl« passte. »Du scheinst dich sehr gut mit deinem Bruder zu verstehen«, sagte sie.

Wiebke lächelte. »Klar. Unser Vater ist relativ früh verstorben. War echt ein Witz. Seinetwegen sind wir von Wilhelmshaven nach Langeoog gezogen. Weißt du, er gehörte einer der alteingesessenen Teehandelsfamilien Ostfrieslands an, hatte sich aber schon früh mit seinen Eltern überworfen. Die akzeptierten meine Mutter nicht, eins kam zum anderen, er ging erst nach Wilhelmshaven, arbeitete dort in einem Teegeschäft, und als wir dann da waren, Till und ich, beschloss er, auf die Insel zu ziehen und ein eigenes Unternehmen zu gründen. Ich wundere mich heute noch, dass meine Mutter das alles mitgemacht hat. Sie muss meinen Vater wirklich über die Maßen geliebt haben.« Wiebke lachte. »So einen hätte ich auch gern. Der mich so liebt und ich ihn auch. Das gibt's aber sicher nur in einem von hundert Fällen. Wie ist das denn bei dir?« Sie rülpste ein wenig undamenhaft, hielt sich aber sofort entschuldigend die Hand vor den Mund. »Sorry.«

»Tja. Bei mir ...« Christine ließ ein paar Sekunden verstreichen. »So einen hätte ich auch gerne«, gab sie dann lachend zu. Das musste am Eisberg liegen oder besser an den beiden Eisbergen, die sie intus hatte. »Mein Gatte war ... nee ... ist, ich bin ja noch mit ihm verheiratet, auch so 'n spezieller Typ. Hat irgend-

wann eine andere kennengelernt, mir davon aber erst berichtet, als die schwanger war.«
»Was für 'ne Kacke«, sagte Wiebke, und in diesem Augenblick verzieh Christine ihr die Fäkalsprache.
»Ja«, bestätigte sie. »Und der Clou kommt jetzt: Heute Morgen klingelte er mich mit der Nachricht, dass sein Sohn geboren ist, aus dem Schlaf.«
»Nee.«
»Doch.« Christine nickte, wie sie ohne die Eisberge sicher nie genickt hätte. »War ein wirklich toller Einstieg in meinen Urlaub.«
»Scheiße«, sagte Wiebke. »Was für 'n Arschloch.«
»Finde ich auch«, bestätigte Christine. »Und nun muss ich ins Bett. Lass uns reingehen und zahlen.«

***

»Na, dann bis morgen«, verabschiedete sich Till vor dem »Spectakel« von Uwe und lief mit spürbaren Promille die kurze Strecke bis zu seiner Wohnung.

Als er aufschloss, die Schuhe abstreifte und sie quer im Flur stehen ließ, stieß er einen Seufzer aus, der Ina sicher wieder zur Weißglut gebracht hätte. Aber er fand, gerade heute durfte er seufzen. Wegen dieses blöden Vorfalls, des Gefühls bei der Konferenz, des Gedanken daran, dass etwas Schlimmes hinter alldem steckte, und natürlich auch wegen Ina und Merle. Beinahe trotzig seufzte er noch einmal, als er sich auf die Couch fallen ließ.

Er sah sich um. Er sah sich jeden Abend um, denn er konnte noch immer nicht begreifen, dass Ina vor drei Monaten ausgezogen war. Hatte ihre Klamotten und Merle geschnappt und war einfach weg.

Wo bis vor Kurzem am Morgen, am Abend oder auch zwischendurch, je nachdem, welche Schicht er gehabt hatte, Leben und Lachen gewesen war, wenn er heimkam, war nun ... nichts. Die Stille war das Schlimmste. Jeden Moment wartete er auf Merles Quietschen, auf Inas Lachen oder auf ihr Schelten und

Merles ungeduldiges Geschrei. Wie gern würde er die Uhr zurückdrehen. Sich wieder ärgern über Kindergeräusche, die ihn vor Kurzem noch störten, ohne dass er ahnte, dass ihn das Fehlen dieser Klänge noch viel mehr quälen würde. Vielleicht sollte er sich etwas mehr zurücknehmen, nicht mehr so viel an Inas Erziehungsmethoden rummeckern. Er griff zum Telefon, doch obwohl er es zehn Mal klingeln ließ, nahm Ina nicht ab. Wo trieb sie sich rum? Am besten, er schickte gleich noch eine SMS. Und eine E-Mail. Vielleicht hatte sie das Telefon leise gestellt. Damit Merle nicht wach wurde.

Noch einmal schweifte sein Blick durch den Raum. Als Ina auszog, hatte sie ihren Teil an Möbeln mitgenommen. Und jetzt, wo er die Möglichkeit hatte, die Reste der früheren Patchwork-Einrichtung zu der Einrichtung aufzupeppen, die er sich vorstellte, hatte er nicht die Kraft, irgendetwas zu verändern. So sah es immer noch aus, als hause hier ein Student, halb eingerichtet, immer auf dem Sprung in eine andere Stadt, eine andere WG. In der Hoffnung, Ina werde es sich über kurz oder lang anders überlegen und mit Merle wieder zurückkommen, hatte er die fehlenden Möbelstücke weder ersetzt noch die verbliebenen so umgestellt, dass es nicht auffiel, dass mindestens ein Drittel fehlte. Auch der Eimer Farbe, mit dem er dem Flur wieder einen ansehnlichen Anstrich hatte verpassen wollen, nachdem die dort hängenden Bilder inzwischen Inas neue Wohnung zierten, stand ungeöffnet im Flur.

Vielleicht brauchte er dieses gewisse Maß an Selbstkasteiung, um sich mit der Situation auseinandersetzen zu können. Um herauszufinden, was er unternehmen könnte, um Ina zurückzugewinnen. Und was er unternehmen wollte. War sie wirklich die Frau, die sein Leben abrundete? Oder projizierte er auf sie einfach nur die Vorstellung dessen, was er sich wünschte? War es nicht vielmehr Merle, auf die er nicht verzichten wollte? Und zu guter Letzt: Welche Rolle spielte Dieter dabei? Irritiert hatte Till beobachtet, dass sein Kollege sich sehr intensiv um Ina kümmerte, sogar beim Umzug geholfen hatte. Damit konnte Till gar nicht umgehen. Merle und Ina gehörten ihm! Weshalb tat Dieter das, hatte er nicht nur sich, sondern auch Dieter in einem wütenden Moment gefragt und ihm ein Verhältnis zu Ina unterstellt. Seitdem war das Klima zwischen Dieter und ihm mehr als unterkühlt. Dabei waren sie früher oft zu viert, manchmal auch zu sechst mit Uwe und Sigrid zusammen gewesen. Freunde eben. Dennoch wurde Till den Eindruck nicht los, dass Dieters Fürsorge mehr war als ein reiner Freundschaftsdienst. Den er, wenn überhaupt, ja ihm, Till, und nicht Ina entgegenbringen sollte. Immerhin war Till sein Kollege und derjenige, der verlassen worden war. Während Dieter sich mit den Worten »Ich warte auf eine Entschuldigung für diese lächerliche Behauptung« von ihm abgewandt hatte, war Ina angesichts der Vorwürfe lauthals in Lachen ausgebrochen und hatte Till einen Vollidioten genannt.

Das alles in klare Linien zu bringen, Tatsachen von Emotionen zu trennen fiel Till verdammt schwer.

Umso unverhofft angenehmer war der Abend gewesen. Auch wenn er mal wieder auf Uwe hatte warten müssen.

Aber auch den Beginn des Abends hatte er genossen. Es war eine nette Abwechslung gewesen, mal nicht über seinen Alltag zu reden, auch wenn es nur für eine Zigarettenlänge war, denn da gab es derzeit keinen Lichtblick am Horizont. Eher Gewitterwolken, wo Sonnenschein herrschen sollte. Der Vorfall in der Raffinerie ließ ihn einfach nicht los. Diese verdammte Ohnmacht, die er empfunden hatte, als er auf die Tastatur gehämmert hatte, ohne dass eine der Tasten wie gewohnt reagierte, das war der Ober-GAU gewesen. Aber er war sicher, dass er der Ursache auf die Spur kommen konnte. Das war jetzt das Vordringlichste. Denn auch das hatte etwas mit Ina und Merle zu tun. Natürlich hatte er im Privatleben Fehler gemacht, aber er wollte auf gar keinen Fall, dass sie glaubten, er würde auch im Job Fehler machen. Er war kein Mensch, der sein Leben mit Fehlern bestritt. Er war engagiert und gewissenhaft. Bislang konnte man ihm im Job nichts vorwerfen. Und er schwor sich, dass das auch so bleiben würde. Im Privatleben ... nun, auch daran würde er arbeiten.

Till stand auf und holte aus dem Kühlschrank eine Flasche Grapefruitsprudel. Er goss sich ein großes Glas ein und leerte es in einem Zug. Durstig war er. Durstig nach diesem Zeug und durstig nach Ina und Merle. Er würde sonst was dafür geben, dass Ina ihm wieder eine Chance gab. Alles. Der Preis wäre ihm egal. Nur seine Tochter wieder bei sich wissen. Den süßen Geruch ihrer Kinderhaut atmen. Und sich nachts an Ina ankuscheln. In ihrer Wärme die Geborgenheit spüren.

Wenn es irgendwas gäbe, was das ermöglichte, er wäre zu allem bereit. Doch er merkte, dass ihm diese Gedanken nicht guttaten. Sie zogen ihn in den Abwärtsstrudel, aus dem er doch inzwischen herausgekommen sein wollte. Er vermisste die beiden so sehr! All das biss in seinen Eingeweiden, kniff, tat weh und wirbelte dann aufwärts in seinen Kopf. Manchmal dachte Till, er sei zu keinem vernünftigen Gedanken mehr fähig. Alles wäre sinnlos und das Leben hätte jede Farbe für ihn verloren.

Nein. Er fuhr sich durchs Haar. Nein. Er wollte nicht wieder in dieses Loch.

Er stand auf. Kühl war es geworden. Er drehte den Heizkörper höher. Wollte nicht frieren, wenigstens nicht innerhalb seiner vier Wände. Ein Grinsen überflog sein Gesicht. Da stellte er sich hier so an, schwamm aber immer noch in der Nordsee.

Damit hörte er meistens erst Anfang Dezember auf. Und nur für höchstens drei Monate. Na ja. Zu Hause bei achtzehn Grad frieren und sich bei kälterer Wassertemperatur in die Nordsee begeben, die, so rechtfertigte er sich gern, dann aber oft wärmer war als die Luft, waren eben zwei verschiedene Paar Schuhe.

Till ging nach nebenan. Ein zufällig gehörter Satz war ihm wieder eingefallen. Er musste an seinen Schreibtisch, die Gedanken sortieren und sich Notizen machen.

Er setzte sich und griff zum Kugelschreiber, der links neben seinem Notebook lag. Und zu dem DIN-A4-Block, auf dem er stets seine Gedanken ordnete. Er schob den PC ein Stück zurück. In der Kürzelschrift, die Wiebke und er als Kinder entwickelt hatten und die er immer noch für Tagebucheintragungen und andere ihm persönlich wichtige Dinge benutzte, begann er aufzuschreiben, an was er sich erinnerte. Bis ins Kleinste ging er alles noch einmal durch. Das Ventil in der Raffinerie. Die Steuerungsmöglichkeiten. Der Gesprächsfetzen, der ihn gerade, sozusagen aus dem »Off«, angesprungen hatte. Nach einer halben Stunde des Schreibens, Zusammenfügens von Überlegungen und Grübelns stützte er das Kinn auf seine Faust. Das gab es nicht. Das konnte nicht wahr sein. Fassungslos schüttelte Till den Kopf. Nein. Er versuchte, eine andere Möglichkeit zu finden. Doch immer wieder blieb er bei seinem ersten Gedanken hängen.

Dienstag

Das Frühstücksbuffet war überaus reichhaltig, Christine hatte sich deshalb ausgiebig Zeit gelassen. Müsli, Fruchtsalat mit Quark, Brötchen und Rührei, all das hatte sie in kleinen Portiönchen genossen, dabei in Ruhe Zeitung gelesen und Kaffee getrunken. Im Frühstücksraum war der Großteil der Tische besetzt. Überwiegend von Pärchen, aber auch zwei weibliche Dreiergruppen amüsierten sich bei Frühstücksei und Sekt. Christine hatte den »Ostfriesischen Kurier« mit an den Tisch genommen. Zeitunglesen gehörte für sie zum Tagesbeginn wie das morgendliche Zähneputzen und die Einnahme ihrer Schilddrüsen-Tablette. Es gab wieder Schlagzeilen um die Raffinerie, der amerikanische Eigner wolle die ursprünglich vorgesehenen Investitionen nicht mehr durchführen, hieß es. Wenn sich das bewahrheitete, stünde die Anlage vor dem Aus und mit ihr mehrere hundert Arbeitnehmer auf der Straße. Für die Region, vor allem aber für Wilhelmshaven eine schlimme Vision.

Sie nahm sich einen zweiten Milchkaffee und spürte, wie schon gestern am Strand, dass eine Ruhe sie erfüllte, die ihr bislang unbekannt war. Und es war schön zu erkennen, dass man auch allein etwas genießen konnte. Dass das nicht nur in der Zweisamkeit möglich war. Heute wollte sie den Genuss auf dem Rad erleben, ein Ausflug Richtung Meierei stand auf ihrem Tagesplan, obwohl Wiebke erzählt hatte, dass die Meierei dienstags Ruhetag hatte. Sie wollte aber eh weiter bis zum Ostende fahren, da machte es nichts. Gleich gegenüber, neben dem Inselbahnhof, gab es die besten Räder, hatte Wiebke ihr verraten. Christine hatte nach dem Aufstehen einen kritischen Blick aus dem Fenster geworfen. Die Bäume bewegten sich sanft vor blauem Himmel, also würde es keine allzu anstrengende Radtour werden, denn ein bisschen Gegenwind war kein Problem. Sie würde sich beim Bäcker eine Flasche Kakao und ein belegtes Brötchen kaufen, ihr Buch und ein Handtuch in den Rucksack packen und es sich am Ostende gut gehen lassen. Schließlich konnte sie sich so viel Zeit lassen, wie sie wollte. Ein Lächeln glitt über Christines Gesicht. Ja. Es war gut, dass sie sich dazu entschlossen hatte, ein paar Tage wegzufahren.

***

Michael Winter saß im Auto. Obwohl er heute extra etwas später losgefahren war, um den Berufsverkehr zu umgehen, stand er auf der Murnauer Straße wieder einmal im Stau. Nur weil am Luise-Kiesselbach-Platz dieser Tunnel gebaut wurde. Das nervte ihn. Anfahren, stoppen, anfahren, stoppen. Er trommelte mit den Fingern auf dem Lenkrad herum. Er hasste alles, was nicht so lief, wie er es wollte. Fühlte sich eingesperrt, wenn er nicht zügig vorankam. Im Auto, im Job und im Leben. Er befand sich auf der Überholspur. Keiner durfte ihn daran hindern. Und heute, so schien es, waren alle wie vom Affen gestochen, zumindest fuhren sie so. Das machte ihn aggressiv. Er griff zum Telefon. Drückte die gespeicherte Kurzwahl. Es klingelte nur zwei Mal, bis Fitzner sich am anderen Ende meldete.

»Und?«, fragte er ohne Umschweife. »Was gibt's Neues?«

»Nichts«, war die unbefriedigende Antwort. Er spürte, wie es in ihm brodelte. Hatte er es nur mit Idioten zu tun? Musste er denn alles selbst in die Hand nehmen? Konnte wirklich keiner die klaren und noch dazu gut bezahlten Aufträge ausführen, die er erteilte? Er würde die Kriterien gründlich überarbeiten müssen, nach denen er seine Leute aussuchte.

»Wie? Nichts?« Mit der rechten Hand hieb er kräftig gegen das Lenkrad. Sofort reagierte sein Gesprächspartner.

»Was war das?«

»Das, Mann, war meine Wut über die Unfähigkeit der Leute, mit denen ich es zu tun habe«, bellte er ins Telefon.

»Nun fahren Sie mal wieder runter.« Fitzner zählte nicht zu jenen, die sich leicht einschüchtern ließen. »Ich habe hier alles im Griff und gleich zwei Zielpersonen fest im Blick. Wenn Ihnen das nicht reicht, bitte schön. Suchen Sie sich einen anderen. Ich bin auf Ihren Auftrag nicht angewiesen.«

»Schon gut.« Winter lenkte nur ungern ein. Das Wort »Entschuldigung« fehlte in seinem beruflichen Wortschatz. Aus diesem Sektor seines Lebens hatte er es strikt verbannt. Er vertrat den Standpunkt, dass Menschen, die andere überholen wollten, hart sein mussten. Sich zu entschuldigen war etwas für Weicheier. Im Privatleben griff er allerdings – wohldosiert – gelegentlich darauf zurück. Denn das Wort »Entschuldigung« besaß bei Frauen eine fast magische Wirkung, die er gern mal zur Erreichung seiner Ziele einsetzte. Jetzt jedoch waren andere Dinge wichtig. »Erzählen Sie«, forderte er.

»Lorentzen hat sich gestern Abend mit einem Kollegen getroffen. Anfangs sprachen sie laut, später wurden sie zurückhaltender. Sie haben heftig diskutiert, wie ich an ihren Mienen und der Gestik erkennen konnte. Anschließend ist Lorentzen nach Hause gelaufen. Er ist in seiner Wohnung auf und ab getigert, hat aber nicht mehr telefoniert. Hab sein Telefon angezapft, denn trotz der Baustelle auf der A 1 war ich früh hier. Aber Ihr V-Mann hat sich nicht gemeldet und ist auch nicht aufgetaucht. Heute Morgen ist Lorentzen ganz normal zur Arbeit gefahren. Es ist wirklich ärgerlich, dass ich nicht auch auf das Gelände kann. Um Ihrem V-Mann vor Ort auf die Füße zu treten.«

Diese Idee gefiel Winter gar nicht. »Nein. Fangen Sie ihn ab, wenn er die Raffinerie verlässt. Bestellen Sie ihm einen schönen Gruß von mir. Fragen Sie ihn, wie es seiner Frau geht. Das müsste ihn ausreichend unter Druck setzen.«

»Seiner Frau? Was hat die damit zu tun?«

»Das ist für Sie nicht wichtig. Fragen Sie einfach nur. Nutzen Sie lieber seine Arbeitszeit, um zu ihm nach Hause zu fahren und auch sein Telefon anzuzapfen.«

»Danke, Chef.« Winter hörte den Sarkasmus in Fitzners Stimme. »Ich wüsste nicht, was ich ohne Ihre detaillierten Instruktionen tun würde.«

∗∗∗

Christine hatte den Wind unterschätzt. Sie musste doch tüchtig strampeln und schaltete in den zweiten Gang herunter, während sie auf dem Hauptweg zum Ostende radelte. Die wenigen ihr um diese frühe Tageszeit entgegenkommenden Radfahrer wirkten fröhlich gestimmt, und Christine hoffte, dass der Wind nicht drehte, damit sie auf der Rückfahrt ebenso leicht in die Pedale treten konnte. Als sie am Vogelwärterhäuschen ankam, beschloss sie spontan, eine Pause einzulegen, obwohl sie noch nicht wirklich weit gefahren war. Sie ließ den Rucksack im Gepäckkorb und stieg die Aussichtsdüne hinauf. Der Blick, den sie von hier über die Dünenlandschaft, auf den Strand und aufs Meer hatte, war überwältigend.

»Da ist man immer wieder beeindruckt«, stellte eine Frau fest, die auf einer etwas wackelig aussehenden Holzbank saß.

Christine nickte. »Ja.«

Auch wenn es von hier sicher noch ein Kilometer bis zum Meer war, sah die See heute ruhig aus, das Wasser glitzerte in der Sonne. Christine meinte, das Salz der Nordsee schmecken zu können. Möwen kreischten über ihr, ein paar vereinzelte Fußgänger liefen an der Wasserkante entlang. Barfuß, die Schuhe in der Hand, so wie Christine es gestern auch getan hatte. Mit den Zehen Sand und Watt erfühlen. Sie nahm sich vor, morgen wieder am Strand entlangzuwandern, diesmal vielleicht Richtung Westende.

»Ich bin jeden Morgen bestimmt eine Stunde hier«, sagte die Frau, ohne Christine anzugucken. »Ist schön, wenn man einfach so aufs Meer guckt.«

»Ja.« Mehr wusste Christine nicht zu sagen. Irgendwie war es eine komische Unterhaltung.

»Bleiben Sie länger?« Jetzt erst sah die Frau sie an, und Christine bemerkte ihren erstaunlichen Silberblick.

»Eine Woche«, antwortete sie und wollte gerade fortfahren, um nicht ganz so einsilbig zu wirken, als ihr Handy klingelte. Irritiert warf sie einen Blick auf das Display. Das war Odas Nummer. Betont forsch meldete sie sich. »Cordes.«

»Ich bin's, Oda«, hörte sie die fröhliche Stimme ihrer Kollegin. »Da biste überrascht, was?«

»Das kannst du wohl sagen.« Christine winkte der Frau kurz zum Abschied zu und lief die Düne hinunter zurück zum Rad.

»Gibt es was Besonderes, oder rufst du einfach nur so an?« Die Frage war berechtigt, immerhin pflegten Oda und sie normalerweise nicht gerade regen Telefonkontakt, schon gar nicht, wenn eine von ihnen im Urlaub war. Da gab es höchstens eine Postkarte an die ganze Abteilung.

»Rate mal, wer gerade hier war.« Übermut hüpfte aus Odas Stimme durch die Leitung direkt in Christines Ohr.

»Keine Ahnung.« So schnell konnte sie einfach nicht von Urlaub auf Job umschalten. »Ging es um was Wichtiges?«

»Wie man es nimmt«, feixte Oda. Christine konnte förmlich sehen, dass ihr Lachen vom linken bis zum rechten Ohr reichte. Wenn nicht sogar darüber hinaus. »Steegmann kam grad rein. Ganz zufällig natürlich. Wollte sich nur eben kurz in den Urlaub verabschieden. Er macht 'ne Segeltour auf der Nordsee. So die Inseln entlang. Und bei der Gelegenheit meinte er, dass du doch gerade auf Langeoog bist. Ob ich denn wüsste, wo du da wohnst.«

»Nee.« Christine spürte, wie sich ihre Augenbrauen skeptisch hoben, aber auch, wie sich ein Schmunzeln auf ihrem Gesicht breitmachte. »Was soll das denn?« Sie konnte nicht vermeiden, dass man ihrer Stimme anhörte, wie amüsiert sie war. »Das gibt's ja gar nicht.«

In Odas Stimme schwang jetzt ein Hauch von freundschaftlicher Besorgnis mit. »Hör mal, der scheint irgendwie auf dich abzufahren. Pass auf dich auf. Der Typ ist verheiratet, und ich weiß nicht, was der sonst für 'ne Marke ist. Lass dich von dem nicht einwickeln. Das wollte ich dir einfach nur mal eben sagen. Dass du dich darauf vorbereiten kannst, ihn auf Langeoog zu sehen.«

»Wie kommst du darauf, dass ich mich von ihm einwickeln lasse?«

»Na, da muss man nur genau hinhören. Auf die Untertöne in euren Unterhaltungen. Ich weiß ja, dass du ein vorsichtiger Mensch bist, aber immerhin ist es jetzt eine total schwierige Zeit für dich. Wo dein blöder Noch-Ehemann grad Vater geworden ist und all der Kram. Da bist du anfällig für alles, was dir guttut. Und ich weiß nicht, ob der Steegmann dir wirklich guttun würde. Das wollte ich nur mal eben sagen. Aber eben auch, dass ich es total witzig finde, dass der ausgerechnet bei mir reinkommt und nach deiner Urlaubsanschrift fragt. Cool, oder?«

»Ja. Cool«, erwiderte Christine. »Brauchst dir aber keine Sorgen zu machen. Erstens wird der sicher mit seiner Frau segeln, zweitens ist Langeoog nicht sooo klein, dass man sich zwangsläufig über den Weg rennen muss, grad wenn einer mit dem Schiff im Hafen liegt und die anderen im Dorf wohnen, und drittens hab ich absolut keinen Bedarf, mich auf irgendetwas einzulassen. Auf etwas, was auch noch den Beruf tangiert, schon mal gar nicht.«

»Prima. Dann bin ich ja beruhigt. Ich soll dich übrigens von der Truppe grüßen. Niekstelt war grad bei mir, als Steegmann hereinkam. Sein Feixen brauch ich dir sicher nicht zu erklären, oder?«

»Nein.« Nun lachte Christine wieder. »Und seine Kommentare brauchst du auch nicht zu wiederholen. Grüß die anderen von mir. Ich schick dir 'ne SMS, falls der Steegmann mir über den Weg läuft.«

Auch Oda gab noch einen abschließenden Kommentar von sich, dann legten sie auf. Einen Moment lang blieb Christine neben ihrem Rad stehen, bevor sie es aufschloss und sich wieder auf den Sattel schwang.

***

Zuerst hatte sie die Chemo gut vertragen. Aber das war immer so, das hatte sie zumindest gehört. Und leider innerhalb ihres Bekanntenkreises auch ziemlich hautnah mitbekommen. Einmal in der Woche saß sie mit anderen zusammen in einem Raum und las Zeitung, während der Tropf unablässig die giftige Substanz in ihren Körper rinnen ließ, die die Krebszellen daran hindern sollte, sich weiter auszubreiten. Es war ein wenig bizarr, wie sie da beieinandersaßen, jeder an einem Tropf, eine Zeitung oder ein Buch le-

send, gelegentlich unterhielt man sich auch leise miteinander. Eine verschworene Gemeinschaft, aber dann doch wieder keine. Manchmal blieben Leute weg. Dann war deren Chemo vorbei, und sie wünschte so sehr, dass alle, die nicht wiederkamen, geheilt waren. Doch inzwischen hatte sie mitbekommen, dass einige hier nicht zum ersten Mal eine Chemo über sich ergehen ließen. Und den einen oder anderen Namen hatte sie schwarz umrandet in der Zeitung lesen müssen.

Ihr Mann hatte sich im Internet umgesehen und panisch nahezu alle Fachärzte der näheren und weiteren Umgebung konsultiert. Anfangs war sie noch mitgegangen, hatte sich von seiner Zuversicht, sie würden schon irgendwo jemanden auftreiben, der ihr helfen könnte, anstecken lassen. Doch mit dem Andauern der Chemo und einem zunehmend schlechteren Allgemeinzustand hatte sie aufgegeben und traurig beobachtet, wie er immer hektischer nach einem Ausweg suchte. Inzwischen gab man ihr auch Tabletten, die sich gezielt gegen Bindungsstellen von Wachstumsfaktoren richteten, die Signalübertragung dieser Bindungsstellen unterbanden und so das Wachstum der Tumorzellen blockieren sollten. Aber ob das alles wirklich half? Sie hatte das Gefühl, immer elender und weniger zu werden. Lebte nur von Sonntag bis Montag, denn da bekam sie die Chemo, und die darauffolgenden Tage ging es ihr schlecht. Ihre einstmals blond gesträhnten kurzen Haare – und sie hatte jede Menge davon auf dem Kopf gehabt – waren ausgefallen. Mit der Perücke fühlte sie sich, als sei sie eine andere Person. Viel war von ihr nicht übrig, so jedenfalls empfand sie es.

Heute war wieder Sonntag. Ihr Sonnenwohlfühltag. So nannten sie inzwischen diesen einzigen Tag in der Woche, an dem es ihr gut ging. An diesen Tagen unternahmen sie etwas, machten Ausflüge. Nun endlich besuchte er mit ihr auch die Kunstausstellungen, die sie schon so lange hatte sehen wollen. Gut, das war nur im Umkreis von Wilhelmshaven machbar, doch da gab es eine Menge: Die Kunsthalle in Emden, die Museen in Bremen und Bremerhaven, auch Oldenburg hatte einiges zu bieten, man musste nur genauer hinschauen und gezielt suchen. Heute waren sie im Kli-

mahaus in Bremerhaven gewesen. Sie hatten Glück gehabt, waren rechtzeitig dort gewesen, bevor der große Besucherstrom einsetzte. Sie hatte es genossen, zumindest auf diese Art einmal um den ganzen Globus zu reisen, wo ihr für derartige Reisen in der Wirklichkeit weder Zukunft, Zeit noch Kraft blieben. Richtig glücklich war sie gewesen. Erfüllt von dem Wissen, von diesem Tag in den nächsten Wochen zehren zu können. Nur sein Anblick, die Trauer, die seine Augen ausstrahlten, obwohl sein Mund lächelte, grub sich in ihr Herz und hinterließ dort eine Wunde, die nicht heilen konnte.

Ein wenig erschöpft stieg sie jetzt aus dem Auto. Fürsorglich hielt er ihr die Autotür auf und fasste sie unter. Immer war er darauf bedacht, dass es ihr nicht zu viel wurde, auch nach dem Besuch des Klimahauses hatte er sie auf dem Platz vor dem daran angeschlossenen Mediterraneo mit Milchkaffee und einem großen Eisbecher verwöhnt. Auf der Rückfahrt war sie ein wenig eingenickt und erst nach der Abfahrt von der Autobahn wieder aufgewacht.

»Du kannst mich loslassen«, sagte sie lächelnd. »Die paar Meter kann ich gut allein zur Haustür laufen. Ich bin nicht so schwach, wie du denkst.« Ein Geräusch drang in ihre Ohren. »Und wenn du dich beeilst, kannst du gleich noch ans Telefon gehen, es klingelt nämlich.«

»Okay.« Er zwinkerte ihr zu und lief ins Haus. Offenbar noch rechtzeitig, denn als sie durch die weiße Haustür auf die schwarzen Marmorfliesen der großzügigen Diele trat, sah sie ihn an die Wand gelehnt aufmerksam jemandem lauschen. Sie ging in den Hauswirtschaftsraum, wo sie ihre Schuhe auszog. Die braune Jacke hatte sie im Auto gelassen, die würde er gleich sicherlich noch hereinholen. Sie setzte Wasser auf und füllte gerade zwei Maß »Kaiser-Wilhelm-Mischung« in einen Teebeutel, als er die Küche betrat und sich an die Arbeitsfläche neben der Spüle lehnte.

»Du glaubst nicht, was das gerade für ein Anruf war«, sagte er, und zum ersten Mal, seit sie die Diagnose wussten, blitzte ein kleines Lachen in seinen Augen auf. »Ich glaub es ja selbst noch nicht, aber das war jemand, der zu einer Reihe von Leuten gehört, die ein neues Medikament gegen den Krebs testen, den du hast. Stell *dir vor, genau diese Art! Ich soll mit dir besprechen, ob du an dieser Studie teilnehmen möchtest.«*

***

Das Wetter war wunderbar heute, wenig Wind, viel Sonne. Till war nach der Schicht schnell nach Hause gefahren, hatte seine Badesachen geschnappt, das Auto gegen das Rad getauscht und radelte nun an den Südstrand. Seine Gedanken kreisten um den heutigen Tag. Er hatte die ganze Nacht überlegt, ob er seine Vermutung, wer hinter dem Vorfall steckte, äußern sollte. War hin- und hergerissen gewesen, hatte sich dann jedoch dagegen entschieden. Er würde ein, zwei Tage warten. Vielleicht bestätigte sich sein Verdacht in dieser Zeit oder stellte sich als völliger Unsinn heraus, was er jedoch kaum annahm. Auf jeden Fall war es besser, alles noch einmal in Ruhe zu überdenken und nicht übereilt zu handeln. Ja. Das war die richtige Entscheidung gewesen. Unterhalb des DLRG-Häuschens stellte er sein Rad ab, zog sich um und warf einen kritischen Blick auf die Uhr: noch eine knappe Stunde bis Hochwasser. Rasch lief er drei Treppen weiter nach vorn. Dort ging er langsam die Eisenstufen hinunter und benetzte Brust, Nacken und Arme mit dem herbstlich kalten Wasser, bevor er sich in die Fluten warf, wobei er einen instinktiven Schrei unterdrückte. Es war nichts los um diese Zeit. Vielleicht waren die anderen Jahresschwimmer schon am Morgen hier gewesen. Um diese Jahreszeit schwamm man eigentlich nur einmal am Tag, nicht wie im Sommer, wo man die Flut am Morgen, aber auch beginnendes ablaufendes Wasser nutzte, um im Jadebusen zu schwimmen.

Die Dämmerung setzte bereits ein, lange würde es nicht mehr dauern, bis es ganz dunkel war. Till schwamm mit der Strömung längsseits des Deiches. Es briste auf. Mit einem Mal waren die Wellen nicht zu unterschätzen, zumal es die Unterströmung gab, die schon so manchen Schwimmer – und dazu zählten auch Einheimische – in Gefahr gebracht hatte. Fünf Treppen weit schwamm er, dann stieg er aus dem Wasser und eilte zurück zu seinen Sachen, die er auf der Bank unterhalb des Whale-Watching-Plakates abgelegt hatte. Whale-Watching war Wilhelmshavens neueste Attraktion oder sollte es zumindest sein. Gut, es waren keine Orcas, sondern lediglich Schweinswale, die sich hier im Jadebusen tummelten. Aber immerhin. Till allerdings hatte erst einen gesehen, und er kam regelmäßig her. Aber vielleicht immer zu Zeiten, in denen die Wale abgetaucht waren? Es interessierte ihn nicht wirklich. Er schnappte sich sein Handtuch und trocknete sich schnell ab. Gerade als er die nasse Badehose gegen trockene Klamotten getauscht hatte und den Reißverschluss seiner Jeans schließen wollte, hörte er hinter sich eine zufriedene Stimme: »Till! Wusste ich doch, dass ich dich hier treffe, wo du zu Hause und am Handy nicht erreichbar warst.«

Beim Klang dieser Stimme erstarrte er. Schlagartig wurde ihm klar, dass er mit seinem Verdacht recht haben musste, und er bereute es augenblicklich, ihn für sich behalten zu haben. Er sah sich um. Ganz eindeutig war er im Moment in der unterlegenen Position, ausgekühlt nach dem Schwimmen, bei Außentemperaturen, die nach einem heißen Bad schrien. Der andere kam entschlossenen Schrittes auf ihn zu.

»Na, das ist eine Überraschung«, sagte Till übertrieben forsch und hoffte, damit seine Nervosität überspielen zu können. »Wo sind deine Badesachen? Das Wasser ist prima, zwei Grad wärmer als die Luft.«

»Ich komme nicht, um zu baden, Till. Ich will mit dir reden. Hab hin und her und vor und zurück über das nachgedacht, was du über diesen Zwischenfall gesagt hast. Alle möglichen Dinge sind mir durch den Kopf gegangen. Lass uns ein Stück in Richtung Fischerdorf gehen. Im Laufen spricht es sich leichter, und hier ist ja doch allerhand los.«

Wie zur Bestätigung brauste ein Rennradfahrer in einem Tempo an ihnen vorbei, als sei um diese Zeit der Weg unterhalb des Deiches Teil der Tour de France. Till nickte, während er seine nassen Badesachen in den Rucksack stopfte. Auch wenn er ein mulmiges Gefühl hatte. Aber vielleicht war es gut, dass sie hier allein und abseits jeglichen Raffineriebetriebes miteinander reden konnten. Er würde Erklärungen fordern und deutlich machen, dass er bei einer Wiederholung nicht noch einmal stillhalten würde.

***

Wiebke kuschelte sich auf ihrer Couch unter die wollweiße Fleecedecke. In den Abendstunden war es merklich abgekühlt. Erstaunlich, wie schnell die Temperaturen sinken konnten, ohne dass es ein Gewitter oder Ähnliches gab. Gern noch hätte Wiebke die Wärme des Spätsommers für einige Wochen behalten. Für sie gab es nichts Schöneres als den goldenen Herbst im September und Oktober. Der Geruch erntereifer Erde, die das Einfahren dessen versprach, was man im Frühjahr gesät hatte. Das passte nicht nur auf die Landwirtschaft, sondern irgendwie auch auf das Leben. Man musste säen: Gedanken, Gefühle, Ansätze von Beziehungen ... alles reifte, wuchs, gedieh. Oder aber ging ein.

Wiebkes letzte Beziehung hatte leider auch zu jener Kategorie Pflanzen gezählt, die nicht gedeihen konnte. Zu sehr hatte Mathias das Wachstum erzwingen wollen, sie dabei jedoch unwissentlich permanent unter allem begraben, was in dosierter Form sicher wunderbar gewesen wäre. Und die Überdosis führte dazu, dass die Beziehungspflanze ersoff. Wiebke hatte schwer damit zu tun gehabt. Sich immer wieder einzureden versucht, dass sie trotzdem eine Chance hätten. Doch jedes Mal hatte sein Verhalten alles zunichtegemacht. Ihr reichte es schon, dass Till sie seit der Trennung von Ina ständig in Anspruch nahm. Natürlich hatten sie und ihr Bruder ohnehin ein enges Verhältnis zueinander, seit Inas Auszug jedoch war es Wiebke manchmal wirklich zu viel geworden. Morgens, mittags und abends simste er oder rief an, fragte, was sie gerade tat oder aß oder trank. Sie hatte es zunächst auf die plötzliche Leere in seinem Leben geschoben und nichts gesagt. Mathias aber war genauso, und das war eindeutig zu viel. Vielleicht hätte sie seine Aufmerksamkeit genossen und nicht als Bedrängnis empfunden, wenn Till sie nicht schon so erdrückt hätte. Doch es war müßig, darüber nachzudenken. Die Beziehung zu Mathias war passé, und das war gut so.

Ein kleiner Rülpser stieg in ihr auf, den sie unterdrückte, so wie ihre Mutter es die Kinder gelehrt hatte. Dem unterdrückten Rülpser folgte ein Gähnen, das sie mit der Hand vor dem Mund parierte. Spontan schickte Wiebke einen liebevollen Gedanken zu ihrer Mutter auf die Wolke sieben, von der aus sie sicherlich auf ihre Kinder herabsah. In letzter Zeit war Wiebke erst richtig bewusst geworden, wie sehr sie mit ihr verwurzelt war. Wie sehr die Ansichten ihrer Mutter auch heute noch ihr Leben prägten. Man konnte seine Eltern und die Art, wie sie mit einem als Kind umgegangen waren, nicht einfach so beiseiteschieben. Das blieb haften, ob man wollte oder nicht. Sie und Till hatten Glück: Ihre Eltern hatten durchaus positive Einflüsse hinterlassen.

Sie stellte ihren Becher Rooibostee auf den abgenutzten Tisch aus Kiefernholz und blätterte durch die Fernsehzeitung. Über den Bildschirm flimmerte das Intro der Spätnachrichten. Schon so spät. Sie musste sich unbedingt bei Till melden. Der schien eingeschnappt zu sein, denn seit einer SMS heute Mittag hatte er nichts von sich hören lassen. Einerseits konnte das ein Schritt in die richtige Richtung sein, das Leben wieder anzupacken und sie nicht als emotionale Krücke zu betrachten, andererseits war es vor dem Hintergrund des seltsamen Zwischenfalls bei der Arbeit etwas befremdlich, gerade jetzt nichts von ihm zu hören. Soweit sie wusste, hatte er jetzt frei, da könnten sie noch eine Weile ausgiebig klönen. Denn natürlich war sie brennend daran interessiert, zu erfahren, was aus seinen Recherchen geworden war. Hatte er inzwischen den Maulwurf gefunden? Gab es überhaupt einen, oder war doch alles durch einen simplen technischen Defekt zu erklären?

Sie griff zum Telefon. Es läutete acht Mal, ohne dass er dranging. Dafür forderte sein Anrufbeantworter sie auf, eine freundliche Nachricht zu hinterlassen.

»Ich bin's. Dein Lästerschwein«, sprach sie auf das Band. »Wo treibst du dich denn schon wieder rum? Ich versuch's mal übers Handy.«

Als sie zu ihrem Mobiltelefon griff, sah sie, dass es sich wieder einmal von allein ausgeschaltet hatte. Sie sollte sich doch ein neues anschaffen. Sie drückte die Kurzwahltaste, aber auch hier nahm Till nicht ab. Na, dann eben nicht, dachte sie und legte auf, ohne auf seine Mailbox zu sprechen.

***

Till Lorentzen fror. Er war von Wasser umgeben, das ihm bis übers Kinn reichte. Es war dunkel. Kalt. Er blinzelte. Nein. Das konnte nicht sein. Er musste sich in einem Alptraum befinden. Aufwachen. Er musste aufwachen. Das alles war nicht wahr. Er saß tatsächlich im Wasser. Schmeckte Salz, doch etwas war mit seinem Mund. Er versuchte, sich zu räuspern. Nichts. Etwas steckte in seinem Mund. Und er brachte es nicht heraus. Till würgte. Panik stieg in ihm auf. Gedanken überschlugen sich. Sein Kopf schmerzte. Schier unerträglich. Die Flut hatte eingesetzt, das Wasser reichte bis zu seinen Lippen, schwappte immer wieder bis über seine Nase. Er brauchte Luft! Ein Vogel landete nicht weit von seinem Kopf entfernt auf der Wasseroberfläche. Er musste weg hier. Aufstehen. Doch er hing fest. Verdammt! Was war geschehen? Wie kam er hierher? Er zerrte an dem, was ihn festhielt. Womit hatte er sich verhakt?

Du hast dich nicht verhakt. Du bist angebunden. Wer einen Knebel im Mund hat und sich nicht bewegen kann, ist angebunden, sagte ihm sein Verstand. Scheiße. Panisch versuchte er, sich zu befreien.

Angebunden. Er schüttelte den Kopf. Nein. Das war nicht möglich. Es musste ein Traum sein. Er führte ein normales, harmloses Leben. Warum sollte ihn jemand festbinden? Wo war er überhaupt? Wieder schwappte Salzwasser über seinen Mund, spritzte in seine Nase. Er versuchte, sich zu konzentrieren. Ertastete Metall und etwas Stoff. Frottee. Sein Handtuch? Streifen davon. Er war mit Streifen seines Handtuches festgebunden. Erneut drang Wasser in seine Nase. Wenn er nur den verdammten Knebel loswerden könnte. Das Atmen wurde schwer. Mit wachsendem Entsetzten erkannte er, dass er an eine der Eisentreppen gebunden war.

Ruhe, Till. Du musst Ruhe bewahren.

Jeden Moment würden Leute vorbeikommen. Ihn bemerken. Hier war auch abends Betrieb, man würde ihn rechtzeitig rausholen. Doch er hörte nur das Rauschen des Wassers. Flügelschlag und vereinzelt das Keckern der Möwen. Alles war still. Verdammt still. Ein neuer Wasserschwall drang in seine Nase. Er schluckte verzweifelt. Jetzt fiel es ihm wieder ein: Er war schwimmen gewesen. Dann der Spaziergang in Richtung Fischerdorf. Der Streit. Dieser furchtbare Streit. Mittlerweile bibberte er vor Kälte. Till zerrte erneut an seinen Fesseln. Der Himmel über ihm war nachtschwarz, die Nordsee arschkalt. Selbst wenn er Glück und das Wasser inzwischen seinen Höchststand erreicht hatte und sich nun langsam wieder zurückzog, würde er zwar nicht ersaufen, aber erfrieren. Wenn er wirklich in der Nähe des Fischerdorfes war, käme um diese Zeit niemand mehr hierher. Und wenn doch, könnte der ihn nicht sehen.

Austern. Hier wuchsen doch seit einigen Jahren Austern. Setzten sich überall fest. Auch an den Eisentreppen. Verwöhnten den Badegästen nicht den Gaumen, sondern schnitten ihnen bei Flut auch die Füße auf, wenn sie am Rand der Treppe liefen, so scharf waren die. Solch eine Auster brauchte er jetzt. Für die Fesseln. Mit den Füßen tastete er nach ihnen. Doch jede Bewegung seiner Beine fiel ihm unglaublich schwer. Er fror so entsetzlich. Konnte sich kaum noch bewegen. Mit dem wenigen klaren Verstand, der ihm noch blieb, versuchte er, seine Lage zu analysieren. Prekär. Aussichtslos. Er reckte den Kopf in die Höhe. Um zumindest noch etwas Luft durch die Nase zu bekommen.

Wenn sein Kopf nur nicht so hämmern würde! Er hatte das Gefühl, sein Gehirn würde ihm an der Schläfe hinunterlaufen. Rechts. Nur rechts. Aus ihm herauslaufen, wissend, dass er es sowieso nicht mehr brauchen konnte. Darum wohl fühlte er sich so gelähmt. Dieses Rinnsal der Wärme war das Einzige, was er noch spürte. Alles andere an ihm war inzwischen taub. Es muss

Blut sein, erkannte er, und gleichzeitig wurde ihm klar, dass er die Nacht nicht überleben würde. Wenn nicht doch ein aufmerksamer Fußgänger, ein Radfahrer oder ein Hundebesitzer vorbeikam.
Es kam keiner.

***

Hartwig Fitzner saß auf dem Deich. Seit über einer halben Stunde verfolgte er, was sich unten abspielte. Nahezu unsichtbar im Dunkel auf der Deichkrone, war er den beiden Männern gefolgt, die auf dem Weg unterhalb des Deiches, an der Wassergrenze liefen und sich heftig stritten. Ein Hundebesitzer war ihnen mit gleich drei Hunden entgegengekommen, ansonsten waren sie allein geblieben. Inzwischen herrschte Ruhe. Totenstille.

Sein Blick war starr auf die Eisentreppe gerichtet. Er wartete. Immer mal wieder warf der Mond sein fahles Licht durch die sich ständig bewegende Wolkendecke aufs Meer. Fitzner fror. Seine Kleidung klebte nass an seinem Körper. Neben ihm stand Lorentzens Rucksack. Er hatte einen Blick hineingeworfen, auf eine Thermoskanne mit Kaffee gehofft, doch offensichtlich war Lorentzen nicht auf einen längeren Aufenthalt eingerichtet gewesen. Dabei hätte ihm ein Heißgetränk nach dem ungeplanten kurzen Aufenthalt im kühlen Nordseewasser sicher gutgetan.

Gerne auch hätte er sich Lorentzens Handtuch wärmend um die Schultern gelegt. Doch er hatte es in Streifen reißen müssen. Das war bedauerlich. Dennoch fror er gern angesichts der Tatsache, dass sich an diesem Abend eine so außergewöhnlich gute Gelegenheit geboten hatte, das Problem Lorentzen aus der Welt zu schaffen. Chancen wie diese durfte man nicht ungenutzt verstreichen lassen. Auch wenn sein Handeln vielleicht etwas extrem gewesen war. Es hätte gereicht, Lorentzen einfach in bewusstlosem Zustand unter Wasser zu drücken. Aber er hatte nun einmal den Hang dazu, alles etwas anders zu machen. Extremer. Sonst hätte er wohl einen normalen bürgerlichen Beruf ergriffen. Aber die Herausforderung, die Gefahr, das Überschreiten der Legalität, hatte ihn schon immer gereizt. Es war eine Art Spiel, das er ziemlich gut spielte. Bislang war ihm keiner auf die Schliche gekommen, und er würde dafür sorgen, dass das so blieb. Nun aber musste er erst einmal seinem Auftraggeber berichten, auf welche Art er die Angelegenheit erledigt hatte. Er wusste zwar nicht, wie Winter reagieren würde, aber an sich war es egal. Erledigt war erledigt, nur darauf kam es an.

Er sah auf seine Armbanduhr, die er mithilfe eines Knopfdrucks beleuchten konnte. Es war Zeit. Das Wasser hatte längst seinen Höchststand erreicht, und Lorentzen rührte sich seit einigen Minuten nicht mehr. Vorsichtig lief er den Deich hinunter zu der Stelle, an der er ihn an die Eisentreppe gebunden hatte, nachdem der andere Blödmann ihn einfach nur bewusstlos hatte liegen lassen und dann hektisch verschwunden war.

Einen Moment zögerte er. Bedauerlich, dass das Licht nicht besser war, er hätte gern mehr als nur die dunkeln Schatten von dem Schauspiel gesehen, dessen Regisseur er war. Als hätte der Himmel seine Gedanken gelesen, wurde die Wolkendecke dünner, und es fiel mehr Mondlicht auf die Bucht des Jadebusens. Lorentzen war nicht mehr zu sehen.

Der Geruch des Meeres kitzelte seine Nase, tief sog er ihn ein. Alles sah idyllisch aus. Das leicht bewegte Wasser. Ein paar Lichter auf der anderen Seite in Dangast. Morgen würde er sich einen kurzen Radausflug hinüber gönnen. Bei jedem Einsatz hatte er sein Rennrad im Gepäck. Er brauchte die Befriedigung, die sich einstellte, wenn er sich körperlich ausgepowert hatte. Gerade nach längeren Beobachtungseinsätzen. Darum lag das Hightech-Klapprad, das so gänzlich alles ad absurdum stellte, was man früher über Klappräder dachte, stets im Kofferraum seines Wagens.

Wieder ging er die Stufen hinunter ins Wasser, das schwarz und silbern glänzte. Zog aus der Hosentasche das Schweizer Messer heraus, um die Fesseln zu durchtrennen. Seinen Berechnungen nach hatte inzwischen der Ebbstrom eingesetzt, dem er Lorentzens Körper überlassen wollte. Wenn das Glück ihm auch weiterhin hold blieb, würde die Leiche zunächst ins Marientief hinabgezogen und dann vielleicht in jene Bereiche des Nationalparks Wattenmeer gespült werden, wo Menschen jeglicher Zutritt verboten war. Das hatte er während der Wartezeit mit seinem Handy übers Internet recherchiert. Natürlich wäre das der größte Clou: eine im Nationalpark hängen gebliebene Leiche, von der irgendwann sogar die Knochen verschwanden und nichts, rein gar nichts mehr an Lorentzen und seine Rolle in dieser Angelegenheit erinnerte.

Fitzner presste die Kiefer aufeinander, als er sich, unterkühlt, wie er war, am Geländer der Eisentreppe bis zu dem vortastete, was bis vor weniger als einer Stunde noch ein quietschlebendiger Till Lorentzen gewesen war.

***

Ihre langen Beine waren wirklich traumhaft. Sie steckten in halterlosen schwarzen Seidenstrümpfen, die am Oberschenkel mit schwarzer, von einem roten Satinband durchbrochener Spitze gehalten wurden. So jedenfalls stellte Winter sich das vor, nachdem er eine Millisekunde lang Spitze und einen Hauch Rot unter dem kurzen Rock hatte hervorblitzen sehen.

Nachdem sie gestern in letzter Minute abgesagt hatte, war er froh gewesen, dass sie heute tatsächlich aufgetaucht war. Überhaupt sah er die langbeinige Blondinenmaus mit respektvolleren Augen. Sie hatte zwar das Essen genossen, als es aber ums Bezahlen ging und er wortlos seine Visa-Card Gold auf die Ledermappe legte, die die Rechnung enthielt, gebot sie mit einer winzigen Bewegung Einhalt.

»Das ist mir nicht recht«, sagte sie mit einer rauchigen Note in der Stimme, die seine Hormone Salsa tanzen ließ. »Ich weiß Ihre Geste durchaus zu schätzen, aber Sie sollten so etwas vorher mit mir absprechen.« Es schien ihr völlig egal zu sein, dass der Kellner feixend, wie Winter ärgerlich bemerkte, am Tisch stand. Sie griff in ihre Handtasche. Führte sie absichtlich dieses Theater auf?

»Hören Sie«, versuchte er die Nonchalance einzubringen, die

seinem Ruf vorauseilte und für die er gerade in diesem Gourmettempel bekannt war, »das ist doch selbstverständlich. Ich habe noch nie eine Frau zum Essen eingeladen und sie dann selbst bezahlen lassen.« Das stimmte zwar nicht, denn Winter konnte durchaus ein Pfennigfuchser sein, wenn er die Erreichung seiner Wünsche nicht in greifbarer Nähe wähnte, das aber musste sie ja nicht sofort erfahren. »Es war ein netter, überaus interessanter Abend, mit dem ich mich für mein Missgeschick entschuldigen möchte. Gönnen Sie mir die Freude und nehmen Sie die Einladung an.«

Sie zog ihre Hand wieder aus der Tasche heraus und lächelte auf eine ganz bezaubernde Art. »Also gut. Ausnahmsweise. Herzlichen Dank, Sie haben hervorragend gekocht. Aber ein Coffee to go in einer der nächsten Mittagspausen wäre als Entschuldigung ebenso okay gewesen. Immerhin haben Sie sofort bereitwillig die Reinigungskosten übernommen.«

Die Lässigkeit, mit der sie seine Einladung nun doch annahm, beeindruckte ihn. Es war genau diese Selbstverständlichkeit, die er schätzte. Mit dieser Art von Selbstverständlichkeit begegneten sich Menschen auf gleicher Augenhöhe. Das war ihm bei diesem Typ Frau neu. Die blonde Maus legte nicht das respektvolle Nach-oben-Geschaue an den Tag, das er bei ihren Geschlechtsgenossinnen immer wieder erlebte. Beachtlich für eine Frau ihres Aussehens und auch ihres Alters, obwohl er das nicht wirklich einschätzen konnte. Sie musste Ende zwanzig sein. Oder doch schon Anfang dreißig? Egal, er kannte nicht viele Frauen, die über Rückgrat verfügten. Mit einem mehr als zufriedenen Lächeln lehnte er sich zurück. Dieses Wild war es wert, dass man ihm länger auf dem Ansitz auflauerte. Der Tag, an dem er es erlegte, würde einer der besonderen in seinem Leben sein.

Mit einem Augenaufschlag, in dem das Wissen um alles, was er gerade gedacht hatte, zu liegen schien, entschuldigte sie sich, um die Waschräume aufzusuchen. Auch ihre Sprache war herausragend. Das bedeutete ...

Sein Handy klingelte. Unwirsch zog er es aus seiner Hemdtasche.

»Ja?«, bellte er in das kleine Gerät. Er sah sich nach potenziellen Mithörern um, aber da man ihn und seine Gewohnheit, beim Essen das Handy nicht abzuschalten, in diesem Restaurant kannte, hatte man ihm einen Tisch etwas abseits des allgemeinen Geschehens gegeben. Was ihm jetzt durchaus zupasskam.

»Es hat sich eine unerwartete Lösung ergeben«, hörte er Fitzner sagen, von dem er lediglich eine kurze Erfolgsmeldung erwartet hatte. »Ich musste leider korrigierend einschreiten.«

»Wie?«

»Ihr Verbindungsmann hat recht erfolgversprechend angefangen. Ist dann jedoch wie ein Waschweib getürmt.« Kurzes Räuspern.

»Was meinen Sie damit? Sprechen Sie nicht in Rätseln, Mann.«

»Es war die perfekte Gelegenheit. Lorentzen wird nichts mehr sagen.« In wenigen, völlig emotionslosen Sätzen erklärte Fitzner, was geschehen war. »Inzwischen treibt der Körper in der Nordsee. Es kann einige Tage dauern, bevor der Leichnam irgendwo auftaucht. Wenn überhaupt. Ich denke, wir können ganz beruhigt sein.«

Winter grunzte ärgerlich. »Das hoffe ich.« Ohne ein weiteres Wort beendete er das Gespräch, denn die Langbeinige kam zurück. Sie blieb am Tisch vor ihm stehen.

»Seien Sie mir nicht bös, aber ich habe mir ein Taxi bestellt. Der Kellner meint, es sei jeden Moment hier«, überraschte sie ihn aufs Neue. Mit den Worten »Ich bedanke mich für den überaus netten Abend in diesem vorzüglichen Restaurant. Ich werde es sicher weiterempfehlen« besaß sie tatsächlich die Dreistigkeit, ihm hier und jetzt die Hand zum Abschied zu reichen. »Wir sehen uns sicher demnächst wieder im Innenhof. Dann bin ich aber dran, Ihnen einen Kaffee als Dankeschön für den heutigen Abend auszugeben.«

Schon war sie weg.

Winter blieb zurück. Saß da und musste erst einmal sortieren, was ihm innerhalb der letzten Minuten widerfahren war. Er wusste nicht, was schlimmer für ihn war: die gekonnte Abfuhr der Frau, die ihn nun mehr reizte als zuvor, oder die Nachricht von der Nordsee. Über eines jedoch war er sich absolut im Klaren: An Erfolgsmeldungen gemessen, war heute ein Scheißtag.

***

So einfach, wie es am Telefon geklungen hatte, war die Teilnahme an der Studie dann doch nicht. Das Medikament war in Deutschland weder bekannt noch zugelassen, lediglich in Amerika wurde es getestet. Aber auch dort war es noch weit von der Zulassung entfernt. Ihr Mann hatte sich Informationsmaterial zuschicken lassen, hatte mit Amerika telefoniert, war rübergeflogen. Hatte mit anderen Patienten gesprochen, die bereits an der Studie teilnahmen. Und war begeistert zurückgekommen.

»Es stimmt alles«, berichtete er glücklich, als er vom Flughafen und der anschließenden Bahnfahrt zurück war und sie gemeinsam im Wohnzimmer vor dem flackernden Kamin saßen.

In den Tagen seiner Abwesenheit hatte sich ihre Schwester rührend um sie gekümmert. Anja war nicht berufstätig, ihre Kinder längst aus dem Haus. Den Beruf hatte sie aufgegeben, als ihre erste Tochter geboren wurde. Es war ein Glück, dass Anja zudem in der Nähe wohnte und sich freute, etwas für sie tun zu können.

»Die Patienten, mit denen ich gesprochen habe, bestätigen alle übereinstimmend, dass es ihnen inzwischen wesentlich besser geht«, fuhr ihr Mann fort. »Dass das Wachstum der Tumore eingedämmt und sie zum großen Teil auch zurückgegangen sind. Selbst die Nebenwirkungen seien erträglich, hat man mir gesagt, bei den meisten war es so eine Art Akne, wie du sie auch durch die neuen Tabletten bekommen hast. Das wäre doch nicht weiter schlimm, oder?«

Fast ängstlich sah er sie an, als könnte sie mit einem Wort seine Hoffnung auf Heilung vom Tisch fegen.

»Warum ist man ausgerechnet an uns herangetreten?«, wollte sie wissen. »Warum hat man gerade uns ausgewählt? Wo ist der Hinkefuß? Was kostet das? Ich traue dem Braten nicht.«

Er nahm sie in den Arm. »Liebelein, da ist kein Hinkefuß. Sie haben in Deutschland gezielt nach Patienten mit deiner Krebsart gesucht, weil bei dieser Art das neue Präparat besonders gut greift.

Man ist an die Kliniken herangetreten und hat nach möglichen Probanden gefragt. So sind sie auf uns gekommen.«
»Aber die Klinik durfte doch nicht so ohne Weiteres unsere Anschrift herausgeben. Das ist doch vollkommen gegen den Datenschutz.«
Obwohl der Kamin brannte, war ihr kalt, sie zog die Fleecedecke enger um sich. In der Hand hielt sie einen Becher Pfefferminztee, Früchtetee vertrug sie in der letzten Zeit nicht mehr. Er saß auf der vorderen Kante seines schwarzen Sessels. Wie auf glühenden Kohlen, so kam es ihr jedenfalls vor.
»Es durfte keine offizielle Empfehlung der Klinik, keine offizielle Weiterleitung geben, da das Medikament ja auch in Amerika noch nicht zugelassen ist. Deshalb hat man zwar unsere Telefonnummer, aber nicht die Adresse herausgegeben.« Er beugte sich vor, griff ihre Hand. »Glaub mir, glaub doch bitte, dass das eine Chance ist. Lass sie uns ergreifen. Bitte! Frag nicht weiter nach, nimm es als Fügung des Schicksals. Gott will noch nicht, dass du gehst. Er gibt dir auf diese Art die Möglichkeit weiterzuleben. Bitte, Liebelein. Tu es für uns. Tu es für mich. Lass nicht zu, dass ich dich verliere.«

Mittwoch

Der Wecker zeigte noch keine acht Uhr, als Wiebkes Telefon klingelte. Heute sollte Ulla den Laden aufmachen, Wiebke wollte einfach mal wieder bis halb neun schlafen. Sie war also noch nicht wirklich wach, als sie zum Telefonhörer auf ihrem Nachttisch griff.

»Guten Morgen, du Frühaufsteher«, sagte sie in der Gewissheit, ihren Bruder am anderen Ende der Leitung zu haben. Als sie stattdessen jedoch die Stimme ihres Onkels Erich Janssen vernahm, war sie irritiert.

»Guten Morgen, Wiebke«, klang sein sonorer Bass in ihr Ohr.

»Erich? Was ist los? Wie kommt's, dass du so früh anrufst?«, fragte sie, denn normalerweise telefonierten sie nur an Geburtstagen, alles andere lief über Tante Agnes.

Als Janssen antwortete, klang deutliche Besorgnis aus seiner Stimme. »Ist Till bei dir?«

»Nein. Wie kommst du denn da drauf? Der hat doch gar keinen Urlaub. Ist was passiert?«

Alarmiert schwang Wiebke die Beine aus dem Bett. Sie brauchte die Kühle der Schlafzimmerluft, um einigermaßen zu Verstand zu kommen. Denn bislang verstand sie gar nichts.

»Er ist heute nicht zu seiner Schicht erschienen. Ich erreiche ihn weder übers Festnetz noch über sein Handy.«

Nun lief es Wiebke eiskalt den Rücken runter. »Bist du zu ihm in die Wohnung gefahren? Hast du dich erkundigt, ob es eine Telefonstörung gibt?«

»Nein. Ich wollte erst mit dir sprechen. Hätte ja sein können, dass du etwas weißt.«

»Vielleicht hat er einfach verschlafen. Das Telefon nicht gehört und das Handy auf lautlos gestellt. Es wird einen Grund geben.«

Zögerlich sagte Janssen: »Till war ein wenig ... na, sagen wir sensibel in den letzten Tagen. Es gab da ein paar Schwierigkeiten im Job.«

Das Zaudern in der Stimme ihres Onkels erboste Wiebke. »Hör mal, Erich, lass das Gerede um den heißen Brei! Was willst du mir damit sagen? Glaubst du, dass er sich etwas angetan haben könnte? Dann setz deinen Hintern in Bewegung und fahr sofort in seine Wohnung!«

»Ich ...«

»Oder steckt etwas anderes dahinter?« Wiebke stutzte. »Ach, dieser Zwischenfall mit dem Ölaustritt.« Janssen wollte sie unterbrechen, doch sie ließ ihn nicht. »Mein Gott, Erich! Du kannst dir doch denken, dass er mir das erzählt hat. Er erzählt mir immer alles. Aber du glaubst doch nicht im Ernst, dass er deswegen nicht erreichbar ist?«

»Was hat er dir erzählt?«

»Nicht viel. Nur dass es einen Störfall gab, den ihr nun untersucht. Und dass ihr befürchtet, es könnte Sabotage im Spiel sein.« Wiebke merkte, dass sich ihr Adrenalinspiegel zumindest ein klein wenig senkte. Sie stand auf, lief in die Küche und füllte frisches Wasser in ihre Kaffeemaschine. Das war das Einzige, was sie jetzt in die richtige Spur brachte: eine ordentliche Tasse Kaffee.

»Ja. Aber das ist jetzt nebensächlich. Hast du gestern Abend noch mit ihm telefoniert?«

»Nein.« Wiebke stockte. »Ich hab ihn nicht erreicht. So wie du es sagst: weder übers Handy noch übers Festnetz.«

***

Michael Winter hatte eine schlaflose Nacht hinter sich. Nur mit einem leichten Hausmantel aus schwarzem Jersey bekleidet, saß er an das gläserne Kopfende seines weißen Lederbettes gelehnt. Aus dem raumhohen Fenster sah er in den Garten. Dichte, große Büsche, Sträucher und eine hohe Ligusterhecke hinderten Passanten daran, von der Straße aus auf sein Grundstück zu blicken. Als er sich vor acht Jahren dieses Haus im Münchner Stadtteil Solln gekauft hatte, war das für ihn die Erfüllung aller

Träume gewesen. Kaum dass der Innenarchitekt mit der Ausstattung fertig war, hatte Winter seine Eltern eingeladen. Viel Grün, überall eingeschossige Häuser, alles nobel. Okay, es war nicht Grünwald, aber in den echten alten Münchner Geldadel einzuheiraten war sein nächstes Ziel. Das er selbstverständlich erreichen würde. Bislang hatte er noch jedes seiner Ziele erreicht. Er schluckte. Nein. Jedes nicht. Denn immer noch fehlte ihm die Anerkennung seines Vaters. Der zwar seiner Einladung gefolgt war und auch nichts dagegen einzuwenden gehabt hatte, dass Winter sie auf seine Kosten in einem der besten Hotels der Stadt einquartierte, der sich jedoch hanseatisch vornehm gab und mit Kommentaren zu Winters Domizil geizte. Was ein weiteres Messer in seinen Eingeweiden bedeutete. Er war sich schon immer vorgekommen, als sei sein Vater der Messerwerfer und er selbst, der Sohn, die Pappfigur, auf die geworfen wurde. Seine Mutter hingegen war aus dem Staunen nicht herausgekommen und hatte in derart übertriebener Weise auf die Großartigkeit des Hauses hingewiesen, dass sich Winter direkt dafür geschämt hatte. Damals hatte er seine Eltern das letzte Mal gesehen. Seitdem telefonierten sie nur. Er schob stets einen vollen Terminplan vor, wenn seine Mutter ihn drängte, auf einen Besuch nach Bremen zu kommen. Der eigentliche Grund jedoch war, dass er ihr durch seine Anwesenheit kein weiteres Mal Grund für ein derart anbiederndes Verhalten bieten wollte. Er hoffte, er wünschte sehr, dass sie unter normalen Umständen einen würdigeren Umgang mit seinem Vater pflegte.

Vielleicht war er deshalb von der Blondine am Vorabend so überrascht und angetan gewesen. Sie hatte seine Gedanken noch in der Nacht beschäftigt. Und nicht nur seine Gedanken. Er hatte eine ihm in dieser Form nicht bekannte Erregung verspürt, als er unbekleidet unter die Satinbettwäsche im Zebramuster glitt. Sein Glied erigierte und Winter tat etwas, was er schon seit Jahren nicht mehr selbst getan hatte: Er legte Hand an sich. Dachte an sie, dachte sogar ihren Namen, während er sich selbst stimulierte, und erlebte eine Ekstase, die ihn bis in den Höhepunkt hinein schüttelte.

Hinterher hatte er in kleinen Nachbeben eine Zeit lang auf dem Bett verweilt, sich dann unter die Dusche gestellt und mit leichtem Bedauern abgeseift. Zu gern hätte er sie in jenem Augenblick bei sich gehabt, seine Hände ihren Körper berühren und massieren lassen.

Auch jetzt wieder überzogen ihn leichte Schauer. Er riss sich zusammen. Griff zur großen Tasse Milchkaffee, die er sich vorhin an seiner für ihn eigentlich völlig überdimensionierten Kaffeemaschine in der Küche gemacht hatte, und trank den inzwischen lauwarmen Kaffee in raschen Schlucken. Es tat gut, das Koffein ins Blut gehen zu spüren, er kam langsam wieder in Schwung und auf normale Gedanken. Die nichts mit irgendwelchen Frauen zu tun hatten. Immerhin gab es einen Auftrag zu erledigen.

Er lächelte, als er an das gestrige Telefonat dachte. Sein Ärger über Fitzners eigenmächtiges Handeln war bereits während der Heimfahrt verflogen. Das Problem Lorentzen war erledigt, nun galt es nur noch, den V-Mann unter Kontrolle zu behalten, was jetzt leichter als vorher war. So hatte alles Ungeplante dann doch auch Vorteile. Die er zu nutzen gedachte. Denn nun konnte er seinen V-Mann auf zweifache Weise unter Druck setzen. Wunderbar. Besser könnte es nicht sein. Das würde er gleich nach oben weiterleiten. Man würde mit ihm zufrieden sein.

**

Oda ließ sich entnervt auf den Besucherstuhl im Zimmer ihrer Kollegen Lemke und Niekstein fallen.

Niekstein blickte sie mitleidig an. »War es so schlimm?«, fragte er.

»Schlimmer.« Oda seufzte überaus vernehmlich und ließ beide Schultern mehrmals nach hinten kreisen. Sie hatte sich verspannt, wie es häufig vorkam, wenn sie mit einer Vernehmung nicht zufrieden war. Ihr Sohn Alex hatte ebenfalls oft mit Verspannungen im Hals zu kämpfen, machte aber diese Bewegung so gekonnt, dass es jedes Mal hörbar knackte. Oda glaubte manchmal, er würde sich dabei noch das Genick brechen. Aber Alex lachte nur, wenn sie ihn darauf ansprach. Da es bei Oda nicht knackte, rollte sie die Schultern weiter, ohne allerdings wirklich den Punkt der Spannungslösung zu finden.

»Machst du jetzt einen auf Albatros im Rückwärtsflug, oder was ziehst du hier für 'ne Nummer ab?«, fragte Nieksteit.

»Blödmann. Hab mir die Schultern verspannt.« Ein letztes Rollen.

»Na denn ... erzähl!«, forderte Nieksteit sie auf.

»Ach, es ist jedes Mal das Gleiche«, resignierte Oda. »Da kriegst du von den Kollegen so ein Bürschlein präsentiert, das sie beim Handel mit Drogen erwischt haben, und dann spricht der kaum Deutsch und ist natürlich noch keine zwölf. Es ist zum Kotzen. Du musst jeden einzelnen dieser Burschen laufen lassen, und kaum hast du hinter ihnen die Tür zugemacht, erwischen die Kollegen sie draußen wieder bei der gleichen Sache. Das ist so frustrierend.«

»Stimmt.« Lemke trat ein, in jeder Hand einen Pappbecher mit Automatenkaffee. »Ich hab mir gedacht, den kannst du gebrauchen.« Er stellte den Becher vor Oda auf den Schreibtisch, zog eine Schublade auf und kramte Zuckerpäckchen und Kondensmilchdöschen hervor.

»Cool«, sagte Oda anerkennend. »Wo haste die denn her?«

»Nehm ich immer mit, wenn ich irgendwo Kaffee trinken geh«, erwiderte Lemke. »Ich brauch's ja nicht, aber hier kann ich's immer mal loswerden.«

»Bist ein Schatz.« Oda riss ein Milchdöschen auf, wobei ein Tropfen überschwappte, diesmal allerdings glücklicherweise nicht auf ihr T-Shirt.

»Es ist wirklich eine Sauerei«, bestätigte nun auch Lemke, der bei der Vernehmung dabei gewesen war. »Der war garantiert älter als zwölf.«

»Aber ohne Papiere«, sagte Oda resigniert, »kannste nix machen.«

Im gesamten Bundesgebiet war es das Gleiche: Ausländische Jugendliche wurden eingeschleust, verkauften Drogen, die sie als

Kügelchen in ihrem Mund verwahrten, und wenn die Polizei auf sie zukam, schluckten sie die Dinger ruck, zuck runter, im Vertrauen darauf, sie auf natürlichem Weg wieder ausscheiden zu können. Klappte ja auch meistens. Dann wurden sie gespült, neu eingewachst und es ging zurück auf die Straße, wo genügend Interessenten warteten.

»Bin gespannt, wie lange der im Jugendheim bleibt.« Odas Stimme enthielt berechtigte Skepsis. »Würde mich nicht wundern, wenn der gleich heute Nacht türmt.«

»Tja.« Auch Nieksteit kannte natürlich dieses Problem. »Da kommt noch allerhand auf uns zu, und ich sage euch, das ist nichts wirklich Gutes«, unkte er.

»Ach.« Oda stöhnte laut und vernehmlich. »Lass uns das Thema wechseln. Wir ändern ja doch nichts, reiben uns nur wieder und wieder daran auf. Manchmal ist es ein Scheißjob, den wir haben.«

In diesem Augenblick ging die Tür auf. Siebelt Hinrichs, ihr Chef, steckte seinen Kopf herein. »Hab ich das richtig gehört, Oda? Du hast gesagt, du hättest einen Scheißjob?« Er trat ein, griff Odas Kaffeebecher und trank einen Schluck. Ihm gelang mühelos, was Oda gerade vermieden hatte: Ein Kaffeefleck machte sich auf seiner braunen Tweedweste breit. Das war allerdings nichts Ungewöhnliches, Siebelt einen Kaffee trinken zu sehen, ohne dass er sich bekleckerte, wäre hingegen einem Wunder gleichgekommen.

»Sagt mal«, begann Siebelt, als er den Becher zurückstellte und resigniert den Fleck betrachtete, »hat einer von euch was von Christine gehört? Weiß sie davon, dass ... na, von dem Baby? Heute war so 'ne richtig blöde Anzeige in der Zeitung. Nur der Name des Babys und die Vornamen der Eltern. Da sollte man einem Anwalt doch ein wenig mehr Stil zutrauen.«

In diesem Moment hätte Oda ihren Chef küssen können. So war er, der tapsige Siebelt, der gern Golf spielte und nach oben hin auch mal duckmäuserte: im Kern ein prima Kerl.

»Jo. Ich hab mit ihr gesprochen. Sie wusste es aber schon. Ist wohl auch okay. Da kann sie sich im Urlaub von der Nachricht

erholen. Und vielleicht trifft sie zufällig auf den Kollegen Steegmann, der kann sie dann ja ablenken.« Oda grinste und sah auch das Feixen auf Nieksteits Gesicht.
»Steegmann?« Siebelt guckte verwirrt.
»Ja. Der kam kurz vor seinem Urlaub rein, verkündete, dass er an den Ostfriesischen Inseln entlang segeln wolle und fragte, auf welcher Christine Urlaub macht.« Oda gab sich keine Mühe, ihre Belustigung zu verbergen.
Siebelt nickte. »Ach so. Na, dann wollen wir uns mal wieder dem schnöden Alltag zuwenden.« Er blickte Oda an. »Sag mal, sieht man den Fleck tüchtig? Ich müsste mich sonst noch umziehen. An sich sollte ich aber schon seit ein paar Minuten weg sein, denn ...«
»... ich hab einen Termin außer Haus«, vervollständigten die drei unisono den Satz, von dem Siebelt vielleicht gar nicht wusste, wie oft er ihn sagte.

***

Den ganzen Tag über hatte Wiebke bei Till anzurufen versucht; auf dem Handy, in der Wohnung ... nichts. Till rührte sich nicht, und das machte Wiebke verdammte Angst. Im Teeladen war eine Menge zu tun, doch sie war derart unkonzentriert, dass sie Ulla bat, ausnahmsweise die komplette Ladenschicht zu übernehmen. Wiebke wollte im Büro bleiben. Telefonbereit, falls Till anrief. Aber auch das ging nicht. Immer aggressiver wurde sie, immer angespannter, während sie vergeblich sämtliche Telefonnummern wählte, unter denen Till normalerweise erreichbar war. Auch Ina hatte nichts von ihm gehört. Gegen Nachmittag hielt Wiebke die Ungewissheit nicht mehr aus. Sie wählte jene Nummer, die ihr das Internet via Suchmaschine offeriert hatte: die der Polizei in Wilhelmshaven.

Zwanzig Minuten später legte sie entmutigt den Hörer auf und ließ sich auf ihrem Bürostuhl zurückfallen. Ein paar Minuten saß sie so, bevor sie erneut und wieder umsonst sowohl Tills Festnetz- als auch seine Handynummer wählte. Mühsam wie eine alte

Frau stand sie auf. Vorn war es ruhig. Bis auf Ulla und eine Kundin, die gerade zahlte, war der Laden leer. Als sich die Tür schloss, sah Ulla sie erwartungsvoll an.

»Gibt es was Neues?«

»Nein. Till geht nicht ans Telefon. Und in der Firma ist er auch nicht aufgetaucht, sonst hätte Erich mich angerufen. Er ist wie vom Erdboden verschwunden. Ihm muss etwas passiert sein.«

»Ach was, mach dir mal keine Gedanken«, versuchte Ulla sie zu beruhigen. »Vielleicht hat er sich einfach eine Auszeit genommen. Braucht die nicht jeder mal? War ja alles ein bisschen viel für ihn mit Inas Auszug und so. Wo er doch so an Merle hängt. Hast du mit Ina schon telefoniert?« Ulla lehnte an dem weißen Regal, in dem die schon gefüllten Präsenttütchen dekorativ platziert waren.

»Ina weiß auch nichts. Außerdem würde Till sich nie einfach so eine Auszeit nehmen. Das passt einfach nicht zu ihm. Auch dass er sich von jetzt auf gleich gar nicht bei mir meldet, wo er doch in der letzten Zeit ständig 'ne SMS schickt, ist nicht normal.« Wiebke stieß sich vom Türrahmen ab. »Ich hab eben bei der Polizei angerufen und ihn als vermisst gemeldet.«

Ulla reagierte skeptisch. »Hältst du das nicht für ein bisschen übertrieben? Immerhin erreichst du ihn erst seit einem Tag nicht.«

»Ja, das hat man mir am Telefon auch gesagt. Da würden sie noch nichts machen können. Ich solle noch ein paar Tage abwarten. Es käme immer mal wieder vor, dass Erwachsene einfach so abtauchen und dann quietschfidel wieder auf der Matte stünden. Sie haben zwar seine Daten aufgenommen, lassen den Zettel aber erst einmal liegen. Es gebe ja keinen Anlass, der zur Sorge berechtige, sagten sie, weil er nicht krank war oder mit Suizid gedroht habe oder so.« Wiebke sprach, als sei ihre Stimme, ebenso wie ihr Gehirn, in Watte gehüllt. Alles fühlte sich so unwirklich an.

***

Es war ein schöner Marsch gewesen, am Wasser entlang Richtung Westende der Insel. Zwischendurch hatte Christine den Strand verlassen und war den Naturpfad Flinthörn entlangspaziert. Das Dünengras war warm von der Sonne, und sie hatte oben im Pavillon eine kleine Pause gemacht, bevor sie ihren Weg Richtung Hafen fortgesetzt hatte. Nun saß sie auf der Terrasse der Teestube am Hafen und genoss den Anblick von Segelbooten, die in der Marina vor sich hin dümpelten, und Radfahrern, die fröhlich vorbeifuhren. Gerade lief eine Fähre mit lautem Tuten ein, an Bord sicherlich eine Menge Menschen, die sich auf ihren Inselurlaub freuten. Wie hoch wohl der Prozentsatz der Alleinreisenden war? Christine lächelte ein wenig nachdenklich. Sie trank einen Schluck Kaffee und griff in ihren Rucksack, um ihr Buch herauszuziehen, als sie angesprochen wurde.

»Entschuldigen Sie, ist bei Ihnen noch ein Plätzchen frei?« Die Stimme kam Christine bekannt vor.

Sie sah unter dem Schirm ihres Baseballcaps hoch. Normalerweise trug sie solche Kappen nicht, hier aber kannte sie keiner, außerdem war das Ding überaus praktisch, und beim Blick in den Spiegel war sie sich damit richtig inseltauglich vorgekommen. Als sie nun gegen die Sonne blinzelte, erkannte sie tatsächlich Carsten Steegmann, der übers ganze Gesicht lachte und sich köstlich zu amüsieren schien. Auch Christine lächelte spontan. »Na, das ist ja ein Zufall«, sagte sie und wies über den Tisch auf die drei leeren Korbstühle. »Nehmen Sie Platz. Was treibt Sie denn nach Langeoog?« Sie hoffte, nichts an ihrer Miene verriet, dass Oda sie auf die Möglichkeit, ihm hier zu begegnen, hingewiesen hatte. Allerdings: Konnte es sein, dass ihr Unterbewusstsein sie deswegen heute Richtung Hafen geführt hatte?

»Ich mach mit dem Schiff ein paar Tage Urlaub. Inselhopping, wenn Sie so wollen«, erzählte er ihr, was sie bereits wusste. »Dieses Wetter muss man ja ausnutzen, der Winter wird lang genug, und dann ist das Boot eh eingemottet.«

»Geht das denn so einfach? Ein Boot allein bewältigen? Ich muss gestehen, ich kenne mich auf diesem Sektor überhaupt nicht aus. Hab in Hannover leider keine Berührung mit dem Segeln bekommen und bin völlig ahnungslos.«

Steegmann schmunzelte. »Doch, das geht. Mein Schiff hat eine Größe, die man auch allein bewerkstelligen kann, obwohl es natürlich zu zweit schöner ist.«

Aus einem Impuls heraus fragte Christine: »Ist Ihre Frau denn nicht mitgekommen?«

Augenblicklich nahm Steegmanns Gesicht einen abwehrenden Ausdruck an, den er jedoch schnell im Griff hatte. »Sie macht sich nichts aus Segeln«, sagte er in einem Tonfall, der zwar nett war, aber deutlich machte, dass er über dieses Thema nicht sprechen wollte. »Aber wenn Sie Lust haben, können Sie sich die ›Henriette‹ gern einmal angucken. Kommen Sie mich doch auf einen Kaffee oder ein Glas Wein besuchen«, schlug er vor.

»Henriette?«

»Mein Schiff. Hab ich nach meiner Oma benannt. Ich finde, das ist ein schönes Synonym. Meine Oma hat mich als kleinen Jungen auch immer so schön in den Schlaf gewiegt, bei ihr fühlte ich mich sicher. Ihr Name ist darum für mich mit einem sehr wohligen Gefühl verbunden.«

Steegmann winkte dem jungen Mann, der am Nachbartisch gerade abkassiert hatte. »Ich möchte gern auch einen Kaffee«, sagte er und fragte, an Christine gewandt: »Was halten Sie von einem Sekt mit Sanddornsaft?«.

»Sekt mit Sanddorn?« Sie runzelte fragend die Stirn.

»Schmeckt außergewöhnlich gut. Sollten Sie mal probieren. Zwei Sanddorn-Sekt also«, sagte er zum Kellner, der grinsend abzog. »Wenn man Sanddorn schon in alles Mögliche mischt, ob in Milch, Tee, als Eis oder sonst wie, dann können Sie ihn auch mit Sekt probieren. Lassen Sie sich einfach überraschen.«

Tatsächlich war es eine interessante Geschmacksnote, und wider Erwarten saßen sie ein gutes Stündchen bei einem anregenden Gespräch zusammen, bevor sie sich voneinander verabschiedeten. Erneut lud Steegmann Christine auf die »Henriette« ein, und spontan sagte sie für den kommenden Vormittag zu.

Als sie die Straße vom Hafen in den Ort zurückspazierte, während die Sonne sich anschickte unterzugehen, merkte sie, dass ihre Mundwinkel, die in der letzten Zeit viel zu sehr nach unten gezeigt hatten, in einem Dauerlächeln nach oben gingen.

***

Winter lehnte sich zufrieden in seinem Lederstuhl zurück. Von seinem Fenster aus sah er phantastische Wolkenbilder, die über den Himmel jagten. Dieser Tag, der ja schon vielversprechend begonnen hatte, würde garantiert einer der richtig guten werden. Eine der gesichtslosen Vorzimmermiezen hatte ihm Kaffee hingestellt. Er merkte sich ihre Namen nie, denn sie wechselten ständig, da sie nur kurzfristige Verträge auf Vierhundert-Euro-Basis erhielten. Niemand außer seiner »Müllerin«, wie er seine Sekretärin fast ein wenig liebevoll nannte, sollte die Möglichkeit haben, Einblick in seine Geschäfte zu bekommen. Sie war sein bürotechnisches Rückgrat, eine Koryphäe, ihr Büro lag direkt neben seinem. Bei ihr liefen alle Fäden zusammen, die die Mädels draußen nur locker auffingen, sie besaß die genaue Übersicht über sein berufliches und auch finanzielles Leben. Etwas, was er einer Ehefrau nicht anvertrauen würde. Zudem war Sieglinde Müller ein Mensch, den Winter zwar in höchstem Maß als Individuum wertschätzte, als Frau jedoch war sie für ihn vollkommen uninteressant. Sie pflegten eine ganz eigene Beziehung, und er war sicher, dass er wahrscheinlich mehr dafür tun würde, um sie aus einer prekären Situation zu retten, als umgekehrt.

Er griff zum Prepaidhandy auf seinem Schreibtisch und wählte die vertraute Nummer. Das »Ja?«, das jetzt an sein Ohr drang, klang gehetzt.

»Lieber, Lieber, Lieber«, sprach Winter in einem Tonfall, der jeden Priesterseminaristen vor Berufsneid hätte erblassen lassen, »was bitte haben Sie sich denn bei dieser Aktion gedacht?« Ein breites Grinsen lag auf seinem Gesicht, weil er doch förmlich vor sich sah, dass sein Gesprächspartner absolut gar nichts verstand.

Die irritierte Reaktion kam prompt. »Was für eine Aktion?« Die Unsicherheit, die in diesen Worten mitschwang, sprach Bände.

»Na, diese ... nennen wir es einmal schwere Handgreiflichkeit gegen Lorentzen.« Winter schwieg erneut. Er war die Katze, die mit der Maus spielte. Wobei die Maus keine Chance hatte, was sie allerdings nicht wusste. Es war ein schönes Spiel. So befriedigend. Winter spielte es gern. Denn immer war er die Katze. Nie die Maus.

»Woher wissen Sie?« Die Bestürzung war nicht zu überhören. Was verständlich war, denn natürlich war sein V-Mann davon ausgegangen, dass niemand mitbekommen hatte, was gestern Abend am Deich geschehen war. Jetzt aber musste er das Gefühl haben, als breche der Boden unter ihm weg.

Das war gut. Sehr gut sogar. Er, Michael Winter, wollte der einzige Boden sein, auf dem sein V-Mann sich sicher fühlte. Darum schob er in väterlich besorgtem Tonfall nach: »Es gibt kaum etwas, was mir entgeht, mein Lieber. Aber Sie können ganz beruhigt sein. Auch wenn es nicht im Interesse der Sache war, dass Sie Lorentzen umbringen – im Gegenteil, ich hatte Sie lediglich gebeten herauszufinden, womit wir ihn kaufen können –, lassen wir Sie natürlich nicht im Regen stehen.«

»Stopp. Halt. So war das nicht, ich ...« Sein Gesprächspartner versuchte, ihn zu unterbrechen. Doch Winter ließ keinen Einwand zu.

»Beruhigen Sie sich, Mann. Wir haben alles im Griff. Sie haben Lorentzen ins Wasser befördert, und wenn Sie Glück haben, taucht seine Leiche nie auf. Die Strömungsverhältnisse im Jadebusen lassen derartige Hoffnungen zu. Also entspannen Sie sich.« Er räusperte sich. »Wie geht es übrigens Ihrer Frau? Steht da jetzt nicht die nächste Behandlung an?« Als innerhalb der nächsten fünfzehn Sekunden keine Antwort kam, legte Winter zufrieden auf.

Das war ein gutes Telefonat gewesen. Denn dass sein V-Mann wirklich so zuverlässig war, wie er erwartete, war mittlerweile leider fraglich. Zwar hatte er ihm die Ausgangsdaten verschafft.

Danach war das Ganze jedoch ins Stocken geraten. Winter hatte das Gefühl, dass sich der Typ aus der Sache herauszuziehen versuchte. Doch nun konnte er den Druck auf ihn wegen Lorentzens Tod verschärfen.

Gut, dass sein V-Mann nicht wusste, wie Winter im Hintergrund daran arbeitete, ihn zu übergehen, um ihm dann das Messer nicht nur in den Rücken zu stecken. Der Mann war fällig. Ein Bauernopfer. Unschön, aber notwendig im Sinne der Sache. Dass auch die Frau dabei auf der Strecke blieb, war lediglich ein notwendiges Übel.

Donnerstag

Es war frisch an Bord der »Harletief«, als sie vom Festland ablegte, um die nächste Schicht hinüber zur Löschinsel der Nordseeraffinerie zu bringen. Ein typischer Herbstmorgen mit mehr als kühlen Temperaturen. Gerade beim Übersetzen mit dem Versatzboot spürte man die Kälte, die die Nordsee mit sich brachte. Sie fiel genauso ins Gewicht wie die Kühle der Luft. Zudem wehte eine kräftige Brise, und der Bug des Schiffes warf das Nordseewasser hoch, sodass es wie in einer Sprinkleranlage auf die Menschen an Bord traf. Jörg Wennigsten machte das nichts. Er genoss das Salz, das mit dem Wasser durch die Luft wirbelte, sich auf sein Gesicht legte, auf seinen Lippen haftete. Nicht umsonst hatte er seine dicke Jacke an, denn auch auf der Löschinsel fegte der Wind, grad im Oktober. Da mochte die Sonne noch so scheinen, hier draußen, obwohl gar nicht so weit vom Land entfernt, war es stets bestimmt ein Grad kühler. Daran mochte die Nordsee, die ja nicht nur rundherum, sondern auch unter der Löschinsel war, durchaus ihren Anteil haben. Jörg Wennigsten kämpfte noch mit einem Rest Müdigkeit, er hatte sich am gestrigen Abend wieder einmal nicht früh genug ins Bett gelegt. Dass er das aber auch nicht lernte! Er saß allein vorm PC oder Fernseher, sah auf Sky Sport oder stöberte in einer der Singlebörsen nach einer geeigneten Partnerin, und jedes Mal verpasste er den Moment, an dem er ins Bett gehen sollte. Am Morgen wachte er dann gerädert und unzufrieden auf. Es war wie eine Gebetsmühle, dass er sich vornahm, den Wecker so zu stellen, dass er ihn um spätestens zweiundzwanzig Uhr dreißig ins Bett scheuchte. Das tat der Wecker zwar, aber Jörg Wennigsten ignorierte ihn beharrlich. Seit inzwischen acht Jahren. Nein, wirklich gut war das nicht, das war ihm klar. Aber er hatte bislang auch kein Rezept gefunden, wie er sich selbst überlisten könnte.

Um endlich richtig wach zu werden, hatte er sich an die Reling gestellt. Der Fahrtwind sollte ihm den Kopf frei pusten. Träge warf er gähnend einen Blick aufs Wasser. Und war mit einem Mal schlagartig wach.

Da schwamm etwas. Dieses Etwas sah aus wie ein Mensch.

»Hey«, krächzte er entsetzt und drehte sich um zu den Kollegen, die ebenso träge herumstanden wie er. »Stopp!« Nun schrie er. »Mann über Bord! Stopp! Sofort stopp!«

Jetzt kam Bewegung ins Schiff. Sofort kamen seine Kollegen angelaufen, die Maschinen stoppten.

»Mann über Bord?« Hast du 'ne Meise? Wir sind doch alle hier!«

»Da schwimmt einer«, sagte Jörg und zeigte auf den hellen Punkt ein paar Meter zurück. »Da schwimmt einer.«

Zehn Minuten später hatte die »Harletief« das geortet, was Jörg Wennigsten zuvor gesichtet hatte. Es war tatsächlich ein Mensch, der da auf der Wasseroberfläche trieb. Der raue Wellengang erschwerte die Versuche, die Person mit einem Bootshaken zu sichern. Ein paarmal musste hin und her manövriert werden. Immer wieder sackte die Leiche unter die Wasseroberfläche, immer wieder hatten sie sie fast am Haken, und dann schwappte das Wasser doch höher, entriss den Körper wieder und schob ihn außer Reichweite. Doch irgendwann, es kam Wennigsten wie Stunden vor, hatten sie die Leiche schließlich. Vorsichtig, sich der Sensibilität der Situation bewusst, zogen sie den Leichnam näher. Jedem von ihnen war bange bei dem Gedanken an das, was sie erwarten würde. Es war totenstill an Bord. Wennigsten ahnte, dass jeder von ihnen das Gleiche dachte: Lieber Gott, lass die Leiche noch nicht so lange im Wasser sein. Denn es war von Deck aus nicht ersichtlich, ob sie den Körper in einem Stück nach oben würden bringen können. Wennigsten hoffte auf nur wenige Tage im Wasser, das inzwischen ja auch nicht mehr so warm war. Da bestand berechtigte Hoffnung, dass man die Person vollständig bergen konnte. Einmal hatte er miterlebt, wie man eine seit Wochen im Meer treibende Leiche zu bergen versucht hatte. So etwas wollte er in seinem ganzen Leben nicht noch einmal mit ansehen müssen. Er verbot sich die Gedanken an die grauenhaften Bilder von damals und konzentrierte sich auf das, was jetzt geschah. Inzwischen war es gelungen, eine Plane unter die Leiche zu bringen. Während die Mannschaft dabei war, die Person auf diese Weise zu bergen, verständigte Wennigsten mit seinem Handy die Wasserschutzpolizei.

Eisiges Schweigen breitete sich aus, als die Last an Bord gehievt und am Heck heruntergelassen worden war. Das weiß gestrichene Metall des Schiffes wirkte wie der Rahmen um ein makaberes Gemälde. Wennigsten kam sich vor, als befände er sich in einem Krimi. »Tatort« oder »Küstenwache«, all die Sendungen, die er bislang gern gesehen hatte. Dort aber waren die Leichen ja meilenweit entfernt. Und alles sowieso nur Fiktion. Hier hingegen lag ein Toter zum Greifen nah vor ihm. Er spürte, wie sein Magen nicht wirklich einverstanden war mit dem, was er sah. Doch er riss sich zusammen.

Auch die anderen schienen in diesem Augenblick wie in einem Kokon zu verharren. Bislang hatten sie nur normale Überfahrten zur Löschinsel erlebt. Mal mehr, mal weniger ruhig, je nachdem, wie die See war. Immer war es für die meisten ein besonderer Einstieg in den Arbeitstag, denn die Minuten auf dem Versatzboot vermittelten das Gefühl, alles hinter sich lassen zu können, was auf dem Festland war. Nichts kam mit rüber. Nichts vom Festland hatte je Einzug auf der Löschinsel gehalten.

Die Plane wurde beiseitegeschlagen. Noch immer standen alle wie erstarrt. Keiner traute sich, näher heranzutreten. Jörg Wennigsten wusste, dass Krebse sich zuerst die Augenhöhlen vornahmen und auch andere Tiere des Meeres nicht zimperlich waren, wenn ihnen eine solche Gelegenheit geboten wurde.

Die Crew auf der Löschinsel war inzwischen per Funk verständigt worden, dass es mit ihrer Ablösung noch dauern würde. Man wartete auf die Tatortgruppe der Kripo; die erste Leichenschau würde hier an Bord stattfinden. Je mehr Minuten verstrichen, desto mehr löste sich die Starre. Die Neugier siegte, zumal der Wind gnädig war und kräftig die salzhaltige Luft wehen ließ, sodass sich die Gerüche im Rahmen des Erträglichen hielten. Auch Wennigsten konnte sich dem Urtrieb der Neugierde nicht verschließen. Zumal einige seiner Kollegen bereits näher an die Plane herangetreten waren. Bevor er es ihnen gleichtun konnte, hörte er jedoch einen entsetzten Ausruf: »Das ist doch der Lorentzen aus der Zentralwarte!«

***

Zwar traute sie der Sache nicht, aber sie hatte sich dennoch darauf eingelassen. Für ihn in der Hauptsache, aber natürlich auch für sich selbst. Sie wollte sich noch nicht aufgeben, denn wenn es eine Chance gab, das Leben mit ihm weiterzuführen, dann musste sie sie ergreifen. Er hatte umgehend zwei Flüge für sie gebucht, und kaum zwei Wochen später hatten sie gemeinsam im Flugzeug gesessen. An einem ihrer Sonnenwohlfühltage. Denn nur an einem solchen Tag konnte sie die dreizehn Stunden Flug von Frankfurt nach Los Angeles bewältigen. Nach Frankfurt waren sie schon am Tag zuvor gefahren, beides direkt nacheinander wäre ganz undenkbar gewesen.

Die Privatklinik lag rund achtzig Meilen außerhalb der Stadt, und erschöpft, wie sie war, hatte sie während der Autofahrt kaum etwas von der Umgebung wahrgenommen. Sie hatte nicht einmal mehr die Kraft gehabt, darüber traurig zu sein, zu groß war die Erleichterung, als sie endlich in einem angenehm möblierten und temperierten Zimmer der Klinik liegen und mithilfe von Tabletten, die man ihr nach kurzer Untersuchung und eingehendem Studium der vorab hergeschickten Patientendaten gegeben hatte, schlafen konnte.

Heute begann die Behandlung. Eine Kombination aus Infusionen und Entspannungsübungen, die ihr helfen sollten, loszulassen. Den Schmerz, die Trauer, den Krebs.

Der Therapeut hatte im Vorbereitungsgespräch gesagt: »Wir können mit dem neuen Medikament zwar den Krebs heilen, aber die Ursache, warum Ihr Körper sich gerade diese Krankheit ausgesucht hat, um darauf aufmerksam zu machen, dass etwas in Ihrem Leben nicht stimmt, die können wir dadurch nicht herausfinden. Die Einzige, die dazu in der Lage ist, sind Sie selbst.«

Das hielt sie für völligen Schwachsinn. Sie führte ein glückliches Leben an der Seite des Mannes, den sie und der sie über alles liebte. Sie hatten keine Probleme, weder gesundheitlicher noch finanzieller Art, warum also sollte sich ihr Körper dazu entschlossen haben, Krebs zu entwickeln? Was der Typ sagte, war Nonsens hoch zehn. Aber sie hatte ihre Meinung für sich behalten. Sie hatte nicht mal ihrem Mann davon erzählt, der doch so glücklich war, dass sie nun behandelt werden konnte.

In wenigen Stunden würde er zurück nach Deutschland fliegen, sein Job ließ ihm nicht mehr freie Zeit.

»Ich weiß dich hier in guten Händen«, hatte er gesagt und mit erkennbarer Freude und Zuversicht in seinen Augen gelächelt. Sie hatte zurückgelächelt und schon in dem Augenblick, als er seine Reisetasche für den Rückflug schloss, Heimweh nach ihm empfunden. Doch sie bemühte sich auch jetzt noch, ihn nichts davon spüren zu lassen. Sie würde hier durchhalten. Sie würde es schaffen. Die blöden Selbstfindungsentspannungsübungen mitmachen. Wenn er das nächste Mal kam, würde es ihr schon merklich besser gehen. Das hatte er ihr versprochen. Der Arzt auch. Überhaupt waren hier alle äußerst aufmerksam ihr und den anderen Patienten gegenüber. Was ihr jedoch auffiel, war, dass sie die einzige Deutsche war. Aber auch dafür hatte es eine Erklärung gegeben. Sie sei eben der »Erlkönig« der deutschen Probanden; es gab auch aus Italien, Frankreich und Schweden je nur einen Patienten.

Bevor ihr Mann sich auf den Weg zum Flughafen machte, gab er ihr noch ein kleines Netbook. »Damit können wir chatten«, sagte er. »Und uns über Video sehen. Dann bin ich immer ganz nah bei dir. Und in zwei Wochen hole ich dich heim.«

※※※

Die Nachricht, dass die »Harletief« eine männliche Leiche gefischt hatte, erreichte Oda bei ihrer Ankunft in der Polizeiinspektion. Sie ließ sich den Gesprächsmitschnitt ausdrucken und forderte eine Liste der Personen an, die in der letzten Zeit als vermisst gemeldet worden waren. Es waren nur fünf, für den

Oktober eine durchaus realistische Zahl. Im November und Dezember waren es weit mehr. In den dunklen Monaten des Jahres stieg die Zahl derer, die sich selbst das Leben nahmen, nehmen wollten oder einfach abhauten. Manche der Letzteren tauchten nie wieder auf, was zu einer Lücke in der Aufklärungsstatistik führte, die Oda persönlich ärgerte. Aber sie war sich darüber im Klaren, dass es gerade hier an der Nordsee nicht ungewöhnlich war, wenn ein ins Wasser gegangener Mensch einfach verschwunden blieb. In den Jahren, seit sie hier arbeitete, hatte es dreizehn Selbstmörder gegeben, die den Weg ins Wasser gewählt hatten und an einer besonders exponierten Stelle, an der die Strömung verhältnismäßig stark war, in den Freitod gesprungen waren. Interessanterweise hatten die Frauen ihre Schuhe ausgezogen und ordentlich nebeneinander an den Rand des Wassers gestellt. Manche hatten auch einen Badeanzug angezogen und ihre Kleidung auf die Schuhe gelegt. Zwei- oder dreimal war sogar der Schmuck bei den Hinterlassenschaften gefunden worden.

Oda schnappte sich einen der Dienstwagen – sie selbst besaß ja kein Auto – und fuhr Richtung Raffinerie. Die erste Tatortgruppe war schon vor Ort, aber natürlich musste sie sich mit eigenen Augen ein Bild machen. Vielleicht konnte sie auch noch irgendetwas aus einem der Zeugen herausquetschen, selbst wenn das bei einer im Wasser treibenden Leiche eher Utopie war.

Es dauerte eine Weile, bis Oda die Formalitäten zum Betreten des Raffineriegeländes hinter sich hatte und von einem Mann, der sich ihr als »Janssen, Sicherheitschef« vorgestellt hatte, zur Anlegestelle des Versatzbootes begleitet wurde.

Die »Harletief« hatte inzwischen festgemacht. Oda sah die Kollegen der Spurensicherung an Deck herumwerkeln.

Langsam ging sie an Bord. Näherte sich der Plane, auf der der Leichnam lag. Warf einen Blick darauf. Atmete erleichtert auf, denn das, was sie vor sich sah, war eine der wenigen gut erhaltenen Wasserleichen, die sie bislang zu Gesicht bekommen hatte. Männlich. Mitte dreißig. Bleich. Leicht aufgedunsen.

»Das ist Till Lorentzen.« Die Stimme des Mannes, der sie von der Pforte her begleitet hatte, klang mehr als belegt. Oda merkte, dass das Sprechen ihm Schwierigkeiten bereitete. Sie sah ihn auffordernd an. »Er arbeitet im Kontrollzentrum.« Er schluckte auf eine Art, die persönliche Betroffenheit deutlich machte.

»Herr Janssen«, sagte Oda deshalb etwas sanfter, »wollen Sie sich nicht irgendwo setzen? Oder in Ihr Büro gehen? Ich komme zu Ihnen, sobald ich hier fertig bin.«

»Nein. Ich darf Till nicht allein lassen.«

Nie hätte Oda es für möglich gehalten, dass ein erwachsener Mensch in sich zusammenfiel und dabei doch in seiner Körperlichkeit rein äußerlich nur wenig beeinträchtigt wurde. Hier hatte sie das Beispiel eines Mannes, der ebendieses im Moment durchlebte. Sie legte eine Hand auf seine Schulter, wobei sie sich ein wenig strecken musste.

»Gehen Sie lieber. Muten Sie sich das nicht zu. Ich komme zu Ihnen, sobald ich kann.« In diesem Augenblick hätte sie sonst was darum gegeben, wenn Christine an ihrer Seite gewesen wäre. Christine hätte mit Janssen gehen und ihm die Art polizeiliche Fürsorge geben können, die er brauchte. Für Janssen, aber auch für die Ermittlungen wäre es wichtig gewesen, denn garantiert würde etwas zutage treten. Das war immer so, wenn man im Kollegenkreis nachhakte. Manchmal waren Kollegen einfach näher als Familienangehörige. Allein schon weil man so viel Zeit miteinander verbrachte.

»Das geht nicht.« Janssen sprach mit gebrochener Stimme. »Ich muss hierbleiben. Auf ihn aufpassen.«

Oda verstand jetzt nicht wirklich, was der Sicherheitschef ihr damit sagen wollte. »Herr Janssen?«, fragte sie.

»Till Lorentzen ist mein Patenkind«, sagte er tonlos. »Ich kenne ihn seit seiner Geburt. Sein Vater ist schon lange tot. Ich habe in den letzten Jahren gewissermaßen seinen Platz eingenommen. Ich kann Till nicht so einfach allein lassen. Muss bei ihm bleiben, bis er abgeholt wird.«

Janssen hatte ganz offensichtlich die Grenze seiner psychischen Belastbarkeit erreicht.

»Okay«, sagte Oda sanft. »Bleiben Sie hier. Ich versuche, es so kurz wie möglich zu machen, damit wir ihn bald wegbringen lassen können.« Bewusst vermied sie das Wort »abtransportieren«.

***

Der Wind hatte sich entschlossen, heute einen friedfertigen Eindruck zu machen. So jedenfalls kam es Christine vor, als sie auf ihrem Leihrad Richtung Hafen radelte. Ein wenig schimpfte sie mit sich selbst, dass sie Steegmanns Einladung angenommen hatte. Andererseits, sagte sie sich, wäre es Nieksteit oder Lemke gewesen, hätte sie ebenfalls ohne Zögern zugestimmt. Nur dass bei denen ihr Herz sicher nicht gepocht hätte. Jetzt pochte es, zwar nur ein wenig, aber auf eigentümliche Weise.

Christine hatte im Ort ein paar Croissants und Brötchen gekauft. Im Hotel hatte sie nur einen Milchkaffee getrunken, erstens war ihr nicht nach Frühstück zumute gewesen, zweitens wusste sie nicht, was sie an Bord der »Henriette« erwartete, und vorsichtshalber kam sie lieber mit Brot im Gepäck als mit Sekt, der würde ihren Kreislauf zum jetzigen Zeitpunkt vollends durcheinanderbringen. Und vielleicht einen falschen Eindruck hinterlassen. Es war schließlich nur ein Frühstücks-Kaffee-Treffen unter Kollegen. Nicht mehr.

Zwischen Spielplatz und Seglerheim-Restaurant ließ sie das Rad stehen. Sie schaute sich um, ob sie Steegmann irgendwo sah, denn das Tor zur Marina war verschlossen. Für einen Moment kam sie sich idiotisch vor. Wie ein Teenager beim ersten Date. Dann jedoch beschloss sie, ihr Handy zu zücken und ihn so forsch, wie Oda es in vergleichbarer Situation sicher getan hätte, anzurufen. Doch bevor sie dazu kam, spürte sie eine Hand auf ihrer Schulter. Erschrocken drehte sie sich um. Das fröhliche Lachen des Staatsanwaltes traf sie mit zugegebenermaßen ziemlicher Wucht mitten in den Bauch. Das durfte nicht sein. Sofort ließ sie ihren Kopf die Notbremse ziehen.

»Ich habe Brötchen mitgebracht.« Wie einen Schutzschild

streckte sie ihm die Tüte entgegen. Steegman verzog schmunzelnd die Nase, tat jedoch, als sei alles ganz normal.
»Prima. Frische Eier hab ich an Bord, dann lassen Sie uns mal das Frühstück zubereiten. Sie haben doch Appetit?«
Christine nickte. In einem nicht zu beschreibenden Achterbahngefühl folgte sie Steegmann auf die »Henriette«.

***

Der Konferenztisch der Raffinerie war weiß und nüchtern, die Stühle schwarz, Leder auf Chrom und erstaunlich bequem. Hier wäre es keine Tortur, lange Sitzungen abzuhalten. Eine Sekretärin hatte Kaffee und Kekse hingestellt, aber Janssen und Oda hatten lediglich zum Kaffee gegriffen.
»Es tut mir leid«, sagte Oda in dem einfühlsamsten Tonfall, zu dem sie fähig war. Dann schwieg sie. Das hatte sie sich von Christine abgeguckt. Normalerweise würde Oda jetzt weiter vorpreschen. Aber sie erkannte, dass der Mann ihr gegenüber erst einmal etwas Zeit brauchte. Wortlos griff sie zu ihrer Tasse und trank in aller Ruhe. Janssen starrte auf den Tisch.
»Er war mein Neffe und Patensohn«, wiederholte er. »Und nun ist er tot.«
Oda bemerkte, dass Janssen kräftig gegen Tränen ankämpfte. Es war eine dieser schwierigen Situationen, in denen sie die Hinterbliebenen am liebsten allein mit ihrer Trauer gelassen hätte, doch sie konnte Janssen jetzt noch nicht aus dem Gespräch entlassen.
»Erzählen Sie mir von ihm«, bat sie nach ein paar Minuten des Schweigens. Auch jetzt bemühte sie sich, sanft zu klingen, doch es war ein sicher kläglicher Versuch. Sie hatte ihre Zeit schließlich nicht gestohlen und saß innerlich wie auf Kohlen, was sie nach außen nicht völlig verbergen konnte. Immerhin wartete eine Menge Arbeit auf sie.
Doch die Pause schien Janssen gutgetan zu haben.
»Ich weiß gar nicht, was ich Ihnen erzählen soll«, sagte er. »Till hat hier seit dreizehn Jahren gearbeitet, war im zentralen

Kontrollraum tätig. Es gab keinerlei Probleme mit den Kollegen, er war jemand, mit dem man gut auskam, der als nett und angenehm empfunden wurde. Seine Arbeit erledigte er gewissenhaft, mit Engagement und zu unser aller Zufriedenheit, und er hat sich hier wohlgefühlt.«

»Na bravo. Das war jetzt ein nettes Zeugnis. Aber ich brauche keines. Er will sich nicht bei mir bewerben«, sagte Oda. »Stellen wir einfach fest: Das war die offizielle Version. Wie aber war Till Lorentzen als Mensch? Hatte er Probleme, von denen Sie wissen? Gab es etwas, was ihn in der letzten Zeit belastete? Immerhin zeigte die erste Leichenschau vorhin an Bord Fesselspuren an beiden Handgelenken. So etwas fügt man sich im Allgemeinen nicht freiwillig zu. Es sei denn, man hat eine Vorliebe für ... na, sagen wir: etwas ausgefalleneren Sex.«

»Was erlauben Sie sich!«, entrüstete sich Janssen. »So einer war Till nicht! Im Gegenteil. Till war ein bodenständiger junger Mann. Mit sehr viel Verantwortungsbewusstsein. Er hat eine kleine Tochter. Merle. Oh Gott«, die Gefühle übermannten Janssen offensichtlich mit der Wucht einer großen Welle, »Ina. Und Wiebke!«

»Ina? Wiebke?«, hakte Oda nach, während sie beide Namen in ihrem Gedächtnis speicherte. Sie machte sich keine Notizen, hatte das bislang noch nie gebraucht. Bei Namen allerdings schwächelte sie ab und zu, aber eine kleine Schwäche durfte ja jeder haben.

»Ina ist Tills Exfreundin und die Mutter seiner Tochter Merle«, erklärte Janssen. »Sie haben bis vor Kurzem zusammengelebt. Ihr Auszug hat Till sehr zu schaffen gemacht. Denn er liebt seine Tochter über alles. Ina natürlich auch«, fügte er hinzu.

»Und Wiebke?«, fragte Oda, während sie sich einen Kaffee nachgoss. Janssens Tasse war fast unberührt.

»Wiebke ist Tills Schwester. Wir haben gestern noch telefoniert, weil wir uns beide Sorgen um ihn machten. Ich, weil er nicht zum Dienst erschienen war, und Wiebke, weil sie ihn nicht erreichen konnte. Um Gottes willen, ich muss die beiden verständigen.« Hektisch wollte Janssen zum Telefon greifen, doch Oda legte ihm die Hand auf den Unterarm.

»Lassen Sie mal«, sagte sie in beruhigendem Ton. »Das ist nicht Ihre Aufgabe. Das übernehmen wir. Wir sind entsprechend geschult. Solche Nachrichten sollte man auch nicht am Telefon übermitteln. Ich werde mich darum kümmern. Aber lassen Sie uns zunächst zu Ihrem Patensohn zurückkommen. Können Sie sich vorstellen, dass ihn die Trennung von seiner Frau ...«

»... Freundin«, unterbrach Janssen automatisch.

»... seiner Freundin und der gemeinsamen Tochter dazu veranlasst haben könnte, Suizid zu begehen?«

»Nein.« Vehement wies Janssen diesen Gedanken von sich. »Auf gar keinen Fall. Das hätte ich gewusst. Till hat alles mit mir besprochen, was ihn belastete.«

»Gab es denn irgendetwas anderes?«

»Etwas, was auf einen Selbstmord hinweist, meinen Sie?«

»Irgendetwas, was ihn belastete, meine ich. Gab es Schwierigkeiten im Job? Sie haben zwar gerade ein hervorragendes Zeugnis für ihn ausgestellt, aber vielleicht gab es doch etwas, was nicht ganz okay war? Immerhin wollen wir hier keinen Nachruf verfassen, wir wollen herausfinden, warum Ihr Neffe tot ist.«

Janssen sah sie an. »Es gab vor zwei Tagen einen kleinen Ölunfall. Dabei ist nicht wirklich viel Schweröl ausgetreten, aber es geschah während Tills Schicht. Und natürlich hat ihn das betroffen gemacht. Wir sind mit unseren Untersuchungen aber noch nicht fertig. Und davon, dass ihm die Schuld daran gegeben werden könnte, kann keine Rede sein.«

»Könnte das ein Anlass für einen Suizid sein?«

»Ich weiß es nicht.« Janssen wirkte erschöpft. »Ich weiß es wirklich nicht. Vor einiger Zeit hätte ich einen solchen Gedanken sofort zurückgewiesen. Aber in den letzten Wochen, nach dem Auszug seiner Freundin und Tochter, da war Till schon sehr sensibel.« Er stützte die Stirn auf die rechte Hand. »Ich weiß es nicht«, wiederholte er, und Oda hatte den Eindruck, als ob er in diesem Augenblick Tränen nicht zurückhalten konnte.

***

Telefonate wie das vor ihm liegende führte Michael Winter äußerst ungern. Aber zugegebenermaßen auch äußerst selten. Er atmete schwer und drehte sich in einem Ledersessel noch einmal um die eigene Achse. Verharrte beim Blick auf den Innenhof, der zu dieser frühen Uhrzeit selbstverständlich verwaist war. Eine der Vorzimmerdamen hatte ihm Kaffee hingestellt. Wie gern würde er jetzt an der Nordsee richtigen Ostfriesentee mit Kluntjes trinken. Mit dieser Sahnewolke darin, die sie da oben »Wulkje« nannten. Er lachte kurz, als ihm die Erinnerung an das ostfriesische Nationalgetränk tatsächlich spürbar auf der Zunge lag. Das rührte wohl daher, dass er augenblicklich sehr intensiv mit den Geschehnissen am Jadebusen verwoben war. Aber der Tee würde hier gar nicht so schmecken wie oben, das Münchener Wasser war einfach anders. Schon vor Jahren hatte er es aufgegeben, sich hier einen Ostfriesentee zu brühen. Beziehungsweise aufbrühen zu lassen.

Er stellte die Tasse zurück, ohne getrunken zu haben. Es nützte nichts, er würde sich dem Gespräch stellen müssen. Auch wenn es für ihn unangenehm wurde.

Er griff zum Telefon und drückte die Kurzwahltaste eins. *Die* zentrale Nummer für ihn und alle seine Unternehmungen. Nach viermaligem Läuten erklang eine Frauenstimme. Kurz und knapp. »Ja?«

Winter war verwirrt. Er hatte einen Mann erwartet. Seinen Seniorchef. So wie immer, wenn er diese Nummer wählte. Was natürlich selten vorkam. Den Senior durfte man nicht wegen Bagatellen behelligen. Aber dies hier war keine Bagatelle. Zwar auch kein grober Fehler, aber immerhin ein Toter mehr auf der Liste. Davon musste er in Kenntnis gesetzt werden. Winter warf einen Blick auf das Display. Nein, es gab keinen Zahlendreher, dies war die richtige Nummer. Er war immer noch zu verdattert, um reagieren zu können, als ihn die Frauenstimme barsch zurechtwies: »Wenn Sie nichts zu sagen haben, Winter, warum rufen Sie dann an?«

Nun war er vollends verblüfft. Er räusperte sich. »Ähäm ... Ich habe eigentlich Herrn Iwanov erwartet«, versuchte er sich zu rechtfertigen. Sein Gehirn arbeitete auf Hochtouren. Ihrer Reaktion nach mussten ihr sowohl seine Nummer als auch sein Name bekannt sein. Was hatte das zu bedeuten?

»Herrn Iwanov gibt es hier nicht mehr. Sie haben es nun mit mir zu tun«, erklärte sie barsch. Eine bestimmte Nuance in ihrer Stimme erinnerte Winter an jemanden, den er kannte. Er konnte das jedoch überhaupt nicht zuordnen. Aber das war ja momentan auch absolut unwichtig, jetzt beschäftigten ihn andere Dinge.

»Also, was gibt es? Haben Sie beziehungsweise Ihre Leute Lorentzen kaufen können? Was kostet uns der Spaß, und was müssen wir in die Wege leiten?«

Sie war tatsächlich über alles informiert. Winter war baff. Mehr als das. Er fühlte sich überrumpelt und mit einem Mal als kleiner Frosch unten auf der Karriereleiter, wo er sich doch eindeutig zu den dicken Unken ganz oben gezählt hatte.

»Es hat einen kleinen Unfall gegeben«, sagte er mit einer Stimme, die nicht wirklich seine war. Er versuchte, wieder Kraft hineinzulegen. Räusperte sich. »Lorentzen ist tot.«

Bevor er weiterreden konnte, unterbrach sie ihn rau: »Umso besser. Solange nichts auf uns hinweist. Da sparen wir Kosten und einen weiteren Mitwisser. Läuft sonst alles nach Plan?«

Winter musste schlucken. So ein abgebrühtes Frauenzimmer. Was war das denn für ein Flintenweib? Mann. Er hatte ihr gerade von einem Unfall erzählt, der kein wirklicher Unfall war. Das war ja eine ganz Abgefuckte. Iwanov war schon heavy gewesen, aber die übertraf ihn noch um Längen.

»Ja. Wir sind dran, den entsprechenden Code zu knacken, damit wir unabhängig von unserem Verbindungsmann Einfluss auf das Ventil ausüben können. Es läuft alles nach Plan«, wiederholte er.

»Gut. Sorgen Sie dafür, dass das so bleibt.« Mit diesem Worten legte sie auf. Winter hörte nur noch eintöniges Tuten.

***

Steegmann hatte sowohl Tee als auch Kaffee vorbereitet. Sie saßen scherzend miteinander unter Deck im Salon der »Henriette«, der sowohl Kombüse als auch Wohnraum war und für den Fall, dass sich mehrere Leute an Bord befanden, auch als Schlafstätte herhalten konnte. Christine war erstaunt und beeindruckt, sie war noch nie auf einem Segelboot gewesen. Die »Henriette« zählte nicht zu den kleinen, das hatte sie bei ihrem kurzen Gang über die Stege gesehen. Steegmann wurde nicht müde, ihr jede Menge zu erklären, Christine versuchte, all das zu speichern. Gern hätte sie jetzt Odas grandioses Gedächtnis gehabt, leider aber benötigte sie immer einen Block, um all das, was man ihr sagte, festhalten und anschließend rekapitulieren zu können.

Den »Theoriekram«, wie Steegmann es vorhin lachend nannte, hatten sie inzwischen hinter sich, und auf die Besichtigung der Eigner-Schlafkabine, die Steegmann ihr mit einem Augenzwinkern angeboten hatte, rein informell natürlich, hatte Christine lieber verzichtet. Es war ihr dann doch zu intim vorgekommen, zu sehen, wo und unter welcher Bettwäsche der Staatsanwalt schlief. Das ging sie nun wahrlich nichts an.

Im Moment erzählte Steegmann von einem Segeltörn, den er mit drei Freunden im letzten Jahr auf einem Katamaran in der Karibik erlebt hatte. Christine genoss es, sich ein Brötchen zu schmieren und dabei seiner anregenden und interessanten Erzählung zu lauschen. Die Szene hatte fast etwas Alltägliches. Das Boot schaukelte sacht auf der leichten Dünung im Hafen. Es lag als drittes im Päckchen am Steg, durch ein Bullauge fielen Sonnenstrahlen herein und kitzelten ihren Nacken. Das unvermeidliche Keckern der Möwen drang durch die geöffnete – ja, wie nannte man das eigentlich, na, jedenfalls diese Tür am Ende der Leiter nach oben herein, und Christine fühlte sich so wohl wie lange nicht. Steegmann lief gerade zu voller Erzählform auf und berichtete von einem waghalsigen Segelmanöver, als ihr Handy klingelte. Sofort brach er ab.

»Entschuldigung.« Christine zog das Telefon aus der Vordertasche ihrer weißen Jeans. Das Display zeigte Odas Nummer. So ein Mist. Bestimmt wollte Oda nachfragen, ob Steegmann sie schon aufgespürt hatte. Das konnte sie gerade jetzt wahrlich nicht gebrauchen. Hektisch sah sie sich um, suchte einen Weg, um schnell an Deck und außer Hörweite zu gelangen, doch die kleine Leiter, die mit nur fünf Streben steil hinaufführte, konnte sie mit einer Hand nicht bewältigen. Es nützte nichts, sie musste das Gespräch in Steegmanns Gegenwart annehmen. Christine drückte sich selbst alle Daumen, dass Oda leise genug sprechen würde, um ihr jegliche Peinlichkeit zu ersparen.

Zu ihrer Überraschung war Oda zwar nicht leise, der Grund für ihren Anruf war jedoch nicht Steegmann.

»Ich weiß, du bist im Urlaub und nicht im Dienst«, begann sie mit angespannter Stimme. »Meinst du, dass du mir trotzdem einen Freundschaftsdienst erweisen kannst?«

Christine nickte, bevor ihr einfiel, dass Oda das nicht sehen konnte. »Ja«, sagte sie kurz, denn es schien sich um kein gewöhnliches Telefonat zu handeln.

»Wir haben heute früh die Leiche eines jungen Mannes aus der Nordsee gefischt«, fuhr ihre Kollegin fort. »Seine Schwester hatte ihn gestern als vermisst gemeldet, und diese Schwester lebt auf Langeoog. Sie heißt Wiebke Lorentzen.«

»Wiebke«, entfuhr es Christine.

»Ja.« Oda wirkte verständlicherweise überrascht. »Du kennst sie?«

»Kennen wäre übertrieben«, korrigierte Christine, die sich inzwischen wieder auf die Bank gesetzt hatte. Steegmann hatte den Anstand besessen und war an Deck gegangen. »Sie führt hier einen Teeladen. Wir haben uns nett unterhalten und uns einen Abend zufällig zum Essen getroffen. Als ich sagte, woher ich komme, meinte sie, da würde ich ja vielleicht ihren Bruder Till kennen, der in Wilhelmshaven arbeitet.« Christine ließ ihren Blick durch den Salon schweifen, wenn sie nun schon mal ungehindert die Möglichkeit dazu hatte. Ihre Neugier an diesem Boot war mindestens genau so groß wie die Neugier auf das, was Oda ihr zu sagen hatte.

»Tja. Der Bruder ist tot.« Oda sprach in dem ihr eigenen barschen Ton, setzte aber gleich etwas milder hinzu: »Ist noch nicht ganz klar, woran er starb, die Crew des Versatzbootes der Raffinerie hat ihn heute bei der Schichtablösung aus dem Wasser gefischt. Krüger wird wohl erst nach der Obduktion Genaues sagen können. Aber es besteht kein Zweifel, dass es Till Lorentzen ist. Sein Onkel war vor Ort, und auch die Leute von der Löschbrücke haben ihn zweifelsfrei erkannt.« Oda machte eine Pause.

»Ich könnte den Langeooger Dorfpolizisten damit beauftragen, der Schwester die Nachricht von Till Lorentzens Tod zu übermitteln, aber da du auf der Insel bist und ich weiß, wie sensibel du mit den Leuten umgehst, hab ich gedacht, ich frag dich einfach mal.«

Nur einen kurzen Augenblick überlegte Christine, dann riss sie sich los von ein paar Fotos, die Steegmann mit seinen Kindern zeigten. »Klar. Ich mache das. Vielleicht ist es ganz gut, dass ich es bin, die ihr die traurige Nachricht überbringt.«

»Danke, Christine. Du hast was bei mir gut«, sagte Oda und fügte hinzu: »Wo bist du jetzt überhaupt? Es sind so komische Geräusche im Hintergrund.«

»Ich melde mich, wenn ich bei Wiebke Lorentzen war«, erwiderte Christine, ohne auf Odas Frage einzugehen. Mit einem Druck auf den roten Hörer an ihrem Handy beendete sie das Gespräch.

Nicht auszudenken, wenn Oda erfuhr, wo sie sich im Augenblick befand. Das wäre die Lachnummer in der Polizeiinspektion. Und darauf hatte sie nun wahrlich keine Lust.

***

Er hatte recht behalten. Sie spürte bereits, dass die Therapie anschlug. Von Tag zu Tag ging es ihr besser. In kleinen Etappen nur, aber doch spürbar. Die bleierne Müdigkeit löste sich auf wie Nebel im Sonnenschein. Sie fühlte sich fitter und agiler. Auch die Übelkeit und das Erbrechen verschwanden oder waren im Zusammenhang mit den neuen Medikamenten erst gar nicht aufgetreten. Selbst die Akne, die man ihr prophezeit hatte, beschränkte sich auf wenige Pickel auf der Stirn und den Schultern. Es ging sogar so weit, dass sie sich auf die Entspannungsmeditationen freute. Sie war tatsächlich in sich gegangen und hatte ein paar Dinge entdeckt, die sie lange verdrängt hatte. Dennoch war sie felsenfest davon überzeugt, dass all das nichts mit ihrer Krankheit zu tun hatte. Das war esoterischer oder anthroposophischer Kram, mit dem sie nichts anfangen konnte. Und auch nichts anfangen wollte. Die Dinge aus ihrer Vergangenheit hatte sie inzwischen längst verarbeitet.

Gut, es gab einen Punkt, der zwischendurch immer noch mal hochkam, aber bitte, so etwas war normal, kein Mensch konnte so etwas einfach so beiseiteschieben. Sie hatte es letztlich als tiefschwarzen Punkt in ihr Leben eingegliedert und versucht, viele helle Punkte drum herumzudrapieren, sodass dieser dunkle Fleck nicht sofort sichtbar war. Da konnte ihr Entspannungstherapeut sagen, was er wollte, sie hatte ihren eigenen Standpunkt. Der immer mehr zutage trat, je besser sie sich fühlte.

Sie freute sich schon auf die Reaktion ihres Mannes, wenn er käme, um sie auf dem Rückweg zu begleiten. Wenig später sollte dann in Deutschland die nächste Kontrolluntersuchung stattfinden. Gespannt wie ein Flitzebogen war sie auch auf die Reaktion der Ärzte, wenn sie schwarz auf weiß oder wie auch immer man die MRT-Aufnahmen bezeichnen sollte, sehen konnten, dass es ihr nicht nur gefühlt, sondern auch nachweislich besser ging. Es war, wie man ihr gesagt hatte. Sie sah doch, wie es auch den anderen Patienten in dieser Klinik immer besser ging. Nein, ihr Optimismus war gar nicht so weit hergeholt.

※※※

»Da kann man ja echt von Glück sagen, dass wir jetzt niedrigere Temperaturen haben«, sagte Nieksteit kaugummikauend, als sie sich im Konferenzraum zusammenfanden. Lemke, Siebelt und Oda saßen ebenfalls am Tisch. »Wäre vor er zwei Monaten aus dem Wasser gefischt worden ... na ja ...«

»Hör auf«, unterbrach Siebelt ihn barsch. »Du kannst gut reden, bist ja nicht dabei gewesen.«

»Ach nee, du etwa?«, reagierte Nieksteit ungewohnt scharf. »Willst du mir unterstellen, ich hätte keine Ahnung davon?« Oda betrachtete die beiden Streithähne verwundert. »Sagt mal, was ist denn mit euch los? Hat man euch heute mit dem Klammerbeutel gepudert, oder warum geht ihr so aufeinander los?« Sie schüttelte den Kopf. »Wir haben einen toten Mann aus der Nordsee gefischt. Unser Job ist es, herauszufinden, warum er starb. Können wir uns darauf einigen?« Sie registrierte, dass Lemke amüsiert die Mundwinkel verzog.

»Ich übernehme den technischen Teil«, sagte er sofort, »kümmere mich ums Handy, die Anrufe und all den Kram, der damit zu tun hat.«

»Okay«, stimmte Oda zu. »Siebelt, wir brauchen zusätzlich ein paar Mann: Zeugenbefragung. Lorentzens Nachbarn, Freunde, Verwandte, Kollegen, das Übliche halt. Wie viele kannst du uns zur Verfügung stellen?«

Siebelt Hinrichs überlegte. »Reichen erst einmal drei?«

»Ist nicht wirklich viel, aber fangen wir damit mal an. Bevor wir in die Raffinerie gehen, um die Kollegen zu befragen, werden Nieksteit und ich uns Lorentzens Wohnung vornehmen. Vielleicht gibt es dort Hinweise auf die Umstände seines Todes.«

»Wie zum Beispiel einschlägiges Spielzeug, das die Fesselungsmale an seinen Handgelenken erklärt?«, bemerkte Nieksteit grinsend.

»Was weiß ich. Keine Ahnung. Wir werden es erleben.« Oda blieb konzentriert. »Außerdem muss jemand zu seiner Ex gehen. Wer soll ... ach was«, unterbrach sie sich selbst, »ich werd das machen. Christine verständigt auf Langeoog die Schwester. Vielleicht kriegt sie da ja auch was raus.«

»Christine?« Unisono flogen Oda die Gesichter ihrer drei Kollegen zu.

»Klar«, sagte Oda mit dem ihr eigenen Grinsen. »Ich hab sie heute früh angerufen. Und sie gebeten, das zu übernehmen, wo sie doch praktischerweise auf der Insel Urlaub macht.« Ihr Grinsen wurde breiter. »Und was glaubt ihr, wo sie war, als ich sie angefunkt hab?«

Fragende Mienen bei ihren Kollegen.

»Männer. Typisch, dass ihr nicht so weit denkt.« Oda schüttelte nachsichtig den Kopf. »Ich vermute mal ganz stark, dass sie bei Steegmann war. An Bord seines Segelschiffes. Zumindest klangen die Umgebungsgeräusche nach Kahn, der auf Meer dümpelt.« Möglich, dass bei diesen Worten etwas Triumphierendes in Odas Stimme lag, das aber war nicht böse gemeint und wirklich nicht beabsichtigt.

»Nee, ne?« Nieksteits Feixen deckte sich mit ihrem, nur dass sie sich Mühe gab, das nicht zu offensichtlich werden zu lassen. »Der Steegmann und unsere Christine ...«

»... haben sich wahrscheinlich nur so unter Kollegen auf einen Kaffee getroffen«, ergänzte Siebelt und brachte ihre Unterhaltung so wieder zurück auf die sachliche Ebene. »Wenn Odas Vermutung denn überhaupt zutrifft. Also, Leute: Wir haben einen Todesfall zu untersuchen und nicht über das Privatleben von Kollegen zu spekulieren. Ich bitte euch! Reißt euch am Riemen.« Er stand auf. »Ich geh dann jetzt mal.«

»Termin außer Haus?«, fragte Niekstseit schmunzelnd. Oda und Lemke schmunzelten mit.

Wie so oft bei dieser Frage nickte Siebelt irritiert. »Ja. Wieso?«

»Nur so«, antwortete Niekstseit, und sein Grinsen sprang auf die Gesichter von Oda und Lemke über.

***

Christine stand an der Ecke der Haupt- zur Kirchstraße, fünfzig Meter vom Teeladen entfernt. Das Fahrrad hatte sie in der Laube ihres Hotels abgestellt, es waren ja nur ein paar Minuten Fußweg. Sie wollte in Ruhe überlegen, wie sie Wiebke beibringen sollte, dass ihr Bruder tot war. Denn dies war etwas völlig anderes, als einer unbekannten Person den Tod eines Familienangehörigen zu übermitteln. Mit einem Satz würde sie Wiebkes Leben durcheinanderwirbeln. Sie wusste doch, wie sehr die an ihrem Bruder hing.

Sie betrat den kleinen Bäckerladen und bestellte einen Kaffee zum Mitnehmen. Mit dem Pappbecher in der Hand lief sie hinüber in den kleinen Park. Setzte sich auf eine Bank und trank in vorsichtigen Schlucken, denn der Kaffee war höllisch heiß. Dann aber stand sie auf. Nein. Sie würde es nicht aufschieben. Wiebke musste so schnell wie möglich persönlich davon erfahren und nicht durch ein Telefonat, weil sie möglicherweise in ihrer schwesterlichen Sorge bei irgendjemandem anrief, der schon Bescheid wusste.

Als Christine die Ladentür öffnete, lächelte Wiebke, und dieses Lächeln traf Christine bis ins Mark. Sie fühlte sich schlagartig noch unwohler. Fast wie ein Spion. Sie lächelte zurück und wartete, bis der letzte Kunde das Geschäft verlassen hatte. Bevor sie jedoch etwas sagen konnte, kam Wiebke auf sie zu und begrüßte sie beinahe überschwänglich.

»Christine! Wie schön, dass du da bist! Endlich mal ein Lichtblick, wo doch alles andere so bescheiden läuft.«

Christine versuchte, ebenso offen zu lächeln, doch es gelang ihr nicht. »Wo ist denn Ulla?«, fragte sie, um dem Gespräch einen normal klingenden Einstand zu geben – wissend, dass Ulla gleich dringend im Geschäft benötigt werden würde.

»Ulla macht grad Pause«, erwiderte Wiebke. Sie sah Christine an, bemerkte deren ernsten Gesichtsausdruck und runzelte fragend die Stirn. Christine sagte nichts, sondern ließ Wiebke ihre Gedanken vervollständigen. Sie wusste, dass ihr innerhalb kurzer Zeit der Grund für ihre Frage einfallen würde.

Es dauerte auch nicht lange, bis Wiebke sagte: »Ich rufe Ulla an. Ist wohl besser, wenn sie zurückkommt, oder?« Ihr Gesichtsausdruck erflehte ein Nein als Antwort, aber Christine konnte ihr den Gefallen nicht tun. Sie nickte. Es tat ihr weh zu sehen, dass sich Tränen in Wiebkes Augen bildeten, als sie Ulla bat, sie sofort im Geschäft abzulösen.

Zwanzig Minuten später liefen Christine und Wiebke die Düne zum Wasserturm hinauf. Sie hielten sich links, abseits der Strandpromenade mit den Schnellrestaurants, vor denen stets eine fröhliche Schar Spatzen darauf wartete, eine herabgefallene Pommes oder sonst etwas stibitzen zu können. Manchmal wurden die Spatzen sogar frech und erdreisteten sich, eine Pommes direkt aus der Hand eines Menschen zu schnappen. Die Möwen hingegen trauten sich nicht so nah heran, sie saßen fast majestätisch abwartend im Dünengras oder auf den Leuchtreklamen der einzelnen Lokale und schnappten nur dann nach einem Stück Pizza, einem Eis oder Ähnlichem, wenn man etwas weiter von den Häusern entfernt war. Erst gestern hatte Christine gesehen, wie eine Möwe von hinten auf ein kleines Kind zugeflogen war und ihm die Eistüte aus der Hand geschnappt hatte. Für das Kind war es ein Schock gewesen, den großen Vogel und die Flügel am Kopf zu spüren.

Erstaunlicherweise hatte Wiebke bislang nicht darauf gedrängt, den Grund für ihren Spaziergang zu erfahren. Sie ahnte es sicher, immerhin wusste sie, dass Christine in Wilhelmshaven Kommissarin war, und trottete wie ein kleines Opferlamm neben ihr her.

Für Christine war es das erste Mal, dass sie einer Person, die ihr nahe- oder zumindest einigermaßen nahestand, eine solche Nachricht überbringen musste. Den ersten Teil des Weges hatten sie schweigend zurückgelegt. Irgendwann kamen sie zu einer Bank unterhalb der mit Sanddorn bewachsenen Dünen, und Christine sagte: »Lass uns Pause machen.«

Wiebke nickte ergeben und setzte sich.

Weit und breit war kein Mensch zu sehen, was Christine in diesem Augenblick dankbar registrierte. Einen Moment lang spürte sie das Bedürfnis, Wiebkes Hand zu ergreifen, doch sie steckte ihre eigenen Hände zwischen die Oberschenkel, in dem Bestreben, allzu große Nähe zu Wiebke zu verhindern.

»Ich habe heute Vormittag einen Anruf erhalten«, begann sie. »Man hat deinen Bruder gefunden. Er wurde tot aus der Nordsee geborgen.«

Mehr sagte Christine nicht. Es war so schon schlimm genug. Wiebke nickte. Hörte nicht auf zu nicken.

»Ja«, sagte sie nach unendlich langen Minuten, die in Wahrheit nur zwei oder drei gewesen sein dürften. »Ja.« Dann sagte sie nichts mehr, und auch das Nicken stoppte.

Christine atmete aus. Wie ein Berg war diese Nachricht nun von ihr abgefallen. Jetzt konnte sie für Wiebke da sein, ihr helfen. Sie hatte den offiziellen Part hinter sich gebracht. Gemeinsam verharrten sie in diesem Vakuum, das zwischen der Realität und dem Begreifen lag. Christine hätte nicht sagen können, wie lange sie auf dieser Bank saßen, bis Wiebke zu sprechen begann.

»Ich habe es gewusst. Es konnte nur diesen Grund geben, weshalb er sich nicht gemeldet hat. Weswegen ich ihn nicht erreichen konnte. Hat er sich selbst umgebracht?«

Christine war überrascht. So wie sie Wiebke bislang über ihren Bruder hatte reden hören, passte die Überlegung absolut nicht ins Bild. »Wie kommst du denn darauf?«

»Da war viel, was in der letzten Zeit auf ihn eingestürmt ist. Inas Auszug hat ihn kolossal getroffen. Er kam nicht damit klar, dass er Merle nicht mehr jeden Tag sehen konnte. Das hat ihn fertiggemacht. Eigentlich hab ich gedacht, er packt das. Hatte den Eindruck, die beiden geben sich noch eine Chance. Aber natürlich kannst du nie wissen, wie es wirklich in jemandem aussieht.«

Wiebke ließ den Oberkörper auf ihre Oberschenkel sinken, umfasste die Fußknöchel mit den Fingern. Zusammengeklappt saß sie da. Christine wartete wortlos. Nach ein paar Minuten kam Wiebke wieder hoch.

»Na ja, da war außerdem gerade diese Sache in der Raffinerie. Ein Miniunfall, den Till beobachtet hat und der intern untersucht wurde. Nix Großes eigentlich, aber Till war ziemlich beunruhigt. Er meinte, das hätte echt heftige Folgen haben können. So genau weiß ich das jetzt aber nicht mehr. Jedenfalls war Till total angefasst, weil es seinen Arbeitsbereich betraf. Er wollte der Sache auf den Grund gehen.«

Wiebke fuhr sich wild mit den Händen durch ihr Haar. »Ach, ich weiß es nicht mehr. Es war nicht so wirklich wichtig für mich, ich habe ja auch gar keine Ahnung von dem, was in der

Raffinerie so abläuft. Von den Einzelheiten, meine ich. Ich weiß nur, dass er zuerst sehr aufgeregt war. Dann aber beruhigte er sich wieder, und ich dachte, das sei alles doch nicht so wild. Er wollte trotzdem nachforschen. Ich hab ihn aber gewarnt, er solle vorsichtig sein. Ich kann es nicht fassen«, Wiebkes Redefluss fand kein Ende, »wir haben jeden Tag miteinander telefoniert, Jeden verdammten einzelnen Tag. Und Till schickte nach der Trennung von Ina auch jede Menge SMS. Wieso habe ich es nicht kommen sehen? Vielleicht hätte ich ihm aufmerksamer zuhören müssen.« Wiebke schniefte so laut und vernehmlich, dass Christine zusammenzuckte. »Aber ich hätte doch nie gedacht, dass es ihm so schlecht ging ...« Weiter sprach Wiebke nicht. Sie vergrub das Gesicht in den Händen.

Christine wartete einen Moment. »Nach der ersten Untersuchung sieht es nicht unbedingt nach einem Suizid aus«, sagte sie dann leise. »Es könnte auch ein Unfall mit Todesfolge gewesen sein.«

»Oder Mord.« Sofort saß Wiebke senkrecht auf der Bank. »Natürlich.« Sie streckte den Rücken durch. »Verdammt, ich hätte wirklich genauer hinhören sollen, dann wüsste ich jetzt mehr über das, was Till mir von diesem Vorfall erzählt hat. Er hätte sich allein schon wegen Merle nicht das Leben genommen.« Sie sah Christine mit einer Erleichterung an, die Christine einen weiteren Stein ans Herz knüpfte. »Du musst deinen Leuten sagen, dass sie genau hingucken sollen. Till hat gesagt, dass da was nicht koscher war. Vielleicht hat man ihn deswegen umgebracht?«

***

Es war jedes Mal aufs Neue ein eigenartiges Gefühl, die Tür zu einer Wohnung zu öffnen, von der man wusste, dass ihr Bewohner verstorben war. In der es keinen gab, der einen erwartete, der einem Erklärungen geben konnte. Man betrat unbekanntes Terrain. Und wusste nicht, welche Überraschungen es für einen bereithielt. Oda war gespannt auf das, was sie erwartete. Totales

Chaos? Penible Ordnung? Bis in die hintersten Schränke alles gewischt, den Kühlschrank, den Müll geleert? Obwohl sie diesen Job so viele Jahre machte, hatte Oda innerlich noch immer nicht den Schutzwall aufgebaut, den man eigentlich brauchte, um Situationen wie diese psychisch unbeeindruckt zu überstehen. Sie war froh, dass Nieksteit vorging. Mit seiner unbekümmerten Art steckte er manches einfach ganz anders weg. Ob es daran lag, dass er keine Familie, keine Kinder hatte? So viel jünger war er doch auch nicht, als dass da ein Generationsunterschied greifen konnte.

Oda streckte das Kreuz durch, wodurch ihre Brust angriffslustig nach vorn katapultiert wurde, und folgte ihrem Kollegen in den Flur. Alles machte einen völlig normalen Eindruck. Auf einem Regal war das Telefon platziert. Daneben der Anrufbeantworter, dessen grünes Lämpchen blinkend neue Anrufe verkündete. Da ihnen kein Tier kreischend, fauchend oder bellend in den Weg sprang, entspannte sich Oda bei der weiteren Begutachtung der Räume. Tatsächlich schien alles so normal wie woanders auch. Auch im Schlafzimmer gab es kein wie auch immer geartetes Spielzeug, das die Abdrücke an Lorentzens Handgelenken hätte erklären können. Dafür massenhaft Bilder von der Ex und der Tochter an den Wänden.

»Ist ja wie ein Schrein«, kommentierte Nieksteit diese Bilderflut, und auch Oda war völlig perplex, denn diese Masse hatte etwas beängstigend Pathologisches.

Nach der ersten Sondierung liefen sie getrennt durch die Räume.

»Und?«, fragte Oda, als sie im Flur wieder auf Nieksteit stieß.

»Nix«, stellte der ernüchtert fest. »Bis auf den Bilderschrein im Schlafzimmer hab ich nichts entdeckt, was uns weiterbringt. Und bei dir? Hast du einen Abschiedsbrief oder so was gefunden?«

»Nein«, musste auch Oda zugeben. »Ich ruf jetzt die Kollegen der Spurensicherung, die können sich hier austoben. Wer weiß, was die finden. Lass uns in die Raffinerie fahren.«

***

Die ebenerdige Kantine der Raffinerie war ein großer Raum, fast schon ein Saal. Was logisch war bei der Fülle der Mitarbeiter, die zur Mittagszeit sicher wie Heuschrecken hier einfielen, selbst wenn die Pausenzeiten aufgrund der unterschiedlichen Schichten gestaffelt waren. Oda war felsenfest davon überzeugt, dass die Kantine auch für Betriebsversammlungen herhalten musste, weitere Räume dieser Größenordnung würde es auf dem Raffineriegelände kaum geben. Der Blick hinaus fiel auf Grünanlagen und weitere einstöckige Gebäude. Im Moment war die Kantine verwaist, lediglich eine unschwer als Küchenkolonne zu erkennende Siebenergruppe saß an einem der langen weißen Resopaltische.

Uwe Bramfeld hatte vom metallenen Rolltisch in der Nähe des Eingangs eine Thermoskanne Kaffee geholt, Zuckertütchen und Kondensmilch befand sich auf den Tischen.

Bramfeld rührte in seinem Kaffee, als könne er allein dadurch eine Latte macchiato oder einen Kakao zaubern. »Ich kann es nicht fassen«, sagte er.

Oda und Nieksteit saßen ihm schweigend gegenüber.

»Es war in Windeseile herum: Leiche auf See gesichtet, und das war dann ausgerechnet Till. Ich bin absolut fertig. Noch vor zwei Tagen ... oder sind es drei? ... egal, ich hab jedenfalls grad erst mit ihm auf ein Bier zusammengesessen. Da hab ich nichts davon mitgekriegt, dass er persönliche Probleme hat. Wir haben uns über die Firma unterhalten und so, er hat auch nicht groß davon geredet, dass Ina nicht mehr bei ihm wohnt. Ich hatte das Gefühl, er hat das alles ganz gut im Griff.« Bramfeld schluckte.

»Ja?«, hakte Oda nach.

»Vielleicht hab ich auch ein bisschen viel von mir erzählt«, sagte er knapp, um sich kurz darauf zu rechtfertigen: »Es war halt so ein ganz normaler Bierabend unter Männern. Beim Gläschen über den Job reden, ein bisschen auch über Frauen. Wie Männer das eben so machen.« Bei diesen Worten sah er Nieksteit beifallheischend an, und der Blödmann nickte auch noch. Na, dem würde Oda aber nachher was erzählen! Das ging ja mal gar nicht, so ein Verhalten.

»Gab es denn nichts, was anders war als an ihren sonstigen Männerabenden?«, fragte sie.

»Na ja. So wirklich häufig war es nicht, dass wir uns abends getroffen haben. Wir haben ja am selben Desk gearbeitet, also zeitversetzt, da ist das eher etwas schwierig. So von den Terminen her. Meistens haben wir bei der Übergabe miteinander geredet. Und so ab und zu, wenn das mit den Schichten hinhaute, haben wir uns abends auf ein Bierchen getroffen. Würde ich jetzt mal so sagen.« Bramfeld schob sich ein Kaugummi in den Mund. »'tschuldigung«, sagte er, »ich hab gestern viel Knoblauch im Essen gehabt. Nicht dass Sie von meiner Atemwolke umfallen.«

»Gab es denn etwas Bestimmtes, über das Lorentzen vorgestern mit Ihnen sprechen wollte? Von wem kam der Anstoß für dieses Treffen?«, fragte Nieksteit, ebenfalls kaugummikauend.

»Das war Tills Vorschlag. Der hatte während seiner Schicht so 'nen komischen Zwischenfall bemerkt. Dabei ist ein bisschen Öl ausgelaufen. Was natürlich nicht sein darf, schon ein einziger Liter Öl verpestet ja eine gewaltig große Fläche. Na, jedenfalls wollte Till wissen, ob mir in meiner Schicht auch was Derartiges aufgefallen ist. Ich war nach ihm dran«, erläuterte Bramfeld. »Aber bei mir war alles okay, oder ich hab nichts gesehen. Das kann natürlich auch sein. Mal ehrlich: Keiner von uns kann permanent seine Augen auf den Monitoren haben. Man muss ja auch mal zum Klo. Und wenn was nicht in Ordnung ist, dann piepen ja auch die Signale. Bei mir hat nix gepiept. Und ich gebe zu, ich verlass mich auf die Messdaten und die akustischen Signale. Solange da alles im grünen Bereich ist, bin ich zufrieden.«

»Aber Lorentzen war das nicht?«

»Nein. Der fragte an dem Abend wieder so bohrend nach. Macht er gern, dieses bohrende Fragen. Bei allem und jedem. Sie müssten Till mal mit seiner Freundin oder Schwester telefonieren hören. Oder gehört haben. Da hab ich oft nur den Kopf geschüttelt. Was der immer alles wissen wollte! Jedes noch so kleine Detail. Und so war er auch wegen dieser Sache. Dabei kann es doch mal vorkommen, dass bei einem Sicherheits-Check ein kleiner Fehler passiert. Darf natürlich nicht, aber wir sind ja alle nur Menschen. Till hat sich wohl Gedanken gemacht, ob es vielleicht sein Fehler gewesen ist.« Bramfeld nickte nachsichtig. »Ist aber ja auch okay, wenn er sich Gedanken macht. Er ist eben ein sehr Ordentlicher. Auch wenn es in diesem Fall wohl überflüssig war. Da hat er Pferde vor einer Apotheke gesehen, wo gar keine waren, die hätten kotzen können.«

»Bitte?« Das verstand Nieksteit jetzt offensichtlich nicht.

»Kennste den Spruch nicht?«, fragte Oda. »Damit ist gemeint, dass es Dinge gibt, die gibt's nicht. Oder hast du schon mal ein Pferd kotzen sehen?«

»Nö.«

»Siehste. Und vor einer Apotheke schon mal gar nicht, denn wenn es reingehen würde, dann würde es drinnen ja ein Medikament gegen Übelkeit bekommen. Verstanden?«

»Ganz schön kompliziert. Das heißt also, Lorentzen hat sich unnötig Gedanken gemacht?«

»Genau.« Oda wandte sich nun wieder Bramfeld zu. »Hat Lorentzen denn auch mit den anderen Kollegen gesprochen, die wie Sie am selben Desk arbeiten? Haben Sie untereinander darüber geredet?«

»Keine Ahnung. Mir hat er gesagt, dass er versuchen wollte, Dieter zu erreichen.«

»Dieter?«, hakte Oda nach.

»Ja. Dieter Hartmann. Ich weiß aber nicht, ob er mit ihm noch gesprochen hat, bevor ...« Einen Moment lang schwieg Bramfeld, dann beugte er sich zu Oda vor und sprach leiser weiter. »Sie müssen wissen, Till und ich hatten in der letzten Zeit ein paar Schwierigkeiten mit Dieter. Der war irgendwie verändert. Ich könnte das jetzt nicht so in Worte fassen, aber der Dieter ist über den Sommer irgendwie ein anderer geworden. Hat sich Tills Meinung nach viel zu sehr um Ina und den Umzug und so gekümmert. Till hat immer zu Dieter gesagt, er solle die Finger von Ina lassen. Immerhin ist Dieter ja verheiratet. Und viel zu alt für Ina. Außerdem will ... wollte Till Ina ja zurückhaben, und das wusste Dieter.«

»Und?«, wollte Niekstiet wissen.

»Keine Ahnung.« Bramfeld zog die Schultern hoch und lehnte sich wieder zurück. »Mich hat das nicht so wirklich interessiert, hab genug eigenen Kram an den Hacken, da kümmere ich mich nicht um das, was andere Leute betrifft, es sei denn, sie wollen was von mir.«

***

Der Rückflug war zwar anstrengend, schlauchte sie aber bei Weitem nicht so sehr wie die Reise zwei Wochen zuvor. Wieder machten sie einen Zwischenstopp, diesmal in Wiesbaden, wo sie in einem netten kleinen Hotel in der Nähe des Kurhauses wohnten. Für den Abend hatte ihr Mann einen Tisch in Käfers exklusivem Bistro im Wiesbadener Kurhaus reserviert. »Wir können anschließend noch kurz in die Spielbank gehen«, sagte er. »So etwas kennst du doch noch nicht.« Ihr aber stand nicht der Sinn nach Menschen, die mir nichts, dir nichts ihr schwer erarbeitetes Geld beim Glücksspiel riskierten, und so begnügten sie sich mit einem überaus genussreichen Menü bei Käfers. Ein Saxofonspieler untermalte den Abend mit jener Art von Jazzmusik, die sie beide liebten; auf dem Tisch lagen, nomen est omen, kleine Marienkäfer, Glücksbringer eben. Er nahm einen auf, hauchte einen imaginären Kuss darauf und drückte ihn ihr in die Hand. »Den musst du immer in deinem Portemonnaie dabeihaben«, sagte er, »dann wird alles gut.«

Die Untersuchung wenige Tage später bestätigte, was sie drüben in den USA schon gefühlt hatte: Die Behandlung zeigte positive Auswirkungen. »Unglaublich«, hieß es vonseiten der Klinik, und natürlich war man an Details interessiert, denn sie war ja nicht die einzige Patientin, die an dieser besonderen Art des Pankreaskarzinoms litt.

»In drei Wochen soll ich wieder hin«, erzählte sie dem behandelnden Arzt und strahlte ihren Mann mit einem dankbaren Seitenblick an. »Sie machen die Therapie in Etappen, damit der Körper ein wenig Zeit hat, sich auf den neuen, gesünderen Zustand einzustellen. Damit er begreift, erkennt oder verinnerlicht, wie auch immer man das ausdrücken will, dass er nicht mehr gegen et-

was ankämpfen muss. Dass er keine neuen Tumorzellen bilden muss. Ich habe das bei anderen Patienten gesehen, die schon die dritte, vierte oder fünfte Phase dort machen. Es geht ihnen wirklich, wirklich gut.« Mit großen und fragenden Augen sah sie ihren Arzt an. »Warum wird das Medikament nicht auch hier in Deutschland in Reihenversuchen getestet? Es gäbe doch sicher genügend Menschen, die lauthals ›Hier‹ schreien würden, wenn sie die Möglichkeit hätten, an dieser Studie teilzunehmen.«

»So einfach ist das leider nicht«, entgegnete ihr Arzt mit einem Seitenblick auf ihren Mann, den sie nicht deuten konnte. »Sie haben Glück gehabt, an dieser Studie teilnehmen zu können. Freuen Sie sich einfach darüber. Aber ich bin sicher«, an dieser Stelle klang die Stimme ihres Gegenübers fester, »wenn sich das Medikament nachhaltig als so erfolgreich erweist, dann wird es auch die Zulassung für den deutschen Markt erhalten und anderen Patienten ebenso helfen wie Ihnen.«

Es dauerte nur etwas mehr als eine Woche, bis sich ihr Befinden verschlechterte. Die Müdigkeit schlich sich zurück in ihren Alltag, doch die Schmerzen waren nicht so rücksichtsvoll, sie schlugen unvermittelt zu. Sie hätte nicht gedacht, dass das möglich sein konnte, war fest davon ausgegangen, dass der Fortschritt, den sie in den USA erreicht hatte, andauern würde. Sie zählte die Tage bis zu ihrem Abflug. In ihrer Vorfreude, ihrer Hoffnung auf erneute Besserung registrierte sie zunächst gar nicht, dass ihr Mann sich veränderte. Doch etwas war anders zwischen ihnen. Wo er beim ersten Mal euphorischer als sie gewesen war, merkte sie ihm zwar auch jetzt noch die Freude darauf an, dass man ihr würde helfen können, aber es gab diesen Zwischenton, den sie nicht deuten konnte. Etwas anderes schwang mit. Sie versuchte, in Gesprächen auszuloten, was es war, das diesen Unterton in ihre Beziehung brachte, aber ab einem gewissen Punkt mauerte er. Gab vor, müde zu sein oder geschäftliche Telefonate erledigen zu müssen, zu einer Zeit, zu der er nie hatte geschäftlich telefonieren müssen. Dennoch ertappte sie ihn mehrmals dabei, wie er angestrengt telefonierte, den Mund zusammengepresst, wenn er nicht gerade einsilbig antwor-

tete. Ganz offensichtlich war es ihm unangenehm, dass sie diese Telefonate mitbekam. Der Gedanke, dass er eine Geliebte hatte, beschlich sie. Warum sonst sollte er diese Heimlichkeit an den Tag legen? Dabei hätte sie für ihn die Hände ins Feuer gelegt. Wenn ihr jemand gesagt hätte, es sei verständlich, dass ein Mann sich bei einer anderen Frau Trost suchte, wenn die eigene sterbenskrank war, hätte sie es überzeugt abgestritten: Er nicht. Nie. Auf gar keinen Fall.
   Ob sie sich doch in ihm getäuscht hatte? Männer waren nun mal so, hatte sie schon oft gehört. Männer konnten nicht allein leben oder klarkommen, sie brauchten jemanden, der sich um sie kümmerte, der sie versorgte. Das sei auch der Grund, hatte man ihr gesagt, weshalb selbst frischgebackene Witwer sich oft relativ schnell nach einer neuen Frau umschauten. Das jedoch war auch etwas, was sie für sich und ihren Mann immer abgestritten hätte. Die Frau, die ihn nach ihrem Tod erobern wollte, würde einen verdammt schweren Stand haben. Das jedenfalls war bisher ihre felsenfeste Überzeugung gewesen. Zumal auch bei ihr kein anderer eine Chance hätte. Dem Vergleich mit ihm hielt keiner stand. Nach ihm würde kein Mann sie in dieser Gänze berühren, erfüllen können.
   Wie sie ihn aber jetzt erlebte, machte sie nachdenklich. Traurig und nachdenklich. Sie sehnte die Zeit des Abfluges herbei.

**

Vorsichtig legte Christine die Wolldecke über Wiebke, die erschöpft auf der Couch eingeschlafen war. Irgendwann hatte sie die Füße angezogen und sich eingeigelt, mit ihrer Kraft am Ende. Christine hatte sie nach Hause begleitet und dann, während Wiebke anderthalb Stunden lang weinte und von Till erzählte, die ganze Zeit bei ihr gesessen. Ihr in der Küche einen Kakao gekocht und Wiebke einfach nur zugehört. Das war das Einzige, was sie für sie tun konnte, mit ihrem Schmerz musste Wiebke allein fertig werden. Da konnte ihr keiner helfen. Aber Christine war froh, dass sie ihr diesen kleinen Dienst erweisen konnte. Mit einem leichten Lächeln betrachtete sie Wiebke. Im Schlaf hatten sich ihre Gesichtszüge entspannt. Christine hoffte, dass sie bis morgen früh durchschlief. Für den Fall, dass nicht, schrieb sie ihre Handynummer auf einen Zettel und legte ihn mitten auf den Couchtisch aus Kiefernholz. »Wenn du mich brauchst, ruf an«, hatte sie dazugeschrieben.

Leise schloss Christine die Wohnungstür. Sie lief zunächst auf Zehenspitzen durchs Treppenhaus, bis ihr klar wurde, dass Wiebke sie nicht hören würde. Vor der Haustür atmete sie tief ein. Sog die Inselluft in ihre Lungen. War der Sauerstoffgehalt hier wohl höher? Auf jeden Fall tat es ihr gut, die Nordsee, den Wind und das Meersalz einatmen zu können. Sie lief die paar Meter zum Inselbäcker und kaufte sich einen Milchkaffee im Pappbecher. Da sie jetzt mit Oda telefonieren wollte, konnte sie das schlecht von einem Café aus machen. Sie würde sich wieder auf die Bank im kleinen Park setzen und von dort aus in Wilhelmshaven anrufen.

Der Kaffee war heute verdammt heiß. Sie wickelte zwei Papierservietten um den Becher, um ihn überhaupt transportieren zu können. Ihre Bank im Park war besetzt. Christine schmunzelte, als ihr auffiel, dass dies ein typisch deutscher Gedanke war. Ihre Bank … Gegenüber in der Sonne war ein noch viel schönerer Platz frei, sie stellte den Kaffeebecher an den Rand, fischte aus ihrer Handtasche ein Tempo und wischte die Bank sauber, zumindest den Bereich, auf dem sie zu sitzen gedachte. Ein kurzer Griff an den Becher zeigte, dass der Kaffee noch immer zu heiß war, und so suchte sie aus dem Telefonbuch ihres Handys Odas Nummer.

Es läutete zum vierten Mal, als Oda abnahm. »Ja?«, bellte sie ins Telefon.

»Ich bin's, Christine. Hast du grad Zeit, oder passt es jetzt nicht?«

»Passt«, sagte Oda. Christine hörte den Wind kräftig durchs Telefon pfeifen. »Wir sind grad aus der Raffinerie raus. Haben mit einem von Lorentzens Kollegen gesprochen. Das war okay, hat uns aber nicht wirklich weitergebracht. Kannst du uns was Neues sagen? Ich schalte mal auf Lautsprecher, wenn es dir recht ist, dann kann Nieksteit mithören. Sind auch gleich am Auto.«

Nur einen Moment später klappte am anderen Ende der Leitung eine Autotür, und Ruhe trat ein.

»So, nun geht's richtig«, sagte Oda. »Ich schalte jetzt auf laut. Okay?«

»Klar«, antwortete Christine und grüßte: »Hi, Nieksteit. Das hier wär was für dich. Wind, ein wenig Chaos ... hast du schon mal überlegt, dich auf eine Insel versetzen zu lassen?« Sie konnte ein Lachen nicht unterdrücken.

»Noch ein Wort, und es setzt bei deiner Rückkehr zur Begrüßung 'ne Schelle«, klang die Stimme ihres Kollegen gespielt vorwurfsvoll und seltsam entfernt aus dem Hörer. »Haste auch was Interessantes zu berichten, ohne arme, fleißige Kollegen anzupöbeln?«

»Tut mir leid. Nehmt es mir nicht übel.« Christine lachte im ersten Moment, fuhr dann aber ernster fort: »Das heute war nicht einfach. Ich hab Wiebke Lorentzen vom Tod ihres Bruders unterrichtet und bin dann bei ihr geblieben. Hab sie in den vergangenen Stunden getröstet, ihr zugehört ... Herrje, ich bin Polizistin, kein Seelsorger. Das war wirklich heftig. Aber es war gut, dass ich bei ihr war. Natürlich hat Wiebke aus dieser Situation heraus eine Menge erzählt. Sie war gar nicht so überrascht, vom Tod ihres Bruders zu erfahren, was mich erstaunte. Für sie war das der einzig plausible Grund dafür, dass er sich seit Dienstag nicht mehr bei ihr gemeldet hatte.«

»Du willst uns damit aber doch wohl nicht sagen, dass die beiden ein inzestuöses Verhältnis hatten?«, vermutete Nieksteit sofort, was ihm von beiden Frauen ein übereinstimmendes »Nieksteit!« einbrachte. »War ja nur so eine Idee«, rechtfertigte er sich, um gleich darauf Christine wieder zu Wort kommen zu lassen.

»Quatsch. Ich hab damit nicht mehr gesagt, als dass für Wiebke klar war, dass er sich nur deshalb nicht bei ihr meldete, weil er tot sein musste. Sie sprach aber auch davon, dass er durch den

Auszug seiner Lebenspartnerin Ina und der gemeinsamen Tochter am Rande seines Nervenkostüms angekommen zu sein schien. Im ersten Moment vermutete sie sogar Suizid. Kurze Zeit später revidierte sie das, weil ihr Bruder sich allein wegen der Tochter nie und nimmer das Leben genommen hätte. Einen Unfall mit Todesfolge schloss sie nicht aus und kam auch auf das Thema Mord.«

»Mord?« Odas Skepsis sprang Christine bis hierher greifbar an. »Wieso kam die auf Mord?«

Wieder umfasste Christine den Pappbecher, diesmal schien der Inhalt auf trinkbare Temperaturen abgekühlt zu sein. Sie wartete trotzdem lieber noch einen Augenblick, bevor sie sich die Zunge verbrannte. »Lorentzen hat Wiebke vor Kurzem von einem Vorfall in der Raffinerie berichtet, den er beobachtet hat. Der so nicht hätte stattfinden dürfen, wie er meinte. Wiebke konnte dazu nur so viel sagen, dass das laut Till kein normaler Vorgang gewesen sein soll.« Christine schlug die Beine übereinander, griff zu ihrem Kaffeebecher und setzte ihn vorsichtig an den Mund. Wunderbar, genau die richtige Temperatur.

»Das heißt?«, fragte Oda am anderen Ende der Leitung.

»Keine Ahnung. Aber es könnte ein interessanter Ansatz sein. Kannst dich ja mal drum kümmern. Wer übernimmt denn die Obduktion?« Als keine spontane Antwort kam, sah sie die betretenen Gesichter ihrer Kollegen förmlich vor sich, und auch das Schweigen sagte genug. »Krüger?«, mutmaßte sie.

»Jo«, antworteten Oda und Nieksteit gleichzeitig.

»Na dann.« Christine unterdrückte ein Lächeln. »Nehmt's sportlich. Krüger ist so, wie er ist, er kann nichts dafür. Und denkt dran: Ich hab noch ein paar Tage Urlaub! Anrufe also nur in Notfällen.« Mit einem fröhlichen Lachen legte sie auf.

***

Wiebke Lorentzen fror, als sie erwachte. Zudem wusste sie nicht sofort, wo sie sich befand, musste erst einmal wieder zur Besinnung kommen. Sie lag auf der Couch, war mit einer Decke zugedeckt. Einen Augenblick blieb sie regungslos liegen. Sah zur Decke, zu den Mustern, die das hereinfallende Licht dort bildete. Es musste früher Nachmittag sein. Nachmittag, und Till war tot. Sofort saß sie senkrecht auf der Couch. Till war tot. War aus der Nordsee geborgen worden. Er lag jetzt irgendwo in einem Zinksarg auf dem Festland. Einsam und vollkommen allein. Wiebke musste zu ihm. Wie hatte sie nur lediglich an sich und ihre Gefühle denken können, als Christine ihr von seinem Tod berichtete? Sie hätte sofort die Tasche packen und nach Wilhelmshaven fahren müssen. Till war tot. Diese drei Worte waren mehr, als ihr Gehirn zu begreifen in der Lage war. Auf dem Tisch lag ein Zettel. »Wenn du mich brauchst, ruf an«, stand darauf. Dazu Christines Handynummer.

Till ist tot, dachte Wiebke und stand langsam auf, wie benommen. Die drei Worte verfolgten sie, sie wurde sie nicht los: Till ist tot. Auch als sie ihr Fahrrad aus dem Keller wuchtete, waren sie da: Till ist tot.

Sie stieg in die Pedale, fuhr bewusst die Strecke gegen den Wind Richtung Ostende und trat, was das Zeug hielt. Geriet ins Schwitzen. Keuchte. Der Mund wurde trocken. Till ist tot. Leute kamen ihr entgegen. Wie würde es weitergehen? Sie trat stoisch weiter in die Pedale. Bei der Meierei machte sie kehrt. Zu viele Leute. Nun schob der Wind. Half er ihr, schneller zu Till zu kommen?

Wiebke schlug den Weg zum Hafen ein. Das nächste Schiff nehmen. Der Schlüssel zu Tills Wohnung hing an ihrem Schlüsselbund. Sie trat weiter. Fuhr die Biegung zur Surfschule. Mechanisch. Jemand trat ihr in den Weg.

»Wiebke.«

Sie bremste. Mit Rücktritt und Vorderbremse. Sprang beinahe vom Rad, anders hätte sie nicht anhalten können. Als sie ihn erkannte, glitt ein Lächeln über ihr Gesicht. »Carsten«, rief sie erleichtert, ließ ihr Fahrrad fallen und warf sich weinend in seine Arme. »Till ist tot.«

Fünfzehn Minuten später saßen sie windgeschützt auf der Terrasse der Teestube. Wiebkes Stuhl stand dicht neben Carstens, der ihre Hand und zwischendrin auch immer wieder ihre Wange streichelte, die Tränen fortwischte. Wiebke war froh, ausgerechnet Carsten hier getroffen zu haben. Till und sie kannten ihn seit Jahren. Carsten kam oft nach Langeoog, und manches Mal waren Till und er zusammen losgesegelt. Wiebke war nicht so sehr für die Fahrt unter vollen Segeln bei Windstärken, die das Schiff richtig forderten, sie kam lieber an Bord, wenn Till nach einem aufregenden Tag auf See das »Einlaufbier« trank. So hatte sie auch Carsten kennengelernt: an Bord von Tills Schiff, der »Isodora«. Wiebke schätzte seine ruhige Art, die so viel Zuverlässigkeit ausstrahlte.

»Ich werde also rüberfahren«, schloss sie, nachdem sie alles berichtet hatte und auch das Kännchen Ostfriesentee inzwischen ausgetrunken war. »Mich drüben um alles kümmern und Ina mit in die ... in alles einbeziehen.« Das Wort »Beerdigungsvorbereitungen« kam ihr nicht über die Lippen.

***

»Na, dann wolln wir uns mal um diesen Hartmann kümmern«, sagte Oda, als sie wieder in der Polizeiinspektion waren.

Inzwischen war bei Lemke eine Reihe von Hinweisen eingegangen. Penibel nummerierte er diese, schrieb auch die Uhrzeit des Eingangs auf, sortierte sie nach Wichtigkeit und verteilte sie an die Kollegen, die Siebelt ihnen zur Unterstützung zugeteilt hatte. Derzeit wurden Lorentzens Nachbarschaft und einige Spaziergänger befragt. Routinearbeit, lästig, zeitaufwendig, aber notwendig. Und es kam ja manchmal auch etwas dabei heraus.

Oda grinste, als sie an Lemkes Schreibtisch trat. »Haste was für uns?«, fragte sie.

»Nein, nichts, was für euch interessant ist.« Er sah auf. »Habt ihr schon was?«

»Auch nichts, was bahnbrechend wäre. Ist der Obduktionsbefund schon eingetrudelt?«

»Nein, bedaure.«
»Gut, dann werde ich jetzt mal Lorentzens anderen Kollegen anrufen.« Oda setzte sich auf Nieksteits Platz, der sich zum Rauchen kurz in die Küche verzogen hatte, und wählte Hartmanns Nummer. Der meldete sich nach dem dritten Klingeln. Oda nannte ihren Namen und den Dienstgrad. »Wir würden uns gern mit Ihnen treffen, Herr Hartmann. Können wir vorbeikommen?«
»Auf gar keinen Fall«, wehrte Hartmann ab. »Wir können uns unterhalten, aber nicht bei mir zu Hause. In einer halben Stunde kann ich am Supermarkt an der Kreuzung Banter Weg und Bismarckstraße sein. Dort können wir uns beim Bäcker treffen.«
»Okay. Wenn Ihnen das lieber ist.« Oda wollte noch weitersprechen, wurde aber von Hartmann unterbrochen.
»Bis gleich also.« Schon war das Telefonat beendet.

»Das scheint ja ein komischer Kerl zu sein«, sagte Nieksteit, als sie auf den Parkplatz des großen Supermarktes fuhren. Er saß auf dem Beifahrersitz, denn wie so oft hatte Oda es sich nicht nehmen lassen, selbst den Dienstwagen zu fahren. Und wie so oft hielt er sich die gesamte Fahrt über am Haltegriff oberhalb des Fensters fest. Oda fuhr gerne rasant, auch wenn sie selbst es »zügig« nannte. »Was kann der bloß dagegen haben, dass wir ihn zu Hause aufsuchen?«
»Du hättest seinen Tonfall hören müssen. Zwischen den Zeilen hing deutlich: ›Es gibt kein Gesetz, das sagt, ich muss Sie zu Hause empfangen!‹«
Nieksteit schüttelte den Kopf und umfasste den Haltegriff fester, als Oda in scharfem Bogen in eine Parkbucht einfuhr.
»Nimm es von der praktischen Seite«, sagte sie: »Wir treffen uns mit dem Typen und können noch was einkaufen, wenn wir denn wollen. Außerdem ist es egal, wo wir uns unterhalten. Wenn er das Stehcafé in diesem Supermarkt aussucht, bitte schön.«
Sie stiegen aus. Liefen an Blumenverkaufsständen vorbei ins

Shopping-Center und dort an verschiedenen Verkaufsbereichen entlang, bis sie zur Bäckerei kamen. Dort saß ein Mann mittleren Alters allein und offensichtlich wartend an einem Tisch. Nieksteit und Oda traten auf ihn zu.

»Herr Hartmann?«, fragte Oda. Sogleich erhob er sich.

»Ja. Setzen Sie sich doch«, sagte er und nahm selbst wieder Platz. »Nehmen Sie es mir bitte nicht übel, dass ich Sie am Telefon so barsch abgewimmelt habe. Meine Frau ist krank, und da möchte ich sie nicht mit dem Besuch der Polizei beunruhigen.«

»Ach herrje, ist es etwas Schlimmes?« Nieksteit zeigte Mitleid, während Oda etwas genervt schnaubte.

»Nein, nein«, winkte Dieter Hartmann ab, »es ist nur eine heftige Grippe, sie neigt leider dazu, sich zu erkälten. Und immer hat sie auch Fieber dabei. Ich möchte nicht, dass sie sich aufregt. Das tut ihr nicht gut. Darum hab ich ihr auch noch nichts von Tills Tod gesagt. Deswegen wollten Sie mich doch sprechen?«

Oda grinste breit. »Ich sehe, die Buschtrommeln funktionieren einwandfrei«, sagte sie. »Ja, deswegen wollen wir mit Ihnen reden.«

»Na, hör'n Sie mal.« Hartmann blieb gelassen. »Wenn ein Kollege stirbt und noch dazu vom betriebseigenen Versatzboot aus der Nordsee gefischt wird, nachdem wir ihn zwei Tage vermisst haben, dann ist es ja wohl logisch, dass man sich untereinander benachrichtigt. Wird so was bei Ihnen nicht gemacht?« Er sah sie aus blauen Augen an. Seine Statur war durchtrainiert, Oda könnte schwören, dass er regelmäßig Sport trieb. Dennoch hatte Hartmann einen kleinen Bauchansatz, was – so hatte sie es jedenfalls beobachtet – bei Männern über fünfzig erschreckend oft der Fall war.

»Natürlich«, entgegnete sie, ohne weiter darauf einzugehen. »Jetzt aber interessiert uns vor allem, was jenseits der Lorentzen-ist-tot-Nachricht an Informationen und Gerüchten kursiert. Sie können sich vorstellen, dass wir alles wissen müssen, was die Runde macht.«

Bei diesen Worten entspannte sich Hartmann. Zumindest kam es Oda so vor.

»Ach wissen Sie, so eine Raffinerie ist letztlich auch nur eine kleine Familie von ein paar hundert Leuten. Uns war bekannt, dass Ina mit Merle ausgezogen ist. Und wir alle wussten, wie sehr Till an seiner Tochter hing. Das, was an Gerüchten kursiert, ist demzufolge, dass er es nicht ertragen konnte, ohne die beiden zu leben, und deshalb wohl ins Wasser ging.« Hartmann zuckte derart lax mit den Schultern, dass es fast ein wenig unnatürlich erschien.

»Haben Sie das auch geglaubt?«, fragte Nieksteit stirnrunzelnd.

Hartmann zögerte einen Moment. »Warum fragen Sie?«

»Weil wir hörten, dass Sie sich intensiv um Lorentzens Exfreundin gekümmert haben«, gab Oda an Nieksteits Stelle zurück.

»Na ja.«

Oda gewann den Eindruck, als würde Hartmann ein Stück weit zurückrudern. Als hätte er nicht damit gerechnet, dass sie so gut informiert waren.

»Natürlich hab ich Ina meine Hilfe angeboten, immerhin kennen wir uns schon lang. Wir vier, meine ich.«

Irrte sie sich, oder kam der Nachsatz etwas zu schnell?

»Klar.« Nieksteit versuchte, einen vertraulichen Ton in das Gespräch zu bringen. »Ist sicher nicht leicht, wenn man sonst zu viert unterwegs ist und dann für den einen oder den andren Partei ergreifen muss.«

»Ich habe keine Partei ergriffen«, stellte Hartmann fest. »Ich habe Ina geholfen, weil sie beim Umzug logischerweise Tills Hilfe nicht in Anspruch nehmen konnte. War ein mieses Gefühl, als Till vom Fenster aus zugesehen hat. Glauben Sie mir, das macht keinen Spaß. Immerhin hab ich beide sehr gern. Aber ich hab mir gedacht, wenn ich Ina helfe und es zügig geht, dann haben die beiden vielleicht noch eine Chance.«

Oda rieb sich die Nase. »Glauben Sie wirklich, dass die beiden noch eine Chance hatten? Oder wurden Sie selbst durch die Umstände vielleicht ... ja, wie nenne ich es jetzt ... eine ganz besondere Größe in Inas Leben?«

Hartmann starrte sie an. Schluckte. Es war faszinierend zu sehen, wie sich seine Halsmuskeln anspannten, die Adern hervortraten und sein Gesicht rot anlief. Doch er hatte sich unter Kontrolle. Er schwieg, bis das Adrenalin um einiges heruntergefahren war und er normal weitersprechen konnte. Schon beeindruckend, was für eine Beherrschung er an den Tag legen konnte. Galt diese Beherrschung nur für sie, die Polizei? Irgendwie mochte Oda nicht glauben, dass Hartmann ständig Herr seiner Gefühle und Reaktionen war. Ließ er seinem Adrenalinschub in privaten Situationen freien Lauf? Wie mochte sich das äußern?

»Was wollen Sie mir mit dieser Frage unterstellen?« Hartmanns Frage kam kühl.

»Um es auf den Punkt zu bringen: Uns interessiert, ob Sie mit Lorentzens Exfreundin ein Verhältnis haben. Und ob Lorentzen das herausbekommen hat. Wenn ja, was hat er daraufhin gemacht? Ebenso interessiert uns aber natürlich auch, ob Sie zwar ein Verhältnis mit Ina hatten, die das aber wieder beenden wollte und Sie aus verschmähter Liebe keinen anderen Ausweg sahen, als Lorentzen aus dem Weg zu räumen.«

Hartmann schwieg. Schaute beide aufmerksam und stumm an. Bestimmt eine halbe Minute lang. Dann erhob er sich. »Sie sind ja krank«, sagte er, stand auf und ging.

**

Nach den intensiven Stunden mit Wiebke und dem Telefonat mit den Kollegen hatte Christine sich eine Auszeit im Strandkorb gegönnt. Immerhin hatte sie Urlaub und brauchte dringend Erholung. Der Schock über die Nachricht, dass Franks Sohn geboren war, saß doch tiefer, als sie vermutet hätte. Denn das war nun wirklich das endgültige Aus für ihre Ehe. Auch wenn die vorher schon nicht mehr bestanden hatte, war mit Max eine neue Komponente hinzugekommen. Jetzt konnte Frank nicht einfach sagen: »Ich geh zurück zu meiner Frau«, jetzt gab es ein kleines Lebewesen, das Teil von ihm war. Einen Moment lang spürte Christine, dass längst überwunden geglaubte Verzweiflung in ihr aufstieg, aber sie schob sie sofort beiseite. Nein.

Die Zeit der Tränen und der Trauer war vorbei. Die Zeit der Wut war eingeläutet. Wie, verdammt noch mal, hatte Frank es wagen können, sie direkt nach der Geburt anzurufen? Er war ein feiger Hund. Das jämmerliche Zögern am Telefon, als er ihr erklärte, sein Sohn sei geboren, war schon fast peinlich.

Jetzt, im Strandkorb, mit Blick auf die bewegte Nordsee, auf spielende Kinder und Paare, die Hand in Hand an der Wasserkante entlangliefen, wurde Christine klar, dass sie nicht Frank, sondern der Illusion dessen hinterhertrauerte, was hätte sein können. Diese Erkenntnis war eine Art Aha-Erlebnis. Fast kam Christine sich ein wenig blöd vor, als sie, nach außen grundlos, lächelnd im Strandkorb saß.

Eine Dreiviertelstunde später radelte sie auf der Hafenstraße Richtung Anleger. Warum nicht einfach mal Steegmann besuchen, der auch heute noch mit seiner »Henriette« im Hafen lag. Der Gedanke an eine heiße Tasse Tee mit einem knackenden Kluntje im Salon des Schiffes hatte etwas Wärmendes. Es war zwar nicht wirklich kalt, aber immerhin war der Wind wieder stärker geworden. Eine gemütliche Stunde mit Steegmann, dazu ein paar nette Gespräche, das täte ihr sicher gut.

Sie nahm die Kurve unterhalb der Bahnüberführung und ließ ihr Rad beim Seglerheim stehen. Bevor sie zur Marina ging, warf sie einen Blick hinein, doch Steegmann war nicht zu sehen. Leider konnte sie ihn auch auf der Marina nirgends entdecken. In diesem Moment bedauerte sie, seine Handynummer nicht eingespeichert zu haben, sonst wäre ein unverfängliches »Hi, bin grad am Hafen, gibt's bei Ihnen einen Tee?« ohne Weiteres drin gewesen. So aber musste sie, zugegebenermaßen etwas enttäuscht, weiterfahren. Woanders gab es ja auch einen Tee. Und wer wusste schon, wofür es gut war, dass sie Steegmann nicht angetroffen hatte.

Sie schloss ihr Rad auf und fuhr langsam weiter, als ihr Blick auf die wenig besuchte Terrasse der Teestube fiel. War er das nicht? Es sah aus, als würde Steegmann dort sitzen. Christine schluckte irritiert. Wusste nicht, ob sie halten oder weiterfahren sollte. Sie wurde langsamer.

Wenn es wirklich Steegmann war, dann war er nicht allein. Dann war er in Begleitung einer Frau, die Christine zwar nicht erkennen konnte, weil sie mit dem Rücken zum Hafen saß und eine Schirmmütze trug, die ihm aber nahezustehen schien. Steegmann streichelte gerade ihre Wange. Das Gefühl, das für Christine mit diesem Bild einherging, glich dem eines unvermittelten Messerstiches. Sie schluckte und trat kräftiger in die Pedale. Nein. Noch einmal würde sie nicht zulassen, dass man sie verletzte. Da hatte Frank ausreichend vorgearbeitet. Weiteren Betrügereien dieser Art würde sie vorbeugen. Gott sei Dank gab es bisher nichts, was sie mit Steegmann verband. Sie hatte sich lediglich auf eine gemeinsame Tasse Tee an Bord seines Schiffes gefreut. Mehr war da nicht.

Der Wind blies ihr jetzt kräftig ins Gesicht. Er erschwerte das Radeln, und ausnahmsweise war Christine froh, sich mit ihm messen zu können. Konnte so doch keiner beurteilen, ob die Tränen, die ihre Wangen hinunterliefen, vom Wind herrührten oder nicht.

***

»Warten Sie!« Mit einem scharfen Ruf hielt Oda Hartmann auf. So einfach entließ sie ihn nicht aus dem Gespräch. Das wäre ja noch schöner, wenn hier jeder Zeuge machen würde, was er wollte.

Hartmann drehte sich um und wartete schweigend, bis Oda und Nieksteit zu ihm aufgeschlossen hatten. Gemeinsam liefen sie Richtung Ausgang.

»Sie können doch nicht so einfach abhauen«, tadelte ihn Nieksteit, und Oda fügte hinzu: »Hat Lorentzen mit Ihnen eigentlich auch über Unregelmäßigkeiten gesprochen, die ihm aufgefallen sind?«

Sie kamen an einem Stand mit türkischen Lebensmitteln vorbei. Würziger Duft umschmeichelte Odas Nase, was ihr Magen mit einem leichten Knurren kommentierte.

»Unregelmäßigkeiten? Was meinen Sie damit?«

Oda und Nieksteit wechselten einen kurzen Blick. Stellte

Hartmann sich absichtlich dümmer, oder hatte er wirklich keine Ahnung?
»Mit Unregelmäßigkeiten meine ich Unregelmäßigkeiten. Das ist doch ein Wort, das Sie kennen, oder?« Oda wurde langsam sauer.
»Nein. Davon weiß ich nichts. Meinen Sie damit, ich hätte mich nicht korrekt verhalten? Hat jemand das behauptet?« Ein gewisses Maß an Aggressivität lag in Hartmanns Stimme.
»Nun regen Sie sich mal nicht auf«, beschwichtigte ihn Nieksteit, »davon war absolut keine Rede.«
»Was dann?« Sie standen auf dem Parkplatz. Hartmann steckte beide Hände in die Vordertaschen seiner Jeans.
»Lorentzen meinte, es hätte während seiner Schicht einen Fehler gegeben. Mit Uwe Bramfeld sprach er darüber, und der sagte uns, dass Lorentzen Sie ebenfalls darauf ansprechen wollte.«
»So. Das hat Uwe erzählt? Na ja. Dann muss es wohl stimmen. Wenn Uwe das sagt.« Hartmanns Tonfall klang sarkastisch. »Sind wir fertig? Ich muss jetzt los.«
Oda nickte. »Wenn Sie uns erzählt haben, ob Sie oder ob Sie nicht mit Lorentzen über diese Sache gesprochen haben, können Sie selbstverständlich gehen.«
»Hab nicht mit Till drüber gesprochen«, sagte Hartmann knapp und wollte einsteigen.
»Moment«, stoppte ihn Nieksteit. »Lorentzen wurde nachweislich zuletzt am Dienstag gesehen, als er die Raffinerie verließ. Dann verliert sich seine Spur, bis er am Donnerstagmorgen von der ›Harletief‹ aus dem Wasser gefischt wurde. Wir müssen anhand der Strömungsverhältnisse und aufgrund der Tatsache, dass er Mittwoch nicht zum Dienst erschien, davon ausgehen, dass er Dienstagabend starb. Wo waren Sie denn am Dienstag?«
»Zu Hause. Wie gesagt, meine Frau ist krank. War's das?«
»Ja. Und vielen Dank für Ihre Hilfe«, sagte Oda ironisch. Hartmann guckte sie abfällig an, stieg in sein Auto und fuhr mit quietschenden Reifen davon.

***

»Wie weit sind Sie?«, Michael Winters Stimme hatte diesen bestimmten Klang, der der Person am anderen Ende der Telefonleitung ohne Zweifel verdeutlichte, dass es mit der demonstrierten Ruhe nicht weit her war.

Es war ihm egal, ob sie mitbekam, dass seine Nerven bis zum Anschlag gespannt waren, dass sie jeden Moment zu reißen drohten. Er steckte bis über beide Ohren in Schwierigkeiten. Die Leiche, die nicht hätte sein müssen, war nicht das Problem, die konnten sie dem V-Mann unterjubeln. Aber von der technischen Seite hatte er längst schon eine Erfolgsmeldung erwartet. Warum, zum Teufel, kamen die nicht voran? In Winter brodelte es. Nein, es lief absolut nicht so, wie er es gern hätte.

»Also?«, bellte er in den Hörer.

»Wir stehen kurz davor, den entscheidenden Code zu knacken«, sagte seine Gesprächspartnerin. Es hatte ihn gewundert, auch an dieser Stelle mit einer Frau zu tun zu haben. Selbstverständlich war für diesen Job niemand anderes infrage gekommen als die Erste Riege, doch auf den Gedanken, dass hinter dem Vornamen Kay eine Frau steckte, wäre er nie gekommen. Jetzt hatte er es auf beruflicher Ebene schon mit zwei Frauen zu tun, die an wichtigen Stellen saßen. Das war ungewohnt. Frauen waren bislang für Winter nur Mittel zum Zweck gewesen. Sein ganzes Leben lang schon. Frauen dienten dem Zeitvertreib. Zu mehr nicht. Und sie waren leicht ersetzbar, vor allem, wenn man über die entsprechende Position in der Gesellschaft und das dazugehörige Einkommen verfügte. Erst vor Kurzem hatte er in einem Zeitungsbericht gelesen, dass Frauen das einzige Wild seien, das dem Jäger auflauerte. Das traf den Nagel seiner Ansicht nach genau auf den Kopf.

»Kurz davor. Was heißt was? Sagen Sie es mir in Stunden.« Winter wollte gar nicht erst den Eindruck erwecken, er ließe sich von einer Frau das Heft aus der Hand nehmen. Sie sollte gleich wissen, wer das Sagen hatte.

Als sie sich räusperte, hörte er ein gewisses Maß der Anspannung. Logisch. Er zahlte eine Menge, eine sehr große Menge Geld dafür, dass sie ihm so schnell wie möglich anhand der ver-

fügbaren Daten einen eigenen Zugang zum Kontrollzentrum der Raffinerie verschaffte. Die Leute, die hinter ihm standen, warteten ungeduldig auf eine Erfolgsmeldung.
»Ich kann keine Stunden nennen. Tut mir leid. Sie werden sich weiter gedulden müssen. Wir arbeiten auf Hochtouren daran, können aber nun mal nicht hexen.«
Winter seufzte. Einerseits mochte er diese Art Selbstbewusstsein. Sie schien keine Angst vor ihm zu haben. Andererseits passte es ihm nicht in den Kram. Und in seinen Zeitplan schon mal gar nicht.
»Geduld, meine Gute, ist eine Eigenschaft, die Sie in unserer Branche selten finden. Ich rate Ihnen, halten Sie sich ran. Lassen Sie sich nicht zu viel Zeit.«

***

Der Koffer war gepackt, die Medikamente für die Reise lagen griffbereit. Wieder würde er sie auf dem Flug und in die Klinik begleiten, wieder würde er am übernächsten Tag zurückfliegen. »Der Job, Liebelein, du verstehst.« Er hatte an Gewicht verloren in den letzten zwei Wochen. Sichtbar abgenommen. Zudem verzog er sich zu Unzeiten ins Büro und benutzte neben seinem normalen Handy ein anderes. Sicher glaubte er, sie hätte es nicht bemerkt. Nur durch Zufall war sie dahintergekommen. Hatte ihn aus seinem Büro mit gedämpfter Stimme sprechen hören, während sein Handy neben dem Haustelefon auf der Anrichte im Flur lag. Es konnte kein normales, fröhliches Telefonat gewesen sein, er hatte seltsam abgehackt und einsilbig gesprochen. Als wisse er, dass sie an der Tür lauschte. Sie war sich schäbig dabei vorgekommen. In all den Jahren ihrer Ehe hatte es doch immer nur Vertrauen gegeben. Wenn ihr jemals jemand unterstellt hätte, sie würde an seiner Bürotür stehen bleiben, um ein Gespräch zu belauschen, dann hätte sie ihn noch bis vor Kurzem lauthals ausgelacht.
Jetzt aber war sie drauf und dran, das Lachen zu verlieren. So wie sie das Gefühl hatte, ihn zu verlieren.
»Was ist los?«, fragte sie ihn am Vorabend ihrer Abreise. Sie sa-

ßen im Wohnzimmer vor dem Kamin, auf dem Tisch aus Erlenholz brannten Kerzen. »Ich spüre, dass da etwas ist. Rede mit mir. Sag mir, was dich bedrückt. Ich kann nicht klarkommen, wenn du so anders bist als sonst und ich nicht weiß, warum.«
»Es ist nichts«, versuchte er sie zu beschwichtigen. »Derzeit gibt es nur gewaltigen Stress im Büro. Die Raffinerie steht vor einer großen Generalüberholung. Jedes noch so kleine Rädchen und Schräubchen, jedes Rohr muss überprüft werden. Du kennst doch das Gelände, da kannst du dir vielleicht annähernd vorstellen, was da zu machen ist.«

»Na klar«, bestätigte sie erleichtert, immerhin war sie oft mit auf dem Areal gewesen, kannte die Leute an der Pforte, die Kollegen aus dem Herzstück, wusste um die Bedeutung, die die Kontrolle des Ganzen hatte. Jeder der drei unterschiedlichen Hauptbereiche war überaus sensibel. Und wenn da jetzt eine Generalüberholung anstand, war es logisch, dass er bis zum Äußersten angespannt war, immerhin fühlte er sich doch für seinen Bereich verantwortlich. Er war immer schon so gewesen. Und das war sicher auch ein Grund, weshalb sie sich in ihn verliebt hatte. Seine Verlässlichkeit und sein Verantwortungsbewusstsein. Ihre Schultern lockerten sich. Innerlich schalt sie sich, dass sie zwischenzeitlich vermutet hatte, eine andere Frau würde hinter seinem veränderten Verhalten stecken. Sie war eben auch nicht ganz auf der Höhe. Wäre sie gesund, so wie früher und wie hoffentlich bald wieder, wäre sie auf solche Gedanken überhaupt nicht gekommen.

Wie hoffentlich bald wieder ... Dieser Gedanke beherrschte sie noch immer, als sie wenige Tage später im Entspannungszentrum der Klinik außerhalb von Los Angeles über ihren körperlichen Zustand nachdachte. Hier, nach drei Tagen erneuter Medikation, spürte sie die Fortschritte. Ihr Körper war inzwischen darauf programmiert, das Medikament gut anzunehmen. Auch die Musik, die sie jetzt umhüllte, war Balsam für die Seele. Schmeichelte und umhüllte mit absolutem Wohlbefinden. Sie warf einen Blick durch die gläserne Dachkuppel des Gymnastik- und Entspannungsrau-

mes auf den Himmel. Wie die anderen auch lag sie auf einer Iso-Matte. Die Hälfte der Therapiestunde war sicher schon um. »Wir wollen in uns hineinhorchen«, hatte Pete, der Entspannungstrainer, gerade gesagt. »Versucht herauszufinden, was euer Körper euch sagen möchte. Wenn ihr euch wirklich bemüht, bekommt ihr eine Antwort.«
 Sie wollte keine Antwort. Da gab es nichts, was sie nicht sowieso wusste, sie blickte lieber durch die Glaskuppel nach außen als in sich hinein. Und es lohnte sich. Das Blau war schon fast kitschig zu nennen, und vereinzelt flogen Vögel darüber hinweg. Sie genoss es, drinnen, wohlbehütet und angenehm temperiert, auf dem Boden zu liegen und dennoch die Illusion zu haben, sich auf einer Wiese aufzuhalten. »Wie hoffentlich bald wieder.« ... Ja. Hier, nach nur so kurzer Zeit, hatte sie das Gefühl, nein, erfüllte sie die Gewissheit, wieder ganz gesund zu werden.

***

Die Soko »Harletief«, wie sie den Fall genannt hatten, saß in der Polizeiinspektion: Oda, Siebelt, Niekstreit, Lemke und drei der zusätzlichen Polizisten, die die immer noch täglich neu eingehenden Hinweise bearbeiteten. Steegmanns Platz hatte dessen Kollege Oliver Kamphuis eingenommen, ein humoriger Blonder, der seine Vorfahren aus den Niederlanden nicht verhehlen konnte. Oda arbeitete gern mit Kamphuis zusammen, sie hatten die gleiche Art Humor und verstanden sich oft mit einem Augenzwinkern. Kamphuis hatte nicht ansatzweise diesen hanseatischen Supermann-Touch, den Steegmann an den Tag legte, Kamphuis war ein Kollege zum Anfassen. Handfest und offen. Oda war froh, es in diesem Fall mit ihm zu tun zu haben.
 »Also«, fragte Kamphuis, »was haben wir bislang?«
 »Ich fang mal an.« Lemke rückte seine Notizen zurecht. »Lorentzens Handydaten geben keinen Aufschluss darüber, dass er in der letzten Zeit irgendwelche außergewöhnlichen Aktionen getätigt hätte. Am meisten hat er mit Wiebke Lorentzen und Ina Polke telefoniert und gesimst. Sonst nur Larifari, meist per SMS.

Der Rest wird gerade überprüft, aber es sind nur wenige Nummern. Zwei Kollegen hab ich schon rausgefiltert. Uwe Bramfeld und Dieter ...«

»... Hartmann«, ergänzte Oda. »Mich würde interessieren, wann das Telefonat mit Hartmann war. Der behauptet nämlich steif und fest, nicht mit Lorentzen über den Vorfall gesprochen zu haben. Wenn sie danach aber doch miteinander telefonierten, wäre es interessant zu wissen, wie lang.«

»Moment.« Lemke blätterte in seinen Unterlagen. »Das Telefonat war am Dienstag. Rein theoretisch hätte Lorentzen also mit Hartmann darüber reden können.«

»Aber warum war der uns gegenüber so abweisend?«, überlegte Oda laut. »Er hätte doch sagen können, dass er mit Lorentzen gesprochen hat. So macht er sich doch nur verdächtig.«

»Stopp«, warf Nieksteit ein. »Oda, er hat nicht abgestritten, mit Lorentzen geredet zu haben. Er hat lediglich gesagt, dass der ihn nicht auf irgendwelche Unregelmäßigkeiten im Betrieb angesprochen hat. Das ist ein Unterschied.«

»Aber wo Lorentzen nun tot ist, müsste Hartmann doch auch Interesse daran haben, dass alles aufgeklärt wird. So als Kollege und Freund und überhaupt. Er müsste helfen wollen. Es sei denn ...«

»Es sei denn, er hat etwas mit Lorentzens Tod zu tun«, vollendete Kamphuis den Satz.

»Jo«, stimmte Nieksteit zu, während Oda die Stirn runzelte. Das alles war ihr viel zu glatt. Es musste mehr dahinterstecken. Aber bevor sie nachhaken konnte, sprach Nieksteit weiter und hatte mit seinen Worten alle Ohren auf seiner Seite. »Kommen wir also zum Obduktionsbericht, Krüger hat sich tatsächlich beeilt.«

Das »Hört, hört« der anderen kommentierte Nieksteit mit einem amüsierten Grinsen. Draußen wirbelte der Wind durch die Blätter der Platanen, das Stop-and-go der an der Ampel haltenden und wieder anfahrenden Autos bildete den Übergang von der natürlichen Geräuschkulisse zur städtischen.

»Nach Krügers Angaben ist Lorentzen ertrunken.« Nieksteit

blickte in die Runde. »Das mag euch jetzt wegen der Abdrücke an den Handgelenken nicht ganz plausibel erscheinen, aber wenn man bedenkt, dass Lorentzen aller Wahrscheinlichkeit nach in einem Handgemenge verletzt wurde und in der Folge vermutlich kurzzeitig ohne Bewusstsein war, ergibt es Sinn. So zumindest steht es im Autopsiebericht. Krüger hat Abwehrspuren gefunden. Und Hämatome. Die an den Handgelenken haben wir ja schon bei der ersten Leichenschau gesehen, aber es gab auch welche im Bereich des Oberkörpers und Kopfes.«

»Gab es an den Füßen auch Fesselungsmale?«, wollte Siebelt wissen.

»Nein. Nur an den Handgelenken. Aber ob die tatsächlich im Zusammenhang mit dem Ertrinken stehen, kann Krüger nicht sagen. Jedenfalls schließt er aus den Verletzungen, dass jemand erst eine tatkräftige Auseinandersetzung mit Lorentzen hatte und die daraus resultierende Ohnmacht dazu nutzte, um ihn in der Nordsee endgültig loszuwerden.«

»Na ja, auch 'ne Art von Entsorgung«, meinte Siebelt trocken.

»Chef!« Oda schüttelte den Kopf.

»Da wollte wohl jemand auf Nummer sicher gehen. Erst einen über die Rübe geben und dann ab ins Wasser«, sagte Nieksteit.

»Mir lassen die Hämatome an den Handgelenken keine Ruhe. Ich will wissen, woher die kommen.« Oda gefiel das alles nicht. »Was ist, wenn die in Verbindung mit dem Tod stehen?«

»Ach Oda. Warum soll einer Lorentzen erst bewusstlos schlagen, ihn ins kalte Jadewasser schleifen und ihn dann noch anbinden? Das ergibt doch gar keinen Sinn. Lorentzen wäre eh ersoffen, die Strömung hätte oder hat ihn rausgezogen, so schnell konnte der das Bewusstsein gar nicht wiedererlangen. Der Tod war in dem Moment vorprogrammiert, als er ins Wasser kam. Warum schiebst du den Gedanken beiseite, dass die Male schon etwas früher entstanden sind?« Nieksteit schüttelte den Kopf.

»Weil das, was du denkst, nicht zu ihm passt. Der war keiner, der sich bei einer Prostituierten mal kurz fesseln ließ.«

»Das weißte?«

»Das glaub ich einfach.«
»Oda. Haben sie dir ins Gehirn geschissen? Entschuldige meine drastische Ausdrucksweise, aber gerade du müsstest doch wissen, dass es auch da menschliche Abgründe gibt, wo oben katholisch drübersteht. Sag ich jetzt einfach mal so.« Nieksteit räusperte sich.
»Ich bin nicht katholisch, Nieksteit.«
»War ja auch nicht wörtlich gemeint. Wir wissen nichts von dem Typen. Nur das, was die Kollegen sagen, und das, was Lorentzens Schwester Christine erzählt hat. War aber auch nicht wirklich viel. Also lass das alles mal beiseite und schau dir die Fakten an. Fakt ist, dass der Typ seit Monaten ohne Frau lebte. Fakt ist, dass es die Frau war, die ausgezogen ist. Fakt ist, dass wir noch nicht wissen, warum. Woraus folgt: Wir müssen dringend mit dieser Ina reden. Danach werden wir sicherlich mehr wissen. Auch über Lorentzens etwaige Neigung bezüglich Handfesseln.«

»Ich möchte trotzdem noch weiterüberlegen«, beharrte Oda. »Vielleicht hat man ihn tatsächlich angebunden, und er musste elendig ersaufen?«

»Nenn mir einen Grund, weshalb jemand das tun sollte. Das wäre doch absolut schwachsinnig. Der hätte dazu auch ins Wasser gemusst. Überleg doch mal: bei den Temperaturen! Das macht doch kein normaler Mensch freiwillig. Nee, Oda, ich glaub, da phantasierst du dir was zusammen.«

Auch Lemke nickte. »Ist wirklich 'n bisschen weit hergeholt.«

»Lasst uns einfach hoffen, dass es nicht so war, und falls doch, dass er nicht mehr aufwachte und ihm erspart blieb, seinem Tod langsam ins Auge sehen zu müssen.« Siebelt versuchte wie immer, einen Ausgleich herzustellen. »Wir werden die genauen Umstände sicherlich erfahren, sobald wir denjenigen haben, der für Lorentzens Tod verantwortlich ist.«

»Hast recht«, stimmte Nieksteit zu. »Allein die Vorstellung ist ja schon grauenhaft. Zu spüren, wie das Wasser immer höher steigt, bis es einem in den Mund und in die Nase läuft. Nee.«

Oda schüttelte unzufrieden den Kopf. »Lasst uns mal die Frage nach dem ›Warum‹ beleuchten. War es ein Mord im Affekt, der aus einem nicht vorhersehbaren Streit heraus geschah, oder Vorsatz? Wenn die vermaledeiten Fesselungsmale im Zusammenhang mit Lorentzens Tod stehen, müssen wir herausfinden, weshalb sich der Täter entschieden hat, ihn langsam krepieren zu lassen. Warum er nicht einfach seinen Kopf unter Wasser gedrückt hat, wo er doch bereits bewusstlos war. In dem Fall würde 'ne Menge Hass dahinterstecken.«

»Wir müssen also Lorentzens Privatleben besonders intensiv untersuchen«, stellte Siebelt fest.

Auch Kamphuis nickte. »Es schreit förmlich danach. Und die Exfreundin wird ein wichtiger Punkt in dieser Sache sein. Dass nach einer gescheiterten Beziehung einer von beiden durchdreht, ist ja leider nichts Neues.«

»Ich fürchte, da werden wir in diesem Fall nicht fündig. Immerhin war sie diejenige, die ihn verlassen hat. Wäre allerdings sie aus dem Wasser gefischt worden … Ich sehe da kein Motiv.«

Kamphuis zwinkerte Oda zu. »Abwarten«, sagte er, fuhr jedoch gleich darauf ernster fort: »Wir sollten die Sache in jedem Fall äußerst sensibel angehen. Dass Lorentzen in der Raffinerie gearbeitet hat, egal ob es dort ein Motiv gibt oder nicht, macht die Angelegenheit zu einem Ritt auf einer heißen Kartoffel.« Er bemerkte das Stirnrunzeln der anderen. »Oder so was in der Art. Sie wissen doch, was ich meine! Das ist doch ein Feld, das mit äußerstem Fingerspitzengefühl behandelt werden muss.«

»Das haben wir, Oliver, das haben wir.« Oda betrachtete ihre Hände demonstrativ von beiden Seiten. Spontan hielt auch Nieksteit Kamphuis die Finger hin. Der lachte auf.

»Ich weiß, ihr seid das beste Team aller Zeiten«, feixte er, hob grüßend die Hand und verließ den Raum.

»Ge-nau«. Unisono nickten Oda und Nieksteit, Lemke grinste, lediglich Siebelt sah etwas irritiert aus.

***

Die Reisetasche war gepackt. Wiebke hatte ein Bändchen mit bunt gemusterten Herzchen drangebunden, damit sie sie auf dem Festland im Wust der kleinen Gepäckcontainer, die wie zwei mit dem Rücken aneinandergeschweißte Metallregale mit einem Vorhang vor jeder Front aussahen, schneller fand. Denn der Kauf der Tasche war der Bonusaktion einer Tankstellenkette zu verdanken, und Wiebke war nicht die Einzige, die dort in dem entsprechenden Zeitraum ihr Auto mit Sprit versorgt hatte.

Sie saß in ihrem Wohnzimmer auf der Couch, das Telefonregister lag aufgeschlagen vor ihr auf dem Tisch. Mit Uwe Bramfeld hatte sie bereits telefoniert, auch mit Dieter Hartmann. Allerdings hatte sie in beiden Gesprächen nichts erfahren, was ihr half, den Tod ihres Bruders verstehen zu können.

Aber sie würde dahinterkommen, weshalb Till gestorben war. Das war sie ihm schuldig. In einer knappen Stunde ging das Schiff. Sie hatte Ulla gebeten, sie für ein paar Tage zu vertreten. Ulla wusste auch, wo sie sich weitere Unterstützung holen könnte, und selbst wenn sie den Laden dichtmachte, wäre es Wiebke egal. Sie musste aufs Festland, zu Till, musste alles vorbereiten, sich um alles kümmern. Und sie würde Fragen stellen.

Wiebke hatte Carsten gebeten, mit ihr nach Wilhelmshaven zu segeln, aber er hatte abgelehnt.

»Sei mir nicht böse, aber ich kann nicht«, hatte er gesagt. »Ich brauche noch ein paar Tage, um den Kopf frei zu kriegen. Bei mir geht alles drunter und drüber. Seit zwei Monaten wohne ich in der Ferienwohnung im Obergeschoss, weil Silvia und ich nur noch gestritten haben. Ich bin Gast im eigenen Haus. Schlafe nachts nicht richtig, werde dauernd wach, mein Herz rast wie verrückt. Ich weiß nicht, wie das weitergehen soll. Jeden Tag erzählen mir die Kinder, dass die Mami immer weint. Ich steh als Buhmann da und hab keine Chance, das klarzustellen, denn dafür sind sie zu klein. Sie würden es nicht verstehen.« Er holte tief Luft. »Ich brauch den Abstand dringend. Nimm die Fähre. Natürlich komme ich zur Beerdigung, aber jetzt kann ich noch nicht wieder zurück.«

Wiebke hatte enttäuscht geschluckt. Denn dass es mit Carstens Ehe nicht gut stand, war nichts Neues. Sie hatte erwartet, dass er ihr als Freund zur Seite stand. Nun, sie schien sich geirrt zu haben, was das Verhältnis zwischen Till und Carsten betraf. Für Carsten waren sie offensichtlich nur zwei Segelkameraden, wie er sie wahrscheinlich in jedem Inselhafen hatte.

Ich sollte mehr auf meine Gefühle aufpassen, dachte Wiebke, erledigte noch zwei Telefonate und machte sich auf den Weg.

Die Fahrt von Bensersiel nach Wilhelmshaven war Wiebke noch nie so lang vorgekommen. Aus der realen Dreiviertelstunde wurden gefühlte zwei. Heute hatte sie sich nicht lange im Gespräch mit dem Bauern aufgehalten, in dessen alter Scheune sie, wie auch manch anderer Langeooger, ihr Auto unterstellte, heute war sie sofort nach einem kurzen Gruß losgefahren.

In Gedanken ging sie während des Fahrens all das durch, was sie Ina, Dieter und Uwe fragen beziehungsweise wo sie nachhaken wollte. Immer noch quälte sie die Frage, ob Tills Tod mit seinem Job oder seinem Privatleben zu tun hatte. Wäre Letzteres der Fall, hätte man doch einen Abschiedsbrief finden müssen. Till war nicht der Typ, der sich klammheimlich aus dem Leben, aus seiner Verantwortung schlich. Das passte nicht zu ihm. Dazu kannte Wiebke ihren Bruder zu genau. Er hätte sich allen gegenüber verstellen können, nur ihr gegenüber nicht. Sie hätte mitbekommen, wenn er tatsächlich am Rande des Abgrundes stand. Dazu waren sie sich zu nah. Und was Ina betraf: Ihrer Einschätzung nach hatte Till durchaus berechtigte Hoffnung gehegt, dass sie wieder zusammenkamen. Da brachte man sich einfach nicht um.

Inzwischen hatte sie Hohenkirchen hinter sich gelassen, fuhr die Landstraße Richtung Hooksiel. Noch gute fünfzehn Minuten, bis sie bei Ina war. Erst danach würde sie in Tills Wohnung fahren. Und sich auf die Suche nach Hinweisen machen. Nach Tagebüchern, Aufzeichnungen, irgendetwas, was sie weiterbrachte. Sie glaubte einfach nicht an Selbstmord. Obwohl ... wie viele Selbstmorde waren eine Kurzschlusshandlung? Geschahen aus einer dunkelgrau-schwarzen Stimmung heraus, in der man glaubte, es gebe kein Licht am Ende des Tunnels? Wie viele Selbstmörder würden die Tat nicht wiederholen, sondern wären froh, daran gehindert worden zu sein? Es gab doch sicher Statistiken darüber. Wie viele von denen hatten es wieder versucht? Wiebke nahm sich vor, das im Internet zu recherchieren. Zwar war ihr Notebook auf Langeoog geblieben, aber in Tills Wohnung gab es ja auch einen PC.

Sie erreichte die Fedderwarder Straße, in der Ina mit Merle ein kleines Siedlungshäuschen bezogen hatten. Mittlerweile war es kurz vor sechs. Sie parkte hinter Inas Wagen auf der Auffahrt, atmete einmal tief in den Bauch hinein und schellte an der Haustür. Es dauerte keine Minute, bis Ina die Tür öffnete. Wortlos fielen sie sich in die Arme. Ina war die Erste, die sich löste.

»Komm erst mal rein«, sagte sie und zog Wiebke in den Flur.

Gleich auf Anhieb erkannte man, dass hier ein kleines Mädchen sein Zuhause hatte. Bunte Kinderschuhe, rosa Gummistiefel, ein Prinzessin-Lillifee-Rucksack an der Garderobe neben einer geblümten Kinderjacke, Wiebke hörte Merles Lachen fast schon, obwohl sie ihre Nichte noch nicht sah.

Als hätte sie Wiebkes Gedanken gelesen, sagte Ina: »Ich hab Merle zu meinen Eltern gebracht. Dann haben wir unsere Ruhe und können reden, ohne auf sie Rücksicht nehmen zu müssen. Gib mal erst deine Jacke her. Ich hab uns was vom Türken geholt. Schafskäse, Sesambrot und so. Einen Weißwein hab ich auch kalt. Oder möchtest du lieber einen Roten?«

Ina warf Wiebkes Jacke über den Garderobenständer aus Holz, und jetzt erst sah Wiebke, dass Inas Augen gerötet und verquollen waren. Sie folgte ihr in die Küche, die zwar nicht geräumig, aber sehr gemütlich war. Auf der Fensterbank wuchsen Kräuter, Wiebke erkannte spontan Basilikum – das hatte sie nämlich auch zu Hause –, Salbei und glatte Petersilie. Daneben schaute ein kleines Keramikschwein keck in die Luft. Im Fenster hingen drei aus buntem Stoff genähte Schweinchen, als würden sie an dem Draht, an dem sie befestigt waren, fliegen können. Auf dem Tisch, an dem maximal drei Personen Platz nehmen konnten, lag ein rotes Platzdeckchen. Ein Mini-Efeu in rotem Übertopf mit einem Glückspilz-Stecker darin unterstrich den fröhlichen Eindruck, in der Luft hing noch der Geruch von gebratenen Frikadellen. Wiebke wusste, das war in Kombination mit Nudeln Merles Lieblingsspeise.

»Also: weiß oder rot?«, fragte Ina. »Oder möchtest du lieber erst einen Kaffee?«

»Rot. Wie hat Merle es aufgenommen?« Wiebke blieb angelehnt im Türrahmen stehen.

Ina holte den Korkenzieher aus der Schublade. »Ich habe es ihr noch nicht gesagt.« Der Korken ploppte, als Ina ihn herauszog. Langsam drehte sie ihn von der Spirale herunter. »Ich möchte mir damit noch etwas Zeit lassen. Da sie Till sowieso nicht jeden Tag sah, kommt es auf einige Stunden wohl nicht an. Sie wird morgen nicht in den Kindergarten gehen, ich hab mir freigenommen, da kann ich mir Zeit nehmen, um mit ihr über Tills Tod zu reden. Musste das auch erst einmal selbst begreifen. Ist so unwirklich. Ich fühl mich wie in so einem luftleeren Raum.«

Ina nahm zwei Gläser aus dem Schrank und schenkte den Wein ein. Dunkel schwappte die Flüssigkeit, erinnerte an Blut. Ich hätte Weißwein nehmen sollen, dachte Wiebke, wurde aber von Ina aus diesem Gedanken gerissen.

»Ich hab dir das Bett in Merles Zimmer bezogen. Du bleibst doch hier?«

Jetzt erst spürte Wiebke, wie sehr sie diese familiäre Nähe brauchte, wie gut es ihr tat, gleich hierher und nicht in Tills verlassene Wohnung gefahren zu sein. Die Leere dort, das Wissen, ihn nie wiedersehen zu können, hätte sie sicher mit ungeheurer Wucht aus der Bahn geworfen.

»Ja«, sagte sie und hatte das Gefühl, einen kleinen Teil der Last losgeworden zu sein. Hier bei Ina war sie nicht allein, mit ihr zusammen konnte sie um den Menschen trauern, der ihnen beiden so viel bedeutet hatte. Ohne dass sie es verhindern konnte, brach Wiebke in Schluchzen aus.

***

An diesem Abend hatte Michael Winter sich vorgenommen, sein Ziel zu erreichen. Heute Abend wollte er Julie ins Bett kriegen. Er stand vor dem großen Spiegel seines Schlafzimmerschrankes und band sich die Krawatte. Im »Forsthaus Wörnbrunn« war ein Tisch reserviert – »bitte etwas separat« –, und Julie hatte spontan zugestimmt, ihn dort zu treffen. Jede andere vor ihr hatte ihn zu sich eingeladen. Ihn quasi mit Aperitif und Kerzenlicht davon überzeugen wollen, was für eine tolle Frau sie war. Julie nicht. Sie zierte sich in einer Art, die weder aufgesetzt noch künstlich war, die lediglich demonstrierte, dass sie allein wunderbar klarkam. Julie war definitiv nicht auf Männerfang. Gerade das reizte ihn an ihr. Er hatte ihren leicht spöttischen Tonfall im Ohr, als sie zusagte, sodass er augenblicklich das Gefühl bekam, einen Fehler begangen zu haben. War die Restaurantwahl zu ausgefallen? Oder für sie zu gewöhnlich? Wohnte sie in der Nähe, oder bedeutete es eine weite Anfahrt? Julie irritierte ihn. Machte ihn unsicher. Und darüber war er nicht nur erfreut.

Entgegen seiner sonstigen Gewohnheit, Dates gleich vom Büro aus anzugehen – für solche Gelegenheiten reservierte er gewöhnlich im Schuhbeck-Restaurant »Südtiroler Stuben« –, war er heute sehr zeitig nach Hause gefahren. Hatte sich in seinem Badezimmer, das so manchen Hotel-Wellnessbereich in den Schatten stellte, unter dem Wasserstrahl aus dem suppentellergroßen Duschkopf mit seiner Lieblingsduschcreme eingeseift und zu leiser Musik gesummt. Er freute sich auf ungewohnte Weise auf dieses Treffen. Möglicherweise lag es daran, dass sie ihn auch intellektuell reizte. Sie war scharfsinnig und versprühte einen Esprit, der seinesgleichen suchte.

Er schlüpfte in die schwarzen Slipper und begutachtete zufrieden sein Gesamtbild im Spiegel. Sein kinnlanges Haar, dessen Braun neben einem leichten Rotton erste attraktive Silberfäden zeigte, lag frisch gewaschen und mit etwas Haarspray fixiert genau so, wie er es gern sah. In der Jeans mit schwarzem Ledergürtel steckte ein dezent roséfarbenes Hemd. Das dunkelblaue Sakko passte wie angegossen. Jetzt, wo auch die dunkelblaue Krawatte saß, hatte er allerdings den Eindruck, das könnte ein Hauch zu viel sein. Er zog den Schlips wieder aus, öffnete den obersten Knopf des Hemdes und wünschte sich für den Bruchteil einer Sekunde eine üppigere Brustbehaarung. Sofort aber schüttelte er den Kopf. Er war ja kein Affe. Er war ein überaus zivilisierter Mitteleuropäer, der es zu einem gewissen Status gebracht hatte. Und genau das vermittelte sein Spiegelbild. Er zwinkerte sich zu. Ein Blick auf die Uhr sagte ihm, dass er genau in der Zeit lag. Er würde knapp sieben Minuten für die Strecke brauchen, und insgesamt hatte er eine halbe Stunde Zeit.

Vierzig Minuten später saß Winter zunehmend ungehalten und immer noch allein im gemütlichen »Kuchl« des Forsthauses. Die Stoffserviette hatte er beiseitegeschoben, und die Speisekarte kannte er inzwischen fast auswendig. Noch hatte er keine Getränkebestellung aufgegeben, was absolut nicht seinen Gepflogenheiten entsprach, wie er gerade verärgert feststellte. Er machte dem Ober ein Zeichen. Genau in dem Moment, als er einen Weißburgunder orderte, trat Julie an seinen Tisch. Winter spürte, dass etwas in ihm einen kleinen Freudensprung machte. Er kam sich vor wie ein Pennäler bei seiner ersten Verabredung.

»Entschuldigung, es kam noch etwas dazwischen.« Sie ließ sich vom Kellner ihre Jacke mit einer Nonchalance abnehmen, als wäre sie ständig Gast in exquisiten Lokalen. Das beeindruckte Winter aufs Neue. SMS lehnte sie ab, reagierte nicht einmal darauf. Auch etwas, was er bislang so nicht kannte. Zwar ging sie ans Handy, wenn er sie anrief – eine Festnetznummer hatte sie ihm nicht gegeben –, aber die drei SMS, die er ihr geschrieben hatte, waren von ihr schlichtweg ignoriert worden.

»Schon gut«, beeilte er sich zu sagen und verstand sich selbst nicht. Normalerweise war es die Frau, die einzulenken und sich zu entschuldigen hatte. Bei diesem Gedanken verzog er automatisch die Nase, so wie es sein Opa immer getan hatte: ganz schnell hintereinander einmal links, einmal rechts. Das war ein untrügliches Zeichen dafür, dass sein Opa sich amüsierte. Winter war sich erst vor Kurzem darüber bewusst geworden, dass er eine Menge dieser Angewohnheiten seines längst verstorbenen Großvaters besaß. Und ihm war klar, dass er bei dieser Dame höllisch aufpassen musste. Das reizte ihn ungeheuer. »Lassen Sie sich Zeit«, sagte er generös, als ihr der Ober die in Leinen gebundene Speisekarte reichte. »Suchen Sie ganz in Ruhe aus.«

Auch jetzt überraschte ihn ihre Antwort, denn sie klappte die Karte rasch wieder zu und strahlte den Ober an. »Ich brauche gar nicht lang zu überlegen, ich nehme die Lammrückensteaks in Rosmarinjus, damit ist man hier ja bestens bedient.«

Im ersten Moment war Winter irritiert, er versuchte jedoch, sich nichts anmerken zu lassen. Als er seine Bestellung aufgegeben und der Ober den Tisch verlassen hatte, sah er Julie intensiv an. Bevor er allerdings etwas sagen konnte, nahm sie ihm den Wind aus den Segeln.

»War ziemlich stressig heute«, sagte sie. »Ich bin froh, dass ich mich noch einigermaßen rechtzeitig loseisen konnte. Ein neuer Job erfordert totale Konzentration und Einsatz, das verstehen Sie sicherlich. Ich möchte schließlich keine Fehler machen.« Nach einer kurzen Pause fügte sie hinzu: »Aber mein Job ist ja langweilig. Ihrer ist viel aufregender. Erzählen Sie, wie war denn Ihr Tag?«

Der Blick, mit dem sie ihn nun ansah, zauberte ein breites Lächeln auf sein Gesicht. Natürlich, so sagte er sich, ist eine Frau wie Julie nicht das erste Mal in diesem Lokal. So eine wird öfter ausgeführt. Also sollte er der Tatsache, dass sie die Speisekarte augenscheinlich genau kannte, und der Selbstverständlichkeit, mit der sie sich in diesem Lokal bewegte, nicht zu viel Bedeutung beimessen. Es war nur ein wenig schade, dass er sie mit seiner Restaurantauswahl nicht hatte beeindrucken können. Da würde er sich beim nächsten Mal etwas Besseres überlegen müssen.

Ein gönnerhaftes Lächeln glitt über sein Gesicht, als er den Mund öffnete und zu einem wohldosierten, aber gut dozierten Vortrag über seinen heutigen Tag zu sprechen begann.

***

Christine hatte eine Kleinigkeit im »Steuerbord« zu Abend gegessen und spazierte anschließend noch ein wenig durch den Ort. Zwischendrin beschloss sie, Oda anzurufen. Irgendwie war sie durch Wiebke doch mehr in den Fall involviert, als sie gedacht hatte. Oda klang erfreut, als Christine sich meldete, und Christine erzählte ihr, dass Wiebke sich auf den Weg nach Wilhelmshaven gemacht hatte.

»Das war klar«, sagte Oda, »immerhin ist sie seine nächste Verwandte. Sagtest du doch, oder?«

»Ja. Und ein wenig komme ich mir blöd vor, noch hier zu sein. Bin in Gedanken mitten im Fall, vor allem, weil Wiebke mir ja vorher schon jede Menge über ihren Bruder erzählt hat. Ich habe beinahe das Gefühl, ihn gut gekannt zu haben.«

Christine lief jetzt am Bahnhof vorbei, der Wind war wider Erwarten lau und das Hotel in Sichtweite. Sie steuerte auf die Überdachungen zu, unter denen man auf die Inselbahn warten konnte, und setzte sich.

»Kann dich der Steegmann denn nicht ablenken?« Christine spürte das breite Grinsen ihrer Kollegin. »Ich hab gedacht, wo ihr euch doch getroffen habt ...«

»Sag mal, was denkst du denn? Sicher haben wir uns getroffen, so groß ist Langeoog nun auch nicht, und er hat mich zu sich an Bord auf einen Kaffee eingeladen. Aber das macht man halt so unter Kollegen.«

»Na klar!« Christine hörte Odas Stimme an, dass die sich grad köstlich amüsierte.

»Im Salon seines Schiffes hängen Familienfotos.«

»Das erklärt natürlich alles.«

»Oda!«

»Ich hab nix gesagt, oder?«

»Das, was du nicht gesagt hast, zählt viel mehr.« Christine kannte ihre Kollegin inzwischen sehr genau. Natürlich, es hatte eine Zeit gegeben, in der ihre kleinen Reibungspunkte richtige Reibeisen gewesen waren. Christine hatte sich sehr schwer damit getan, nach langen Jahren bei der Polizei in Hannover in Wilhelmshaven anzukommen. Sie war nur wegen ihres Mannes hierhergezogen, hatte sich versetzen lassen, weil sie nicht länger eine Wochenendbeziehung hatte führen wollen. Beruflich und im Kollegenkreis war Hannover Heimat für sie gewesen. Mittlerweile aber gehörte auch sie hier in der Polizeiinspektion zum Team und fühlte sich beruflich wohl. Und zwischen Oda und ihr hatte sich in den letzten Monaten sogar ein Vertrauensverhältnis entwickelt, das sich nicht mehr nur auf den Job beschränkte.

Oda lachte. »Also wenn der Steegmann dich nicht wirklich ablenkt und du in Gedanken bei der Lorentzen und beim Fall bist, dann gibt es eigentlich nur eines, was richtig ist: Pack deine Koffer und komm zurück. Gebrauchen können wir dich hier allemal.«

Freitag

Mit einem mehr als flauen Gefühl schloss Wiebke am nächsten Vormittag die Tür zu Tills Wohnung auf. Zwar hatte Ina ihr angeboten, sie zu begleiten, aber Wiebke meinte, Ina solle lieber zu ihren Eltern und Merle gehen und sich um die Lütte kümmern. Es war eine lange Nacht geworden, sie hatten kein Ende finden können beim Erzählen von Anekdoten, von Lustigem, aber auch von Traurigem. Und nicht so Schönem. In dieser Nacht hatte Wiebke von Ina Dinge über Till erfahren, die sie nie für möglich gehalten hätte. Sie hatte ihren Bruder offensichtlich doch nicht so genau gekannt, wie sie dachte. Es war das zweite Mal innerhalb weniger Tage, dass sie diesbezüglich überrascht wurde. Denn einiges, was Ina über Till erzählte, war Wiebke in dieser Ausprägung gänzlich fremd. Sie hatte den Eindruck gehabt, dass es für Ina eine Erleichterung war, das alles loswerden zu können. Aber Inas Offenheit brachte in Wiebke manche Gedankenräder zum Laufen. Sie musste das erst einmal sacken lassen.

Vorsichtig, als betrete sie ein Minenfeld, öffnete sie die Tür. Es roch muffig. So als sei der Bewohner schon seit Langem nicht mehr hier gewesen, als sei seit Wochen kein Hauch Nordseeluft in diese Räume gedrungen. Dabei hatten die von der Polizei doch sicherlich die Fenster geöffnet. Zumindest hatte Christine ihr erzählt, dass das Usus war. Nicht das Lüften, logisch, sondern dass die Polizei in solchen Fällen in die Wohnung ging.

Langsam ging Wiebke weiter, stellte ihre Reisetasche im Flur ab und warf einen Blick in die Küche. Natürlich war keiner da, die Stille war ja fast hörbar, aber der Anblick der benutzten Tasse in der Spüle versetzte ihr einen Stich. Sie räusperte sich, bevor sie weiterging. Im Wohnzimmer sah alles aus wie immer. Na ja. Nicht wie immer, zumindest nicht wie in den Zeiten, als Ina und Merle hier noch wohnten, aber auch danach hatte Wiebke ihren Bruder besucht und über die Lücken im Mobiliar hinweggesehen. Jetzt jedoch fiel ihr eine weitere Lücke auf: Tills PC war weg. Und der Papierkorb unter der weißen Schreibtischplatte am Fenster, der immer bis an den Rand gefüllt war, war leer. Ob das die Polizei gewesen war? Durften die einfach so Dinge mitnehmen?

Bis zu diesem Moment hatte Wiebke sich einreden können, alles sei normal. Als sei sie, wie so oft in der Zeit nach Inas Auszug, auf eine Stippvisite nach Wilhelmshaven gekommen, als wäre Till noch bei der Arbeit und als würde sie beim Edeka-Markt um die Ecke einkaufen und etwas Leckeres für sich und ihn zum Abendessen zubereiten.

Doch die PC-Lücke machte ihr unmissverständlich klar: Das war keine ihrer Stippvisiten. Sie stand mitten in einer Wohnung, die Till nie mehr betreten würde. Mit einem Gefühl, als krampfe sich ihr der Magen zusammen, ging sie zurück und ließ sich auf einen Stuhl am Küchentisch fallen.

Durch die offene Küchentür starrte sie ihre Reisetasche an. Sollte sie die ins Gästezimmer bringen? Oder doch Inas Angebot annehmen, bei ihr im Wohnzimmer auf der Couch zu schlafen? Notfalls dürfte sie in Merles Bett schlafen, dann würde Ina Merle mit zu sich ins Bett nehmen, aber Wiebke hatte das abgelehnt. Zu Recht, wie sie in diesem Augenblick dachte. Sie durfte sich nicht hinter Sentimentalitäten verstecken. Sie musste einen klaren Kopf behalten. Gleich wollte sie mit der Polizei und dem Bestatter reden. Die Beerdigung musste organisiert werden und so manches mehr.

Sie riss die Fenster in der Küche und im Wohnzimmer auf, machte das Gleiche im Bad, im Schlafzimmer und trug ihre Reisetasche ins Gästezimmer, wo sie ebenfalls das Fenster sperrangelweit öffnete. Dabei fiel ihr auf, wie groß Tills Wohnung war. Zugegeben, das Haus war ein Altbau und lag nicht unbedingt in der besten Wohnlage der Stadt. Aber die Nähe zum Südstrand war nicht zu verachten. Außerdem war man innerhalb weniger Minuten zu Fuß entweder am Wasser oder in der Innenstadt. Dennoch war in diesem Teilbereich der Südstadt die Miete nicht so hoch.

»Wir wollen doch auf ein eigenes Haus hinarbeiten«, hatte

Till Wiebke damals gesagt, als sie sich wenig begeistert über die Wahl seiner Wohnung gezeigt hatte. »Wo sonst kriegst du Wohnungen in dieser Größe zu dem Preis? Wir haben nette Nachbarn, und alles ist gut.« Er hatte gelacht dabei. War glücklich gewesen. Was war seitdem geschehen? Warum war er tot?

Wiebke ging wieder zurück in die Küche, blieb eine gute halbe Stunde am Tisch sitzen. Atmete die Luft, die Till bis vor Kurzem noch geatmet hatte, auch wenn der Wind nun das letzte bisschen von Tills Lebensluft verwirbelte, aus dem Fenster zog und nichts als reine Nordseeluft langsam in die Räume gleiten ließ. Wiebke fühlte eine schmerzhafte Leere, der sie sich hingab, die sie in diesem Moment einfach zuließ.

Irgendwann ging es ihr besser. Der Abend mit Ina hatte vieles an Emotionen und Trauer frei gespült. Gemeinsam mit Ina um Till zu weinen war wie eine Art Reinigung gewesen. Auf jeden Fall befreiend. In der Nacht hatte Wiebke nicht in Merles, sondern mit in Inas großem Doppelbett geschlafen. Sie hatten das beide gebraucht nach den Stunden des Erzählens und des Weinens. Hatten einander an den Händen gehalten, jede auf ihrer Bettseite, und waren eingeschlafen.

Aber das war gestern, heute war heute. Wiebke atmete tief ein. Sie würde sich in Tills altmodischer Espressomaschine, die man auf den Herd stellte und die dann irgendwann das Wasser durch ein Ventil nach oben drückte und dabei hoffentlich nicht in die Luft flog, einen Espresso kochen und dann weitersehen. Dass der PC weg war, war natürlich ziemlicher Mist. Lästig, denn sie würde sich ein Internetcafé suchen müssen, um recherchieren und auch ihre Mails abrufen zu können.

Den privaten Bereich als Motiv für einen Suizid hatte sie gestern mit tausendprozentiger Sicherheit ausschließen können. Nach dem, was Ina erzählte, hatten sie und Till ein zwar nicht ungetrübtes, aber dennoch relativ gutes Verhältnis zueinander gehabt. Allein schon wegen Merle hatten sie am Wochenende immer noch die eine oder andere Sache gemeinsam unternommen, und auch Merle schien mit der neuen Situation relativ gut klargekommen zu sein.

Wie die kleine Maus nun wohl aufnahm, dass ihr Papa tot war? Würde sie es begreifen können? Wiebke nahm sich vor, künftig noch engeren Kontakt zu Merle zu halten. Die Kleine sollte immer mal wieder ein paar Tage auf Langeoog verbringen, das ließe sich sicherlich einrichten, notfalls würde sie Merle am Anleger auf dem Festland von Ina in Empfang nehmen. Merle war das Einzige, was ihr noch von Till geblieben war. Wiebke würde ihrer Nichte viele lustige Geschichten über den Papa erzählen. Sie sollte mit Till aufwachsen, selbst wenn er körperlich nicht mehr anwesend sein konnte. Und mit ihrer Tante Wiebke.

Dass Ina allerdings Dieter ein paarmal erwähnt und dabei einen eigenartig ausgeglichenen Unterton gehabt hatte, gefiel Wiebke nicht. Es war der Glanz in Inas Augen, als sie über Dieters Hilfsbereitschaft berichtet hatte, der Wiebke alarmierte. Sie würde aufmerksam sein müssen. Und auch auf das achten, was Merle in ihrer kindlichen Unbekümmertheit vielleicht einfach mal fallen ließ.

Mit Dieter Hartmann war Wiebke gedanklich wieder beim beruflichen Sektor als möglichem Hintergrund für Tills Tod angelangt. Damit befand sie sich leider in jenem Bereich, über den sie verhältnismäßig wenig Bescheid wusste. Das war vertrackt. Hätte sie doch nur genauer zugehört. Dann würde sie jetzt über ein ganz anderes Informationspotenzial verfügen. Sie könnte sich vor Ärger in den Hintern beißen. Noch einmal versuchte sie zu rekonstruieren, was ihr Bruder gesagt hatte. Was wusste sie, das den Ermittlern helfen könnte?

***

Mit einem selbstzufriedenen Lächeln auf den Lippen fuhr Michael Winter an diesem Morgen ins Büro. Der übliche Stau kümmerte ihn heute ebenso wenig wie die Tatsache, dass er aus der Spezialabteilung, die ihm die Freigabe des Codes verschaffen sollte, noch keine Erfolgsmeldung erhalten hatte. Winter hatte am gestrigen Abend seinen ganz privaten Erfolg verzeichnet.

Denn Julie konnte auf eine Art zuhören, die er selten bei Frauen erlebt hatte. Zumindest bei Frauen, die den Begriff »Weib« oder »Frau« verdienten. Natürlich gab es andere ... Gestalten – er war nicht einmal in der Lage, einen richtigen Begriff für diese Art weiblichen Menschen zu finden –, die einem erst zuhörten und einen dann auseinandernahmen. Das waren Dragonerweiber, Emanzen oder sonst was, weibliche Spinnen im Gesprächsnetz, die darauf warteten, einen in einem unüberlegten Sekundenbruchteil einzuspinnen, zu lähmen, auszusaugen und dann zurückzulassen. Nein. Winter revidierte seine Überlegung. Die Flintenspinnenweiber, die er bislang kennengelernt hatte, hätten einen Mann nicht ausgesaugt. Das wäre ihnen viel zu eklig erschienen. Sie hätten vielleicht drauf herumgetrampelt, aber gesaugt ... Winter lachte laut, nein, zu saugen würden diese Weiber nicht verstehen.

Julie war anders. Nicht dass er auch nur ansatzweise in Erfahrung hätte bringen können, ob sie ... Nein, Julie hatte ihm aufmerksam zugehört. Natürlich hatte er abstrakt und nicht im Detail berichtet. Weder Firmen- noch Personennamen genannt. Obwohl die Julie sicherlich beeindruckt hätten. Doch nicht umsonst war Winter dort, wo er eben war. Nur wenige kamen bis hier oben. Dieses Ziel erreichte man nur durch Disziplin, gute Selbsteinschätzung und extreme Aufmerksamkeit. All das hatte Winter Julie gestern erzählt. Er hatte genossen, wie sie an seinen Lippen hing. Vielleicht hatte er ein klitzekleines bisschen zu viel erzählt, aber es war so wunderschön, wie sie zuhörte, im richtigen Moment an der richtigen Stelle die richtige Frage stellte. Kurz, der gestrige Abend war einer der wenigen Abende seines Lebens gewesen, an denen Winter es bedauerte, keine Familie, keine Frau wie Julie an seiner Seite zu haben. Ein zufriedenes Grinsen zog über sein Gesicht. Was aber nicht war, konnte ja noch werden. Er nahm sich vor, so schnell nicht lockerzulassen, aber dennoch aufmerksam zu bleiben. Zu beobachten, wie sie sich weiter verhielt. Winter hatte schon einige Frauen kennengelernt, die lediglich auf dem Fang nach einem Ernährer waren. Nur hatten die sich dümmer angestellt. Durchsichtiger. Da war Julie, wenn sie denn auch zu dieser Kategorie Frau zählen sollte, was Winter aufgrund seines Gesamteindruckes nicht glauben wollte, ein anderes Kaliber.

Auch gestern hatte sie sich nicht von ihm nach Hause fahren lassen, zumindest aber hatte sie erlaubt, dass er die komplette Rechnung übernahm. Auch war sie nicht überraschend aufgebrochen, sondern hatte nach dem Essen noch Zeit für einen Espresso gehabt und mit ihm zusammen das Lokal verlassen. Während er jedoch rechtsherum auf den Parkplatz gelaufen war, hatte sie die andere Richtung eingeschlagen. So wusste er immer noch nicht, was sie für ein Auto fuhr und welches Kennzeichen es hatte.

Winter genoss das Spiel, das sie offensichtlich mit ihm spielte. Hätte er allerdings das Kennzeichen, wüsste er binnen Minuten nicht nur ihre Anschrift, sondern auch ihren Lebenslauf. Stattdessen hieß er diesen geheimnisvollen Hauch von »Tausendundeiner Nacht« in seinem Leben willkommen.

**

»Du bist gar nicht von der Polizei«, stellte das kleine Mädchen fest, als Oda in den Flur trat. »Polizisten haben eine Uniform an.«

»Tja.« Oda ging amüsiert in die Knie, um mit der Kleinen auf Augenhöhe zu sein. »Ab und zu dürfen wir unsere Uniformen auch ausziehen. Wenn wir zu netten Menschen gehen, die immer artig waren. Es ist doch besser, wir kommen ohne Uniform, weil sonst die Nachbarn denken könnten, ihr hättet was Böses getan. Aber das habt ihr doch nicht, oder?«

Das kleine Mädchen schüttelte vehement die dunkelblonden Haare. »Nein.« Dann biss sie sich auf die Unterlippe. Zog die Stirn kraus und schaute auf den Fußboden.

»Aber?«, fragte Oda schmunzelnd.

»Ich hab dem Jonas heute einen Schubs gegeben, und er ist in die Pfütze im Sandkasten gefallen. Ist das so böse, dass die Polizei kommt?« Die Augen der Kleinen blickten ängstlich. »Er ist aber gleich wieder aufgestanden«, versicherte sie mit massivem Kopfnicken, »nur die Oma hat mit mir geschimpft. Aber wenn er mich doch immer ärgert, dann ist er selbst schuld.« Sie blickte Oda herausfordernd an.

»Klar«, versicherte Oda lachend und stand wieder auf, wobei ihr die linke Hüfte etwas wehtat, wie sie missmutig feststellte. »Das ist nicht böse. Wenn einer dich ärgert, dann musst du dich natürlich wehren. Und so ein kleiner Schubs ist nicht wirklich schlimm. Das nächste Mal wird er sich ganz sicher überlegen, ob er dich piesackt, denn du hast ihm ja gezeigt, dass du dir nicht alles gefallen lässt. Das finde ich gut.«

»Dann bist du gar nicht wegen Jonas hier?«, fragte die Kleine erleichtert.

»Nein.« Oda lächelte ihr zu und blickte die Mutter an, die die Szene mit einem eigentümlichen Blick verfolgt hatte. Dadurch, dass sich das Mädchen sofort in den Vordergrund geschoben hatte, als Oda sich mit Niekstein im Schlepptau vorgestellt hatte, war Ina Polke in den Hintergrund getreten. Nun aber war es Zeit, sich mit Till Lorentzens Ex zu unterhalten.

Oda beugte sich zu dem Mädchen herunter. »Wir müssen uns jetzt mal mit deiner Mama unterhalten. Die hat auch nichts Böses getan, aber wir müssen mit ihr reden. Das ist ganz wichtig. Meinst du, dass du in dein Zimmer gehen und dort spielen kannst? Wir sagen dir auch sofort Bescheid, wenn wir fertig geredet haben.«

Die Kleine zog unwillig die Augenbrauen zusammen und schüttelte trotzig den Kopf.

»Merle. Bitte«, sagte Ina Polke ein wenig halbherzig. Oda konnte verstehen, dass sie ihre Tochter als eine Art Schutzschild bei dem Gespräch dabeihaben wollte, aber die Dinge, über die sie zu reden hatten, waren absolut nichts für Kinderohren.

Okay, dachte Oda, wenden wir eine andere Taktik an. Sie grinste, als sie Merle erzählte: »Du, der Niekstein kann ganz tolle Geschichten erzählen. Und spielen kann der auch ganz prima. Und im Vorlesen ist er ein Weltmeister. Der geht bestimmt gern mit dir.«

Nieksteit blickte sie entsetzt an, aber Merle reagierte prompt. »Au prima, komm mit!« Sie zupfte Nieksteit am Ärmel. Der schickte Oda einen zunächst wütenden Blick, beugte sich dann aber vor und sagte ergeben: »Nö, laufen geht ja gar nicht für kleine Prinzessinnen. Ich bin dein Pferd und werde dich in dein Zimmer tragen. Komm her.«

Mit einem Juchzen ließ Merle sich auf Nieksteits Schultern wuchten, und kurze Zeit später waren die beiden davongetrabt.

»Danke«, sagte Ina Polke und schien es ernst zu meinen. »Gehen wir in die Küche.«

Sie ging vor in einen kleinen, aber gemütlichen Raum.

»Möchten Sie einen Tee?« Sie wies auf den Tisch, auf dem eine Porzellankanne auf einem Stövchen stand. Ohne Odas Antwort abzuwarten, nahm sie eine zarte Porzellantasse aus dem Schrank und stellte sie vor Oda ab. In geübter Zeremonie gab Oda erst das Kluntje in die Tasse und ließ Ina den Tee darübergießen, bevor sie mit der Miniaturkelle Sahne auf den Tee laufen ließ. Das Wulkje, das sich nun bildete, sah bei jeder Tasse anders aus und war ein richtiges Kunstwerk. Doch Oda war nicht hier, um sich über Sahnekunstwerke zu unterhalten.

Während aus dem oberen Stockwerk fröhliches Kinderjauchzen herunterperlte, wurde Oda ernst. Und auch Ina Polke versuchte gar nicht erst, das Gespräch auf reine Konversationsbasis zu stellen.

»Ich habe keine Ahnung, was mit Till passierte«, sagte sie tonlos. »Als Wiebke mich anrief, war ich vollkommen überfahren.«

»Wie war denn Ihr Verhältnis nach der Trennung?«, fragte Oda. »Immerhin waren Sie diejenige, die nicht mehr wollte. In den meisten Fällen bedeutet das nicht unbedingt weiterhin einvernehmliches und fröhliches Miteinander.«

»Wissen Sie, es gab Gründe, weshalb es mit uns beiden in dieser Form nicht mehr machbar war. Ich habe die Konsequenzen gezogen, Till aber auch offeriert, dass es eine Chance gäbe, wenn er sich ändern würde. Immerhin ist er nicht nur der Vater meiner Tochter, sondern auch der Mensch, der mir neben Merle am meisten bedeutet.«

»Warum sind Sie dann ausgezogen?«

Ina lächelte eine Art weises Lächeln, das auf manchen sicher abwertend, mitleidig wirken konnte. Doch da Oda selbst so manche emotionale Berg- und Talfahrt miterlebt hatte, ahnte sie, wie es gemeint war.

»Man kann einen Menschen lieben, weil er in seinem Kern ein überaus liebenswerter Mensch ist. Das heißt jedoch nicht, dass man mit ihm zusammenleben kann. Denn wenn der andere im Alltag alle Emotionen ungehindert fließen lässt, im Glauben, der Partner könne alles ertragen, nur weil er sich zu einem bekennt, dann kann dieser Schuss nach hinten losgehen. Das war bei uns der Fall. Ich wusste, dass Till nicht einfach ist, kannte ihn fünf Jahre, bevor Merle geboren wurde. Dennoch dachte ich damals, dass ich Till über die Maßen liebe. Auch wenn er mal rau war, ich wusste, sein Herz war weich und für mich – später auch für Merle – da. Das war ein wunderbares Gefühl der Sicherheit. Des Wohlfühlens.«

»Aber?«, fragte Oda.

»Ich glaube, er war sich unserer zu sicher.« Ein bitterer Zug erschien um Inas Mundwinkel, auch wenn sie sich bemühte, den Tonfall sachlich zu halten. »Er gab sich keine Mühe mehr. Die Zeiten des Miteinanders, des Austauschens, der Gespräche waren irgendwann vorbei, ich fühlte mich wie ein funktionierendes Haushaltsgerät. Das habe ich auf Dauer nicht ertragen. Habe gedacht, Till merkt, was wir füreinander sind, wenn ich ihm klare Konsequenzen aufzeige.«

»Und? Hat er?«

»Nicht wirklich. Vielleicht hätte ich mich viel früher mit dem Unterschied zwischen männlicher und weiblicher Psyche auseinandersetzen müssen.«

»Was hätte das bedeutet?«

»Männer denken einfach anders … einfacher, wenn Sie mir diese Bemerkung nicht übel nehmen. Männer sind gradliniger, verfügen nicht über die Gefühlsstruktur, in der Frauen agieren. Dementsprechend hätte ich früher klar sprechen müssen.«

»Okay. Damit sind wir bei Ihrer rein privaten Situation. Glauben Sie, dass Lorentzens Tod etwas damit zu tun hat? Hat er die Misere mit Ihnen und der Lütten nicht mehr ausgehalten? Könnte er den Freitod gewählt haben?«

Ina Polke reagierte direkt und heftig. »Nein!«, rief sie. »Das hätte Till nicht getan.«

»Warum sind Sie so sicher?« Oda blieb ganz sachlich. »Was Sie mir vorhin erzählt haben, spricht ganz klare Bände. Er war zu sehr Macho, ließ sich auf nichts ein, wollte keine emotionalen Gespräche, Diskussionen, Auseinandersetzungen. Sie sollten Erziehende, Haus- und Putzfrau ebenso wie Geliebte in Personalunion sein, ohne dass ihm Ihre Gefühle und Gedanken wichtig waren. Hab ich das richtig zusammengefasst?«

Ina Polke hatte das Gesicht auf die Hände gestützt. Oda ließ ihr Zeit. Nach einigen Minuten konnte sie nicht übersehen, dass in Ina Polke Dämme eingestürzt waren. Ihr tränenloses Schluchzen erschütterte nicht nur ihren Körper, sondern berührte auch Oda.

»Kann ich Ihnen helfen?«, fragte sie sanft und stand auf, um Ina Polke Beistand zu leisten.

***

Das Haus ist definitiv zu groß für mich, dachte Christine, als sie die Tür aufschloss. Sie schluckte und bemühte sich, den Kiefer zu lockern, während sie den Koffer auf die Treppenstufen stellte. Als Erstes musste hier mal wieder Luft rein. Sie lief in die Küche, stellte das Fenster auf Kipp und schob im Wohnzimmer die Terrassentür auf.

Dann hängte sie ihre Jacke an die Garderobe und drückte den Stecker ihres Kaffeeautomaten in die Steckdose. Sie zog den Wasserbehälter aus der Halterung, füllte ihn und setzte ihn wieder ein, griff eine Tüte Milch aus dem Kühlschrank und führte den Schlauch des Kaffeeautomaten in die Öffnung. Nachdem sie das große Glas auf den dafür vorgesehenen Platz gestellt hatte, drückte sie die Taste »Latte macchiato«, und die Maschine begann zu arbeiten. Nach einer Minute hatte Christine eine perfekte Latte vor sich, der Schaum war fest und wunderbar zum Löffeln. Zufrieden gab Christine Zucker hinein, rührte mit einem Lächeln um und sah zu, wie aus drei Schichten eine wurde. Schichten ... ja, das waren sie und das Wilhelmshavener Team zu Beginn ihrer Zeit hier auch gewesen. Abgegrenzt voneinander. Sie hob das Glas vorsichtig an ihre Lippen. Doch mittlerweile hatte die Zusammenarbeit den Löffel geschwungen, sie durcheinandergewirbelt und zu einem funktionierenden Team gemacht. Meistenteils. Nicht immer. Aber das wäre sicher zu viel erwartet gewesen.

Sie schnappte sich einen der Terrassenstühle und zog ihn vor die Schiebetür, denn hier gab es durch den vorstehenden Balkon des Schlafzimmers noch etwas Schutz. Langsam trank sie ihren Kaffee, ließ den Blick durch den Garten schweifen und stellte fest: Sie würde sich einen Gärtner zulegen müssen, sollte sie hier wohnen bleiben wollen.

Das aber musste sie sich noch gründlich überlegen, immerhin stand Frank ein Teil des Hauses zu. Es allein zu halten, ihn auszuzahlen und auch noch den Kredit zu bedienen, das alles war sicher nicht machbar. Zudem wäre es unvernünftig, an etwas festzuhalten, was als Heim für zwei und mehr gedacht war. Sie würde sich langsam mit dem Gedanken vertraut machen müssen, sich eine neue Wohnung zu suchen. Denn darauf zu warten, dass eventuell ein neuer Partner in ihr Leben trat, der gern mit ihr in diesen vier Wänden wohnen würde, war utopisch. Nein, Christine baute auf Fakten. Nicht auf Sand. Das überließ sie anderen. Außerdem: Vielleicht würde ein neuer Mann von vornherein ablehnen, seine Zelte dort aufzuschlagen, wo ein anderer vor ihm seine Duftmarken hinterlassen hatte.

Nachdenklich löffelte Christine den Schaum.

Nein. Sie würde jetzt nicht daran denken, dieses Haus, ihr Zuhause, aufzugeben. Oder es in Gedanken mit irgendwelchen Menschen zu bevölkern, die sie nicht kannte. Wo sie doch überhaupt nicht wusste, ob es solche Menschen in ihrem Leben jemals wieder geben würde. Und das war keinesfalls deprimiert gedacht, nur realistisch. Es würde sich schon zeigen, welches der

Weg war, den sie einschlagen musste. Bis dahin nahm sie sich vor, jeden Tag so zu genießen, wie er kam. Sie zog ihr Handy aus der Hosentasche. Bevor sie den Koffer auspackte, wollte sie Wiebke eine SMS schicken.
»Bin wieder in WHV«, schrieb sie. »Wenn ich dir helfen kann, melde dich. LG Christine.«

***

Einsam, ausgegliedert, ein wenig wie mitten im Niemandsland, so empfand Wiebke heute die Zuwegung zur Raffinerie. Dabei war sie die Straße schon manches Mal gefahren. Aber es waren immer besondere, medienwirksame Ereignisse gewesen: der Tag der offenen Tür, ein Oldtimertreffen auf einem abgegrenzten, nur für diese spezielle Gelegenheit der Öffentlichkeit zugänglich gemachten Bereich; noch nie zuvor war sie in der Vergangenheit einfach so, an einem ganz normalen Arbeitstag, die Straße von Voslapp aus in Richtung Deich und Raffinerie abgebogen.

Der große Parkplatz war gut gefüllt, doch Wiebke fand mühelos einen Platz für ihren Golf. Ein Blick in den Himmel ließ es ihr ratsam erscheinen, den Regenschirm mit aus dem Auto zu nehmen. Dicke, helle Wolken wurden von noch dickeren dunklen gejagt, als trügen sie einen Wettstreit aus. Noch war nicht sicher, wer als Sieger aus dieser Jagd hervorging.

An der Pforte meldete sie sich an. Sie müsse unbedingt mit Erich Janssen sprechen, sagte sie. Der Pförtner notierte sich ihren Namen, stutzte, sagte jedoch nichts und rief im Hauptgebäude an. Nach sicher nur knapp zwei Minuten, die Wiebke wie mindestens zehn vorkamen, nickte er, gab ihr ein Blatt mit Sicherheitsanweisungen, das sie durchlesen und unterschreiben sollte, kassierte ihren Personalausweis für eine Kopie und bat sie zu warten, bis jemand sie abholen würde. Als Janssen selbst erschien, war er nicht wirklich erstaunt, so viel registrierte Wiebke, bevor sie sich von Erich umarmen ließ. Aber natürlich war die Reaktion des Pförtners nachvollziehbar. Immerhin hatte sie den gleichen Nachnamen wie ein verstorbener Mitarbeiter, und die Umstände von Tills Tod waren sicher die Raffinerie rauf- und runtergegangen. Dass er nicht gefragt hatte und ihr ein genuscheltes »Mein Beileid« ersparte, nahm Wiebke dankbar zur Kenntnis.

»Lieb, dass du dir Zeit für mich nimmst«, sagte sie, als sie den kurzen Weg von der Pforte rüber zum Hauptgebäude liefen.

»Na, hör mal, das ist doch klar.« Erich Janssen sog hörbar die Luft ein. »Ich kann es immer noch nicht fassen. Auch Agnes ist am Boden zerstört. Erst die Trennung von Ina und nun ...« Er ließ den Rest offen.

Sie hatten den Flachdachkomplex erreicht und liefen durch die Flure zu seinem Büro. Jeder, der ihnen entgegenkam, schien von einer seltsamen Hektik getrieben zu sein.

»Wir sind immer noch nicht weiter«, erklärte Erich. »Diese verdammte Warteposition macht uns alle mürbe. Es gibt zwar Kaufinteressenten, aber es scheint, dass der Mutterkonzern unseren Standort lieber als Tanklager behalten denn verkaufen möchte. Damit können sie die Benzinpreise hoch halten. Es ist eine solche Sauerei!«

»Ich hab gelesen, dass es europaweit mehreren Raffinerien so geht«, sagte Wiebke, froh, dass Erich nicht gleich auf Till zu sprechen kam.

»Ja. Die Lage ist allgemein schwierig. Doch das ist mir, mit Verlaub gesagt, scheißegal. Es geht um uns, unsere Raffinerie und unsere Arbeitsplätze!«

Sie liefen an mehreren geöffneten Büros vorbei, in denen gearbeitet wurde. Vielleicht war es Usus, durch die offene Bürotür auch nach außen hin zu demonstrieren, dass man etwas für die Raffinerie tat. Endlich erreichten sie das Vorzimmer seines Büros.

»Ich möchte nicht gestört werden«, sagte Janssen seiner Sekretärin.

»Geht klar«, entgegnete diese und stand auf. »Ich hab Ihnen Tee und Kekse hingestellt.« Sie reichte Wiebke die Hand. »Mein Beileid«, sagte sie aufrichtig, bevor sie Wiebkes Hand losließ und sich wieder an ihren Schreibtisch setzte.

Als Janssen und Wiebke das Büro betraten, wurde Wiebke die Absurdität der Situation bewusst. Sie hätten sich zu Hause treffen sollen, auf gewohntem und vor allem privatem Terrain. Dann hätte sie sich von ihrem Onkel in den Arme nehmen und trösten lassen können. Diese Umgebung aber, der Tee auf dem Konferenztisch und der Teller mit Keksen daneben, machte aus der eigentlich sehr persönlichen Begegnung eine Art Geschäftstermin.

»Ich hätte nicht hierherkommen sollen. Wäre besser gewesen, wenn ich euch am Abend besucht hätte«, stellte Wiebke ernüchtert fest.

Erich hob etwas hilflos die Hände, sagte aber nichts.

»Wo ich nun schon einmal hier bin«, Wiebke räusperte sich, »kannst du es möglich machen, dass ich mit Tills Kollegen spreche?«

Erich runzelte die Stirn. Wiebke sah das »Nein«, bevor er es aussprach.

»Bitte«, sagte sie in einem beinahe flehentlichen Ton. »Lass mich mit ihnen sprechen. Sie waren diejenigen, die ihm in der letzten Zeit außer mir am nächsten waren. Bitte Erich. Tu mir diesen Gefallen.«

»Tut mir leid. Das geht wirklich nicht. Aber du kannst Tills Kollegen natürlich anrufen, ich lass dir ihre Privatnummern raussuchen.«

***

Überall in der kleinen Küche hingen Kinderzeichnungen und Fotos, die mit Stecknadeln an der Wand befestigt waren. Die Fotos zeigten die kleine Merle in den unterschiedlichsten Situationen und in verschiedenen Altersstufen, aber auch Ina Polke und Till Lorentzen waren auf einigen abgebildet. Odas Blick blieb an einem Foto hängen, auf dem Vater und Tochter übermütig lachten. Das Bild aus nicht allzu ferner Vorzeit strahlte so viel Lebensfreude aus, dass Oda Ina Polke insgeheim recht gab. Nichts in dieser Familie deutete darauf hin, dass Lorentzen seinem Leben ein Ende setzen wollte.

»Lassen Sie uns weiter überlegen«, sagte Oda und registrierte völlig verwundert, dass Ina Polkes Fingernägel fast schon waffenscheinpflichtig lang waren. Dabei waren sie nicht einmal im aktuellen Trend der French- oder Sonstwie-Maniküre gemalt, gestylt oder hergerichtet, sie waren einfach nur verdammt lang. Oda benutzte selbst keinen Nagellack, den gab es höchstens zu ganz besonderen Anlässen. Der letzte, an den sie sich erinnerte, war allerdings so lange her, dass sie nicht einmal mehr wusste, in welchem Jahr das war. Schön sahen Ina Polkes Hände jedenfalls nicht aus, viel eher machten sie einen ungepflegten und vernachlässigten Eindruck. »Sie haben sicherlich in den letzten Stunden viel nachgedacht. Ist Ihnen etwas Außergewöhnliches eingefallen? Hat Ihr Exfreund sich um irgendetwas Sorgen gemacht, hatte er mit jemandem Streit, fühlte er sich bedroht? Gab es etwas, was anders an ihm war, was Ihnen in dem Moment vielleicht gar nicht so aufgefallen ist, was Sie aber rückblickend stutzig macht?«

»Nein.« Ina Polkes Einsilbigkeit, gepaart mit dem auf einmal ablehnenden, fast schon verhärteten Gesichtsausdruck, ließ Oda aufhorchen.

»Nein?«

»Nein.«

Es entstand eine Pause, während der Oda sah, wie es in Ina Polkes Gesicht arbeitete. Von oben drang Musik herunter, Merle sang, offensichtlich von einer CD begleitet, ein Lied über »Piraten-Je-hen-ny, die keinen Pe-hen-ny« hat. Da sich die Lautstärke jedoch in Grenzen hielt, verzichtete Oda darauf, die Küchentür zu schließen. Sie verschränkte die Hände auf dem Tisch und blickte Ina Polke geradewegs ins Gesicht. In solchen Sachen hatte Oda Übung. Abwarten und Tee trinken, das sagte ein altes ostfriesisches Sprichwort. Oda begnügte sich oft mit »Abwarten ohne Tee«, denn das reichte oftmals schon, um jemanden zum Reden zu bringen. So auch jetzt.

Ina sprach leise. »Till war sauer auf Dieter.«

»Dieter?«

»Dieter Hartmann.«

»Ein Kollege, ich weiß. Wir haben heute Vormittag mit ihm gesprochen. Er hat Ihnen sehr geholfen in der letzten Zeit, stimmt's?«

»Ja.« Ina Polke machte erneut eine Pause, und auch Oda wartete. Sie hatte Zeit. »Dieter ist sehr nett zu mir. Hilfsbereit. Und wirklich um Merle und mich bemüht. Er hat keine eigenen Kinder, müssen Sie wissen«, sagte sie beinahe rechtfertigend, »darum hat er Merle so ins Herz geschlossen.«

»Aber Sie doch auch«, stellte Oda fest.

»Ach, wissen Sie«, ein Lächeln machte sich auf Inas Gesicht breit, »Dieter ist gern hier. Tollt mit Merle herum, bringt ihr Musik-CDs vorbei, wir unterhalten uns. Und wir lachen auch viel. Das tut gut. Merle und mir. Mit Till war es ... schwierig in den letzten Monaten, in denen wir unter einem Dach gelebt haben. Da war kein Lachen mehr. Ich weiß nicht, woran es lag, aber das Unbeschwerte war fort. Till sagte einmal, er sei zwar unheimlich gern Vater, aber die Verantwortung für Merle, die Tatsache, dass er nun nicht mehr nur für sich allein verantwortlich sei und nicht mehr einfach tun oder nicht tun könne, was ihm in den Sinn käme, das würde ihn ziemlich drücken. Er sei auf einen Schlag erwachsen geworden, habe seine Unbeschwertheit verloren, hat er mir erzählt.« Ina räusperte sich und griff zu ihrer Tasse, in der der Tee schon längst kalt geworden war. »Dieter hingegen ... da habe ich das Gefühl, dass er es genießt, Merle um sich zu haben. Dass er gern die Verantwortung für ein Kind übernommen hätte. Und sich deshalb so liebevoll um Merle kümmert.«

»Warum hat er keine eigenen Kinder? Er ist doch auch verheiratet?«

Ein Schatten huschte über Inas Gesicht. »Dieters Frau ist krank. Er spricht nicht darüber, aber da muss mal etwas vorgefallen sein. Ich habe nie weiter nachgehakt, er blockt immer gleich ab, wenn sich das Gespräch in diese Richtung bewegt. Und ob er mit Till mal drüber geredet hat, weiß ich nicht.«

»Sie lächeln, wenn Sie von Hartmann erzählen.« Oda konnte das gut nachempfinden. Denn seit Jürgen in ihr Leben getreten war, genoss auch sie die Harmonie, die zwischen zwei Menschen herrschen konnte. Na ja. Zumindest zeitweise herrschen konnte, denn Jürgen und sie lebten ja nicht zusammen, und manchmal bekamen sie sich auch ganz kräftig in die Wolle. Wobei dann oft Jürgen derjenige war, der versöhnend einlenkte, etwas, was Oda in vollen Zügen genoss. Aber auch sie hatte sich schon bei ihm entschuldigt. Glaubte sie. Nee. Das war so. Bestimmt. Aber jetzt war das egal. »Es ist schön zu sehen, wie Sie lächeln, aber mir kommt der Gedanke: Wie hat Till Lorentzen auf dieses Lächeln reagiert, wenn Sie von Hartmann, der ja immerhin sein Kollege war, erzählten?«

***

»Das erste Ergebnis der Blutuntersuchung liegt vor, die toxikologische Untersuchung hat weder Drogen noch Alkohol nachweisen können«, berichtete Lemke in der nachmittäglichen Sitzung. »Auch kann man nicht sagen, ob die Fesselspuren im Zusammenhang mit Lorentzens Tod, also direkt davor, oder ein paar Stunden vorher entstanden sind. Aber wir haben was anderes: An seinem Schlüsselbund war ein Schlüssel, der zu einem Schließfach passen könnte. Wir haben jemanden damit zur Sparkasse geschickt, da hatte er ein Konto. Vielleicht hat er dort auch ein Schließfach mit Dingen, die für uns interessant sein könnten.« Lemke warf einen Blick auf seinen Block. »Die Befragung der Zeugen, der Nachbarn und die Überprüfung von allem anderen Routinekram hat bisher leider nichts ergeben. Die Kollegen waren ordentlich im Einsatz, aber, wie gesagt, bislang ergebnislos. Allerdings hat sich gestern ein Spaziergänger aufgrund der Zeitungsmeldung, die seine Frau ihm vorgelesen hat, bei uns gemeldet. Ich hab mit ihm gesprochen. Er sagt, er sei drei streitenden Männern begegnet, als er mit seinen Hunden den abendlichen Spaziergang am Deich machte, in der Nähe des Fischerdorfes.«

»Drei?«, fragte Oda.

»Ja. Zwei Labradormischlinge und ein Golden Retriever.«

»Lemke. Bist du jetzt schon so paddelig wie Nieksteit? Die Männer meinte ich.« Oda schüttelte genervt den Kopf.
»Er behauptete zumindest, es seien drei Personen gewesen. Zwei Männer, sagte er, hätten sich ordentlich gestritten. Die dritte Person hat er nicht explizit erwähnt, er bestand aber darauf, dass es drei Leute gewesen sind.« Lemke warf noch einmal einen Blick auf seinen Block. »So hat er es zu Protokoll gegeben.«
In diesem Moment ging die Tür auf, und Christine trat ein. Ein breites Grinsen überzog Odas Gesicht, Nieksteit, Lemke und Siebelt guckten überrascht.
»Moin.« Christine schloss die Tür hinter sich. »Wie ich höre, steckt Ihr mitten in einem neuen Fall, und da möchte ich doch gern dabei sein.« Sie trat näher, ließ ihre große Umhängetasche, in der – darauf würde Oda einen Hunderter verwetten – garantiert ihr in Leder gebundener Block steckte, auf den Tisch gleiten und setzte sich.
»Jo, wir sind mittendrin. Es waren wohl drei Männer, nicht Hunde«, Oda griente in Lemkes Richtung, »die Dienstagabend laut Zeugenaussage in der Nähe des Fischerdorfes gesehen wurden. Zudem sollen sie gestritten haben.«
Christine zog tatsächlich ihren Lederblock aus der Tasche, hielt sich aber zunächst mit Kommentaren zurück.
Alle Achtung, dachte Oda, das hätte sie früher nicht getan. Dafür fragte Siebelt: »Wenn die drei Männer in der Nähe des Fischerdorfes gestritten haben, was hat das mit der Leiche zu tun, die doch unterhalb der Raffinerie aus dem Wasser gefischt wurde?«
»Ach Chef. Manchmal bist du aber wirklich schwer von Kapee.« Oda schüttelte genervt den Kopf. »Wenn du die Protokolle gelesen hättest, wüsstest du, was die Nachbarn ausgesagt haben. Lorentzen ist fast jeden Tag am Südstrand geschwommen. Man kennt sich da. Vor allem im Sommer sind es immer dieselben, die regelmäßig schwimmen. Er wurde dort des Öfteren von verschiedenen Personen gesehen. Man kann also davon ausgehen, dass er auch an diesem Tag zum Schwimmen gegangen ist.«
»Ich habe außerdem mit einem Kollegen der Wasserschutz-

polizei gesprochen«, sagte Lemke. »Die Strömungsverhältnisse in den Stunden vor Lorentzens Tod lassen tatsächlich die Schlussfolgerung zu, dass die Sache am Südstrand ihren Anfang nahm. Der Kollege Uhlen und ich sind die Stellen durchgegangen, wo er ins Wasser gegangen sein könnte. Dass der Körper dann an die Stelle trieb, wo man ihn schließlich gefunden hat, ist kein Zufall. Uhlen hat mir gesagt, Lorentzen hätte da gut und gerne noch ein paar Tage hin und her treiben können. Wir können also von Glück sagen, dass die vom Versatzboot ihn so früh gesehen haben. Und in einem Stück rausholten.«

»Danke, Lemke. Das reicht.« Siebelt verzog den Mund. Es war jedes Mal zu witzig, dass ihr Chef sich in Leichenfundsachen anstellte wie ein Frischling. Das war nichts für seine Nerven. Oda wunderte sich, dass er es dennoch hier aushielt, denn auch er kam nicht darum herum, Leichen in den unterschiedlichsten Stadien der Verwesung, Zerstückelung oder anderen gemeinhin unschön genannten Zuständen begutachten zu müssen.

»Aber das bedeutet nicht zwingend, dass Lorentzen zu den beiden Streithähnen gehört haben muss«, meinte Nieksteit.

Oda sah, dass Christine sich Notizen machte. Klar. Alles wie immer.

»Nein«, bestätigte Lemke. »Aber wir haben heute in der Presse und auch im Radio darum gebeten, dass die sich melden, und bisher kam nichts. Wenn da eine Truppe völlig harmlos in Rage geriet, wären die Männer doch sicher unserem Aufruf gefolgt. Nach dem Motto: Guckt mal, wie witzig. Das ist doch was, womit man im Bekanntenkreis punkten kann. Da das aber nicht der Fall ist ...«

»Gehst du davon aus, dass der Streit mit Lorentzen zu tun hatte«, stellte Oda fest. »Lasst uns doch mal zusammenfassen, was für mögliche Tatmotive wir haben. Da wäre erstens der Job. Lorentzen hat seiner Schwester von einem Vorfall berichtet, der nicht hätte stattfinden dürfen.

Er wollte intern nach dem Verursacher suchen. Aber wenn er so aufmerksam war, dann müsste er eher eine Auszeichnung als einen über den Kopf gezogen bekommen. Das ist völlig unlogisch. Die Befragung der Mitarbeiter in der Raffinerie ist natürlich noch nicht abgeschlossen, aber bislang ist uns aus dem beruflichen Umfeld auch nichts bekannt, was auf einen Streit mit zwei anderen Männern hinweisen könnte. Bleibt der private Bereich.«

»Wobei wir direkt wieder in der Raffinerie sind, liebste Oda«, ließ sich Nieksteit vernehmen, »wenn du den Zusammenhang zwischen Dieter Hartmann, Ina Polke und Till Lorentzen nimmst.«

Christine sah fragend von ihrem Block auf. »Dieter Hartmann?«

»Ja.« Oda informierte Christine in groben Zügen über all das, was sie im Gespräch mit Dieter Hartmann und Ina Polke erfahren hatten.

»Aber warum hätte Hartmann einen Dritten mit zu einem Treffen mit Lorentzen nehmen sollen?«, fragte Christine das, was auch Oda gleich hätte fragen wollen.

Sie ergänzte: »Und vor allem: wen?«

***

Ihr Gefühl hatte sie nicht getrogen, es konnte nicht nur der Stress in der Raffinerie sein, der ihn belastete. Obwohl er sie genauso fürsorglich wie immer behandelte, spürte sie, dass da etwas war. Etwas, was ihre Beziehung belastete. Als er in die Klinik kam, um sie nach der zweiten Medikationsphase nach Hause zu holen, merkte sie es deutlich. Auch wenn er sich große Mühe gab, so zu tun, als sei alles wie immer. Sie sprach ihn darauf an, aber er wiegelte ab.

»Das siehst du vollkommen falsch. Ich bin doch froh und unglaublich dankbar, dass man dir hier helfen kann«, sagte er und nahm sie in den Arm. Warum nur beschlich sie das Gefühl, dass er sie allein aus dem Grund dicht an sich zog, damit sie nicht sehen konnte, dass das Lachen und das Glück in seinen Augen fehlten? Sein typisches Lachen vermisste sie schon längere Zeit. In seinem Blick blitzte nichts mehr, wenn sie sich unterhielten, auch war es

schon sehr lange her, dass sie aus ganzem Herzen miteinander gelacht hatten.

In den vergangenen Wochen hatte er weiter abgenommen. Die Jeans schlackerte um seinen eigentlich recht üppigen Po, er musste den Gürtel im wahrsten Sinn des Wortes enger schnallen, damit sie nicht hinunterrutschte. Im Meditationsraum schaute sie nun nicht mehr durch die Glaskuppel in den Himmel. Sie versuchte während der letzten beiden Tage in der Klinik, in sich hineinzuschauen und zu analysieren, was in ihr vorging. Wie sie mit der Veränderung umgehen sollte, die sie nicht beeinflussen konnte, weil sie von seiner Seite ausging.

Diesmal kamen die Schmerzen nicht so schnell zurück. Sie wertete es als ein deutliches Zeichen dafür, dass ihr Körper die Therapie annahm. Dass sie Erfolg brachte, wenngleich die Anzahl der schmerzfreien Tage sich von der Dauer der Medikationsphase nicht wesentlich unterschied. Doch man hatte ihr gesagt, das würde schon kommen. Es ginge halt nur in kleinen Schritten, Wunder dürfe sie nicht erwarten. Aber es war doch schon ein kleines Wunder, dass es ihr besser ging und dass auch die hiesigen Ärzte anerkennend den Fortschritt registrierten. Wie groß wäre das Wunder erst nach Ende der Behandlung? Sie hatte noch mindestens acht USA-Aufenthalte vor sich, erst dann würde man sagen können, ob der Krebs so weit isoliert und eingekapselt war, dass er entweder nicht mehr behandelt werden musste oder aber sich sogar restlos entfernen ließe.

Ihr Mann war auch dieses Mal bei allen Gesprächen dabei und gab seiner Freude über die nachweisbaren Fortschritte Ausdruck, aber sie spürte einen deutlichen Hauch von Trauer.

Gab es doch eine andere Frau? Hatte er sich am Ende bereits auf ein Leben ohne sie eingestellt, sich vielleicht sogar darauf vorbereitet? Sie war verunsichert, vor allem, weil er weiterhin jedes Gespräch über das, was ihn offenbar beschäftigte, ablehnte. Er entfremdete sich ihr. Auf eine erschreckend schnelle Art.

Eines Tages hörte sie, wie er sich nachts aus dem Schlafzimmer schlich. Sie lauschte. Hörte ihr eigenes Herz heftig schlagen. Als seine

*Bürotür zuklappte, stand sie auf. Es war das erste Mal, dass sie absichtlich an seiner Tür lauschte. Aber sie sah keinen anderen Weg, um eine Erklärung für sein Verhalten zu bekommen.
»Ich kann das nicht«, hörte sie ihn in einem Tonfall sagen, den sie ihm nie zugetraut hätte. Nie hätte sie gedacht, dass seine Stimme derart leidend klingen konnte. Wo er doch stets so durchsetzungsfähig und stark war, als Person und mit seiner Stimme. Nur zwei Mal hatte sie ihn weich erlebt: Als Luisa verschwunden war und als sie ihre Diagnose erhalten hatte. Aber so wie er jetzt sprach, war es, als habe ihn zum dritten Mal etwas bis ins Mark getroffen. Sie schlich zurück ins Bett. Ihr Schatten huschte ihr voraus, die Treppe hoch, an die Wand gedrückt. Schlich sie sich selbst hinterher? Gab es für sie in diesem Haus keinen Platz mehr? War sie auf Zwischenstation hier und sollte sich schon auf den Abgesang vorbereiten? Weshalb telefonierte er mitten in der Nacht? Warum flüsterte er? Was konnte er nicht?*

Ihr Herz pochte noch immer so laut, dass sie befürchtete, der Schlag würde durch das ganze Haus hallen. Sie versuchte, sich auf die Entspannungsübungen aus der Klinik zu konzentrieren, aber das war Utopie. Zu sehr rasten ihre Gedanken. Wirbelten durcheinander, ohne an einem Ziel anzukommen. Es hatte keinen Zweck. Sie stand auf, nahm das leere Wasserglas von ihrem Nachttisch und machte sich auf den Weg ins Bad. Sie verspürte diesen brennenden Durst, der sie immer in Krisensituationen überfiel. Während andere vor Stress keinen Hunger oder im Gegenteil sogar Heißhunger hatten, übermannte sie dieses fast unstillbare Bedürfnis nach kaltem Wasser. Sie versuchte, ihre Atmung in geregelte Bahnen zu bringen, doch als sie dem Badezimmer näher kam, hörte sie irritierende Geräusche. Mitten in der Bewegung hielt sie inne. Was war das? Sie zog die Stirn in Falten bei dem Versuch, zu analysieren, was in ihr Ohr drang. Es dauerte nur wenige Sekunden, bis sie erkannte: Da weinte jemand. Sie erstarrte. Ihr Mann hatte sich im Badezimmer verschanzt und weinte. Riesengroße Furcht umklammerte sie. Was ging hier vor? Weshalb kam er nicht zu ihr? Sie hatten immer alles gemeinsam durchgestanden. Alles. Bis hin zum Schlimmsten. Ihre

Tochter, gerade achtzehn Jahre jung, war aus dem Italien-Urlaub nicht wieder nach Hause gekommen. Sie war mit einer Jugendgruppe unterwegs gewesen, wollte das bestandene Abitur am Gardasee feiern.

Sie schluckte. Nicht weiterdenken. Jetzt nur nicht daran denken. Ihr Hals war so trocken, dass er schmerzte. Leise, auf Zehenspitzen, schlich sie die Treppe hinunter. Ließ in der Küche eiskaltes Leitungswasser aus dem Hahn in ihr Glas laufen. Gierig trank sie, um sogleich nachzufüllen und wieder zu trinken. Sie ließ sich auf einen Küchenstuhl fallen. War jetzt wieder so eine Situation wie damals? Gab es wieder eine Katastrophe? Wenn ja, existierte ein großer Unterschied, denn nur er wusste, worum es ging.

Sie überlegte, was sie tun könnte, um sich abzulenken. Kochen wäre das Beste, aber es gab nichts vorzubereiten für den nächsten Tag, das hatte sie alles schon erledigt. Sie machte ein drittes Mal ihr Glas voll. Hielt es in der Hand und betrachtete das Wasser. Trank einen Schluck und betrachtete es wieder. Wollte sich ablenken. Das Leitungswasser hier konnte man nicht nur bedenkenlos trinken, es war so rein, dass sie darum von vielen anderen Städten, vor allem von denen im Ruhrgebiet, beneidet wurden. Hier gab es keine Placken auf dem Tee, hier konnte man eine Teezeremonie ohne Beigeschmack genießen. Doch ihre Gedanken ließen sich nicht von der Wasserqualität ablenken, gingen zurück zu jenem Tag, der ihr Leben so drastisch verändert hatte.

Der Anruf begann normal, wie jeden Tag. Luisa hatte über das Wetter, die Freundinnen und das katastrophale Essen am Vorabend berichtet: »Mami, das hättest du viel besser gekocht. Ich habe Spaghetti Aglio e Olio noch nie so schlecht gegessen, dabei ist ja nun wirklich nichts Besonderes dran.« Dann folgten Aufzählungen der neu erstandenen Klamotten von Sophie, Lena, Suse und sonst wem. Irgendwann jedoch wechselte Luisas Tonfall. »Ich hab mich verliebt, Mami!«, hatte sie in einem glücklichen Ton gesagt, der ihr als Mutter in jenem Moment dennoch nicht bewusst gemacht hatte, dass er ihr eigenes Leben komplett verändern würde. »Ich kann es nicht länger vor euch geheim halten. Davide ist so wundervoll, er ist der Mann meines Lebens. Du wirst ihn auch lieben.« Luisa wollte in Sirmione bleiben. Sich dort einen Job suchen. Sie hatte sich so sicher, so felsenfest davon überzeugt gezeigt, dass sich in Davide ihr künftiges Leben offenbarte. Natürlich wollte sie mit ihm nach Deutschland kommen und ihn den Eltern vorstellen. »Und ihr müsst unbedingt herkommen, um hier alles kennenzulernen ...«

Dazu war es nie gekommen.

Als die Jugendgruppe ohne Luisa zurückkam, konnte keiner der Jugendlichen genauere Angaben zu Davide machen. Weder Sophie, Lena, Suse noch sonst wer. Von Luisa kam kein Lebenszeichen mehr. Alles hatten sie versucht. Sämtliche Instanzen eingeschaltet, um ihre Tochter zu finden. Polizei hier und in Italien, das Rote Kreuz. Sie waren nach Italien gefahren, hatten Luisas Bild in Sirmione herumgezeigt. Nichts. Zwar erkannte der eine oder andere Kellner sie, konnte aber keine Angaben zu einem Mann namens Davide machen, zumal es kein Foto gab, sondern nur die Allerweltsbeschreibung von Luisas Freundinnen. Sie verließen Italien, ohne auf eine Spur ihrer Tochter gekommen zu sein. Es war, als hätte der Erdboden sie verschluckt.

Ihre Verzweiflung war nicht in Worte zu fassen. Sie hatten sich gegenseitig behandelt wie rohe Eier. Waren wortlos miteinander umgegangen, weil es nichts zu sagen gab, was dem anderen nicht wehgetan hätte. Keiner wagte auszusprechen, was ihnen beiden im Kopf herumspukte: Der Satz »DU hast es ihr erlaubt!« hing wie ein Damoklesschwert über ihnen. Sie hatten diese Schuldzuweisung, die sowieso jeder Grundlage entbehrte, weil sie Luisa gemeinsam und ohne Vorbehalte die Reise erlaubt und finanziert hatten, nie ausgesprochen. Jahre später hatten sie sich darüber unterhalten, hatten sich über die Gefühle ausgetauscht, die damals so erdrückend gewesen waren. Und immer noch gab es den klitzekleinen Hoffnungsschimmer in einer Ecke ihrer Gedanken, dass Luisa einfach unvermittelt an der Tür klingeln und vor ihnen stehen würde.

Doch da war auch die Angst, tief in ihren Herzen. Zweigeteilte Angst. Zwar war in all den Jahren nirgends eine Leiche aufgetaucht, die Luisa hätte sein können, aber sie hatten genügend über

die italienische Mafia gelesen, um sich darüber klar zu sein, dass die ihre Methoden hatten, Menschen einfach so vom Erdboden verschwinden zu lassen. Diese Befürchtungen war sie mit ihrem Mann immer und immer wieder durchgegangen, bis sie beide erkannt hatten, dass es nichts brachte, sich immer und immer wieder damit zu quälen Durch nichts konnten sie Gewissheit erlangen, weder in der einen noch in der anderen Hinsicht. Diese Ungewissheit war das Furchtbarste.
Doch ein letzter Hoffnungsfunke blieb, dass Luisa noch lebte. Dass vielleicht ein Unfall mit schwerer Amnesie dazu geführt hatte, dass sie sich nicht an ihre Eltern, ihr Zuhause, an sich selbst erinnerte. Sie war sich sicher, dass sie beide jeden Abend vor dem Einschlafen dafür beteten, dass ihre Tochter noch lebte. Dass jeder von ihnen sich an diesen Gedanken klammerte.
Doch es gab noch etwas, was sie in jener Zeit um den Schlaf gebracht hatte. Etwas, über das sie nie mit ihrem Mann gesprochen hatte. Existierte Davide wirklich? War er tatsächlich die große, absolut überwältigende Liebe, die alles andere in den Schatten stellte? Oder hatte Luisa in ihrem ersten Urlaub ohne die Eltern die Gelegenheit zur Flucht vor etwas ergriffen, was ihr, der Mutter, verborgen geblieben war? Monatelang hatte sie nachts wach gelegen und über diese Möglichkeit nachgegrübelt.
All jene Nächte, all die Ängste und grauenhaften Gedanken hatte sie mit den Jahren verdrängt. So gekonnt verdrängt, dass sie ihr erst jetzt, in den USA, wieder in den Sinn gekommen waren. Nein. »In den Sinn kommen« war der falsche Ausdruck. Wie ein Tiger hatten diese Überlegungen sie angesprungen. Lange im Käfig gefangen, nutzten sie nun die Chance, sich frei auszutoben. Höhnisch tanzten sie um sie herum, griffen mit ihren Tatzen nach ihr, krallten sich fest. An den letzten beiden Tagen in der amerikanischen Klinik hatte sie das Gesicht ihrer Tochter vor Augen gehabt, wenn sie nach oben in die Glaskuppel sah.
Im Obergeschoss tat sich etwas. Die Badezimmertür wurde geöffnet. Automatisch stand sie auf. Ihr Körper spannte sich. Stille, doch nur kurz. Dann kam ein leises »Liebelein, bist du unten?«.
Sie schluckte. Sollte, wollte antworten, aber ihre Stimme versagte.

»*Liebelein?*« *Sie hörte die Veränderung in seiner Stimme und räusperte sich.*

»*Ja. Ich hatte einen Krampf in der Wade und hab mir deswegen ein Stück Schokolade aus dem Kühlschrank genommen. Das hilft doch immer*«, *log sie.* »*Ich komm gleich wieder hoch.*«

»*Gut. Ich leg mich wieder hin.*« *Er stand immer noch oben am Treppenabsatz, das konnte sie hören. Früher wäre er sofort zu ihr gekommen. Hätte sich davon überzeugt, dass es ihr auch wirklich gut ging. Sie hörte ihn ins Schlafzimmer gehen. Mit einem plötzlichen Anfall von Erschöpfung ließ sie sich zurück auf den Stuhl sinken.*

Sie überlegte, ob sie in Luisas altem Zimmer schlafen sollte. Stillschweigend hatten sie die Übereinkunft getroffen, alles im Zimmer ihrer Tochter so zu lassen, wie sie es verlassen hatte. Doch sie entschied sich dagegen. Was immer es war, was ihn so verändert hatte, sie würde ihm durch ihr Verhalten keinen weiteren Nährboden geben. Es gab Dinge zu regeln, und noch war sie in der Lage, das zu tun. Gleich morgen früh würde sie beginnen.

***

Agnes hatte Muscheln in Weißweinsud gekocht. Dazu gab es Baguettebrot und natürlich Weißwein, wobei Agnes die alkoholfreie Variante bevorzugte.

Wiebke freute sich, trotz der traurigen Umstände ein Stündchen allein mit der Tante gehabt zu haben, bevor Erich nach Hause gekommen war. Natürlich hatten sie zunächst über Till gesprochen, und es tat ihr gut, Agnes erzählen zu können, wie das Gespräch mit dem Bestatter verlaufen war, wie sie alles geordnet und arrangiert hatte. Vor ein paar Jahren hatten Wiebke und Till sich spaßeshalber über Beerdigungen unterhalten. Keiner von ihnen beiden hatte geahnt, dass diese Situation nicht erst in Jahrzehnten auf sie zukommen könnte. Ob sie dann anders miteinander gesprochen hätten? Wiebke hatte ihren Bruder inständig gebeten, sich auf jeden Fall dreifach davon zu überzeugen, dass sie tot war, bevor er sie dem Krematorium übergab, Till wiederum hatte lachend auf einer Seebestattung bestanden.

»Ist doch prima«, hatte er gesagt. »Da packen sie meine Asche in eine Seeurne, übergeben sie feierlich dem Meer, und irgendwann hat die Nordsee, oder vielleicht sind's auch ein paar Fische, das Salz weggelutscht, und meine Asche verteilt sich überall. Wenn du dann ans Wasser kommst, weißt du: Überall dort bin ich. Ob du auf der Fähre nach Langeoog sitzt, ob du in Wilhelmshaven am Südstrand einen Kaffee trinkst und über den Jadebusen nach Dangast schaust, überall winke ich dir von den Wellen her zu. Ist doch klasse, oder?«

»Und wenn ich schwimmen geh, dann kriechst du im Nordseewasser in meinen Bikini, oder was?«

Damals hatte Wiebke Tills Wunsch mit einer gehörigen Prise Humor genommen, zumal sie wusste, dass die Asche nach Seebestattungen natürlich nicht durch das Wasser schwamm, sondern auf dem Meeresboden blieb. Jetzt aber sperrte sich alles in ihr gegen die Vorstellung, ihren Bruder jenem Element zu übergeben, aus dem man ihn vor Kurzem tot geborgen hatte.

»Glaubt ihr, er wäre nach alldem damit einverstanden, dass ich mich für eine konventionelle Bestattung entschieden habe?«, fragte Wiebke jetzt und schluckte. Auf dem Tisch zeugten drei Teller mit Bergen von leeren Miesmuschelschalen davon, dass es ein überaus leckeres Abendessen gewesen war. Das Baguettebrot war ebenfalls aufgegessen und die Flasche Weißwein, die Erich für sich und Wiebke geöffnet hatte, fast ausgetrunken. In den silbernen Kerzenleuchtern auf dem massiven Eichentisch brannten weiße Kerzen, im Kamin prasselte wärmend ein Feuer. Alles machte einen heimeligen Eindruck. Und doch fröstelte Wiebke ein wenig.

»Du musst dir keine Gedanken machen.« Agnes schob die leeren Muschelschalen auf dem Teller vor sich ineinander, sodass sie wie ein geflochtener Zopf aussahen. »Jeder hat Verständnis dafür, dass du deinen Bruder nicht dem Meer übergeben willst. Ich glaube, da gibt es keinen, der den Kopf schütteln würde. Am allerwenigsten Till.«

»Ja. Mach dir keine Gedanken«, sagte auch Erich, seine Hand auf die seiner Frau legend, als wolle er sie zur Ruhe bringen. »Er würde selbst nicht mehr in einer Seeurne beigesetzt werden wollen. Garantiert nicht.« Erich sprach mit heftiger Bitterkeit. Er biss sich kurz auf die Unterlippe, bevor er Agnes' Hand an den Mund zog und einen Kuss darauf hauchte.

»Meint ihr, dass derjenige, der für Tills Tod verantwortlich ist, zur Beerdigung kommt? Sollte ich die Beisetzung lieber im engsten Familienkreis stattfinden lassen?«

»Nein, auf keinen Fall«, erwiderte Agnes. »Man darf den vielen Menschen, die ihn gemocht haben, nicht die Möglichkeit verwehren, Abschied von ihm zu nehmen. Das darfst du ihnen nicht antun, Wiebke. Man muss sich verabschieden können«, wiederholte sie.

»Und die Kaffeetafel hinterher? Ist das nicht irgendwie verlogen? Erst geht man betrübt zur Trauerfeier und lacht dann bei Kaffee und Schnittchen? Mir schwillt da jedes Mal der Kamm vor Ärger. Haben die Leute den Verstorbenen denn nicht wirklich gemocht?« Wiebke zeigte unverhohlen ihre Abscheu.

Wieder antwortete Agnes, Erich hielt sich zurück. »Ach Kleines«, sagte sie, »du bist noch so jung ... Die Kaffeetafel nach der Trauerfeier ist so was wie ein Übergang. Eine Massenpsychotherapie, wenn du so willst. Die Trauergäste mussten in einer kurzen Stunde Abschied nehmen von einem lieben Menschen, der sie über Jahre, oft auch Jahrzehnte hinweg begleitet hat. Der Teil ihres Lebens war und der nun nicht mehr da ist. In dieser Situation, so vorhersehbar sie auch gewesen sein mag, steht man unter Schock. Und durch die anschließende Kaffeetafel, bei der man zusammensitzt und Erinnerungen teilt, kehrt man langsam wieder in den Alltag zurück.« Agnes räusperte sich und griff nach dieser für sie langen Rede zu ihrem Glas alkoholfreien Weins.

»Boah.« Dieser Laut kam impulsiv aus Wiebkes Kehle. »Das hast du wunderbar erklärt. Das hört sich so beruhigend an.« Sie schwieg einen Moment, bevor sie weitersprach: »Wie kommt es, dass du dich so mit dem Thema auseinandergesetzt hast?«

Bevor Agnes antworten konnte, ergriff Erich das Wort. »Du weißt doch, dass Agnes sich mit allem, was esoterisch ist, immer gern beschäftigt hat. Und irgendwann kam auch ein Teil Psychotherapie hinzu.« Wiebke bemerkte, dass Agnes ihn skeptisch ansah. Ihr Blick ging jedoch sofort in ein Lächeln über, als er ihre Wange streichelte und sagte: »Deine Vielseitigkeit, dein Interesse an allem, das ist es, was ich so an dir liebe.«
Als Agnes' Lächeln sich vertiefte, entspannte sich auch Wiebke.

***

Wie üblich, wenn Oda und sie gemeinsam unterwegs waren, saß Christine am Steuer des Dienstwagens, als sie durch Wilhelmshavens Dämmerung der Wohnung von Dieter Hartmann entgegenfuhren.

»Bin gespannt, wie der gleich reagiert«, überlegte Oda, sich genüsslich auf dem Beifahrersitz rekelnd. »Als Nieksteit und ich uns mit ihm getroffen haben, war er ziemlich reserviert und angefasst. Mal gucken, welche Saiten du in dem zum Klingen bringst.«

Odas Tonfall war derart ungewohnt neutral, dass Christine tatsächlich länger als den für Autofahrer angebrachten Sekundenbruchteil zu ihr hinübersah. »Was willst du damit sagen?«

»Nix«, beeilte sich Oda zu antworten. »Echt nix. Aber deine Art, auf die Menschen zuzugehen beziehungsweise mit ihnen umzugehen, ist schon cool. Die öffnen sich immer, wenn du mit denen sprichst. Bei mir machen sie das nicht so. Da klappen sie auch schon mal zu wie eine Auster. Ich glaub, ich mach da was falsch.«

»Wir sind da«, erwiderte Christine, ohne auf das von Oda Gesagte einzugehen, und hielt in einer der Parkbuchten zwischen den alten Bäumen. »Dann lassen wir uns mal überraschen. Genauso wichtig ist aber auch, wie seine Frau reagiert«, fügte sie hinzu. Mit einem Druck auf die Fernbedienung verschloss Christine den Wagen, sah an dem mehrstöckigen Gebäude empor und zwinkerte Oda zu. »Dann mal los.« Sie stiefelte voran in den neuen Pumps, die sie sich erst kurz vor ihrem Urlaub in Oldenburg gekauft, aber noch nicht eingelaufen hatte.

Es war ein gutes Gefühl, in die Ermittlungen mit einbezogen zu sein, und sie war wirklich gespannt auf Dieter Hartmann. Natürlich hatte sie das Gesprächsprotokoll gelesen, war aber, was seine Persönlichkeit betraf, nicht schlau daraus geworden. Entweder mauerte er, oder sie hatten es mit einem wirklichen Stinkstiefel zu tun. Dagegen sprach allerdings sein Verhalten Ina Polke gegenüber.

Christine spürte, dass sie sich von diesem Fall, sicherlich wegen Wiebke, bei ihrem persönlichen Ehrgeiz gepackt fühlte. Sie musste aufpassen, das Ganze nicht zu persönlich zu nehmen, nur weil sie eine Randfigur des Falles kannte. Sie schüttelte den Kopf.

»Ist was?«, fragte Oda.

Inzwischen standen sie vor der Eingangstür des Altbaus, und Christine suchte an der Klingelleiste den Namen Hartmann.

»Nichts«, sagte sie und drückte den entsprechenden Knopf. Bestimmt eine Minute verging, ohne dass auf den Summer gedrückt wurde.

»Der ist zu Hause, da bin ich mir sicher«, sagte Oda. »Der hatte Schicht, und die ist inzwischen vorbei.« Mit hochgezogenen Augenbrauen fügte sie hinzu: »In Anbetracht der Umstände wird er sich ja wohl nicht bei Ina Polke ausruhen.«

»Warum nicht? Wenn er nichts zu verbergen hat und ihr in dieser Situation beistehen will? Dann kann er das doch tun.« Erneut drückte Christine den Klingelknopf.

»Hör mal. Das macht den total verdächtig, wenn der jetzt bei Ina und der Lütten ist. Das unterstellt doch eine Beziehung, ohne dass man sich groß anstrengen muss.«

Plötzlich summte die Haustür. Geistesgegenwärtig stemmte sich Christine dagegen.

»Bestimmt hat er hellseherische Fähigkeiten und hat sich grad hergebeamt«, meinte Oda sarkastisch, als sie die Stufen in den dritten Stock hinaufstiegen, einen Fahrstuhl gab es nicht.

Oben jedoch empfing sie nicht Dieter Hartmann, sondern seine Frau.

»Ja?«

»Wir sind von der Kripo, Frau Hartmann«, sagte Oda. »Meine Kollegin Cordes, mein Name ist Wagner. Ich denke, Ihr Mann hat inzwischen mit Ihnen gesprochen?«

»Kommen Sie rein.«

Frau Hartmanns tönende Stimme war beeindruckend. Obwohl Christine Ina Polke gar nicht kannte, konnte sie in diesem Augenblick verstehen, warum Dieter Hartmann sich gern mit der von Oda als verhältnismäßig zart beschriebenen Exfreundin seines Kollegen umgab. Frau Hartmann schüchterte einen schlicht und ergreifend ein.

»Ich geh mal voran.« Wie um Christines Eindruck Lügen zu strafen, war der Tonfall nun liebenswürdig, ganz ohne die Schärfe, die sie vorhin noch herausgehört hatte. »Dieter hat sich hingelegt. Er ist total fertig wegen Tills Tod. Macht sich Vorwürfe. Denkt, er hätte eher merken müssen, dass etwas mit ihm nicht stimmt, aber ...« Frau Hartmann räusperte sich, ohne den Satz zu Ende zu sprechen.

»Meinen Sie das auch?« Christine stellte die Frage, während sie den Flur entlang ins Wohnzimmer gingen, das überraschend hell war, obwohl es nach Westen zeigte. Aus dem Fenster blickte man in den Hinterhof, der von vielen alten und hohen Laubbäumen gesäumt war.

»Ich glaub nicht, dass man wirklich in die Leute hineingucken kann.« Frau Hartmann wies auf eine knallrote Stoffcouch und nahm selbst, etwas mühsam schnaufend, in einem giftgrünen Ledersessel Platz. Als Christine saß, bemerkte sie, dass das Zimmer vornehmlich mit Fröschen dekoriert war. An den Wänden hingen Ölbilder, auf denen lustig quakende Frösche zu sehen waren, ein Kissen in Form eines Froschkönigs lag auf der roten Couch; irgendwer in diesem Haushalt musste ein Faible für die grünen Tierchen haben. Sie glaubte allerdings nicht, dass Dieter Hartmann dieser Jemand war.

Frau Hartmann schien nicht ansatzweise zu ahnen, was Christine dachte, und fuhr fort: »Nein. Ich bin der festen Überzeugung, dass jeder sich perfekt tarnen kann, wenn es um den eigenen Suizid geht. Man will nicht, dass irgendwer es mitbekommt und ihn dann vielleicht noch verhindert. Das alles läuft geplant ab wie ein Schweizer Uhrwerk. Keiner von Tills Kollegen hatte eine Chance zu erkennen, was Till vorhatte. Und darum darf sich auch keiner Vorwürfe machen. Für meinen Mann ist es besonders hart. Er hat sich sehr für Till und Ina eingesetzt. Grad in der letzten Zeit.«

»Sie wissen also darüber Bescheid?«, fragte Oda spontan.

»Natürlich. Haben Sie gedacht, Dieter würde sich ohne mein Wissen oder gar ohne mein Einverständnis so um Ina kümmern?« Frau Hartmann lachte ein kehliges Lachen, das in einen überaus heftigen Hustenanfall überging. Im ersten Moment spürte Christine einen Anflug von panischer Besorgnis. Doch schnell wurde ihr klar, dass ein derartiger Hustenreiz Frau Hartmann nicht zum ersten Mal traf, denn sie winkte ab, als Christine ihr helfen wollte, erhob sich und ging keuchend aus dem Zimmer.

»Die hat es ganz schön erwischt«, sagte Oda. »Hoffentlich steckt sie uns nicht an.«

»Ich glaube nicht, dass das ein normaler Husten ist«, zweifelte Christine. »Schau dir mal die Bilder an, fällt dir etwas daran auf?«

»Frösche«, sagte Oda grinsend. »Überall nur Frösche. Meinst du, sie hat das Quaken in Form von Husten übernommen? Na, dann ist es kein Wunder, dass ihr Mann sich lieber mit Ina Polke umgibt. Ein quakendes Flintenweib, da kann sogar Dieter Hartmann sich nicht wohlfühlen.« Sie wurde wieder ernst. »Denk mal dran, dass wir nachgucken, ob die Kollegen mit Hartmanns Nachbarn gesprochen haben. Er hat Niekstedt und mir gesagt, er sei am Dienstag bei seiner kranken Frau gewesen. Sie macht ja wirklich einen kranken Eindruck, aber ob er hier war? Meist kriegen die Nachbarn so was ja mit, wir sollten das noch mal überprüfen.«

In diesem Moment trat Dieter Hartmann ins Zimmer.

»Was müssen Sie überprüfen?«
Während Oda das Gespräch mit ihm begann, dachte Christine über die auf einer kleinen Kommode stehenden Familienfotos nach, denn sie hatte natürlich nicht die Frösche gemeint. Alle Fotos zeigten ein fröhliches, einander sichtlich zugeneigtes Paar. Wie alt mochten die Bilder sein?

Samstag

Es war mal wieder Zeit für einen Anruf in Wilhelmshaven. Michael Winter griff zu seinem Handy. Er brauchte dringend ein Erfolgserlebnis. Die letzten Tage waren diesbezüglich mehr als unzureichend gewesen. Da nahm er, was er kriegen konnte, und sei es auch nur ein Telefonat mit einem Menschen, den er unter Druck setzen konnte. Allein der Gedanke daran, dass das Klingeln des Handys bei seinem Telefonpartner einen angsterfüllten Adrenalinschub auslösen würde – immerhin war er der Einzige, der auf diesem Handy anrief –, gab Winter den Kick, den er für den heutigen Tag benötigte, wo sein Büro verwaist war und er nicht mal eine der kleinen Empfangssekretärinnen zusammenstauchen konnte, um sich abreagieren zu können.

Aber es war eben nicht jeder so ein Workaholic wie er und arbeitete am Wochenende. Auch wenn es nötig war, denn sowohl Zeit- als auch Zielvorgabe waren klar. In spätestens zwei Wochen musste der Code geknackt und der Zugang zur Raffinerie auch ohne den Mittelsmann möglich sein, dann konnten die oben jene weitergehenden Schritte veranlassen, die sie brauchten, um ihr großes Ziel zu erreichen.

Was genau dieses große Ziel war, das hatte Winter noch nicht so ganz begriffen. Er wusste jedoch, dass die Organisation, in der er ein mittelgroßes Rädchen war, damit drohen wollte, die Küste vor den Ostfriesischen Inseln mit einem Ölteppich zu versehen, der sich so schnell ausbreiten würde, dass es für lange Zeit kein Vergnügen mehr wäre, an der Küste und auf den Inseln Urlaub zu machen. Die wirtschaftlich stark an den Tourismus gekoppelte Region würde einen Kollaps erleiden, den das Land so schnell nicht aufzufangen in der Lage wäre. Wo die Arbeitslosenzahlen dort ohnehin schon überdurchschnittlich hoch waren.

Winter hoffte darauf, in den inneren Kompetenzkern vorstoßen zu können, wenn er die ihm auferlegten Aufgaben zur Zufriedenheit der Chefs erfüllte. Nach dort oben, wo man für seinesgleichen kein Name mehr war, sondern nur noch anonym agierte, geschützt von einer Gruppe Gleichgesinnter, dorthin wollte er, das war sein Ziel. Auch wenn die Luft dort anscheinend ziemlich dünn war, wie er zu seiner Bestürzung erst vor Kurzem am Beispiel von Nummer eins hatte miterleben müssen. Dennoch, er war sicher, er besaß alle Fähigkeiten, sich oben behaupten zu können. Er war nur um Daumennagelbreite von einer solchen Position entfernt. Immerhin hatte er bislang alles erfolgreich erledigt. Und das würde auch so bleiben. Das jetzt war einfach nur eine kurze Phase, in der es nicht gleich auf Anhieb so lief, wie er es wollte, aber das bekam er auch noch hin. Er wählte die Nummer.

»Der gewünschte Gesprächspartner ist vorübergehend nicht erreichbar«, flötete ihm eine computeranimierte Frauenstimme ins Ohr.

Das gab es nicht. Das durfte nicht sein. Winter spürte, wie sein Blut in Wallung geriet. Noch einmal wählte er die Nummer. Das gleiche Spiel. Verdammt! Er hieb mit der Faust auf seinen Schreibtisch, ohne verhindern zu können, dass sich ein nicht wirklich männliches »Aua« den Weg über seine Lippen bahnte. Okay, wenn der Knabe es denn nicht anders wollte, Winter konnte auch andere Register ziehen.

Innerhalb weniger Sekunden hatte er die Telefonnummer der Raffinerie im Internet in Erfahrung gebracht und wurde nach kurzem Gespräch mit der Telefonzentrale durchgestellt. Doch statt seines V-Mannes meldete sich eine Stimme, der jegliche Neugier fehlte: »Tut mir leid, der ist heute nicht da. Aber ich kann was aufschrei–«

Die letzte Silbe hörte Winter schon nicht mehr, er hatte aufgelegt. Wieder wählte er die Prepaidnummer. Und wieder erfolglos. Sein Wutpegel erreichte die Höchstmarke. Schnaubend wählte er die Privatnummer seines Mittelsmannes. Der sollte bloß nicht glauben, sich einfach so zurückziehen zu können. Nach dem dritten Klingeln wurde abgenommen. Eine Frauenstimme meldete sich formlos und eigentlich schon ungehörig mit »Ja?«.

»Sagen Sie Ihrem Mann, er soll es nicht noch einmal wagen, das Handy auszustellen. Er soll mich unverzüglich anrufen. Er weiß, worum es geht.« Ohne weitere Worte legte Winter auf.

***

Wiebke warf einen schläfrigen Blick auf die Uhr: Fast schon zehn, sie hatte verdammt lange geschlafen. Dann jedoch schüttelte sie den Kopf. Sie musste hier in Wilhelmshaven keine Termine einhalten und keinen Laden aufschließen, sie hatte es sich verdient, einfach mal zu schlafen. Wahrscheinlich brauchte ihr Körper das sogar nach den seelischen Belastungen der letzten Tage. Sie rekelte sich noch einmal unter der frischen Bettwäsche. Als sie gestern in die Wohnung gekommen war, hatte sie kurz überlegt, Tills Bettzeug einfach mit ins Gästezimmer zu nehmen und darunter zu schlafen. Ihn und seinen Geruch weiterhin um sich zu haben, selbst wenn es nur eine Illusion war. Dann jedoch hatte sie sich eine Närrin geschimpft, die Bettwäsche abgezogen, in den Korb getan und das Gästebett neu bezogen. Jetzt beim Aufwachen war sie froh darüber. Sie durfte sich nicht an Erinnerungen festklammern. Musste fit sein und nach vorn schauen, wenn sie selbst versuchen wollte, den Dingen auf den Grund zu gehen.

Zunächst tapste sie in einem von Tills T-Shirts, das ihr ein wenig zu groß, vor allem aber zu lang war, barfuß durch den Flur in die Küche und setzte Wasser für einen Tüten-Cappuccino auf, den sie im Bett trinken wollte. Dann zog sie sich die Jacke über und stiefelte in Tills grünen Turnschuhen die Treppe hinab zum Briefkasten, denn sie wusste, dass ihr Bruder den »Wilhelmshavener Kurier« abonniert hatte.

Mit dem Cappuccino-Becher und der Zeitung bewaffnet, setzte sie sich wieder aufs Bett, die Decke bis an die Brust hoch- und die Vorhänge beiseitegezogen, sah auf einen blauen Himmel, über den weiße Wolken trieben, und wandte sich der Titelseite zu, die mit großer Schlagzeile über die gestrige Jade-Weser-Cup-Segelregatta mit Großmastern berichtete.

Dennoch schweiften ihre Gedanken beim Lesen des Leitartikels zum gestrigen Abend ab. Die Muscheln hatten wirklich ausgezeichnet geschmeckt, aber irgendwann war Wiebke froh gewesen, der harmonisierenden Zweisamkeit von Onkel und Tante entkommen zu können. Es war ja okay, dass Erich Agnes liebevoll behandelte, aber im Laufe des Abends hatte sich Wiebke der Gedanke aufgedrängt, dass die beiden, wenn sie doch so sensibel und aufmerksam waren, eigentlich auch mitkriegen müssten, dass es ihr nicht genauso gut ging. Dann müsste man sich doch zurücknehmen und das eigene Glück nicht so überdeutlich machen. Das war etwas, was Wiebke bitter aufgestoßen war. Natürlich verhielten sich die beiden auch sonst so und meinten es sicher nicht böse, aber sie hätten darüber nachdenken können, wie es gerade jetzt auf sie wirken musste.

Na ja, vielleicht lag es auch einfach an ihrer eigenen Verfassung, dass sie sich so angefasst fühlte. Sie warf einen Blick auf die Uhr. Kurz vor elf. Nun wurde es aber Zeit. Wenn sie noch auf den Markt wollte, ein wenig Obst und Gemüse einkaufen, dann musste sie sich sputen. Vorher wollte sie auch noch bei Christine anrufen; sie war auf Langeoog so plötzlich aufgebrochen, da glaubte sie, ihr mindestens einen Anruf schuldig zu sein. Sie drückte die Telefonnummer, und schon nach dem dritten Klingeln nahm Christine ab. Wiebke bemühte sich, forsch und fröhlich ins Gespräch zu gehen.

»Na, wo treibst du dich grad herum, und wen hast du als Gesprächsersatz?«, rief sie fröhlich, hoffend, dass Christine nicht merkte, wie nah sie mit einem Mal doch wieder am Abgrund stand.

»Wiebke. Schön, dass du dich meldest. Wo steckst du denn?«

»In der Wohnung meines Bruders. Tut mir leid, dass ich mich auf deine SMS hin nicht eher bei dir gemeldet hab. Lieb, dass du mir deine Hilfe anbietest. Aber ich hatte dann doch eine Menge um die Ohren, um es mal so auszudrücken. Und warum hast du deinen Urlaub abgebrochen?«

»Mich hielt irgendwie nichts mehr auf Langeoog, meine Gedanken kreisten um dich und deinen Bruder, da hab ich gedacht, ich kann mich einbringen in den Fall. Also bin ich wieder zurück.«

»Gibt's denn was Neues?«, fragte Wiebke angespannt.

»Nein. Leider nicht. Wir sind damit beschäftigt, alles zusammenzutragen. Aber erzähl, wie geht es dir?«

Es war schön, diese Frage zu hören. Wiebke genoss sie. Besonders vor dem Hintergrund, dass Carsten, von dem Wiebke sich Anteilnahme der engeren Art erhofft hatte, sie so eiskalt – Wiebke erschrak ein wenig bei diesem Gedanken – hatte abblitzen lassen.

»Mir geht's so weit eigentlich ganz gut. Ich hab die erste Nacht bei Ina geschlafen, mit ein paar Leuten sprechen können und die Trauerfeier organisiert. Wird allerdings keine Seebestattung, wie Till es wollte. Das bring ich einfach nicht fertig.«

»Kann ich verstehen.«

Es tat Wiebke gut, Christines unaufgeregte Stimme zu hören.

»Du hättest sicher auch so entschieden, oder?«

»Klar. Ich hätte meinen Bruder auch nicht wieder dem Meer zurückgegeben. Nein. Das wäre auch für mich unter diesen Umständen absolut undenkbar.« Christine machte eine Pause. »Darf ich dich was fragen, Wiebke?«

»Klar.«

»Hast du in der Wohnung irgendwas gefunden, was uns weiterhelfen könnte?«

»Wie meinst du das? Deine Kollegen waren doch hier und haben alles untersucht. Sogar seinen PC und die Abfallkörbe haben sie mitgenommen. Was hätte ich denn finden sollen?«

»Ich weiß es nicht. Es war ja auch nur so eine Frage. Vielleicht fällt dir etwas auf, was uns gar nicht auffallen kann. Weil es für uns nichts Außergewöhnliches ist, für dich aber schon. Kannst du so lieb sein und mal auf solche Dinge achten?«

»Natürlich. Wenn ich helfen kann, herauszufinden, was wirklich geschehen ist ... Wisst ihr denn jetzt schon genau, was passiert ist? Es ist so grauenhaft, nichts zu wissen.«

»Das Einzige, was ich dir sagen kann, ist, dass die Kollegen nicht mehr unbedingt von einem Suizid ausgehen, es wird auch in Richtung Tod durch Fremdeinwirkung ermittelt. Tut mir leid«,

sagte Christine bedauernd. »Aber ich halte dich auf dem Laufenden.«
»Tod durch Fremdeinwirkung, das heißt Mord, oder?«
»Es kann auch ein Unfall gewesen sein.«
»Aber das hätte doch jemand gemeldet. Den Notarzt verständigt oder so.«
»Wer weiß schon, was in den Menschen vor sich geht.« Christine blieb zurückhaltend.
»Sag mal, hast du nicht Lust, am Abend auf ein Glas Wein oder so vorbeizukommen?«
Eine Gesprächspause entstand, Wiebke hörte förmlich, wie es in Christines Kopf arbeitete. Dann jedoch antwortete sie: »Ja, kann ich machen. Soll ich etwas Brot und Käse mitbringen?«
»Das wäre prima.« Erleichterung durchflutete Wiebke. Nun hatte sie etwas, worauf sie sich ein bisschen freuen konnte. Es musste wohl an der Außergewöhnlichkeit der Situation liegen, in der Wiebke Christine kennengelernt hatte, dass sie sich ihr so verbunden fühlte. Christine war keine Polizistin für sie. Sie hatte ihre Sorgen um Till live erlebt und gehörte jetzt zu denjenigen, die seinen Tod aufklären mussten. Auf seltsame Art war sie dadurch eine Art Anker für Wiebke.

***

Die Luft war mild nach einem kurzen Regenschauer und roch nach Laub und Herbst. Hand in Hand liefen Oda und Jürgen nach einem guten Abendessen – Oda hatte Vitello tonnato gemacht, dabei das Kalbfleisch allerdings durch Roastbeef ersetzt – durchs Villenviertel. Die Lichter, die aus den Fenstern der Häuser die Dunkelheit erhellten und ausschnittweise Einblick gaben in Privates, vermittelten Gemütlichkeit und Wärme. Wobei Oda ganz klar erkannte, dass die gefühlte Wärme natürlich auch von dem Schal kam, den Alex ihr mal gestrickt hatte und der dreifach um ihren Hals geschlungen war, von den Stiefeln an ihren Füßen, vor allem aber von Jürgens Hand als Wärmespender ganz zu schweigen.

Jürgen tat ihr einfach gut, auch wenn sich die Beziehung zwischen einem Journalisten und einer Polizistin nicht immer einfach gestaltete, gerade in einer kleinen Stadt wie Wilhelmshaven. In den Anfängen hatte Oda manchmal vermutet, er würde sie primär als Informationsquelle sehen, was zu einer gewaltigen Portion Skepsis und Misstrauen geführt hatte. Inzwischen aber hatte Jürgen sich bewährt. Wobei Oda nach wie vor Berufliches und Privates streng trennte und sicherlich weniger von aktuellen Fällen erzählte, als sie es täte, wenn ihr Partner irgendwo anders angestellt wäre.

Jetzt aber genoss sie die Ruhe des abendlichen Spazierganges, das gemeinsame Schweigen, nachdem sie sich vorher kurz über Till Lorentzen unterhalten hatten. Aber nur in Ansätzen. Es war interessant, Jürgens Meinung zu hören, der bloß über diejenigen Fakten unterrichtet war, die der Presse zugänglich waren.

Doch vorhin beim Essen waren die bevorstehende Kommunalwahl und die dafür zur Verfügung stehenden Kandidaten Gesprächsthema gewesen. Ein Personalwechsel an oberster Spitze stand an, und die Frage, wer die Stelle des Oberbürgermeisters einnehmen würde, war vielfältig zu betrachten. Oda liebte diese politischen Gespräche mit Jürgen, der alle Sichtweisen jeweils aus unterschiedlichen Blickwinkeln beleuchtete und sich dagegen wehrte, wenn sie ihren ziemlich grün gefärbten Standpunkt einfach so vertrat.

So war es ein lebhafter Abend gewesen, und inzwischen hatte Oda sich daran gewöhnt, mit Jürgen kontroverse Diskussionen zu führen, ohne dass diese persönlich wurden. Eine ganz neue Art der Unterhaltung. Das hatte es bei Thorsten, ihrem Ex und Alex' Vater, nicht gegeben. Bei Jürgen hingegen hatte sie das Gefühl, sie konnte so sein, wie sie war, und das war für ihn okay. Ein schönes Gefühl. Sie drückte seine Hand.

»Ist was?« Er blieb stehen. Im Schein der Straßenlaterne sah sie seine gerunzelte Stirn.

»Nö. Alles klar.« Sie grinste. »Hab grad nur an unsere Diskussion vorhin gedacht. Und dass ich das genossen hab. Drum hab ich deine Hand gedrückt.« Sie wollte weitergehen, Jürgen aber blieb stehen.

»Gib mir mal einen Kuss, du verrückte Nudel«, sagte er und zog sie kurz an sich. Ein Hund bellte. »Ricky, kommst du wohl her«, hörte Oda die strenge Stimme der Halterin, dann war Ruhe, und auch Oda und Jürgen schlenderten weiter.

»Meinst du, dass Christine in diesem Fall befangen sein könnte?« Oda stellte die Frage nicht gern, aber sie wusste, dass Jürgen über eine ausgezeichnete Menschenkenntnis verfügte und Christine zudem ja auch kannte.

»Du meinst, wegen der Schwester?«

»Ja.«

»Na ja. So lange ist sie ja nicht dort gewesen, dementsprechend kann der Kontakt nicht wirklich intensiv sein. Ich glaube nicht, dass Christine etwas Inoffizielles ausplaudert. Dazu ist sie zu sehr Profi und auch zu wenig von Gefühlen bestimmt. Du, meine Süße, bist da ganz anders. Du bist viel impulsiver.«

»Also, hör mal«, brauste Oda auf.

Jürgen fiel ihr lachend ins Wort. »Genau das meine ich. Dich kann man so herrlich provozieren, aber bei Christine geht das nicht. Die ist viel nüchterner als du. Rationaler. Darum mach dir mal keine Gedanken, was den Fall angeht. Vielleicht sollte es so sein, dass Christine die Schwester kennenlernt. Wer weiß, womöglich kommt ihr dadurch an Informationen heran, an die ihr sonst nicht kämt.«

»Meinst du?« Oda verzog fragend das Gesicht.

»Meine ich.«

»Danke.«

»Bitte.«

Oda sah, wie Jürgen vollkommen amüsiert versuchte, einsilbig zu bleiben, und eine Welle tiefer Zufriedenheit schwappte wohltuend durch ihren Körper.

***

Es war ein eigenartiges Gefühl, als Christine, mit Ciabatta und Käse bewaffnet, die Stufen zu der Wohnung hochstieg, in der bis vor wenigen Tagen noch der Mensch gewohnt hatte, dessen Tod sie nun aufzuklären half. Das hatte etwas Bizarres. Sie war sich erst auch nicht sicher gewesen, ob sie Wiebke dort überhaupt besuchen sollte. Dann jedoch siegte der Pragmatismus: Erstens hatten die Kollegen die Wohnung untersucht und freigegeben. Zweitens wäre es in dem Augenblick, in dem Wiebke ihr die Tür öffnete, nicht mehr die Wohnung eines Toten, dessen Fall sie zu bearbeiten hatte, sondern die Wohnung einer neuen Bekannten. Drittens konnte sie sich dadurch ganz anders dort umschauen und vielleicht doch noch das eine oder andere hinsichtlich ihres Falls entdecken.

Als Wiebke die Tür öffnete, hatte sie ein Lächeln auf dem Gesicht: »Schön, dass du da bist. Man kann also doch Polizist und Mensch sein. Komm rein.« Sie ging einen Schritt beiseite und ließ Christine eintreten.

»Was ist das denn für eine Begrüßung?«, wunderte sich Christine.

»Ach, mir fiel grad wieder Carstens Verhalten ein. Das fand ich so dermaßen daneben, ich hab mich kolossal geärgert.«

»Carsten?«

»Carsten Steegmann. Den müsstest du doch kennen. Er ist Staatsanwalt bei euch.«

»Ach, der Carsten. Ja. Den kenne ich.« Es war gut, dass es ein wenig schummrig und der Flur nur von Kerzenlicht erleuchtet war. So fiel sicher nicht auf, dass eine leichte Röte über Christines Wangen lief. Konnte es sein, dass Wiebke die Frau mit der Schirmmütze war, mit der sie Steegmann gesehen hatte? Wie peinlich. Die beiden kannten sich anscheinend sehr gut.

Wiebke nahm Christine Brot und Käse aus der Hand und wies auf ein paar Haken an der Wand. »Kannst deinen Mantel da aufhängen, ich geh schon mal in die Küche.« Sie sprach weiter, während sie Christine den Rücken zudrehte, die kurz die Wohnung auf sich wirken ließ. Alles machte den Eindruck, eher eine Studentenbehausung zu sein als die Wohnung eines Mannes, der beruflich seinen Weg gefunden hatte.

»Ina hat einen großen Teil der Möbel mitgenommen«, schallte Wiebkes Stimme zu ihr, als hätte sie von der Küche aus Christines Gedanken gelesen.

»Ach so.« Sie schlenderte hinüber. »Weshalb hast du dich denn über Carsten Steegmann geärgert?« Hoffentlich klangen die Worte so neutral, wie sie sollten. Hatte Steegmann neben seiner Frau was mit Wiebke und baggerte nun auch noch Christine an? Was für ein Mistkerl.
»Ach. Ich hab ihm von Tills Tod erzählt. Ich dachte, Till und er wären gute Freunde. Aber ich hab festgestellt, dass Carsten das wohl nicht so sieht. Als ich sagte, ich wolle so schnell wie möglich aufs Festland, hab ich eigentlich damit gerechnet, dass er mit mir rübersegelt. Er weiß doch, wie eng meine Bindung zu Till war, da müsste er als Freund doch helfen wollen. Ich hätte das im umgekehrten Fall zumindest gemacht. Du doch sicher auch, oder? Carsten aber machte überhaupt keine Anstalten.«
»Vielleicht gab es einen Grund, weshalb er nicht segeln konnte?«
»Keine Ahnung. Ich fand es total daneben. Aber lass uns das Thema wechseln. Sonst ärgere ich mich nur noch weiter.«
Das war eine Aufforderung, der Christine gern nachkam. »Kommst du damit klar, hier zu wohnen?« Sie selbst hätte vermutlich große Schwierigkeiten, in der Wohnung ihres toten Bruders schlafen zu müssen, wenn sie in Wiebkes Situation wäre.
»Geht schon. Es ist zwar nicht einfach, und ich muss auch oft heulen, aber zwischendurch ist alles irgendwie normal. Ich bin ja, nachdem Ina ausgezogen ist, öfter allein in der Wohnung gewesen, wenn Till gearbeitet hat. Ist also nichts Ungewöhnliches.« Wiebke drückte Christine den Korb mit dem aufgeschnittenen Ciabatta in die Hand, nahm selbst das Brett mit dem Käse, und sie gingen hinüber ins Wohnzimmer.
Hier dominierten einfache Regale, die überwiegend mit Büchern gefüllt waren. Neugierig trat Christine näher. »War ein ziemlicher Bücherfreak, dein Bruder, oder?« Wissenschaftliche Bände standen neben Büchern über die Natur, insbesondere den Nationalpark Wattenmeer, aber es gab auch Klassiker wie Goethe, Schiller und Lessing, Schopenhauer sogar als Buchkassette und Unterhaltungsliteratur. Ein paar der Bücher aus jüngerer Zeit hatte Christine ebenfalls gelesen.

»Till liebte Bücher. Es hätte etwas Sinnliches, ein noch ungelesenes Exemplar in der Hand zu haben, sagte er immer. Er steckte gern seine Nase hinein, wenn er es zum ersten Mal öffnete. Darum kaufte er auch nie ein Buch oben vom Bücherstapel, sondern nahm immer eines von unten. Weil dort garantiert noch keiner den Buchdeckel geöffnet hatte.« Wiebke lachte. »Er hatte schon so seine Eigenarten, mein Bruder.«

»Hast du das Gefühl, ihn wirklich gut gekannt zu haben, oder kannst du dir vorstellen, dass es Dinge gibt, die du nicht über ihn weißt?« Der Sessel, in den Christine sich jetzt setzte, war erstaunlich weich. Sie hätte vermutet, dass Männer eher härtere Möbelstücke bevorzugten. Frank jedenfalls hatte das getan.

»Du meinst, hinsichtlich der Todesursache?«

»Ja. Bislang hat niemand sich wegen eines Unglücksfalles gemeldet, darum müssen wir von einem Gewaltverbrechen ausgehen. Für das muss es doch einen Grund oder Auslöser gegeben haben. Hat er mit jemandem Streit gehabt?«

»Nein. Außer mit Ina nicht. Und Ina hat sich getrennt. Die war's also nicht.«

Spontan kam Christine ein Gedanke. Sie setzte sich gerader hin. »Und wenn doch?«

»Wie meinst du das? Und wenn doch? Das geht doch gar nicht. Wie soll Ina das denn bewerkstelligt haben? Rein körperlich, meine ich. Überleg doch mal. Das geht gar nicht.«

»Sie könnte Hilfe gehabt haben«, spann Christine den Gedanken weiter. Er fühlte sich gar nicht so abwegig an.

»Du meinst Dieter?«

Christine nickte. »Er könnte ihr aus Liebe geholfen haben.«

Wiebke schüttelte den Kopf. »Das glaube ich nicht.«

»Weißt du denn, was der Grund für die Trennung war, haben sie mit dir darüber gesprochen? Vielleicht liegt hier ja der Schlüssel?«

Montag

»Guten Morgen, meine Lieben, ich hoffe, ihr hattet alle einen netten Sonntag und startet mit Elan nicht nur in die Woche, sondern beißt euch an dem Fall fest.« Mit diesen Worten betrat ein außergewöhnlich gut gelaunter Siebelt den Besprechungsraum der Polizeiinspektion.

Oda grinste. »Na, hast du ein Turnier gewonnen, oder ist deine Frau im Urlaub?«

»Nichts dergleichen, meine Liebe, gar nichts. Ich bin einfach gut drauf. Die Sonne scheint, wenn das kein Grund ist, fröhlich zu sein. Nun lasst uns anfangen, denn ich habe gleich einen Termin außer Haus.« Er zog sich das Sakko aus, hängte es über die Stuhllehne und ließ sich auf den Schwingsessel fallen, während jetzt nicht nur Oda, sondern auch die anderen schmunzelten. Denn Siebelts Außer-Haus-Termine fanden bevorzugt auf dem Golfplatz statt, wie unbestätigte Gerüchte behaupteten. Dass sein hervorragendes Handicap zu diesen Gerüchten passte, mochte Zufall sein, das konnte Oda allerdings nicht beurteilen. »Also, was gibt's Neues?«, fragte er.

»Ich hab noch mal mit dem Zeugen vom Fischerdorf gesprochen«, sagte Lemke. »Er hat seine Aussage etwas differenziert. Es waren nicht wirklich drei streitende Männer, die ihm direkt entgegengekommen sind. Aber es waren definitiv drei Personen, wobei eine oben auf dem Deich lief, die anderen beiden unten.«

»Das hat er sehen können, obwohl es stockdunkel gewesen sein muss?« Christine bezweifelte das.

»Die Männer unten hat er gesehen, weil sie ihm entgegenkamen, und oben hat er Geräusche gehört, die Schritte waren. Er ist stark sehbehindert und hat deshalb ein sehr gutes und geschultes Gehör«, erwiderte Lemke.

»Na denn.« Oda klang nicht wirklich überzeugt.

»Aus der Kriminaltechnik gibt es auch nichts, was uns wesent-

lich weiterbringt«, ergänzte Nieksteit. »An Lorentzens PC bin ich dran, hab aber auch da bislang nichts Auffälliges entdeckt.«
»Schade. Das wäre natürlich das Einfachste. Eine externe Festplatte ist auch nirgends aufgetaucht?«
»Nö. Zumindest in der Wohnung nicht. Der Schlüssel an dem Bund gehört übrigens tatsächlich zu einem Bankschließfach. Allerdings kommen wir nicht dran. Es gibt eine PIN-Nummer, die eingegeben werden muss. Sollen wir eine richterliche Verfügung zur Öffnung des Schließfaches besorgen?«, fragte Lemke.
»Mensch, Lemke. Die hättest du doch schon längst beantragen können«, tadelte ihn Siebelt.

»Ich möchte noch einmal auf die Leiche zu sprechen kommen«, warf Christine ein, erhob sich und lief zur Wand, an der Fotos der Leiche hingen: Lorentzen, wie er auf dem Deck des Versatzbootes lag. Lorentzen zu Lebzeiten. Fotos vom Fischerdorf. Großaufnahmen von Lorentzens Leiche, die wahrlich kein schöner Anblick war. Vergrößerungen der Male um Lorentzens Handgelenke.

Christine tippte mit dem Finger auf dieses Bild. »Wir können bislang nicht ausschließen, dass die Fesselung unmittelbar vor seinem Tod stattfand, vielleicht sogar in direktem Zusammenhang damit steht. Auch auf die Gefahr hin, etwas zu wiederholen, was ihr vielleicht schon besprochen habt, als ich noch auf Langeoog war: Wenn er wirklich angebunden wurde und elendig ertrank, dann muss für uns eine Frage im Zentrum stehen: Warum hat der Täter entschieden, so zu handeln und nicht anders? Warum diese überaus emotionale und grausame Art zu töten? Zu wem gab es neben der Beziehung zu Ina Polke ein stark emotionalisiertes Verhältnis? Wo können Hassgefühle entstanden sein, die solch eine Tat ermöglichen?«

»Und vor allem: Was hat er getan, das diesen Hass ausgelöst hat?«, ergänzte Lemke.

»Ich habe über all das nachgedacht«, sagte Christine. »Und bin auf Ina Polke gekommen.«

»Nee. Das ist nicht dein Ernst.« Nieksteit runzelte die Stirn. Auch Oda und Lemke guckten skeptisch, während Siebelt und Oliver Kamphuis sie aufmerksam ansahen.

»Es ist das Emotionale der Tat, was mich auf die Expartnerin kommen lässt.«

»Es könnte auch einfach ein Sadist sein. Habt ihr darüber schon mal nachgedacht?« Nieksteit schüttelte den Kopf. »Ich glaub nicht, dass alles immer so tiefenpsychologisch betrachtet werden muss.«

»Na, dann sag uns doch, wo wir so 'nen Sadisten auftreiben sollen. Meinst du, da läuft einfach einer rum und bringt Leute um? Also hör mal, da hätte ich jetzt aber etwas mehr von dir erwartet«, sagte Oda unwirsch.

»Ist ja schon gut. Wollte nur mal einbringen, dass nicht alles immer so tief gehen muss.«

»Klappe.«

»Jo.«

»Seid ihr jetzt fertig? Kann ich weitermachen?«, fragte Christine.

»Jaja, schieß los.« Nieksteit lehnte sich zurück.

»Ich habe Wiebke gefragt, ob sie weiß, weshalb Ina Polke sich von ihrem Bruder getrennt hat. Sie wusste es nicht genau. Es hätte nur geheißen, es ginge eben doch nicht. Es klang alles ein wenig nebulös, sagte Wiebke, das sei ihr aber erst durch meine Frage deutlich geworden. Meine Überlegungen gehen jedenfalls in Richtung häuslicher Gewalt. Ich frage mich, ob Lorentzen Ina Polke bedrängt hat. Körperlich oder seelisch. Ob er der Tochter irgendetwas getan hat, was ich aber eigentlich ausschließen möchte, denn Wiebke erzählte, er habe Merle abgöttisch geliebt.«

Einen kurzen Moment erfüllte Schweigen den Raum, fast konnte man spüren, wie die anderen das Gesagte sacken ließen und es in ihnen zu arbeiten begann.

Oda war die Erste, die reagierte. »Vor dem Hintergrund, dass und wie Lorentzen starb, kann es theoretisch tatsächlich so gewesen sein. Sexuelle Gewalt, die auch nach der Trennung nicht aufhörte. Und dann hat sich Hartmann als Retter in der Not herausgestellt und die Arbeit für Ina Polke erledigt. In dem Fall wären dann Lorentzen und Hartmann die beiden streitenden

Männer, und Ina Polke die dritte Person, die der Zeuge zwar nicht gesehen, aber gehört hat«, überlegte sie. »Ina Polke könnte Lorentzen zu einem Spaziergang überredet und in Richtung Fischerdorf gelockt haben, wo Hartmann bereits auf sie wartete. Es kam zum Streit, und vielleicht hat Lorentzen Ina Polke und Hartmann verhöhnt, gereizt oder etwas in der Art, sodass sie zu dem Schluss kamen, er solle ebenso leiden, wie Ina Polke in den vergangenen Jahren leiden musste, und deshalb haben sie ihn angebunden.«

Wieder wurde es für ein paar Minuten still. Dann sprach Siebelt, sichtbar beeindruckt von den Überlegungen seiner Kolleginnen. Obwohl Mordermittlungen seit Langem sein Aufgabengebiet waren, traf ihn doch jeder einzelne Fall, das war kein Geheimnis. Im Gegensatz zu Oda, die sich in all den Jahren und in den überwiegenden Fällen eine sprichwörtlich dicke Haut zugelegt hatte, war Siebelt teilweise erstaunlich zart besaitet. Oda hingegen versuchte, die Fälle sportlich zu nehmen. Betrachtete sie als Rätsel, die es zu lösen galt. Okay, es gab durchaus Unterschiede zwischen einem Kreuzworträtsel und einem Mord, aber für Odas Seelenheil war es vorteilhaft, derartige Fälle als Herausforderung zu sehen. Nicht als menschliches Schicksal. Dazu war sie zu lange in diesem Job. Hatte zu viel schon ansehen müssen.

»Es ist wirklich erschreckend, wie plausibel sich das alles anhört«, sagte Siebelt. Auch Kamphuis, Nieksteit und Lemke nickten.

»Wenn es denn so war«, mahnte Oda zweifelnd. »Ich hab Ina Polke mit ihrer Tochter gesehen. Beide wirken absolut nicht so, als seien sie Opfer häuslicher Gewalt und froh, den Peiniger los zu sein. Außerdem ... wenn Christine recht hätte, müsste Ina Polke wegen Beihilfe zum Mord ins Gefängnis. Dann wäre die Kleine allein, irgendeinem Vormund ausgeliefert. Ob Polke diesbezüglich Vorkehrungen getroffen hat? Vorsätzlicher ginge es ja gar nicht. Nein. Ich glaub beim besten Willen nicht, dass sie da mitgemacht hätte. Denn immerhin muss die Tat, so wie wir sie gerade entwickelt haben, geplant gewesen sein. Wir hätten es dann mit vorsätzlichem und heimtückischem Mord zu tun. Also, ich weiß nicht.«

»Dann sollten Sie sich wohl mal mit Ina Polkes Umfeld beschäftigen.« Kamphuis stand auf. »Wer übernimmt das?«

»Ich kümmere mich drum«, sagte Lemke.

»Ja, mach das.« Siebelt erhob sich ebenfalls und schnappte sich sein Sakko. »Ich bin dann mal weg.« Gemeinsam mit Kamphuis verschwand er durch die Tür.

Oda und Christine blieben sitzen, auch als Nieksteit und Lemke den Raum verließen.

»Es könnte tatsächlich so gewesen sein«, sagte Oda langsam.

»Ja. Aber ich will es für Wiebke nicht glauben.« Christine war ebenso betroffen. Dann gab sie sich einen sichtbaren Ruck. »Komm her, packen wir es an«, sagte sie und zog Oda vom Stuhl hoch.

***

Das Telefon klingelte, als Christine in ihr Büro kam. An sich hatte sie nach den Überlegungen gerade keine Lust ranzugehen, aber Dienst war Dienst. Zu Hause hätte sie es klingeln lassen. Sie hob ab und bereute es im selben Moment. Frank war dran.

»Bist du also wieder zurück im Büro«, sagte er, was in Christine schieren Unglauben auslöste, was seine Intelligenz betraf. Bis vor Kurzem hatte sie geglaubt, dass er zumindest darüber im normal üblichen Sinn verfügte. Doch sein Gesprächsbeginn ließ sie stark daran zweifeln.

»Ja.« Sie sah gar nicht ein, das Gespräch weiter voranzutreiben.

»Will dich auch gar nicht groß stören. Wollte dir nur sagen, dass ich dir ein Bild von Max gemailt hab. Hab erst hinterher gedacht, dass es vielleicht nicht wirklich gut war, dich in den Verteiler aufzunehmen. Du kannst die Mail ja auch gleich ungelesen löschen, wenn du es nicht sehen willst. Das wollte ich dir nur eben sagen.« Er machte eine Pause, in die Christine nicht einstieg. Nach kurzer Zeit sprach Frank weiter. »Christine ...«

»Ja.«

»Es ist nicht so toll, wie du vielleicht glaubst. Also, Max schon, aber das mit Jasna ...«

»Lass mich in Ruhe.«

»Ich will dir ja auch gar nicht wirklich was erzählen.« Er machte eine weitere kurze Pause, bevor er weitersprach. »Nur, dass du mir unglaublich fehlst.« Bevor Christine reagieren konnte, legte er auf. Einen Moment lang hielt sie den monoton tutenden Hörer in der Hand, nicht wirklich begreifend, was Frank mit dem Anruf bezweckt hatte. Langsam, noch ein wenig dem Telefonat nachhängend, legte sie auf.

Sofort läutete es wieder.

Herausgerissen aus einem leichten bis mittelschweren Nostalgie-Empathie-Anfall, grantelte sie ihren Namen in den Hörer: »Cordes!«

»Huch. Da hab ich Sie wohl im falschen Moment erwischt?« Steegmanns Stimme war wie Sonne nach wochenlangem Regen.

»Nein, im Gegenteil.« Christines Mundwinkel sprangen lachend in die Höhe, für einen Moment war sie völlig irritiert über ihre spontane Reaktion und kam sich vor, als würde sie in einer Operette mitspielen. »Nein, nein«, wiederholte sie, »ich hatte nur nicht erwartet, Sie am Apparat zu haben. Ich dachte, Sie haben noch Urlaub.«

»Hab ich auch, aber als ich in Ihrem Hotel erfuhr, dass Sie abgereist sind, habe ich mir überlegt, dass Ihre Abreise vielleicht mit Till Lorentzens Tod zu tun hat. Drum dachte ich, ich versuch es mal in Ihrem Büro.«

Christine schmunzelte. »Da waren Sie ja richtig investigativ unterwegs. Und Sie haben sogar recht mit Ihrer Vermutung.«

»Jaja, ich bin schon ein pfiffiges Kerlchen«, erwiderte Steegmann lachend. »Zeichnet sich denn schon was ab?«

»Nein«, bedauerte Christine, »leider nicht. Dabei würde ich es mir natürlich für Wiebke wünschen, möglichst schnell einen Schlussstrich unter die Ermittlungen ziehen zu können. Ich hab übrigens gar nicht gewusst, dass Sie die Geschwister Lorentzen kennen.«

»Sie wissen eine Menge nicht über mich. Aber das kann man

ja ändern. Bei einem gemeinsamen Essen zum Beispiel.« Sein charmanter Tonfall gefiel Christine, ob sie das nun wollte oder nicht. Vielleicht aber war das kurze Telefonat mit Frank daran schuld, dass sie Steegmanns Art in diesem Augenblick genoss. Dennoch: Er war verheiratet, und sie würde einen Teufel tun und sich mit einem verheirateten Mann einlassen. Mit einem Räuspern näherte sie sich wieder der Realität.

»Wissen Sie, es war wirklich sehr nett, dass wir uns auf Langeoog in der Teestube getroffen haben, und auch den Kaffee auf der ›Henriette‹ habe ich wirklich genossen. Ich denke aber, das war eine zufällige Begegnung am selben Urlaubsort und wir sollten es bei den rein dienstlichen Telefonaten und Begegnungen lassen.«

Kaum hatte sie das ausgesprochen, schalt sie sich selbst. Verdammt, warum sagte sie so etwas? Was wäre schon dabei, mit ihm einmal essen zu gehen?

»Ach, kommen Sie. Wenn der Fall Lorentzen nicht dazwischengekommen wäre, wären Sie immer noch auf Langeoog, und garantiert hätten wir uns zum Essen getroffen. Was ist schon dabei?«

Das Gleiche hatte sie ja auch grad gedacht.

»Wir können uns auch nur über rein berufliche Dinge unterhalten, wenn Ihnen das lieber ist. Über Till Lorentzen zum Beispiel. Immerhin habe ich ihn ja auch relativ gut gekannt. Mir jedenfalls würden Sie eine Freude machen.«

Noch während Steegmann diese verlockenden Sätze sprach, hatte Christine ihr Mailprogramm geöffnet. Sofort sprang ihr Franks Mail entgegen. Ohne groß darüber nachzudenken, klickte sie darauf, und das Foto eines Babys öffnete sich. Eines süßen Babys. Franks Kind. Nicht ihrs.

»... Lorentzen ... gekannt ...«, drang es wie aus einem Wattemeer an ihr Ohr.

»Sie haben recht«, hörte sie sich nun sagen. »Warum sollen wir nicht zusammen essen gehen? Und solange Ihre Frau nichts dagegen hat ...« Diese Bemerkung konnte sie sich nicht verkneifen. »Schlagen Sie etwas vor.«

Wäre ja gelacht, wenn sie Trübsal blasend herumsäße, während Frank den stolzen und glücklichen Vater markierte. Das kam gar nicht infrage.

»Was halten Sie vom ›Seglerheim‹ am Nassau-Hafen heute Abend?«, schlug Steegmann vor, ohne auf Christines Seitenhieb einzugehen. »Mein Schiff liegt dort, und das Essen ist ausgezeichnet. Ich reserviere uns einen Tisch. Ist achtzehn Uhr okay?«

»Achtzehn Uhr dreißig wäre besser.« So einfach wollte sie es ihm dann doch nicht machen.

»Wunderbar. Dann um halb sieben. Ich freue mich.«

***

Frühstückszeit. Michael Winter saß im Atrium des Bürokomplexes und wartete auf Julie. Er wusste, dass sie immer um diese Zeit hier ihren Milchkaffee trank, kannte sogar ihren bevorzugten Tisch. Bislang hatte er es unterlassen, »rein zufällig« eine Begegnung zu arrangieren, heute aber war ihm danach. Es reizte ihn, zu erleben, wie Julie reagierte, wenn sie ihn ohne Vorwarnung traf. Überhaupt hatte der Tag angenehm begonnen, endlich war die Nachricht gekommen, dass sie dicht dran wären, den Code der Raffinerie zu knacken. Am Samstag hatte er zudem mit Amerika gesprochen, damit die seinem Mittelsmann in Wilhelmshaven die Nachricht zukommen ließen, es könne mit einer weiteren Behandlung seiner Frau schwierig werden. Denn er und nur er hielt die Fäden in der Hand.

Winter warf einen Blick in die Financial Times, um nicht den Tresen zu beobachten, an dem Julie jeden Augenblick ihren Milchkaffee bestellen würde. Meistens aß sie einen Joghurt dazu, den sie aus ihrer Tasche zauberte, nur selten orderte sie ein belegtes Brötchen. Oft telefonierte sie auch, wenn sie hier saß. Mit wem wohl? Hatte sie einen festen Freund, einen Lebenspartner? Das allerdings glaubte er nicht. Was sie noch reizvoller machte, war, dass sie nie mit Kolleginnen ihre Pause verbrachte, also nicht zur Kategorie der Tratschweiber zu gehören schien. Sie las Zeitungen. Zu seiner Freude auch jene, die er selbst bevorzugte: Die Zeit, die Süddeutsche, die Frankfurter.

Winter versuchte, sich auf seine Lektüre zu konzentrieren. Es war verdammt warm, denn die Sonne knallte durch das Glasdach des Atriums, er überlegte, sein Sakko auszuziehen. Dann aber hörte er ihre Stimme. Sie schien erregt zu sein. Interessiert warf er einen Blick über die Schulter. Das Handy am Ohr, stand sie am Tresen, wartete ungeduldig auf ihren Kaffee und merkte augenscheinlich nicht, dass sie in einer Lautstärke sprach, die andere mithören konnten. Er runzelte die Stirn. Die Art, in der sie jetzt ins Telefon blaffte, war ihm neu.

Absolut verblüffend jedoch war, dass es sich nicht um ein privates Telefonat zu handeln schien. Eindeutig hatte Julie in diesem Gespräch die Hosen an. Weisungsbefugt, das Wort kam ihm spontan in den Sinn. Er senkte den Kopf. Tat, als ob er las. Überlegte. Was ging hier vor? Wer war Julie tatsächlich? Ihm fiel ein, dass man seinen direkten Vorgesetzten einfach so abserviert hatte, ohne ihn, Winter, anschließend davon in Kenntnis zu setzen. Gehörte Julie auch zur Firma? War sie darauf angesetzt, ihn zu prüfen? War es ihr Job, Informationen über ein Hop oder Top nach oben weiterzuleiten? Ein Hauch Unsicherheit flog ihn an. In Gedanken ließ er ihre Begegnungen Revue passieren. Wie hatte sie sich verhalten?

Gerade hatte er das erste Treffen auf dem Schirm, als sie an seinen Tisch trat.

»Michael. Was für eine Überraschung, dich hier zu sehen.« Ihre Stimme hatte noch immer die Bestimmtheit, die ihn gerade schon aus der Entfernung irritiert hatte. Er räusperte sich. Tat überrascht und stand auf.

»Julie. Welch unerwartete Freude. Setz dich doch.« Er hielt ihr weltmännisch den Stuhl.

»Danke.« Sie lächelte amüsiert, als sie sich setzte, wobei sie geschickt die langen Beine so übereinanderschlug, dass man nicht ansatzweise erahnen konnte, was sie unter ihrem kurzen Kostümrock trug. »Wie kommt es, dass du hier bist?«, fragte sie.

Das Klingeln des Prepaidhandys befreite ihn von einer Antwort. »Entschuldige«, sagte er, stand auf und nahm das Gespräch an. Sofort ergoss sich ein Schwall aufgeregter Worte in sein Ohr. Noch einmal machte er Julie gegenüber eine entschuldigende Geste und ging ein paar Meter zur Seite. Um keinen Preis wollte er, dass sie mitbekam, wie der Typ aus Wilhelmshaven sich verhielt. Nicht nach dem, was er vorhin bei ihr beobachtet hatte. Aus der Distanz behielt er sie im Auge.

»Hören Sie, was soll denn der Scheiß?«, brüllte sein Gesprächspartner angstvoll durch die Leitung. »Ich bin fast so weit, dass das Ventil so lange geöffnet bleiben kann, bis die Menge Öl ausgetreten ist, die Sie wünschen. Es dauert nicht mehr lang, dann habe ich auch die letzte Sicherung umschifft. Verdammt, ich muss da taktisch agieren, ich kann doch nicht einfach offen an der Technik manipulieren. Und nur, weil Sie mich einmal, *einmal* nicht erreicht haben, drohen Sie damit, die Behandlung meiner Frau abzubrechen? Das können Sie nicht tun! Ich mach doch alles, was Sie sagen.« Mit den letzten Sätzen wurde er leiser. Winter wartete einen kurzen Moment. Julie sah nicht mehr zu ihm herüber, vielmehr trank sie ihren Milchkaffee und beachtete ihn nicht. Als sei er Luft oder unwichtig. Das ärgerte Winter.

»Strengen Sie sich mehr an«, sagte er zu seinem Mittelsmann. »Und wagen Sie es nie mehr, nicht ans Telefon zu gehen, wenn ich Sie erreichen möchte. Sonst können Sie die Therapie für Ihre Frau vergessen.« In dem Augenblick, in dem er das Gespräch beendete, sah er, dass Julie sich erhob, ihm zuwinkte und eilig das Atrium verließ. Wieder hatte sie das Telefon am Ohr. Auch sein iPhone klingelte. Genervt, weil es mit Julie nicht so gelaufen war, wie er es gern hätte, nahm er das Gespräch an.

»Sie sind im Verzug.« Die rauchige Stimme gehörte zu der Frau, die Iwanov ersetzt hatte, und war das Letzte, was Winter in diesem Moment hören wollte. Doch sie ließ ihm keine Zeit, zu antworten. »Ich hatte mehr von Ihnen erwartet.«

»Aber ich habe ...«

Sie unterbrach ihn barsch. Irgendwoher kannte er ihre Stimme. Wenn er nur darauf käme, woher. Ob das hier alles ein Test war? Wurde er auf den Prüfstand gestellt?

»Vier Tage, Winter. Sie haben noch vier Tage. Spätestens Freitagmittag will ich von Ihnen den Code, um in das Kontrollzentrum der Raffinerie eingreifen zu können. Der Countdown läuft. Nächste Woche Samstag ist es so weit. Haben Sie mich verstanden?«

»Natürlich«, stammelte er. Er hatte nichts von diesem engen Zeitfenster gewusst, sein letzter Informationsstand war, dass da noch mindestens eine Woche mehr Spielraum wäre. Verdammt. Das wurde eng. Er wollte gerade noch etwas erwidern, als er merkte, dass sie aufgelegt hatte. Mit einem Fluch steckte er das iPhone in seine Sakkotasche, lief auf die gläsernen Fahrstühle zu und sah, wie Julie drüben auf dem Weg in die Kanzlei ebenfalls ihr Telefon in der Handtasche verschwinden ließ. Wie viel lieber hätte er gerade mit ihr telefoniert als mit dieser Zimtzicke.

***

Die Prozedur, mit der sie durch die Schranken auf das Gelände der Raffinerie gelangten, war jedes Mal die gleiche, da machte der Pförtner stoisch überhaupt keine Ausnahme. Es würde sich ja nicht um einen Notfall handeln. Im Notfall sei natürlich einiges anders, aber so seien sie normale Besucher und müssten das normale Prozedere durchlaufen. Er habe aber Uwe Bramfeld schon Bescheid gesagt, und der würde nach vorn kommen und sich mit den beiden Kommissarinnen in der Kantine treffen. Das wäre am einfachsten.

Nachdem alles erledigt war, rief der Pförtner im Hauptgebäude an: »Da kommen jetzt zwei von der Polizei, die wollen in die Kantine, mit Bramfeld reden«, sagte er, legte auf und nickte Oda zu. »Sie können rüber. Frau Wolters kommt und bringt Sie in die Kantine.«

»Das ist nett, aber ...«

»Frau Wolters bringt Sie.« Der Pförtner schob die Glasscheibe wieder zu. Sendepause.

»Armleuchter«, sagte Oda.

»Na ja. So eine Raffinerie ist ja schon ein ziemlich explosives

Feld. Mal rein nüchtern betrachtet«, gab Christine zu bedenken. »Da muss man sicherlich übervorsichtig sein.« Sie liefen die wenigen Meter an der Rasenfläche entlang zum Hauptgebäude, wo ihnen, kaum dass sie eingetreten waren, eine fröhliche Mittfünfzigerin mit auberginefarbenem Kurzhaar entgegenkam. »Martina Wolters«, stellte sie sich vor und reichte beiden die Hand. »Ich begleite Sie zur Kantine. Herr Bramfeld wird in wenigen Minuten da sein. Wissen Sie denn schon Näheres? Es ist so furchtbar. Auch für die Kollegen vom Versatzboot. Müssen ihren eigenen Kollegen aus dem Wasser ziehen. Nein«, sie seufzte so vernehmlich, dass sich ein Mann, der schon fast an ihnen vorbei war, noch einmal umdrehte.

»*Are you okay?*«, fragte er.

»*Yes. Thanks*«, gab Frau Wolters zurück. »Wir haben hier auch viele amerikanische Kollegen«, erklärte sie.

Als Bramfeld kam, saßen Oda und Christine inzwischen allein in dem großen Raum, am selben Tisch, an dem Oda schon einmal mit ihm gesessen hatte. Auf Kaffee oder Tee hatten sie verzichtet, immerhin waren sie nicht zum Teekränzchen hier.

Bramfeld reichte ihnen die Hand, während er sich setzte.

»Erzählen Sie uns etwas über Till Lorentzens Persönlichkeit«, bat Christine.

»Tja, was soll ich da mehr sagen, als dass er ein netter Kollege war. Von sich selbst gab er nicht viel preis. Aber ich hab ihm vertraut und ihm auch Dinge erzählt, die sonst keiner weiß. Weil man sich hundertpro auf ihn verlassen konnte.«

»Können Sie sich vorstellen, dass Lorentzen irgendetwas gemacht haben könnte, was einen anderen Menschen in absolut tief gehenden Hass gegen ihn verfallen ließ?«, fragte Oda

»Tief gehenden Hass? Ist das nicht doppelt gemoppelt?« Bramfeld verzog das Gesicht, und Oda sah ihm an, dass er dachte, sie hätte wohl eine leichte Meise.

»Es geht um die Art und Weise der Tötung. Es muss sehr viel Hass im Spiel gewesen sein, wenn man jemanden auf solche Art umbringt. Wer könnte so tiefe negative Gefühle Lorentzen ge-

genüber verspürt haben? Sie haben sich doch öfter mit ihm getroffen, hat er nie was erwähnt?«
»Nö. Wie gesagt, Till war eher reserviert, was seinen persönlichen Kram betraf. Ich war da schon offener. Aber ich hab durch seinen Tod auch gelernt. Es kann eher zu Ende sein, als man denkt. Darum sollte man klar handeln und nicht rumwackeln.«
Offenbar guckte Christine genauso fragend wie Oda, denn Bramfeld beeilte sich zu sagen: »Das müssen Sie jetzt nicht verstehen. Vielleicht erklär ich es Ihnen bei Gelegenheit mal. Aber um noch mal auf Till zu kommen, der war ziemlich penibel. Hab ich aber doch schon mal erzählt. Mit allem. Im Beruf und auch privat, jedenfalls, wie es ich es so mitgekriegt hab, als wir noch zusammen Schicht geschoben haben. Till hat sich immer tierisch darüber aufgeregt, wenn der Platz nicht so aufgeräumt war, wie er es gern hätte. Hat dann oft einen Zettel geschrieben für den Kollegen, der vor ihm dran war. Dass das so nicht ginge, dass er sich das nicht länger angucken würde. Und dieser Ölaustritt während des Sicherheits-Checks, der hat ihm ordentlich zu schaffen gemacht. Aber ich kann Ihnen wirklich nicht sagen, wer einen solchen Hass auf Till gehabt haben soll.
Okay, mit Dieter war das Verhältnis in letzter Zeit mehr als angespannt. Aber Dieter hat sich ja auch komisch verhalten. Fing an, immer mal wieder so von jetzt auf gleich ein paar Tage Urlaub zu machen. Aber nie so, dass man sagen könnte, der war jetzt 'ne Woche auf Malle oder so. Nichts. Der hat nix erzählt, wenn er wiederkam. Sei einfach so mit seiner Frau durch die Gegend gefahren. Kurze Städtetrips, sagte er. Früher war der anders. Hat sich ganz schön verändert, irgendwie. Vor allem Till gegenüber.
Das ist natürlich immer schwierig, wenn ein guter Bekannter sich nach der Trennung mehr um den Expartner kümmert, grad weil es in diesem Fall ja Ina war, die die Trennung wollte. Vielleicht hat Till gedacht, Dieter würde zu ihm halten, und war enttäuscht. Keine Ahnung. Ich jedenfalls wäre stocksauer auf Dieter gewesen. Aber wie gesagt, Till war ziemlich verschlossen, was seinen privaten Kram anging.«

Bramfeld kratzte sich nachdenklich am Kopf und fügte schließlich mit einem Achselzucken hinzu: »Also, wenn Sie mich fragen, wenn Dieter die Leiche gewesen wär, dann hätte ich mich schon ganz schön zusammenreißen müssen, um nicht zu sagen, dass Till dem Dieter verdammt böse war. Aber Dieter lebt ja noch.«

»War denn Ina Polke in der Zeit von Hartmanns Kurztrips erreichbar, oder war die auch verschwunden?«, hakte Christine nach.

»Keine Ahnung. Auf die Idee, bei Ina anzurufen, wär ich im Leben nicht gekommen. Das hätte ja was von ...« Er grinste verschmitzt und zog die Nase kraus. »Seien Sie mir nicht böse, aber ich glaub, so eine Frage kann echt nur eine Frau stellen. So neugierig bin ich nun auch nicht, dass ich Ina hinterherspioniert hätte. Wozu auch. Wenn Dieter sagte, er bräuchte zwischendrin mal ein paar Tage Ruhe, dann hab ich das geglaubt.«

Das schien Christine für ein gutes Stichwort zu halten. »Wir waren bei Dieter Hartmann zu Hause. Er hatte uns erzählt, dass seine Frau krank gewesen ist und er deshalb am Dienstagabend bei ihr war. Ist sie öfter krank?«, fragte sie.

»Kann sein. Dieter redet nicht drüber. Geht mich auch nichts an.« Bramfeld zeigte sich verschlossen. »Dieter redet sowieso nicht viel. Aber ich hab am Rand mal mitgekriegt, wie er mit seiner Frau telefoniert hat. Da ging es um Tabletten, die sie nicht nehmen wollte, wo er aber gesagt hat, die müsse sie nehmen. Ich hab so getan, als ob ich von dem Gespräch nichts mitbekommen habe. Wie gesagt, geht mich ja alles nichts an.«

»Und Lorentzen hat Ihnen auch nicht von jemandem erzählt, mit dem er gewaltigen Stress hat?«

»Nö. Es ging an dem Abend nur um diesen Zwischenfall während des Sicherheits-Checks. Darüber hab ich inzwischen auch nachgedacht. Wie so was passieren kann und so. Ob das überhaupt Sinn macht. Und je länger ich drüber nachgedacht habe, desto weniger verstand ich es. Ich kann nachvollziehen, dass das Till keine Ruhe ließ. Was ich jedoch nicht verstehen kann, ist, warum Till nicht eingegriffen hat, als er es bemerkte.«

»Er hätte also eingreifen können?«
»Klar. Das ist von unserem Desk aus möglich.«
»Wo waren Sie denn eigentlich am Dienstagabend?«, wollte Oda wissen.
»Fußballtraining. Hab 'ne ganze Mannschaft als Zeugen.« Wieder griente Bramfeld verschmitzt, und Oda wusste, dass sie dieses Alibi nicht wirklich ernsthaft anzweifelte.

***

Es kostete sie Überwindung, sein Büro zu betreten. Natürlich hatte er es nicht verschlossen, wozu auch, sie hatten – bislang wenigstens – keine Geheimnisse voreinander. Innerhalb ihres Heimes schon gar nicht. Gerade nach Luisas Verschwinden waren sie noch näher aneinandergekrochen, gaben sich gegenseitig Halt. Nur gegenseitig konnten sie sich beim Geradestehen stützen.

In dem Moment jedoch, als sie in seinem Büro stand, kam sie sich wie ein Eindringling vor. Einerseits war es vertraut, hier zu sein – sie wischte und staubsaugte seit Jahren regelmäßig zwischen den Barrieren, die sein Aktenchaos bildete, hatte oft schon im Sessel am kleinen Tischchen in der Ecke gesessen und sich mit ihm unterhalten –, jetzt aber wirkte alles seltsam fremd. Sie betrachtete den Raum mit vollkommen anderen Augen.

Im Gegensatz zur Einrichtung des Hauses, die überwiegend hell gehalten war, strahlte sein Büro gleich beim Betreten Männlichkeit aus. Die dunklen Regale aus Mahagoniholz waren mit so vielen Büchern und Aktenordnern gefüllt, dass man vermuten könnte, er würde diesen Raum als seinen Lebensmittelpunkt betrachten. Langsam ließ sie ihre Augen darübergleiten. Gab es etwas, das verändert war? Sie sah den kleinen Clown aus rotem Muranoglas, dessen größeres Äquivalent im Wohnzimmer auf der Fensterbank stand, die große Karibikmuschel, ein Relikt aus dem letzten Urlaub mit Luisa, auch den kleinen Hund aus getrocknetem Ton, den Luisa ihrem Papa als Kind geformt und den sie später mit durchsichtigem Nagellack vor dem Zerbröseln geschützt hatte, das alles war wie immer. Sie konnte nichts entde-

cken, was neu war, zu dem sie keinen Bezug, keine Verbindung herstellen konnte.

Die ganze Zeit hatte sie wie angewurzelt gestanden. Nun drehte sie sich zum Schreibtisch um. Die vier bunten Stoffwimpel vermittelten einen fröhlichen Eindruck, auch das Papierchaos erweckte den Anschein, dass der Nutzer dieses Büros alles nicht so genau nahm, das jedoch war weit gefehlt. Selbst in dieser scheinbaren Unordnung hatte er System, und auch sie wusste, wie die entsprechenden Stapel sortiert wurden. Sie schluckte, als sie näher an den Tisch trat. Schob seinen Schreibtischstuhl beiseite, wollte nicht auf seinem Stuhl sitzen bei dem, was sie nun vorhatte. Erneut schluckte sie, denn ein Hauch seines Rasierwassers hing über dem Platz. Beinahe hatte sie das Gefühl, als schaue er ihr über die Schulter, als beobachte er sie.

Die Papierstapel ließ sie zunächst unbeachtet; was sie primär interessierte, war sein Terminkalender. Im Gegensatz zu sicher manch anderem, der heutzutage die Termine über den Terminkalender seines PCs laufen ließ, trug ihr Mann alles handschriftlich in seinen großen Tischkalender ein. Das hätte noch etwas Persönliches, sagte er und benutzte in den allermeisten Fällen dafür auch seinen Füllfederhalter. Sie beugte sich vor. Las sorgfältig jeden Eintrag der vergangenen zwei Monate. Die Hoffnung, dass alles so harmlos war wie in den vergangenen Jahrzehnten, paarte sich mit der Angst, etwas zu entdecken.

Auf den ersten Blick gab der Kalender allerdings nichts her, was tatsächlich darauf schließen ließ. Erleichtert ließ sie sich in seinen Lederstuhl fallen, dem man die achtundzwanzig Jahre, in denen er tagtäglich genutzt wurde, ansah. Er hat ein Anrecht auf Altersruhe, dachte sie beinahe zärtlich und nahm sich vor, gleich morgen eine Flasche Nivea-Bodylotion zu kaufen und ihn damit einzureiben. Ihre Freundinnen lachten über ihre Methode, altem Leder Pflege angedeihen zu lassen, doch es war eine liebevolle und zudem noch kostengünstige Methode, Rissen vorzubeugen, und hatte sich in ihrem Haushalt durchaus bewährt. Sie griff zu ihrem Glas Wasser, das sie auf die dunkelgrüne Schreibtischunterlage gestellt hatte.

In diesem Moment klingelte das Telefon. Sie zuckte derart zusammen, dass sie das Glas umstieß. Sofort suchte sich das Wasser einen Weg, kroch über das Holz auf die Schreibtischkante zu und fiel einem befreienden Wasserfall gleich auf den Boden hinab, während sich ein anderer Teil unter der ledernen Unterlage versteckte, als wollte er mit der Freiheit nichts anfangen, als hielte er sich lieber in geordneten Grenzen auf. Schnell sprang sie auf und griff ein Tuch aus ihrem Putzeimer, den sie als Vorwand mitgenommen hatte, für den Fall, er könne überraschend heimkommen. Automatisch hob sie die Lederunterlage an, um auch darunter das Wasser wegzuwischen. Dabei fiel ihr Blick auf einen Umschlag. »Nur im äußersten Notfall zu öffnen«, stand darauf. In seiner Handschrift.

Sie fasste den Umschlag nicht an. Ließ sich mit zittrigen Knien zurück in seinen Sessel fallen. Was hatte dieser Umschlag unter seiner Schreibtischunterlage zu suchen? Sie war vollkommen irritiert. Sie hatten doch gemeinsam ein Testament gemacht. Es ebenso wie die Vorsorgevollmachten bei ihrem Anwalt, einem guten Freund, hinterlegt. Es gab Briefe an die Familienangehörigen für den Fall, dass ihnen zeitgleich etwas zustoßen würde, für alles hatten sie Vorkehrungen getroffen.

Und nun dies. Ein Umschlag, nur im äußersten Notfall zu öffnen. Von dem und vor allem von dessen Inhalt sie keine Ahnung hatte. Wie ein hypnotisiertes Kaninchen starrte sie den unscheinbaren Norm-Umschlag an. In solchen Kuverts kamen Rechnungen der Telefongesellschaft, der Handwerker, Werbebriefe. Und nun: seine Nachricht für den äußersten Notfall.

War das jetzt ein Notfall? Für sie schon. Doch sicher hatte ihr Mann etwas anderes gemeint. Für ihn war ein Notfall sicher nur die Situation, in der er selbst nicht mehr handlungsfähig war. Was befürchtete er? Warum versteckte er den Umschlag? Warum hatte er mit ihr nicht darüber gesprochen? Wusste außer ihm überhaupt jemand, dass sich ein solcher Umschlag unter seiner Schreibtischunterlage verbarg? Wenn ja, wer? Wer war der oder die große Unbekannte, der oder die durch die schlichte Existenz der Notfallverfügung in ihr Heim, ihr ureigenstes Reich einbrach? Verdammt!

War er in den Wochen ihrer USA-Aufenthalte nicht allein im Haus? Gab es sie doch, die Frau, die nach ihrem Tod in ihre Fußstapfen treten wollte? Oh nein! So schnell starb sie nicht! So schnell würde sie ihren Platz hier nicht aufgeben.
Bittere Galle stieg in ihr auf. In einem jähen Anflug von Hass fegte sie das Wasserglas vom Tisch, es war eh keine Flüssigkeit mehr drin. Das Glas fiel auf den Teppich. Sprang nicht einmal entzwei.
Ein lauter Schrei bahnte sich den Weg aus ihrer Kehle, sie hob das Glas und schmiss es ohne nachzudenken mit all der in ihr steckenden Wut gegen die weiß tapezierte Wand gegenüber den Regalen. Den Splitterregen, den sie damit auslöste, empfand sie beinahe als wohltuend. Die wenigen im Glas verbliebenen Wassertropfen hinterließen zumindest kleine Flecken auf der Raufaser. Ein kurzer Moment der Befriedigung breitete sich in ihr aus. Dann holte sie Luft, besann sich. Es musste das Splittern des Glases gewesen sein, die Minireste an der Wand ... alles zusammen das Ventil, das sie gebraucht hatte. Jetzt, nachdem sie die Scherben auf dem hochflorigen Teppich verteilt sah, kam sie wieder zu Bewusstsein.

***

»Entschuldigung, dass wir so einfach stören«, sagte Christine, als sie Erich Janssens Büro betraten. Oda und sie hatten nach ihrem Gespräch mit Uwe Bramfeld kurzerhand entschieden, noch einmal mit dem Sicherheitschef zu reden. Janssens Sekretärin hatte sie sofort zu ihm geführt.

»Gibt's was Neues?«, fragte er angespannt, als er sich erhob und ihnen entgegenkam.

»Wenn Sie wissen möchten, ob wir den Schuldigen haben: Nein«, sagte Christine bedauernd.

»Aber wir haben gerade noch einmal mit Uwe Bramfeld gesprochen. Der sagte, er überlege, weshalb Lorentzen nicht eingegriffen hat, als er merkte, dass Öl austrat. Bramfeld behauptete, das hätte Lorentzen tun können.« Oda blickte Janssen direkt an. »Und natürlich interessiert uns, ob Bramfeld mit dieser Aussage recht hat.«

»Nehmen Sie Platz.« Janssen wies auf die Stühle um den Besprechungstisch. »Möchten Sie einen Kaffee?«

»Danke, nein«, lehnten beide ab.

Janssen fuhr sich mit der linken Hand fahrig über den Mund. »Na ja. So einfach, wie Bramfeld das sagte, ist es natürlich nicht. Sie können nicht einfach mal so ein oder zwei Knöpfchen bedienen, und schon ist ein Ventil auf oder zu. Es braucht eine gewisse Aneinanderreihung von Eingabebefehlen, um die Ventile zu steuern. Die hat Till seiner Aussage nach auch alle ausprobiert. Doch letzten Endes war das Ventil kaum mehr als eine Minute geöffnet, gemessen an der Größe des gesichteten Ölteppichs. Die Spezialisten meiner Abteilung haben beim anschließenden Systemcheck nichts festgestellt, was anormal gewesen wäre. Von daher kann man wohl davon ausgehen, dass Tills Eingreifen größeren Schaden verhindert hat. Ich denke, Uwe Bramfeld ist, wie wir alle, noch geschockt. Da kommen viele Gedanken auf, das geht mir nicht anders.«

»Um es auf den Punkt zu bringen: Sie sagen, Lorentzen hätte so schnell nicht eingreifen können, wogegen Bramfeld, der den gleichen Job macht wie sein verstorbener Kollege, sich fragt, warum der es nicht getan hat. Habe ich das richtig zusammengefasst?«, fragte Christine.

»Jaaa«, antwortete Janssen zögerlich.

»Warum gibt es diese Diskrepanz in Ihren Aussagen?«

»Ich möchte das mal so formulieren: Wir, das heißt die Experten meiner Abteilung und ich, arbeiten auf Hochtouren, um die Ursache für den Ölaustritt zu finden. Erst wenn wir die gefunden haben, kann ich genau sagen, ob es tatsächlich Tills Befehlseingabe am Desk zu verdanken war, dass nicht noch mehr Öl ausgetreten ist. Verstehen Sie mich nicht falsch, mehr kann ich zu diesem Zeitpunkt einfach nicht mit Sicherheit sagen. Aber ich verspreche Ihnen, mich zu melden, sobald wir die Ursache herausgefunden haben.«

***

Die Wohnung war überhitzt. Eindeutig. Doch Wiebke brauchte die Wärme. Lief barfuß in Tills T-Shirt herum, hatte schon die zweite Kanne Pfefferminztee getrunken und sich nun einen Früchtetee gekocht. Für die morgige Beerdigung waren alle Vorbereitungen getroffen, den Vormittag hatte sie mit dem Betrachten von Fotoalben verbracht. Till besaß etliche, sie begannen in seiner Pubertät: Lederimitat-Bücher, in denen unter einer selbstklebenden Folie die Bilder steckten. Auch Wiebke war auf einigen zu sehen, in Bikinis, die ihren damals knabenhaft schlanken Körper zeigten, in Latzhosen, die sie heute immer noch gern trug, es gab sogar Fotos, die sie mit längeren Haaren zeigten. Das allerdings hatte sie danach nie wieder versucht. Langes Haar stand ihr einfach nicht. Die Alben der späteren Jahre zeigten Till an vielen Ecken der Erde, überall dort, wo er Urlaub gemacht hatte: in Israel, Frankreich, beim Bergsteigen in Österreich mit Freunden, bei einem Camp in den Alpen. Im Schneidersitz hatte Wiebke auf dem Teppich gesessen und die Alben angesehen. Wehmut überkam sie dabei. Trauer, dass er nicht mehr da war. Mit einem Mal hatte sie sich fürchterlich allein gefühlt. Bislang war Till ihr starker, männlicher Hintergrund gewesen, der ihr das Gefühl vermittelte, nichts könne ihr passieren, da er doch im Notfall alles regeln würde. Natürlich hatte es diesen Notfall nie gegeben, dennoch bildete Till ihre emotionale Hängematte. Nun aber war ihr Sicherungsnetz fort. Sie spürte Angst, sah sich einsam oben an einem Trapez stehen, fürchtete sich vor dem nächsten, an sich doch alltäglichen Sprung.

Die Alben der letzten Jahre fehlten. Sicher hatte Ina sie mitgenommen. Till blieb ein Karteikasten mit herausgenommenen Fotos. Ob er damit einverstanden gewesen war? Hatte Ina ihn gefragt? Wie hatte er reagiert? Diese lieblos aufbewahrten Bilder, an deren Rückseiten Reste von Klebstoffplättchen hingen, hatte Till sie sich überhaupt anschauen können, ohne in Verzweiflung zu geraten?

Wiebke dachte an das Gespräch mit Christine. Es stimmte, sie hatte keine Ahnung, was der wirkliche Grund für die Trennung gewesen war. Wie schnell lebte man sich auseinander, auch wenn so ein kleiner Sonnenschein wie Merle das Leben bereicherte? Welche Probleme hielten mit einen Kind Einzug in eine Beziehung? Wiebke wusste es nicht. Konnte es sich auch schwer vorstellen, zu sehr war sie auf sich, ihren Laden und ihren Alltag programmiert. In diesen sowohl Mann als auch Kind zu integrieren kam ihr in diesem Augenblick fast unmöglich vor. Wobei ... einen Wonneproppen wie Merle, das hatte sie sich seit deren Geburt vorstellen können. Warum hatte sie weder mit Till noch mit Ina ernsthafte Gespräche über die Trennung geführt? Hatte sie es gar nicht wirklich erfahren wollen?

Was wäre denn, wenn Christine mit ihrer Vermutung recht hätte? Wenn sich zwischen Dieter und Ina etwas entwickelt hatte. Gar nicht unbedingt während ihrer Beziehung zu Till, sondern danach? Oder war Dieter der eigentliche Grund? Hatte Till das herausgefunden? Wiebke schluckte und stellte den braunschwarz gestreiften Karteikasten zurück ins Regal. Er stand unter den Jugendbüchern, die Till immer noch aufbewahrte. Einige hatten sie zusammen gelesen: Die Schatzinsel, natürlich Winnetou, Till war begeisterter Indianer gewesen, hatte draußen mit Inbrunst das Geheul imitiert, wenn sie mit seinen Kumpels spielten. Wiebke hatte damals oft als Winnetous Schwester Nschotschi in dem kleinen Plastikindianerzelt sitzen müssen, während Winnetou-Till sie verteidigte. Liebevoll fuhr sie mit den Fingern über die Buchrücken, die – ordnungsliebend, wie Till war – auf einer Linie nebeneinanderstanden. Ein Buch jedoch stand etwas vor. Griechische Göttersagen. Wiebke runzelte erstaunt die Stirn. Diese Geschichten waren definitiv noch zu schwierig, um als Merles Gute-Nacht-Lektüre herhalten zu können. Sie zog das Buch heraus und schlug es auf. Sofort flatterten ihr Blätter entgegen. Von Till beschriebene Blätter. Neugierig warf sie einen Blick darauf. Und erschrak. Er hatte ihre Kürzelschrift benutzt. Es schienen Tills Gedanken wegen des Raffineriezwischenfalls zu sein. Langsam trug Wiebke Buch und Blätter zum Couchtisch und ließ sich auf die Kissen plumpsen. Dann griff sie zum ersten Blatt Papier.

Einige Zeit später war der Früchtetee kalt geworden. Wiebke hatte nicht davon getrunken. Trotz der überhitzten Raumtemperatur fror sie. Tills Schrift zeugte von Eile, normalerweise schrieb er in harmonisch geschwungenen Linien. Er war einer der wenigen Männer, die Wiebke kannte, deren Schrift angenehm lesbar war. Die Sonne warf fast schon höhnisch ihr Licht ins Zimmer, Staubpartikel tanzten fröhlich durch die Luft, als hörten sie unhörbare Melodien. Sie schluckte. Griff nun doch zum kalten Tee. Denn das, was ihr nach der Lektüre dieser wenigen Blätter in den Sinn kam, verursachte ihr eine trockene Kehle.

Till hatte mithilfe einer Gedanken-Landkarte aufgeschrieben und analysiert, was passiert war, als er keine Kontrolle über das Geschehen in der Raffinerie hatte. Und er hatte seine Schlussfolgerungen notiert. Es gab nicht mal ein Dutzend Leute, die überhaupt Ahnung vom Programm hatten, schrieb Till. Und von den wenigen konnte nur eine Handvoll ins System eingreifen. Till hatte die Schichtzeiten und die Eintragungen der Meldelisten verglichen, denn jeder musste dokumentieren, wann er das Gelände betreten und wieder verlassen hatte. Letztendlich war für Till nach dem umfangreichen Auflisten sämtlicher Faktoren nur einer übrig geblieben.

»Ich begreife es nicht«, las Wiebke. »Warum? Wo ist der Grund, was hat er für ein Motiv? Ich werde mit ihm reden. Hoffentlich liege ich komplett falsch, sehe Indianer wo keine sind. Denn das kann nicht sein. Nscho-tschi, schöner Tag, wo bist du? Ich bräuchte dich jetzt.«

Wieder schluckte Wiebke. Ich bin hier, dachte sie. Ich bin hier, aber du bist vorausgegangen. Es würgte in ihrem Hals. Till hatte sie in seinen Zeilen erwähnt. Sie, nicht Ina. Warum nicht? Was war wirklich vorgefallen zwischen ihrem Bruder und seiner Freundin, dass Till sich bei solch elementaren Überlegungen nicht Ina an seine Seite wünschte?

Sie räusperte sich. Auch wenn Till keinen Namen notiert hatte, wusste Wiebke, wen er meinte. Dieter.

Sie griff zum Telefon. Ihr Onkel musste davon erfahren! Wenn

Till recht hatte, wäre er der Einzige, der verhindern konnte, dass das, was Till in seinen Aufzeichnungen prognostizierte, eintraf. Tills Schlussfolgerungen nach könnte das gesamte Nordseegebiet von hier bis zur letzten Ostfriesischen Insel mit einem Ölteppich verseucht werden, der auf unabsehbare Zeit nicht nur die Umwelt massiv schädigen, sondern auch den Tourismus der Inseln zum Erliegen bringen würde. Und damit die komplette Wirtschaft der Küste. Mit leicht zitternden Fingern drückte sie Erichs Nummer.

***

Uwe Bramfeld saß an seinem Schaltpult. Die Dioden blinkten nach Vorschrift. Alles war ruhig. Er hörte, wie sich Klaus und Bernd unterhielten, die für die beiden anderen Desks eingeteilt waren. Normalerweise war auch er jederzeit zu einem munteren Klönschnack aufgelegt, doch ihm ging immer noch das Gespräch mit den beiden Kommissarinnen durch den Kopf.

Monoton piepte es ... alles okay ... alles okay ... blink ... blink ...

Lange hatte er darüber nachgedacht, wie der Sicherheits-Check, von dem Till gesprochen hatte, vonstattengegangen sein sollte. Er war zu keiner befriedigenden Lösung gekommen. Und nun befiel ihn der unangenehme Gedanke, dass er vielleicht erst mit Erich Janssen hätte sprechen sollen. Er hätte den Kommissarinnen erst nach einem Gespräch mit ihm von seinen Überlegungen berichten dürfen. Alles andere war ja eine Art von Nestbesudelung. Er schüttelte den Kopf. Was war nur in ihn gefahren? Das war sicher der Schock über Tills Tod. Verbunden mit seinen eigenen privaten Malaisen war er wohl zu klaren Gedanken nicht in der Lage gewesen. Doch er würde das geradebügeln. Und auch Dieter zu diesem Gespräch dazubitten.

Uwe griff zum Telefon.

Nach zehn Minuten hatte er Janssens Vorzimmerdame von der Dringlichkeit eines Gespräches überzeugt, und eine weitere halbe Stunde später saßen Dieter und er vor Janssens Schreibtisch, wobei er sich vorkam wie ein Bittsteller. Dieses Gefühl behagte ihm ganz und gar nicht. Dieter neben ihm auf dem anderen Stuhl tat so, als sei er gar nicht anwesend.

»Sagen Sie mal, Bramfeld, was haben Sie sich eigentlich dabei gedacht, mit den beiden Kommissarinnen über den Zwischenfall zu reden? Ist Ihnen dabei überhaupt nicht in den Sinn gekommen, was Sie damit anrichten? Die beiden tauchten vorhin hier auf und meinten, mich hinsichtlich Ihrer Überlegung, Till hätte gar nicht eingegriffen, befragen zu müssen. Was für einen Scheiß machen Sie denn da? Haben wir hier nicht genug um die Ohren? Reicht das alles nicht? Die schwierige Phase, in der die Raffinerie derzeit sowieso ist, dann Tills Tod und die Umstände seiner Bergung, nun fangen Sie auch noch mit so was an?« Janssen war puterrot angelaufen, und Bramfeld bekam einen trockenen Mund. Er schluckte.

Dennoch. Er musste mit Janssen über das reden, was ihm auf der Seele brannte. Er gab sich Mühe, mit fester Stimme zu sprechen. »Es tut mir leid, ich habe wohl etwas unbedacht gehandelt. Aber die Sache beschäftigt mich wirklich. Denn es erscheint mir völlig unlogisch, dass Till nicht eingreifen konnte. Immerhin sind wir doch auf Zwischenfälle vorbereitet. Er hat aber gesagt, dass seine Befehle überhaupt keine Wirkung zeigten. Ich kapier einfach nicht, was da vor sich ging. Hat Till einen Fehler gemacht, den er vertuschen wollte? Oder gibt es einen anderen Grund für den Vorfall? Wenn Till die Wahrheit gesagt hat, würde das womöglich ein gewaltiges Sicherheitsrisiko bedeuten.«

Uwe Bramfeld sah, wie Janssen überlegte, ihn und Dieter ansah.

»Also gut«, sagte Janssen schließlich, und Bramfeld fühlte, wie ihm dadurch der Druck genommen wurde. »Wir können nicht zu hundert Prozent ausschließen, dass es ein Sicherheitsleck gibt. Wir arbeiten auf Hochtouren daran. Das aber ist topsecret. Zu niemandem ein Wort, verstanden? Wir wollen weder die Belegschaft noch die Bevölkerung unnötig verunsichern.«

***

Das Telefon klingelte. Janssen riss den Hörer von der Gabel. »Verdammt, ich hab doch gesagt, ich will nicht gestört werden!«
»Ich bin's. Wiebke.« Die Erleichterung, die seine Nichte trotz seines Gebrülls offensichtlich durchflutete, schien ungeheuer zu sein.
»Wiebke.« Er war irritiert. Warum hatte seine Sekretärin das Gespräch durchgestellt? Sie wusste doch, dass er sich in einem wichtigen Gespräch befand, da war kein Platz für Privates, sosehr sie alle auch durch Tills Tod traumatisiert waren.
»Erich, Till hat Aufzeichnungen gemacht. Ich hab sie zufällig gefunden. Er hat darin seine Gedanken um das, was in der Raffinerie passiert ist, notiert und gebündelt. Und er hat Schlussfolgerungen daraus gezogen.« Wiebke schien aufgeregt und redete einfach drauflos.

»Du, sei mir nicht böse, aber ich stecke gerade mitten in einer Konferenz mit zwei Kollegen deines Bruders. Wir versuchen, den Dingen auf den Grund zu gehen. Ich hab jetzt wirklich keine Zeit zu klönen.« Er schaute seine Gesprächspartner kurz an.

Wiebke schien ihn nicht verstanden zu haben. »Till hat was herausgefunden, Erich!«

»Ja? Du, ich ruf dich nachher noch mal an. Wie gesagt, nimm's mir nicht übel, aber es geht grad wirklich nicht.« Ohne ihre Reaktion abzuwarten, beendete er das Gespräch. Dazu hatte er jetzt weder die Zeit noch die Nerven. Eines nach dem anderen. Mehr ging im Moment einfach nicht. Denn auch seine Nerven lagen angesichts dieser Situation ziemlich blank.

***

Wiebke starrte den monoton tutenden Hörer an. Im Zeitlupentempo drückte sie die rote Taste. Das glaub ich jetzt nicht, dachte sie. Du bist eindeutig im falschen Film, sagte die Komikerin in ihr.

Verdammte Kiste! Am liebsten hätte sie den Hörer durch den Raum geschmissen. Ihr Bruder war tot! Und dafür war jemand verantwortlich! Warum meinte man, sie behandeln zu können wie ein lästiges Insekt?

Weil da gewisse Leute unter einer Decke stecken, raunte ihr eine Stimme zu, die tief in ihrem Inneren schlummerte. Verunsichert zog Wiebke die Augenbrauen zusammen. Wer denn mit wem? Hatte Erich inzwischen auch erkannt, dass Dieter derjenige war, der die Schuld an Tills Tod trug? War er deshalb so kurz angebunden gewesen? Hatte sie durch ihren Anruf auch Erich in Gefahr gebracht?

Unwillkürlich fuhr ihre linke Hand zum Mund, der Daumennagel verschwand zwischen den Zähnen, die gleich munter drauflosknabberten. Ein Mechanismus, den sie seit Jahren unter Kontrolle zu haben geglaubt hatte. Wiebke bemerkte es nicht einmal.

***

Hinter Winter lagen hektische Stunden. Irgendwie schien heute alles auf einmal auf ihn einzustürmen. Doch im Gegensatz zu den Dingen an der Küste hatte er die anderen Angelegenheiten im Griff. Das zumindest tat gut, stärkte sein Ego, das, wie er sich eingestand, in der letzten Zeit ein wenig angekratzt war. Es wurde Zeit, dass die Raffinerie-Sache beendet wurde. Mit dem Einlassen des Öls in die Nordsee wäre sein Part in dieser Angelegenheit beendet, er würde eine mehr als zufriedenstellende Vergütung für seinen Job bekommen und hatte seinen Broker schon damit beauftragt, nach einer Anlage zu suchen, die zwar konservativ, aber nicht zu konservativ war. Ende nächster Woche rechnete Winter mit dem Zahlungseingang. Vielleicht konnte er Julie zu einem netten Wochenende überreden. Irgendwohin, wo es schön war. Die Nordsee würde man allerdings für die nächste Zeit aus sämtlichen Urlaubsüberlegungen streichen müssen. Sein Lächeln bei diesem Gedanken war zugegebenermaßen hämisch, aber es war nun mal ein erfüllender Gedanke, in der Lage zu sein, Dinge zu veranlassen, die solch weitreichende Wirkungen hatten. Er lehnte sich in seinem Bürosessel zurück und warf einen Blick aus dem Fenster in den graublauen Himmel, der verwaschen wirkte. Man ahnte die Sonne, die sich dahinter versteckte, die Luft würde seidig und weich sein. Einen Moment lang gab er sich der Betrachtung und dem Wohlgefühl hin, das ihn ausfüllte. Am Mittag würde er sich mit einem Glas Champagner und einem Dutzend Austern belohnen.

Er straffte sich, griff zu seinem Telefon und wählte die Nummer des Hacker-Teams, das ihm nun endlich den Zugang ohne den Mittelsmann ermöglichen sollte. Denn er hatte nach wie vor das dumpfe Gefühl, dass der auf den letzten Drücker kneifen würde. Das konnte sich Winter nicht leisten. Wenn es am Samstag von höchster Stelle hieß: »Ventile auf«, musste er in der Lage sein, diesem Befehl zu folgen. Sicherheitshalber hatte er sämtliche Gespräche mit seinem Mittelsmann mitgeschnitten. Archiviert. Lediglich die Gesprächspassagen, in denen es um die Krebsbehandlung der Ehefrau ging, hatte er herausgelöscht und seine eigene Stimme auf den Bändern verzerrt.

Später würde er das Material der Raffinerie oder der Polizei zukommen lassen. Das waren keine guten Aussichten für seinen Mann in Wilhelmshaven. Und die Behandlung der Frau … sie wusste noch nicht, dass es kein weiteres Mal mehr geben würde. Pankreaskarzinom … es würde nicht lang dauern, wenn die Behandlung in den USA erst mal ausblieb. Mit etwas Glück bräuchte sie die Prozesse gegen ihren Mann, der wegen des Mordes an Lorentzen und der Verseuchung der Nordsee angeklagt würde, nicht mehr mitzuerleben. Er schob einen Anflug von Mitleid beiseite, als die weibliche Stimme am anderen Ende der Leitung ihm zusicherte, bis Samstag hätten sie den Code geknackt, es sei nur noch eine Sperre zu überwinden.

Winter stand auf. Eine kurze Pause würde ihm jetzt guttun. Als er schon fast an der Tür war, klingelte sein Telefon. Sein Telefon? Nein, das Klingeln kam von dem Prepaidhandy, das ihn mit seinem Mann in der Raffinerie verband.

»Was gibt's denn jetzt schon wieder?«, fragte er schroff.

»Es gab gerade einen Anruf von Wiebke Lorentzen.« Sein Informant klang ziemlich aus der Puste.

»Und?«

»Wir waren in einer Besprechung, als sie anrief. Sie scheint Aufzeichnungen gefunden zu haben.«
»Glauben Sie, dass sie mehr weiß, als sie wissen sollte?«
»Keine Ahnung.« Winters Gesprächspartner machte eine bedrückte Pause. »Aber was wäre, wenn?«
Wie gut, dass sein V-Mann nicht ahnen konnte, was für Mechanismen er mit diesem Satz in Gang setzte. Schade um Lorentzens Schwester.

***

»Entschuldigen Sie, dass wir noch einmal stören.« Oda war nicht wirklich zimperlich, als Ina Polke ihr die Tür öffnete. Es war früher Nachmittag, und zu ihrer Verwunderung kam keine kleine Prinzessin Lillifee angerannt. »Wo ist denn die Lütte?«
»Die ist bei einer Freundin. Das machen wir öfter mal. Dann hat man als Mutter ein wenig mehr Freiraum.«
»Freiraum ist genau das richtige Stichwort.« Oda drängte sich förmlich an Ina Polke vorbei. Christine folgte. Sicher leicht pikiert, aber das war Oda egal. Es ging um Ergebnisse, nicht um Etikette. Sollte Christine so etwas wünschen, würde sie demnächst mit Lemke fahren müssen. Was wäre das für ein langweiliges Team! Oda sah die beiden förmlich vor sich, wie sie geschniegelt und gebügelt aus dem Auto stiegen. Eine Lachnummer sondergleichen. Nee, das wäre echt der Brüller. Aber Siebelt wusste augenscheinlich, in welcher Konstellation er seine Leute zusammensetzen musste. Bislang war er damit immer recht erfolgreich gewesen.
»Hören Sie«, sagte Oda, als sie alle drei in der Küche standen. »Es geht jetzt ans Eingemachte, und deshalb brauchen wir Fakten. Ich könnte natürlich um den heißen Brei herumreden, aber das würde uns alle Zeit und Nerven kosten. Um es auf den Punkt zu bringen: Der Vater Ihrer Tochter wurde Opfer eines Verbrechens. Und es scheint, als ob da jemand nicht wirklich zimperlich war. Deshalb müssen wir von Ihnen wissen, woran die Beziehung gescheitert ist.«

»Sie müssen sich allerdings nicht selbst belasten«, beeilte sich Christine zu erklären. Unnötigerweise natürlich. Hätte sie jetzt ja noch nicht anbringen müssen. Oda spürte, wie eine Wutwelle sie durchflutete. Mrs. Überkorrekt. Man konnte es auch übertreiben. Schlagartig jedoch wurde ihr bewusst, dass sie sich gerade genauso verhielt wie zu Beginn ihrer Zusammenarbeit mit Christine. Diese Phase hatte sie doch längst überwunden. Innerlich tat Oda kurz Abbitte, fragte: »Also?«, und ließ sich unaufgefordert auf einen Küchenstuhl fallen, der allerdings beängstigend knarrte, was Odas Verärgerungspegel weiter hochtrieb. So dick war sie nun auch nicht, als dass da ein Stuhl das Recht hatte, einfach so zu knarren. Als jedoch auch Christines Stuhl knarrte, war sie ein wenig besänftigt.

»Es passte nicht mehr«, sagte Ina und setzte sich ebenfalls. Ihr Stuhl gab kein Geräusch von sich. Das ärgerte Oda.

»Frau Polke«, sagte sie barsch. »Nun mal Butter bei die Fische! Es geht nicht um Kinkerlitzchen, es geht darum, dass der Vater Ihrer Tochter ermordet wurde. Da statistisch gesehen die Mehrzahl der Gewaltverbrechen im engeren Beziehungsbereich geschehen, müssen wir wissen, was zwischen Ihnen war.«

Ina Polke räusperte sich. Ihre Stimme klang schrill, als sie zu sprechen begann. »Wollen Sie mir etwa unterstellen, etwas mit Tills Tod zu tun zu haben?« Ihre Augen schienen hervorzuquellen, woraus Oda schloss, dass sie Probleme mit der Schilddrüse hatte.

»Davon hat niemand etwas gesagt«, berichtigte sie. »Wir haben nur keine Zeit mehr für Larifari. Je mehr wir über Ihren Ex als Menschen wissen, desto eher sind wir in der Lage, die Punkte zu finden, an denen er angeeckt, wo er sich Feinde gemacht haben könnte. Sie sollten uns helfen, auch für Ihre Tochter.«

Ina Polke erhob sich, strich ihre Jeans glatt, wo nichts glatt zu streichen war, und ging zur Arbeitsfläche. »Möchten Sie auch einen Kaffee?«, fragte sie und füllte Wasser in eine Kanne, kippte es in die Maschine und öffnete eine Küchenschranktür, um eine Filtertüte herauszuholen. Während sie Kaffeemehl hineingab, begann sie zu sprechen. »Es war eine wundervolle Beziehung, die

Till und ich hatten. Zunächst. Er war der Mann, den ich mir immer gewünscht hatte. Aufmerksam und liebevoll. Kaum ein Tag verging, an dem er mich nicht mit Kleinigkeiten überraschte. Auch nachdem Merle geboren war. In meiner Handtasche fand ich kleine Herzchen, mal aus Metall, mal aus Papier, Zettelchen mit einem schönen Spruch oder einfach nur mit ›Ich hab dich lieb‹. Er verwöhnte mich und nahm mir dennoch die Luft.«
Ina räusperte sich ein paarmal.
Oda schwieg und registrierte erfreut, dass auch Christine ihre Klappe hielt. Ina Polke drückte den Startknopf der Kaffeemaschine, lehnte sich dann mit dem Po gegen die Arbeitsplatte und sah über sie hinweg in den Raum. »Till hatte eine Art Kontrollzwang«, sagte sie leise. »Ständig musste er wissen, was ich tat, tun würde oder getan hatte und aus welchen Gründen. In Mails mit Bekannten hatte ich ihn als Kopieempfänger oder als Blindkopieempfänger zu setzen. Wenn er spitzkriegte, dass ich mit jemandem, den er auch kannte, mailte, ohne dass er eine Kopie meiner Mail erhielt, wurde er fuchsteufelswild. Das habe ich nicht mehr ausgehalten.«
Ina setzte sich, Kaffeeduft durchströmte den Raum, und das Gurgeln der Maschine bildete die Geräuschkulisse.
»Natürlich möchte ich in einer Partnerschaft offen sein, aber ich muss doch nicht über jede Sekunde meines Tages Rechenschaft ablegen müssen. So kann niemand leben. Ich zumindest nicht.« Sie zog undamenhaft die Nase hoch. »Es war auch für mich furchtbar, diesen Schnitt zu vollziehen, immerhin ist Merle unser gemeinsames Kind. Und da ist so viel Gefühl für Till in mir. Aber es wurde immer schlimmer. Ich hatte das Gefühl, er erdrückt mich. Nimmt mir die Luft zum Atmen.« Ina biss sich auf die Oberlippe.
»Weiß jemand davon?«, fragte Christine.
»Wie meinen Sie das?«
»Haben Sie mit jemandem darüber gesprochen? Man redet doch über seine Beziehung, wenn es schiefläuft. Mit der besten Freundin zum Beispiel.«
»Nein. Ich habe nicht darüber gesprochen. Ich kam mir un-

dankbar vor. Wem hätte ich etwas erzählen sollen? Alle kannten Till nur als liebevollen und bemühten Partner und Vater. Wenn Merle fiel, war er der Erste, der hinlief. Wenn wir unterwegs waren, allein oder mit anderen, gab es nichts, was zu beanstanden gewesen wäre. Keiner hat den Druck, den er ausübte, wahrgenommen. Ich kann es Ihnen nicht anders beschreiben.«

»Und wie war es, nachdem Sie ausgezogen sind?«, wollte Oda wissen.

Ina Polke lachte kurz und bitter. »Auch da ließ er nicht locker. Rief ständig an, wollte wissen, mit wem ich unterwegs war, was ich für Merle gekocht habe, stand zwischendurch einfach vor der Tür, denn ich könne ihm ja nicht verbieten, seine Tochter zu sehen. Das war anfangs ganz furchtbar. Schlimmer als während unserer Beziehung.«

»Und dann wurde es besser?«

»Es wurde erträglicher, als ich ihm versicherte, es gebe keinen anderen Mann in meinem Leben, und mich mehrmals am Tag von mir aus bei ihm meldete. Nach einigen Wochen hatten wir einen Status erarbeitet, der okay war.«

»Wiebke sagte, Sie hätten nicht ausgeschlossen, wieder mit Till zusammenzukommen?«, fragte Christine.

»Das stimmt«, bestätigte Ina Polke. »Wenn Till diesen Kontrollzwang im Griff gehabt hätte, wäre ich bereit dazu gewesen.«

»Tja«, sagte Oda bedauernd. »Ob er das geschafft hätte, werden Sie nun leider nicht mehr erfahren.« Sie stand auf und sprach mit Blick zu Christine: »Woll'n wir?«

»Ich hab noch eine Frage«, antwortete ihre Kollegin.

Klar, ganz ohne Einmischung geht das bei Christine ja dann doch nie, dachte Oda.

»Ohne Ihnen zu nahe treten zu wollen, aber gab es Situationen, in denen das Thema Bondage zwischen Ihnen beiden eine Rolle spielte?«

Ina Polke wurde blass. »Nein«, sagte sie vehement.

***

»Was meinst du, können wir noch an den Südstrand fahren und dort bei ein paar Schritten zusammenfassen, was wir inzwischen haben?«, fragte Oda, als sie zurückfuhren.

»Klar«, sagte Christine, obwohl der Besuch am Südstrand durch die Umbaumaßnahme der Kaiser-Wilhelm-Brücke und die damit verbundenen Umleitungen ein größeres Loch ins Zeitmanagement reißen würde. Aber auch sie hatte das Bedürfnis nach Nordseeluft und Wind. Seit sie hier wohnte, hatte sie festgestellt, dass der weite Blick über den Jadebusen, zum Leuchtturm Arngast hinüber, aufs Wasser, das jeden Tag anders aussah, eine fast schon therapeutische Wirkung hatte.

Sie liefen die Promenade entlang und steuerten das »Kaffeehaus« an, in dem es herrlichen selbst gebackenen Kuchen gab.

Trotz des Umbaus der KW-Brücke, wie Europas größte Drehbrücke hier liebevoll genannt wurde, gab es erfreulicherweise kaum Gästerückgang, und so bekamen sie mit Glück gerade noch einen Zweiertisch am Fenster.

»Meinst du, Lorentzen hatte ohne Ina Polkes Wissen einen Drang in Richtung Sadomaso, der ihn letztlich das Leben gekostet hat?«, fragte Oda, als zwei große Tassen Milchkaffee mit einer hohen Milchschaumkrone vor ihnen standen.

»Ich kann es mir nicht vorstellen. Außerdem habt ihr doch nichts in seiner Wohnung gefunden, was darauf hinweist. Wenn man in dieser Richtung aktiv ist, hat man doch Utensilien zu Hause. Außerdem hat Ina Polke die Bondage-Variante ja gerade bestritten.«

»Was nichts heißen muss. Bademantel- oder Ledergürtel reichen zum Anbinden auch«, konstatierte Oda.

»Kennst dich aus, was?«

»Quatsch.«

»Na, jedenfalls müssten wir dann seine Gespielin auftreiben. Und es stellt sich immer noch die Frage, weshalb er aus dem Meer gefischt wurde. Zudem spricht seine Schwester ganz anders über ihn.« Christine sah Odas skeptischen Blick und korrigierte sich. »Was aber ja auch nichts heißt: Wer redet mit seinen Geschwistern schon über seine sexuellen Vorlieben.«

»Stimmt. Das tut wohl keiner.«
»Wiebke hat aber auch das mit dem Kontrollzwang nicht erwähnt.«
»Vielleicht ist es ihr nicht aufgefallen. Großer Bruder fragt, kleine Schwester antwortet. Weil sie froh ist, dass jemand Anteil an ihrem Leben nimmt. Sie lebt doch in keiner festen Partnerschaft?«
»Nein.« Christine schüttelte den Kopf. »Nicht dass ich wüsste. Sie hat in den wenigen Stunden, die wir zusammen verbrachten, nur von Till und ihrem Alltagskram erzählt. Da war von keinem anderen Mann die Rede.« Dass Christine eine Beziehung zwischen Wiebke und Steegmann für möglich gehalten hatte, verschwieg sie lieber. Das ging Oda nichts an.
»Von Till. Hm.« Oda gab einen komischen Laut von sich. »Das war aber, als der noch lebte und nicht verschwunden war?«
»Ja. Das waren ganz normale Gespräche. Ich glaube, sie kam allein deshalb auf ihren Bruder zu sprechen, weil ich gesagt habe, dass ich aus Wilhelmshaven komme«, beeilte Christine sich zu sagen.
»Haben wir eigentlich Wiebke auch mal in die engere Wahl gezogen, was das Motiv angeht?«, fragte Oda jetzt zu Christines Überraschung.
»Wiebke? Die war doch auf Langeoog, als das geschah.« Christine sah Oda ungläubig über einem Löffel Milchschaum an.
Die aber sinnierte: »Was wäre, wenn Wiebke irgendwen angestiftet hätte, sich mit ihrem Bruder in die Haare zu bekommen? Was, wenn zwischen Bruder und Schwester nicht alles so harmonisch verlief, wie sie es dir weismachen will? Was, wenn es für Wiebke Lorentzen ein Motiv gäbe?«
»Ach Oda.« Christine lachte erleichtert, nachdem sie im ersten Augenblick wirklich ein wenig Bedenken bekommen hatte. »Warum sollte eine Schwester ihren Bruder umbringen wollen, wenn kein großes Erbe dahintersteht? Das entbehrt doch jeglicher Logik.«
»Nee.« Oda schüttelte den Kopf. »Ganz und gar nicht. Im Gegenteil.«

Christine guckte irritiert. »Das musst du mir erklären.«
»Erben muss nicht immer materiell sein. Zudem wissen wir überhaupt nicht, ob da nicht doch Werte im Hintergrund eine Rolle spielen.« Oda nickte, als hätte sie Christine damit den Stein der Weisen präsentiert.
»Ist mir schon klar, aber ich weiß immer noch nicht, was du meinst.«
»Ich mach das mal kurz«, sagte Oda, die, so schien es, ein wenig genervt war wegen Christines momentanem Nichtbegreifen. »Wiebke ist wie alt?«
»Ende dreißig, glaub ich.« Christine zuckte unschlüssig mit den Schultern.
»Sie lebt in keiner festen Beziehung.«
»Nicht dass ich wüsste. Hab ich grad erst gesagt.«
»Kinder?«
Christine schüttelte verneinend den Kopf. »Nein.«
»Kinderlieb?«
»Oh ja.« Das war klar, denn Wiebke hatte Christine viel von Merle vorgeschwärmt.
Oda grinste vielsagend.
»Nein.« Christine schüttelte den Kopf. Sie wusste, was Oda dachte. »So weit würde Wiebke nicht gehen. Das glaub ich nie und nimmer.«
Oda verzog zweifelnd den Mund. »Nicht? Man soll nie nie sagen, meine Liebe. Ich denke, wir sollten auch Wiebke Lorentzen mal etwas genauer unter die Lupe nehmen. Beziehungsweise im Hinterkopf behalten. Selbst wenn sie nicht persönlich anwesend war. Wie gesagt, sie könnte das durchaus auch von Langeoog aus in die Wege geleitet haben.« Sie schlürfte ihren Kaffee und schnappte sich auch von Christines Untertasse die beiden Amarettini.
Der Blick durchs Fenster über den Jadebusen war phantastisch, die »Etta von Dangast« schipperte fröhlich umher. Heute jedoch schmunzelte Christine nicht bei dem Gedanken an das Seemannsgarn, das deren Käpt'n zur großen Belustigung seiner Fahrgäste gerne spann.

»Weil?« Sie richtete ihre Aufmerksamkeit wieder auf Oda.
»Weil die kleine Merle in Wiebke die nächste Bezugsperson hätte.« Oda zog vielsagend die Augenbrauen nach oben.
»Sprich nicht in Rätseln, bitte.« Christine war kurz davor zu schnauben.
»Merle käme sicher zu Wiebke, wenn der Vater tot und die Mutter an dessen Tod beteiligt wäre und in den Knast müsste.«
»Ach du meine Güte! Was sind denn das für Gedanken?« Christine war entrüstet.
»Das, meine Liebe, sind nüchterne Überlegungen, die alles einbeziehen, was das Umfeld des Toten betrifft. Es scheint, dass dir aufgrund deines Langeoog-Aufenthaltes ein wenig Distanz zum Fall fehlt.« Oda sah Christine offen und ganz eindeutig ehrlich an.

***

Es war schon beinahe lästig. Michael Winter atmete ärgerlich aus. Er hatte schon eine Menge anderer Dinge erledigt, aber das, was da in Wilhelmshaven ablief, beziehungsweise mit welchen Typen er sich beschäftigen musste, das hatte etwas von Kleinstadtkomödie. Da hatte die Schwester des Toten angeblich irgendwelche Aufzeichnungen gefunden. Na und? Sein Mann vor Ort bekam eine Menge dafür, dass er sich um diese Dinge kümmerte. Doch war er anscheinend zu nichts in der Lage. Rief sofort an und wimmerte, ohne sich davon überzeugt zu haben, ob es stimmte, was die Schwester behauptete. Winter konnte nicht glauben, dass er sich so in der Auswahl seines Kontaktmannes geirrt hatte. Das war ihm in all den Jahren noch nie passiert. In diesem Fall jedoch hatte er eine absolute Fehleinschätzung vorgelegt. Aus dem vermeintlich durchsetzungsfähigen Mann war ein Weichei geworden, das nur seine kranke Frau und deren Behandlungsintervalle sah. Das sprach menschlich sicherlich für ihn, aber dennoch musste er wissen, dass etwas mehr zu diesem Job gehörte, als nur zum richtigen Zeitpunkt ein Ventil zu öffnen. Eigeninitiative zählte. Da bettelte man nicht wie ein Kleinkind beim Papa um Hilfe. Winter stieß einen wütenden Laut aus. Wieder einmal würde er also Fitzner beauftragen müssen. Das war nicht befriedigend. Dinge mit ihm zu regeln war stets die letzte Ausweichmöglichkeit. Primär gelang es Winter, die Dinge so ins Rollen zu bringen, dass sie sich von allein in der einen oder anderen Weise »klärten«.

Er führte ein kurzes Gespräch. »Aber nicht so voller Dramatik wie beim letzten Mal«, wies er Fitzner an, bevor er auflegte.

Er sammelte sich kurz und wollte gerade wieder zum Hörer greifen, um die Nummer der Hackerin zu wählen, als seine Sekretärin ein Gespräch ankündigte.

»Nummer eins«, hauchte sie in den Hörer. Als Nummer eins noch ein Mann gewesen war, hatte ihre Stimme anders geklungen. Zwar ebenfalls respektvoll, aber es fehlte dieser deutliche Touch Bewunderung. Fast bekam Winter den Eindruck, seine »Müllerin« würde sich nicht nur vom Geschlecht her solidarisch mit Nummer eins fühlen, sondern zudem noch einen Kick dabei verspüren, an einer von jeher männlich besetzten Position eine Frau zu wissen.

»Stellen Sie durch«, sagte er. Nummer eins. Das fehlte ihm heute gerade noch. Sein Tonfall war nicht gerade verbindlich, als er »Ja« in den Hörer blökte. In diesem Augenblick war ihm egal, was die Frau am anderen Ende der Leitung dachte, sie würde sich einen anderen suchen müssen, der den Titel »Erster Schlappschwanz« kassieren wollte.

»Ich habe gehört, es gibt Probleme«, sagte die rauchige Stimme. »Aber das ist sicherlich übertrieben. Sie haben doch alles im Griff?«

Das setzte dem Ganzen die Krone auf. Winter war stocksauer.

»Ich weiß nicht, welche Vögelchen Sie hier untergebracht haben oder was die Ihnen vorzwitschern«, herrschte er sie in kaum unterdrücktem Zorn an, »aber selbstverständlich habe ich alles im Griff.«

»Mein Lieber, Sie sollten mal einen Kommunikationskurs belegen.« Nummer eins blieb sachlich. »Wenn Sie glauben, so mit

Vorgesetzten umgehen zu können, führt das unweigerlich zur Katastrophe. Zu Ihrer persönlichen Katastrophe, wenn ich das mal so offen sagen darf. Für private Animositäten sollten Sie sich andere Spielplätze suchen. Und nun hören Sie mir zu, ich werde Sie jetzt mit dem genauen Ablauf am Samstag vertraut machen. Und ich will mich nicht wiederholen müssen.«

***

Das Wasser plätscherte inzwischen hoch an die Basaltsteine des Ufers. Christine parkte neben der Nassau-Brücke und zog die Handbremse, sie wollte nicht riskieren, dass ihr Wagen, aus welchen Gründen auch immer, über die niedrige Begrenzung ins Hafenbecken rollte. Abschüssig genug war es, auch wenn sich jeder, der Erfahrung mit bergigem Gelände hatte, bei diesem Minimalgefälle kaputt lachen würde. Christine jedoch ging lieber auf Nummer sicher.

Als sie ausstieg und aufs Wasser blickte, war sie, wie jedes Mal, wenn sie hier am Nassau-Hafen auf den Jadebusen und die Gezeiten stieß, fasziniert. Jetzt schwappte das Wasser fast auf den Weg, vor ein paar Stunden, als sie mit Oda am Südstrand saß, stand es bestimmt anderthalb Meter tiefer. Wo blieb das ganze Wasser während der Zeit? Irgendwie würde sie gern glauben, dass die Erde doch eine Scheibe war, die bei Flut am Jadebusen nach vorn kippte und bei Ebbe nach hinten gelegt wurde. Und zu gern wüsste sie, wer die Frau war, die diese Erdscheibe in der Hand hielt, denn es musste ganz klar eine Frau sein. Männer würden anders handeln. Beim Weihnachts-Tsunami 2004 war es garantiert ein Mann gewesen, der der Gezeitengöttin die Scheibe aus der Hand genommen hatte. Männer wollten immer Action. Eine Frau hätte das nicht zugelassen.

Na ja. Sie lachte. Das war natürlich Spökenkram. Dieses Wort hatte sie erst hier kennengelernt und fand es eine wunderbare Umschreibung für Unsinn. Christine schüttelte diese Gedanken ab, von denen sie froh war, dass keine Menschenseele auch nur ahnte, dass sie auch mal in solchen Ebenen denken konnte.

Sie stiefelte dem Seglerheim entgegen. Bewusst war sie zehn Minuten zu spät gekommen. Wenn Steegmann jetzt noch nicht dort saß, würde sie wieder gehen. Es gab Regeln zwischen Mann und Frau. Dazu gehörte, dass er vorab das Terrain sondierte. Dieses Ritual stammte sicherlich noch aus der Jäger-und-Sammler-Zeit, aber es war ein gutes Ritual. Der Mann, der Jäger, wartete. Das erhöhte den Reiz.

Mit einem heiteren Schmunzeln wegen dieser antiquierten, in ihren Augen aber immer noch passenden Gedanken betrat Christine die Gaststätte. Im vorderen, abgeschlossenen Bereich der Theke wurde geraucht, sie lief weiter in den Gastraum und sah Steegmann im hinteren, allein den Seglern zugänglichen Bereich sitzen. So konnte man das natürlich auch machen. Sich gleich deutlich von der Spreu trennen, sei es auch nur durch die Tischwahl an einem ganz normalen Montagabend außerhalb der Saison in einem nicht übermäßig besuchten Restaurant. Das warf leider kein wirklich gutes Licht auf Carsten Steegmann. Aber Christine lächelte höflich, als sie durch die Glastür schritt, die die Segler von den Normalsterblichen trennte. Steegmann erhob sich.

»Tut mir leid, dass wir hier so wie abgestellt sitzen«, entschuldigte er sich. »Ich hatte von unterwegs angerufen, einen Tisch reserviert, und als man mich fragte, ob ich mit dem Boot im Hafen liegen würde, hab ich Ja gesagt. Und nun sitzen wir hier. Allein auf weiter Flur.« Sein sonnig-verschmitztes Lächeln machte alles wieder wett. »Immerhin können wir hier in Ruhe reden. Darum hab ich das mit dem Tisch erst mal so belassen. Aber wenn Sie wollen, können wir gern auch nach vorn.«

»Nein. Ist schon okay.« Christine gefiel Steegmanns Art, die Dinge anzusprechen. »So können wir tatsächlich ungestört über den Fall reden.«

Steegman räusperte sich. »Ich dachte aber nicht, dass dies ein reines Arbeitstreffen ist. Zumal ich in diesem Fall ja nicht mal zuständig bin.« Er verzog schmunzelnd seinen Mund, wobei auch seine Nase einen kleinen Schlenker machte und sich das Schmunzeln in seinen Augen widerspiegelte.

»Ich würde trotzdem gern mit Ihnen darüber sprechen. Immerhin kannten sie den Toten ja auch. Den Bogen zur Freizeit zu schlagen steht uns doch jederzeit frei.«
»Okay.«
Die Bedienung kam, brachte die Speisekarten und nahm ihre Getränkewünsche entgegen.

Zwei Stunden später duzten sich Steegmann und Christine. Sie wusste nicht, ob das an dem Viertel leckerem Chardonnay lag, den sie zur Scholle getrunken hatte, oder an der netten und wohltuenden Atmosphäre zwischen ihnen. Sie saßen immer noch in dem für Segler abgetrennten Bereich, waren die Einzigen geblieben, und es hatte sich eine Nähe entwickelt, die angenehm war.

»Wiebke hat in dir einen Freund vermutet«, sagte Christine, »sie war sehr enttäuscht darüber, wie du dich verhalten hast.«

Carsten Steegmann nahm sich Zeit, um seine Gedanken zu sortieren. »Es ist nicht immer alles so, wie es nach außen hin scheint. Aber wem sage ich das?« Er zuckte mit den Schultern. »Till war ein netter Segelkumpel. Ein Typ zum Pferdestehlen. Einer, mit dem man jede Menge Spaß haben konnte. Allein. Nicht in einer gemischten Runde. Ich habe ihn nur gelegentlich gesehen, bei Regatten, die in und um Langeoog gefahren wurden, im Hafen ... Mir war relativ schnell klar, dass Till ein Problem mit Frauen hatte. Allein schon, wie oft er seine Lebensgefährtin und Wiebke ansimste, um zu sagen, wo er war, oder zu fragen, was die grad machten. Er hatte ständig das Handy in Gebrauch. Ich hab mich gefragt, wie er zurechtgekommen ist, als es noch keine Handys gab. Irgendwie war er mir ein wenig ... zu speziell, um das mal so zu formulieren. Aber er war ein netter Segelkumpel, und ich mochte ihn. Das muss ich natürlich sagen.«

Christine nickte. »Da hat Wiebke dann wohl zu viel in die Bekanntschaft hineininterpretiert.«

Wieder zuckte Carsten mit den Schultern. »Es wäre möglicherweise interessant zu erfahren, was Till Wiebke und auch Ina über mich erzählt hat. Vielleicht hat Wiebke diesen falschen Eindruck nur deshalb, weil Till ihn so übermittelte?«

»Das ist natürlich möglich.« Christine rührte inzwischen in einem Cappuccino. »Was mich aber mehr beschäftigt, ist dieser Kontrollzwang. Das kann pathologische Züge annehmen.«

»Also, ich fand's nur ziemlich extrem«, sagte Steegmann, »aber inwieweit das pathologisch gewesen ist ... keine Ahnung. Mich hat es gestört. Aber ich bin ja auch ein Mann und weiß nicht, wie Frauen reagieren, wenn sie ständig vom Bruder oder Liebsten SMS bekommen. Vielleicht hat den beiden das sogar gefallen?«

»Was ich von Ina Polke gehört habe, war, dass sie durchaus unter seiner ständigen Kontrolle litt, das aber irgendwie auch nach der Trennung hinnahm, weil sie weiterhin ein gutes Verhältnis zu Lorentzen haben wollte. Allein schon wegen der Tochter. Und Wiebke? Ich gebe zu, ich habe keine Ahnung. Vielleicht sollte ich sie noch einmal fragen.«

»Ach, Christine, wo wir jetzt gerade drüber reden: Einmal, als wir hier im Nassau-Hafen anlegten und Ina kam, packte Till sie recht unsanft an. Er war wütend, weil sie sich auf seine Nachricht nicht gemeldet hatte. Ich hab das nur am Rande mitgekriegt, hatte die »Henriette« schon festgemacht und wollte gerade von Bord gehen. Ich hab mir nichts dabei gedacht. Die Beziehung der beiden ging mich ja auch nichts an, und ich wusste nicht wirklich, worum es ging. Jetzt aber, vor dem Hintergrund der anderen Details, passt das vielleicht in sein Persönlichkeitsmuster.«

***

Immer schon hatte Hausarbeit sie entspannt. Ihr Zeit und Muße gegeben, über Dinge nachzudenken. Als sie jetzt mit dem Staubsauger in der Hand die abertausend winzigen Scherben des dünnen Wasserglases aufzusaugen versuchte, ärgerte sie sich kurzfristig, keine Billiggläser als Alltagsgläser zu benutzen. Sicher wäre ein billigeres, dickeres Glas nicht in so viele Einzelteile zersprun-

gen. Aber – und an dieser Stelle empfand sie eine gewisse Schadenfreude, die sie nicht gleich verscheuchte – vielleicht übersah sie im hohen Flor ein, zwei Scherben, und ihr Mann würde sich am Abend, wenn er vor dem Zubettgehen noch kurz einen Blick auf seine E-Mails warf, heftig schneiden. Vielleicht sogar würde eine der Scherben in seinem Fuß stecken bleiben.
Nein. Plötzlich merkte sie, dass sie sich auf gefährlichem Terrain befand. An welchem Tiefpunkt war ihre Beziehung angelangt, dass ihr solche Gedanken kamen, ohne dass sie sie gleich als absolut absurd beiseiteschob? Irritiert und wirklich vollkommen außer Fassung versuchte sie, sich zu sammeln. So ging es nicht weiter. Sie zerfleischte sich. Und er zerfleischte sich ebenfalls, denn nichts anderes konnten die nächtlichen Weinattacken bedeuten, die er vor ihr zu verstecken suchte.
Sie mussten miteinander reden. Vielleicht gab es für alles eine ganz logische Erklärung, und sie hatte sich vollkommen umsonst solche Gedanken gemacht.
Bislang hatten sie doch bei allem immer wieder einen Weg zueinander gefunden, so schwer es auch gewesen sein mochte. Schlimmer als Luisas Verschwinden konnte auch diese Situation nicht sein, es gab nichts, was das an Heftigkeit übertraf. Dagegen war ihre Krankheit ja fast schon eine Lappalie. Zumal sie so viele intensive gemeinsame Jahre und Erinnerungen hatten und irgendwann für jeden einmal der Punkt gekommen war, an dem er gehen musste.
Aber dank der wunderbaren Therapie in den USA sah es ja auch gar nicht danach aus, dass sie mit ihren letzten Momenten rechnen musste, im Gegenteil. Umso wichtiger war es, Klartext miteinander zu reden. Es war doch ihnen beiden mehr als deutlich, dass man die Zeit nutzen sollte. Da war kein Raum für Heimlichkeiten.
Mit einem Mal kam ihr ein Gedanke, und sie richtete sich kerzengerade auf. Gab es Neuigkeiten von Luisa? Sternchen begannen, vor ihren Augen zu tanzen. Sie drückte den Rücken durch, die Sternchen tanzten weiter. Wie ein Kaleidoskop purzelten ihre Gedanken durcheinander. Luisa. Nur Neuigkeiten die Tochter be-

treffend würden ihn so aus der Bahn werfen können. Es gab nur eine Erklärung für sein Verhalten: Er hatte die Nachricht von Luisas Tod erhalten. Nichts anderes hätte ihn so fertigmachen können. Es gab keine andere Frau, deren Existenz er ihr verheimlichte, es war Luisas Tod, der ihm derart zusetzte. Den er ihr aus Sorge um ihre Reaktion vorenthalten hatte.
    Sie beschloss, ihn noch am Abend zur Rede zu stellen.

Als Vorspeise gab es einen Salat mit sahnigem Schafskäse und einer Balsamico-Creme, die Suppe aus frischen Erbsen mit einer Haube aus Frischkäse servierte sie in einem Wasserglas. Da sie wusste, wie sehr er Ravioli liebte, war sie nach Oldenburg in ihren Lieblingsfeinkostladen gefahren und hatte mit Steinpilzen gefüllte Ravioli, aber auch welche mit Birne und Gorgonzola und mit Frischkäse und getrockneten Tomaten gekauft. Dazu gab es Hähnchenbrustfilets, die sie mit einer sonst nie gekannten Inbrunst – oder war es Wut? – platt geklopft, mit italienischen Coppa-Scheiben und Thymian belegt, aufgerollt, in der Pfanne angebraten und im Ofen weiter gegart hatte. Das Ganze schmeckte schlichtweg sensationell, und der leichte Weißwein, den sie dazu servierte, rundete das Gesamtbild geschmacklich ab. Eine seltsame Stimmung hing in der Luft, strafte die angenehmen Kochgerüche Lügen. Während des Essens unterhielten sie sich wie Bekannte, die den Status »gute Bekannte« schon seit Längerem abgelegt hatten. Sie spielte das Spiel mit, doch auf seinen Dessertteller legte sie neben die Pannacotta, den Espresso und die beiden Cantuccini den Umschlag, den sie unter seiner Schreibtischunterlage gefunden hatte.
    »Nur für den Notfall«, las sie die vier Wörter vor, die auf dem Umschlag standen, als sie ihm den Teller hinstellte und sich auf ihren Platz setzte. »Ich würde gern von dir erfahren, was für ein Notfall das sein soll.«
    Es brauchte eine gewisse Zeit, bis er realisierte, was da vor ihm lag. Irritiert sah er den Umschlag an. Löffelte mechanisch und schweigend den Nachtisch, trank den Espresso. Es kam ihr vor, als versuche er Zeit zu schinden. Ganz ruhig blieb sie sitzen. Wartete. Denn etwas musste kommen. Dazu kannten sie sich zu lange, als

dass er sie mit belanglosen Lügen würde abspeisen können. Er würde sie sicher auch gar nicht anlügen wollen. Es war eine Art Vakuum, diese Zeit, bevor er zu sprechen begann.

Sie sah ihm an, wie die Gedanken durch seinen Kopf wirbelten, wie er versuchte, alles so zu ordnen, dass er es ihr erklären konnte.

Irgendwann schob er den Dessertteller beiseite, steckte sich die Physalis, die sie mit etwas frischer Minze als Deko auf den Teller gelegt hatte, in den Mund und begann zu reden. Er holte weit aus. Das hatte sie an ihm, dem straff durchorganisierten Mann, bislang nie kennengelernt.

Er begann mit Luisas Verschwinden, bohrte in Wunden, die sie nicht anrühren wollte, weil der Schutzfilm darauf zu dünn war. Alles grub er wieder aus. Ihre Angst, ihre Suche, die Ohnmacht wegen des Verlustes ihres einzigen Kindes.

Dann kam er zum Punkt.

»Aber Luisa ist nicht der einzige Mensch in meinem Leben, der mir wichtig ist«, sagte er. Sie sah ihm an, dass er all seine Kraft aufbot, um sachlich zu sprechen. »Luisa ist meine Tochter, wo auch immer sie in diesem Augenblick ist. Sie ist und bleibt mein Fleisch und Blut bis zu jenem Tag, an dem wir erfahren, dass sie tot ist. Du aber, Liebes«, er beugte sich über den Esstisch, griff nach ihrer Hand, »du aber bist mein Leben. Du hast alles mit mir ertragen. Die langen Zeiten, in denen ich wegen des Jobs nicht für euch da war. Du hast dich um unsere Tochter gekümmert, als es mir egal war, wie Windeln gewickelt, wie Kinder gefüttert wurden. Und hast dennoch dafür gesorgt, dass ich mir zwischendurch Zeit für Luisa nahm, dass sie merkte, sie hat auch einen Vater. Du, mein Engel, warst für mich Halt und Hoffnung, als Luisa nicht wieder heimkam.«

Er umfasste ihre Hand stärker. »Und dann kam die Diagnose, dass meine starke Frau, die immer alles möglich gemacht hatte, die mein Fels in der Brandung war, an einer Krebsart erkrankt ist, die nicht geheilt werden kann. Kannst du dir meine Verzweiflung vorstellen? Ich bin doch nichts ohne dich! Du bist doch mein Halt! Ich fiel in ein ganz tiefes Loch. Wäre mit dir gestorben. Als dann – wie aus heiterem Himmel – der Anruf mit dem Hinweis auf die

Studie in den USA kam, habe ich mit beiden Händen nach diesem Rettungsanker gegriffen. Wer bitte hätte in vergleichbarer Situation gezögert? Keiner. Ich sah es als eine göttliche Fügung. Die man nicht infrage stellen durfte. Weil die Aussicht auf Heilung bestand, die Aussicht darauf, dich behalten zu dürfen. Nur das zählte. Ich habe deine Bedenken, deine überaus angebrachten Bedenken einfach ignoriert.«

Die Intensität, mit der er sie ansah, machte ihr noch mehr Angst. Was würde folgen?

»Als wir nach der ersten Therapiephase zurück waren und die Untersuchungsresultate hier vor Ort bestätigten, dass eine Besserung zu verzeichnen war, dass mit der neuen Therapie keine Chemo mehr nötig sein würde, bekam ich einen weiteren Anruf.« Er machte eine Pause. Räusperte sich, bevor er weitersprach. »Es war kein Zufall, dass man dich für die Studie auserwählt hatte.«

Während er erzählte, merkte sie, wie ihr Mund immer trockener wurde. Innerhalb kürzester Zeit ausgedörrt war durch das, was sie erfuhr.

Man habe sie gezielt ausgesucht, habe ihnen den Köder »neue Krebstherapie« hingeworfen, und sie hatten ihn mit Begeisterung geschluckt. Mit den erzielten Erfolgen kam die Zuversicht, in den noch vor ihr liegenden Medikationsphasen immer weiter, letztlich sogar endgültig geheilt zu werden, und so hatten sie den Fisch an Land gezogen, um den es ihnen gegangen war. Ihn. Ihren Mann. Mit Akribie hatten sie, eine Gruppe von Leuten, von denen er nur einen Mann aus München kannte, innerhalb der Raffinerie einen »Kooperationspartner« gesucht, wie sie es nannten, der in der Position und auch in der Lage war, gewisse Dinge für sie zu erledigen. Dass der neue Partner diese Dinge nicht freiwillig erledigen würde, stand außer Zweifel.

»Sie brauchten jemanden, den sie erst anfüttern und dann erpressen konnten. Und dieser Jemand, Liebelein, bin ich. Man machte mir nach der ersten Therapiephase und deren überwältigenden Ergebnissen mehr als deutlich, dass deine Teilnahme an der Studie nur aufgrund ihres Einflusses und mithilfe ihres Geldes möglich geworden war.« Er stockte. »Und dass man dich ohne zu zögern von der Patientenliste streichen würde, wenn ich nicht mitspiele.«

Sie sah ihn mit großen Augen an. Senkte dann den Blick und versuchte zu verarbeiten, was er ihr gesagt hatte. Eine Fliege spazierte auf seinem Dessertteller herum, tat sich an Überresten der Pannacotta gütlich und putzte sich die Fühler. Normalerweise hätte sie die Fliege augenblicklich verscheucht, jetzt aber sah sie teilnahmslos zu, während ihre Gedanken rasten. Sie hörte, dass er seinen Stuhl zurückschob. »Ich hol dir Wasser«, sagte er, »du bringst ja kaum noch deine eigene Spucke hinunter.«

Hatte sie so komisch geschluckt? Aber natürlich, er kannte sie. In- und auswendig. Als er ihr ein Glas hinhielt, nahm sie es dankbar an. Ihr Blick verharrte auf seinem Gesicht, und sie konnte nicht verhindern, dass sich ihre Augen mit Tränen füllten. »Ich habe gedacht, es gebe eine andere Frau«, flüsterte sie heiser. »Ich habe gedacht, deshalb seiest du so verändert.«

Er sah sie irritiert an. »Eine andere Frau?«

»Entschuldige, ich hätte dir vertrauen sollen, wie konnte ich ahnen, dass so etwas wie ...«, ihr fehlten die Worte, »dass das der Grund war.« Sie atmete hörbar ein. »Meine Güte, was musst du durchgemacht haben.« Sie dachte traurig daran, dass er alles mit sich allein hatte abstimmen müssen. Dann plötzlich sah sie klar. Blickte ihn entsetzt an. »Die Therapien ... ich war bislang doch schon dreimal drüben.« Sie stockte. »Das heißt ... das heißt ...«

»Ich habe mich auf den Deal eingelassen«, sagte er und nickte. »Immerhin geht es um dein Leben.«

»Und um deine Ehre«, flüsterte sie erschüttert.

In dieser Nacht klammerten sie sich aneinander. So fest wie schon lang nicht mehr. Endlich war er wieder da, der Halt, den sie über all die Jahre im anderen gefunden hatten, der in den letzten Wochen abhandengekommen war. Das Schlafzimmerfenster stand offen, in der Nachbarschaft weinte ein Baby, nur vereinzelt fuhr ein Auto die nahe gelegene Hauptstraße entlang. Sie lagen Rücken an Bauch, Löffelchenstellung. Seine Hand auf ihrer Brust. Es tat so gut, das wieder zu spüren. So gut, über all die Dinge gesprochen zu haben, die in ihr Leben eingefallen waren. Sie hatten lange darüber geredet, wie sie sich nun verhalten sollten, waren aber zu keinem Ergebnis gekommen.

»Dafür haben wir in den nächsten Tagen immer noch Zeit«, hatte er gesagt und vorgeschlagen, ins Bett zu gehen.

Als sie unter die Decke gekrochen waren und er sich an sie heranrobbte, fügte er hinzu: »Es ist so schön, dass nun alles raus ist. Du glaubst gar nicht, wie furchtbar die letzten Wochen für mich waren. Dieser Druck: Entweder gebe ich den Erpressern nach und ermögliche eine Sicherheitslücke in der Raffinerie, oder ich bin daran schuld, dass du diese erfolgversprechende Therapie nicht machen kannst.« Er drückte ihr einen Kuss auf den Hals. »Nein, Liebes«, korrigierte er sich, »es gab nicht wirklich den Ansatz eines Zweifels, es war hundertprozentig klar, für was ich mich entscheide. Das Nagen, dieser ... Selbsthass, der kam danach. Obwohl mir immer klar war, dass ich das Richtige getan hab. Dennoch. Ich bin kein Verräter, kein Kollaborateur. Ich habe meine Arbeit in der Raffinerie immer geliebt und liebe sie noch. Umso mehr sinkt meine Selbstachtung bei dem, was ich ermöglicht habe.«

Sie drehte sich zu ihm um.

»Hast du ihnen denn tatsächlich sämtliche Daten und alles gegeben, was sie brauchen, um selbst und unbegrenzt Öl einzuleiten?«

»Nicht ganz. Ich hab's auf einer CD gespeichert und versuche, sie hinzuhalten.« Sie spürte, dass er sich nicht wohl fühlte, dass er jeden Versuch blockte, sich rechtfertigen zu müssen.

»Sie können also nicht ohne dich agieren?«

»Nein. Noch können sie von außerhalb nicht ins Geschehen eingreifen. Dazu brauchen sie mich.«

Dienstag

In der Nacht waren die Temperaturen das erste Mal unter den Gefrierpunkt gesunken. Christine hatte das Schlafzimmerfenster geschlossen und auch die weiße Fleecedecke ans Fußende gelegt, sie aber noch nicht gebraucht. Zum Glück. Wie sollte es erst im Winter werden, wenn sie jetzt schon so zu frösteln begann? Doch sie schrieb das ihrer momentanen Verfassung zu. Immer noch hatte sie Schwierigkeiten, sich Frank mit einem Säugling auf dem Arm vorzustellen. Auch Wiebke Lorentzen als mordende Schwester, die diesen Weg als einzige Möglichkeit sah, die Nichte an sich zu binden, war etwas, was Christine gedanklich weit von sich wies. Dennoch hatten diese Überlegungen sie die Nacht hindurch beschäftigt.

Etwas übermüdet lief sie jetzt die Treppen hoch. Für Viertel nach acht war die tägliche Zusammenkunft angesetzt, sie war spät dran.

Siebelt, Kamphuis, Nieksteit und Lemke waren schon da, Oda kam den Sekundenbruchteil später, der, wären sie miteinander verheiratet und würden beide auf dieser Türschwelle sterben, interessant für den Nachlass wäre. Aber Gott sei Dank war kein Kollege derart aufgebracht, dass er vor Zeugen die Dienstwaffe zog und abdrückte. Christine schmunzelte bei dem Unsinn, den sie da dachte. Beinahe zeitgleich mit Oda ließ sie sich auf ihren Stuhl fallen. Nein. Das Fallen traf eher auf Oda zu, Christine setzte sich. Von jeher schon. Fallen ließ sie sich körperlich nicht einmal zu Hause, wenn keiner da war.

Siebelt begann das Gespräch. »Was gibt's Neues?«

Dass er jetzt schon einen Blick auf die Uhr warf, empfand Christine als unverschämt. Und so konnte sie nicht verhindern, dass sich etwas über ihre Lippen drängte, was sie unter normalen Umständen nie zu sagen gewagt hätte. »Wenn Sie einen Termin auf dem Golfplatz haben, Chef, der wichtiger ist als dieser Fall, dann fühlen Sie sich durch uns bitte nicht gestört. Ich schicke Ihnen per Mail eine Zusammenfassung. Sie können also getrost gehen.«

Ups. Da war gerade eine ganze Pferdekolonne mit ihr durchgegangen. Christine schluckte erschrocken. Oda jedoch grinste, und Nieksteit griente auch. Kamphuis verzog amüsiert die Mundwinkel, und Lemke lächelte ungeniert. Lediglich Siebelt war konsterniert.

»So hab ich das nicht gemeint«, sagte er.

»Okay.« Christine atmete aus. »Dann fang ich mal an. Ich hab gestern mit jemandem gesprochen, der Lorentzen vom Segeln her kennt.« Bewusst vermied sie an dieser Stelle Carstens Namen. »Er kam von sich aus auf Lorentzens Art zu sprechen, ständig hinter Ina Polke und Wiebke Lorentzen hinterherzutelefonieren. Mein Informant sagte, das sei ihm gehörig auf die Nerven gegangen. Er hätte das als nicht normal empfunden. Es könnte also auch auf dieser Ebene der Beziehungen ein stärkeres Motiv als bislang gedacht geben.«

»Wie lange sind Ina Polke und Lorentzen auseinander gewesen? Sie war es doch, die Schluss gemacht hat?«, fragte Kamphuis.

»Sie waren schon ein paar Monate getrennt«, gab Oda zur Antwort. »Und es schien, als ob sie sich einigermaßen arrangiert hätten.«

»Es muss was schiefgelaufen sein.« Siebelt fügte seinem Kommentar keine weiteren Ausführungen hinzu. Nicht zum ersten Mal fragte sich Christine, unter welchen Voraussetzungen er zum Chef der K1 geworden war. Sie sah, dass auch Oda und Nieksteit sich Mühe gaben, ihr Kopfschütteln zu verbergen.

»Ich habe noch ein anderes Modell anzubieten«, ergriff Oda das Wort. Sie berichtete von ihrer Theorie Wiebke und deren Nichte Merle betreffend.

»Das ist natürlich total abgefahren«, sagte Nieksteit, »aber da könnte was dran sein.«

»Aber wie erklären sich dann die Fesselungsmale an der Leiche?«, wollte Lemke wissen.

»Taktik. Einkalkuliert. Bewusst inszeniert«, bot Siebelt als Varianten an.

»Es wäre kein Mord im Affekt«, sagte auch Oda. »Sondern eiskalt geplant.«

Christine glaubte nicht an Odas Theorie. Sie meinte, über genügend Menschenkenntnis zu verfügen, um beurteilen zu können, ob jemand sich so verhalten könnte, wie Oda und Co es Wiebke zutrauten. Nein, das hielt sie nach den Gesprächen, die sie mit Wiebke geführt, und nach der Zeit, die sie miteinander verbracht hatten, nicht für möglich. Die andere Variante, die Bondage-Sache, schien ihr schon realistischer.

Irgendwo hatte sie mal gelesen, dass sich Männer in einer Frau auch immer ein wenig Hure und Sklavin wünschten. Vielleicht war Till Lorentzen nach der Trennung von Ina ganz bewusst auf den Typ Frau zugegangen, der ihm solches bot? Das musste natürlich nicht heißen, dass diese Domina für seinen Tod verantwortlich war. Aber es würde zumindest die Male erklären.

Als sie ihr Büro betrat, sah sie, dass der gelbe Briefumschlag, der den Eingang einer Mail verkündete, auf ihrem PC-Bildschirm auf und ab hüpfte. Froh über ein wenig Ablenkung, öffnete Christine ihren Mail-Account. Und wünschte sich im selben Moment, sie hätte es nicht getan. *»Max on stage«* hieß der reißerische Betreff. Frank hatte voller Vaterstolz ein Blog im Internet veröffentlicht, in dem er den Werdegang seines Sohnes sowie seine persönlichen Erlebnisse mit ihm zu dokumentieren gedachte. Mehr als dreißig Fotos seien dort schon gepostet, schrieb Frank über den Verteiler. Christine löschte die Mail sofort. Sie würde sich keine Fotogalerie ansehen. Überhaupt empfand sie es als Dreistigkeit sondergleichen, dass Frank sie in die Empfängerliste aufgenommen hatte.

Mit einem Mal wurde ihr klar, dass sie die Scheidung einreichen musste. Sie machte sich zum Narren, wenn sie bei diesem Possenspiel formal immer noch seine Frau blieb. Sie öffnete ein neues Datenfenster und googelte »Scheidungsanwalt Wilhelmshaven«. Sofort wurde ihr eine Liste präsentiert.

***

Wiebke trug schwarze Jeans und einen schlichten schwarzen Pulli. Ganz bewusst hatte sie kein Sakko eingepackt. Sie hätte eines von Tills nehmen können, das wäre aber zu groß gewesen. So hatte sie sich entschieden, ohne Sakko, ohne formellen Kram, eben als die Latzhosenträgerin, als die man sie kannte, zur Trauerfeier zu erscheinen. Sie hatte mit sich gerungen, ob sie Ina anrufen, sie fragen sollte, ob sie zusammen hinfahren wollten. Doch letztlich wäre das nicht richtig gewesen. Ina hatte nicht mehr mit Till zusammenleben wollen. Punkt. Wenn überhaupt, wäre es an ihr gewesen, Wiebke dieses Angebot zu machen. Ina war nicht die trauernde Witwe, obgleich sie immer die Mutter von Tills einzigem Kind bleiben würde. Wiebke griff zu dem Glas Wasser, das sie sich eben noch unter dem Wasserkran in der Küche eingegossen hatte. Nicht einmal die kleine Scheibe Brot hatte sie im Sitzen verzehren können, auch jetzt fiel ihr das Trinken schwer. Aber sie wusste, sie musste Nährstoffe zu sich nehmen, wenn sie das alles überstehen wollte, ohne zusammenzubrechen. Es wurde Zeit. Jeden Moment würden Erich und Agnes kommen und sie abholen. Erich hatte keinen Moment gezögert und ihr gleich seine Hilfe angeboten. Wiebke war dankbar dafür. In Agnes und ihm hatte sie einen Halt.

Die Wohnungsglocke schellte. Sie schnappte sich spontan doch noch Tills schwarze Jacke, das Portemonnaie und die Schlüssel, bevor sie nach unten lief.

Zwei Stunden später war das Schlimmste vorbei. Wiebke stand mit einem Glas Korn vor dem »Bootshaus am Stadtpark« und sah auf den kleinen See, auf dem von Frühjahr bis Herbst Tretboote zum Fahren einluden. Die Luft war kalt und roch nach Herbst. Die Bäume rings um den See hatten angefangen, sich schillernd zu verfärben, ein wunderbares, überaus friedliches Bild, das an den kanadischen Indian Summer denken ließ. Jogger liefen vorbei. Spaziergänger mit Hund. Wiebke sah ihren Atem in der kalten Luft. Es war ein Tag wie gemacht für eine Beerdigung. Nebel hing in der Luft, obendrüber gab es ein wenig Sonne, doch deren Kraft reichte heute nicht, um den Nebel zu durchbrechen. Ein trauriges Lächeln schwebte bei diesem Gedanken über Wiebkes Gesicht. Auch ihre Kraft reichte nicht. Sie war heute gerade stark genug, um die Trauerfeier zu überstehen. Und den Leichenschmaus hinterher, zu dem es belegte Brötchen und Kaffee gab. Keinen Beerdigungskuchen. Nach zahlreichen Gesprächen und Beileidsbekundungen hatte Wiebke das Gefühl verspürt, einen Moment allein sein zu müssen. So war sie nach draußen gegangen, in die nebelige Kälte, und hatte sich für die innere Wärme, aber auch ein wenig als Mutmacher, einen »Gabiko« mitgenommen. Einen »ganz billigen Korn«. Den kippte sie nun hinunter. Gleich, wenn sie wieder im Bootshaus war, würde sie Uwe Bramfeld und Erich beiseiteziehen. Dieter Hartmann kümmerte sich heute mehr als demonstrativ um seine Frau, die offensichtlich an Merle einen Narren gefressen hatte und sie die ganze Zeit auf ihrem Schoß mit Spielchen beschäftigte. Wiebke hatte beobachtet, dass Ina fröhlich dabeisaß und es keinerlei Spannungen zwischen den beiden Frauen zu geben schien. Das freute sie für Ina. Und es war eine gute Gelegenheit für das Gespräch mit Uwe und Erich, wenn Dieter durch Ina, seine Frau und Merle so abgelenkt war. Mit einem bedauernden Blick auf das leere Schnapsglas ging sie wieder hinein.

***

»Hast du die Mittagspause schon verplant, oder hab ich eine Chance, dass du einen Kaffee mit mir trinken gehst?« Carsten Steegmann rief an, als Christine kurz davor war, das Büro wieder zu verlassen. Die Trauerfeier für Till Lorentzen hatte sie tief berührt, denn anders als bisher hatte sie durch Wiebke eine Art Beziehung zum Toten aufgebaut. Es hatte sie getroffen, Wiebke aus dem Angehörigenraum heraus die Kapelle betreten zu sehen, Wiebke, die klein und zerbrechlich wirkte in der Jeans, dem Pulli und einer Jacke, die ihr offensichtlich zu groß war. Während der Trauerfeier hatte Christines Professionalität gesiegt, und so hatte sie beim Verlassen der Kapelle zwar kondoliert, Wiebkes Einladung, an der anschließenden Kaffeetafel teilzunehmen, jedoch mit der Begründung, es würde eine Menge Arbeit auf sie warten, ausgeschlagen. Mit einem Gefühl der Erleichterung war sie zurück ins Büro gefahren.

Nun lächelte sie amüsiert. »Ich denke, die Pause ist zu knapp, um die Distanz zwischen Oldenburg und Wilhelmshaven zu überbrücken.«

»Christine.« Carstens Stimme klang ernst, mit einem amüsierten Unterton. »Verrat's keinem, aber ich bin der erste Mensch, der sich beamen kann.« Er machte eine bedeutsame Pause. »Sag mir, wo wir uns treffen wollen, und ich bin in fünf Minuten da.«

»Ach so«, erwiderte Christine lachend, der nun ein Licht aufging, »du bist in der Stadt. Stimmt's?«

»Spielverderberin.«

»Hör mal, du hast es mit einem rational analysierenden Menschen zu tun. Da ist jeglicher Spökenkram vergebens.«

»Ich sehe, du hast dich inzwischen gut hier in Friesland eingelebt. Aber so ein bisschen Mystik schadet doch nicht. Also gleich in der ›Bar Celona‹?«

»Gern.« Christine wollte auflegen, als ihr etwas einfiel. »Sag mal, wenn du in der Stadt bist, wieso hab ich dich dann nicht auf der Beerdigung von Lorentzen gesehen? Warst du nicht da?« Ihre Stirn schob sich zu dicken Fragerunzeln zusammen.

»Doch. Ich war in der Kapelle. Hab dich am Rand sitzen sehen. Aber es war ja so brechend voll, da kam ich nicht zu dir durch. Nach der Trauerfeier war ich nur kurz mit im »Bootshaus«. Lass uns gleich drüber reden. Nicht am Telefon«, bat er.

»Gut«, stimmte Christine zu. »In zwanzig Minuten.«

Als Christine die »Bar Celona« betrat, saß Carsten Steegmann bereits an einem Tisch, auf dem eine dicke weiße Kerze brannte. Das stimmte mit dem Eindruck überein, den sie von ihm hatte. Er schien ein Mann zu sein, der Situationen wie diese allein von den Rahmenbedingungen her im Griff hatte. Kurz kam Christine Till Lorentzens Kontrollzwang in den Sinn. Zählte Carsten zum gleichen Typ Mann?

Als sie näher trat, erhob er sich und begrüßte sie artig mit

Handschlag. Belustigt verzog Christine die Mundwinkel. Carsten war eben ein Mann alter Schule, der nicht einfach so zum »Bussi-Bussi« überging, das heute vielerorts Usus war. Christines Selbstvertrauen rechtfertigte diesen Gedanken und setzte noch einen drauf. Würde Carsten sie nicht als zumindest gleichwertigen Gesprächspartner ansehen, hätte es das Floskel-Bussi gegeben. So aber wusste oder ahnte er zumindest, dass man sich ihr auf andere Weise nähern musste ... Was für ein schwachsinniger Gedanke. Sie lachte innerlich schallend, als sie sich setzte.

»Warum bist du denn nicht länger bei der Kaffeetafel geblieben?«, fragte sie, um zu verhindern, dass Carsten nach dem Grund ihres Schmunzelns fragte.

»Wie gesagt, ich bin nicht der Freund, den Wiebke in mir gesehen hat. Ich bin ein Segelkamerad. Nicht weniger, aber auch nicht mehr. Ich habe selbst viel darüber nachgedacht, nachdem mir deutlich wurde, dass Wiebke meine Beziehung zu ihrem Bruder ganz anders eingeschätzt hat. Ich hab inzwischen auch mit ihr darüber geredet. Was ich aber heute Mittag mit dir besprechen möchte, ist etwas anderes. Etwas Privates.« Carsten stoppte und räusperte sich.

Christine sah ihn fragend an.

Als habe sie auf einen wortlosen Moment gewartet, kam die Bedienung mit der bestellten Rooibos-Latte und dem Milchkaffee.

»Auch wenn ich das Gefühl habe, mich jetzt weit aus dem Fenster zu lehnen«, sagte Carsten, »denke ich, ich sollte offen mit dir umgehen. Wie ich das gegengleich auch von dir erwarte. Mir ist bekannt, dass du nicht mehr mit deinem Mann zusammenwohnst – die Umstände gehen mich nichts an«, unterbrach er ihren Einwurf, noch bevor sie ihn getätigt hatte, »und ich weiß auch, dass er inzwischen Vater geworden ist. Die nicht unbedingt rühmlich zu nennende Anzeige stand ja in der Zeitung.«

Christine schluckte. Dieses Thema hatte sie nun am allerwenigsten erwartet.

»Ich möchte dir einfach nur ganz knapp und ohne jede Wertung erzählen, dass es sich bei mir ähnlich verhält. Nur, damit du weißt, auf welcher Basis ich Verabredungen zum Essen mit dir treffe. Ich lebe mit meiner Frau nicht mehr in einer Wohnung, aber dennoch unter einem Dach, da ich oben die Einliegerwohnung unseres Hauses bezogen habe. Das ist für die Kinder am einfachsten und nach außen hin auch, man muss das ja auch nüchtern betrachten, solange das noch so geht. Mir ist es aber wichtig, dass du darüber informiert bist. Und mich nicht für einen Mann hältst, der sich wahllos mit Frauen trifft, wenn er grad die Gelegenheit dazu hat. So einer bin ich nämlich nicht.«

Christine sah Carsten an. Sie schluckte, ließ eine wortlose Minute verstreichen. Ihre Gedanken fuhren Achterbahn. Allein schon die Tatsache, dass Carsten ihr dieses Geständnis machte, zeigte – zumindest sah sie das so –, dass er in ihr mehr sah als eine x-beliebige Kollegin. Das musste sie erst einmal sacken lassen.

»Ich danke dir für deine Offenheit.« Falls ein wenig Erleichterung in ihrer Stimme durchklang, überspielte sie die, indem sie forsch zu Humor überging. »Dann kann ich ja meine Überlegungen, ob du ein ganz mieser Hund bist, der neben Frau und Kindern unverfängliche Abenteuer sucht, ad acta legen?«

»Ja!«, beeilte sich Steegmann zu sagen. Sein aufgesetzter Dackelblick brachte Christine zum Lachen.

***

»Es ist sicher nicht wirklich der richtige Zeitpunkt für so ein Gespräch«, begann Wiebke, »aber ich wüsste im Moment keinen besseren Ort, um relativ ungestört miteinander reden zu können.«

»Hey, das hört sich ja richtig konspirativ an«, grinste Uwe, als sie zu dritt im vorderen Bereich des »Bootshauses«, der für den normalen Publikumsverkehr geöffnet war, Platz nahmen.

»Ich hab überhaupt nichts Konspiratives im Sinn«, widersprach Wiebke, »aber ich möchte mit euch über Tills Gedanken und Aufzeichnungen sprechen. Es geht um das Ventil, das er nicht schließen konnte.«

»Wiebke. Darüber haben wir doch schon gesprochen. Da ist

ein Fehler passiert. Nicht mehr und nicht weniger«, sagte Janssen.

»Und es ist danach nicht noch mal vorgekommen. Es war ein Fehler beim Systemcheck der Sicherheitsabteilung«, wiederholte Uwe.

»Er starb kurz danach«, stellte Wiebke sachlich fest.

»Wiebke. Hör auf. Es gibt solche Fehler. Überall, jederzeit. Auf der ganzen Welt. Wir haben daraufhin das System doch genauestens überprüft.« Ihr Onkel sprach in einem Tonfall, der Wiebke normalerweise beruhigte. Das war heute jedoch anders.

»Hört mal«, sagte sie mit Nachdruck. »Ich habe euch nicht aus der Trauergesellschaft rausgezogen, um mit euch ein kleines Missgeschick zu diskutieren. Till hat sich Notizen gemacht. Seiner Meinung nach war es einwandfrei ein Sicherheitsleck. Und wenn ich seine Aufzeichnungen richtig verstehe, ist er von Vorsatz ausgegangen. Nicht von einem Unfall. Darum ist es auch nicht verwunderlich, wenn die genaue Prüfung keine Ergebnisse brachte. Till hielt es für möglich, dass jemand absichtlich das System sabotiert hat. Und er hatte jemanden in Verdacht. Seine Aufzeichnungen lassen meines Erachtens keinen anderen Schluss zu, als dass dieser Jemand Dieter ist.«

»Nein.« Uwe war entrüstet. »Das glaube ich nie und nimmer. Nicht Dieter.«

Erich legte ihm beruhigend eine Hand auf den Arm. »Nicht aufregen. Wir werden das ohne großes Aufheben überprüfen.« Er warf Wiebke einen tadelnden Blick zu. Seine Stimme drückte eindeutiges Missfallen aus. »Du hättest mit mir darüber reden sollen, bevor du mit solchen Äußerungen das Gleichgewicht im Team durcheinanderbringst.«

Wiebke sah ihren Onkel irritiert an. Was sollte das jetzt? Glaubte er ihr nicht?

***

»Es geht nicht. Ich komme nicht durch. Es tut mir leid. In diesem Fall werde ich das erste Mal erfolglos bleiben.« Die Stimme der Hackerin Kay klang mehr als resigniert. »Das System ist derart ausgeklügelt, dass wir die letzte Hürde nicht überwinden. Seit einer Woche füttern wir es mit pausenlos wechselnden Daten, eine Methode, mit der wir noch jedes System in die Knie gezwungen haben. Das hätte auch hier längst schon passieren müssen. Aber dieses System scheint immun zu sein. Es bleibt stur, wir kommen nicht weiter. Ich bin völlig ratlos. So etwas habe ich nur ganz zu Beginn meiner Laufbahn erlebt. Vor gut zwanzig Jahren.«

Das war ganz großer Mist. Ausgemachte Scheiße, um es einmal drastisch zu sagen. Er hatte fest darauf gebaut, dass sie mit ihrem Team erfolgreich sein würde, immerhin war ihr ein erstaunlicher Ruf vorausgeeilt. Wieder eine Enttäuschung. Das häufte sich verdächtig in den letzten Tagen und passte ihm überhaupt nicht. Was war los mit ihm, seinem Gespür für Menschen, für Menschenführung und seinem beruflichen Aufstieg? Langsam bekam er das Gefühl, dass er nicht um den Aufstieg kämpfte, sondern darum, seinen Platz zu halten, wo sich sein V-Mann doch als Niete herausgestellt hatte. Das Risiko, zur Stunde null nicht die Ventile öffnen zu können, durfte er nicht eingehen. Darum war er den Weg des doppelten Bodens gegangen, auch wenn der überaus kostspielig war und sein eigenes Honorar – denn davon bezahlte er sie – erheblich schmälerte. Doch die Folgen dieses Einsatzes hätten auf längere Sicht die finanziellen Mittel gerechtfertigt. So hatte er es sich vorgestellt. Dass sein doppelter Boden wegbrach, brachte ihn ins Rotieren.

Es musste alles auf den Punkt passen. In dem Augenblick, in dem das Öl zu fließen begann, würde die GruppeWESZ – Wind-Energie: saubere, sichere Zukunft – der Bundesregierung ein Gesuch mit angehängter Unterschriftenliste zur Abschaffung risikoreicher herkömmlicher Energiequellen übergeben und die Bundespressestelle sowie sämtliche deutsche Medien darüber informieren. Der Aufschrei in der Bevölkerung über den furchtbaren Raffinerie-Unfall, der das gesamte Ökosystem Nordsee bedrohte, würde ihre Plattform sein.

Als Winter im Telefonat mit Nummer eins erkannt hatte, was

für eine Lobby hinter den Offshore-Windparks steckte, war er vollkommen überrascht gewesen. Bis dato hatte er sich mit mehr oder weniger schmutzigen Geschäften – überwiegend aus dem politischen Bereich – befasst. Energiethemen hatten in seinem Job keine Rolle gespielt. Jetzt aber war das anders. Die WESZ wollte deutlich machen: Ohne neuartige Energien gab es keine Zukunft. Dass der neue Offshore-Windpark zwölf Kilometer vor Wangerooge die Insulaner zum Tosen brachte, weil sie einen Rückgang der Besucherzahlen befürchteten, sah die WESZ als Nonsens an. Denn egal, auf welcher der Ostfriesischen Inseln man war, unweigerlich sah man die Windparks auf dem Festland. Warum also der Aufstand, wenn man auch auf Seeseite Windräder sah? Meinten die Insulaner, das würde den Gästen die Romantik rauben? Offensichtlich gab es Befürchtungen, die Touristen kämen sich zwischen tausenden Windrädern an Land und auf See eingequetscht vor. Würden daher Abstand von Urlauben an der Nordsee nehmen und wegen der Urlaubsidylle lieber die Ostseeinseln frequentieren. Die Ressentiments, die wegen des Offshore-Parks entstanden waren, hatten das Geduldsfass der WESZ zum Überlaufen gebracht. Windenergie war sicher. Gefährdete niemanden, und selbst wenn mal ein paar Zugvögel zwischen die Rotorblätter gerieten, war das noch lange nicht mit den Folgen zu vergleichen, die ein Unfall oder auch eine Manipulation zum Beispiel der Raffinerie als Folge hätte. Und genau das sollte Winter im Auftrag der WESZ umsetzen. Einen Öl-Unfall, der die Region lahmlegen konnte. Der wirtschaftliche Schaden für die norddeutsche Küstenregion wäre katastrophal.

Dieses Szenario unterstützte Winter völlig. Bei der Summe, die ihm für seinen Part gezahlt wurde, war das klar.

Allerdings hätte er für das Gleiche, nein für ein klein wenig mehr auch für die Gegenseite gearbeitet. Winter war käuflich, das gab er ohne Bedenken zu. Wer zahlt, bestimmt die Musik, das war seit Jahrzehnten sein Motto. Im Laufe der Zeit hatte er eine Menge unterschiedlicher Musikrichtungen kennengelernt.

Die vernichtende Aussage der Hackerin allerdings, die ihm

die Unabhängigkeit vom Verbindungsmann hätte herstellen sollen, warf Winter hart auf den Boden der Tatsachen zurück. Er hatte mit einem siegreichen Ende gerechnet. Einem Ende, bei dem er alle Trümpfe in der Hand hielt. Doch nun stand er blank da. Würde er am Kartentisch sitzen, hätte er auf einen Grand ohne Vier gereizt und im Skat die beiden ersten Buben gezogen. Pleite vorprogrammiert. Seine einzige Hoffnung war, dass seine anderen Karten ihren Wert in diesem Spiel behielten.

***

Die Reihen hatten sich gelichtet. Tee, Kaffee und Brötchen waren zum Großteil vertilgt, nur der enge Kreis derer, die Till nahegestanden hatten, saß noch zusammen. Eine kleine Familie, dachte Wiebke, als sie sich nun wieder dazugesellte. Immer noch war sie traurig, dass Carsten zwar zur Trauerfeier und auch anschließend kurz hierhergekommen war, sich aber verabschiedet hatte, sobald es der Anstand erlaubte. Sie lächelte, als sie sich an den Tisch setzte, an dem sich jetzt die letzten zehn Mohikaner zusammengerottet hatten. Auch Ina war noch dabei. Merle saß auf dem Schoß von Dieters Frau Annette, die ihr ein Pixi-Buch vorlas. Wiebke empfand ein warmes Gefühl von Zusammengehörigkeit.

Vor diesem Hintergrund verstand sie Till nicht, der letzte Woche am Telefon zu ihr gesagt hatte, Ina sei wohl mehr an ihrem eigenen als an Merles Wohl interessiert. Schon da hatte sie zu ihm gesagt, er würde sich das nur einbilden, doch Till hatte wütend erstmals davon gesprochen, einen Sorgerechtsantrag zu stellen, was Wiebke für völligen Unsinn gehalten hatte. Denn sosehr ihr Bruder seine Tochter auch liebte, er wäre völlig überfordert gewesen, die Lütte ständig bei sich zu haben. Außerdem liebte Till ja auch seinen Job, und Ina war eine wirklich tolle Mutter. Jedenfalls soweit Wiebke es beurteilen konnte.

Sie stand wieder auf und ging zu Annette und Merle. »Komm mal her, meine kleine Prinzessin«, sagte sie und öffnete die Arme.

Merle schmiegte sich an Annette. »Will jetzt nich«, erwiderte sie.

»Bitte, bitte, bitte«, sagte Wiebke mit einem Wackeldackelnicken und erntete quietschendes Lachen ihrer Nichte. Merle streckte ihr die Händchen entgegen, als hinter Wiebke jemand aufschrie.

»Um Gottes willen, Agnes!«

Abrupt drehte Wiebke sich um. Ihre Tante lag auf dem Boden, Erich, Dieter und Uwe beugten sich über sie. »Einen Krankenwagen! Wir brauchen sofort einen Krankenwagen!«

Wiebke setzte Merle wieder zurück auf Annettes Schoß, zückte ihr Handy und drückte eins-eins-zwei.

***

Christine klopfte an Odas Bürotür. Augenblicklich erscholl ein fröhliches »Willkommen, Unterbrechung!«, das ein ausgewachsenes Schmunzeln bei Christine erzeugte.

»Na, das ist aber eine freundliche Begrüßung.« Sie lehnte sich an die Wand gegenüber Odas Schreibtisch.

»Klar. Wenn die gute Laune nicht von außen kommt, muss man sie selbst erzeugen. Positives Selbstprogrammieren nennt man das oder so ähnlich«, griente Oda zurück. »Was gibt's?«

Christine schnappte sich den schon recht betagten Stuhl, der an Odas Schreibtisch stand, und setzte sich. »Hast du ein Blatt und einen Stift für mich? Ich möchte einfach mal mit dir gemeinsam zusammenfassen, was wir haben«, bat sie.

Oda reichte ihr beides. »Schieß los.«

»Also. Da ist zunächst Till Lorentzen. Kurz vor seinem Tod kam es in der Raffinerie zu einem kleinen Ölunfall. Lorentzens Kollege Bramfeld und der Chef der Sicherheitsabteilung, der zudem der Onkel des Toten ist, sprechen von einem technischen Fehler. Lorentzen hatte private Probleme: Lebensgefährtin und Tochter sind vor einiger Zeit ausgezogen. Lorentzen hatte Fesselungsmale, aber weder uns noch den Kollegen gegenüber wurde bestätigt, dass er ein Freund derartiger sexueller Praktiken war. Dafür aber war er ein Mensch, der sein engstes Umfeld gern kontrollierte.«

»Was irgendwann zwangsläufig zu Protesten oder nonverbalen Widerständen geführt haben muss«, ergänzte Oda. »Da geht man eben einfach nicht ans Telefon, wenn man ständig bedrängt wird. Aber Ina Polke hat kein Motiv. Immerhin hat sie sich inzwischen zumindest räumlich von Lorentzen befreit und ist damit außerhalb des direkten Drucks, der er aufbauen konnte.«

»Es gibt Telefone, mit denen man terrorisieren kann.«

Oda ließ Christines Einwand nicht gelten. »Es gibt Stecker, die man rausziehen kann. Und Handys haben eine Aus-Taste.

»Und was ist mit Hartmann als Ina Polkes großem Beschützer?«

»Wovor hätte der die Polke denn nach ihrem Auszug noch beschützen sollen? Das hätte Sinn gemacht, wenn die noch zusammengewohnt hätten. So aber nicht.«

»Und was hältst du von Rache als Motiv bei Ina Polke? Mit Hartmanns Unterstützung?«

»Ich weiß gar nicht, warum du so scharf auf Polke und Hartmann als Täter bist«, sagte Oda.

»Ich denke bloß an die Zeugenaussage. Dass es da eine dritte Person am Deich gegeben haben soll. Wenn das die Polke war, ergäbe es einen Sinn oder würde zumindest zur Zeugenaussage passen«, versuchte Christine ihre Überlegungen zu rechtfertigen.

»Die dritte Person. Okay, aber die? Nee ...« Oda stoppte.

»Warum nicht?«, hakte Christine nach.

Oda räusperte sich. »Meinst du, es könnte sein, dass du grad Gefühle aus dem Privatleben ins Berufliche überträgst?«

»Wie meinst du das?« Christine guckte unwirsch. »Ich hab noch nie das Private mit dem Beruflichen vermengt.«

»Na ja. Ina Polke hat Till Lorentzen verlassen, und Frank hat dich verlassen. Du bist absolut sauer auf Frank und denkst im Unterbewusstsein vielleicht, die Polke muss auch so eine miese Person sein.«

»So ein ausgemachter Unsinn«, wehrte sich Christine gegen Odas Überlegungen. »Ich bin wegen der Fesselungsmale auf den

Rachegedanken gekommen. Falls die denn mit dem Tod im Zusammenhang stehen. So eine Grausamkeit findet sich nämlich überwiegend in Beziehungstaten.«

Oda verzog skeptisch die Miene, aber Christine ließ sich nicht davon beirren. Immerhin hatte sie erst vor Kurzem ein Seminar zu ebendiesem Thema besucht. »Lorentzen hat viel Salzwasser schlucken müssen. Was, wenn das als Synonym für ein anderes Schlucken steht?«

»Du denkst an eine gefesselte Ina Polke, die wehrlos etwas gegen ihren Willen hat schlucken müssen? Sperma?«

»Zum Beispiel.«

»Ich weiß nicht. Könnte ein wenig zu weit hergeholt sein.«

»Oda, wir machen hier nur ein Brainstorming. Irgendwo müssen wir doch ansetzen.«

»Was ist denn mit Bramfeld?«, überlegte Oda. »Immerhin ist er derjenige, der uns überaus großzügig mit Details über die Beziehung Polke–Hartmann und Hartmann–Lorentzen versorgt hat. Ina Polke hat zwar auch erwähnt, dass Hartmann sich um sie kümmerte, aber Bramfeld ist derjenige, der uns erzählt hat, wie Lorentzen darauf reagierte.«

Christine zuckte vage mit den Mundwinkeln. »Ich weiß nicht. Was sollte der für ein Motiv gehabt haben?«

»Keine Ahnung«, gab Oda zu. »Es geht mir nur um die Möglichkeit. Bramfeld hat gesagt, er habe Lorentzen eine Menge aus seinem eigenen persönlichen Bereich erzählt, Till hingegen sei verschlossen gewesen. Was, wenn Till irgendetwas von dem, was Bramfeld ihm im Vertrauen sagte, weitererzählen wollte? Was, wenn Lorentzen Bramfeld mit einer Sache erpressen wollte?«

»Das heißt, wir müssen auch Bramfelds Privatbereich genauer ins Visier nehmen. Denn es würde nur Sinn machen, dass Lorentzen Bramfeld erpresst, wenn er sich etwas davon erhoffte. Aber was sollte das sein?«, fragte Christine.

»Das kann Nieksteit herausfinden.« Oda zog einen Kaugummi aus ihrer Hosentasche und wickelte ihn aus. Christine schluckte leicht angeekelt bei diesem Anblick, obwohl der Kaugummi sicherlich noch einwandfrei war.

Inzwischen kaute Oda hingebungsvoll. »Bramfeld und Hartmann. Beide sind verheiratet. Wo wir aber grad so schön beim Brainstorming sind, können wir noch einen draufsetzen.« Sie griente. »Denn *last, but not least* haben wir Wiebke. Die stille, artige Wiebke, die einen gewaltigen Vorteil aus dem Tod ihres Bruders ziehen würde, wenn Ina Polke für diese Tat in den Bau geht.« Oda lehnte sich zurück und verschränkte die Arme vor der Brust.

***

Michael Winter hatte sich eine Menge Gedanken gemacht. Sämtliche Dinge im Kopf hin und her bewegt. Immer wieder Details beleuchtet, herangezoomt und neu betrachtet. Das, was als Resultat dabei herausgekommen war, gefiel ihm ganz und gar nicht. Und er hoffte, dass er sich irrte. Ob es so war, wollte er jedoch nicht allein herausfinden. Er wollte die Sache eleganter angehen, darum hatte er seine »Müllerin« gebeten, zu einer bestimmten Uhrzeit eine bestimmte Telefonnummer anzuwählen. Bis es so weit war, konnte er sich im Hofbräuhaus ein wenig verwöhnen lassen. Er kam gern zwischendurch mal hierher, um sich bei einer Maß und einer Kleinigkeit zu essen eine kurze Auszeit zu gönnen. Er liebte den Gastraum mit seinen großen rundbogigen Fenstern und den Metallschildern, mochte die Schlichtheit der Bestuhlung, die rot-weiß gemusterten Tischdecken, einfach die Atmosphäre. Auch wenn es immer voll war, diese Fülle, die unterschiedlichen Sprachen, die die Touristen mit hinein- und wieder herausschleppten, boten ihm eine Anonymität, die er durchaus zu schätzen wusste. Er warf einen Blick auf die Uhr. Julie sollte eigentlich längst da sein. Sie hatte allerdings zurückhaltend und ein wenig abweisend geklungen, als er sie vorhin angerufen hatte. Er spürte, dass sie sich ihm gegenüber anders verhielt als sonst. Hätte er sie mehr in Ruhe lassen sollen, statt sie täglich, zum Teil auch mehrmals am Tag anzurufen? Wenngleich sie bei den beiden ersten Treffen reserviert gewesen war, hatte sie Interesse gezeigt, war neugierig und wissbegierig gewesen. Doch schon am Ende des zweiten Treffens hatte ihn ein eigenartiges Gefühl beschlichen, das er nicht näher definieren konnte, das sich aber in den darauffolgenden Telefonaten verstärkt hatte.

»Hier hast du dich also versteckt.« Während sie noch durch seine Gedanken geisterte, stand Julie auch schon vor ihm. »Ich wollte schon fast wieder gehen. Hab eh nicht so viel Zeit.« Sie ließ sich ihm gegenüber auf die Holzbank gleiten.

»Nun entspann dich erst mal«, bat Winter. Am liebsten hätte er ihre Hand genommen, doch das traute er sich nicht, ihre Körperhaltung wirkte abweisend. Er winkte dem Ober, der auch gleich herbeigeeilt kam. »Lass uns eine Kleinigkeit essen, etwas trinken, und dann sieht die Welt schon wieder ganz anders aus«, sagte er.

»Mir reicht ein Raditeller mit Radieserl und Brot, dazu eine Russ'n Halbe«, gab sie ihre Bestellung auf.

»Und ich nehme ein dunkles Hofbräu und den Tafelspitz mit Apfelkren.« Winter reichte dem Ober die Tageskarte und warf verstohlen einen Blick auf die Uhr. Noch zehn Minuten.

Die Getränke kamen schnell, und auch das Gespräch mit Julie entwickelte sich lockerer, als es zunächst den Anschein gehabt hatte.

»Hast du deine Probleme inzwischen vom Tisch?«, fragte sie, und er hatte den Eindruck, als läge leichte Ungeduld in ihrer Stimme.

Er fing an zu erzählen, bemerkte jedoch, dass ihre Mundwinkel heruntersackten. »Ja. Alles im Griff, ich bin momentan dabei, die letzte ... nennen wir es Ungereimtheit klären zu lassen. Lass uns darauf anstoßen.« Er hob seinen Bierkrug. War sie wirklich nachdenklich, oder kam es ihm nur so vor? In dem Augenblick, in dem die Gläser aneinanderstießen, klingelte ein Telefon.

Julie griff in ihre Tasche, Winter sah auf die Uhr.

Auf die Sekunde genau.

Julie stand auf. »Entschuldige mich«, sagte sie und wollte sich vom Tisch entfernen, aber Winter umfasste ihr Handgelenk und hielt sie fest. »Du brauchst nicht zu gehen. Es wird meine Sekretärin sein.« Er drückte derart heftig ihren Arm, dass sie sich wieder setzte. »Los, nimm ab«, forderte er. »Und dann gib mir den Apparat.«

In diesem Moment lachte Julie ein kehliges Lachen. Er nahm ihr das Telefon aus der Hand. »Müllerin?« Als seine Sekretärin antwortete, nickte er blass.

Julie hatte sich wieder gesetzt. »Du hast reichlich lang gebraucht, um dahinterzukommen. Ich hatte wesentlich eher damit gerechnet. Hatte dich für pfiffiger gehalten.« Sie streckte amüsiert den Arm aus, und wortlos reichte er ihr das Handy zurück, das sie achtlos in ihre Tasche fallen ließ.

Nun, wo er Gewissheit hatte, fiel ihm wie Schuppen von den Augen, was er nach ihrem letzten Telefonat nur vage vermutet hatte. Es war irgendein Wort gewesen, das in ihm die Assoziation zu Julie weckte, das den Verdacht hatte keimen lassen, dass seine zarte, kleine, ihn bewundernde Julie die eisenharte Nummer eins war.

Er hatte es nicht glauben wollen. Und sich für den einzigen Weg entschieden, seinen Verdacht auszuräumen. Oder bestätigt zu sehen. Wie sich nun zeigte, war Letzteres der Fall.

»Trotzdem: gut erkannt.« Jegliche Zuneigung war aus ihrer Stimme verschwunden. Ja, das war eindeutig die Frau, die ihn in den letzten Tagen so drangsaliert hatte.

»Was soll das?«

»Wenn man einen neuen Job übernimmt, muss man sich über die Mitarbeiter informieren«, erklärte sie gelassen, während der Ober den Tafelspitz und den Raditeller brachte. Unbekümmert pikte sie eine Radieschenscheibe auf. »In meiner Position ist die Luft verdammt dünn. Da wirst du ausgetauscht, bevor du das Wort ›austauschen‹ überhaupt nur aussprechen kannst. Darum muss ich wissen, wer und wie die Kompetenzträger sind, die in der Rangfolge nach mir kommen. Wer ist zuverlässig?« Winter wollte sich auflehnen, aber sie sprach weiter, ohne ihm eine Chance zu lassen. »Wer erledigt die Aufträge zur Zufriedenheit, und wer ist überfordert? Vor allem aber«, nun machte sie eine kurze, wirkungsvolle Pause, »wer wird dir das Messer in den

Rücken stoßen? Das, lieber Michael, sind Dinge, die man selbst in Erfahrung bringen sollte. Da darf man sich auf keinen verlassen.«

»Julie.«

»Juliane. Bitte. Der Name Julie passte zu der kleinen Rechtsanwaltsgehilfin, aber nicht zu mir.«

Während Winter seinen Tafelspitz nicht anrühren mochte, weil sich ihm der Hals zusammenzog, verspeiste Juliane unbekümmert ihren Radi.

»Jetzt hör mir mal zu. Juliane.« Winter hatte die Faxen dicke. Wenn sie meinte, mit ihm spielen und umspringen zu können, wie sie es wollte, dann hatte sie sich getäuscht. Er war nicht das Weichei, für das sie ihn offenbar hielt. »Wenn du meinst, du hast hier das Oberwasser, dann bist du auf dem falschen Dampfer.« Langsam trank er einen Schluck Bier. »Du hast nur noch wenige Tage, bis das Ventil geöffnet sein muss. Ich aber bin der einzige Kontakt zur Raffinerie. Solltest du also annehmen, liebe Juliane«, er sprach ihren Namen bewusst provozierend aus, »du könntest als großer Zampano aus dieser Sache herausgehen, dann muss ich dich enttäuschen. Du kommst an mir nicht vorbei. Ohne mich gibt es keine Öffnung des Ventils, kein Einleiten in die Nordsee, nichts. Also überleg dir, wie du mit mir umgehst. Ihr braucht mich. Sonst könnt ihr euch euer Ultimatum an den Hut stecken.«

Er stand auf. Fischte aus seiner Sakkotasche einen Fünfzig-Euro-Schein und warf ihn auf den Tisch. Ein Zipfel des Geldscheins blieb im Apfelkren des nicht angerührten Tafelspitzes hängen. »Den Rest kannst du einstecken oder als Trinkgeld geben.« Mit diesen Worten verließ Winter das Hofbräuhaus.

Mittwoch

Wiebke erschrak, als sie das Zimmer im Reinhard-Nieter-Krankenhaus betrat. Bleich lag Agnes in den Kissen, man ahnte die Erhebung ihres Körpers unter der Decke mehr, als dass man sie sah. Erich saß an ihrem Bett. Sie waren allein in dem Raum, der offensichtlich für zwei Patienten gedacht war.

»Wie geht es ihr?«, fragte Wiebke leise und fasste ihren Onkel an der Schulter.

»Nicht gut. Tills Tod und die Beerdigung gestern, das war zu viel für sie.«

Wiebke nickte, ging auf die andere Seite des Bettes und streichelte Agnes' Hand. Vorsichtig, denn ein Schlauch ging vom Handrücken hoch zu einem Ständer, an dem Infusionsflaschen hingen. Dumpf erinnerte sich Wiebke daran, dass er den makaberen Namen »Galgen« trug.

»Wann kann sie wieder nach Haus?« Immer noch flüsterte sie. Warum schlief Agnes? Mitten am Vormittag?

»Sie bekommt beruhigende Medikamente«, erklärte Janssen, als hätte er ihre Gedanken gelesen. »Sie ist nicht ganz gesund, weißt du, da ist das nicht so einfach.«

»Was hat sie denn?« Wiebke sah ihn irritiert an. »Ist es was Schlimmes?«

Bevor Janssen antworten konnte, öffnete sich die Tür, und ein Tross Weißbekittelter trat herein. Wiebke stand auf, wollte gehen, aber ihr Onkel signalisierte ihr, dass sie sitzen bleiben sollte.

»Tja, Herr Janssen«, sagte derjenige, den Wiebke für den Oberweißkittel hielt, »das sieht nicht gut aus. Wie lang ist die letzte Therapie her?«

»Sechs Wochen.« Janssen räusperte sich. »Vielleicht auch ein paar Tage mehr.«

»Sie sagten, Ihre Frau hätte einen persönlichen Verlust zu verarbeiten gehabt?«

»Ja.«

Wiebke wollte schon das Wort ergreifen, als der Arzt weitersprach: »Sie müssen mit Ihrer Frau unbedingt und so schnell wie möglich wieder in die USA.«

Wiebke glaubte, nicht richtig zu hören. In die USA?

»Die Therapie tat ihr gut, aber die letzte Einheit ist augenscheinlich zu lang her. Wenn sie nicht schnell wieder behandelt wird, holt der Krebs zu einem Schlag aus, der final sein könnte.«

Wiebke sah Erich nicken. Sie selbst war vollkommen erstarrt. Was lief hier ab? Krebs? Final? Agnes war so krank, dass sie in den USA therapiert werden musste? Warum wusste sie das alles nicht?

Die Weißkittel gingen, und auch Erich erhob sich. »Ich bin gleich wieder da«, sagte er.

Wiebke nickte. Als sich die Tür hinter ihm schloss, streichelte sie die zarte Hand ihrer Tante, die schon fast durchscheinend und so dünn war. Agnes reagierte nicht. Monoton hob und senkte sich ihr Brustkorb, liefen die Tropfen aus den Ampullen durch den Schlauch in ihre Venen. Oder waren es Adern? Venen. Wiebke meinte, es seien Venen. Sie betrachtete ihre schlafende Tante, dann jedoch machte sie sich Sorgen um Erich. Wie ging es ihm? Wie wurde er mit alldem fertig? Warum hatte er nicht gesagt, dass er Unterstützung von Till und ihr brauchte? Wiebke stand auf und verließ das Zimmer. Auf dem Flur sah sie sich um. Wo steckte er? Sie lief ein Stück nach rechts Richtung Schwesternzimmer. Auch dort war er nicht zu sehen. Als sie wieder zurück zu Agnes wollte, sah sie ihn durch die Tür im hinteren Flur stehen. Sie lief hin. Wollte für ihn da sein. So wie er all die Jahre nach dem Tod der Eltern für Till und sie da gewesen war.

Wiebkes Onkel stand mit dem Rücken zur Treppenhaustür. Er bemerkte nicht, dass Wiebke ebenfalls in den Flur trat, sicherlich vermutete er sie noch immer bei Agnes.

»Nein. Darauf lasse ich mich nicht ein«, sagte er vehement in sein Handy. Aus einem Impuls heraus verharrte sie leise in der Tür.

»Wenn Sie meiner Frau nicht in den nächsten zwei Tagen den Flug in die USA und die nächste Therapie verschaffen, dann können Sie sich ihre Öleinleitung sonst wohin stecken!«

Wiebke schluckte. Was war das?

Der Gesprächspartner schien etwas zu sagen, was ihrem Onkel nicht gefiel, denn er schüttelte den Kopf. »Hören Sie auf. Entweder sitzt Agnes übermorgen im Flieger und kriegt die Behandlung, oder Sie stehen am Samstag mit leeren Händen da. So einfach ist das.« Erich legte auf, drehte sich um und wurde schlagartig blass. »Wiebke.«

In ihrem Gehirn ratterte alles durcheinander. Wie bei einem dieser Flipperautomaten in Kneipen, wo man einen Hebel zog, eine Kugel losschoss und versuchen musste, sie so lang wie möglich im Rennen zu halten. Auch Wiebke versuchte, ihre Gedanken nicht zu verlieren, die Massen auf die Reihe zu bringen, die gerade auf sie einstürmten. Dennoch konnte sie nicht verhindern, dass ihr ein Teil davon spontan herausrutschte:

»Du warst das mit dieser Ölsache. Du warst das, der manipuliert hat. Du. Nicht Dieter.« Die Bestürzung drang immer tiefer in ihr Bewusstsein. »Du hast Till auf dem Gewissen.«

Als sie in das erstarrte Gesicht ihres Onkels sah, wusste sie, dass sie recht hatte. Automatisch drehte sie sich um. Lief los. Ohne Rücksicht auf den Krankenhausbetrieb rannte sie über den langen Flur. Zurück zum Haupttreppenhaus. Weg. Bloß weg. Atemlos eilte sie die Stockwerke hinab.

***

Erich Janssen sah Wiebke davonlaufen. Er musste ihr nach. Doch vorn im Zimmer lag Agnes. Was, wenn sie inzwischen aufgewacht war?

Er musste verhindern, dass Wiebke zur Polizei ging.

Was würde Agnes denken, wenn sie seine Jacke über dem Stuhl sah, ihn aber nicht?

Er fühlte sich überfordert. Agnes. Wiebke. So schnell würde sie sicher nicht zur Polizei gehen. Sie würde erst überlegen. Agnes. Er musste zu ihr. Dann würde er sich um Wiebke kümmern. Sie würde ihn verstehen. Wenn nicht … Das konnte er sich dann überlegen. Er öffnete die Tür des Krankenzimmers. Agnes war wach.

»Sei mir nicht böse, Liebes, ich muss schnell fort. Bin zurück, sobald ich kann.« Er küsste sie auf die Stirn.
»Der Betrieb?«
»Ja.«
Als er auf dem Flur war, griff er erneut zum Telefon.

***

Michael Winter blickte genervt zum Handy, das nun schon wieder läutete. Dabei hatten sie doch gerade alles besprochen.
»Wiebke. Meine Nichte«, hörte er seinen V-Mann kurzatmig sagen. »Sie hat das Telefonat mitbekommen. Sie weiß jetzt alles. Sie müssen für mich und meine Frau einen Flug in die USA buchen. Übermorgen müssen wir in der Klinik sein. Ich brauche die Bestätigung, dass man meine Frau dort langfristig therapieren wird. Dann und nur dann ermögliche ich Ihnen den uneingeschränkten Zugang zur Raffinerie. Dann können Sie selbst so viel Öl in die Nordsee fließen lassen, wie Sie wollen. Wenn Sie mir die Behandlungsgarantie für meine Frau geben.« Der Mann war völlig von der Rolle.
»Lassen Sie mich das noch einmal zusammenfassen: Ihre Nichte ist die Schwester von Till Lorentzen. Und die weiß nun über Ihre Rolle beim Tod ihres Bruders Bescheid. Wenn ich Sie richtig verstehe, befürchten Sie, dass sie die Polizei verständigt? Und Sie aus dem Verkehr zieht?«
»Herrgott noch mal, das hab ich doch grad gesagt!«
»Und wie wollen Sie mir den Zugang zur Raffinerie ermöglichen, wenn Sie in den USA sind?«
»Ich habe das Programm zum Überwinden der Barriere auf einer CD gespeichert.«
»Wie komme ich da ran?«
»In dem Augenblick, in dem ich das Ja der Klinik habe, schicke sie Ihnen. Also beeilen Sie sich. In Ihrem eigenen Interesse!«

***

Christine warf einen Blick auf die Uhr. Es war schon halb elf, sie musste endlich Wiebke anrufen. Da war noch einiges, was sie Wiebke fragen musste, gerade im Hinblick auf Hartmann und Bramfeld. Am Abend vorher hatte sie sie nicht mehr damit behelligen wollen, immerhin hatte sie die Beerdigung ihres Bruders zu verkraften. Außerdem hatte Christine noch einmal gründlich überdenken wollen, worüber sie und Oda nachgedacht hatten, bevor sie mit Wiebke darüber sprach. Doch nun war es an der Zeit. Sie griff zum Telefon und wählte die Nummer von Lorentzens Wohnung, als Lemke den Kopf hereinsteckte. Christine legte wieder auf.

»Nieksteit hat endlich den Zugang zu Lorentzens zweitem Mail-Account geknackt. Hierüber hat er Unterlagen über das Sorgerecht unverheirateter Väter von anderen Betroffenen erhalten, mit denen er wohl über ein Forum in Kontakt kam. Außerdem hat er eine Art Tagebuch geführt. Über seine Bemühungen, Ina zurückzugewinnen. Jede kleine, jede kleinste Reaktion ihrerseits hat er auch notiert. Er hat aufgeschrieben, wann sie ihn angerufen hat und umgekehrt, sogar wie lange die Telefonate dauerten, hat er akribisch aufgelistet. Irre. Wenn du mich fragst, ist das ein wenig krank.«

»Danke. Wann krieg ich die Details?«

»Nachher. In der Konferenz. Ich wollt's nur mal eben gesagt haben.« Schon schloss er die Tür wieder hinter sich. Akkurat und leise, wie es seine Art war. Nieksteit hätte die Tür einfach zugezogen. Genau wie Oda. Erneut wählte Christine die Nummer von Till Lorentzens Wohnung. Niemand nahm ab. Dann eben über das Handy. Doch dort war besetzt.

***

Wie von Furien gehetzt, rannte Wiebke die Treppen hinunter. Verdammt, dauerte das lang. Sie hörte ihren eigenen Herzschlag im Ohr. Übertönte er Erichs Geräusche? War er hinter ihr? Versuchte er, sie aufzuhalten? Sie wagte nicht, sich umzudrehen. Rannte weiter. Acht Stockwerke tief. Nur einen kurzen Moment hielt sie vor der Tür inne. Bodennebel war aufgezogen. Ein bizarres Bild. Passte zur Situation. Wiebke warf einen kurzen Blick zurück. Von Erich war nichts zu sehen.

Gut. Sie atmete kurz erleichtert aus, zog ihr Handy aus der Tasche und schaltete es wieder ein.

Christine. Dieter. Sie musste ihnen Bescheid sagen. Dieter musste dafür sorgen, dass Erich an keine Schaltstelle mehr kam. Bei Christine war besetzt. Sie eilte die Auffahrt des Krankenhauses hinunter zu den Parkplätzen. Dieter nahm nach dem dritten Läuten ab.

»Ich weiß jetzt, wer schuld an Tills Tod ist«, keuchte sie atemlos. »Dieter, es ist Erich! Wo steckst du, können wir uns treffen?«

Wiebke hatte den Parkplatz erreicht. Ein Mann lehnte an ihrem Auto. Schwarz gekleidet. Sie kannte ihn nicht.

»Ich muss jetzt auflegen, da lehnt wer an meinem Auto«, sagte sie und drückte die Aus-Taste ihres Telefons. Ärgerlich sah sie, dass es sich wieder einmal ganz ausschaltete. Scheiß-Telefon! Sie ließ es in ihre Jackentasche gleiten und ging auf ihren Golf zu. Wartete der Typ auf sie? Hatte er die alte Rostlaube vielleicht angefahren? Das fehlte grad noch. Irgendwie kam er ihr vage bekannt vor. War er vielleicht gestern auf Tills Beerdigung gewesen? Was machte er hier?

»Ja?«, fragte sie nicht gerade freundlich.

»Sie kennen mich nicht, Frau Lorentzen. Doch das tut nichts zur Sache. Ich kenne Sie. Über Ihren Bruder. Und wenn ich jetzt sehe, wie aufgelöst Sie sind, vermute ich, Sie wissen inzwischen Bescheid.« Er stieß sich vom Wagen ab. Stand vor ihr. Ein wenig zu nah.

»Worüber Bescheid?« Sie trat einen Schritt zurück.

»Über ihn.« Der Unbekannte deutete gelassen die Auffahrt hinauf, die Erich Janssen jetzt genauso atemlos hinabrannte wie eben sie.

»Wiebke.« Er brüllte ihren Namen. »Warte!« Er kam näher. Ihr Blick schnellte zurück.

»Schnell, steigen Sie ein«, forderte sie den Unbekannten auf.

***

Jetzt war das Handy aus. War Wiebke bei ihrer Tante? Es gab garantiert eine Menge Dinge zu erledigen und zu regeln. Sie würde nicht lange von Langeoog fernbleiben wollen und brauchte hier vor Ort natürlich jede unterstützende Hand. Wer lag da näher als die lieben Verwandten? Aus dem Telefonbuch suchte Christine Erich und Agnes Janssens Nummer. Aber auch dort meldete sich niemand. Wo trieb Wiebke sich nur rum? Langsam wurde Christine ungeduldig. War sie vielleicht zum Friedhof gegangen, um ihrem Bruder dort noch einmal nah zu sein, obwohl er ja erst in den nächsten Tagen verbrannt werden würde? Janssen würde wissen, wo sie sich aufhielt. Christine wählte die Nummer der Raffinerie.

Ein paar Minuten später starrte sie nachdenklich auf den Kaktus, der einsam, aber unverdrossen auf der Fensterbank ihres Büros stand. Janssens Frau lag im Krankenhaus, er war wohl bei ihr, sie sei gestern bei der Trauerfeier zusammengebrochen, hatte Janssens Sekretärin gesagt. Wiebke wird folglich im Krankenhaus sein, vermutete Christine. Und Handytelefonate waren in Krankenhäusern nicht gern gesehen. Außerdem kam es auf eine Stunde jetzt auch nicht an. Sie würde es eben später noch einmal versuchen. Als Nächstes stand der Name Dieter Hartmann auf ihrer To-do-Liste. Sie hatte sich von Janssens Sekretärin direkt zu ihm durchstellen lassen wollen und bei der Gelegenheit erfahren, dass Hartmann erst am Abend Schicht hatte. Also musste sie ihn zu Hause anrufen.

Es klingelte. Bestimmt schon acht Mal. Christine wollte gerade wieder auflegen, als ein gehetztes »Hartmann« aus dem Hörer kam.

Christine meldete sich und spürte die Erleichterung am anderen Ende der Leitung.

»Frau Cordes? Gut, dass Sie dran sind. Dieter hat grad angerufen. Er war ganz hektisch. Es ist irgendwas mit Wiebke Lorentzen. Was Dringendes, er war völlig aufgedreht. Ich habe keine Ahnung, worum es geht. Aber es scheint furchtbar wichtig zu sein. Ich habe Angst um meinen Mann, Frau Cordes.«

»Wo ist er denn hin?«

»Das weiß ich doch nicht! Er hat nur gesagt, dass Wiebke angerufen hat und ihn dringend treffen will. Es geht um Till und die Raffinerie oder so. Ach, ich weiß es doch nicht.«
Christine hörte ein Schluchzen.
»Geben Sie mir doch mal die Handynummer Ihres Mannes und das Autokennzeichen. Ich werde veranlassen, dass man nach ihm sucht.« Mit diesen Worten war schon so mancher aufgeregte Anrufer zu beruhigen gewesen. Natürlich schrieb Christine die Angaben mit, doch noch sah sie keinen Grund, tatsächlich Weitergehendes zu veranlassen. Dennoch war Annette Hartmann ruhiger geworden. Dies war die Gelegenheit, denn immer noch war Annette Hartmann aufgewühlt, und Christine konnte an dieser Stelle anknüpfen, ohne das Terrain erst vorzubereiten. Während sie die Hartmann zum Reden animierte, schickte sie Oda eine SMS: »Komm sofort rüber!«

***

Wiebke bog rechts vom Krankenhausparkplatz ab. »Ich brauche Luft. Muss ans Wasser. Ist das in Ordnung für Sie?« Sie warf einen Blick in den Rückspiegel. Erich war nicht zu sehen. Gott sei Dank. Wo hatte er seinen Wagen geparkt? Egal, sie drückte das Gaspedal durch.
»Ist okay«, sagte ihr Beifahrer gelassen.
»Woher wissen Sie das über Erich?« Wieder warf Wiebke einen Blick in den Rückspiegel. Nichts. Ihre Nerven lagen blank. Sie war völlig aufgelöst.
»Ist mein Job«, sagte er knapp.
»Sind Sie von der Raffinerie, oder hat mein Bruder Sie engagiert?«
Er schwieg.
»Wenn ich das gewusst hätte. Ausgerechnet Erich.«
Als hätte Wiebke eine Fernbedienung im Auto, sprangen alle Ampeln auf Grün. Schon hatten sie den Banter Weg hinter sich gelassen und fuhren über die Rüstringer Brücke.
»Ich hab ihm vertraut. Er war wie ein Vater für Till und mich«,

brach es aus Wiebke heraus. Immer noch waberte Nebel über den Boden. Von oben begann die Sonne ihre Strahlen zu schicken. Die von Bäumen gesäumte Industriestraße führte geschwungen wie eine Schlange Richtung Deich. Wiebke musste das Tempo drosseln. »Warum? Können Sie mir das erklären?« Sie warf dem Mann auf dem Beifahrersitz einen gehetzten Blick zu.

»Gleich«, sagte er einsilbig.

Hinter dem Segelclub, in der Kurve, bremste sie scharf und hielt am Straßenrand. »Ich brauche Luft!« Mit diesen Worten sprang sie aus dem Auto. Die untere Grenze des Deiches war mit Drahtzaun eingegrenzt. In der Mitte, wo es zur Treppe ging, gab es ein Tor. Es quietschte, als Wiebke es aufstieß. Sie lief nach oben. Schafe, braun, weiß, gefleckt. Links und rechts. Das Meer heute dramatisch hoch. Die Salzwiesen überflutet. Die Sonne quälte sich nur langsam in einem eigentümlichen Licht durch den Nebel. Wie auf einer Postkarte. Alles war so irreal. Doch Wiebke spürte, wie sie in diesem Augenblick ein wenig von ihrer Bodenhaftung zurückerhielt. Alles würde sich klären. Sie spürte eine Hand auf ihrer Schulter. Der Unbekannte. Was war nur in sie gefahren, ihn einfach so mitzunehmen? Wer war er? Warum hatte er an ihrem Auto gewartet? Was wollte er von ihr? Sie sah das kalt lächelnde Gesicht. Spürte die Hand wie eine Klammer auf ihrer Schulter.

»Sie machen es mir leicht«, sagte er.

Nie da gewesene Angst sprang Wiebke an.

***

Leise schloss Oda die Tür. Christine drückte die Lautsprechertaste an ihrem Telefon.

»Nein«, sagte Annette Hartmann in diesem Augenblick, »Dieter hat kein Verhältnis mit Ina Polke. Das weiß ich ganz genau.«

»Frau Hartmann, ich habe gerade auf Lautsprecher gedrückt, denn meine Kollegin ist jetzt mit im Zimmer. Ist das in Ordnung? Für uns ist es besser, wenn wir Sie beide hören können.«

»Natürlich. Ich hab ja nichts zu verbergen.«
»Danke«, sagte Christine. »Aber ich habe Sie unterbrochen. Wir waren bei Ina Polke und deren Verhältnis zu Ihrem Mann.«
»Wie gesagt, da war kein Verhältnis. Jedenfalls nicht so, wie Sie es glauben. Dieter hat Ina beschützt, nachdem er erfahren hatte, was zwischen den beiden wirklich gelaufen ist.«
»Was ist denn da gelaufen?«
»Dieter war ganz fertig, als er das in der Gänze begriffen hat. Till hat nach außen hin ja so getan, als ob alles wunderbar und gut sei, als ob Ina nur eine Krise hatte. Und es deshalb vorübergehend zur Trennung kam. Aber Ina hat Dieter andere Dinge erzählt.«
»Was für Dinge waren das, und woher wusste Ihr Mann, dass das, was Ina Polke sagte, auch stimmte?«
»Sie hat auch mit mir darüber gesprochen. Mein Mann hat ihr dazu geraten, er dachte, dass es ihr helfen würde, ihre Sorgen mit einer weiblichen Bezugsperson zu teilen. Ina hat sich schuldig gefühlt an dem, was Till mit ihr gemacht hat. Das typische Opferverhalten eben. Es ist zum Kotzen! Da tun Männer Frauen Dinge an, und wer sich hinterher schlecht fühlt, sind die Frauen.«

Oda reagierte skeptisch. »Uns gegenüber hat Frau Polke nichts dergleichen erwähnt.«

»Ich weiß. Ina hat mich angerufen, nachdem Sie bei ihr gewesen waren. Wir beide haben lange miteinander telefoniert. Ich hab ihr gesagt, dass es okay war, nichts davon zu sagen. Denn welche Frau gibt schon gern solche Details preis? Vor allem, wo sie nichts mit Tills Tod zu tun hat.«

»Inwieweit können Sie das denn für Frau Polke beurteilen?«, wollte Christine wissen.

»Die Dinge, von denen Ina mir erzählt hat, passten in das Muster, das Till zum Teil an den Tag legte. Da war diese ständige Kontrolle. Dieter sagte mir mal, wenn er mich so oft anrufen würde wie Till Ina, dann hätte ich ihn sicherlich schon längst rausgeschmissen. Doch damals schob er dieses ständige Hinterhertelefonieren auf den starken Grad der Verliebtheit. Und er hat sich ja auch nicht permanent für Tills Privatleben interessiert. Als ihn aber Ina nach der Trennung um Hilfe bat, da kam plötzlich eines zum anderen. Wie in einem Puzzle eben.«

»Damit haben Sie aber meine Frage nicht beantwortet. Woher wollen Sie wissen, dass Frau Polke nichts mit Lorentzens Tod zu tun hat?«, hakte Oda nach.

»Ina kann nichts damit zu tun haben. Till ist Merles Vater. Sie hätte ihm allein deswegen nichts angetan. Doch wenn Sie so fragen ... Natürlich weiß ich es nicht wirklich.« Annette Hartmann klang unsicher. »Aber ich weiß, dass Dieter sich Sorgen um sie machte. Er hatte grad das Buch eines Profilers gelesen, in dem auch ein Kapitel über Beziehungstaten abgehandelt wird, und sagte zu mir, da träfe einiges auf Till zu.«

»Was ja nicht stimmen muss«, bezweifelte Christine.

»Natürlich nicht.«

»Darf ich Sie etwas Persönliches fragen?« Christine wusste, sie lehnte sich mit der kommenden Frage weit aus dem Fenster.

»Fragen Sie, ich werde dann entscheiden, ob es zu persönlich ist«, antwortete Annette Hartmann spürbarer reserviert.

»Wir hörten, dass Sie Tabletten nehmen müssen. Dass Ihr Mann sie teilweise auch telefonisch dazu aufforderte. Wie gesagt, das alles frage ich nur vor dem Hintergrund von Till Lorentzens Tod. Können Sie uns verraten, was das für Tabletten sind? Mir ist aufgefallen – nehmen Sie mir das bitte nicht übel –, dass Sie auf den Fotos in Ihrem Wohnzimmer, die noch nicht so alt zu sein scheinen, mindestens zwanzig Kilo weniger wiegen als heute. Sind Sie krank? Hängt alles, auch das Verhalten Ihres Mannes, der, wie ein Kollege sagte, sehr besorgt um Sie zu sein scheint, mit einer Krankheit zusammen?«

Christine fragte sich, was denn wäre, wenn Annette Hartmann nicht mehr lang zu leben hätte. Würde sie wegsehen, wenn sich ihr Mann einer anderen Frau zuwandte, das vielleicht sogar unterstützen? Damit er nach ihrem Tod nicht allein war?

Am anderen Ende der Leitung wurde es still.

Nach einigen Sekunden fragte Oda: »Frau Hartmann? Sind Sie noch da?«

Schweigen. Nicht einmal die Leitung rauschte.
»Frau Hartmann?«
»Krank ist nicht das richtige Wort.« Frau Hartmanns Stimme war brüchig. »Ich bin das Opfer einer Vergewaltigung. Als es geschah, sah ich so aus wie auf den Bildern, die Sie meinen. Es war ... es bleibt furchtbar. Und immer noch glaube ich, einen gewissen Anteil Schuld daran zu haben. Obwohl mein Psychotherapeut hart daran arbeitet, mir das auszureden. Deshalb war ich für Ina als Gesprächspartnerin auch so wichtig. Sie weigerte sich wegen Merle, professionelle Hilfe in Anspruch zu nehmen.«
Annette Hartmann lachte ein kurzes, bitteres Lachen. »Ich kann keine Kinder kriegen seitdem. Dieter liebt mich trotzdem. Ich habe in mich hineingestopft, was ich essen konnte, damit keiner mich mehr attraktiv findet. Auch für Dieter war es nicht leicht. Aber er stand zu mir. Ich gönn ihm den Kontakt mit Merle und Ina, er liebt Merle so wie die Tochter, die wir gehabt hätten. Denn ich war mit einem Mädchen schwanger, als ich vergewaltigt wurde. Aber es kam zu einer Fehlgeburt. Ich glaube nicht, dass Sie sich vorstellen können, was das bedeutet. Dieter jedenfalls hält zu mir und erinnert mich oftmals an die Medikamente, die ich zur seelischen Stabilisierung leider immer noch nehmen muss.«
Das war harter Tobak. Christine sah Oda an, die genauso erschüttert wirkte.
Ein Handy klingelte. Sofort zückten die beiden ihre Apparate. »Entschuldigung«, hörten sie Annette Hartmann sagen. »Das ist Dieter.« Sie meldete sich.
Annette Hartmann schien den Hörer vom Festnetztelefon nur beiseitegelegt zu haben, denn Christine und Oda konnten das Gespräch verfolgen.
»Annette, ich kann Wiebke nicht erreichen! Sie wollte hierher zum Ehrenfriedhof kommen, weil ich ja eh im Büro bin, aber sie ist noch nicht da. Dabei müsste sie längst hier sein! Und das Handy scheint aus zu sein, da geht immer sofort die Mailbox ran.«
»Bleib mal ganz ruhig, Dieter«, hörten sie Annette Hartmann sagen. »Wie lange hätte Wiebke denn gebraucht, um zu dir zu kommen? Vielleicht taucht sie jeden Moment auf?«

»Ich hab Angst um sie, Annette! Sie war völlig aufgelöst am Telefon. Und sie hat gesagt, sie weiß jetzt, dass Erich Schuld an Tills Tod ist.«

»Das kann ich mir nicht vorstellen.«

»Ich auch nicht, aber auch ihn erreiche ich nicht. Wiebke war im Krankenhaus, bei Agnes. Sie sagte, da lehne wer an ihrem Auto, als sie völlig außer Puste bei mir anrief. Was, wenn sie recht hat? Wo kann sie nur stecken?«

»Hör mal, ich hab am Festnetz grad die Polizei. Ich sag denen, was du mir gesagt hast. Die werden Wiebke bestimmt finden. Warte einfach noch ein bisschen. Vielleicht gibt es auch eine harmlose Erklärung?«

»Nein. Das glaube ich nicht.« Resignation klang aus Hartmanns Stimme. »Aber okay. Ich warte noch. Du erklärst alles der Polizei! Mach es dringend! Ich warte noch. Wenn Wiebke kommt, ruf ich sofort an.«

»Gut. Bis später.« Annette Hartmann gab ihrem Mann einen Kuss durchs Telefon und nahm den anderen Hörer wieder auf.

»Sie haben das Gespräch verfolgt?«, fragte sie.

***

Die Sonne gewann mehr Kraft, schimmerte wie ein silberner Ballon am immer noch nebligen Himmel. Wiebke nahm das nicht wahr. Angst hatte sie von oben bis unten im Griff. Ihr war kalt. Der Mann schwieg. Seit seinem letzten Satz, sie habe es ihm leicht gemacht.

»Was?«, hatte sie gefragt. Doch er hatte nur gelächelt. Sie wollte sich nicht einschüchtern lassen. Wollte an ihm vorbei zum Auto. Sein Griff war wie eine Schraubzwinge.

»Nein.« Mehr hatte er nicht gesagt. Es gab kein Entkommen. Die Schafe weideten unbekümmert neben ihr. Niemand war in der Nähe, den sie zu Hilfe rufen konnte.

»Rufen Sie Janssen an«, forderte er plötzlich. »Er soll herkommen.« Ein Lächeln huschte über sein Gesicht, das ihn augenblicklich und vollkommen unmotiviert sympathisch machte. Wiebke merkte, dass sie ebenfalls mit einem Lächeln reagierte. War er vielleicht doch auf ihrer Seite? War ihre Angst überflüssig?

***

»Ich versuch noch mal, Wiebke anzurufen«, sagte Christine, nachdem das Gespräch mit Frau Hartmann beendet war. »Vielleicht hat sie ihr Telefon ja wieder eingeschaltet, und es ist nicht so schlimm, wie Hartmann und seine Frau befürchten.«
»Ich lass mir Janssens Handynummer geben.« Oda glitt von der Kante des Schreibtisches und schnappte sich Christines Festnetzapparat, während Christine die Wahlwiederholungstaste ihres Handys drückte. »Besetzt.« Sie drückte erneut die Wahlwiederholung.
»Bei Janssen auch. Was geht da vor? Telefonieren die miteinander? Wenn ja, warum? Wo stecken die? Wenn es wirklich Janssen war, der Till Lorentzen getötet hat, und der nun weiß, dass Wiebke weiß, dann steckt sie vielleicht grad in einer verdammt beschissenen Situation.« Oda kratzte sich an der Wange.
»Es käme hin«, überlegte Christine. »Janssen hat als Sicherheitschef garantiert Zugang zu allen Systemen. Er könnte das Leck veranlasst haben. Aber auch hier die Frage nach dem Warum?«
»Es gibt doch überhaupt keinen Grund! Wir haben nicht mal ansatzweise ein Verdachtsmoment gegen ihn gehabt. Vielleicht hat Wiebke sich geirrt.«
»Wenn nicht, könnte sie in Gefahr sein.«
»Handyortung?«, fragte Oda.
»Ja.«
»Du Wiebke, ich Janssen?«
»Ja.« Schon griffen sie wieder zu den Telefonen.

***

Erich Janssen hatte den Kopf auf den Lenker gelegt. Er war am Ende. Hatte keine Kraft mehr. Ob das am Alter lag? Immerhin ging er auf die sechzig zu. Oder war es emotional? Er tippte auf Letzteres. Zu viel war in den vergangenen Monaten auf ihn eingestürmt. Agnes, Till, Wiebke ... Er konnte nicht mehr. Aber er musste durchhalten. Für Agnes. Er würde mit ihr in die USA fliegen. Dort bleiben. Bis der Krebs entweder besiegt war oder selbst gesiegt hatte. Winter würde ihm die Ausreisemöglichkeit besorgen. Er musste. Auch für ihn stand viel auf dem Spiel. Für Janssen gab es nur eines: raus hier. Agnes zur Therapie bringen und gemeinsam mit ihr das Ende erleben. Wann immer es auch kam. Dass er mit seinem Leben hier in Deutschland schon vor Monaten, mit Beginn der Therapie in Amerika, abgeschlossen hatte, wurde ihm in diesem Augenblick bewusst.

Ein Handy klingelte. Winter? Er griff nach dem Telefon, registrierte aber im selben Augenblick, dass es sein normales Handy war.

»Wiebke! Was bin ich froh, dass du anrufst!« Sein Adrenalinspiegel machte Luftsprünge. »Warum bist du weggefahren? Und wer war der Mann?«

»Ich war durcheinander«, sagte Wiebke nach einer kurzen Pause, die ihn zunächst etwas irritierte. Dann aber vermutete er, dass auch sie inzwischen alles hatte sacken lassen müssen. »Kannst du zum Deich kommen? Ich bin hinten, die Industriestraße runter, am Segelclub vorbei. Da warte ich auf dich.«

»Bist du allein?«

Wieder eine kurze Pause. Dann sagte sie: »Ja«, und legte auf.

**

»Gut gemacht.« Der Unbekannte zog Lederhandschuhe aus seiner Jackentasche, die wie maßgefertigt aussahen. »Dann werden wir mal warten, bis Ihr Onkel erscheint. Bin gespannt, was er zu unternehmen gedenkt, wenn er Sie hier sieht. Ich sollte mich ein wenig verdeckt halten. Damit ich Sie schützen kann, falls er auch Ihnen gegenüber handgreiflich wird.« Er streifte die Handschuhe über.

»Sie glauben ...« Wiebke konnte es nicht aussprechen.

»Ich weiß«, sagte er überzeugt.
Wiebke begann heftig zu zittern.

***

»Dann geben Sie mir gefälligst jemanden, der dafür zuständig ist«, verlangte Oda lautstark, nachdem der Typ des Mobilfunknetzes, bei dem Janssen Kunde war, unnötige Zicken machte.
»Nach Paragraf 33 b und c des Niedersächsischen Gesetzes über die öffentliche Sicherheit und Ordnung sind Sie verpflichtet, mir Auskunft zu erteilen, wenn Gefahr für Leib und Leben besteht. Also rücken Sie schon raus damit! Ein Fax der Leitstelle mit den entsprechenden Regularien geht Ihnen in den nächsten zehn Minuten zu.« Oda hatte Oliver Kamphuis bereits benachrichtigt.
»Ja. Ich warte.«
Sie trommelte mit den Fingern auf Christines Schreibtisch herum und hörte, dass auch Christine Wiebkes Provider die Paragrafen des SOG aufsagte.
Nach dreißig Minuten war Christines Büro überfüllt. Sie und Oda warteten ungeduldig auf die Daten der Provider. Die Zeit lief davon. Kamphuis war zusammen mit Lemke und Nieksteit hereingekommen, und Siebelt füllte als lebende Tür den Rahmen.
Alle lauerten angespannt. Man hörte nur Atmen. Die Raumluft wurde zunehmend schlechter. Christine sieht schon ganz blass um die Nase aus, dachte Oda. Hoffentlich macht die nicht noch nen Klappmann. Immer noch war es still auf der anderen Seite der Leitung. Dass die Verbindung noch bestand, merkte man lediglich anhand einiger Geräusche.
»Das Fax ist da. Es wurde überprüft. Okay ... einen Moment ...«
»Ich hab sie«, sagte Christine laut. »Bentstraße, Ecke Anton-Dohrn-Weg. Also am Deich.«
»Janssen ist ganz in der Nähe und in Bewegung, vielleicht fährt er zu ihr. Wenn Wiebkes Vermutung stimmt, braucht sie möglicherweise unsere Hilfe. Also los!«, ergänzte Oda.

»Ruft sie noch mal an«, sagte Siebelt von der Tür her. »Vielleicht ist alles doch ganz harmlos.« Sowohl Oda als auch Christine wählten die entsprechende Nummer. Doch weder Wiebke noch Janssen nahmen das Gespräch an.

***

»Was ist, wenn er sieht, dass ich nicht allein bin?«, fragte Wiebke. Die Sonne hatte es nicht geschafft, Nebel und Kälte zu vertreiben, hier oben auf dem Deich jedoch war es klar, milchig waberte es nur am Boden. Sie fror. Der Mann neben ihr zeigte keine Reaktionen.

»Machen Sie sich darüber keine Gedanken. Er wird hochkommen.«

Wiebke schlang sich die Arme um den Oberkörper. Von fern hörte sie ein Motorengeräusch.

»Wenn er aussteigt und uns sieht, laufen wir langsam zum Wasser runter«, sagte der Mann.

Sie strengte sich an, um den Wagen zu erkennen. Es war wirklich Erich. Seit sie hier waren, war kein anderes Auto vorbeigefahren. Warum hatte sie unbedingt an diese einsame Stelle gewollt?

Erich stieg aus. »Wiebke!«, rief er.

Der Mann fasste sie am Arm. Zog sie den Deich hinunter.

»Wiebke! Bleib stehen! Verdammt.«

Sie hörte Erich keuchen. Ließ sich vom Fremden mitziehen.

***

Fitzner hörte Janssens Keuchen, noch bevor er ihn oben auf der Deichkrone sah. Vor einer Woche waren die Positionen umgekehrt gewesen. Da war er allein oben auf dem Deich und Janssen lief mit Lorentzen unten. Das war nur ein paar Meter weiter zurück gewesen. Und auch in Kürze wäre er wieder derjenige, der von oben auf das Geschehen herabsah. Janssen hatte keine Chance.

Es hatte ihn nicht einmal zehn Minuten gekostet, in Janssens ungesichertes Haus einzusteigen. Mit einem dünnen Herrenschal, einem Ausbeinmesser aus der Janssen'schen Küche und einer CD in der Jackentasche hatte er es wieder verlassen. Mehr brauchte er nicht.

Er wartete, bis er bei ihnen war. Die kleine Lorentzen war nervös. Wusste nicht, wer wer war in diesem Spiel. Pech für sie. Gleich würde sie es erfahren. Sie fror, die Kleine. Nicht mehr lange.

»Schön, dass Sie da sind, Janssen«, sagte Fitzner jetzt lächelnd. Janssen runzelte die Stirn. Sicher fragte er sich, woher er seinen Namen kannte. »Ich soll Sie schön grüßen. Die Flugtickets liegen bereit. Die Klinik ist informiert. Es geht Samstag los, direkt nachdem Sie Ihren Job erledigt haben.«

Janssen sah ihn irritiert an. Langsam begriff er. Dann streckte er sich. »Nicht Samstag. Übermorgen. Freitag.Ich muss weg sein, wenn Sie den Ballon platzen lassen. Agnes muss in Sicherheit sein.« Janssen starrte ihm in die Augen. Er starrte zurück. Bemerkte im Augenwinkel, dass die Kleine versuchte, sich abzusetzen.

»Hiergeblieben«, herrschte er sie an, war mit einem Satz bei ihr und griff ihr so in den Arm, dass sie vor Schmerz aufschrie.

**

»Da! Die beiden Autos. WTM, das muss Wiebkes Auto sein. Der andere Wagen wird Janssen gehören.« Oda hätte Christine am liebsten ins Lenkrad gegriffen. Doch die stieg von sich aus in fast schon Wagner'scher Manier in die Eisen. Hielt knapp neben dem BMW. Sie hasteten aus dem Wagen. Hinter ihnen hielten weitere Einsatzfahrzeuge.

»Irgendwo hier müssen sie sein.« Oda wies den Streifenbeamten den Weg über die Straße zum Banter See. »Ihr geht Richtung Angler.« »Und Ihr geht rechts«, befahl sie dem Team des zweiten Einsatzwagens. »In den Mischwald. Wir gucken über den Deich.«

Christine blickte sie skeptisch an. »Meinst du, er macht es so offen?«

»Hier ist doch keine Sau. Nicht um diese Jahreszeit. Hinterm Deich guckt schon mal gar keiner. Los.« Oda warf einen Blick auf Christines Schuhwerk, das allerdings inzwischen den hiesigen Verhältnissen angepasst war. Zwar noch mit Absatz, aber mit einem, auf dem auch Oda zur Not ein paar Schritte hätte gehen können. Christine hielt problemlos mit, als sie auf das Metallgatter zuliefen.

***

Mit seiner behandschuhten Rechten zog der Mann einen dünnen Schal aus seiner Jackentasche. Hielt ihn Janssen hin. »Los«, sagte er. »Was bei dem Bruder geklappt hat, wird auch bei der Schwester klappen. Diesmal werde ich sie nicht anbinden müssen. Diesmal können wir sie gleich der See übergeben. Der Ebbstrom hat eingesetzt.«

»Also hatte ich doch recht«, flüsterte Wiebke heiser. »Du hast Till auf dem Gewissen.«

»Nein«, widersprach Janssen. »Ich war es nicht.«

»Hören Sie auf zu quatschen. Bringen Sie es hinter sich. Denken Sie an Ihre Frau.«

Janssen warf dem Mann einen hasserfüllten Blick zu. »Ja. Unter Druck setzen. Das könnt ihr.« Er berührte den Schal nicht. Spürte, wie sein Blutdruck stieg, sein Kopf rot wurde.

Wieder griff der Fremde in seine Jacke. Diesmal zog er ein Messer hervor. »Sie haben die Wahl. Tuch oder Messer. Nur schnell müssen Sie sein. Sonst ist Ihre Frau tot, ehe Sie aus der Polizeimühle raus sind.« Er hielt Janssen beides hin. Der erkannte zu seiner großen Bestürzung: Beide Dinge gehörten ihm. Messer und Tuch. Letzteres hatte Agnes ihm kurz vor ihrem letzten Abflug in die USA gekauft. Jetzt sollte er Wiebke damit umbringen?

»Denken Sie an Ihre Frau.«

Janssen atmete durch. Agnes. Sie war sein Leben. Er wollte es

nicht, aber seine Hand hob sich wie von ganz allein, schien zum Schal greifen zu wollen.
»Sie zählt auf Sie.«
Er ließ die Hand sinken. Mit einem Mal durchflutete ihn die Erkenntnis, dass Agnes keinen Mord für ihr eigenes Leben dulden würde.
»Nein«, sagte er.
»Dann machen wir es anders.« Der Mann packte Wiebke. Sie wehrte sich heftig. Doch er brauchte nur einen einzigen Griff an den Hals, schon wand sie sich, das Gesicht schmerzverzerrt. »Es ist Ihr Messer, das gleich in diesem Körper stecken wird, Janssen. Ich bin weg, wenn die Polizei sie findet. Sie hätten besser mit uns kooperieren sollen.«
In Erichs Ohren toste es. Hörte er Geräusche? Auch der Mann drehte kurz den Kopf. Dann hob er das Messer.

***

Sie hörten Stimmen, als sie diese verflucht niedrigen, aber tiefen Treppen nach oben liefen. Immerhin war eine weibliche dabei. Das erleichterte Christine. Dennoch blieb Angst. Was würde Janssen mit Wiebke machen? Kamen sie rechtzeitig? Sie erreichte die Deichkrone keuchend hinter Oda. Für einen Minutenbruchteil blieb sie stehen, erblickte unten überrascht eine Gruppe von drei Menschen. Wiebke, Janssen und einen Dritten. Etwas blinkte metallisch in der Sonne.
»Halt«, brüllte Oda.
»Hierher«, rief Christine, und zeitgleich rannten sie den Deich hinunter. Doch es war zu spät.
Das Metall drang in Wiebkes Oberkörper ein. Überrascht sah sie Christine an, während sie in sich zusammensackte. Der schwarz gekleidete Mann rannte los.
»Hinterher!«, schrie Oda.
»Krankenwagen, wir brauchen einen Krankenwagen«, brüllte Christine gleichzeitig und rannte zu Wiebke, die gekrümmt auf dem vom Nebel nassen Deichgras lag. Sie hockte sich neben

sie. Das Messer stach aus Wiebkes Brust hervor, doch sie ließ es stecken. Wenn Wiebke überhaupt eine Chance hatte, dann nur so. Hätte der Fremde das Messer noch herausgezogen, bevor er geflohen war, hätte er ihr jegliche Möglichkeit zu überleben genommen.

Donnerstag

Ein Luftzug verriet, dass jemand ins Krankenzimmer kam. Zwei Hände legten sich wärmend und beruhigend auf Christines Schultern. Das fühlte sich gut an nach diesen langen Stunden des Wachens. Ohne sich umzudrehen, ließ sie den Kopf ein wenig kreisen, holte tief Luft. Carsten war gekommen.
Es war dunkel, noch früh am Morgen, nur die Apparate blinkten monoton vor sich hin. Wiebke lag, mit Schläuchen an Infusionen gekoppelt, blass, aber ruhig unter der weißen Bettdecke.
»Sie wird wohl durchkommen«, sagte Christine, ließ ihre Erleichterung mitklingen, und genoss schweigend die körperliche Nähe.
Sie hörte ein Räuspern, die Hände wurden fortgenommen, und Oda setzte sich auf den Stuhl auf der anderen Seite des Bettes. Oda. Nicht Carsten. Heftig schluckte Christine ihre Enttäuschung hinunter.
»Der Typ hat noch immer kein Wort gesagt. Ich bin mir sicher, dass das ein Profi ist«, sagte Oda leise.
»Hast du mit Janssen gesprochen?«
»Jo.«
»Und?«
»Eine ganz schön verzwickte Geschichte. Die Krankheit seiner Frau wurde als Mittel benutzt, ihn dazu zu bringen, die Möglichkeit zu schaffen, Öl in die Nordsee einzuleiten, ohne dass man aus dem Kontrollzentrum eingreifen konnte.«
»Also hatte Till Lorentzen doch recht.«
»Jo.«
»Und nun?«
»Er hat die ganze Nacht darangesessen, diese Systemlücke wieder zu schließen. Denn fatalerweise ist die CD, auf der er für die Auftraggeber das Lückenprogramm gespeichert hatte, verschwunden. Aber jetzt ist wieder alles okay. Keiner kann mehr

von außen zugreifen und so einfach den Ölhahn aufsperren, selbst wenn die CD inzwischen bei dem Auftraggeber gelandet ist.«

Christine seufzte erleichtert. »Und wie war das nun mit Till Lorentzen?«

»Janssen sagt, er habe auf der Höhe des Fischerdorfes eine heftige Auseinandersetzung mit ihm gehabt und in seiner Wut auch zugeschlagen. Lorentzen sei zu Boden gegangen und es hätte ziemlich geknallt, als er mit dem Kopf auf den Beton schlug. Janssen sagt, er sei dann einfach gegangen und hätte sich zu Hause eine halbe Flasche Cognac reingezogen. Als er am nächsten Morgen erwachte, habe er alles zunächst für einen schlechten Traum gehalten, dann aber befürchtet, es könnte wirklich passiert sein. Als Lorentzen nicht zur Schicht erschien, bekam Janssen Angst, dass er ihm in seiner Wut einen Schubs ins Wasser gegeben haben könnte, sich aber wegen des Cognacs nicht mehr dran erinnerte. Der war echt fertig, die Möglichkeit, dass er an Tills Tod schuld sein könnte, hat ihn fix und alle gemacht. Aber offenbar hat unser Profi Till Lorentzen danach übernommen und ihn irgendwo festgebunden, bis er ertrunken war, zumindest hat er Janssen gegenüber so was geäußert, als er ihn zum Mord an Wiebke aufforderte.«

»Das passt auch. Zu dem Streit und der dritten Person oben auf dem Deich. Wahrscheinlich war das unser Mann.«

»Wir wissen nicht einmal seinen richtigen Namen. Die Papiere, die er hat, sind perfekt gefälscht. Im Moment läuft der erkennungsdienstliche Apparat auf Hochtouren.«

»Und nun?«

»Warten wir es ab. Aber wir beide wären nicht die, die wir sind, wenn wir nicht zumindest ausreichend Indizien fänden, um ihn für den Mord an Lorentzen vor Gericht zu bringen. Für den Anschlag auf Wiebkes Leben reicht es allemal.«

»Gut zu wissen.«

»Lemke versucht übrigens gerade anzuleiern, dass Janssens Frau an diesem Forschungsprojekt weiterhin teilnehmen kann«, sagte Oda.

Christine lächelte. »Das wäre schön.« Freundschaftlich hielt sie ihr über das Bett hinweg die Hand hin. Oda griff zu. Für einen winzigen Moment saßen sie gemeinsam da, miteinander verbunden. Dann lösten sich ihre Hände.
»Wer übernimmt die Presse?«, fragte Oda.
Christine sah ihr ins Gesicht. »Du«, sagte sie. »Ich bleibe hier und warte, bis Wiebke aufwacht.«
»Okay.« Oda stand auf. Als sie gegangen war, trat Christine ans Fenster. Sie öffnete es und hörte die Vögel zwitschernd den neuen Tag begrüßen. Mit verschränkten Armen drehte sie sich zu Wiebke um. Es würde nicht leicht für sie werden in den nächsten Wochen, aber Wiebke würde das schaffen. Da war sie sich ganz sicher.

Epilog

Es war ein trüber Novembertag, der allen Klischees entsprach. Grau, duster, mit Nieselregen. Ein Tag, wie geschaffen dafür, der Realität zu entfliehen. Neue Wege zu suchen, Grenzen zu öffnen. Michael Winter war mittendrin. Seine letzte Aktion war aus den unterschiedlichsten Gründen, die er später analysieren würde, aus dem Ruder gelaufen. Er hatte schlichtweg nicht das erreicht, was bei ihm in Auftrag gegeben wurde.

Und so war er hinauskatapultiert worden aus einem System, in dem er sich schon fast an der Spitze geglaubt hatte. Die großzügig bemessenen Räume seiner Firma waren jetzt menschenleer. Würden verwaist wirken, wäre da nicht seine Müllerin, die weiter zu ihm hielt.

»Es kommen auch wieder bessere Zeiten«, hatte sie gesagt, als er plötzlich vor dem Nichts, nein, vor noch weniger stand, denn Nummer eins, Juliane, war sogar so weit gegangen, ihn einen Versager zu nennen.

Aber er würde zurückkehren auf dieses Parkett, würde Juliane zeigen, wer er war.

Es klopfte an der Tür.

»Ja?«

Seine Müllerin steckte den Kopf herein. »Da sind ein paar Herrschaften, die Sie sprechen möchten, Herr Winter.«

Winter runzelte die Stirn. Im selben Moment traten auch schon drei Leute in sein Büro. Zückten Ausweise, stellten sich als Kommissare der Kripo München vor.

Ungläubig sah er sie an.

»Herr Winter, packen S' Ihre Sachen z'sammen, wir müssen Sie festnehmen wegen des dringenden Verdachts der Anstiftung zum Mord«, sagte der eine, der eine Glatze und einen Wahnsinnsschnauzbart hatte wie dieser eine Fernsehkoch, dessen Name Winter sich nie merken konnte.

»Mordverdacht?«, versuchte Winter zu bluffen.

»Stelln S' sich nicht so an. Ihnen wird vorgeworfen, in mindestens einem Fall den Auftrag zum Mord gegeben zu haben. Der Name Till Lorentzen sagt Ihnen sicher etwas.«

»Aber ...«

»Sie brauchen gar nicht zu versuchen, sich herauszuwinden. Es gibt einen Belastungszeugen.«

Fitzner hatte also doch noch geplaudert. Warum eigentlich war in dieser Angelegenheit alles, aber wirklich alles schiefgegangen?

»Ich halte hier so lang die Stellung, Chef, kann ja nicht ewig dauern, die Ermittlung«, sagte seine Müllerin, als er, von den Beamten umringt, das Büro verließ. Ein Seitenblick auf den Kripobeamten aber zeigte ihm, dass sie wohl lange würde warten müssen.

ENDE

Danke!

Dieses Buch wäre ohne verschiedene Menschen, die mich unterstützt und mir ihr Wissen zur Verfügung gestellt haben, nicht entstanden.

An erster Stelle steht Dr. Frieda Waisbek von der Wilhelmshavener Raffinerie-Gesellschaft (WRG), die sich jede Menge Zeit nahm, um mich mit dem Ablauf der Raffinerie vertraut zu machen. Aber auch Herrn Heyse, dem Geschäftsführer der Raffinerie, danke ich, denn er hat durch seine Zustimmung meine Recherchen dort erst möglich gemacht.

Dank gilt auch Franz Jürgens, der die Verbindung zur Raffinerie herstellte, Herrn Polizeikommissar Holger Ulfers von der Wasserschutzpolizei Wilhelmshaven für seine Aufklärung in Sachen Strömungsverhältnisse im Jadebusen und Polizeikommissar Klaus, der mir meine letzten Fragen beantwortete.

Über die Münchener Straßenverhältnisse und den Münchener Stadtteil Solln im Besonderen, über die hervorragenden Restaurants und natürlich auch das Hofbräuhaus hat mich Peter Lober aufgeklärt und mich bei den entsprechenden Szenen beraten, dafür ein ganz herzliches Danke nach München!

Meinem Kollegen Marcus Winter danke ich für die ausführlichen Informationen über die Handyortung und die dazugehörigen Paragrafen der SOG, ein dickes Danke geht auch an meine Lektorin Marit Obsen für ihre Anmerkungen und Hinweise, und ein ganz besonderer Dank geht an Gustav, der auch dieses Manuskript aufmerksam gelesen und mich auf manches hingewiesen hat.

Die Informationen über Bauchspeicheldrüsenkrebs habe ich den Internetseiten der Krebsgesellschaft (www.krebsgesellschaft.de) entnommen.

Die Therapie in den USA jedoch, die im Buch noch nicht zugelassen ist und die Pankreaskarzinome heilen kann, entspringt meiner Phantasie. Vielleicht gibt es sie aber doch schon irgendwo ... wer weiß ...

Christiane Franke, im März 2011

Christiane Franke
MORD IST ALLER LASTER ENDE
Broschur, 256 Seiten
ISBN 978-3-89705-708-1

»Ein unterhaltsamer Krimi mit allem, was zu einem guten Krimi dazu gehört: interessante Schauplätze, ein Fall mit Überraschungen, eine Reihe Verdächtiger mit einsichtigen Motiven und vor allem einer Hintergrundgeschichte, die zum Dreh- und Angelpunkt der Handlung wird und nicht von Pappe ist. Ein Regionalkrimi, den man überall lesen kann.« NDR 1

»Ein fesselnder Kriminalroman mit glaubwürdigen Figuren.« Neue Rundschau

www.emons-verlag.de

Jude Deveraux

Wilde Orchideen

Deutsch von Rainer Schmidt

Weltbild

Originaltitel: *Wild Orchids*
Originalverlag: Atria Books, New York
Copyright © 2003 by Deveraux, Inc.

Besuchen Sie uns im Internet:
www.weltbild.de

Die Autorin

Jude Deveraux ist eine der erfolgreichsten Autorinnen der USA. Neunundzwanzig ihrer Romane schafften den Sprung auf die Bestsellerliste der New York Times, und ihre Gesamtauflage beträgt mehr als 45 Millionen Bände. Jude Deveraux lebt mit ihrem achtjährigen Sohn Sam in North Carolina. Im Weltbild Buchverlag erschienen bisher ihre Romane *Die Verführerin* und *Für immer und alle Zeit*.

1 – Ford

Haben Sie je einen Menschen verloren, der Ihnen mehr bedeutete als Ihre eigene Seele?
Ich schon. Ich habe meine Frau Pat verloren.
Sie brauchte sechs lange, qualvolle Monate zum Sterben.
Ich musste dabeistehen und zusehen, wie meine schöne, vollkommene Frau verfiel, bis nichts mehr übrig war. Es war unwichtig, dass ich Geld und Erfolg habe. Es war unwichtig, dass man mich einen »bedeutenden« Schriftsteller nennt. Es war unwichtig, dass Pat und ich endlich angefangen hatten, unser Traumhaus zu bauen, ein architektonisches Wunderwerk, das an einer Steilwand hing, wo wir in aller Ruhe sitzen und auf den Pazifik hinausschauen wollten.
All das war von dem Augenblick an nicht mehr wichtig, als Pat nach Hause kam und mich beim Schreiben störte – was sie sonst nie tat –, um mir zu sagen, sie habe Krebs, und zwar in einem fortgeschrittenen Stadium. Ich hielt es zunächst für einen ihrer Scherze. Pat hatte einen verschrobenen Humor; sie meinte, ich sei zu ernst, zu verdrossen, zu dumpf-und-dunkel, und ich hätte zu viel Angst vor allem auf der Welt. Vom ersten Tag an brachte sie mich zum Lachen.
Wir haben uns auf dem College kennengelernt. Zwei unterschiedlichere Leute hätte man kaum finden können, und auch Pats Familie wirkte fremdartig auf mich. Ich hatte Familien wie ihre schon im Fernsehen gesehen, aber ich war nie auf die Idee gekommen, dass sie tatsächlich existieren könnten.
Sie wohnte in einem hübschen kleinen Haus mit einer Veranda und – ja, wirklich! – einem weißen Lattenzaun. An

Sommerabenden saßen ihre Eltern, Martha und Edwin, vorn auf der Veranda und winkten den Nachbarn zu, wenn sie vorbeigingen. Ihre Mutter trug eine Schürze und schnippelte Bohnen oder palte Erbsen, und dabei schwatzte sie mit den Leuten. »Wie geht's Tommy?«, fragte sie vielleicht. »Ist seine Erkältung besser geworden?«

Pats Vater saß ein paar Schritte weiter an einem schmiedeeisernen Tisch, neben sich eine alte Stehlampe und einen Kasten mit blinkendem deutschem Werkzeug. Er war – ich schwöre, auch das ist wahr – in der ganzen Nachbarschaft als »Heilemacher« bekannt: Er reparierte alles, was kaputt war, für seine Familie und für die Nachbarn. Kostenlos. Er sagte, es mache ihm Freude, den Leuten zu helfen, und ein Lächeln sei Bezahlung genug.

Wenn ich Pat zu einer Verabredung zu Hause abholte, kam ich immer ein bisschen früher, damit ich bei ihren Eltern sitzen und ihnen zuschauen konnte. Für mich war es wie ein Science-Fiction-Film. Wenn ich kam, stand Pats Mutter – »nenn mich Martha, das tun alle« – auf und holte mir etwas zu essen und zu trinken. »Ich weiß doch, dass Jungs was Nahrhaftes brauchen, wenn sie wachsen«, sagte sie und verschwand in ihrem makellos sauberen Haus.

Dann saß ich stumm da und sah zu, wie Pats Vater einen Toaster oder ein kaputtes Spielzeug reparierte. Ich war fasziniert von dem großen Werkzeugkasten aus Eichenholz zu seinen Füßen. Alle Werkzeuge waren makellos sauber, und alle passten zusammen. Und ich wusste, sie mussten ein Vermögen gekostet haben. Einmal war ich in der Stadt – in der allgegenwärtigen »Stadt«, die im Umkreis von fünfzig Meilen jedes College-Städtchens liegt – und sah dort eine Eisenwarenhandlung auf der anderen Straßenseite. Weil sich mit Eisenwarenhandlungen für mich nur schlechte Erinnerungen verbanden, erforderte es Mut, die Straße zu überqueren, die Ladentür zu öffnen und einzutreten. Aber seit ich Pat kannte, war ich kühner geworden. Schon damals hallte ihr Lachen in meinen Ohren wider, ein Lachen, das mich ermutigte, Dinge zu tun, die ich noch nie zuvor versucht hatte, weil sie nur schmerzhafte Empfindungen in mir weckten.

Kaum hatte ich das Geschäft betreten, schien die Luft aus meiner Lunge durch meinen Hals in den Kopf hinaufzusteigen, und dort bildete sie eine breite, dicke Barriere zwischen meinen Ohren. Ein Mann stand vor mir, und er sagte etwas, aber dieser Luftblock in meinem Kopf verhinderte, dass ich ihn hörte.

Nach einer Weile hörte er auf zu reden und warf mir einen Blick zu, wie ich ihn schon oft bei Onkeln und Vettern erlebt hatte. Es war der Blick, der zwischen Männern und MÄNNERN unterschied, meistens gefolgt von einem Verdammungsurteil wie: »Er weiß nicht, welches Ende der Kettensäge man benutzt«. Aber ich war immer das Gehirn gewesen und meine Verwandten die Muskeln.

Nachdem der Verkäufer mich taxiert hatte, wandte er sich mit einem kleinen Lächeln ab, das nur die linke Hälfte seiner schmalen Lippen kräuselte. Genau wie meine Vettern und Onkel hatte er mich als das erkannt, was ich war: ein Mensch, der über die Dinge nachdachte, der Bücher ohne Bilder las und Filme mochte, in denen keine Verfolgungsjagden vorkamen.

Ich wollte den Eisenwarenladen wieder verlassen. Ich gehörte da nicht hin, und er barg zu viele alte Ängste für mich. Aber ich hörte Pats Lachen, und das gab mir Mut.

»Ich möchte ein Geschenk für jemanden kaufen«, sagte ich laut, und sofort war mir klar, dass ich einen Fehler gemacht hatte. »Geschenk« war nicht das Wort, das meine Onkel und Vettern benutzt hätten. Sie hätten gesagt: »Ich brauche einen Satz Steckschlüssel für meinen Schwager. Was habt ihr da?« Aber der Verkäufer drehte sich wieder um und lächelte mich an. »Geschenk« bedeutete schließlich »Geld«. »Was soll's denn für ein Geschenk sein?«, fragte er.

Auf dem Werkzeug, das Pats Vater in seinem Kasten hatte, stand ein deutscher Name, und den nannte ich dem Mann – selbstverständlich richtig ausgesprochen (Bildung hat ihre Vorteile). Ich sah befriedigt, wie er die Augenbrauen ein wenig hochzog, und selbstgefällig begriff ich: Ich hatte ihn beeindruckt.

Er ging hinter eine Theke, die zernarbt war von den unzähligen Hobelklingen und Bohrerbits, die im Laufe der Jahre daraufgefallen waren, und er zog einen Katalog darunter hervor. »Die haben wir nicht am Lager, aber wir können bestellen, was Sie haben wollen.« Ich nickte möglichst männlich und bemühte mich, den Eindruck zu erwecken, als wisse ich genau, was ich haben wollte. Ich blätterte in dem Katalog. Die Fotos waren allesamt farbig, das Papier war teuer. Und das war kein Wunder, denn die Preise waren astronomisch.

»Präzision«, sagte der Mann und fasste in diesem einen Wort alles zusammen. Ich drückte die Unterlippe gegen die oberen Zähne, wie ich es bei meinen Onkeln tausend Mal gesehen hatte, und nickte, als wüsste ich genau, was der Unterschied zwischen einem »Präzisionsschraubenzieher« und einem aus dem Kinderwerkzeugkasten war. »Was anderes kommt auch nicht in Frage«, sagte ich in dem schmallippigen Ton, in dem meine Onkel von technischen Dingen redeten. Bei dem glanzvollen Klang des Wortes »Zweitaktmotor« pressten sie die Backenzähne so fest zusammen, dass man fast nicht mehr verstehen konnte, was sie sagten.

»Sie können den Katalog mitnehmen«, sagte der Mann, und meine Backenmuskeln lockerten sich für einen Moment, und fast hätte ich beglückt geantwortet: »Wirklich? Das ist nett von Ihnen.« Aber ich erinnerte mich rechtzeitig an Unterlippe und Schneidezähne und murmelte hinten in der Kehle ein »Danke«. Ich wünschte mir, ich hätte eine schmutzige Baseballmütze mit dem Namen irgendeiner Sportmannschaft auf dem Kopf gehabt, denn dann hätte ich in einer MÄNNLICHEN Abschiedsgeste am Schirm zupfen können, als ich den Laden verließ.

Als ich am Abend in mein kleines, graues Apartment in der Nähe des Campus zurückkam, schlug ich ein paar der Werkzeuge, die Pats Vater in seinem Kasten hatte, in dem Katalog nach. Was er da hatte, war Tausende von Dollar wert. Nicht Hunderte. Tausende.

Und er ließ diesen Eichenholzkasten jeden Abend auf der Veranda stehen. Unverschlossen. Unbewacht.

Als ich Pat am nächsten Tag zwischen zwei Kursen traf – sie studierte Chemie, ich englische Literatur –, erwähnte ich das Werkzeug so beiläufig wie möglich. Sie ließ sich nichts vormachen; sie wusste, dass es mir wichtig war. »Warum befürchtest du immer das Schlimmste?«, fragte sie lächelnd. »Besitz ist nicht wichtig. Menschen sind es.«

Ich versuchte, scherzhaft zu reagieren. »Das solltest du mal meinem Onkel Reg sagen.«

Das Lächeln verschwand aus ihrem hübschen Gesicht. »Das würde ich gern«, sagte sie.

Pat hatte vor nichts Angst. Aber weil ich nicht wollte, dass sie mich mit anderen Augen sah, weigerte ich mich, sie mit meinen Verwandten bekanntzumachen. Lieber überließ ich mich der Vorstellung, ich gehörte zu ihrer Familie, wo man Thanksgiving mit einem großen Essen und Weihnachten mit Eierpunsch und Geschenken unter dem Baum feierte. »Liebst du eigentlich mich oder meine Familie?«, fragte Pat einmal; sie lächelte dabei, aber ihr Blick war ernst. »Liebst du mich oder meine miese Kindheit?«, gab ich zurück, und wir lächelten einander an. Dann wanderte mein großer Zeh in ihr Hosenbein, und im nächsten Augenblick lagen wir aufeinander.

Pat und ich waren Exoten füreinander. Ihre reizende, liebevolle, vertraute Familie faszinierte mich immer wieder. Eines Tages saß ich in ihrem Wohnzimmer und wartete auf Pat, als ihre Mutter mit vier schweren Einkaufstüten in den

Armen hereinkam. Damals wusste ich nicht, dass ich hätte aufspringen und ihr helfen sollen. Stattdessen starrte ich sie nur an.

»Ford«, sagte sie (der älteste Bruder meines Vaters glaubte, er tue mir etwas Segensreiches an, indem er mir den Namen seines bevorzugten Pickups gab), »ich habe nicht gesehen, dass du da sitzt. Aber ich bin froh, dass du hier bist, denn du bist genau der, den ich sehen wollte.«

Was sie da sagte, war für sie etwas ganz Alltägliches. Pat und ihre Eltern sagten ganz mühelos und beiläufig Dinge, die anderen Leuten gut taten. »Das ist genau Ihre Farbe«, sagte Pats Mutter zum Beispiel zu einer hässlichen Frau. »Sie sollten diese Farbe jeden Tag tragen. Und wer macht Ihnen eigentlich die Haare?« Bei jemand anderem hätten diese Worte ironisch geklungen. Aber ein Kompliment von Pats Mutter – ich brachte es nie über mich, sie »Martha« oder »Mrs Prendergast« zu nennen – hörte sich aufrichtig an, weil es aufrichtig war.

Sie stellte ihre Einkaufstüten neben dem Couchtisch ab, nahm den hübschen Blumenstrauß herunter, den sie frisch im Garten geschnitten hatte, und fing an, kleine, viereckige Stoffstücke aus den Tüten zu ziehen. Ich hatte so etwas noch nie gesehen und wusste nicht, was es sein sollte. Aber bei Pats Eltern sah ich immer wieder neue und wundersame Dinge.

Als Pats Mutter alle ihre Stoffstücke auf der Glasplatte des Couchtischs ausgebreitet hatte (für meine Vettern wäre es eine Frage der Ehre gewesen, diese Glasplatte zu zerbrechen, und meine Onkel hätten mit boshaftem Lächeln ihre Arbeitsstiefel daraufgelegt), sah sie zu mir auf und fragte: »Welches gefällt dir?«

Ich wollte sie fragen, warum sie interessierte, was ich darüber dachte, aber damals war ich ständig bemüht, Pats Eltern glauben zu machen, ich sei in einer Welt wie der ihren aufgewachsen. Also betrachtete ich die Stoffstücke, und ich sah, dass jedes anders war. Auf manchen waren große Blumen, auf anderen kleine. Einige hatten Streifen, andere waren einfarbig, und auf manchen waren blaue Strichzeichnungen.

Als ich Pats Mutter anschaute, sah ich, dass sie eine Antwort von mir erwartete. Aber was sollte ich sagen? War das ein Trick? Wenn ich das falsche Stück aussuchte, würde sie mich dann hinauswerfen und mir verbieten, Pat je wiederzusehen? Genau das befürchtete ich jeden Augenblick, wenn ich bei ihnen war. Ich war fasziniert von ihrer puren Nettigkeit, aber zugleich machten sie mir Angst. Was würden sie tun, wenn sie herausbekämen, dass ich innerlich nicht mehr Ähnlichkeit mit ihrer Tochter hatte als ein Skorpion mit einem Marienkäfer?

Pat rettete mich. Sie kam ins Wohnzimmer und raffte ihr dichtes blondes Haar mit beiden Händen zu einem Pferdeschwanz zusammen, und sie sah, wie ich ihre Mutter mit angsterfülltem Blick anschaute. »Ach, Mutter«, sagte sie, »Ford hat keine Ahnung von Polsterstoffen. Er kann Chaucer im mittelenglischen Original rezitieren. Was muss er da über Chintz und Chenille wissen?«

»*Whan that Aprill with his shoures soote*«, murmelte ich und lächelte Pat an. Zwei Wochen zuvor hatte ich herausgefunden, dass sie wild auf Sex wurde, wenn ich ihr Chaucer ins Ohr flüsterte und sie dabei ins Ohrläppchen biss. Wie ihr Vater, der Buchhalter war, hatte sie einen mathematischen Verstand, und alles Lyrische fand sie erregend.

Ich schaute wieder die Stoffe an. Aha. Polsterstoff. Ich nahm mir vor, »Chintz« und »Chenille« im Lexikon nachzuschlagen. Und nachher würde ich Pat fragen müssen, wieso die Fähigkeit, mittelalterliche Dichtung aufzusagen, jedes Wissen über Polsterstoffe ausschloss. »Was wollen Sie denn beziehen?«, fragte ich Pats Mutter, und ich hoffte, dass es sich anhörte, als sei mir dieses Thema vertraut.

»Das ganze Zimmer«, sagte Pat genervt. »Sie erneuert

alle vier Jahre das komplette Wohnzimmer. Neue Schonbezüge, neue Vorhänge, alles. Und sie näht alles selbst.«

»Aha.« Ich sah mich im Zimmer um. Jedes Möbel und alle Fenster waren in Pink- und Grünschattierungen gehalten – in »Rosé« und »Moos«, wie Pat mir später augenrollend erläuterte.

»Ich glaube, ich mach's mediterran«, erwog Pats Mutter. »Terracotta und Ziegelrot. Und ich habe überlegt, ob ich mich mal an Lederpolstern versuchen soll – mit lauter kleinen Nägeln ringsum am Rand. Was hältst du von dieser Idee, Ford? Würde das hübsch aussehen?«

Ich konnte nur mit den Lidern klappern. In den vielen Häusern, in denen ich gewohnt hatte, wurden neue Polstermöbel nur dann angeschafft, wenn die alten durchlöchert waren, und der Preis war das einzige Auswahlkriterium. Eine meiner Tanten hatte eine ganze Garnitur, die mit einen Fell aus fingerlangen lila Acrylfäden überzogen war. Alle fanden sie wunderbar, denn die drei Teile hatten zusammen nur fünfunzwanzig Dollar gekostet. Nur ich hatte etwas dagegen, lange lila Fussel aus meinem Essen zu pulen.

»Mediterran ist hübsch«, sagte ich und war stolz auf mich, als hätte ich soeben die Unabhängigkeitserklärung verfasst.

»Bitte sehr«, sagte Pats Mutter zu ihrer Tochter. »Er versteht sehr wohl etwas von Polsterstoffen.«

Pat nahm das kleine Haargummi aus dem Mund, schlang es geschickt um ihren Pferdeschwanz und verdrehte dabei die Augen. Drei Wochenenden zuvor hatten Pats Eltern eine kranke Verwandte besucht, und Pat und ich hatten zwei Nächte allein in ihrem Haus verbracht. Wir hatten so getan, als seien wir verheiratet, eine eigene kleine Familie, und das perfekte Haus gehöre uns. Wir hatten am Küchentisch gesessen und Mais gestrippt, und dann hatten wir am Mahagoni-Esstisch zu Abend gegessen – wie zwei Erwachsene.

Ich hatte Pat eine Menge über meine Kindheit erzählt, aber nur das, was die tiefen Ängste betraf – den Teil also, der mir wahrscheinlich Mitgefühl und Sex einbringen würde. Von profanen Alltagsdingen hatte ich nicht gesprochen – nicht davon, dass ich meine Mahlzeiten nur selten nicht vor dem Fernseher einnahm, dass ich noch nie eine Stoffserviette benutzt hatte und Kerzen nur anzündete, wenn die Stromrechnung nicht bezahlt war. Es war merkwürdig, aber indem ich ihr erzählte, dass mein Vater im Gefängnis saß und meine Mutter mich benutzt hatte, um die Brüder meines Vaters zu bestrafen, setzte ich mich in ein heldenhaftes Licht, aber wenn ich sie fragte, was zum Teufel eine Artischocke sei, kam ich mir vor wie der Dorftrottel.

Am zweiten Abend, den wir im Haus ihrer Eltern verbrachten, zündete ich ein Feuer im Kamin an, Pat setzte sich zwischen meinen Beinen auf den Boden, und ich bürstete ihr schönes Haar.

Als sie mich jetzt über den Kopf ihrer Mutter hinweg anschaute, wusste ich, dass sie daran dachte, wie wir an jenem Abend auf dem Teppich vor dem Kamin miteinander geschlafen hatten. Und als ich ihren Blick sah, wusste ich, wenn wir nicht bald von hier verschwänden, würde ich sie quer über die Stoffmuster ihrer Mutter werfen. »Du bist so *lebendig*«, hatte Pat gesagt. »So primitiv. So *real*.« Das »primitiv« hatte mir nicht gepasst, aber wenn es sie antörnte ...

»Geht nur, ihr zwei«, sagte Pats Mutter lächelnd; anscheinend wusste sie intuitiv, was in uns vorging. Und wie immer war sie selbstlos und dachte an die andern zuerst. Als der betrunkene Teenager, der sie ein paar Jahre später umbrachte, aus seinem Wagen gezogen wurde, sagte er: »Na und? Sie war doch bloß 'ne alte Frau.«

Pat und ich waren einundzwanzig Jahre verheiratet, als sie mir weggenommen wurde. Einundzwanzig Jahre, das klingt wie eine lange Zeit, aber es waren nur Minuten. Gleich nach dem College bekam sie eine außergewöhnlich gut bezahlte Lehrerstelle angeboten, aber die Schule lag mitten in der Großstadt. »Das ist eine Gefahrenzulage«, sagte der Mann, der sie am Telefon anflehte, die Stelle anzunehmen. »Ist eine wüste Schule – letztes Jahr wurde eine unserer Lehrerinnen niedergestochen. Sie hat's überlebt, aber jetzt hat sie einen künstlichen Darmausgang.« Er wartete darauf, dass ihr klar wurde, was er da erzählte, und dass sie den Hörer auf die Gabel warf.

Aber er kannte meine Frau nicht, er wusste nicht, wozu sie mit ihrem grenzenlosen Optimismus fähig war. Ich wollte mich an einem Roman versuchen, sie wollte mir Gelegenheit zum Schreiben geben, das Gehalt war ausgezeichnet, und so nahm sie den Job an.

Mir fiel es schwer, eine so selbstlose Liebe zu verstehen, und ich suchte immer nach dem Grund dahinter. Manchmal ging mir durch den Kopf, dass Pat mich wegen, nicht trotz meiner Kindheit liebte. Wäre ich derselbe, der ich war, aber in einem geordneten Haus wie ihrem aufgewachsen, hätte sie sich nicht für mich interessiert. Als ich ihr das sagte, lachte sie. »Kann sein. Wenn ich einen Klon meiner selbst gewollt hätte, dann hätte ich wohl Jimmie Wilkins geheiratet und mir für den Rest meines Lebens angehört, ich sei nur eine halbe Frau, weil ich keine Kinder bekommen kann.«

Obwohl es aussah, als führten Pat und ihre Familie ein ideales Leben, hatte es in Wahrheit mehrere Tragödien bei ihnen gegeben. In der Familie meines Vaters – meine Mutter war Waise, und darüber war ich froh, denn die elf Brüder meines Vaters langten mir vollauf als Verwandtschaft – war eine Tragödie ein Grund, mit dem Leben aufzuhören. Einer der Söhne meines Onkels Clyde ertrank mit zwölf Jahren. Danach fing Onkel Clyde an zu saufen und gab seinen Job als Nachtwächter auf. Er und seine Frau und ihre sechs übrigen Kinder lebten von dem, was sie bei McDonald's verdiente, und ihre Kinder stiegen nacheinander aus der Schule aus, landeten im Knast oder bei der Fürsorge, oder sie verschwanden einfach. Anscheinend fanden alle in meiner Familie, dass es sich nach Ronnies Tod auch so gehörte. Danach sprachen sie von Onkel Clydes großem Schmerz über den tragischen Tod seines Sohnes nur in kummervollem Flüsterton.

Ich war sieben, als mein Cousin Ronny ertrank, und ich war nicht traurig, denn ich wusste, dass Cousin Ronny ein Scheusal gewesen war. Er war ertrunken, als er ein vierjähriges Mädchen terrorisierte. Er hatte sich ihre Puppe geschnappt, war damit in den Teich gesprungen und hatte angefangen, ihr Arme und Beine auszureißen und in das trübe Wasser zu werfen, und das kleine Mädchen hatte weinend und flehend am Ufer gestanden. Aber dann geriet Cousin Ronny in tiefes Wasser und störte eine Schnappschildkröte auf, sie biss ihn in den großen Zeh, und er und das, was von der Puppe noch übrig war, gingen unter. Er schlug mit dem Kopf auf einen Stein und wurde bewusstlos. Als irgendjemand begriff, dass er sich nicht tot stellte (Cousin Ronny erschreckte die Leute gern auf diese Weise), war er tatsächlich tot.

Als ich erfuhr, dass Cousin Ronny gestorben war – was bedeutete, dass er mich und die anderen kleinen Kinder nie mehr drangsalieren würde –, empfand ich nichts als Erleichterung. Und ich war sicher, dass auch Onkel Clyde froh sein würde, denn er brüllte Ronny immer nur an, er sei der übelste Bengel auf der Welt, und er, Onkel Clyde, hätte sich lieber »das Ding abschneiden sollen«, bevor er einen so bösartigen Sohn in die Welt setzte.

Aber als Ronny tot war, verfiel Onkel Clyde in einen Zustand der Trauer, der für den Rest seines Lebens anhielt. Und er war nicht der einzige Vollzeit-Trauernde in meiner Familie. Ich hatte drei Tanten, zwei Onkel und vier Vettern, die gleichfalls lebenslang trauerten. Eine Fehlgeburt, ein abgehackter Finger, eine geplatzte Verlobung, was auch immer – alles war Grund genug, das Leben fortan zu suspendieren.

Als Heranwachsender betete ich inständig zum Himmel, dass mir niemals etwas wirklich Schlimmes zustoßen möge. Ich hatte keine Lust, jahrzehntelang zu saufen und die Tragödie zu beweinen, die mein Dasein so grausam zunichte gemacht hatte.

Als ich Pats Eltern und ihre Verwandtschaft kennenlernte und sah, dass sie alle glücklich waren und lachten, schüttelte ich den Kopf über diese Ironie des Schicksals. So viele Tragödien waren über meine Familie hereingebrochen, und hier sah ich Menschen, die über Generationen hinweg gesegnet – und frei von Tragödien – waren. Lag es daran, dass sie treue Kirchgänger waren? Nein – mein Onkel Horace war auch jahrelang zur Kirche gegangen, aber nachdem seine zweite Frau mit einem Diakon durchgebrannt war, hatte er nie wieder eine Kirche betreten.

Als Pat und ich ungefähr zum dritten Mal miteinander im Bett waren – damals, als ich mich noch überlegen fühlte, als hätte ich durch meine harte Kindheit mehr über das Leben gelernt als sie durch ihre sanfte –, erwähnte ich dieses Phänomen, dass es in ihrer Familie keine Tragödien gebe.

»Wie meinst du das?«, fragte sie, und ich erzählte ihr von Onkel Clyde und Cousin Ronny, der ertrunken war. Das mit der Puppe, der Schnappschildkröte und Onkel Clydes Trinkerei ließ ich aus. Stattdessen nutzte ich mein angeborenes Talent als Geschichtenerzähler, um ihn als einen zutiefst liebevollen Mann darzustellen.

Aber Pat fragte: »Was war denn mit seinen anderen Kindern? Hat er die nicht ›zutiefst‹ geliebt?«

Ich seufzte. »Doch, natürlich, aber seine Liebe zu Cousin Ronny übertraf alles andere.« Diese Behauptung ging mir nicht leicht über die Lippen. Ich bin mit einem glasklaren Gedächtnis gestraft, und fast war es, als hörte ich die hässlichen Streitereien, die zwischen Onkel Clyde und seinem niederträchtigen Sohn getobt hatten. Die Wahrheit ist: Bevor der Junge ertrank, hatte ich nie so etwas wie Liebe zwischen Onkel Clyde und Cousin Ronny gesehen.

Aber Pat gegenüber setzte ich meinen überlegenen Blick auf, der ihr sagen sollte: »Ich bin älter als du« (drei Monate älter), »und ich habe schon mehr von der Welt gesehen als du.« (Als Pat achtzehn war, hatte sie auf ausgedehnten Autoferien mit ihren Eltern zweiundvierzig Staaten besucht, während ich meinen Heimatstaat nur zwei Mal verlassen hatte). Sie und ihre Familie, erklärte ich, könnten die Gefühle meines Onkels Clyde nicht verstehen, weil sie nie eine echte Tragödie erlebt hätten.

Da erzählte sie mir, dass sie keine Kinder bekommen konnte. Im Alter von acht Jahren war sie mit dem Fahrrad an einem Bauplatz vorbeigefahren und gestürzt. Ein Stück Armierstahl, das aus dem Beton ragte, hatte ihren Unterleib durchbohrt und den winzigen, präpubertären Uterus zerrissen.

Und dann erzählte sie, dass ihre Mutter ihren ersten Mann und ihren kleinen Sohn bei einem Eisenbahnunfall verloren hatte. »Sie und ihr Mann saßen zusammen, und sie hatte ihm gerade das Baby gereicht, als ein Waggon, der sich selbstständig gemacht hatte, die beiden überfuhr«, sagte sie. »Meiner Mutter wurde kein Haar gekrümmt, aber ihr Mann und ihr Sohn waren auf der Stelle tot. Ihr Mann wurde enthauptet.« Sie sah mich an. »Sein Kopf fiel ihr in den Schoß.«

Wir lagen im Bett, beide nackt, und sahen einander an. Ich war jung und im Bett mit einem Mädchen, das ich liebte, aber ich sah weder ihre schönen, entblößten Brüste noch die sanfte, makellose Kurve ihrer Hüfte. Ihre Worte hatten mich bis ins Mark erschüttert. Ich fühlte mich wie ein

Mensch aus dem Mittelalter, der zum ersten Mal hörte, dass die Erde keine Scheibe war.

Ich konnte die reizende Frau, die Pats Mutter war, nicht in Einklang mit der Frau bringen, der ein abgetrennter Kopf in den Schoß gefallen war. Und dann Pat ... wenn einer meiner Cousinen im Alter von acht Jahren die Gebärmutter entfernt worden wäre, hätte ihr Leben in diesem Augenblick geendet. Bei jedem Familientreffen hätten alle nur mitfühlend geschnalzt. »Aaaarme Pat«, hätte man sie genannt.

Ich kannte Pat und ihre Familie da schon seit Monaten, ich hatte drei Großeltern, vier Tanten, zwei Onkel und ungezählte Cousins und Cousinen kennengelernt. Niemand hatte jemals Pats Tragödie oder die ihrer Mutter erwähnt.

»Meine Mutter hatte fünf Fehlgeburten, bevor sie mich bekam, und eine Stunde nach meiner Geburt haben sie ihr die Gebärmutter herausgenommen«, sagte Pat.

»Wieso?« Ich riss die Augen auf, immer noch schockiert.

»Ich war eine Steißgeburt, und deshalb musste ein Kaiserschnitt gemacht werden. Der Arzt war von einer Party gerufen worden, und deshalb ... deshalb war seine Hand nicht sicher. Er schnitt versehentlich in den Uterus, und sie konnten die Blutung nicht zum Stillstand bringen.« Pat stand auf, hob mein T-Shirt vom Boden auf und zog es an. Es reichte ihr bis an die Knie.

Die Ironie dieser Geschichte über Gebärmütter und Familien überschwemmte mein Hirn. In meiner Familie wurden die Mädchen früh und oft schwanger. Wieso konnten meine Onkel sich überreichlich fortpflanzen, während Pats Eltern nur ein Kind hatten und nicht auf Enkelkinder hoffen konnten?

Ich sah zu, wie Pat sich anzog, und plötzlich erkannte ich, dass sich hinter dem, was sie mir über ihre Geburt erzählt hatte, noch etwas anderes verbarg. »Eine Party? Soll das heißen, der Arzt der dich entbunden hat, war *betrunken*?«

Leute wie Pats Familie hatten keinen betrunkenen Arzt, der »versehentlich« die Gebärmutter einer Frau zerstörte.

Pat nickte nur.

»Und dein Vater?«, flüsterte ich. Damit meinte ich: Gibt es auch bei ihm eine Tragödie?

»Macula-Degeneration. In ein paar Jahren wird er blind sein.«

Jetzt kamen ihr die Tränen. Um es zu verbergen, verschwand sie im Bad und schloss die Tür.

Das war der Wendepunkt. Nach diesem Tag veränderte sich meine Einstellung zum Leben. Ich war nicht mehr so selbstgefällig. Ich bildete mir nicht mehr ein, nur meine Familie kenne das »wahre Leben«. Und ich verlor meine größte Angst: dass ich, wenn mir etwas wirklich Schlimmes zustieße, das Leben einstellen und mich in mich selbst zurückziehen müsste. Du wirst weiterleben, sagte ich mir. Was auch passiert, du wirst weiterleben.

Und ich dachte, das hätte ich geschafft. Als dieser Junge Pats Mutter mit seinem Auto umbrachte, bemühte ich mich, erwachsen zu sein. Gleich nachdem es passiert war, dachte ich mir, wenn ich die Einzelheiten des tödlichen Unfalls erfahren könnte, ginge es mir vielleicht besser. Also ging ich zu einem jungen Polizisten, der neben dem Unfallwagen stand, und fragte ihn, was passiert sei. Vielleicht wusste er nicht, dass das Opfer eine angeheiratete Verwandte von mir war, vielleicht war er auch nur gefühllos. Er sagte jedenfalls das, was auch der Junge gesagt hatte, der sie totgefahren hatte: »Nur eine alte Frau« – als wäre Pats Mutter unwichtig gewesen.

Dann kam die Beerdigung, eine hübsche presbyterianische Beerdigung. Die Leute weinten höflich, Pat stützte sich auf mich, und ihr Vater alterte mit jeder Minute.

Drei Wochen danach schien bei uns alles wieder normal zu sein. Pat nahm ihren Unterricht wieder auf, ich ging wieder in die Abendschule, wo ich Leuten, die sich um die

Green Card beworben hatten, Englisch beibrachte, und tagsüber schrieb ich an dem, was hoffentlich ein großes literarisches Werk werden und mir Unsterblichkeit verschaffen würde – und vielleicht noch einen Spitzenplatz auf der Bestsellerliste der *New York Times*. Pats Vater stellte eine ganztägige Haushälterin ein und verbrachte seine Abende auf der Veranda, wo er die Haushaltsgeräte der Nachbarn reparierte; das wollte er weiter tun, solange sein Augenlicht es ihm erlaubte. Ein Jahr nach der Beerdigung schien es, als hätten alle akzeptiert, dass Pats Mutter durch »Gottes Willen« gestorben sei. Natürlich hinterließ sie eine Lücke, und man sprach oft von ihr, aber man hatte sich mit ihrem Tod abgefunden.

Das dachte ich. Aber ich dachte auch, ich sei der Einzige, der angesichts des Todes eines so guten Menschen altmodische, weißglühende Wut empfand. Anscheinend sah ich Dinge, die niemand sonst sah. Auf der Armlehne des Sofas war ein kleines Loch, weil eine Naht aufgegangen war. Das Loch war nicht mehr als einen Zentimeter lang, aber ich sah es trotzdem und stellte mir vor, wie sehr Pats Mutter sich darüber geärgert hätte.

Weihnachten waren alle außer mir munter und vergnügt und freuten sich lautstark über ihre Geschenke. Der sinnlose Tod lag mehr als ein Jahr zurück, und ich spürte meinen Zorn immer noch. Ich hatte Pat nichts davon erzählt, aber in diesem Jahr hatte ich kein Wort geschrieben. Nicht, dass das, was ich in dem Jahr zuvor geschrieben hatte, irgendetwas taugte, aber zumindest hatte ich mich bemüht. Ich hatte drei Agenten gehabt, aber keiner von ihnen hatte für das, was ich zuwege gebracht hatte, einen Verlag finden können. »Wunderbar geschrieben«, hörte ich immer wieder. »Aber nichts für uns.«

»Wunderbar« oder nicht – was ich schrieb, war in den Augen der New Yorker Verlage nicht gut genug für eine Veröffentlichung. Und es war nicht gut genug in den Augen meiner Frau. »Nicht schlecht«, sagte sie manchmal. »Wirklich, gar nicht so schlecht.« Und dann fragte sie, was ich zum Abendessen haben wollte. Sie äußerte kein Wort der Kritik, aber ich wusste, ich drang nicht zu ihr durch.

An jenem Weihnachtsfest, dem zweiten nach dem Tod von Pats Mutter, saß ich auf dem Sofa vor dem Kamin und strich mit den Fingerspitzen über den kleinen Riss in der Naht. Zur Linken hörte ich die Frauen in der Küche lachen und leise plaudern. Im kleinen Wohnzimmer hinter mir plärrte der Fernseher; die Männer sahen sich eine Sportsendung an. Die Kinder waren auf der Glasveranda an der Rückseite des Hauses, sie zählten ihre Geschenke und aßen zu viele Süßigkeiten.

Ich fragte mich besorgt, ob ich allmählich wurde wie die Familie meines Vaters. Was stimmte nicht mit mir, dass ich über den Tod meiner Schwiegermutter nicht hinwegkam? Über die Sinnlosigkeit? Die Ungerechtigkeit? Der Junge, der sie umgebracht hatte, war der Sohn eines reichen Vaters gewesen, und ein Bataillon von Anwälten hatte ihn mit Hilfe einer Formsache herausgepaukt.

Ich stand auf und legte ein Holzscheit auf das Feuer, und als ich noch dahockte, kam Pats Vater herein. Er sah mich nicht, denn sein Augenlicht war inzwischen so schlecht, dass er nur noch erkannte, was geradewegs vor ihm war.

Er trug einen kleinen rosaroten Korb mit einem Klappdeckel, und er setzte sich damit ans Ende der Couch, wo ich eben noch gesessen hatte, und klappte ihn auf. Es war ein Nähkorb, und die Unterseite des Deckels hatte ein Polster, in dem mehrere bereits eingefädelte Nadeln steckten. Ich sah zu, wie er eine davon herauszog und wie seine alten Finger an dem Faden entlangstrichen, um den Knoten am Ende zu finden. Seine Hände zitterten ein bisschen.

Er stellte den Nähkorb neben sich und suchte mit seinen schwachen Augen, unterstützt von den Fingern der linken Hand, die Armlehne ab.

Ich wusste, was er suchte: den kleinen Riss in dem Sofabezug, den Pats Mutter genäht hatte. Aber er konnte ihn nicht finden. Tränen verschleierten seinen getrübten Blick, und seine Hand zitterte so sehr, dass er nichts fühlen konnte. Auf den Knien rutschte ich zum Sofa und legte meine Hand auf seine. Er zeigte keinerlei Überraschung, als ich ihn berührte, und gab keine Erklärung für das, was er tat.

Zusammen und sehr langsam – denn auch meine Hände zitterten, und ich hatte Tränen in den Augen – nähten wir das Loch zu. Für diesen Zwei-Minuten-Job brauchten wir eine Viertelstunde, und die ganze Zeit über sprach keiner von uns beiden ein Wort. Wir hörten die anderen Leute in den Nachbarzimmern, aber es war, als seien sie sehr weit weg.

Als der Riss geflickt war, legte ich den Finger auf den Faden, und Pats Vater beugte sich herunter und biss das Ende ab. Einen Augenblick lang berührten seine Lippen meine Fingerspitze.

Vielleicht war es diese Berührung. Vielleicht auch nur das, was wir soeben zusammen getan hatten. Oder es war meine verzweifelte Sehnsucht nach einem Mann in meinem Leben, der seinen Pickup nicht inniger liebte als jeden Menschen. Immer noch kniend ließ ich den Kopf auf den Schoß meines Schwiegervaters sinken und fing an zu weinen. Er strich mir übers Haar, und seine stummen Tränen fielen auf meine Wange.

Ich weiß nicht, wie lange wir so blieben. Wenn irgendjemand uns so gesehen hatte, hat er es nachher nie erwähnt, auch Pat nicht. Aber die Prendergasts waren auch eine sehr höfliche Familie.

Nach einer Weile flossen meine Tränen langsamer, und ich fühlte mich, wie es in den Frauenzeitschriften heißt, »besser«. Nicht gut – aber ein Knoten in meiner Brust hatte sich gelockert. Vielleicht würde er sich jetzt auflösen, dachte ich.

»Am liebsten würde ich diesen Drecksbengel umbringen«, sagte Pats Vater.

Ich weiß nicht, wie ich es erklären soll, aber es brachte mich zum Lachen. Mehr als ein Jahr lang war ich von sehr höflicher, gewaltfreier Trauer umgeben gewesen, wie ich sie nicht empfinden konnte. Zwei Mal war ich nah daran gewesen, einen meiner Onkel anzurufen. Er würde jemanden kennen, der den Jungen gegen ein gewisses Honorar »erledigen« würde. Die Versuchung war groß, aber mir war klar, dass ein Rachemord Pats Mutter nicht zurückbringen würde.

»Ich auch«, flüsterte ich, und ich stand auf und wischte mir mit dem Ärmel meines neuen Weihnachtshemdes das Gesicht ab. Er und ich waren allein im Zimmer. Als ein durchgeglühter Holzscheit im Feuer herunterbrach, sah ich mich danach um. Aber dann legte ich meinem Schwiegervater impulsiv eine Hand auf die Schulter, beugte mich zu ihm hinab und gab ihm einen Kuss auf die Stirn. Einen Moment lang hielt er mein Handgelenk mit beiden Händen fest, und ich dachte, er werde wieder anfangen zu weinen, aber das tat er nicht. Er lächelte. »Ich bin froh, dass meine Tochter dich geheiratet hat«, sagte er, und weder vorher noch nachher hat irgendein Lob mir so viel bedeutet wie diese Worte. Sie brachen etwas in mir auf, etwas Hartes und Erstickendes, das sich in meiner Brust festgesetzt hatte.

Eine Stunde später war ich die Seele der Party. Ich war Mr Entertainment. Ich lachte und scherzte und erzählte Geschichten, über die alle andern Tränen lachten. Niemand, nicht einmal Pat, hatte mich je so erlebt. Ich hatte ihr erzählt, dass ich als Kind gelernt hatte, »für mein Essen zu singen«, aber das hatte ich nie weiter ausgeführt. Die ganze Geschichte war die: Meine Mutter meinte, nachdem die elf Brüder meines Vaters dafür gesorgt hätten, dass ihr Mann ins Gefängnis kam, könnten sie jetzt auch abwechselnd den Vater für mich ersetzen. Meine gesamte Kindheit hindurch wurde ich alle drei Monate von einem Onkel zum nächsten verschoben. »Da kommt die Strafe«, schrien meine Vettern, wenn meine Mutter mich von einem Haus oder Trailer zum nächsten fuhr. Sie schob mich auf die Tür zu, stellte den Koffer mit meiner weltlichen Habe zu meinen Füßen ab und drückte mir die Schulter – das einzige Zeichen der Zuneigung, das ich je von ihr bekam. Ich sah sie dann erst wieder, wenn die drei Monate vorbei waren und sie mich beim nächsten Onkel ablieferte. Selbst wenn sie nebeneinander wohnten, bestand meine Mutter darauf, mich zu fahren.

Im Laufe der Jahre hatte ich gelernt, dass ich mit meinen Vettern nicht konkurrieren konnte, wenn es um Prügeleien oder um ihre angeborene Fähigkeit ging, große Maschinen zu bedienen, die alle grün oder gelb lackiert waren. Aber ich besaß ein Talent, das sie nicht hatten: Ich konnte Geschichten erzählen. Der Himmel weiß, woher ich es hatte; eine uralte Großtante hat mir erzählt, dass mein Großvater der beste Lügner war, den sie je gesehen hatte – also kam es vielleicht von ihm. Tatsächlich unterschied ich mich so sehr von allen andern, dass einer meiner Onkel erklärte, wenn ich nicht aussähe wie ein Newcombe, würde er schwören, dass ich überhaupt nicht mit ihnen verwandt sei.

Notgedrungen hatte ich gelernt, die andern zu unterhalten. Wenn die Stimmung allzu angespannt wurde, gab mir einer einen Rippenstoß und forderte mich auf: »Erzähl uns eine Geschichte, Ford.«

Also lernte ich, Geschichten zu erzählen, die die Leute zum Lachen brachten, ihnen Angst einjagten oder sie einfach nur fesselten. Und an dem Abend, nachdem ich mit dem Kopf auf dem Schoß meines Schwiegervaters geweint hatte, drehte ich auf, wie ich es noch nie getan hatte, seit ich das Haus meines Onkels verlassen hatte, um mit einem Teilstipendium und einem Studiendarlehen zum College zu gehen.

Als wir am nächsten Tag im Wagen saßen und die lange Fahrt vom Haus ihres Vaters nach Hause antraten, sagte Pat: »Wow! Was ist denn gestern Abend in dich gefahren?«

Darauf wusste ich nicht viel zu sagen. Genau genommen sagte ich während der ganzen Fahrt nicht viel, denn ich dachte an das, was Pats Vater gesagt hatte: dass er den Jungen am liebsten umbringen würde. Wie konnte ein Mann, der so schlecht sah, dass er nicht einmal eine Nadel einfädeln konnte, jemanden umbringen? Eins stand fest: Wenn er es schaffte, würde niemand ihn verdächtigen.

Und welche Strafe hatte ein solcher Junge verdient? Es genügte nicht, sich einfach von hinten heranzuschleichen und ihn zu erschießen. Er musste leiden, wie die Leute gelitten hatten, die Pats Mutter geliebt hatten. Man musste ihm wegnehmen, was er auf Erden am meisten liebte. Aber was liebte ein solcher Bengel? Alkohol? Seinen Dad, der ihn da herausgeholt hatte?

Und was war mit Pats Mutter, dachte ich. Was war mit ihrem Geist? Musste ihr Geist, ihr innerstes Wesen, von der Erde verschwinden, nur weil ihr Körper nicht mehr da war? Was wäre, wenn ihr Mann oder ihre Tochter Hilfe bräuchten? Würde sie dann da sein? Und wie sah die Geisterwelt überhaupt aus? War ihr enthaupteter erster Mann auch da? Und ihr kleiner Sohn? Und was war mit den Geistern der Babys, die sie bei ihren Fehlgeburten verloren hatte?

Hey! Was war mit dem betrunkenen Arzt, der versehentlich ihre Gebärmutter zerschnitten hatte? Konnte ihr körperloser Geist ihn zur Rechenschaft ziehen?

Als wir an diesem Abend schließlich zu Hause ankamen, sah Pat mich merkwürdig an. Aber sie hatte schon oft festgestellt, dass ich immer stiller wurde, je angestrengter ich nachdachte. Nachdem ich ein Sandwich gegessen und mir die Zähne geputzt hatte, dachte ich mir, ich könnte mich vielleicht noch an die Schreibmaschine setzen und ein paar Ideen zu Papier bringen.

Nicht, dass ich – ein *richtiger* Schriftsteller – jemals einen Kriminal-, Gespenster- oder Rache-Roman schreiben würde. Nicht in einer Million Jahren. Aber vielleicht würde ich meine Ideen eines Tages für eine meiner guten Geschichten verwenden können. Sie wissen schon – für das große literarische Meisterwerk, mit dem ich den National Book Award und den Pulitzerpreis gewinnen würde. Und das wochenlang auf sämtlichen Bestsellerlisten stehen würde.

Als ich zu meiner Schreibmaschine kam, die in einer Nische des Wohnzimmers stand, sah ich verblüfft, dass ich sie eingeschaltet gelassen hatte. Auf der Tastatur lag ein Zettel. »Ich habe drei Sandwiches in den Kühlschrank gelegt. Trink das Bier nicht; es macht dich schläfrig. Wenn du morgen Nachmittag um vier immer noch arbeitest, rufe ich an und melde dich krank.«

Normalerweise hätte ich geweint vor lauter Dankbarkeit für eine Frau, die mich so gut verstand. Aber ich hatte schon genug geweint. Sie hatte mir ein weißes Blatt in die Maschine gespannt, und ich brauchte nur noch mit dem Schreiben anzufangen.

Na und? Sie war doch bloß 'ne alte Frau – das waren die ersten Worte, die ich tippte, und danach strömten sie einfach aus mir heraus. Als ich den Geist der ermordeten Frau zum ersten Mal auftreten ließ, dachte ich: Das kann ich nicht. Das ist keine Literatur. Aber dann fiel mir ein, was ein Bestseller-Autor einmal in einem Vortrag gesagt hatte: »Man kann sich nicht aussuchen, was man schreibt. Niemand kommt auf einer rosaroten Wolke zu dir heruntergefahren und sagt: ›Ich schenke dir die Fähigkeit des Schreibens. Welches Talent möchtest du haben? Das Modell Jane Austen, das ewig lebt? Oder das, mit dem du eine Menge Geld verdienst, solange du lebst, das aber stirbt, wenn du stirbst?‹ Vor diese Wahl stellt dich niemand. Du nimmst das Talent, das du hast, und dankst Gott vier Mal am Tag dafür, dass er dir überhaupt eins gegeben hat.«

Diese Worte musste ich mir in den nächsten paar Monaten immer wieder in Erinnerung rufen. Ich schrieb sie sogar auf ein Blatt Papier und hängte sie über der Schreibmaschine an die Wand. Irgendwann schrieb Pat »Amen!« darunter.

In mein Klassenzimmer voller Schüler, die kein Englisch sprachen, kehrte ich nicht mehr zurück. Anfangs meldete Pat mich krank, und dann übernahm sie eine Woche lang meinen Unterricht, aber als der dritte Schüler ihr einen Heiratsantrag machte, damit er in den USA bleiben könnte, hörte sie auf. Und für mich kündigte sie ebenfalls.

Ich brauchte sechs Monate, um das Buch zu schreiben, und in dieser Zeit tauchte ich nicht ein einziges Mal auf, um Luft zu holen. Ich sah Pat, ohne sie zu sehen. So weit ich mich erinnere, sprachen wir nicht miteinander. Ich fragte mich nicht, wie sie es schaffte, ohne mein Einkommen die Rechnungen zu bezahlen, aber ich nehme an, ihr Vater hat geholfen.

Ich weiß es wirklich nicht.

Mein Buch füllte mein Leben vollständig aus.

Als es fertig war, ging ich zu Pat, die es sich lesend in der Sofaecke bequem gemacht hatte, und sagte: »Ich bin fertig.« Während des Schreibens hatte sie nie gefragt, ob sie ein Wort davon lesen könne, und ich hatte es ihr nie angeboten. Jetzt fragte ich schüchtern und ein bisschen betreten: »Möchtest du es gern lesen?«

Sofort sagte sie: »Nein«, und ich wäre beinahe zusammengebrochen. Was hatte ich getan? Hasste sie mich? In den paar Augenblicken, bevor sie weiterredete, fiel mir mindestens ein halbes Dutzend Gründe ein, warum sie mein Buch nicht lesen wollte – und alle waren schlimm.

»Morgen früh fahren wir zu Dad, und dann wirst du uns beiden das ganze Buch vorlesen«, sagte sie.

Ich starrte sie sprachlos an. Meine Seele vor ihr zu entblößen war eine Sache, aber vor ihrem Vater? Ich versuchte, mich herauszureden. »Aber was ist mit deiner Arbeit? Du kannst doch die Schule nicht schwänzen. Die Kids brauchen dich.«

»Es ist Sommer. Wir haben Ferien«, sagte sie ohne eine Spur von Humor.

Die Fahrt zum Haus ihres Vaters dauerte sechs Stunden, und ich war so nervös, dass Pat das Fahren übernahm, nachdem ich zweimal auf die Gegenfahrbahn geraten war. Als wir ankamen, war alles Blut aus meinem Gesicht, meinen Händen und meinen Füßen gewichen.

Pats Vater erwartete uns mit dicken Truthahnsandwiches, aber ich wusste, wenn ich nur einen Bissen nähme, würde ich ersticken. Pat schien es zu verstehen. Sie setzte ihren Vater auf das Sofa und mich in einen Sessel, und dann warf sie mir die erste Hälfte des Manuskripts auf den Schoß. Ohne ein Wort ließ sie sich neben ihrem Vater auf dem Sofa nieder. Beide hatten einen vollen Teller auf den Knien.

»Lesen«, befahl sie und biss in ihr Sandwich.

Das Manuskript musste noch gründlich überarbeitet werden. Es war voll von eingeschobenen Partizipialkonstruktionen und unklaren Bezugswörtern. Ich hatte so schnell gearbeitet, dass ich oft vergessen hatte, »sagte sie« und »sagte er« zu schreiben, sodass es manchmal schwierig war, zu verfolgen, wer gerade sprach. Und die chronologischen Daten waren durcheinander – Personen wurden geboren, nachdem sie geheiratet hatten. Eine Figur hieß John, und zwanzig Seiten später nannte ich sie George. Und an die orthographischen Patzer und Tippfehler will ich gar nicht denken.

Aber trotz aller Fehler hatte dieses Buch etwas, was meine bisherigen Arbeiten nicht hatten. Nach dem sechsten Kapitel blickte ich auf und sah, dass Pats Vater die Tränen über die Wangen liefen. Das Buch hatte ein Herz. Mein Herz. Und indem ich über das geschrieben hatte, was in mir war, hatte ich diesen riesigen, harten Komplex aufgebrochen, der in meiner Brust wohnte. Ich hatte das hässliche Ding Molekül für Molekül zu Papier gebracht.

Es wurde Abend. Pat brachte mir ein Glas Eistee, und ich las weiter. Als meine Stimme nicht mehr mitmachte, nahm sie mir die Blätter aus der Hand und las selbst weiter. Als die Sonne aufging, machte ich wieder weiter, während Pat Rührei zubereitete und ein halbes Brot toastete. Wenn jemand zur Toilette musste, gingen wir alle mit in die Diele und blieben vor der Badezimmertür stehen, um den Rhythmus des Lesens nicht zu unterbrechen.

Die Haushälterin kam um neun, aber Pats Vater schickte sie wieder nach Hause, und wir lasen weiter. Am Nachmittag, kurz nach vier, las Pat den letzten Satz, und dann lehnte sie sich zurück und wartete auf unser Urteil, als wäre sie die Autorin und wir die Jury.

»Brillant«, flüsterte Pats Vater. »Marthas Tod ist gesühnt.«

Seine Meinung war mir wichtig, doch was ich eigentlich hören wollte, war die Meinung Pats, der Liebe meines Lebens. Aber sie sagte kein Wort. Sie legte das Manuskript auf den Boden, stand auf und nahm Autoschlüssel und ihre Handtasche vom Tisch in der Diele. Dann ging sie aus dem Haus.

Ihr Benehmen war so sonderbar, dass ich nicht einmal gekränkt war. Das Buch hatte von ihrer Mutter gehandelt; also war sie deshalb vielleicht aufgewühlt, dachte ich. Oder vielleicht ...

»Frauen!«, sagte Pats Vater, und das schien alles zu erklären.

»Ja. Frauen«, sagte ich.

»Was meinst du – wollen wir uns betrinken?«, fragte mein Schwiegervater, und einen erfreulicheren Vorschlag hatte ich in meinem ganzen Leben noch nicht gehört.

Als Pat ungefähr anderthalb Stunden später zurückkam,

saßen er und ich da und kippten in beunruhigendem Tempo einen Bourbon nach dem andern, und er behauptete soeben, seiner Meinung nach sei es das beste Buch, das je geschrieben worden sei.

»Gleich nach der Bibel«, fügte er hinzu.

»Meinst du das ernst?« Ich legte ihm den Arm um die Schultern. »Meinst du das wirklich, wirklich *ernst*?«

Pat kam mit zwei großen Tüten mit der Aufschrift »Office Max« in die Küche. Sie warf nur einen Blick auf uns beide und sagte: »Pfui Teufel.«

»Aber dir hat mein Buch ja nicht gefallen«, heulte ich. Der Alkohol hatte meine mannhafte Fassade zerbröseln lassen.

»Quatsch!« Pat nahm die Flasche und die Gläser vom Tisch und legte uns eine große Pizza-Schachtel hin. Sie klappte den Deckel auf, und darin lag eine gewaltige Pizza, bedeckt mit scharfer Wurst und Pepperoni in drei verschiedenen Farben – meine Lieblingspizza.

Erst später, nachdem ich mich übergeben und dann die Pizza zusammen mit Pats Vater aufgegessen hatte, der danach geradewegs zu Bett gegangen war, um seinen Rausch auszuschlafen – erst später merkte ich, dass Pat ihre anderen Tüten genommen hatte und damit verschwunden war. Ich fand sie im Esszimmer. Der Tisch war übersät von Papier und Stiften und meinem Manuskript.

Ich hatte Kopfschmerzen und ein flaues Gefühl im Magen, und allmählich war ich beunruhigt, denn noch immer hatte sie keinen einzigen Kommentar zu meinem Buch abgegeben. »Was machst du da?«, fragte ich, und es sollte wie eine alltägliche Frage klingen und nicht so, als wollte ich auf und ab springen und schreien: »Sag's mir! Sag's mir! Sag's mir!«

Sie blickte auf. »Ich lektoriere«, sagte sie. »Ford, es ist das beste Buch, das ich je gelesen habe, aber sogar ich konnte die Fehler darin hören. Du und ich, wird werden es Satz für Satz durchgehen und korrigieren, und wenn es fertig ist, schicken wir es an einen Verlag.«

»An meinen Agenten«, murmelte ich. Das beste Buch, hatte sie gesagt. *Das beste Buch.*

»An diesen aufgeblasenen kleinen Windbeutel?«

Ich hatte nicht gewusst, dass sie den Mann nicht leiden konnte.

»Nein«, sagte Pat. »Ich werde deine Agentin sein.«

»Du?« Unglücklicherweise hörte es sich an, als könne ich nicht glauben, dass sie, eine Chemielehrerin, über Nacht zu einer Litarturagentin werden könne.

Sie sah mich mit schmalen Augen an. »Wenn du Schriftsteller werden kannst, kann ich auch Agentin werden.«

»Natürlich, Schatz«, sagte ich und nahm ihre Hand. Gleich am nächsten Morgen würde ich meinen Agenten anrufen.

Sie zog ihre Hand weg und schaute wieder in das Manuskript. »Du kannst so herablassend tun, wie du willst. Aber während du geschrieben hast, habe ich nachgedacht, und ich weiß, dass ich es kann. Ich verlange nur, dass du mir die Chance gibst.« Als sie wieder zu mir aufsah, war ihr Blick wild, entschlossen, beinahe furchterregend. »Ich habe kein Talent«, sagte sie in einem hartem Ton, den ich bei ihr noch nie gehört hatte. »Und ich werde niemals Kinder bekommen. Ich habe nichts außer dir und deinem Talent, wofür ich Gott vier Mal am Tag danken könnte.« Sie legte die Hand auf den dicken Stapel beschriebener Seiten. »Du weißt es noch nicht, aber das hier ist genial. Und ich weiß eins: Jetzt, in diesem Augenblick, habe ich die Chance meines Lebens. Ich kann in den Hintergrund treten und die Gattin des Autors werden und am unteren Ende des Tisches bei den anderen Star-Ehefrauen festsitzen – oder ich kann deine Partnerin werden. Ich kann vielleicht nicht schreiben, aber mit Zahlen und mit Geld kann ich besser umgehen als du, und ich kann organisieren. Du schreibst, und ich kümmere mich um den Rest. Ich kümmere mich um Verträge und Promotion, um Honorare und Tantiemen und ...«

Sie brach ab und sah mich an. »Abgemacht?«, fragte sie leise, aber mit stahlharter Stimme. Sie wollte es ebenso sehr, wie ich schreiben wollte.

»Ja«, sagte ich, aber als sie meine Hand ergriff und sie schütteln wollte, küsste ich ihre Handfläche, dann ihr Handgelenk, und dann wanderten meine Lippen an ihrem Arm hinauf. Am Ende liebten wir uns auf dem Esstisch ihrer Mutter, auf meinem Manuskript, dessen Seite verrutschten und sich unter uns ausbreiteten. Wenn wir in den sechs Wochen, die wir brauchten, um das Buch zu redigieren und zu überarbeiten, auf zusammengeklebte Seiten stießen, sahen wir einander an und lächelten liebevoll.

Die zwölf Jahre zwischen dem Erscheinen meines ersten Buches und Pats Tod kann ich nicht beschreiben.

Wir redigierten das Buch, ließen es professionell tippen und machten sechs Kopien davon. Dann vereinbarte Pat Termine mit Verlagen in New York, und wir fuhren für zwei Tage hin. Zu den Meetings mit den Lektoren ging sie allein; sie behauptete, ich quengelte wie ein Baby, sobald jemand mein »Herzblut auf dem Papier« mit einem Dollarbetrag bezifferte. Ich quengelte niemals, protestierte ich, aber ich wusste, sie hatte Recht. Dieses Buch handelte von Pats Mutter und ihrem Leben. Wie konnte es da weniger als eine Milliarde wert sein?

Und so verbrachte ich diese Tage mit Spaziergängen im Central Park und nahm vor lauter Sorge und Aufregung vier Pfund ab. »Du isst ja nicht mal, wenn ich nicht da bin«, stellte Pat empört fest, aber ich wusste, sie war genauso nervös wie ich. Wir sprachen nie über das »Was, wenn?«, aber es schwebte über uns. Was, wenn sie sich als Agentin nicht eignete? Was, wenn sie es nicht schaffte, das Buch zu verkaufen? Und das Schlimmste: Was, wenn niemandem das Buch gut genug gefiel, um es zu kaufen?

Als die zwei Tage vorbei waren, fuhren wir wieder nach Hause und warteten. Die Leute, denen sie das Buch gegeben hatte, brauchten ja Zeit, um es zu lesen. Sie mussten mit ihren Chefs über Geld reden, und sie mussten – ja, wer weiß, was sie noch alles tun mussten?

Ich versuchte, mir einzureden, es sei ein Geschäft, aber ein Teil meiner selbst beharrte darauf, dass sie Pats Mutter ablehnten, wenn sie das Buch ablehnten – denn so hatte ich es genannt: Pats Mutter.

Pat tat kühl und gelassen und lachte blasiert, wenn ich bei irgendeinem Geräusch zusammenzuckte und zum Telefon schaute. Aber ich zahlte es ihr heim. Ich verabredete mit einem ehemaligen Kollegen, er solle uns anrufen, und dann versteckte ich die beiden Telefone, die wir im Haus hatten. Pat hatte mir verboten, Anrufe entgegenzunehmen, und als es jetzt klingelte, blieb ich am Tisch sitzen und versteckte mich hinter der Zeitung. Pat rannte los, und als sie kein Telefon fand, fing sie an, Dinge durch die Gegend zu werfen, bis das ganze Haus durcheinander war.

Als sie schließlich eins gefunden hatte und sich atemlos meldete, legte der Anrufer auf.

Ich hielt mir weiter die Zeitung vor das Gesicht, damit sie nicht sah, wie sehr ich lachen musste. Ich dachte, ich hätte sie hereingelegt, bis sie mir gleich darauf Kaffee nachschenkte. Ich nahm einen Schluck und prustete. Sie hatte Spülmittel hineingetan. Ich hing über dem Becken und spülte mir den Mund aus. Pat sah mir zu, und ihr Lächeln warnte mich davor, mich je wieder mit ihr anzulegen.

Als das Telefon wieder klingelte, stand ich immer noch am Spülbecken. Pat wühlte im Kühlschrank, und ich sah, dass sie nicht die Absicht hatte, noch einmal abzunehmen. Ich zog eine Grimasse. Wahrscheinlich war es Charley, der wissen wollte, ob er alles richtig gemacht habe.

Langsam ging ich zum Telefon, das jetzt unübersehbar dastand, und als ich den Hörer abnahm, erfuhr ich, dass man mich mit jemandem im Verlag Simon & Schuster verbinden werde.

Ich brachte kein Wort hervor. Ich hielt den Hörer ein Stück weit von meinem Ohr weg und starrte Pats Rücken an. Ihr sechster Sinn veranlasste sie, sich umzudrehen. Sie sah mein bleiches Gesicht und wäre fast über die Couch gesprungen, um mir das Telefon abzunehmen. Ich setzte mich an den Tisch, nahm einen großen Schluck Kaffee und hörte zu.

Pat sagte nicht viel mehr als »Ja. Ja. Ich verstehe.« Dann legte sie auf und sah mich an.

Als Erstes nahm sie mir die Tasse weg und schüttete den Seifenkaffee in die Spüle. Ich hatte fast die halbe Tasse ausgetrunken, ohne es zu merken. Sie reichte mir ein Stück Küchenkrepp, damit ich mir den Mund auswischen konnte, und sagte: »Sie werden das Buch versteigern.«

Ich hatte keine Ahnung, was das bedeuten sollte, aber es klang schlecht. Alte Möbel wurden versteigert. Wenn jemand gestorben war.

Pat sah, dass ich nichts kapierte. Sie setzte sich zu mir an den Tisch und nahm meine Hand. »Drei Verlage möchten das Buch kaufen. Also werden sie dafür bieten. Der Meistbietende bekommt es. Die Versteigerung wird den ganzen Tag dauern.«

Erst später begriff ich, dass Pat und ich alles falsch gemacht hatten. Wir hätten das Buch einem Verlag nach dem andern anbieten sollen. Aber sie hatte es gleich dreien gegeben und überall erzählt, wer es sonst noch hatte. Weil es allen drei Verlagen gefiel und sie die Frau des Autors nicht verärgern wollten, hatten sie der Agentin die Arbeit abgenommen und die Auktion selbst organisiert.

Aber an jenem längst vergangenen Tag ahnten Pat und ich in unserer Unschuld nichts von diesem Patzer. Wir setzten uns einfach hin und taten das, was wir tun konnten: Wir warteten. Stündlich klingelte das Telefon, die Verlage nannten uns ihre Angebote und fragten, was die andern geboten hätten.

Nach jedem Anruf riefen wir Pats Vater an, um ihn über die wachsenden Gebote und alle anderen Entwicklungen auf dem Laufenden zu halten.

Es war ein aufregender, beängstigender, anstrengender Tag. Pat und ich aßen keinen Bissen, und ich vermute, ihr Vater auch nicht. Wir wichen nicht vom Telefon, um nur ja nichts zu versäumen.

Nachmittags um fünf war es vorbei, und ich erfuhr, dass ich eine coole Million von Simon & Schuster bekommen würde.

Wie feiert man so etwas? Die Summe überstieg unser Fassungsvermögen. Champagner war nicht genug. Unser Leben würde sich verändern, und zwar mehr, als wir begreifen konnten.

Wir saßen schweigend am Frühstückstisch; wir wussten nicht, was wir tun sollten, und hatten nichts zu sagen. Pat verschränkte die Hände vor sich auf dem Tisch, und dann betrachtete sie ihre Fingernägel. Ich nahm einen Stift und fing an, die Os auf der Titelseite der Zeitung auszumalen.

Nachdem wir eine Weile geschwiegen hatten, sah ich Pat an, und sie sah mich an. Ich hörte ihre Gedanken so deutlich, als spräche sie. »Ruf du deinen Dad an«, sagte ich, »und ich werde ... äh ...« Mein Kopf war leer, und ich hatte keine Ahnung, was ich tun sollte.

»Warte im Auto«, sagte Pat. Sie rief ihren Vater an, erzählte ihm von dem Deal und sagte, dass wir jetzt zu ihm kämen, um zu feiern. Der Gedanke, den Pat und ich gemeinsam hatten, war der, dass diese Sache uns alle drei anging, nicht bloß sie und mich. Deshalb war es nur recht und billig, mit ihm zusammen zu feiern.

Als wir bei ihm ankamen, war es fast Mitternacht, und

wir mussten drei Straßen weiter parken, weil vor seinem Haus kein Platz mehr war.

»Welcher Idiot gibt denn dienstags abends eine Party?« Pat war wütend, weil wir so weit zu Fuß gehen mussten.

Wir waren fast da, als uns klar wurde, dass die Party im Haus ihres Vaters stattfand, und dass sie für uns veranstaltet wurde. Wir hatten beide keine Ahnung, wie er das geschafft hatte, aber in nur sechs Stunden hatte Edwin Prendergast eine Party auf die Beine gestellt, die in die Geschichte eingehen würde. Alle seine Haustüren standen offen, aber auch die Türen der beiden Nachbarhäuser, und auf den drei Grundstücken und in den Häusern wimmelte es von Gästen, Kellnern und Caterern.

Und was war das für eine Party! Auf der breiten Rasenfläche der drei Vorgärten spielte eine Livekapelle Musik aus der Big-Band-Ära – die Musik, die Pats Eltern am liebsten gehört hatten.

Vor der Band wirbelte ein halbes Dutzend professionelle Tänzer im Kostüm der vierziger Jahre zu den swingenden Klängen eines Trompeters, der mit Harry James verwandt sein musste. Nachbarn und Leute, die ich noch nie gesehen hatte, Leute im Alter von acht bis achtzig Jahren, tanzten zusammen mit den Profis. Alle riefen Hallo und gratulierten, als sie uns kommen sahen, aber sie amüsierten sich so gut, dass sie nicht mal mit dem Tanzen aufhörten.

Als wir uns der Haustür näherten, hörten wir, dass hinter dem Haus noch andere Musik gespielt wurde. Wir liefen seitlich um das Haus herum, und hinter dem Rosengarten von Pats Mutter spielte eine zweite Band modernen Rock'n'Roll, und auch hier tanzten Leute.

Der Garten des Hauses zur Linken war von einem hohen Zaun umgeben. Dahinter lag ein Pool, und von dort kam lautes Lachen. Pat schrie: »Hilf mir hoch.« Ich verschränkte die Hände ineinander, sie stellte den Fuß hinein und spähte über den Zaun.

»Was ist da los?«, rief ich durch die Musik. Ich sah, dass sie erschrocken die Augen aufriss, aber sie sagte erst etwas, als sie wieder unten stand.

»Poolparty«, schrie sie mir ins Ohr.

Ich sah sie fragend an. Was war an einer Poolparty so schockierend?

»Keine Badeanzüge«, rief sie. Ich sah mich nach irgendetwas um, auf das ich klettern könnte, um über den Zaun zu schauen, aber sie nahm meine Hand und zog mich ins Haus ihres Vaters.

Drinnen herrschte das Chaos. Draußen spielten die beiden Livebands, eine vorn und eine hinten, die Fenster standen in der warmen Sommernacht offen, und der Lärm war schrill und ohrenbetäubend.

Aber es passte. Tatsächlich spiegelte die Musik der unterschiedlichen Bands meine Empfindungen genau wider. So lange, wie ich mich erinnern konnte, sehnte ich mich danach, veröffentlicht zu werden. Als Kind hatte ich Comics verfasst, und einmal, als ich bei einem frommen Onkel wohnte, hatte ich die Bibel um ein neues Buch ergänzt. Mein Leben lang hatte ich nichts anderes gewollt, als Geschichten zu schreiben, die verlegt wurden – und jetzt würde es passieren. Die Menschen würden lesen, was ich geschrieben hatte – viele Menschen.

Aber zugleich hatte ich furchtbare Angst. Vielleicht war dieses Buch ein Glückstreffer. Eine einmalige Leistung. Es beruhte auf dem sinnlosen Tod einer Frau, die ich lieb gewonnen hatte. Worüber wollte ich in meinem zweiten Buch schreiben?

Meine Frau gab mir einen Rippenstoß.

»Was macht dir denn jetzt wieder Sorgen?«, schrie sie, sichtlich empört darüber, dass ich nicht einmal an diesem Abend damit aufhören konnte.

»Buch zwei«, brüllte ich zurück. »Was soll ich als Nächstes schreiben?«

Sie wusste, was ich meinte. Mein Erfolg war zustandegekommen, weil ich über persönliche Erfahrungen geschrieben hatte. Nein, ich hatte persönliche Erfahrungen *offenbart*. Was hatte ich jetzt noch zu offenbaren?

Kopfschüttelnd nahm Pat mich bei der Hand, führte mich ins Bad und schloss die Tür. Hier war es ruhiger, sodass ich sie verstehen konnte. »Ford Newcombe, du bist ein Idiot«, sagte sie. »Du hattest eine Mutter, die dich als Werkzeug ihrer Strafe benutzt hat. Du hattest einen Vater, der im Gefängnis saß, und du hattest elf Onkel, die allesamt abscheulich und verachtenswert waren. Du hast in deinem Leben so viel Schlechtes gesehen, dass du Stoff für tausend Bücher hast.«

»Ja.« Ich fing an zu lächeln. Vielleicht könnte ich über Onkel Simon und seine sieben Töchter schreiben, dachte ich. Oder über meine süße Cousine Miranda, die jung gestorben war und um die niemand getrauert hatte. Warum wurden immer nur die Schlechten vermisst? War hier vielleicht auch Stoff für ein Sachbuch?

Ich wurde aus meinen Gedanken gerissen, als Pat den Reißverschluss meiner Hose öffnete. »Und was hast du vor?«, fragte ich lächelnd.

»Ich werde jetzt einem Millionär was Gutes tun«, sagte sie.

»Oh.« Mehr fiel mir nicht ein; ich schloss die Augen.

Eine ganze Weile später verließen wir das Badezimmer, und ich war bereit für die Party. Sorgen machte ich mir nicht mehr – mir war ein halbes Dutzend persönlicher Erfahrungen eingefallen, über die ich schreiben könnte.

Pats Vater fanden wir im Schlafzimmer des Nachbarhauses mit dem Swimmingpool. Er tanzte dermaßen verrucht, dass ich mit offenem Mund in der Tür stehen blieb.

»Du hättest ihn mit Mum sehen sollen«, schrie Pat. Sie duckte sich unter meinem Arm hindurch und lief zu ihrem Vater. Er hörte auf zu tanzen, rief seiner Tochter ein paar

Sätze ins Ohr, winkte mir zu und tanzte dann weiter. Sie kam lächelnd zu mir zurück. »Wir bleiben über Nacht hier.«

Da es fast zwei Uhr morgens war, schien das eine eher überflüssige Information zu sein, aber ich nickte und ließ mich von Pat zur Tür hinaus und die Treppe hinunter ins Wohnzimmer der Nachbarn schleifen. Die Küchen der drei Häuser waren voller Leute vom Partyservice, die riesige Tabletts mit Essen in die Esszimmer und Gärten schleppten. Pat und ich hatten tagelang kaum etwas gegessen, und wir hatten eine Menge nachzuholen. Ich war bei meinem zweiten Teller, als sie sagte, sie wolle ein paar Leuten Hallo sagen. Ich nickte und gab ihr mit einer Handbewegung zu verstehen, dass ich mich mit Vergnügen still in eine Ecke setzen und essen und trinken würde.

Kaum war ihr Rock um die Ecke verschwunden, stürmte ich wie der Blitz die Treppe hinauf. Eine Poolparty ohne Badeanzüge! Ich war ziemlich sicher, dass es oben ein Gästezimmer gab, wo ich auf den Pool hinunterschauen konnte. Und richtig – unten im Garten waren ungefähr ein Dutzend junge Erwachsene, die wunderschön nackt vom Sprungbrett sprangen und im klaren blauen Wasser schwammen.

»Unglaublich, was?«, sagte eine Stimme hinter mir. Ich hatte einen Fuß auf die Fensterbank gestellt, hielt meinen Teller in der Hand und spähte durch das breite Fenster hinunter auf den Pool.

Es war Pats Vater. Er schloss die Schlafzimmertür hinter sich, sodass es relativ ruhig war.

»Was ist unglaublich?«

»Die Teenager heutzutage. Siehst du die auf dem Sprungbrett? Das ist die kleine Janie Hughes. Sie ist erst vierzehn.«

Ich zog die Brauen hoch. »Habe ich sie nicht letzte Woche auf ihrem Dreirad gesehen?«

Er gluckste. »Wenn ich sie sehe, verstehe ich, warum alte

Männer junge Mädchen heiraten. Und wenn ich die Jungs in ihrem Alter sehe, verstehe ich, warum die Mädchen sich zu älteren Männern hingezogen fühlen.«

Er hatte nicht Unrecht. Mehrere Mädchen hatten sich ausgezogen, aber nur ein einziger Junge. Die Jungen waren größtenteils spindeldürr und hatten schlechte Haut; sie schienen eine Todesangst vor den Mädchen zu haben, und deshalb behielten sie ihre großen, schlabbrigen Badehosen an. Der einzige Junge, der nackt war, hatte einen so fabelhaften Körper, dass ich annahm, er sei wohl der Kapitän irgendeiner Sportmannschaft an der High School. Er erinnerte mich an einen meiner Cousins, der in der Nacht nach dem Abschlussball der High School bei einem Autounfall ums Leben gekommen war. Nachher hatte ich gedacht, es war fast, als habe mein Cousin gewusst, dass er früh sterben würde, denn er war mit siebzehn ein Mann gewesen – kein schlaksiger Junge, sondern ein ausgewachsener Mann.

»Wahrscheinlich wird er sterben, bevor das Jahr um ist«, sagte ich und deutete mit dem Kopf auf den nackten Adonis, der am Beckenrand stand. Ich sah meinen Schwiegervater an. »Ich dachte du bist blind – oder doch fast.«

Er lächelte. »Aber ich habe ein ausgezeichnetes Gedächtnis.«

Seit dem Tag, als ich auf seinem Schoß geweint hatte, standen wir einander sehr nahe. Bis dahin hatte ich mich keinem Mann je nah gefühlt, und was ich für meinen Schwiegervater empfand, ließ mich verstehen, was mit »Männerfreundschaft« gemeint war.

»Ich hinterlasse Pat das Haus«, sagte er.

Ich stellte meinen Teller weg und wandte mich ab. Bitte sprich heute nicht vom Sterben, dachte ich. Nicht heute. Wenn ich nicht antwortete, würde er vielleicht aufhören.

Aber er hörte nicht auf. »Ich habe Pat nichts gesagt, und ich hab's auch nicht vor, aber ich weiß, dass ich hier auf Erden fertig bin. Wusstest du, dass ich einen Monat nach ihrem Tod versucht habe, mir das Leben zu nehmen?«

»Nein«, sagte ich mit abgewandtem Kopf und fest geschlossenen Augen. Und in meiner Eitelkeit hatte ich gedacht, ich sei der Einzige, der wirklich zutiefst um Pats Mutter getrauert hatte.

»Aber Martha wollte mich nicht sterben lassen. Ich glaube, sie wusste, dass du dein Buch über sie schreiben würdest, und das wollte sie. Sie wollte es für dich und für Pat, und sie wollte es auch für sich selbst. Ich glaube, sie wollte, dass ihr Leben etwas bedeutete.«

Ich wollte die übliche Antwort geben: Ihr Leben *habe* etwas bedeutet. Aber hatte ich nicht eine Viertelmillion Wörter geschrieben, um genau das zu sagen? Ich nickte nur und konnte ihm immer noch nicht in die Augen sehen.

»Ich weiß, ich brauche es dir nicht zu sagen, aber ich möchte, dass du auf Pat achtgibst. Sie tut so, als sei es ihr nicht wichtig, dass sie keine Kinder bekommen kann, aber das stimmt nicht. Als sie mit acht Jahren aus dem Krankenhaus kam, verschenkte sie alle ihre Puppen – und sie hatte ein ganzes Zimmer voll. Und noch heute fasst sie keine mehr an.«

Ein Kloß stieg mir in die Kehle. Schuldbewusst begriff ich, dass ich über meine Frau nicht gewusst hatte, was ich da hörte. In Wahrheit hatte ich überhaupt nicht viel über den Unfall nachgedacht, der Pat unfruchtbar gemacht hatte. Ich hatte Pat, und deshalb war es mir nie wichtig gewesen, ob wir Kinder hatten oder nicht. Und ich war nie auf die Idee gekommen, sie zu fragen, wie es ihr damit ging.

»Lass dir bei deiner Schreiberei von ihr helfen«, sagte er. »Schließ sie nicht aus. Lass dir niemals einfallen, dass du plötzlich einen schicken Agenten mit einem großen Namen brauchst, weil du so erfolgreich bist. Hast du verstanden?«

Ich konnte ihn immer noch nicht ansehen. Pat und ich waren seit Jahren verheiratet. Warum war mir die Sache mit den Puppen nie aufgefallen? War ich so unaufmerksam? Oder hatte sie es vor mir verborgen? Hatte sie noch andere Geheimnisse?

Pats Vater sagte nichts weiter; er legte mir nur kurz die Hand auf die Schulter, ging dann leise hinaus und schloss die Tür. Kurze Zeit später kam unten eine Frau aus dem Haus und ging zum Pool. Ich erkannte Janie Hughes' Mutter. Sie rief ihre Tochter so laut, dass ich es durch das Getöse von zwei Livebands und schätzungsweise fünfhundert Partygästen hören konnte.

Gehorsam wickelte Janie sich ein Handtuch um den schönen jungen Körper, aber ich sah, dass sie noch einmal über die Schulter einen Blick zu dem nackten Athleten warf, bevor er seine Badehose anzog.

Als die Aufregung vorbei war, setzte ich mich auf die Fensterbank. Der Teller neben mir war immer noch voll, aber ich konnte nichts mehr essen.

Im Grunde hatte ein Mann, den ich liebte, mir soeben eröffnet, dass er sterben werde.

In der Fensterecke klemmte eine Stoffpuppe. Ich nahm sie in die Hand und betrachtete das lächerliche Gesicht. Ich mochte noch so viel Geld verdienen, noch so viel Erfolg haben, es gab immer ein paar Dinge – Dinge, die ich mir wirklich wünschte –, die ich niemals bekommen würde. Nie wieder würde ich mit Pat und ihren Eltern an einem Tisch sitzen. Kopfschüttelnd dachte ich daran, wie ich früher geglaubt hatte, sie gehörten zu einem »auserwählten Volk«, dem niemals etwas Schlimmes zustoßen konnte.

Die Zimmertür öffnete sich, und ich blickte auf. »Da bist du ja«, sagte Pat. »Ich habe dich überall gesucht. Diese Party ist für dich, weißt du.«

»Kann ich die kleine Janie Hughes als Geschenk mit nach Hause nehmen?«

»Ich werde ihrer Mutter erzählen, dass du das gesagt hast.«

Schützend hielt ich mir die Stoffpuppe vor das Gesicht. »Nein, nein, nur das nicht.«

Sie kam zu mir. »Komm mit runter. Die Leute wollen dein Autogramm.«

»Wirklich?« Ich war erfreut und verblüfft zugleich. Ich wollte die Puppe wieder da hinsetzen, wo ich sie gefunden hatte, aber unversehens drückte ich sie Pat an die Brust, damit sie sie nahm.

Pat sprang zurück, bevor die Puppe sie berühren konnte, und sie sah aus, als werde ihr schlecht.

Gern hätte ich ihr Fragen gestellt, ihr ein Geständnis abgerungen. Aber was sollte sie gestehen? Was ich schon wusste? Sie ging zur Tür und blieb dort stehen; sie wandte mir den Rücken zu, und ihre Schultern hoben und senkten sich, als sei sie gerannt.

Ich hob die Puppe vom Boden auf, setzte das arme Ding in seine Ecke und legte ihr den Arm um die Schultern. »Was wir jetzt brauchen, ist ein Glas Champagner. Und außerdem hast du mir noch nicht gesagt, was du mit all dem Geld, dass wir jetzt kriegen, kaufen möchtest.« Ich legte leichte Betonung auf das Wörtchen »wir«.

»Ein Haus«, sagte sie, ohne zu zögern. »An der Küste. Hochgelegen, mit einer Wand aus Glas, damit ich auf die Wellen hinausschauen und den Stürmen auf dem Meer zusehen kann.«

Ich holte tief Luft. Jahrelang verheiratet – und an einem Abend erfuhr ich gleich zwei Geheimnisse über meine Frau.

»Stürme auf dem Meer – okay.« Ich öffnete die Tür, ohne den Arm von ihrer Schulter zu nehmen.

»Und was möchtest du?«, fragte sie. »Außer wegen der minderjährigen Janie in den Knast gehen, meine ich?«

»Wenn ich in den Knast komme, sehe ich vielleicht meinen Dad.« Ich umschlang sie fester. »Ich möchte Buch zwei schreiben«, gestand ich ehrlich.

»Keine Sorge. Ich werde dir helfen, und Dad auch. Jetzt,

da Mom nicht mehr da ist, werden deine Bücher ihm etwas geben, wofür er leben kann.«

Ich war froh, dass die Musik uns entgegenbrandete und ich darauf nicht mehr antworten konnte, denn mir war jetzt, als sei diese riesige, lärmende Party keine Feier für mich, sondern ein Abschiedsfest für meinen Schwiegervater.

Und ich hatte Recht, denn sieben Wochen später starb Pats Vater im Schlaf. Als ich im Bestattungsinstitut vor seinem leise lächelnden Leichnam stand, dachte ich, dass er genau das getan hatte, was meine melodramatische Verwandtschaft immer tat: Er hatte in seiner Trauer sein Leben weggegeben.

Als Pats Mutter starb, war ich derjenige gewesen, der voller Zorn reagiert hatte, und Pat hatte mich zusammengehalten. Nach dem Tod ihres Vaters war sie so sehr erfüllt von Trauer und Wut, dass unser Hausarzt sie in eine Klinik einweisen wollte. Für meine eigene Verzweiflung war kein Platz mehr, und so hielt ich uns beide zusammen. Nur einmal wurde ich schwach: als ich erfuhr, dass Pats Vater mir sein deutsches Werkzeug hinterlassen hatte.

Pat verkaufte das Haus ihrer Eltern mit allem, was darin war. Wäre es meine Entscheidung gewesen, ich wäre dort eingezogen, denn in diesem Haus hatte ich ein paar der besten Zeiten meines Lebens verbracht. Aber Pat behielt nur die Fotos – die sie in ein Schließfach legte und niemals anschaute –, und sie verkaufte alles andere. Das Einzige, was übrig blieb, war der Werkzeugkasten.

In den nächsten zwölf Jahren schrieb ich, und Pat wurde zur umtriebigen Geschäftsfrau. Wir waren Partner, wie sie es gesagt hatte. Ich schrieb, wir redigierten, und sie verkaufte. Und sie war meine erste Leserin. Sie sagte mir immer, was sie von meinen Büchern hielt, und manchmal war sie fast brutal. Es war nicht leicht, mein Ego im Zaum zu halten, und manchmal kam es zu wütenden Streitigkeiten. »Versuch's auf meine Art, und dann sehen wir, was besser ist«, schrie sie einmal. Wütend, und um ihr zu beweisen, dass sie sich irrte, schrieb ich das Ende eines Buches nach ihren Wünschen um. Und sie hatte Recht. Ihr Schluss war besser. Danach hörte ich aufmerksamer zu.

Ihr Haus am Meer kauften wir nicht. Zum einen konnte Pat sich nicht entscheiden, an welchem Meer sie wohnen wollte. Außerdem war auch sie fasziniert von dem Gedanken, dass ich als Schriftsteller überall auf der Welt leben konnte. Also beschlossen »wir«, ein paar Häuser auszuprobieren. Wir zogen oft um.

In den ganzen zwölf Jahren besuchten wir nur ein einziges Mal meine Onkel und den Ort, wo ich aufgewachsen war. Am Tag vor unserer Ankunft war ich krank vor Nervosität. Pat versuchte, mir lachend darüber hinwegzuhelfen, aber sie konnte es nicht. Ich war zerfressen von der Frage, wie es sein würde, sie alle wiederzusehen.

»Hast du Angst, dableiben zu müssen?«, fragte Pat am Abend zuvor, und ich brachte nur keuchend hervor: »Ja!«

Aber ich hätte mir keine Sorgen zu machen brauchen. Alle meine Verwandten behandelten mich wie eine Berühmtheit. Sie kamen mit eselsohrigen Exemplaren meiner Bücher an und baten mich um ein Autogramm. Und das wirklich Merkwürdige war: Offenbar waren sie von dem kollektiven Glauben erfüllt, in dem Augenblick, als mein erstes Buch von einem Verlag angenommen worden war, habe sich eine Wolke der Amnesie auf mich herabgesenkt. Sie schienen ausnahmslos davon überzeugt zu sein, dass ich keinerlei Erinnerung an meine Kindheit hatte.

Jahre zuvor hatte ich sie einmal besucht. Es war nach dem College-Examen, aber bevor ich einen Verlag gefunden hatte, und damals hatte niemand so getan, als könne ich mich an nichts erinnern. Sie beschrieben mir keine Orte, an denen ich hundert Mal gewesen war, und keiner von ihnen sagte: »Du wirst dich nicht daran erinnern, aber ...«

Jetzt, da meine Bücher publiziert wurden, taten sie es. Mein Cousin Noble redete mit mir, als hätte er mich erst an diesem Morgen kennengelernt, und nach zwei Stunden wünschte ich, er wollte mich »Buick« nennen, wie er es früher immer getan hatte.

Er machte mich mit Onkel Clyde bekannt, als hätte ich den Mann noch nie gesehen. Ich warf Noble einen Blick zu, den er ignorierte, und dann hielt ich einen übertriebenen kleinen Vortrag darüber, dass ich mich durchaus an Onkel Clyde erinnern könne. »Nicht zu glauben«, sagte der alte Mann. »Nicht zu glauben, dass ein so berühmter Mann wie du sich an mich erinnert.« Ich lächelte, und am liebsten hätte ich gesagt: »Ich habe eine Narbe an der Wade, wo du mich mit deiner Gürtelschnalle geschlagen hast. Da werde ich mich wohl an dich erinnern.« Aber das sagte ich nicht.

Noble legte mir den Arm um die Schultern und führte mich davon. »Du darfst es Onkel Clyde nicht übel nehmen«, sagte er leise. »Er hat vor ein paar Jahren einen seiner Söhne verloren, und seitdem ist er einfach nicht mehr derselbe.«

Wieder sah ich Noble an, als sei er verrückt. Nachdem Cousin Ronny ertrunken war, hatten Noble und ich und vier andere Vettern ein Freudenfeuer angezündet. Noble sagte, er sei, seit er vier Jahre alt war, immer wieder mit einem blauen Auge herumgelaufen, und jedes Mal habe Cousin Ronny es ihm verpasst. Ich – der Kreative – hatte aus Steinen, Lehm und Stöcken eine große Schildkröte gebaut, und dann hatten wir uns ehrfürchtig davor verneigt und ihr gedankt, dass sie unser Leben von Cousin Ronny befreit hatte.

Und als Noble mir jetzt von Onkel Clydes tiefer Trauer erzählte, als wäre das eine Neuigkeit, war ich sicher, dass er einen Scherz machen wollte. »Und dafür haben wir dem Schildkrötengott zu danken«, sagte ich leise.

Noble starrte mich an, als wisse er nicht, wovon ich da redete.

»Der Schildkrötengott«, sagte ich. »Weißt du noch? Wir haben ihm für die Schildkröte gedankt, die Cousin Ronny gebissen hatte, und ...«

Noble nahm den Arm von meinen Schultern und richtete sich auf. »Davon weiß ich nichts.«

So ging es den ganzen Tag. Als ich den Satz »Du wirst dich nicht daran erinnern, aber ...« am Spätnachmittag zum tausendsten Mal gehört hatte, reichte es mir. »Wieso zum Teufel soll ich mich nicht daran erinnern?«, fuhr ich Onkel Reg an. »Es ist *mir* passiert. Ich habe hier *gelebt*, weißt du noch? Ich war ›die Strafe‹. Ich, Ford. Oder Chrysler. Oder John Deere. *Ich!*«

Pat nahm mich beim Arm und zog mich weg, und eine Zeitlang standen wir beide im Schatten eines Baumes, damit ich mich wieder beruhigte. Ich war dankbar, dass sie nicht versuchte, mir zu erzählen, sie seien eben nur einfache Leute vom Lande, die nichts verstanden. In Wahrheit hatte ich das Gefühl, dass sie schon wieder versuchten, mich auszuschließen und mich spüren zu lassen, dass ich nicht hierher gehörte. Ich war als Kind anders gewesen als sie, und jetzt war ich mehr denn je ein Außenseiter.

Aber mehr noch: Ich fühlte mich in eine Rolle gedrängt, die sie für mich geschrieben hatten. »Er ist hier aufgewachsen, aber er erinnert sich nicht an uns«, würden sie den Leuten erzählen. »Er ist ein großer Star geworden und hat uns glatt vergessen.« Ich wollte, dass die Leute sagten: »Obwohl er es bis an die Spitze geschafft hat, hat er die kleinen Leute doch nie vergessen.« Oder so ähnlich. Aber allen Tatsachen zum Trotz gab man mir zu verstehen, ich sei als »Prominenter« zum Snob geworden.

Pat blieb bei mir stehen, während ich mich bemühte, meinen Zorn zu überwinden, und dann sagte sie: »Schade. Du warst ein solcher Tugendbold, dass du nie gelernt hast, ihnen etwas heimzuzahlen.«

»Ich war kein ...«, begann ich. »Und ich habe auch nie ...«

Ich stammelte eine ganze Weile herum, bis ich begriff, was sie sagen wollte. Ich küsste sie auf die Stirn, und wir kehrten zurück zu den andern, die mit besorgten Mienen wegen meines unerklärlichen Wutausbruchs auf uns warteten. Vermutlich sind Promis eben so, schienen ihre Blicke zu sagen.

Nach dem Gespräch mit Pat war ich so guter Laune, dass ich drei Prügeleien anzettelte. Ich wusste ja, wo die wunden Punkte meiner Verwandten waren, und so nahm ich sie aufs Korn. Ich fragte Noble, was eigentlich aus dem alten Pontiac geworden sei, den er mal gehabt habe, und zehn Minuten später schlugen er und ein anderer Cousin (der den Wagen geklaut und es dann stets geleugnet hatte) aufeinander ein.

Ich fragte Onkel Clyde nach seinem geliebten Sohn, der ertrunken war, und bat ihn, mir ein paar wunderbare Geschichten über den Jungen und seine guten Taten zu erzählen. Und übrigens – was hatte Cousin Ronny eigentlich an dem Tag in dem Teich getan?

Irgendwann sah Pat mich mit schmalen Augen an und gab mir zu verstehen, dass ich zu weit ginge. Aber ich amüsierte mich viel zu gut, um aufzuhören.

Als Pat laut verkündete, es sei Zeit zum Abfahren, sagte niemand, wir sollten »mal wiederkommen«. Noble ging mit hinaus zum Auto. »Du hast dich kein bisschen verändert, was?«, sagte er mit wütendem Blick und spuckte einen Rotzfladen aus, der einen Zentimeter weit links neben meinem Schuh landete.

»Du aber auch nicht«, sagte ich mit breitem Grinsen. Am Tag vor meiner Abreise zum College hatten Noble und drei seiner Saufkumpane mich verspottet, bis ich nicht mehr gewusst hatte, ob ich einen mörderischen Tobsuchtsanfall bekommen oder weinen sollte. Ich war in den Wald gelaufen, um ihnen zu entkommen. Als ich kurz vor Einbruch der Dunkelheit zurückkam, stellte ich fest, dass sie mit dem

Traktor über den Koffer mit meinen sauberen, (von mir selbst) gebügelten neuen Sachen gefahren waren, die ich von dem Geld gekauft hatte, das ich mit Tütenpacken im Supermarkt verdient hatte.

Onkel Cal hatte Noble für diesen »Streich« einen Klaps auf den Hinterkopf gegeben, aber er ließ keinen Zweifel daran, dass er nicht so schlimm fand, was sein Sohn da getan hatte. »Ein kleines Abschiedsgeschenk«, sagte er lächelnd. Niemand hatte mir angeboten, mir beim Waschen und Bügeln meiner Kleider zu helfen, und so hatte ich die ganze Nacht aufbleiben müssen und war gerade noch rechtzeitig fertig geworden, um am nächsten Morgen den Bus zu erwischen – den Bus, der mich von der ganzen Bande wegbringen sollte.

»Es war nett, euch alle wiederzusehen«, sagte ich zu Noble, und ich meinte es wirklich ernst. Ich weiß nicht, ob der Verkauf meines ersten Buches mich so sehr befriedigt hatte wie die zweite Hälfte dieses Tages. »Hör zu, Noble«, sagte ich freundlich, »wenn eins der Kids aufs College gehen möchte, dann lasst es mich wissen, und ich helfe euch bei den Kosten.«

Damit stieg ich in den Wagen, und Pat raste los wie eine Teilnehmerin beim lokalen Sandbahn-Speedway-Rennen. Als ich einen Blick zurückwarf, sah ich, dass Noble von meinem Angebot verblüfft war. Wollte ich ihm unter die Nase reiben, dass er damals gesagt hatte, nur Schwuchteln gingen aufs College? Oder wollte ich damit sagen, dass ich als Einziger gescheit genug gewesen war, um dort anzukommen?

Drei Stunden lang lachte ich immer wieder vor mich hin, wenn ich an sein verdattertes Gesicht dachte. Aber irgendwann muss er begriffen haben, dass ich es aufrichtig gemeint hatte, denn im Laufe der Jahre bezahlte ich mehreren Angehörigen der nächsten Generation meiner Verwandten das College. Dazu gehörte auch Nobles älteste

Tochter Vanessa, die schließlich selbst Lehrerin am College wurde.

»Einer deiner Vorfahren muss ein Gehirn gehabt haben«, sagte Pat. »Deshalb taucht ab und zu so was wie Intelligenz in eurer Familie auf.«

»Rezessive Gene.«

»Aber *wirklich* rezessiv«, sagte sie, und wir lachten beide.

All das war zu Ende, all die guten Zeiten, als Pat starb. Ich war ohne eine Familie aufgewachsen, ich hatte eine gefunden und sie wieder verloren.

Und wieder war ich allein auf der Welt.

2 – Jackie

Ich glaube, er wollte mich, weil ich ihn zum Lachen brachte.
Nein, er *wollte* mich nicht. Nicht so. Er wollte, dass ich für ihn arbeite.
Natürlich sagte ich nein. Schließlich hatten schon viele Frauen in der Stadt versucht, für ihn zu arbeiten, aber sie waren entweder bald gefeuert worden oder hatten unter Tränen gekündigt. Oder stinkwütend.
Man hatte mir erzählt, wie gut er es verstand, Leute wütend zu machen. »Rasend, weißglühend«, sagte eine Freundin zu mir, als wir zu viert zum Lunch in unserem Bratlokal saßen – gebratenes Fleisch, gebratene Zwiebeln, gebratene Kartoffeln. Die Kellnerin hatte keinen Sinn für meinen Humor, als ich sie darauf zu achten bat, dass der Koch mir meinen Salat nicht auch noch briet. Empört marschierte sie davon, und ihre Laune besserte sich während des ganzen Essens nicht mehr.
Aber ich war es gewohnt, dass mein Humor mich in Schwierigkeiten brachte. Mein Vater sagte immer, ich sei so, damit niemand mich weinen sähe. Ich verstand es nicht, denn ich weine nie, und das sagte ich ihm. »Eben«, sagte er und ging weg.
Jedenfalls fragte dieser hochkarätige Bestsellerautor mich, ob ich für ihn arbeiten wollte, weil ich ihn zum Lachen brachte. Und weil ich ihm meine Geistergeschichte erzählt hatte. Na ja, genau gesagt, ich habe sie eher halbwegs erzählt. Wie Heather bemerkte: Ich hatte es schon sehr viel besser gemacht. Aber du meine Güte, man braucht ein größeres Ego, als ich es habe, um sich einzubilden, man könnte einem meisterhaften Geschichtenerzähler eine Ge-

schichte erzählen. Ich hatte Albträume, in denen er mir sagte, meine »Syntax« sei falsch.

Aber vor der Geistergeschichte – oder Teufelsgeschichte, wie Autumn sie nennt – brachte ich ihn zum Lachen, und zwar über den Pulitzerpreis.

Ich war auf einer Party, und Autumn – das arme Schätzchen, jede Menge Haar, aber kein Verstand – war in Tränen aufgelöst, weil ihre künftige Schwiegermutter wieder hochnäsig zu ihr gewesen war. Wir alle wussten, warum Cord Handley das Mädchen heiratete: jedenfalls nicht wegen ihrer intellektuellen Fähigkeiten. Sie hatte Unmassen von dichtem, braunem Haar und ein Paar Titten, die ihr den Blick auf ihre Füße versperrten. Autumn beschwerte sich immer darüber, dass sie keinen Spitzen-BH in ihrer Größe finden konnte. »Ich brauche nur Spitze«, sagte ich, und darüber lachten alle.

Wir wussten, dass Autumn und Cord im Grunde keine Zukunft hatten; irgendwann würde seine Mutter sie auseinander bringen. Cords Familie war in unserer Stadt das Nächstbeste nach »altem Geld«. Cord selbst war auch nicht gerade besonders gescheit, aber seine Mutter war es, und sie führte das Kommando. Leider hatten ihre drei Kinder von ihrem Mann den Verstand und von ihr das Aussehen geerbt. Da leuchtete es ein, dass sie versuchte, die Nachkommenschaft zu verbessern, indem sie ihre drei Kinder mit intelligenten Partnern verheiratete, aber ihre Kinder waren erwachsen und wollten nichts davon wissen. Ihr jüngster Sohn wollte die schöne, liebe, aber dumme Autumn heiraten.

Die arme Autumn verließ das Haus ihrer künftigen Schwiegermutter jeden Donnerstagnachmittag unter Tränen, denn jedes Mal, wenn sie dort war, wurde sie einer Befragung unterzogen. Einer Art Zulassungsprüfung. Ich nannte diese Veranstaltung »Tee und harte Nüsse«.

Eines Tages beim Lunch mit ein paar Freundinnen beging

ich den Fehler, Autumn zu fragen, was sie *nach* der Hochzeit machen wolle. Da sie und Cord nach der Heirat in die Villa der Familie ziehen würden, müsste Autumn den alten Drachen praktisch jeden Tag sehen.

Vielleicht liegt es daran, dass ich ohne Mutter aufgewachsen bin; jedenfalls scheine ich in Punkto »Erziehung als Mädchen« einiges versäumt zu haben. Ich hatte lediglich auf etwas hingewiesen, was ich für ein offensichtliches Problem hielt – und schon war die Hölle los. Autumn brach in Tränen aus, und Heather und Ashley nahmen sie gemeinsam in den Arm und starrten mich fassungslos an.

Mein »Was hab ich getan?«-Blick war ihnen vertraut.

»Jackie, wie kannst du nur?«, sagte Jennifer.

Ich fragte nicht, was ich denn so Schreckliches gesagt hätte. Schon seit Jahren suchte ich keine Antwort mehr auf die Frage: »Was habe ich *diesmal* getan?«

So weit ich weiß, verbuchen Frauen die meisten Dinge unter der Rubrik »Ermutigung«. Der Hinweis darauf, dass Autumn wahrscheinlich täglich statt einmal wöchentlich weinen würde, wenn sie erst bei ihrer Schwiegermutter wohnte, galt wahrscheinlich nicht als »Ermutigung«.

In diesem Fall war ich überdies anscheinend unsensibel für die Tatsache, dass meine Freundin »verliebt« war. Konkret: Autumn konnte ihre zukünftige Schwiegermutter nicht einfach auf den Mond schießen, weil sie und Cord »verliebt« waren.

»Das kennst du doch, Jackie, oder? Du bist doch auch verliebt.« Schön, ich war verlobt und würde demnächst heiraten, aber ich glaubte, dafür gab es handfeste Gründe. Kirk und ich hatten die gleichen Ziele und die gleichen Wünsche. Und okay – ich hatte es satt, allein zu leben, seit Dad tot war. Leere Häuser hatte ich nie besonders gern, vielleicht weil ich mit nur einem Elternteil aufgewachsen war. Ich hatte immer Angst, mein geliebter Vater könnte verschwinden und ich wäre mutterseelenallein.

Jedenfalls, wir waren auf der Party, und Autumn vergoss sanfte, hübsche Tränen über die neueste Abscheulichkeit, die ihre zukünftige Schwiegermutter ihr gesagt hatte. Da es an Autumns Aussehen nichts zu mäkeln gab, hatte sie sich ihre Lektüre vorgenommen. »Mein Liebes«, hatte die alte Frau gesagt, »ein Roman lohnt sich nur zu lesen, wenn er den Pulitzerpreis gewonnen hat.« Ich hatte meine Lektion gelernt und gab mir Mühe, »ermutigend« zu sein, und deshalb riet ich Autumn nicht, der alten Fledermaus zu sagen, sie solle sich zum Teufel scheren.

»Ich weiß nicht mal, was ein Pulitzerpreis ist«, schluchzte Autumn in ihr Spitzentaschentüchlein. Bei Autumn gab es schließlich keine gebrauchten, zerfransten Papiertaschentücher!

Ich wusste – Gott segne ihr hübsches Köpfchen –, dass Autumn *Teen People* für eine ausgesprochen intellektuelle Zeitschrift hielt.

»Hör zu.« Ich trat einen Schritt näher, um ihre Aufmerksamkeit auf mich zu lenken. »Du solltest lernen, dich gegen sie zu wehren. Sag ihr, du kaufst jeden Pulitzer-Preisträger, aber wie alle andern auf Erden kommst du nie dazu, sie zu Ende zu lesen.«

»Ich weiß, dass ich nicht besonders gut lesen kann, Jackie. Ich bin nicht so gescheit wie du«, heulte Autumn.

Wieder warfen mir alle diesen Blick zu. Ich war nicht »ermutigend«.

Ich hockte mich vor Autumn hin und nahm ihre feuchten Hände. So wahr mir Gott helfe – wenn sie weinte, war sie noch hübscher. »Autumn, deine zukünftige Schwiegermutter ist ein Snob. Sie glaubt, wenn sie ein Buch liest, auf dessen Cover ›Pulitzerpreis‹ steht, ist sie eine Intellektuelle. Aber das ist sie nicht.«

Ich wollte sie aufmuntern, aber ich wusste, das würde mir nicht gelingen, wenn ich ihr sagte, dass ich den preisgekrönten Roman jedes Jahr las. Also ließ ich mich stattdessen über eine meiner Lieblingstheorien aus. »Soll ich dir sagen, wie man ein Buch schreibt, das den Pulitzerpreis gewinnt?«, fragte ich, aber ich ließ ihr keine Zeit zum Antworten. »Als Erstes denkst du dir eine Liebesgeschichte aus. Ganz recht – genau wie all die bunten Liebesromane im Supermarkt sind Romane mit dem Pulitzerpreis im Grunde genommen Liebesgeschichten, aber das wissen sie zu verbergen. Ungefähr so, wie man einen Schatz vergräbt. Und genau wie bei der Suche nach einem vergrabenen Schatz muss man sich durch eine Menge Zeug wühlen, das überhaupt nicht kostbar ist, bis man ihn schließlich findet. Verstehst du, was ich meine?«

»Einigermaßen«, sagte sie, und ihre Tränen flossen langsamer. Sie war nicht gescheit, aber sie war einer der liebsten Menschen, die ich je kennengelernt habe.

»Okay. Also, der Autor lässt sich eine klitzekleine Liebesgeschichte einfallen. Zwei Leute begegnen sich und verlieben sich. Ganz simpel.«

»Davon handeln die Bücher, die *ich* lese«, sagte Autumn.

»Ja, aber hier geht's jetzt um die preisgekrönten Bücher, und die sind anders. Zunächst mal dürfen die Hauptfiguren nicht schön sein. Sie *müssen* sogar unscheinbar sein. Nichts mit glutvollen Augen und rabenschwarzen Locken, denn damit würde das Buch sich disqualifizieren.«

Damit lockte ich ein winziges Lächeln bei ihr hervor. »Ich verstehe. Hässliche Leute.«

»Nicht hässlich, und nicht grotesk. Aber vielleicht haben sie so was wie große Ohren. Und als Nächstes musst du anfangen, den Schatz zu verstecken. Du musst ihn vergraben, damit der Leser ihn nicht so leicht findet. Das bedeutet, die Liebenden dürfen nicht so oft zusammen sein. Nicht wie in einem Liebesroman, wo der Held und die Heldin fast auf jeder Seite zusammen sind. Übrigens darfst du sie auch nicht Helden nennen. ›Protagonisten‹ klingt besser.«

»Warum?«

»Das ist eins der kleinen Gesetze im literarischen Leben. Leute, die sich für gescheit halten, benutzen gern Wörter, die andere nicht benutzen.«

»Aber Jackie ...«, fing sie an. Dann brach sie ab und wartete, dass ich weitererzählte.

Ich nahm nicht an, dass sie irgendetwas von all dem behalten würde, aber es munterte sie tatsächlich auf. Außerdem merkte ich, obwohl ich nicht aufblickte, dass ich ein Publikum angelockt hatte, und ich kann eine furchtbare Rampensau sein.

Autumn nickte; sie hielt immer noch meine Hand fest und wartete, dass ich fortfuhr.

»Okay«, sagte ich. »Du fängst also an, den Schatz deiner Liebesgeschichte unter einer Unmenge von schrulligen Figuren mit komischen Namen zu vergraben. Du nennst sie Sunshine oder Schnullermund oder Schraubenschlüssel – egal, solange es merkwürdige Namen sind.«

»Warum tut man das? Wer heißt denn Schraubenschlüssel?«

»Niemand, aber das ist der springende Punkt. Die Juroren haben wahrscheinlich Namen wie John oder Catherine, und deshalb träumen sie davon, Drehstromgenerator zu heißen.«

Autumn lächelte.

»Ich verstehe. Wie Emerald.«

Ich hatte keine Ahnung, wer Emerald war, aber dann kam ich drauf und lächelte. »Genau – nur andersherum. In Liebesromanen haben der Held und die Heldin ...«

»Die Protaga...«, sagte Autumn, und ich lächelte.

»Genau. In Liebesromanen haben die Protagonisten schöne Namen wie Cameo und Briony, und die Männer heißen Wolf und Falk, aber mit solchen Namen gewinnt man keinen Preis. Protagonisten, die Preise gewinnen, haben merkwürdige Namen, aber niemals schöne. Nachdem du also die Namen für deine Figuren gefunden hast, denkst du dir schrullige Persönlichkeiten für sie aus. Absolut schrullig müssen sie sein.«

»Zum Beispiel?«

»Na ja ...« Ich dachte kurz nach. »Miss Havisham zum Beispiel. Schon mal von ihr gehört?«

Autumn schüttelte den Kopf. Ihre Tränen hatten nicht einmal das Make-up verschmiert.

»Miss Havisham war dabei, sich für ihre Hochzeit anzuziehen, als sie die Mitteilung bekam, dass der Bräutigam nicht zur Trauung kommen würde. Da beschloss sie, für den Rest ihres Lebens so zu bleiben, wie sie in diesem Augenblick war: im Hochzeitskleid und mit nur einem Schuh an den Füßen. Der Autor beschreibt, wie sie Jahre später als alte Frau immer noch ihr vergammeltes Hochzeitskleid trägt und wie die Tafel mit dem Hochzeitsmahl mit Spinnweben überzogen ist. Miss Havisham ist eine berühmte schrullige Figur in der Literatur, und die Leute, die Preise zu verleihen haben, lieben schrullige Figuren. Und sie wollen, dass der Schatz – die Geschichte – sehr tief vergraben wird, unter Scharen von Leuten mit komischen Namen, die lauter sonderbare Dinge tun.«

Ich wusste, dass sie wahrscheinlich gar nichts verstand, aber ich spürte, dass mein Publikum kollektiv den Atem anhielt, und deshalb dachte ich gar nicht daran, aufzuhören. »Und dann musst du in deiner Geschichte einen Schocker unterbringen, etwas, das geradewegs aus einem Horrorroman stammt.«

»Aber ich dachte, es ist eine Liebesgeschichte.«

»O nein! So darfst du es niemals nennen. Für die Leute, die diese Bücher schreiben, ist es wichtig, dass du glaubst, sie ständen hoch über den Autoren von Liebes- und Horror- und Kriminalromanen. Deshalb vergraben sie ja all diese Geschichten tief in ihren Büchern. Sie dürfen nicht riskieren, dass man sie mit Genre-Autoren in Verbindung bringt. Tatsächlich müssen preisgekrönte Autoren ihre Geschichte so tief vergraben, dass die Juroren sie kaum noch entdecken können.«

Autumn machte ein ratloses Gesicht. Sie verstand wirklich kein Wort.

»Okay, ich sage dir ein Beispiel. In einem Liebesroman treffen sich zwei hinreißende Leute, und sie denken sofort an Sex. Stimmt's?«

»Ja ...«

»So ist es auch im wirklichen Leben. Aber wenn du einen Preis gewinnen willst, dürfen deine Figuren niemals an Sex denken – oder höchstens auf selbstverleugnerische Art. Die Juroren lieben Figuren, die sich selbst unattraktiv finden und die bei dem, was sie im Leben versucht haben, meistens gescheitert sind. Und übrigens mögen die Juroren auch unvollständige Sätze.«

»Aber ich dachte ...«

»Dass ein Satz ein Subjekt und ein Prädikat braucht? Das stimmt. Nur nicht in preisgekrönten Romanen. In einem normalen Roman – das heißt, in einem, der keinen Preis gewinnen wird – schreibt der Autor zum Beispiel: ›Sie sagte Auf Wiedersehen, wandte sich ab und ging die Treppe hinauf.‹ Ein Preisträger hätte geschrieben: ›Auf Wiedersehen gesagt. Die Treppe hinauf. Dann Reue – besser *au revoir?*‹ Verstehst du? Das ist anders. Und ein paar französische Wörter helfen auch.«

»Das erste gefällt mir besser. Es liest sich leichter.«

»Aber es soll nicht ›leicht zu lesen‹ sein. ›Leicht zu lesen‹ ist nicht intellektuell. Es geht darum, einen Krimi, einen Horrorroman, eine Liebesgeschichte zu lesen und dich zugleich für überlegen zu halten, weil du ›diese Sorte Bücher‹ nicht liest. Ach ja, und es hilft auch, wenn der Autor eine Frau ist, deren Vorname eine Variante von Ann ist. Wer Blanche L'Amour heißt, wird niemals einen Literaturpreis bekommen.«

Als Autumn begriff, dass ich fertig war, beugte sie sich

vor und gab mir einen Kuss auf die Wange. »Du bist ulkig«, sagte sie. »*Du* solltest Cords Bruder heiraten.«

Ich musste aufstehen, damit niemand sah, dass mir ein kalter Schauer über den Rücken lief. Nur in meinen schlimmste Albträumen würde ich in diese Familie einheiraten. Nur wenn ...

Meine Gedanken brachen jäh ab, denn vor mir, dicht hinter Autumns Stuhl, stand Ford Newcombe, einer der erfolgreichsten Bestseller-Autoren der Welt. Die Leute, die sich über Autumn gebeugt hatten, als sie weinte, waren zurückgewichen und drängten sich rechts und links neben dem Stuhl. Sie hatten Mr Newcombe ehrfürchtig Platz gemacht – wie es sich für jemanden seines Kalibers natürlich gehörte.

Er lächelte leise und sah mich mit seinen blauen Augen an, als habe ihm meine alberne Geschichte gefallen. Sein Gesicht sah eher interessant als gut aus, und seine körperliche Erscheinung wirkte weich und untrainiert. Er schrieb schon, so lange ich zurückdenken konnte; also musste er ziemlich alt sein – mindestens ein gutes Stück über sechzig, dachte ich.

Natürlich hatte ich gewusst, dass er seit zwei Jahren bei uns in der Stadt wohnte. Den Grund dafür kannte niemand. Nachdem er die Freundin einer Freundin von mir gefeuert hatte, vermutete ich, dass jede andere Stadt in Amerika ihn inzwischen verjagt hatte.

Von jedem in unserer Stadt, der sprechen konnte – sogar von Mr Wallace, der mit einem Apparat in der Kehle sprach – hatte ich gehört, dass es unmöglich sei, für Ford Newcombe zu arbeiten. Er sei ständig schlecht gelaunt, immer mürrisch und nie zufriedenzustellen. Mindestens drei Mitarbeiterinnen hatte er schon nach vierundzwanzig Stunden wieder entlassen. Eine von ihnen, eine Frau im Alter meines Vaters, hatte es Heathers Tante erzählt, und die hatte es Heathers Mutter erzählt, und die hatte es

Heather erzählt, und die hatte es uns allen erzählt: Sein Problem sei, dass er nicht mehr schreiben könne. Ihre Theorie (die sie aus dem Internet hatte) besagte, in Wirklichkeit habe seine verstorbene Frau alle seine Bücher geschrieben, und da sie tot sei, könne es kein neues Ford-Newcombe-Buch mehr geben.

Ich verkniff es mir, diese Theorie laut zu hinterfragen. Wenn seine Frau die Bücher geschrieben hatte, warum waren sie dann nicht unter ihrem Namen erschienen? Wir lebten nicht mehr im achtzehnten Jahrhundert, wo ein Buch unter einem männlichen Autorennamen erscheinen musste, damit es sich verkaufte. Weshalb also sollte jemand ein solches Theater aufziehen? Aber als meine Freundinnen immer weiter darüber tratschten, musste ich schließlich doch fragen, warum. Jennifer sah mich durchdringend an und sagte: »Wegen der Steuer«, und dann warf sie mir einen warnenden Blick zu, der mir zu verstehen gab, ich sei nicht »ermutigend«.

Und jetzt hatte ich mich hier mit einem überlangen und lächerlichen Vortrag über preisgekrönte Bücher zum Narren gemacht, und er stand da und starrte mich an. O mein Gott. Hatte er für eins seiner Bücher den Pulitzerpreis gekriegt?

Ich schluckte und verzog mich durch das Gedränge um Autumn, bei der sich die Leute immer drängten, zur Bar, um mir etwas zu trinken zu holen. Sich vor Freunden lächerlich zu machen war eine Sache, aber vor einem Prominenten war es etwas ganz anderes. Ein Star. Megareich. Megaberühmt. Ich hatte ein Foto gesehen, auf dem dieser Mann mit dem Präsidenten im Weißen Haus abgebildet war.

Weshalb war er dann hier in unserer unbedeutenden kleinen Stadt? Und wieso an einem Samstagabend in Jennifers Elternhaus? Hatte er keine Präsidenten zu besuchen? Oder Kaiser?

»Das war ... unterhaltsam«, sagte eine Stimme links über meinem Kopf.

Ich wusste, wem sie gehörte. Also atmete ich einmal tief durch, bevor ich zu ihm aufsah. »Danke ... nehme ich an«, sagte ich und gab ihm damit zu verstehen, dass mir das kurze Zögern in seinem Lob nicht entgangen war. Er hatte Falten um die Augen, aber ich hätte nicht sagen könne, ob sie vom Alter oder von seiner Weltmüdigkeit herrührten. Sein Mund hätte nett aussehen können, aber er war zu einem harten Strich zusammengepresst. Ich hatte gehört, dass er die ersten vier Frauen gefeuert hatte, weil sie versucht hatten, sich an ihn heranzumachen. Aber was hatte er erwartet? Er war ein reicher Witwer. Ich meine – hey.

»Möchten Sie für mich arbeiten?«, fragte er.

Ich konnte nicht anders. Ich fing an zu lachen. Kein höfliches, kultiviertes Lachen, sondern ein echtes Bruu-haha. »Nur wenn ich zwei Köpfe hätte«, sagte ich, ehe ich mich wieder im Griff hatte.

Einen Moment lang war er verdutzt, aber dann lächelte er selbst ein bisschen, und ich wusste, er hatte kapiert. Damals, im sechzehnten Jahrhundert, als man die Herzogin von Mailand fragte, ob sie Heinrich den Achten heiraten wolle, hatte sie geantwortet: »Nur, wenn ich zwei Köpfe hätte.«

»Okay. Ich wollte nur mal fragen«, sagte er und ging einfach davon.

Das ernüchterte mich. Mein Vater hat gesagt: »Verglichen mit deiner spitzen Zunge ist eine Spicknadel harmlos.« Jetzt, nachdem ich den einen, den einzigen Star, dem ich je begegnen würde, beleidigt hatte, wusste ich, dass er Recht gehabt hatte.

Ich drehte mich zu dem Kellner hinter dem Getränketisch um, der das alles gesehen und gehört hatte. Er war nicht aus der Stadt, und deshalb konnte er nicht wissen, dass ich den Ruf hatte, mich um Kopf und Kragen zu reden. Also sah er mich nur staunend an. »Rum und Coke«, sagte ich zu ihm und setzte meinen finstersten Blick auf.

»Nicht doch lieber einen Block und 'ne Axt?« Er gab mir zu verstehen, dass er meine neunmalkluge Bemerkung ebenfalls verstanden hatte.

Ich warf ihm einen vernichtenden Blick zu, aber er gluckste bloß.

Ungefähr zehn Minuten später kreuzte Kirk auf, und ich atmete erleichtert auf. Kirk war mein Verlobter und ein großartiger Kerl. Er war gescheit und ein guter Geschäftsmann, er war stabil (hatte sein ganzes Leben in derselben Stadt und im selben Haus verbracht) und sah gut aus. Nicht Autumns Kaliber, aber gut. Und das Beste war: Er hatte kein Gramm Kreativität im Leib. Mit anderen Worten, Kirk war all das, was ich nicht war, was mein Vater nicht gewesen war und wonach ich mich sehnte.

Als er mich sah, lächelte er und hielt einen Zeigefinger hoch, um mir zu sagen, er werde in einer Minute bei mir sein. Kirk hatte ständig etwas zu kaufen oder zu verkaufen. Er kaufte irgendein mickriges kleines Geschäft, einen Postkartenladen von einer kleinen alten Lady zum Beispiel, und gab ungefähr zwanzig Riesen aus, um daraus ein Geschäft zu machen, wo man Musik und Videos bekam. Dann verkaufte er den Laden für das Doppelte dessen, was er bezahlt hatte, und kaufte etwas anderes.

Um die Wahrheit zu sagen, ich fand Kirk faszinierend. Ich las gern, und ich machte mit leidenschaftlicher Begeisterung Fotos mit meiner kostbaren Nikon, für die ich einen Kredit hatte aufnehmen müssen, aber Geschäfte und Zahlen langweilten mich so sehr, wie sie Kirk fesselten.

»Deshalb passen wir so gut zusammen«, meinte er. »Gegensätze ziehen sich an.«

Weil man seine Miete nicht zahlen kann, indem man durch den Wald läuft und Sachen zum Fotografieren sucht, hatte ich einen Job, bei dem ich den ganzen Tag mit Büchern zu tun hatte. Ich bibliographierte und katalogisierte für einen Professor an der örtlichen Universität. An dieser Universität gab es die ungeschriebene Vorschrift, dass ihre Professoren alle paar Jahre etwas publizieren mussten, und so hatte der alte Professor Hartshorn jahrelang so getan, als schreibe er an einem Buch. In Wirklichkeit hatte er junge Frauen engagiert, die zu irgendeinem Thema für ihn recherchierten, und dann hatte er sie kritisiert, bis sie kündigten. Auf diese Weise konnte er der Sekretärin die Schuld daran geben, dass die Arbeit nicht vorankam.

Das wusste ich, als er mich einstellte (jeder in der Stadt wusste es), aber ich hatte einen Plan. Aus den Erzählungen seiner früheren Sekretärinnen wusste ich, dass er ungefähr einen Monat abwartete, bevor er ihnen das Leben zu Hölle machte, und so schrieb ich in diesem Monat ein Kapitel zu einem Buch über Präsident James Buchanan. Mein Vater hatte alles gelesen, was über diesen Mann je geschrieben worden war, und mir davon erzählt. Infolgedessen war ich selbst so etwas wie eine Expertin. Buchanan war sein Leben lang Junggeselle gewesen, und schon zu seinen Lebzeiten hatte man vermutet, er sei schwul. In Wahrheit hatte mein Vater nur so getan, als interessiere er sich für diesen längst verstorbenen Präsidenten. Tatsächlich war er ein bisschen verliebt in Buchanans Nichte, die im Weißen Haus als seine Hausdame gearbeitet hatte: die sechsundzwanzigjährige, großbusige Harriet Lane. Kein Dad außer meinem hatte in seiner Brieftasche das Foto einer Frau, die 1830 geboren war.

Ein paar Abende lang notierte ich die Titel, Verfasser und Erscheinungsdaten der Sekundärliteratur, die immer noch im Regal im Schlafzimmer meines Vaters stand, machte ein paar Farbkopien von Fotos mit Miss Lane (sie heiratete erst, als ihr Onkel nicht mehr im Amt war) und schrieb dann ein Mordskapitel über das, was ich aus den Erzählungen meines Vaters noch in Erinnerung hatte.

Statt dieses Kapitel dem alten Professor Hartshorn zu zeigen, damit er es in der Luft zerriss, schrieb ich seinen Namen darüber und mailte es an den Präsidenten der Universität mit dem Hinweis, er (Professor Hartshorn) wolle ihm (dem Präses) zeigen, woran er arbeitete.

Auf das, was nun kam, war ich nicht vorbereitet. Ich hatte gehört, Hartshorn sei ein guter Geschichtslehrer und deshalb lasse man ihn an der Universität bleiben. Aber so gut er auch sein mochte, der Mann hatte nichts publiziert, und man munkelte, er werde jetzt endlich doch gefeuert werden.

Als der Präsident das Kapitel gelesen hatte, war er völlig aus dem Häuschen. Er kam mit dem Text in der Hand in Professor Hartshorns Büro gerannt und schrie: »Das ist brillant. Absolut brillant. Sie müssen es auf der nächsten Fakultätssitzung vorlesen. Und da behaupten die Leute hier, Sie schreiben gar nichts.«

Ich arbeitete im Nebenzimmer, aber eins muss ich ihm lassen: Professor Hartshorn spielte sofort mit. Er sagte: »Miss Maxwell, mir scheint, ich habe *meine* Kopie des Kapitels zu *meinem* Buch, an dem *ich* arbeite, verlegt.«

Wenn dem Präsidenten an der merkwürdigen Betonung dieses Satzes irgendetwas auffiel, ließ er es sich jedenfalls nicht anmerken. Ich warf eine Kopie des fünfundzwanzigseitigen Kapitels auf den Tisch des Professors, ohne einen der beiden Männer anzusehen, und kehrte in mein Zimmer zurück.

Ein paar Minuten später rief Professor Hartshorn mich zu sich. »Sagen Sie, Miss Maxwell, wann will mein Verlag das fertige Manuskript vorliegen haben?«

»In drei Jahren«, sagte ich. Ich brauchte den Job, und länger als drei Jahre war ich noch nirgends geblieben. Das war natürlich, bevor ich Kirk kennenlernte und beschloss, für den Rest meines Lebens am selben Ort zu bleiben.

»Ist das nicht eine lange Zeit?«, fragte der Präsident. Er

sah Hartshorn an und ignorierte die Tatsache, dass ich, eine einfache studentische Hilfskraft, im Zimmer stand.

»Ein obskures Thema«, sagte Hartshorn und runzelte die Stirn, um zu zeigen, dass ihn solche belanglosen Fragen nicht interessierten. »Die Recherche ist schwierig. Jetzt gehen Sie, Henry, und lassen Sie mich arbeiten.«

Froh darüber, dass er eine Institution wie Professor Hartshorn nun nicht zu entlassen brauchte, ging der Präsident hinaus. Ich wartete auf das Donnerwetter, das jetzt kommen würde. Aber es kam nicht. Ohne mich anzusehen, gab Professor Hartshorn mir mein Kapitel zurück und sagte: »Ein Kapitel alle drei Monate. Und schreiben Sie viel über Harriet Lanes Busen.«

»Ja, Sir«, sagte ich und ging wieder an die Arbeit. Und in den nächsten zwei Jahren arbeitete ich die Bücher meines Vaters durch und schrieb alle drei Monate fünfundzwanzig Seiten über die goldenen Haare, die veilchenblauen Augen und die üppige Figur der Miss Harriet Lane.

Am Ende des zweiten Jahres leistete ich mir einen Scherz: Mit Hilfe von Jennifers Mutter schneiderte ich ein zeitgenössisches Kleid aus veilchenblauer Seide mit rosa Paspeln nach Miss Lanes Maßen (bitte fragen Sie mich nicht, woher mein Vater alle diese persönlichen Daten hatte – Fanatiker finden immer einen Weg). Auf dem Flohmarkt hatte ich eine Schneiderpuppe erstanden, und mit Watte (einer *Menge* Watte) brachten Jennifers Mum und ich eine Nachbildung von Miss Lanes berühmtem Busen zustande. Jennifer, Harriet und ich schleppten die angezogene Puppe eines Montagmorgens um sechs Uhr in Professor Hartshorns Büro, und als er kam, stand sie da.

Aber er sagte kein Wort über die kopflose Gestalt, die eine ganze Ecke seines kleinen Zimmers in Anspruch nahm. Eine Woche verging, und noch immer sagte er nichts. Ich war ziemlich enttäuscht – bis Samstagmorgen. Ich war am Drive-in-Schalter meiner Bank, um meinen Gehaltsscheck

einzureichen, und die Kassiererin – eine Freundin von mir – sagte: »Herzlichen Glückwunsch.«
»Wozu?«
»Zur Gehaltserhöhung. Und du hast dich auf dem Einzahlungsbeleg verschrieben. Ich kann das für dich korrigieren, aber du musst es abzeichnen.«
Erst jetzt sah ich, dass der süße alte Knacker mir eine fünfundzwanzigprozentige Gehaltserhöhung spendiert hatte. Nur für Harriet Lanes prachtvollen Busen.
Aber jetzt würde ich in drei Wochen heiraten und nicht weiterarbeiten. Ich hatte vor, eine Zeit lang zu lesen, zu fotografieren und mit den Mädels zu lunchen. Seit ich vierzehn war, hatte ich für meinen Lebensunterhalt gearbeitet, und jetzt, mit sechsundzwanzig, freute ich mich darauf, ein bisschen Freizeit zu haben.
Aber das war, bevor ich zu der Party bei Jennifer ging und Ford Newcombe kennenlernte.
Kirk brauchte mehr als eine Minute. Genau gesagt, er brauchte mehr als dreißig Minuten. Er war in eine Besprechung mit dem ältesten Sohn der Handleys vertieft, der für die Investitionen der Familie zuständig war, damit der Vater Golf spielen konnte. Natürlich wusste jeder in der Stadt, dass in Wirklichkeit Mrs Handley diejenige war, die das Geld verwaltete, aber die Söhne zogen die Show ab.
Ich stand allein da, trank meine Coke mit Rum und dachte daran, wie sehr ich mich auf mein neues Leben freute. Der Job bei Professor Hartshorn langweilte mich inzwischen. Er war nicht so kreativ, wie ich es erhofft hatte, und es gab keine Aufstiegsmöglichkeit. Kirk hatte ich noch nichts davon erzählt, aber ich hatte die Hoffnung, irgendwann ein eigenes kleines Geschäft zu eröffnen. Ich träumte von einem Porträtstudio daheim, wo ich Leute bei natürlichem Licht fotografieren wollte, um aus diesen Bildern irgendwann ein Buch zu machen. Dazu brauchte ich nur ein bisschen Zeit für mich; mit meinen Ersparnissen und dem,

was mein Vater mir hinterlassen hatte, würde ich das Geschäft einrichten können. Und ich wollte zu Hause arbeiten, damit ich, wenn ich Kinder bekäme ...

»Er fragt nach dir«, flüsterte Heather mir ins Ohr.

Ich schaute zu Kirk hinüber, aber der konferierte immer noch mit dem ältesten Handley.

»Nein, nicht er«, sagte Heather. »*Er*.«

Sie deutete mit dem Kopf zu Ford Newcombe, der mit einem Glas in der Hand am Fenster stand und Miss Donnelly zuhörte. Sofort hatte ich Mitleid mit ihm. Miss Donnelly schrieb den Rundbrief der örtlichen Methodistengemeinde und erzählte deshalb überall, sie sei »Autorin«. Zweifellos glaubte sie, sie sei Ford Newcombe ebenbürtig.

»Na los.« Heather gab mir einen Stoß ins Kreuz.

Aber ich rührte mich nicht von der Stelle. Viel bringe ich nicht auf die Waage, aber das, was da ist, besteht aus Muskeln. »Heather«, sagte ich leise, »du hast sie nicht alle. Dieser Mann ›fragt‹ nicht nach mir.«

»Doch, das tut er. Er hat Jennifers Mum ungefähr fünfzig Fragen über dich gestellt: Wer du bist, wo du arbeitest, alles. Ich glaube, er ist scharf auf dich.«

»Das sagst du besser nicht Kirk, sonst gibt's ein Duell.«

Heather lachte nicht. »Sieh es positiv. Wenn er dich erst kennt, schmeißt er dich raus.«

Auch Heather hatte eine spitze Zunge.

»Los«, sagte sie und schubste mich kräftiger. »Stell fest, was der Mann will.«

Tatsächlich hatte ich das Gefühl, mich bei ihm entschuldigen zu müssen. Außerdem, wer hatte schon Gelegenheit, ein bisschen Zeit mit einer Berühmtheit zu verbringen? Ich könnte meinen Enkelkindern dereinst davon erzählen, und so weiter.

Als Ford Newcombe mich kommen sah, machte er ein Gesicht, als sei ich ein Rettungsboot. »Da sind Sie ja«, sagte er laut über Miss Donnellys Kopf hinweg. »Ich habe die

Unterlagen hier, die Sie sehen wollten, aber die müssen wir uns draußen anschauen.«

Das ergab überhaupt keinen Sinn, weil es draußen stockdunkel war. »Gern«, sagte ich. »Gehen wir.« Ich ging mit ihm hinaus – gefolgt von Jennifer, Autumn, Heather und Ashley.

Er ging bis zu dem kleinen hüfthohen Zaun, der die große Terrasse hinter Jennifers Elternhaus umgibt, bevor er sich zu mir umdrehte. Dann machte er große Augen.

Ich wusste, was er sah, ehe ich mich umschaute. Man hatte mich benutzt. Alle vier lechzten danach, ihn kennenzulernen und ihm Fragen zu stellen, die er wahrscheinlich schon eine Million mal beantwortet hatte.

Ich trat zurück und überließ ihn meinen Freundinnen. Nach allem, was ich wusste, ließ der Mann sich gern von vier hübschen, schüchtern lächelnden jungen Frauen mit Fragen bombardieren. Ich spähte durch die Glastüren ins Haus, um zu sehen, ob Kirk inzwischen fertig war, aber er schwatzte immer noch. Also blieb ich ein Stück weit abseits stehen und spielte mit dem Strohhalm in meinem verwässerten Drink.

Erst als Ashley fragte: »Woran schreiben Sie gerade?«, hörte ich zu. Die Antwort auf die Frage: »Schreiben Sie mit einer Schreibmaschine, mit einem Computer oder mit der Hand?«, interessierte mich nicht.

»An einer wahren Geschichte«, sagte er.

Ich sah ihn scharf an. Okay, ich geb's zu, ich habe jedes Wort gelesen, das Ford Newcombe je geschrieben hat, und eine Menge von dem, was über ihn geschrieben wurde, und deshalb wusste ich, dass mehr oder weniger alles, was er je verfasst hatte, »wahre Geschichten« waren. Wenn er jetzt etwas so Selbstverständliches sagte, wollte er doch nur mit echten Informationen hinter dem Berg halten, oder?

»Eine wahre Geschichte über was?«, fragte Autumn, und ich sah, wie Newcombes Miene sanft wurde. Manchmal fragte ich mich, wie es wohl wäre, hinter Autumns Gesicht zu leben und die Leute dahinschmelzen zu lassen, wenn sie mich nur anschauten.

»Eine Art Geister-Hexen-Geschichte.« Er verriet immer noch nichts.

»Ach, wie die Blair-Witch-Geschichte«, sagte Heather.

»Nein, eigentlich nicht.« Ich sah, dass Heathers Bemerkung Anstoß erregt hatte. Es klang, als sei er ein Trittbrettfahrer – oder, schlimmer noch, als wolle er ein Plagiat schreiben.

»Du solltest ihm deine Teufelsgeschichte erzählen«, sagte Autumn zu mir, aber bevor ich antworten konnte, ergänzte Jennifer: »Jackie hat uns immer schreckliche Angst damit eingejagt. Es ist eine Geschichte über etwas, das vor ungefähr hundert Jahren in North Carolina passiert ist.«

Newcombe lächelte – herablassend, wie ich fand. »Alle guten Geschichten sind dort passiert«, sagte er und sah mich an. »Na los, erzählen Sie.«

Seine selbstgefällige Attitüde gefiel mir nicht. Es war, als gebe er mir die Erlaubnis zum Erzählen. »Es ist nur ein Stückchen Folklore, das ich als Kind gehört habe«, sagte ich und lächelte über mein Glas hinweg.

Aber meine Freundinnen ließen nicht locker.

»Los, Jackie, erzähl schon«, sagte Ashley.

Heather gab mir einen Rippenstoß.

»Erzählen!«

Jennifer gab mir mit schmalen Augen zu verstehen, dass ich es wirklich tun *sollte*. Für meine Freundinnen. Als »Ermutigung«.

»Bitte«, bat Autumn leise. »Bitte.«

Ich sah Newcombe an. Er beobachtete mich interessiert, aber ich konnte nicht erkennen, was er dachte. Ich wusste nicht, ob er bloß höflich war oder ob er meine Geschichte wirklich hören wollte.

Egal – ich hatte keine Lust, mich schon wieder lächerlich

zu machen. »Es ist wirklich nichts weiter. Nur eine Geschichte, die ich vor langer Zeit gehört habe.«

»Sie ist wirklich passiert«, erklärte Heather.

»Vielleicht«, sagte ich hastig. »Ich glaube es. Vielleicht.«

»Also, wie geht die Geschichte?« Newcombe starrte mich an.

Ich holte tief Luft. »Eigentlich ganz einfach. Eine Frau liebte einen Mann, aber die Leute in der Stadt sagten, er sei der Teufel, und deshalb brachten sie sie um. Sie häuften Steine auf ihre Brust, bis sie tot war.« Als ich fertig war, sah ich, dass meine Freundinnen enttäuscht waren.

Heather sprach als Erste. »Normalerweise erzählt Jackie die Geschichte so gut, dass wir Gänsehaut kriegen.«

Und Autumn sagte: »Ich finde, Jackie sollte Schriftstellerin werden.«

Ich ließ mein Glas fallen. Die Scherben flogen allen gegen die bestrumpften Beine, und wir liefen ins Haus, um das Ausmaß des Schadens festzustellen.

Ich kam als Erste wieder aus dem Bad, und Kirk erschien, um mir zu sagen, es tue ihm leid, aber er müsse schon wieder gehen. »Geschäfte. Das verstehst du doch, oder, Schneckchen?«

»Na klar«, sagte ich. »Fährst du mich nach Hause?«

»Geht nicht«, sagte er und verließ mit dem ältesten Handley-Sohn das Haus. Ich blieb eine Weile stehen. Die andern waren noch im Bad, und ich wollte ihnen jetzt nicht unter die Augen kommen.

»Und warum wollten Sie nicht, dass ich die komplette Version Ihrer Geschichte höre?«, fragte eine Stimme hinter mir. Er schon wieder.

Ich hatte nicht vor, zu lügen. »Sie müssen doch eine Menge Leute treffen, die Ihnen erzählen, sie hätten eine Story, aus der sich ein großartiges Buch machen ließe – und könnten Sie ihnen da nicht helfen, einen Verlag zu finden?«

»Einen Agenten.«

Ich wusste im ersten Augenblick nicht, was er meinte. »Die Leute wollen zuerst einen Agenten. Sie glauben, ein Agent kann für einen Schriftsteller mehr Geld herausschlagen. Und das ist gar nicht so falsch.«

»Oh«, sagte ich. »Das wusste ich nicht. Ich will nämlich nicht Schriftstellerin werden, und selbst wenn ich es wollte, wäre es nicht meine Art, mich Ihnen aufzudrängen.«

Er schaute in sein Glas. Die Eiswürfel darin waren geschmolzen, wie sie es auch in meinem gewesen waren. »Aber diese Teufelsgeschichte klingt interessant. Haben Sie sie wirklich als Kind gehört? Oder haben Sie sich das ausgedacht?«

»Wahrscheinlich beides ein bisschen«, sagte ich. »Die Wahrheit ist, ich war so klein, als meine Mutter mir die Geschichte erzählt hat, dass ich mir im Laufe der Jahre wahrscheinlich ein paar dichterische Freiheiten herausgenommen habe. Ich weiß nicht mehr, was aus meiner Erinnerung stammt und was ich selbst hinzugefügt habe.«

»Ihre Mutter hat Ihnen die Geschichte nur einmal erzählt?«

»Meine Eltern haben sich getrennt, als ich noch sehr klein war, und ich bin bei meinem Vater aufgewachsen. Meine Mutter kam ungefähr ein Jahr nach der Trennung bei einem Autounfall ums Leben.« Ich schaute weg; ich hatte keine Lust, ihm noch mehr aus meinem Privatleben zu erzählen.

Er sah mich einen Moment lang an und trank sein Glas aus. »Ehrlich, ich suche eine Assistentin. Sind Sie sicher, dass Sie kein Interesse haben?«

Diesmal lächelte ich freundlich. »Danke für das Angebot, aber ich möchte nicht. Ich heirate in drei Wochen, und dann werde ich ...« Aber ich konnte diesem Fremden nicht gut von meinen Plänen erzählen, wenn ich sie meinem Verlobten noch nicht offenbart hatte. Also zuckte ich nur die Schultern.

Er lächelte kurz. »Okay. Aber wenn Sie es sich anders überlegen sollten ...«

»Dann folge ich einfach dem Pfad der Tränen.« O Gott. Jetzt hatte ich es schon wieder getan. Ich schlug die Hand vor meinen großen Mund und starrte ihn entsetzt an. Nicht mal ein »Sorry« brachte ich über die Lippen.

Er setzte zweimal zu einer Antwort an, aber dann ließ er es bleiben. Wortlos stellte er sein Glas auf einen Tisch und verließ das Haus.

Ich war sicher, dass er in unserer kleinen Stadt keine Party mehr besuchen würde. Und meine Freundinnen würden mich erschlagen.

3 – Ford

Ich kann nicht behaupten, dass ich sie besonders *mochte*, aber sie war die interessanteste Person, die ich seit Jahren kennengelernt hatte. Und vor allem war ich sicher, dass sie für den Job geeignet war und dass sie keine emotionalen Forderungen an mich stellen würde. Ich musste einen Weg finden, wieder zum Schreiben zu kommen, aber ich hatte ihn noch nicht gefunden, und deshalb dachte ich, Jackie Maxwell und ihre Teufelsgeschichte könnten mir vielleicht die Richtung zeigen.

Ich hatte in den Klatschzeitschriften und im Internet gelesen, dass man behauptete, Pat habe meine Bücher geschrieben. Wie hätte sie darüber gelacht! Ich hatte auch gehört, dass mein Schreiben von ihr abhängig gewesen sei und dass ich es deshalb nach ihrem Tod nicht mehr könne.

Das kam der Wahrheit schon näher, denn keins meiner Bücher war reine Fiktion. Es war genug Erfundenes dabei, sodass meine Onkel und Vettern mich nicht verklagen konnten, aber im Grunde beruhten sie allesamt auf Wahrheit. »Eine verzerrte Wahrheit« hatte Pat es genannt. Wie sie an jenem längst vergangenen glücklichen Tag bemerkt hatte: Ich hatte in meinem Leben genug Schlimmes für viele Bücher erlebt. Ich hatte über jede Sauerei geschrieben, die mir je widerfahren war.

Aber die Wahrheit, die niemand kannte – niemand in meinem Verlag und keiner meiner Freunde –, war die, dass ich mich schon lange vor Pats Tod leergeschrieben hatte. Das einzige Buch, das ich noch in mir hatte, war das Buch über Pat, und es würde noch viele, viele Jahre dauern, bis ich dazu fähig wäre, es zu schreiben.

In den sechs Jahren nach ihrem Tod war ich im Land umhergezogen und hatte das Wenige, was ich noch besaß, von einem Haus ins andere transportiert. Ich ließ mich in irgendeiner Gemeinde nieder, sah und hörte mich um, ob irgendetwas dort meinen Appetit anregte, und hoffte auf einen Grund, wieder mit dem Schreiben anzufangen.

Aber nichts interessierte mich. Ab und zu machte mein Verlag eine Neuausgabe irgendeines alten Titels von mir, oder sie fassten meine paar Novellen zu einer Anthologie zusammen, damit es aussah, als publizierte ich immer noch, aber die meisten Leute wussten, dass ich es nicht tat. Wenn ich meinen Namen im Internet eingab, fand ich drei Diskussionsgruppen, in denen über meinen Tod spekuliert wurde. Die Leute listeten »Tatsachen« auf, die angeblich bewiesen, dass ich mir am Todestag meiner Frau das Leben genommen hatte.

In der Stadt, in die ich zuletzt gezogen war, sollte das Wetter angeblich wunderbar sein, aber davon hatte ich noch nichts gesehen. Außerdem sollte es ein »bezaubernder« Ort sein, aber auch das konnte ich nicht feststellen. Ich weiß nicht, warum ich nicht am nächsten Tag wieder wegzog, aber ich weiß, dass ich müde war. Ich war müde ... nicht lebensmüde, aber ich war es müde, hirntot zu sein. Ich fühlte mich wie die Frauen, die vom College weg heirateten und sofort drei Kinder in die Welt setzten. Von der Überbeanspruchung des Hirns zu seiner totalen Stilllegung. Ich glaube, ich war in der gleichen Lage. Im Laufe der sechs Jahre hatte ich ein paar kurze Affären gehabt, aber da ich jede Frau mit Pat verglich, fand ich an jeder etwas auszusetzen.

Vor ungefähr einem Jahr – ich war in diesen sechs Jahren ein unersättlicher und eklektischer Leser – hatte ich etwas über eine Hexe gelesen, die irgendwo in einem alten Haus spukte, und das hatte einen winzigen Funken Interesse in mir geweckt. Ich begann an eine Sammlung von wahren Geschichten über Geister und Hexen in Amerika zu denken. In jedem Staat gibt es diese schlecht geschriebenen, lokal publizierten Bücher über regionale Geistererscheinungen, und ich erwog, diese Bücher zu sammeln, umfangreiche Recherchen anzustellen und eine Anthologie zu publizieren. *Geister in den USA* oder so etwas.

Diese Recherchen reizten mich. Ich brauchte nur eine Assistentin. Aber wie sich zeigte, war es nahezu unmöglich, eine wirklich brauchbare Person zu finden.

Hatte *ich* ein besonderes Talent, Nieten herauszupicken? Hatte ich etwas an mir, das sie anzog? Mehrere dieser Frauen schienen in einem seltsamen Kitschroman zu leben. Offenbar glaubten sie, ich hätte sie eingestellt, weil ich sie heiraten und meinen weltlichen Besitz mit ihnen teilen wollte. Diese Frauen wurde ich schleunigst wieder los.

Dann folgten die, die alles haarklein buchstabiert haben wollten. Sie verlangten eine so genannte »Stellenbeschreibung«. Bei einer gab ich nach und verbrachte anderthalb Stunden damit, so ein Ding zu schreiben. Als ich sie zwei Stunden später bat, für mich in den Supermarkt zu gehen, antwortete sie: »Das ist nicht mein Job.« Da entließ ich sie.

Manche entließ ich, andere kündigten selbst. In Wahrheit, glaube ich, hatten sie alle eine Idealvorstellung davon, wie es sein würde, für einen Bestsellerautor zu arbeiten, und ich entsprach nicht ihren Erwartungen.

Wie ich es sah, konnte keine von ihnen einer eigenen Idee folgen. Sie waren wie Roboter und taten, was ich ihnen sagte – solange es ihrer »Stellenbeschreibung« entsprach –, aber sie ergriffen niemals die Initiative. Und zu viele von ihnen benutzten ihren Verstand nur dazu, mich zum Traualtar zu locken. Unverbindlichen Sex hätte ich akzeptiert, aber in ihren Augen sah ich das Wort »Gütergemeinschaft«.

Kurz bevor ich wieder einmal umziehen wollte – wohin, wusste ich nicht –, aß ich mit dem Präsidenten der örtlichen Universität zu Mittag, und er sagte: »Sie sollten sich eine

Assistentin besorgen, wie der alte Professor Hartshorn sie hat. Sie schreibt ein Buch für ihn.«

Ich interessierte mich wenig für das, was er sagte, denn ich hatte bereits für die folgende Woche die Möbelpacker bestellt. Aber aus Höflichkeit sagte ich: »Was ist das für ein Buch?«

Er lachte. »Ein Buch über Harriet Lane, mit ausführlichen Passagen über ihre veilchenblauen Augen und ihren prachtvollen Busen.«

Ich hatte noch nie von dieser Frau gehört, und er erläuterte, es handele sich um Präsident James Buchanans Nichte. »Ich weiß nicht, woher Hartshorns Assistentin ihre Informationen bezieht, aber ich bin sicher, dass sie korrekt sind. Miss Lane war eine ebenbürtige politische Partnerin ihres Onkels – den man übrigens insgeheim ›altes Mädel‹ nannte. Wenn Sie wissen, was ich meine«, fügte er hinzu und wackelte mit den Augenbrauen.

Interessant, dachte ich. Ich brauchte eine Assistentin, die selbstständig denken konnte. »Schreibt sie das Buch *mit* dem Professor?«

Der Präsident verzog das Gesicht. »Ach was, nein. Als ich ihn einmal zur Rede stellte, sagte er, es werde ohnehin schon viel zu viel Mist über alles Mögliche geschrieben, und da werde er nicht auch noch zu dieser Umweltverschmutzung beitragen. Aber das Kuratorium saß mir im Nacken; ich sollte ihn entlassen, weil er nichts publiziere. Deshalb fing Hartshorn an, mit Hilfe seiner Studenten so zu tun, als schreibe er.« Der Präsident winkte ab: Er hatte nicht vor, auf diesen speziellen Teil der Geschichte weiter einzugehen. »Jedenfalls bekam ich vor zwei Jahren ein höchst unterhaltsames Kapitel über die Nichte eines obskuren Präsidenten der Vereinigten Staaten, und der Name des Autors war Professor Hartshorn. Aber ich wusste sofort, dass er es nicht geschrieben hatte. Also gab ich das Kapitel meiner Sekretärin – die alles weiß, was in dieser Stadt vorgeht – und

fragte sie, wer in der Lage sei, einen solchen Text zu schreiben. Sie erzählte mir von einem Mann, der für eine viktorianische Frau namens Harriet Lane geschwärmt habe. Hatte sein ganzes Büro mit Bildern von ihr tapeziert und trug nur veilchenblaue Kleidung, weil Miss Lane veilchenblaue Augen hatte.«
Ich war verwirrt. »Hartshorns Assistentin ist ein Mann?«
Der Präsident sah mich stirnrunzelnd an. Ich kannte diesen Blick: Für einen Schriftsteller sind Sie nicht besonders helle. Von einem Schriftsteller erwarten die Leute, dass er von allem etwas versteht; das hatte ich schon vor langer Zeit begriffen.
»Nein«, sagte er langsam, als rede er mit einem Idioten. »Dieser Mann war der Vater von Hartshorns Assistentin. Er lebt nicht mehr. Ihr Vater, meine ich – nicht Hartshorn. Jedenfalls – Hartshorns junge, weibliche Assistentin schickt mir seitdem alle drei Monate ein extrem unterhaltsames Kapitel. Für eine Veröffentlichung ist das alles zu unanständig, aber das Kuratorium und ich, wir sind hingerissen. *Die denkwürdigen Abenteuer der Miss Harriet Lane* nennen wir es.«
Er lächelte im Gedenken an Miss Lanes Busen, und ich überlegte. »Wenn sie so engagiert für Professor Hartshorn arbeitet, wird sie keine neue Stellung haben wollen.«
»Hartshorn ist das« – er senkte die Stimme – »was man umgangssprachlich als A-Loch bezeichnet. Ich bezweifle, dass er sich je auch nur bei ihr dafür bedankt hat, dass sie seinen Job gerettet hat. Allerdings habe ich gehört, dass er ihr eine Gehaltserhöhung spendiert hat, weil sie sein Büro mit einer lebensgroßen Miss-Lane-Puppe dekoriert hat.«
Das hörte sich immer besser an. Sie war kreativ. Und clever. Ergriff die Initiative. So etwas brauchte ich. Erst nach Pats Tod hatte ich erkannt, dass ich ein »kooperierender« Autor bin. Ich brauche jede Menge Feedback. Ich habe nie

verstanden, wie andere Schriftsteller mit den zwei, drei Worten, die sie von ihrem Lektor bekommen, überleben können. Man schreibt ein Jahr lang an einem Buch, und alles, was man am Ende hört, ist: »Sehr gut.«

Wenn ich ehrlich gegen mich selbst war – und ich bemühte mich, es nicht zu sein –, suchte ich einen Partner, jemanden, an dem ich meine Ideen erproben konnte. Ich brauchte keinen Ko-Autor, der mit mir konkurrieren würde, sondern ich brauchte ... Pat. Ich wollte Pat.

Aber ich musste nehmen, was ich bekommen konnte. »Wie kann ich sie kennenlernen?«, fragte ich. »Über Hartshorn?«

Der Präsident schnaubte. »Der würde lügen. Wenn er wüsste, dass Sie sie haben wollen, würde er sie unter Drogen setzen, bevor er Sie mit ihr zusammenbrächte.«

»Aber wie ...?«

»Lassen Sie mich nachdenken. Vielleicht fällt mir etwas ein. Ein gesellschaftlicher Anlass wäre vielleicht das Beste. Ich bin sicher, ich kenne jemanden, der sie kennt. Nehmen Sie in den nächsten zwei Wochen alle Einladungen an, die Sie bekommen.« Er sah auf die Uhr. »O je. Ich muss zum Flughafen.«

Er stand auf. Ich stand auf. Wir gaben uns die Hand. Erst als er gegangen war, fiel mir ein, dass ich ihn nicht gefragt hatte, wie die Assistentin hieß. Etwas später rief ich in Hartshorns Büro an und erkundigte mich nach dem Namen seiner Assistentin. »Welche meinen Sie?«, fragte die junge Frau am Telefon. »Er hat fünf.« Ich konnte nicht gut sagen: »Die, die das Buch für ihn schreibt.« Also bedankte ich mich und legte auf. Als Nächstes rief ich im Büro des Präsidenten an, aber der war verreist.

»Zwei Wochen«, hatte er gesagt. In den nächsten zwei Wochen sollte ich jede Einladung annehmen. Niemand kann sich vorstellen, wie viele Einladungen ein Prominenter in einer Kleinstadt in zwei Wochen bekommt.

Ich las im Kindergarten aus »Bob der Baumeister« – und ließ mich lautstark informieren, dass ich Pilchards Namen falsch ausgesprochen hatte.

Ich hielt einen Vortrag bei einem Damenlunch (Hühnchensalat, *immer* Hühnchensalat) und musste mir von einer hemdblusenbekleideten kleinen alten Lady nach der andern sagen lassen, ich benutzte zu viele »schmutzige Ausdrücke« in meinen Büchern.

Ich hielt einen Vortrag in einer Traktorenhandlung und redete am Ende über Verbrennungsmotoren, um die Aufmerksamkeit meines Publikums nicht vollends zu verlieren.

Und ich nahm die Einladung zu irgendeiner Party an – und dort endlich begegnete ich Professor Hartshorns Assistentin.

Auf der Party beobachtete ich die Leute und versuchte zu erraten, wer von ihnen Professor Hartshorns Assistentin sein könnte.

Ich bemerkte eine Gruppe von Mädchen, die anscheinend Freundinnen waren. Eine war so schön, dass mir schwindlig wurde. Gesicht, Haar, Figur. Wenn sie in ein Zimmer kam, folgten ihr alle Blicke – auch meiner. Aber nachdem ich sie eine Weile beobachtet hatte, bemerkte ich eine gewisse Leere in ihrem Gesichtsausdruck. Das sprichwörtliche dumme Blondchen. Nur, dass sie in diesem Fall tizianrot war. Und sie hieß Autumn. Ich fühlte mich alt. Ihre Eltern waren zweifellos ehemalige Hippies – und in meinem Alter.

Dann war da eine Jennifer, die über irgendetwas wütend zu sein schien und sich den anderen gegenüber als Boss aufspielte. Ich wusste, dass das Haus ihren Eltern gehörte, aber ich hätte wetten mögen, dass sie die Leute auch anderswo herumkommandierte.

Heather und Ashley machten einen ganz normalen Eindruck, aber Heather war nicht sehr hübsch, und das kompensierte sie mit zu viel Make-up.

Die fünfte war Jackie Maxwell, und ich wusste sofort: Sie war es. Sie war klein und hatte sanft gelocktes, kurzes dunkles Haar, und sie sah aus wie eine Frau aus der »Fitness«-Werbung. Wenn ich sie nur ansah, drückte ich die Schultern nach hinten und zog den Bauch ein.

Sie hatte ein niedliches Gesicht und dunkelgrüne Augen, die alles zu sehen schienen, was um sie herum vorging. Ein paar Mal musste ich wegschauen, damit sie nicht merkte, dass ich sie beobachtete.

Nach einer Weile geschah etwas Merkwürdiges. Mitten im Partytrubel setzte sich die süße kleine Autumn auf einen Stuhl und fing an zu weinen. Und zwar sehr hübsch zu weinen, wie ich hinzufügen sollte. Wenn Pat da gewesen wäre, hätte sie eine gehässige Bemerkung darüber gemacht, wie elegant dieses Mädchen weinen konnte.

Aber dass das Mädchen innerhalb einer Sekunde vom Lachen zum Weinen übergehen konnte – und das mitten im Zimmer –, war nicht das Merkwürdige. Merkwürdig war etwas anderes: Als diese hinreißende Schönheit in Tränen ausbrach, richteten sich aller Augen auf Jackie.

Sogar die Frau, die unablässig auf mich einschwatzte und mir erzählte, sie schreibe auch ein Buch, »aber nicht wie Ihre, sondern tiefgründig, wenn Sie wissen, was ich meine«, drehte sich um und sah Jackie an.

War mir etwas entgangen? Interessiert sah ich zu, wie Jackie zu dieser Autumn ging, sich vor sie hinhockte wie eine afrikanische Eingeborene und anfing, in mütterlichem Ton auf sie einzureden. Beim Klang ihrer Stimme hätte ich mich am liebsten in meine Schmusedecke gekuschelt und mich von ihr einlullen lassen. Ich wandte mich dem Mann neben mir zu und wollte eine Bemerkung machen, aber er sagte nur: »Pst, Jackie erzählt eine Geschichte.«

Die ganze Stadt – irgendwann sogar die Barkeeper – kam auf Zehenspitzen heran und umringte den Stuhl, um zuzuhören, wie dieses Mädchen eine Geschichte erzählte.

Okay, ich war eifersüchtig. Noch nie hatte *mir* jemand so spontan zugehört. Nur, wenn es vorher eine Menge Publicity gegeben hatte und ich mit einer Stretch-Limousine vorfuhr, lauschten die Leute mir so hingerissen.

Und was würde sie erzählen? Wir alle warteten gespannt, und dann begann sie, diese hirnlose kleine Beauty-Queen aufzuheitern, indem sie ihr erzählte, wie man einen Roman schrieb, der den Pulitzerpreis gewann.

Da meine Auflagen mich wirkungsvoll aus den Preisträgerkreisen ausschlossen (»Geld oder Preise«, sagte meine Lektorin. »Nicht beides.«), hörte ich zu. Und während sie redete, wünschte ich mir unversehens, sie wäre noch kritischer, als sie schon war. Was war mit dem übermäßigen Gebrauch von Metaphern und Vergleichen? Und mit Emotionen? Meine Lektorin nannte so etwas »Connecticut-Bücher«. Kühl. Würdevoll. Verkopft.

Wir alle wollen immer noch mehr, nicht wahr? Literaturpreisträger wollen Auflagen, Bestseller-Autoren wollen Literaturpreise.

Als Jackie mit ihrer Geschichte fertig war, erwartete ich, dass alle applaudieren würden. Aber stattdessen taten sie, als hätten sie überhaupt nicht zugehört. Merkwürdig, dachte ich.

Sie stand auf (selbst in ihrem Alter hätten meine Knie mich längst umgebracht), sah mich an, ignorierte mein Lächeln und ging schnurstracks zur Bar, um sich etwas zu trinken zu holen.

Ich folgte ihr und verknotete mir beinahe die Zunge, als ich ihr ein Kompliment machen wollte. Da die Leute, die sie kannten, nichts gesagt hatten, nahm ich an, sie wussten, dass sie Lob nicht ausstehen konnte.

Und dann vermasselte ich es vollends, indem ich damit herausplatzte, dass ich sie als Assistentin haben wollte.

Junge! Wie hat sie da gelacht! Als sie sagte, sie werde erst für mich arbeiten, wenn sie zwei Köpfe hätte, brauchte ich eine volle Minute, um zu kapieren, was sie damit meinte. Ich wusste immer noch nicht genau, woher das Zitat stammte, aber ich konnte es mir denken.

Okay, ich hatte verstanden. Ich drehte mich um und ging davon.

Ich wäre wahrscheinlich nach Hause gegangen und hätte die ganze Sache vergessen (und ich hätte große Mühe gehabt, den Vortrag über »Wie man einen Roman schreibt, der den Pulitzerpreis bekommt« nicht in meinem nächsten Buch zu verwenden – falls ich es je schreiben sollte), aber in diesem Moment nahm die Dame des Hauses mich beim Arm und schleifte mich von einem Zimmer ins andere, um mich vorzustellen.

Und nach einer Weile sagte sie, ich müsse Jackie verzeihen, sie sei mitunter, na ja ...

»Ziemlich ätzend?«, schlug ich vor.

Die Dame des Hauses sah mich durchdringend an. »Meine Cousine hat viereinhalb Wochen bei Ihnen gearbeitet und mich jeden Tag angerufen, um mir zu erzählen, was sie bei Ihnen durchzumachen hatte. Sagen wir einfach, Jackie hat kein Monopol auf ätzendes Benehmen, und lassen wir's dabei, ja? Mr Newcombe, ich glaube, wenn Sie eine Assistentin suchen, ist Jackie Maxwell vielleicht die *einzige* Frau, die für Sie arbeiten könnte.«

Sie wandte sich ab und ließ mich einfach stehen, und wenn es nicht mitten in der Nacht gewesen wäre, hätte ich auf der Stelle den Spediteur angerufen und gesagt: »Holt mich *sofort* hier ab!«

Ein paar Sekunden später überfiel mich eine grässliche kleine Frau und verlangte, dass ich persönlich ihre 481 Gemeinderundbriefe veröffentliche, von denen die meisten niemand – das heißt, kein Gemeindemitglied – je gelesen hatte.

»Originaltexte«, sagte sie immer wieder, als hätte sie Washingtons unveröffentlichte Tagebücher entdeckt.

Jackie rettete mich. Ich wollte mit ihr allein nach draußen gehen, um mich bei ihr zu entschuldigen und vielleicht noch einmal von vorn anzufangen, aber als ich mich umdrehte, sah ich, dass ihr ein Schwarm von gaffenden Mädchen gefolgt war. Sekunden später bombardierten sie mich mit Fragen. Ich sah, dass Jackie sich behutsam zurückzog, als die Mädchen mich mit Beschlag belegten. Ich fing an, mich meinem Kismet zu fügen, als eins der Mädchen eine Bombe platzen ließ. Sie sagte, Jackie kenne eine wahre Teufelsgeschichte.

Aus meinen beschränkten (überwiegend assistentinnenlosen) Recherchen wusste ich, dass Teufelsgeschichten selten waren. Geschichten über Geister und Hexen gab es im Überfluss, aber über den Teufel ...

Nach einigem Überreden erzählte Jackie ihre Geschichte in zwei Sätzen, aber in diesen beiden Sätzen erzählte sie *alles*. Irgendjemand hat einmal behauptet, ein wirklich guter Erzähler könne eine Geschichte in einem Wort erzählen, und dieses Wort sei der Titel des Buches. *Der Exorzist* ist ein gutes Beispiel. Das sagt alles.

Ihre Geschichte faszinierte mich so sehr, dass ich befürchtete, meine Ohren könnten anfangen, zu flattern und mich in die Luft tragen. Wow! Eine Frau liebte einen Mann, von dem die Bürger der Stadt glaubten, er sei der Teufel. Warum glaubten sie das? Und sie brachten sie um. Nicht ihn. Sie. Warum nicht den Mann? Aus Angst? Weil sie ihn nicht finden konnten? Weil er in die Hölle zurückgekehrt war? Und was geschah nach ihrem Tod? Gab es einen Prozess?

Aber bevor ich irgendeine Frage stellen konnte, ließ Jackie ihr Glas fallen – absichtlich, aber ich wusste nicht, warum –, und die Mädchen verwandelten sich in gackernde Hühner und flüchteten ins nächstbeste Badezimmer.

Ich brauchte ein paar Augenblicke, um mich in ihr Idealbild von einem kühlen, gelassenen, kultivierten Bestseller-

Autor zu verwandeln, und dann wetzte ich hinter Jackie her. Als sie aus dem Bad kam, sprach ein Mann sie an und sagte, er müsse gehen, und er nannte sie »Schneckchen«. Niemand auf der Welt hatte so wenig Ähnlichkeit mit einem »Schneckchen« wie dieses stramme kleine Geschöpf.

Ich mochte ihn nicht. Er sah mir zu geleckt aus. Ein Gebrauchtwagenhändler, der aussehen wollte wie ein Börsenmakler. Und er war mit einem großen jungen Mann zusammen, der aussah, als habe in seinem Kopf jemand das Licht ausgemacht. Ich hätte eine sechsstellige Summe gewettet, dass die beiden nichts Gutes im Schilde führten.

Aber vielleicht lag es auch daran, dass ich diese junge Frau allmählich unbedingt als Assistentin haben wollte und deshalb Besitzansprüche entwickelte.

Ich versuchte noch einmal, mit ihr ins Gespräch zu kommen und mehr über ihre Teufelsgeschichte zu erfahren, aber sie schien verlegen zu sein, weil ihre Freundinnen gesagt hatten, sie solle ein Buch schreiben. Aber erstens konnte ich mich nicht erinnern, davon etwas gehört zu haben; wahrscheinlich war der Satz gefallen, als meine Ohren flatterten und ich über dem Boden schwebte. Und zweitens hätte ich am liebsten geantwortet: »Mein Kind, *jeder* möchte gern Schriftsteller werden.«

Aber ich plauderte mit ihr darüber, dass sie keine Schriftstellerin werden wollte, und ich erfuhr dabei, dass sie in drei Wochen heiraten würde (vermutlich den Autohändler). Und dann gab sie mir mehr oder weniger wörtlich zu verstehen, dass sie auch dann nicht für mich arbeiten würde, wenn ich der letzte Mann ... und so weiter.

Ich ging nach Hause.

Gleich am nächsten Morgen rief ich die Möbelspedition an und verschob meinen Umzug auf unbestimmte Zeit. Ich musste erst einmal entscheiden, wohin es gehen sollte, bevor ich anfing zu packen.

Weil ich weder eine Assistentin noch eine Haushälterin hatte, lebte ich mit schmutziger Wäsche und Fertiggerichten – und beides erinnerte mich an meine Kindheit. Ein paar Wochen lang benutzte ich sämtliche verfügbaren Quellen, um mehr über Jackies Geschichte in Erfahrung zu bringen. Ich rief die Buchhandlung Malaprop in Asheville an und bestellte ein Exemplar von jedem Buch über Legenden aus North Carolina, das sie auftreiben konnten. Ich rief meinen Verlag an, ließ mir die Telefonnummern von einigen Autoren aus North Carolina geben und rief sie an.

Niemand hatte je von der Teufelsgeschichte gehört.

Ich rief die Gastgeberin der Party an (dazu musste ich die Einladung aus dem Mülleimer fischen, wo sie natürlich an etwas Nassem, Übelriechendem klebte) und bat sie – bitte, bitte – herauszufinden, in welcher Stadt in North Carolina die Geschichte sich zugetragen hatte, ohne aber Jackie oder einer ihrer Freundinnen zu erzählen, dass ich danach gefragt hatte.

Als ich auflegte, war ich kurz davor, die Frau zu fragen, ob sie nicht meinen nächsten Verlagsvertrag aushandeln wolle – im Falle eines Falles, natürlich. Sie war bereit, sich nach dem Namen der Stadt zu erkundigen, aber erst, als ich ihr versprochen hatte, bei einem Lunch ihres Damenclubs zu erscheinen (»eine Lesung wäre nett, und danach vielleicht ein Signierstündchen«). Am Ende nagelte sie mich auf drei volle Stunden fest, und ich musste meinen Verlag veranlassen, fünfunddreißig Hardcover-Exemplare zu »spenden«. Das alles für den Namen einer Stadt in North Carolina. Natürlich war ich einverstanden.

Zehn Minuten später rief sie mich zurück und sagte in ihrem schönsten »Ich Dummerchen«-Ton: »Ach, Mr Newcombe, Sie werden's nicht glauben, aber ich brauche überhaupt niemanden zu fragen. Mir ist eben eingefallen, dass ich schon weiß, wie die Stadt heißt, in der Jackies Geschichte sich abgespielt hat.«

Ich wartete. Mit dem Bleistift in der Hand. Mit angehaltenem Atem.

Schweigen.

Ich wartete weiter.

»Passt Ihnen der Siebenundzwanzigste dieses Monats?«, wollte sie wissen.

Ich knirschte mit den Zähnen und umklammerte meinen Stift. »Ja«, sagte ich, »der Siebenundzwanzigste ist prima.«

»Und könnten Sie möglicherweise auch *vierzig* Bücher spenden?«

Jetzt war ich es, der schwieg, aber ich brach die Spitze meines Bleistifts ab und musste mir einen neuen aus dem Behälter angeln.

Vermutlich wusste sie, dass sie mich jetzt bis an meine Grenze getrieben hatte, denn sie sagte in normalem Ton ganz ohne Gurren: »Cole Creek. Das liegt in den Bergen. Sehr abgelegen.« Im nächsten Moment zwitscherte sie wieder wie ein kleines Mädchen. »Dann sehen wir uns am Siebenundzwanzigsten, Punkt elf Uhr dreißig.« Sie legte auf, und ich gab die schmutzigsten Wörter von mir, die ich kannte – ein paar davon altenglisch –, bevor ich ebenfalls auflegte.

Drei Minuten später hatte ich die Nummer der Stadtbücherei von Cole Creek, North Carolina und rief dort an.

Um die Bibliothekarin zu beeindrucken, nannte ich zuerst meinen Namen. Sie war tatsächlich gebührend beeindruckt und geriet entsprechend aus dem Häuschen.

Mit all der Höflichkeit, die ich von Pats Familie gelernt hatte, fragte ich sie nach der Teufelsgeschichte und dem Lynchmord.

»Das ist alles gelogen«, sagte die Bibliothekarin und knallte den Hörer auf die Gabel.

Einen Moment lang war ich wie vom Donner gerührt. Ich saß da, hielt den Hörer in der Hand und klapperte mit den Lidern. Bibliothekarinnen und Buchhändler legen nicht einfach auf, wenn Bestseller-Autoren anrufen. Das ist noch nie passiert und wird auch nie passieren.

Langsam legte ich den Hörer hin. Ich hatte Herzklopfen. Zum ersten Mal seit Jahren war ich aufgeregt. Ich hatte bei dieser Frau einen Nerv berührt. Meine Lektorin sagte einmal, wenn ich keine eigenen Probleme mehr hätte, über die ich schreiben könnte, sollte ich über die eines anderen schreiben. Und endlich, endlich hatte ich das »Problem eines anderen« gefunden, das mich interessierte.

Fünf Minuten später rief ich meine Verlegerin an und bat sie um einen Gefallen. »Was Sie wollen«, sagte sie. Was Sie wollen, wenn ich nur ein neues Ford-Newcombe-Buch kriege, sollte das heißen.

Als Nächstes suchte ich im Internet einen Immobilienmakler, der in Cole Creek tätig war, und fragte nach einem Haus, das ich dort den Sommer über mieten könnte.

»Sind Sie schon mal in Cole Creek *gewesen?*«, fragte eine Frau mit einem starken Südstaatenakzent.

»Nein.«

»Da gibt's nichts zu tun. Eher eine Geisterstadt.«

»Es gibt eine Bibliothek.«

Die Maklerin schnaubte. »Ein paar hundert Bücher in einem verfallenen alten Haus. Wenn Sie vielleicht lieber ...«

»Haben Sie in Cole Creek etwas zu vermieten oder nicht?«, fuhr ich sie an.

Sie wurde kühl. »Es gibt einen Agenten am Ort. Vielleicht sollten Sie den anrufen.«

Wie ich Kleinstädte kannte, wusste in Cole Creek inzwischen vermutlich schon jedermann, dass Ford Newcombe in der Bibliothek angerufen hatte. Also würde der örtliche Agent wachsam sein. Ich sprach das Zauberwort aus. »Geld ist kein Problem.«

Sie zögerte. »Sie könnten das alte Belcher-Haus kaufen. Unter Denkmalschutz. Knapp ein Hektar. Bewohnbar. Einigermaßen bewohnbar jedenfalls.«

»Wie weit ist das vom Zentrum von Cole Creek entfernt?«

»Spucken Sie aus dem Fenster, und Sie treffen das Gerichtsgebäude.«

»Wie teuer?«

»Zweihundertfünfzig für den historischen Wert. Hübscher Stuck.«

»Wenn ich Ihnen morgen einen garantierten Scheck schicke, wie schnell können wir dann abschließen?«

Ich hörte ihr Herzklopfen durch die Telefonleitung. »Manchmal *mag* ich die Yankees beinahe«, sagte sie. »Herzchen, schicken Sie mir morgen einen Scheck, und ich besorge Ihnen das Haus in achtundvierzig Stunden, selbst wenn ich den alten Mr Belcher mitsamt seinem Sauerstoffgerät auf die Straße werfen muss.«

Ich lächelte. »Ich schicke Ihnen den Scheck und alle nötigen Details.«

Ich notierte ihren Namen und ihre Adresse und legte auf. Dann rief ich meine Verlegerin an. Ich würde das Haus unter ihrem Namen kaufen, damit niemand in Cole Creek wusste, dass ich es war.

Mir war klar, dass ich die Stadt erst nach dem 27. April verlassen könnte, wenn ich die Lesung im Damenclub dieser Erpresserin gehalten hätte. Also beschäftigte ich mich mit Lektüre über North Carolina. Die Maklerin rief mich zurück und teilte mir mit, der alte Mr Belcher werde mir das Haus für einen Dollar mehr möbliert überlassen.

Ich war verblüfft. Warum tat er das? »Hat wohl keine Lust, seinen ganzen Müll hinauszuschaffen, ja?«

»Sie haben's erfasst. Ich rate Ihnen, nehmen Sie das Angebot nicht an. In diesem Haus befindet sich Gerümpel aus hundertfünfzig Jahren.«

»Alte Zeitungen? Morsche Bücher? Alte Truhen auf dem Dachboden?«

Sie seufzte dramatisch. »*So* einer sind Sie. Okay. Sie

haben ein Haus voll Gerümpel. Ich sag Ihnen was. Den Dollar bezahle ich. Mein Geschenk an Sie.«

»Danke«, sagte ich.

Der Siebenundzwanzigste war ein Samstag, und bei Mrs Attilas Damenclub-Lunch (Hühnchensalat) beantwortete ich drei Stunden lang die gleichen Fragen wie überall. Ich hatte mir vorgenommen, früh am Montagmorgen nach Cole Creek abzureisen. Meine Möbel würde ich einlagern lassen und nur zwei Koffer mit Kleidern, zwei Laptops und zwölf Dutzend meiner bevorzugten Stifte mitnehmen (ich hatte immer Angst, dass die Firma Pilot sie plötzlich nicht mehr herstellen würde). Die Bücher für meine Recherchen hatte ich schon an die Maklerin geschickt, die sie für mich aufbewahrte. Und auf dem Boden vor dem Rücksitz meines Wagens stand der Werkzeugkasten, den ich von Pats Vater geerbt hatte.

Beim Lunch erzählte Mrs Caligula mir, dass Jackie Maxwell am nächsten Tag heiraten werde. Lächelnd – und in dem Bemühen, freundlich und amüsant zu sein – bat ich sie, Jackie auszurichten, ich hätte ein Haus in Cole Creek gekauft und würde den Sommer dort verbringen, um für mein neues Buch zu recherchieren, und falls Jackie die Stellung doch haben wolle – sie sei noch frei. Ich fügte sogar hinzu, sie könne mit mir fahren, wenn ich am Montagmorgen abreiste.

Mrs Bücherschnorrer lächelte auf eine Weise, die mir zeigen sollte, dass ich meine Chance verpasst hätte, aber sie versprach, meine Nachricht an Jackie weiterzugeben.

Am Sonntagnachmittag, als ich gerade meine Socken in eine Reisetasche stopfte, klopfte es laut und schnell hintereinander an der Haustür. Es klang so dringend, dass ich im Laufschritt hinrannte.

Was ich sah, als ich öffnete, ließ mich sprachlos erstarren. Jackie Maxwell stand im Hochzeitskleid draußen. Ein Schleier bedeckte schätzungsweise anderthalb Hektar langes dunkles Haar. Bei unserer letzten Begegnung hatte ihr Haar gerade ihre Ohren bedeckt. War es so schnell gewachsen? Irgend ein genetischer Trick? Und das Mieder ihres Kleides war ... na, sie war auch dort gewachsen.

»Ist der Recherche-Job in Cole Creek noch zu haben?«, fragte sie, und ihr Ton gab mir zu verstehen, dass ich es nicht wagen sollte, auch nur eine einzige Frage zu stellen.

Ich sagte ja, aber es klang wie ein Krächzen.

Als sie sich bewegte, blieb sie mit dem Kleid irgendwo an der Veranda hängen. Wütend zerrte sie daran, und ich hörte, wie der Stoff riss. Bei dem Geräusch trat ein böses kleines Lächeln auf ihre Lippen.

Ich sage Ihnen: *Niemals* möchte ich eine Frau so wütend machen, dass sie lächelt, wenn sie hört, wie ihr Hochzeitskleid zerreißt. Lieber würde ich ... Nein, *alles* auf der Welt ist mir lieber als die Vorstellung, Gegenstand eines Zorns zu sein, wie ich ihn jetzt in Miss Maxwells Augen sah.

Oder war die Trauung schon vorbei, und sie hieß jetzt Mrs Jemand Anders?

Da ich noch ein bisschen weiterleben wollte, stellte ich keine Fragen.

»Wann soll ich morgen hier sein?«

»Ist Ihnen acht Uhr zu früh?«

Sie öffnete den Mund, um zu antworten, aber wieder blieb ihr Kleid hängen. Diesmal riss sie nicht daran. Diesmal verzog sich ihr Gesicht zu einem Furcht erregenden kleinen Hohnlächeln, und langsam, ganz *ganz* langsam zog sie an dem Rock. Das reißende Geräusch dauerte ein paar Sekunden.

Am liebsten hätte ich mich umgedreht und die Tür zugemacht, aber ich hatte zu viel Angst.

»Ich werde da sein.« Sie wandte sich ab und ging zur Straße hinunter. Ich sah nirgends ein Auto, das auf sie wartete, und da ich meilenweit von jeder Kirche entfernt wohnte, weiß ich nicht, wie sie zu meinem Haus gekommen war.

Unten auf dem Gehweg wandte sie sich nach links und ging weiter. Niemand war auf der Straße, kein Erwachsener und kein Kind. Niemand war herausgekommen, um zu sehen, wie die Frau im Hochzeitskleid vorüberging. Vermutlich hatten sie alle genauso viel Angst wie ich.

Ich sah ihr nach, bis sie außer Sicht war. Dann ging ich ins Haus und goss mir einen doppelten Bourbon ein.

Ich kann nur sagen, ich war wirklich froh, dass ich nicht der Mann war, der diesen Zorn auf sich gezogen hatte.

4 – Jackie

Niemals würde ich irgendjemandem erzählen, was kurz vor der Trauung zwischen mir und Kirk vorgefallen war. Der Organist spielte den Marsch, der für mich das Zeichen war, den Mittelgang hinunterzuschreiten, und Jennifer stand hinter der Tür, zerrte an der Klinke und zischte mir zu, aber ich rührte mich nicht. Ich saß da, mein Brautkleid blähte sich um mich herum, als hätte es ein eigenes Leben (ich drückte es platt, und wie ein durchgegangener Brotteig wölbte es sich sofort wieder hoch), und ich hörte mir Kirks zu Tränen rührende Geschichte an.

Zu Tränen gerührt war er, nicht ich. Ich weiß nicht, was er von mir erwartete. Bildete er sich wirklich ein, ich würde tun, worum er mich bat, und ihm »vergeben«? Glaubte er, ich würde seine mannhaften Tränen wegküssen, ihm sagen, dass ich ihn trotzdem ganz doll liebte, und dann mit ihm zum Altar schreiten und ihn *heiraten*?

Ja, richtig. Als seine Ehefrau wäre ich gesetzlich verantwortlich für die Hälfte der Schulden, die er gemacht hatte.

Nein danke. Die Tatsache, dass er meine ganzen Ersparnisse durchgebracht hatte, das winzige Erbe, das mein Vater mir hinterlassen hatte, und dass ich jetzt nichts mehr besaß außer meinen Kleidern, meiner Kameraausrüstung und den Büchern, die meinem Dad gehört hatten, schien ihm nichts auszumachen. Schluchzend hielt er meine Hände umfasst und versprach, er werde alles zurückholen. Er schwor es mir. Beim Grab seiner Mutter. Bei seiner tiefen Liebe zu mir schwor er, mir alles zurückzuzahlen.

Liebe ist etwas Merkwürdiges. Wenn jemand weint, den du liebst, schmilzt dir das Herz. Aber wenn jemand weint, den du nicht liebst, siehst du ihn an und denkst: Warum erzählt er mir das?

Und das fühlte ich, als ich Kirk weinen sah: Nichts. Ich fühlte nichts als Wut über seine Anmaßung. Und Wut darüber, wie er den Filialleiter der örtlichen Bank (seinen Cousin) dazu gebracht hatte, ihm zu helfen, mich auszuplündern. »Es war doch für *dich*, Schneckchen«, sagte er. »Ich habe das alles nur für dich getan. Für uns.«

Wann er wohl vorgehabt hatte, es mir zu sagen? Wenn nicht ein Zufall nach dem andern passiert wäre, hätte ich mein leeres Bankkonto erst entdeckt, wenn ich seine Frau gewesen wäre. Und was hätte ich dann noch tun können?

Aber selbst solange ich nicht mit ihm verheiratet war – was konnte ich tun? Ihn verklagen? Ausgezeichnete Idee. Kirks Vater war Richter. Vielleicht würde mein Beinahe-Schwiegervater die Verhandlung leiten. Oder einer seiner Golf-Kumpane.

Nein, mir blieb nichts anderes übrig, als meine Verluste zu minimieren und ihn und seine Verwandtschaft so schnell wie möglich hinter mir zu lassen. Einen Tag vor der Hochzeit hatte Jennifers Mutter mir lachend erzählt, Ford Newcombe habe gesagt, die Stelle sei noch zu haben, er fahre am Montag nach Cole Creek, und ich könne mitkommen. Ich hatte gelächelt und den Kopf geschüttelt. Als ich Kirk jetzt zusah, wie er mich weinend anflehte, ihm zu verzeihen, beschloss ich, den Job anzunehmen.

Der kleine Vorraum – der Raum, in dem Bräute und Brautjungfern in glücklicher Erwartung miteinander kichern sollen – hatte eine Hintertür, und die benutzte ich. Draußen riss ich einen der großen stählernen Sprinkler aus dem Rasen und klemmte ihn hinter die Türgriffe, damit ich ein bisschen Vorsprung hätte, ehe Kirk mir nachkäme.

Als ich bei Newcombes Haus ankam (ein so normales und billiges Haus, dass die Leute in der Stadt sagten: »Soll das aussehen, als wäre er arm? Als wäre er einer von uns?«), verfluchte ich mein großes, dickes weißes Kleid. Und ich verfluchte die Haarverlängerung, zu der Ashley und Autumn mich überredet hatten. Und ganz besonders verfluchte ich den Push-up-BH, den sie mir verpasst hatten.

Als er mir die Tür öffnete, sah ich, dass er tausend persönliche Fragen auf der Zunge hatte, aber ich erklärte ihm nichts, und ich hatte auch nicht vor, es irgendwann zu tun. Das Verhältnis zwischen ihm und mir würde auf der beruflichen Ebene bleiben. Und ich war froh, dass er nicht gut aussah, denn angesichts dessen, was ich derzeit für sexuell attraktive Männer empfand, war Lorena Bobbitt meine persönliche Heldin.

Als ich bei Newcombe gewesen war, ging ich zu dem kleinen gemieteten Haus, das ich mit meinem Dad zusammen bewohnt hatte. Das Haus gehörte Kirks Vater, und so hatte ich Kirk kennengelernt. Ich riss mir das verhasste Kleid vom Leib, zog Jeans und ein T-Shirt an, stopfte meine paar Kleider und anderen Habseligkeiten in Reisetaschen und zwei Plastiktüten und packte meine kostbare Fotoausrüstung ein. Ich wusste, ich befand mich in einem Wettlauf gegen die Uhr. Es würde nicht lange dauern, bis meine Freundinnen mich gefunden hätten, und dann würden sie dermaßen »ermutigend« auf mich einwirken, dass ich mich vielleicht überreden ließe, wieder mit Kirk zu sprechen.

Als Erstes würden sie mit der Oper »Männer sind Schweine« kommen, aber dann, nach und nach, wie kalter Schokoladensirup durch einen Flaschenhals quillt, würden sie mir erzählen, wie schade es doch um die Hochzeit sei. Heather, die unzählige Benimmbücher hatte und sie studierte, als wären sie eine Anleitung zum Leben, würde anfangen, mir die Enttäuschung der Gäste zu schildern und sich fragen, ob ich verpflichtet sei, handschriftliche Dankeskärtchen für die Geschenke zu verschicken, die ich aufgeben müsste, wenn ich Kirk wirklich »verließe«.

Ich kannte mich selbst gut genug, um zu wissen, dass ich

ein Wort mit S benutzen würde, um zusammenzufassen, was mir zu meinen Geschenken einfiel – und das würde mir Blicke einbringen, die mir sagten, dass ich gegen ein ungeschriebenes Mädelsgesetz verstoßen hatte. Autumn würde selbstverständlich anfangen zu weinen. Und selbstverständlich würde sie erwarten, dass Mama Jackie ihr Händchen hielt und alles wieder in Ordnung brachte.

Ich wusste, dass keine von ihnen mir zuhören würde. Ich meine, wirklich und wahrhaftig *zuhören*, wenn ich ihnen von Kirks illegalen – um nicht zu sagen, miesen – Machenschaften erzählte.

Ich hörte Ashley schon. »Ach, na ja. Männer sind Schweine. Das wissen wir doch alle.« Aber was Kirk getan hatte, würde sie nicht weiter schlimm finden.

Also beeilte ich mich. Ich wollte sie alle nicht sehen. Ich raffte meine Filme aus dem Kühlschrank und schrieb einen Zettel für Jennifer: Sie sollte bitte die Bücher meines Vaters und meine übrigen Sachen in Kartons verpacken; ich würde sie später anrufen und ihr sagen, wohin sie das alles schicken sollte. Nachträglich fügte ich noch einen Absatz mit Mädchenstuss an – ich müsse jetzt allein sein, um meinen inneren Frieden wieder zu finden.

Ich warf mein Gepäck in den Kofferraum meines alten Wagens, klemmte den Brief an Jennifer in den Türrahmen und fuhr los. Als ich um die Ecke bog, sah ich noch, wie Kirks Wagen auf mein Haus zugerast kam, und ich schwöre, alle meine Freundinnen saßen auch drin. Das Auto war immer noch mit weißen Bändern geschmückt, und auf einer Tafel am Heck stand »Just Married«.

Unter einem falschen Namen mietete ich ein Zimmer in einem billigen Motel draußen am Highway, wo ich die Nacht verbrachte. Mein Auto parkte ich so, dass man es von der Straße aus nicht sehen konnte.

Am nächsten Morgen um acht stand ich reisefertig vor Ford Newcombes Haustür. Am Tag vor meiner Hochzeit war ich zu beschäftigt gewesen, um überrascht zu sein, dass er nach Cole Creek wollte – in die Stadt meiner Teufelsgeschichte. Zu jeder anderen Zeit hätte ich tausend Fragen gehabt, erst recht, nachdem ich gehört hatte, dass er dort ein Haus *gekauft* hatte. Aber als ich ihn am Montag sah, war ich immer noch so aufgebracht wegen Kirk, dass ich überhaupt nicht viel sagte.

Als ich auf dem Beifahrersitz in Ford Newcombes schrecklich teurem BMW saß – einem Siebener –, fragte er, ob alles okay sei. »Natürlich«, sagte ich, »warum denn nicht?« Dann entschuldigte ich mich, weil ich ihn angefaucht hatte, aber er sagte kein Wort, sondern setzte rückwärts aus der Einfahrt. Er warf einen Blick auf mein altes Auto, das am Straßenrand parkte, machte den Mund auf und klappte ihn wieder zu. Der Wagen war nicht mehr viel wert; ich hatte den Schlüssel stecken lassen, und wenn ich mit Jennifer telefonierte, würde ich ihr sagen, wo er stand. Wenn ich es ihr in dem Brief gesagt hätte, den ich ihr am Tag zuvor geschrieben hatte, wäre sie ganz sicher an diesem Morgen hier aufgekreuzt, um mich »zur Vernunft« zu bringen. Dass meine Freundinnen nicht hier waren, konnte nur bedeuten, dass Jennifers Mutter ihnen nicht erzählt hatte, was Newcombe mir hatte ausrichten lassen. Ich war der Frau etwas schuldig.

Ich wartete, bis wir auf dem Highway waren, ehe ich sprach. Ich wollte den vergangenen Tag so schnell wie möglich vergessen. »Interessieren Sie sich wirklich so sehr für diese Teufelsgeschichte, dass Sie ein Haus in Cole Creek gekauft haben?«

Er wandte den Blick nicht von der Straße, als er antwortete, und das gefiel mir. Er saß so entspannt auf dem blauen Ledersitz, als sei er damit verwachsen, und seine rechte Hand lag auf dem Lenkrad, als habe er schon eins als Beißring gehabt.

Natürlich hatte ich sein Buch *Onkel* gelesen, dessen Held

– oder Protagonist – Onkel gehabt hatte, die jede Maschine geliebt hatten, die eigens dafür gebaut war, etwas zu zerstören. Der Held selbst war ein Außenseiter gewesen. Ich hatte den Eindruck, Newcombe habe seine Kindheit unter einem Baum verbracht und Balzac gelesen. Oder seine Kleider gebügelt. Er hatte großes Aufheben darum gemacht, dass er bügeln musste. Meine Güte. Vielleicht könnte ich auch einen Bestseller schreiben. Ich hatte meine Sachen und die meines Dads gebügelt, seit ich acht Jahre alt war. Jedenfalls – hätte mich jemand gefragt, ich hätte nach der Lektüre seiner Bücher vermutet, Ford Newcombe könne einen Schalthebel nicht von einem Scheibenwischer unterscheiden.

»Ja, ich habe ein Haus gekauft«, antwortete Newcombe auf meine Frage und machte den Mund wieder zu.

Fast hätte ich gesagt, bei seinem Schweigen würde es eine *laaaaannngge* Reise werden, aber ich tat es nicht. Ich lehnte einfach den Kopf zurück und schloss die Augen.

Ich wachte auf, als er an einer Tankstelle anhielt. Ich stieg aus, um das Tanken zu übernehmen – schließlich war ich seine Assistentin –, aber er war vor mir an der Zapfsäule.

»Besorgen Sie uns was zu essen und zu trinken«, sagte er und behielt die Zahlen auf dem Display im Auge.

So war er, das hatten alle seine früheren Sekretärinnen gesagt: mürrisch und unkommunikativ. Und so viel sie auch für ihn gearbeitet hatten, es war ihm nie genug gewesen.

»Ich habe auch ein Leben, Jackie«, sagte eine Frau, die ich kannte. »Ich sollte die ganze Nacht dableiben und abtippen, was er mit seiner winzigen Handschrift geschrieben hatte. Und dann hat er mich angebrüllt, weil ich sagte, ich nehm die Sachen mit nach Hause.« Sie putzte sich die Nase mit einem gebrauchten Kleenex. »Weißt du, was daran falsch war, Jackie?«

Ich wollte es nicht sagen. Ich wollte »ermutigend« sein, aber dazu hätte ich mich dumm stellen müssen. »Ich nehme die Sachen mit nach Hause«, hörte ich mich selbst flüstern. »Nicht ›nimm‹. ›Nehme‹.«

Als die arme Frau daraufhin noch heftiger weinte, schaute ich mich im Restaurant um. Die anderen Gäste sahen mich stirnrunzelnd an. Was soll ich sagen? Anscheinend dachten sie, ich brächte sie zum Heulen. »Männer!«, erklärte ich laut. Kollektiv wandten sie sich wieder ab und nickten verständnisvoll.

Ich ging in den kleinen Tankstellenladen und sah mich um, aber ich hatte keine Ahnung, was er gern aß und trank. Wie er aussah, liebte er wahrscheinlich frittiertes Zeug aus Plastikpackungen und trank dazu aus Flaschen, auf denen nirgends das Wort »light« zu finden war.

Ich kaufte ihm drei Tüten Käseknusperchips und zwei Flaschen Cola mit Zucker und Koffein. Für mich holte ich eine Flasche stilles Wasser und zwei Bananen.

Als er zum Bezahlen hereinkam, legte ich die Sachen auf die Theke. Er warf einen Blick darauf und beschwerte sich nicht; also hatte ich wohl alles richtig gemacht. Er legte noch einen Schokoriegel dazu und bezahlte.

Draußen fragte ich ihn, ob er wollte, dass ich fuhr. Ich sah, dass er ablehnen wollte, aber dann sagte er: »Ja, warum nicht?« Ich hatte das Gefühl, er wollte sehen, wie ich fuhr, und als ich sah, wie er mich in der ersten halben Stunde beobachtete, wusste ich, dass ich richtig gelegen hatte. Aber wahrscheinlich bestand ich die Prüfung, denn irgendwann lehnte er sich zurück und fing an, seine Tüten und Flaschen aufzumachen.

»Erzählen Sie mir von Ihrer Teufelsgeschichte«, sagte er. »Die ungekürzte Fassung. Alles, was Sie in Erinnerung haben.«

»Mit oder ohne Soundeffekte?«, fragte ich.

»Ohne«, sagte er. »Auf jeden Fall ohne. Nur die Fakten.«

Und so erzählte ich wieder einmal meine Teufelsgeschichte, aber diesmal nicht um der dramatischen Wirkung willen, sondern um die Fakten zu präsentieren. In Wahrheit wusste ich eigentlich gar nicht, was Fakt und was Fiktion war. Die traumatische Erzählung meiner Mutter hatte mein Leben so sehr verändert, dass ich nicht mehr genau wusste, wo das eine begann und das andere endete.

Anfangs war ich ein bisschen unbeholfen, weil noch niemand mich je gebeten hatte, die Fakten zu erzählen. Alle andern hatten kribbelnde Dramatik gewollt. Zuerst erzählte ich ihm, dass meine Mutter mir, als ich klein war, eine Geschichte aus der Bibel erzählt hatte, in der vom Teufel die Rede war, und dass ich angefangen hatte, Fragen zu stellen. Ich glaube, ich wollte wissen, ob es den Teufel wirklich gab oder nicht. Meine Mutter sagte, der Teufel existiere leibhaftig, und man habe ihn in Cole Creek gesehen. Diese Antwort weckte mein Interesse, und ich stellte noch mehr Fragen. Ich wollte wissen, wie der Teufel aussah, und sie sagte: »Er ist ein sehr gut aussehender Mann. Das heißt, bevor er rot anläuft und in Rauch aufgeht.« Ich hatte noch mehr Fragen – nach der Farbe des Rauchs und wer ihn denn gesehen habe? Sie sagte, der Rauch sei grau, und eine Frau aus Cole Creek, wo wir damals wohnten, habe den Teufel geliebt. »Und jeder weiß: Wer den Teufel liebt, muss sterben«, sagte sie.

Ich sah Newcombe an und holte tief Luft. Wenn ich die Geschichte bisher erzählt hatte, war es mir immer darauf angekommen, dass es die Leute dabei gruselte. Im Sommercamp hatte ich einmal die schwarze Schleife für die beste Horrorgeschichte gewonnen. Aber Newcombe würde ich die Wahrheit erzählen. »Sie brachten sie um. In der Geschichte heißt es, mehrere Leute hatten gesehen, wie die Frau mit dem Teufel redete, und als sie vor ihnen zurückwich, stolperte sie und fiel hin. Sie ließen sie nicht mehr aufstehen.« Es war nur eine Geschichte, aber das Bild stand lebhaft vor meinem geistigen Auge. »Sie legten Steine auf sie, bis sie tot war.«

»Und Ihre Mutter hat Ihnen die Einzelheiten dieser Geschichte erzählt?«

Ich sah ihn kurz an.

»Das ist auch nicht schlimmer als *Hänsel und Gretel*«, sagte ich abwehrend und beruhigte mich wieder. »Ich glaube, tatsächlich habe ich die Erzählung meiner Mutter mit all dem ausgeschmückt, was ich aus Fernsehserien und Büchern kannte. Ich sage ja, ich weiß nicht mehr, was sie mir erzählt hat und was ich im Laufe der Jahre dazuerfunden habe.«

Newcombe sah mich seltsam von der Seite an, und ich beschloss, diese Sache im Keim zu ersticken. »Sehen Sie mich nicht so an. Ich war nicht Mitglied in irgendeinem ruchlosen Hexenzirkel – und meine Mutter auch nicht. Die Wahrheit ist: An dem Abend, als ich meinem Vater erzählte, was meine Mutter gesagt hatte, trennten meine Eltern sich. Es gab einen schrecklichen Streit, und danach wickelte mein Vater mich in eine Wolldecke, setzte mich ins Auto und brachte mich weg. Ich habe meine Mutter nie wieder gesehen. Ich glaube, als meine Mutter mir eine verbotene Geschichte erzählt hatte, eine Geschichte, die für ein kleines Kind viel zu blutrünstig war, hat das für meinen Vater das Fass zum Überlaufen gebracht, und er hat sie verlassen. Und ich glaube, das Trauma ihrer Trennung hat dafür gesorgt, dass mir die Geschichte im Gedächtnis geblieben ist. Tatsächlich kann ich mich kaum an meine Mutter erinnern, aber die Teufelsgeschichte habe ich behalten.«

Im Laufe der Jahre hatte ich gelernt, über meine Eltern zu schweigen, aber jetzt war mein Vater tot, und ich war unterwegs zur Stadt meiner Kindheit. Als ich jetzt ohne Ausschmückungen erzählte, was ich von meiner Mutter gehört hatte, erwachten die Erinnerungen. Und vielleicht lag es daran, dass Newcombe ein so guter Zuhörer war – jedenfalls erzählte ich ihm Dinge, die ich noch niemandem erzählt hatte. Wie meine Eltern immer gestritten hatten, im

Flüsterton, damit ich es nicht hörte. Ein paar Tage, nachdem meine Mutter mir die Teufelsgeschichte erzählt hatte, waren mein Vater und ich draußen unterwegs, und ich fragte ihn, wo die Frau den Teufel gesehen habe. Er wollte wissen, was ich damit meinte. Als ich ihm die Geschichte meiner Mutter erzählt hatte, nahm er mich auf den Arm, trug mich nach Hause, brachte mich in mein Zimmer und schloss die Tür. Aber noch als Erwachsene konnte ich mich an den Streit erinnern, den sie an diesem Abend hatten. Meine Mutter weinte und sagte, sie würden sowieso alle sterben, und deshalb komme es doch gar nicht darauf an. »Und man muss ihr die *Wahrheit* sagen.« An diesen Satz erinnerte ich mich lebhaft.

Ich atmete noch einmal tief durch, um den Aufruhr der Gefühle zu beruhigen, den diese Erinnerungen geweckt hatten, und sah Newcombe an. Er runzelte die Stirn und schien über das nachzudenken, was ich ihm erzählt hatte. Ich hielt es nicht für nötig, ihm zu erzählen, dass mein Vater im Laufe der Jahre mehrmals mit mir umgezogen war. Manchmal bekam er einen Brief oder einen Anruf; dann wurde er kreideweiß, und ich wusste, dass wir innerhalb der nächsten achtundvierzig Stunden wieder unterwegs sein würden. Immer wieder musste ich deshalb Freunde und Orte aufgeben, die mir lieb geworden waren.

Ich schaute gedankenverloren auf die Straße vor uns und befürchtete plötzlich, Newcombe werde mich dazu bringen, mehr zu offenbaren als das, was ich ihm bereits erzählt hatte – was für mich schon ungeheuer viel gewesen war. Er schrieb schließlich Bücher über sein eigenes Leben; also würde er meins vielleicht auch auseinander nehmen wollen. Aber das versuchte er nicht. Er grinste und sagte: »Okay, jetzt erzählen Sie mir die Geschichte, mit Drama und Feuerwerk.«

Wenige Wochen zuvor war es mir peinlich gewesen, dass er mich eine Geschichte hatte erzählen hören. Aber inzwischen war unser Verhältnis ein wenig entspannter. Also tat ich ihm den Gefallen. Ich vergaß die Realität und erzählte ihm meine Teufelsgeschichte auf die grausigste Weise.

Noch nie hatte ich einen so aufmerksamen Zuhörer gehabt. Als ich den Blick von der Straße wandte, um zu sehen, ob ich ihn langweile, saß er mit großen Augen da wie ein Dreijähriger zu Füßen eines Märchenerzählers. Ich brauchte fast eine Dreiviertelstunde, und als ich fertig war, schwiegen wir eine Zeit lang. Newcombe schien über alles nachzudenken, und schließlich sagte er: »Teufelsgeschichten sind selten. Ich habe Trillionen Hexen- und Geistergeschichten gelesen, aber ich glaube nicht, dass ich jemals gehört habe, wie jemand den Teufel liebte. Ihn nicht nur gesehen hatte, sondern *liebte*. Und dazu ein Pressen.« Er erklärte mir, dass »Pressen« die Bezeichnung für eine alte Form der Bestrafung sei, bei der man eine mutmaßliche Hexe mit Steinen bedeckte, bis sie tot war.

Einen Augenblick später lockerte er die Atmosphäre, indem er mir erzählte, was er bisher unternommen hatte, um die Herkunft der Teufelsgeschichte zu ermitteln. Von dem Augenblick an, als er mir erzählte, wie eine Bibliothekarin den Hörer auf die Gabel geworfen hatte, als er – er, Ford Newcombe! – angerufen hatte, stand mein Mund offen. Ich muss sagen, ich war beeindruckt, als ich hörte, dass er per Telefon ein Haus gekauft hatte.

Träumt nicht jeder Mindestlohnempfänger in den Vereinigten Staaten davon, einfach so ein Haus für eine Viertelmillion Dollar zu kaufen? Ich hatte noch nie in einem »eigenen« Haus gewohnt. Mein Dad und ich waren von einem gemieteten Haus ins andere, von einem Job zum nächsten gezogen. Er war Geschäftsführer einer Bowlingbahn gewesen, hatte Autoreifen verkauft und in mindestens einem Dutzend Supermärkten die Nachtschicht geleitet. Erst mit neun begriff ich, dass mein Vater so oft mit mir umzog, weil er nicht gefunden werden wollte.

Ich muss sagen, es war ein gutes Gefühl, aus zweiter Hand an Ford Newcombes Chuzpe und seinem Geld teilzuhaben. »Sie haben das Haus *mitsamt* Inhalt gekauft?«, fragte ich.

»Fahren Sie an der nächsten Abfahrt in Richtung Süden«, sagte er und trank eine halbe Flasche Cola aus. »Ja, und es ist Ihre Aufgabe, den ganzen Plunder im Haus zu sichten.«

Ich wusste, er wollte mich auf die Probe stellen, und deshalb lächelte ich nur und sagte: »Mit Vergnügen.«

»Es sei denn, Ihr Mann ...«

Als er nicht weitersprach, war mir klar, dass er wissen wollte, ob ich vor oder nach dem Jawort abgereist war. »Ich bin immer noch Miss Maxwell«, sagte ich. »Möchten Sie mir jetzt vielleicht etwas über Gehalt, Zusatzleistungen und Arbeitszeiten erzählen?«

Ich weiß nicht, was ihn daran so wütend machte, aber ich sah, dass er rot anlief.

»Stellenbeschreibung«, knurrte er, als hätte ich etwas Abscheuliches gesagt.

Ich hatte seit ein paar Tagen die Nase voll von Männern, und von mir aus konnte er mich und mein Gepäck jederzeit am Straßenrand absetzen. Ich wusste aus Erfahrung, dass es immer irgendwo einen Job für mich gab. »Ja, genau«, sagte ich streitlustig und bog nach Süden ab. »Eine Stellenbeschreibung.«

Er blickte kurz aus dem Fenster. Ich sah sein Spiegelbild in der Scheibe, und ich fresse einen Besen, wenn er nicht lächelte. Vielleicht war er daran gewöhnt, dass die Leute sein großes, erfolgreiches Ego umschmeichelten, und es gefiel ihm, wenn jemand nicht vor ihm dienerte.

»Ich weiß es nicht«, sagte er schließlich. »Ich habe kein Buch mehr geschrieben, seit« – er brach ab und holte tief Luft – »seit langer Zeit, und deshalb weiß ich nicht, was meine Assistentin tun muss.«

»Es gibt eine Menge Frauen, die Ihnen da zustimmen würden«, sagte ich, ohne nachzudenken, und dann starrte ich ihn entsetzt an.

Aber zu meiner Erleichterung legten sich seine Augenwinkel in Fältchen, und wir lachten beide.

»Ich bin nicht das Monstrum, von dem Sie wahrscheinlich gehört haben«, sagte er und fügte hinzu, die meisten Frauen, die für ihn gearbeitet hätten, seien eher aufs Heiraten und nicht aufs Tippen aus gewesen.

Es war leicht, daraufhin flapsig zu denken, es sei nur natürlich, dass einem reichen, unverheirateten Mann nachgestellt wurde. Aber ich erinnerte mich zu gut an meinen Vater, der in der gleichen Situation gewesen war. Nicht reich, aber ungebunden. Vielleicht hatten einige der Frauen, die Newcombe gefeuert hatte, nichts anderes verdient. Vielleicht ...

Eine Zeit lang mampfte er schweigend seine Käsechips. Dann sagte ich: »Wollen Sie mir eine Stellenbeschreibung geben?« Das brachte ihn wieder zum Lachen. »Und wo soll *ich* wohnen?«

Wie sich herausstellte – darf ich wagen, das Klischee »typisch Mann« zu benutzen? –, hatte er überhaupt noch nicht darüber nachgedacht, wo seine Assistentin in Cole Creek wohnen sollte. Als er antwortete: »Ich würde sagen, bei mir«, warf ich ihm einen Blick zu, der ihm verriet, was ich von dieser Idee hielt.

Er versuchte es mir heimzuzahlen, indem er mich von oben bis unten musterte und offensichtlich für unzureichend befand. »Sie brauchen wirklich keine Angst zu haben«, sagte er.

Ich bin sicher, er wollte mir einen Dämpfer verpassen, aber ich musste darüber lachen. Er mochte reich und berühmt sein, aber ich war diejenige von uns beiden, die noch in Form war.

Er wandte sich ab und schüttelte kurz den Kopf, als wolle er sagen, jemand wie ich sei ihm noch nie begegnet. Dann knüllte er seine leere Käsegift-Tüte zusammen und erklärte, das Haus sei wohl so groß, dass wir beide darin wohnen könnten, ohne uns in die Quere zu kommen.

»Ich mache keine Hausarbeit«, sagte ich. »Ich koche nicht, ich putze nicht. Und ich wasche auch nicht.« Beinahe hätte ich hinzugefügt, dass ich auch keine Hemden bügelte, selbst wenn sie von einem Traktor überfahren worden wären, aber das wäre vielleicht doch ein bisschen zu viel gewesen.

Er zuckte die Achseln. »Wenn es dort eine Pizzeria oder ein Burgerlokal gibt, genügt mir das. Sie sehen sowieso nicht aus, als ob Sie viel essen.«

»Mmmmmm.« Mehr sagte ich nicht. Meine Essgewohnheiten gingen ihn nichts an. Ich hatte die Erfahrung gemacht, dass Männer glaubten, man wolle sich an sie heranmachen, wenn man von Essen sprach. Bei ihnen ging es anscheinend umstandslos vom Essen zum Körper und weiter zum »Du willst mich, das weiß ich«.

»Und was genau soll ich recherchieren?«, fragte ich.

»Ich weiß es nicht.« Es klang ehrlich. »Ich habe so etwas noch nie getan. In den letzten zwei Jahren habe ich lokal verbreitete Geistergeschichten gelesen und versucht, ein paar davon in Zusammenhang zu bringen. Und es war schwierig, an die Originalquellen heranzukommen, zumal ich nicht viel Hilfe hatte.«

Bei diesen letzten wehleidigen Worten biss ich mir auf die Zunge. »Und jetzt wollen Sie mehr über dieses Pressen erfahren? Herausfinden, wann genau es stattgefunden hat?«

Er sah mich an.

»Okay«, sagte ich, »*ich* bin Ihre Originalquelle. Aber ich habe keine Ahnung, wann es passiert ist. Oder *ob* es wirklich passiert ist.«

»Nach dem Benehmen der Bibliothekarin zu urteilen, ist es passiert.«

»Vielleicht hatte sie es auch nur satt, dauernd danach gefragt zu werden. Vielleicht ist es wie in Amityville, wo die Einwohner die Nase voll von den Fragen nach diesem Haus haben. Vielleicht hat sie auch nur Angst, ihr entzückendes kleines Bergstädtchen könnte überschwemmt werden von Leuten, die sich Hakenkreuze in die Stirn geritzt haben und den Teufel suchen.«

»Mmmmmm.« Er gab mir die gleiche Null-Antwort wie ich ihm. Er rutschte auf dem Sitz herunter, und es sah aus, als verschwänden seine langen Beine im Motor. Er legte den Kopf zurück. »Wenn der Tank noch viertelvoll ist, halten Sie an. Dann fahre ich weiter.« Er schloss die Augen.

Lange Zeit fuhr ich schweigend, und ich genoss es. Ich dachte ein bisschen an Kirk und an das, was er mir angetan hatte. Vielleicht, dachte ich, würde ich eines Tages mein Schweigegelübde brechen und Newcombe fragen, ob er eine Ahnung hatte, wie ich mir das Geld zurückholen könnte, das Kirk mir gestohlen hatte. Aber hauptsächlich dachte ich darüber nach, wie man eine Geschichte recherchierte, über die niemand sprechen wollte.

Der breite Interstate Highway dehnte sich vor mir in die Ferne, und ich versuchte, mich zu erinnern, was meine Mutter mir über das Pressen erzählt hatte. Vieles aus meiner frühen Kindheit war mir nur noch verschwommen im Gedächtnis, aber wenn ich mich konzentrierte, erinnerte ich mich an die beiden Ereignisse, die alles verändert hatten. Meine Mutter hatte mir eine Gutenachtgeschichte erzählt und mir dann erklärt, dass Menschen, die den Teufel liebten, sterben mussten, und weil sie mir diese Geschichte erzählt hatte, war mein Vater mit mir weggegangen.

Im Laufe der Jahre hatte ich mich oft gefragt, was wohl passiert wäre, wenn ich den Mund gehalten und meinem Vater nie etwas davon gesagt hätte. Aber inzwischen war ich erwachsen und wusste es besser. Weder mein Mundwerk noch die Geschichte meiner Mutter war der Grund für die Trennung meiner Eltern gewesen. In Wahrheit hatten sie einander nicht ausstehen können.

Ich sah auf den Tacho und merkte, dass ich zu schnell fuhr. Ich ging vom Gas.

Newcombe döste, und ich versuchte, mich an den furchtbaren Abend zu erinnern, als mein Vater mich fortgebracht hatte. Solange er lebte, hatte ich mir verboten, an diesen Abend zu denken, weil ich befürchtete, ich könnte dann zu wütend auf ihn werden, und ich wusste, dass Wut uns beiden nicht gut getan hätte. Wir hatten ja nur einander.

Als ich meinem Vater von der Geschichte meiner Mutter erzählt hatte, hatte er das Licht in meinem Zimmer ausgemacht und die Tür geschlossen, statt sie einen Spalt breit offen zu lassen, wie er es sonst tat. Aber er hätte mich auch in einen Banktresor einschließen können, und ich hätte den Streit zwischen ihm und meiner Mutter trotzdem gehört. Obwohl sie leise und verstohlen miteinander sprachen, hörte ich sie so deutlich, als säße ich unter dem Küchentisch.

Mein Vater sagte, meine Mutter hätte mir die Teufelsgeschichte nicht erzählen dürfen. Und plötzlich erinnerte ich mich, was meine Mutter daraufhin tatsächlich geantwortet hatte. Nicht das, was ich Newcombe erzählt hatte: dass wir alle eines Tages sterben müssten. Meine Mutter hatte gesagt: »Und wie willst du ihr erklären, *warum* ich gestorben bin?«

Ich warf einen Blick zu Newcombe hinüber und wollte es ihm erzählen, aber er schlief. Sein Mund stand ein bisschen offen, und seine Lippen waren weich. Die Anspannung in seinem Gesicht war verschwunden, und er sah viel jünger aus. Jedenfalls nicht wie ein Mann von mehr als sechzig Jahren, wie ich gedacht hatte. Und eigentlich gar nicht so übel.

Ich schaute wieder nach vorn. Die Worte meiner Mutter hatten mich so sehr erschreckt, dass ich beide Hände an die Ohren gepresst und laut gesummt hatte. Irgendwann schlief ich ein, aber mitten in der Nacht kam mein Vater herein und weckte mich. »Wir verreisen, Jackie«, sagte er, und er hob mich aus dem warmen Bett und nahm mich auf den Arm. Mich fröstelte, und er nahm eine Decke und hüllte mich hinein. Kurz darauf waren wir im Wagen; auf dem Boden vor dem Rücksitz standen Koffer, und mein Vater sagte, ich solle mich hinten ausstrecken und weiterschlafen. Als ich nach meiner Mutter fragte, sagte er: »Sie kommt später nach.«

Aber ich sah meine Mutter nie wieder, und einige Zeit später sagte mein Vater, sie sei gestorben.

Im Laufe der Jahre begriff ich, dass mein Vater mich entführt hatte. Manchmal malte ich mir aus, dass meine Mutter noch irgendwo lebte und ohne mich an Einsamkeit starb. Eines Tages sagte ich etwas darüber zu meinem Vater. Er erklärte, er habe mich weggebracht, weil meine Mutter sehr krank sei und nicht wolle, dass ihre kleine Tochter sie sterben sah. Er habe mich fortgebracht, damit ich meine Mutter als gesunde, lachende Frau in Erinnerung behielte, die mich sehr geliebt habe. Aber ein andermal sagte er mir, meine Mutter sei bei einem Autounfall ums Leben gekommen, und das erzählte ich auch, wenn mich jemand nach ihr fragte.

Meine Erinnerungen an meine Mutter waren verschwommen und wirr. Manchmal sah ich sie als große Frau mit langen dunklen Haaren, die lächelte und sang und in deren Anwesenheit ich mich wohlfühlte. Dann wieder war sie klein, hellhaarig und immer schlecht gelaunt.

Ich erwähnte diesen Widerspruch einmal, und mein Vater sagte, ich erinnerte mich an meine Mutter und an seine Schwester. Ich sprang innerlich an die Decke. Ich hatte eine Tante?!

Sofort sagte mein Vater, meine Tante sei mit dem Auto verunglückt, als ich sehr klein war. Schon damals lag mir die sarkastische Bemerkung auf der Zunge, dass in unserer

Familie erstaunlich viele Leute tödlich verunglückten. Aber ich hielt den Mund.

Als der Tank nur noch viertelvoll war, fuhr ich weisungsgemäß an eine Tankstelle. Diesmal tankte ich, während Newcombe sich etwas zu essen holte. Höflich fragte er, ob ich auch etwas wollte, aber ich hatte meine Bananen noch nicht gegessen. Er kam mit einer Armladung Fett und Cholesterin zurück, lehnte sich an die Wagentür und sah zu, wie ich meine Stretching-Übungen machte.

Okay, ich bin gelenkig, aber es gefiel mir nicht, mich so anstarren zu lassen, schon gar nicht, wenn er dabei ein Sandwich aß, das mir bis ans Knie gereicht hätte. Die Art, wie er mir zuschaute, gab mir das Gefühl, ich sollte Popcorn verteilen und Eintrittsgeld verlangen.

Wir stiegen wieder ein. Er saß am Steuer, und eine Zeit lang sprachen wir nicht. Wir hatten ein bisschen zusammen gelacht, und jetzt hatten wir anscheinend den gemeinsamen Wunsch, die Wahrheit hinter einer Geschichte herauszufinden, und so waren wir zufrieden. Ich jedenfalls war es.

Nach und nach verwandelte sich die Landschaft in die zum Sterben schöne Szenerie des westlichen North Carolina mit üppig grünen Bäumen und welligen Hügeln.

Anscheinend hatte er die Landkarte auswendig gelernt, denn er forderte mich nie auf, im Atlas nach dem Weg zu sehen. Irgendwann verließen wir den Highway und fuhren über Straßen, die mit jeder Biegung kleiner wurden. Die Abstände zwischen den Häusern wurden immer größer, und anstelle der Backsteinhäuser mit eleganten Schleifglastüren und Veranden, die zu klein waren, um sie zu benutzen, sahen wir immer mehr die traditionellen Holzhäuser North Carolinas mit Veranden, die so groß waren, dass man im Sommer darauf wohnen konnte.

Die hübschen grünen Hügel und Täler waren gesprenkelt mit Scheunen und Häusern, die so malerisch verfallen waren, dass es meinen rechten Zeigefinger danach juckte, auf einen Kameraauslöser zu drücken. Newcombe sah mich an. »Was machen Sie für ein Gesicht?«

»Es ist schön hier«, sagte ich, »und ich würde gern Fotos machen ...«

Mit einer umfassenden Handbewegung deutete ich an, dass ich einfach alles fotografieren wollte.

»Haben Sie in der großen schwarzen Tasche eine Fotoausrüstung?«

»Ja«, sagte ich, aber er stellte keine weiteren Fragen. Schade. Ich hätte zu gern über meine Fotografiererei gesprochen. Nach einer Weile hatte ich plötzlich ein Déjà-vu-Gefühl. »Sind wir bald da? Ich glaube, ich habe diese Gegend schon mal gesehen. Da!«, sagte ich. »Die Brücke da. Ich glaube, die kenne ich.« Es war eine alte Stahlkonstruktion mit hölzernen Bohlen, zwischen denen große Löcher klafften.

»Ja«, sagte er. »Noch ein paar Meilen, und wir sind in Cole Creek.«

»Sie können sich gut den Weg merken«, sagte ich zurückhaltend.

Er lächelte über das Kompliment. »Ja. Pat hat immer gesagt ...« Er brach ab und presste die Lippen zusammen.

Er brauchte mir nicht zu erzählen, wer Pat war. Wer seine Bücher gelesen hatte, kannte auch die langen, schwärmerischen Danksagungen an sie, die er jedes Mal hineingeschrieben hatte. Ihr Tod war landesweit in den Nachrichten gewesen, und ich erinnerte mich an ein Foto, das ihn auf ihrer Beerdigung zeigte. Darauf hatte er ausgesehen wie ein Mann, der nicht mehr weiterleben will.

»Links«, sagte ich plötzlich. »Fahren Sie hier nach links.«

»Aber das ist nicht ...«, fing er an, aber er bog scharf ab, und wir nahmen die Kurve auf zwei Rädern.

Es tat mir gut, dass er auf mich hörte, statt sich auf seine auswendig gelernte Straßenkarte zu verlassen. Die Straße, auf der wir jetzt waren, folgte einem Bach und war so schmal, dass er in der Mitte fuhr, damit die überhängenden Äste nicht den Lack seines Autos zerkratzten. Vielleicht hätte ich mir Sorgen wegen des Gegenverkehrs machen sollen, aber das tat ich nicht.

Über uns auf den Böschungen sahen wir Häuser, an denen anscheinend nichts mehr verändert worden war, seit sie zu Beginn des 20. Jahrhunderts gebaut worden waren. Nicht selten sah man ganz in ihrer Nähe ein Stückchen Land, das vollgestellt war mit verrosteten Autos und alten Kühlschränken und Waschmaschinen. Auf den Veranden standen bunt zusammengewürfelt verzinkte Badewannen und große Kinderautos aus buntem Plastik, ein greller Kontrast zu dem verwitterten Holz und dem üppig grünen Wald.

Der Baumbestand endete jäh, und vor uns lag eine Stadt, die aussah wie aus einem Fotobuch mit dem Titel »Unser vergessenes Erbe«. Wenn das Cole Creek war – und ich war sicher, dass es das war –, dann gab es hier nichts Modernes. Die wenigen Gebäude zu beiden Seiten der Straße waren alt und verfielen zusehends. In den paar Schaufenstern lagen Dinge, die das Herz eines Filmausstatters mit Entzücken erfüllt hätten.

In der Mitte der Stadt lag ein hübscher, quadratischer kleiner Park mit einem großen weißen Orchesterpavillon, die perfekte Kulisse für einen Sonntagnachmittagsspaziergang und ein Konzert des örtlichen Barbershop-Quartetts. Fast sah ich sie vor mir, die Frauen in ihren langen Röcken mit breiten Gürteln und hochgeschlossenen, langärmeligen Plissee-Blusen.

»Wow«, flüsterte ich. »Wow.«

Newcombe war anscheinend genauso ergriffen. Er bremste ab, fuhr im Schritttempo an den alten Häusern vorbei und betrachtete sie ebenso fasziniert wie ich. »Glauben Sie, das ist das Gericht?«, sagte er.

Dem perfekten kleinen Park gegenüber stand ein großes Klinkergebäude mit massigen, zwei Stockwerke hohen Säulen vor dem Eingang.

»Cole Creek Courthouse«, las ich auf dem fleckenlosen kleinen Messingschild neben der Tür. »1866. Gleich nach dem Krieg.«

Newcombe ließ den Wagen langsam rollen. Sein Blick ging suchend über beide Seiten der Straße vor dem Gerichtsgebäude. Zur Linken war eine Durchfahrt zwischen zwei Grundstücken, und dann kam ein niedliches kleines viktorianisches Haus mit einer geschwungenen Veranda. War es das Haus, das er gekauft hatte?

Auf der rechten Seite, dem Gericht gegenüber, sah ich eine undurchdringliche Masse von hohen Bäumen, vermutlich eine Brachfläche. Auf der linken stand ein weiteres viktorianisches Haus neben dem ersten. Es war in weniger guter Verfassung, aber es hatte einen entzückenden kleinen Balkon im ersten Stock.

»Da«, sagte Newcombe und hielt an.

Yippiie! hätte ich fast gerufen und schmiedete schon Pläne, wie ich das Schlafzimmer im ersten Stock ergattern könnte, das mit dem Balkon. Ich öffnete den Mund, um meinen Eroberungsfeldzug einzuleiten, aber dann sah ich, dass Newcombe gar nicht zu dem viktorianischen Häuschen hinüberschaute. Er war so weit gefahren, dass wir in das Grundstück auf der anderen Straßenseite hineinsehen konnten, das ich für eine Brachfläche gehalten hatte.

Ich folgte seinem Blick.

Dicht gepflanzte Bäume umgaben einen knappen Hektar Land und schirmten es vor neugierigen Blicken ab. In der Mitte stand ein majestätisches, vornehm aussehendes Queen-Anne-Haus, das mit seinen Balkonen, Veranden und Türmchen aussah wie eine Hochzeitstorte. Das Erdgeschoss war zu drei Seiten umgeben von einer Veranda mit – Hilfe, ich werde ohnmächtig! – großen Bugholzrahmen, die wie Klammern vom Geländer bis zum Dach reichten. Der erste Stock bestand aus einem Türmchen und einer Veranda mit geschwungenen Pfosten unter einem spitzen Dach, und oben drauf saß eine süße kleine Wetterfahne.

Manche Fenster hatten Buntglasscheiben, andere waren aus geschliffenem Glas. Auf mindestens vier kleinen schrägen Vordächern saßen winzige Veranden, auf die große Glastüren herausführten.

Das ganze Haus war einmal bunt angestrichen gewesen, aber jetzt waren die Farben zu blassem Grau und Lavendelblau verblichen, und die vereinzelt herausragenden Kragsteine leuchteten dazwischen in staubigem Pfirsichton.

Es war ohne jeden Zweifel das schönste Haus, das ich in meinem ganzen langen Leben jemals gesehen hatte.

5 – Ford

Es war das abscheulichste Haus, das ich in meinem Leben je gesehen hatte. Es sah aus wie eine riesige hölzerne Hochzeitstorte aus Balkonen, Veranden und Türmchen. Wohin man auch schaute, sah man noch ein kleines Dach und noch eine winzige, unbrauchbare Veranda. Dünne, geschnitzte Balken säumten jede Kante, umgaben jedes Fenster. Fenster schienen überhaupt nur den Zweck zu haben, das ganze gespenstische Bauwerk mit weiteren Ornamenten zu versehen. Das Licht der Spätnachmittagssonne blitzte auf den geschliffenen Fensterscheiben und beleuchtete die Buntglasfenster, in denen diverse Tiere und Vögel abgebildet waren.

Selbst in gutem Zustand wäre ein solches Haus eine Monstrosität gewesen, aber dieses hier fiel auseinander. Drei Fallrohre hingen an Befestigungen aus verzwirbeltem Draht. Zwei Fensterscheiben waren durch Hartfaserplatten ersetzt. Ich sah zerbrochene Geländer, gesplitterte Fensterrahmen und rissige Verandadielen, die wahrscheinlich verrottet waren.

Dann die Farbe – beziehungsweise ihre Abwesenheit. Was immer das Haus ursprünglich für eine Farbe gehabt haben mochte, war im Laufe der letzten hundert oder mehr Jahre der Sonne und dem Regen zum Opfer gefallen. Alles war zu einem stumpfen Graublau verblichen, und überall blätterte der Anstrich ab.

Ich bog in die unkrautüberwucherte Zufahrt ein und war fassungslos. Der Rasen rings um das Haus war gemäht, aber die alten Blumenbeete verschwanden unter kniehohem Gestrüpp. Ein Vogelbad war zerbrochen, und aus dem gepflasterten Boden einer alten Laube wuchsen Ranken.

Hinten vor den Bäumen sah ich zwei Bänke, die schief standen, weil ihnen die Hälfte der Beine fehlte.

Eigentlich interessiert mich keine Story so sehr, dass ich in diesem Haus wohnen möchte, dachte ich. Ich sah Jackie an, um mich zu entschuldigen und vorzuschlagen, uns irgendwo ein Hotel zu suchen, aber sie war schon beim Aussteigen, und ihr Gesichtsausdruck war undeutbar. Wahrscheinlich Schock, dachte ich. Oder Entsetzen. Ich wusste, was sie empfand. Ein Blick auf dieses Haus genügte, und auch ich wollte weglaufen.

Aber Jackie lief nicht weg. Sie war schon auf der Veranda und an der Tür. Ich sprang fast aus dem Wagen, um ihr nachzulaufen und sie zu warnen. Das Haus sah nicht sicher aus.

Sie stand da und sah sich mit großen Augen um. Auf der Veranda standen mindestens fünfzig alte Möbelstücke. Ramponierte Korbsessel mit schmutzigen, verschlissenen Kissen und ein halbes Dutzend mickrige Drahttische, die gerade groß genug für eine Teetasse waren – oder für ein Schnapsglas, dachte ich.

Jackie war offenbar genauso sprachlos wie ich. Sie legte die Hand auf eine alte Eichenholztruhe. »Das ist ein Eisschrank«, sagte sie, und ihr seltsamer Tonfall veranlasste mich, sie scharf anzusehen.

»Was halten Sie von diesem Haus?«, fragte ich sie.

»Es ist das schönste Haus, das ich je gesehen habe«, sagte sie leise, und in ihrer Stimme lag so viel ungezügelte Leidenschaft, dass ich aufstöhnte.

Ich hatte ein bisschen Erfahrung mit Frauen und Häusern und wusste, dass eine Frau ein Haus lieben kann wie ein Mann sein Auto. Ich persönlich konnte das nicht nachvollziehen. Häuser machten zu viel Arbeit.

Ich folgte Jackie hinein. Ich hatte die Maklerin gefragt, woher ich die Schlüssel zu meinem »neuen« Haus bekommen würde, und sie hatte nur gelacht. Jetzt wusste ich, warum. Kein achtbarer Einbrecher würde seine Zeit an diese Bude verschwenden.

Ich sah, dass es drinnen noch viel schlimmer aussah als draußen. Durch die unverschlossene Tür gelangten wir in eine große Diele. Unmittelbar vor uns führte eine Wendeltreppe nach oben. Sie hätte eindrucksvoll ausgesehen, wenn die Stufen nicht zu beiden Seiten mit hohen Stapeln alter Zeitschriften bedeckt gewesen wären. Der Weg nach oben war höchstens einen halben Meter breit.

In der Diele stand ein Garderobenständer aus Eichenholz: groß, hässlich und mit sechs mottenzerfressenen Hüten behängt. Zu beiden Seiten der Diele lagerten meterhohe Stapel von vergilbten Zeitungen. Auf dem Boden lag ein Teppich, der so verschlissen war, dass vom Flor nichts mehr übrig war.

»Darunter sind Fliesen mit Perserteppichmuster«, sagte Jackie und verschwand durch die Flügeltür in einem Zimmer zur Linken.

Ich kniete nieder, hob eine Ecke des verstaubten Teppichs hoch und sah, dass darunter tatsächlich ein Perser»teppich« aus Mosaikfliesen verborgen war. Er war das Werk eines meisterlichen Handwerkers, und wenn er nicht so schmutzig gewesen wäre, wäre er wirklich schön gewesen.

Ich folgte Jackie nach nebenan. »Woher wussten Sie von dem ...«, begann ich, aber ich brache meine Frage nicht zu Ende. Sie stand mitten im Salon – besser gesagt, im Wohnzimmer. Man hatte mir gesagt, das Haus sei über hundert Jahre lang ununterbrochen bewohnt gewesen. Als ich mich in diesem Zimmer umsah, war ich bereit zu glauben, dass jeder Bewohner mindestens sechs Möbelstücke gekauft hatte, und sie waren alle noch da. Um zwischen den Möbeln hindurchzugehen, musste selbst die dürre Jackie sich seitwärts wenden. In der hinteren Ecke standen drei furchterregend hässliche viktorianische Sessel aus Walnussholz, bezogen mit abgenutztem rotem Samt. Daneben stand ein signalgrünes Sofa aus den sechziger Jahren, und die Kissen darauf waren mit großen Lippen bedruckt. In der Ecke gegenüber sah ich eine kantige Couch, die nach Art Déco aussah. An den Wänden standen alte Eichenholzregale, neue weiße Regale und ein billiger Kiefernholzschrank, dessen Türen nur noch an einer Angel hingen. Und jedes Souvenir, das im Laufe von hundert Jahren gekauft worden war, befand sich in diesem Zimmer. Über den Bücherregalen hingen gerahmte Drucke, verschmutzte Ölschinken und schätzungsweise mindestens hundert alte Fotos, deren Rahmen sich in verschiedenen Stadien des Verfalls befanden.

»Sie haben sämtliche Möbel hier hereingestellt«, sagte Jackie. »Warum wohl?« Sie ging hinaus und quer durch die Diele in das gegenüberliegende Zimmer.

Ich wollte ihr folgen, aber ich stolperte über eine ausgestopfte Ente. Keine Spielzeugente, sondern ein echter Vogel, der einmal durch die Luft geflogen war und jetzt mit allem Drum und Dran vor mir auf dem Boden hockte.

Als ich mich von der Ente befreite, fielen drei weitere von einem Regal herunter und mir auf den Kopf. Es war eine Entenmutter mit ihren Küken, für alle Zeit in Leblosigkeit gebannt. Ich unterdrückte den Drang, zu schreien, und stürzte aus dem Zimmer.

Der Raum, in dem Jackie stand, war vermutlich die Bibliothek. Drei Wände waren mit imposanten alten Regalen bedeckt, und die Decke war prachtvoll kassettiert. Die Regale waren voll gestopft mit alten Lederbänden, deren Anblick mich mit größter Neugier erfüllte. Aber man würde einen Gabelstapler brauchen, um sich den Weg zu diesen Büchern freizuräumen, denn davor standen Regale aus Spanplatten – beklebt mit einer Holzmusterfolie (als ob das irgendjemanden hätte täuschen können) – mit den Bestsellern der letzten dreißig Jahre. Alles, was Harold Robbins und Louis L'Amour je geschrieben hatten, stand in diesen Regalen.

»Alles noch wie früher«, sagte Jackie mit glasigem Blick wie in Trance.

Als sie hinausging, wollte ich sie am Arm festhalten, aber ich verfehlte sie, weil ich mit dem Fuß an einem alten Kohleeimer voller Paperbacks hängen blieb. Vier Frank-Yerby-Bücher fielen mir auf den Fuß. Ich stieg aus dem Bücherhaufen und wollte weitergehen, aber da sah ich *Fanny Hill*. Ich hob es auf, steckte es in meine Gesäßtasche und ging Jackie nach.

Ich fand sie in dem Zimmer hinter der Bibliothek. Es war das Esszimmer. Hohe Fenster beanspruchten eine ganze Wand und hätten Licht hereingelassen, wenn sie nicht mit dunkelvioletten Samtvorhängen verhüllt gewesen wären. Ich wollte etwas sagen, aber dann war ich abgelenkt, denn mein Blick fiel auf etwas, das aussah wie ein Vogelnest hoch oben in einem der Vorhänge.

»Das ist nicht echt«, sagte Jackie, als sie sah, wohin ich schaute. »Da liegen kleine Porzellaneier drin.« Und damit ging sie hinaus.

Ich wollte ihr nachlaufen, aber drei der rund achtzehn zusammengewürfelten Stühle streckten ihre Beine aus, um mich zu Fall zu bringen.

Das war zu viel! Ich warf die Stühle um – schließlich waren es meine – und rannte in die Diele. Aber keine Jackie. Ich blieb kurz stehen und stieß dann ein Brüllen aus, das sich anhörte, als käme es von dem Elchkopf, den ich irgendwo gesehen hätte.

Jackie erschien augenblicklich. »Was fehlt Ihnen denn, um alles in der Welt?«

Wo soll ich anfangen?, dachte ich, aber dann nahm ich mich zusammen. »Woher wissen Sie so viel über dieses Haus?«, fragte ich.

»Keine Ahnung«, sagte sie. »Mein Vater hat gesagt, wir haben nur ein paar Monate in Cole Creek gewohnt, als ich noch ganz klein war. Aber nach allem, was ich weiß, haben wir in diesem Haus gewohnt. Vielleicht waren meine Eltern hier Haushälterin und Hausmeister oder so was.«

»Wenn Sie sich an so viel erinnern, können Sie nicht mehr ›ganz klein‹ gewesen sein.«

»Ich glaube, Sie haben Recht.« Sie ging in den Raum, der dem Speiseraum gegenüber lag. Ich folgte ihr und blieb wie angewurzelt stehen. Das Zimmer war kleiner als die andern, und es war sauber und aufgeräumt. Sogar die Fenster waren geputzt. Die Decke war zierlich bemalt mit Ranken und Blüten, und der Fußboden war aus hellem Eichenholz und hatte eine Bordüre aus Walnuss-Intarsien. Und das wirklich Gute war: Es stand kein einziges Möbelstück in diesem Zimmer.

Jackie blieb in der Tür stehen und sah sich um, aber ich ging hinein und setzte mich auf eine ungepolsterte Fensterbank.

»Ich glaube, Mr Belcher hat hier alles hinausgeschafft und in die anderen Zimmer gestellt«, sagte sie. Sie kam herein, ging in eine Ecke des Zimmers und nahm ein Medizinfläschchen aus braunem Glas in die Hand. »Ich nehme an, es war sein Krankenzimmer, und er hat hier gewohnt.«

»Hey!«, sagte ich. »Ist das ein Anschluss für einen Kabelfernseher?«

Sie sah mich an und schüttelte empört den Kopf. »Sie sind kein großer Intellektueller, nicht wahr?«, sagte sie über die Schulter hinweg und ging hinaus.

Das war es, was mir an Jackie Maxwell am besten gefiel: Sie behandelte mich wie einen *Mann*. Nicht wie einen Bestseller-Autoren, sondern wie einen Mann. Und was ich an Jackie Maxwell am wenigsten mochte, war, dass sie mich wie einen gewöhnlichen Menschen behandelte und nicht mit der Ehrfurcht, die mein Erfolg verdiente.

Ich fand sie in der Küche. Es war ein großer Raum mit Metallschränken über abgenutzten, verbeulten Arbeitsplatten aus Edelstahl. Der Gipfel der Eleganz um 1930.

Um ehrlich zu sein, ich war überrascht, dass man seit der Erbauung im Jahre 1896 noch etwas an dem Haus verändert hatte. In der Mitte der Küche stand ein Eichenholztisch mit Tausenden und Abertausenden von Messerschnittspuren.

Jackie warf einen Blick in die Schränke, und ich öffnete die Türen auf der linken Seite. Hinter der ersten verbarg sich eine geräumige, begehbare Speisekammer. Jeder Zoll der Regale war vollgestellt mit Lebensmittelkartons und Konservendosen. Ich streckte mich nach dem höchsten Regal und zog von ganz hinten eine Cornflakes-Schachtel herunter. Darauf war das Foto eines Mannes in einem Football-Trikot aus der Zeit um 1915. Ich fühlte mich versucht, in die Schachtel hineinzuschauen, aber dann ließ ich es lieber bleiben und stellte sie zurück.

Hinter zwei anderen Türen entdeckte ich ein Wasserklosett mit einer Abzugskette und eine Dienstmädchenkammer mit einem schmalen Messingbettgestell.

Als ich in die Küche zurückkam, schlug mir ein so furchtbarer Gestank entgegen, dass ich mir die Nase zuhielt. Jackie hatte den bauchig geformten Kühlschrank geöffnet.

Sie nieste zwei Mal. »Ich habe den Inhalt des Kühlschranks mitgekauft?«, fragte ich.

»Sieht so aus. Wollen Sie sich jetzt das Obergeschoss ansehen?«

»Nur wenn es sein muss«, knurrte ich, und wir gingen zurück zu der Treppe. Ich hatte nur die endlose Spirale aus alten Zeitschriften gesehen und den kleinen Messingdrachen nicht bemerkt, der auf dem Geländerpfosten saß.

»Ob der noch funktioniert?«, flüsterte Jackie und drehte das spitze Ende des Drachenschwanzes einmal kurz um.

Ich machte einen Satz rückwärts, als eine zehn Zentimeter lange blaue Flamme aus dem Maul des Drachen schoss.

Sie drehte noch einmal an der Schwanzspitze, und die Flamme erlosch.

»Cool«, sagte ich. Es war das Erste in diesem Haus, was mir wirklich gefiel.

Jackie stürmte die Wendeltreppe hinauf. Mühelos trat sie zwischen die Zeitschriftenstapel. Ich blieb unten und sah mir den Drachen näher an. Erstaunlich, dass das Ding nach all den Jahren immer noch an eine Gasleitung angeschlossen war, und noch erstaunlicher, dass es noch funktionierte. Obwohl die Schwanzspitze einen Tropfen Öl gebrauchen konnte, dachte ich, als ich daran drehte.

»Kann ich das Hausherrinnenzimmer bekommen?«, rief Jackie von oben.

Ich spähte dem Drachen ins Maul und versuchte die Gasdüse zu entdecken. »Na klar«, sagte ich. »Aber wer kriegt dann die Mätressenkammer?«

»Sehr witzig«, sagte sie. »Können Sie vielleicht aufhören, mit dem Ding zu spielen, und zu mir heraufschauen?«

Sie stand ganz oben an der Wendeltreppe, im zweiten Stock. In der Decke über ihrem Kopf war ein großes, rundes Buntglasfenster.

»Solche Treppen waren hier die Klimaanlage«, sagte sie. »Die warme Luft steigt nach oben.«

»Bis hinauf in die Dienstbotenzimmer?« Ich kniete mich hin, um zu sehen, wo die Gasleitung in den Geländerpfosten mündete.

»Die Hitze hier oben sorgte dafür, dass sie unten blieben und arbeiteten«, rief Jackie herunter, und dann senkte sie die Stimme. »Meine Güte, das alte Kinderzimmer ist jetzt ein Arbeitszimmer. Ich wette, sie haben die große Eisenbahn auf dem Dachboden verstaut.«

Eine Eisenbahn?

Ich ließ den Drachen Drachen sein und spazierte die Treppe hinauf.

Jackie kam mir auf dem Absatz im ersten Stock entgegen, und gehorsam betrachtete ich vier Schlafzimmer und drei Bäder, die geradewegs aus einer BBC-Serie über das edwardianische England stammten, sowie einen Abstellraum, der so vollgestopft mit Kartons war, dass wir die Tür nicht ganz aufbekamen.

An der Vorderseite des Hauses lag die Suite für den Herrn und die Dame des Hauses: Zwei große Schlafzimmer, jedes mit einem eigenen Bad, waren durch ein Wohnzimmer verbunden, das man von der Wendeltreppe aus betrat. Das Zimmer, das Jackie so gern haben wollte, dass ich ihren Herzschlag am Hals pulsieren sehen konnte, hatte eine Flügeltür, die auf eine tiefe, runde Veranda mit zierlichen weißen Möbeln hinausführte. Mir fiel es nicht weiter schwer, ihr das Zimmer zu überlassen.

Die Zimmer im ersten Stock waren genau wie die im Parterre voll mit Möbeln und halb antikem Trödel. Die Tapeten genügten schon, um Albträume hervorzurufen. Auf der in Jackies Zimmer waren Rosen mit spitzen, gesägten Blättern und Stielen mit zentimeterlangen Dornen. Gruselig.

Das einzige Zimmer, das mir wirklich gefiel, war mein Bad. Das Tapetenmuster bestand aus dunkelgrünen Blättern und vereinzelten kleinen Orangen (»William Morris«, sagte Jackie). Die ursprünglichen, mahagonigetäfelten Bademöbel waren noch da, und alles funktionierte. Es gab keine Dusche, aber eine Badewanne.

»William Taft hätte in diese Wanne gepasst«, stellte Jackie fest.

»Zusammen mit der First Lady.« Ich sah sie an und wartete darauf, dass sie mir vorwarf, einen Sexwitz gemacht zu haben. Als sie lachte, war ich froh. Keine meiner anderen Assistentinnen hatte bisher über meine Witze gelacht.

Ich bekam Hunger und schlug vor, einen Supermarkt suchen zu gehen, bevor es zu spät wäre. Jackie warf einen sehnsüchtigen Blick nach oben, und ich wusste, sie hätte zu gern noch in den Räumen im Dachgeschoss herumgestöbert. Fast hätte ich gesagt, sie solle nur hier bleiben und ich würde allein einkaufen gehen, aber das wollte ich nicht.

Die Wahrheit war: Die lange Fahrt mit ihr hatte Spaß gemacht. Ich war froh, dass sie nicht eine von den Frauen war, die ununterbrochen redeten. Und sie schien schon ein bisschen über mich zu wissen, denn an der ersten Tankstelle hatte sie instinktiv meine bevorzugten Snacks für mich ausgesucht.

Ich empfand nichts als Erleichterung, als wir wieder draußen waren. In ungefähr einer Stunde würde es dunkel sein, also sollten wir uns beeilen. Aber Jackie war noch einen Meter von der Beifahrertür entfernt, als sie schon wieder in Richtung Vogelbad davonflatterte. Ich ging zu ihr, umfasste ihre Ellenbogen mit beiden Händen und bugsierte sie zum Wagen. Dann fuhr ich los. Wir waren von Osten her in die kleine Stadt gekommen; also fuhr ich nach Westen weiter, und jetzt blieb ich auf einem nummerierten Highway.

Als die Stadt hinter uns lag, kam Jackie wieder zu sich. »Ich weiß, Sie haben ein möbliertes Haus gekauft, aber ...«

»Was?«

»Tatsächlich fehlen ein paar Sachen.«

»Abgesehen von Teilen des Daches, der Geländer und der Fenster?«

Jackie winkte ab. »Sie haben nicht zufällig Töpfe und Pfannen in der Küche gesehen? Oder die Steppdecken auf den Betten hochgehoben? Oder die Kissen befühlt?«

Die Antwort auf alle diese Fragen lautete Nein; also klärte sie mich auf. Anscheinend hätte das Haus, was seine Bewohnbarkeit anging, ebenso gut leer sein können. Im Wohnzimmer standen wahrscheinlich einundsechzig Souvenirnachbildungen der Freiheitsstatue, aber es gab keine Bettwäsche, und den Zustand der Kopfkissen konnte ich mir vorstellen: hart, klamm und muffig.

Ungefähr zwanzig Meilen hinter der Stadt, an einer gewundenen Bergstraße, stießen wir auf einen Wal-Mart. Ohne ein Wort zu Jackie bog ich auf den Parkplatz ein. Ich muss sagen, sie war wirklich effizient. Sie schnappte sich einen Einkaufswagen, ich mir einen zweiten, und eine halbe Stunde später waren sie so hoch bepackt, dass sie über ihren nicht mehr hinwegsehen konnte; ich musste ihn vorn festhalten und zur Kasse steuern.

»Gut, dass Sie reich sind«, sagte sie mit einem Blick auf unseren Berg von lauter sauberen, neuen Küchengeräten, Handtüchern, Papiererzeugnissen und Bettwäsche.

Bei den ersten paar beiläufigen Bemerkungen dieser Art hatte ich ihr sagen wollen, sie könne gleich wieder aussteigen, aber allmählich gewöhnte ich mich daran. Diesmal lächelte ich. »Ja, stimmt. Es ist wirklich gut, dass ich reich bin. Wer ein solches Haus kauft, könnte genauso gut seine Wände mit Zwanzigern tapezieren. Wie um alles in der Welt werde ich es wieder verkaufen?«

»Verkaufen?« Jackie starrte mich fassungslos an. Sie sah aus wie ein Kind, dessen Eltern ihm eröffnet hatten, dass man das Hauskaninchen braten werde. »Wie können Sie ein solches Haus *verkaufen*?«

»Ich bezweifle, dass ich es kann. Wahrscheinlich werde ich die Bude bis an mein Lebensende am Bein haben.«

Sie wollte etwas sagen, aber dann waren wir an der Kasse, und sie fing an, unsere Sachen auf das Band zu packen.

Vom Wal-Mart fuhren wir weiter zu einem Lebensmittelgeschäft, und wieder füllten wir zwei Einkaufswagen. Vor der Kasse suchte ich mir Schokoriegel aus, als sie fragte: »Werden Sie sich vor oder nach dem Essen mit diesem Zeug voll stopfen?« Ihr Ton veranlasste mich, die Hälfte der Riegel zurückzulegen.

Als wir wieder im Haus waren, verkündete Jackie, sie werde »ausnahmsweise« kochen, wenn ich die Sachen ins Haus trüge. Ich war sofort einverstanden. Kochen war nicht meine Stärke. Als die Lebensmittel im Haus und verstaut waren (ich machte ein Regal in der Speisekammer dafür frei und packte die Tiefkühlkost in die Eisbox, die wir gekauft hatten), hatte sie den Tisch mit Kerzen und Tellern gedeckt, die sogar für mein ungeschultes Auge teuer aussahen.

Sie sah meinen Blick. »Limoges«, erklärte sie. »Im Schrank im Wohnzimmer sind drei Mal zwölf Gedecke.«

»Warum hat Belcher es wohl nicht mitgenommen?«

»Was hätte er damit anfangen sollen?« Jackie stand vor dem alten Gasherd und rührte in einem Topf. Über der Kochfläche brannte eine einzelne nackte Glühbirne, und sie war so schwach, dass sie nur einen kleinen Lichtkreis um Jackie herum warf, ein Spotlight, das sie und ihren Topf in der dunklen Küche beleuchtete. »Sie haben erzählt, nach Auskunft der Maklerin ist er über neunzig, ohne Erben und Invalide. Wahrscheinlich isst er von einem Plastikteller für Babys. Und wenn er das Geschirr verkauft hätte, wem hätte er das Geld hinterlassen sollen? Aber ...« Ich aß einen Cracker, den sie mit Käse bestrichen und mit einer halben Olive belegt hatte, und wartete, dass sie zu Ende sprach. »Das Silber hat er mitgenommen.«

Wir lachten beide. Hochbetagt und erbenlos, aha. Ich aß noch vier von diesen Crackern. »Sieht ja fast so aus, als kennen Sie den Mann persönlich.«

»Stimmt«, sagte sie, und ihr Kochlöffel verharrte über dem Topf. »Ich habe beinahe das Gefühl, ich weiß, wie er aussieht. Und anscheinend weiß ich eine Menge über dieses Haus. Allmählich glaube ich, mein Vater hat mir ein paar kleine Notlügen erzählt.« Sie schwieg einen Moment lang. »Und vielleicht einen oder zwei Riesenklopse.«

Ich dachte darüber nach. Ihr Vater hatte behauptet, sie hätten nur kurze Zeit in Cole Creek gewohnt, als Jackie »ganz klein« war, aber sie hatte wirklich so viele Erinnerungen, dass das nicht stimmen konnte. Und was meinte sie mit »Riesenklopsen«? Halt! Ihre Mutter? »Glauben Sie, Ihre Mutter könnte noch leben?« Ich bemühte mich um einen beiläufigen Ton.

Sie nahm sich Zeit mit der Antwort, aber ich sah, dass sie Mühe hatte, ihre Emotionen unter Kontrolle zu bringen. »Ich weiß es nicht. Ich erinnere mich allerdings, dass sie viel gestritten haben. Vielleicht hat er mich entführt, und vielleicht sind wir deshalb von einer Stadt zur andern gezogen, damit sie und die Polizei uns nicht finden konnten. Er hatte keine Kopie meiner Geburtsurkunde, und wenn ich ihn nach harten Fakten fragte, antwortete er immer nur unbestimmt.«

»Interessant«, sagte ich möglichst munter. Ich hatte das Gefühl, dass sie mir soeben mehr erzählt hatte als jemals irgendwem sonst. »Vielleicht handelt mein nächstes Buch von einer jungen Frau, die ihre Herkunft entdeckt.«

»Das ist mein Buch«, sagte sie sofort. »Sie sind hier, um den Teufel zu finden, damit Sie mit ihm über Ihre Frau sprechen können.«

Verdammt! Das hatte gesessen! Ich hatte einen Cracker an den Lippen, als sie es sagte, und mir war, als wollte mein Herz stillstehen. Nicht einmal in meinem tiefsten Innern hatte ich mir eingestanden, wie wahr es war, was sie soeben gesagt hatte.

Sie stand absolut regungslos am Herd, mit dem Rücken zu mir, den Kochlöffel in der Hand. Ich konnte ihr Gesicht nicht sehen, aber ihr Nacken war um drei Schattierungen dunkler als sonst.

Ich wusste, dass meine Antwort die Tonlage für unsere zukünftige Beziehung bestimmen würde. Zwei Drittel meiner selbst wollten ihr sagen, sie sei entlassen und solle schleunigst aus meinem Leben verschwinden. Aber dann fiel mein Blick auf den gedeckten Tisch mit den Kerzen, und das Letzte, was ich jetzt haben wollte, war ein weiterer einsamer Abend.

»Nur Gott würde irgendetwas über Pat wissen«, sagte ich schließlich. »Der Teufel würde sagen: ›Nie von ihr gehört.‹«

Langsam drehte sie sich um und sah mich an, und in ihrem Gesicht war so viel Dankbarkeit, dass ich wegschauen musste. »Es tut mir leid«, gestand sie. »Manchmal sage ich Dinge, die ...«

»Die die Wahrheit sind, wie Sie sie sehen?« Ich wollte ihre Entschuldigung nicht hören. Tatsächlich war es mir bei meinen ersten Überlegungen zu diesem Projekt um Pat gegangen. Vielleicht hatte ich geglaubt, wenn ich herausfinden könnte, wie man zu einem Geist wurde, könnte ich auch einen Weg finden, Pat in ihrer Geistgestalt zurückzuholen. Oder vielleicht könnte eine Hexe einen Zauber sprechen, der sie zurückbrächte.

Aber als ich mit dem Lesen anfing, war das Projekt an sich immer interessanter geworden. Zum einen, weil ich dieselbe Geschichten in mehreren Staaten gefunden hatte. Waren sie damit Folklore statt Wahrheit?

Wir schwiegen eine ganze Weile. Jackie servierte eine Art Hühnerragout, das ziemlich gut schmeckte. Anscheinend war sie ein Gemüsefan, denn sie stellte drei verschiedene Sorten Gemüse auf den Tisch, dazu Kartoffeln, und dazu kam das Gemüse, das in dem Ragout war.

Beim Essen sprachen wir zuerst nicht. Dann erzählte ich ihr, dass sie mit ihrer Einschätzung der Gründe für meine Geister- und Hexen-Recherchen ziemlich nah an der Wahrheit gewesen sei. Aber das habe sich geändert.

»Vielleicht bin ich ein Romantiker, aber ich würde gern herausfinden, ob an diesen alten Geschichten etwas Wahres ist. Vielleicht möchte ich den Leuten auch nur etwas verdammt Gutes zu lesen geben.«

»Eine gute Geschichte zu schreiben ist besser, als den Teufel um irgendetwas zu bitten«, sagte sie und fing an, den Tisch abzuräumen.

Da es keine Spülmaschine gab, wusch ich das Geschirr ab, und sie übernahm das Abtrocknen. Als die Küche wieder sauber war (abgesehen von den Schimmelflecken auf den meisten Oberflächen), gingen wir nach oben und nahmen uns die Schlafzimmer vor. Sie lachte, als ich mich über die abscheuliche Tapete in meinem Zimmer beschwerte. Sie war dunkelgrün, magenta und schwarz gemustert. Das Bett war aus dunklem Walnussholz, genau wie die anderen schätzungsweise dreißig Möbelstücke im Zimmer. Mit der Tapete und der Einrichtung war der Raum ungefähr so dunkel wie ein Tunnel bei Nacht.

»Wie wär's, wenn ich morgen ein Auktionshaus anrufe, um die überflüssigen Möbel loszuwerden?«, schlug sie vor. »Eigentlich könnten Sie alles abstoßen und neue kaufen.«

Ich sah das hässliche alte Bett an, und bei dem Gedanken an ein neues musste ich lächeln. Ein weißes vielleicht.

Aber dann bremste ich mich. Ich würde *nicht* in diesem winzigen Hinterwaldkaff wohnen. Ich würde hier ein paar Recherchen betreiben, und dann würde ich nach ... Na ja, wohin ich dann ziehen würde, wusste ich noch nicht, aber jedenfalls weit weg von diesem Horrorfilm-Haus.

Jackie und ich bezogen mein Bett mit neuer, aber ungewaschener Wäsche (in der Speisekammer standen eine antike Waschmaschine und ein Trockner in Weizengold im Sechziger-Jahre-Design), und dann taten wir in ihrem Zimmer das Gleiche.

»Wissen Sie«, sagte sie langsam, »ich habe gleich unterhalb des Lebensmittel-Supermarkts eine Lowe's-Filiale gesehen.« Sie hörte auf, das Laken auf ihrer Seite unter die Matratze zu stopfen, und sah mich an, als sollte ich jetzt ihre Gedanken lesen. Als ich nichts sagte, fuhr sie fort und erklärte mir, dass Lowe's die alten Elektrogeräte mitnahm, wenn man neue kaufte.

Als mir klar wurde, was sie da sagte, schauten wir einander an und lachten. Irgendwelche bedauernswerten, ahnungslosen Gerätespediteure würden diesen Kühlschrank abholen, der mit seinem Gestank das Weltall kontaminieren konnte.

»Wann öffnen sie?«, fragte ich, und wir lachten noch einmal herzhaft.

Als ich mich eine Stunde später in mein Bett kuschelte (und mir vornahm, eine neue Matratze zu kaufen), fühlte ich mich so gut wie schon lange nicht mehr, und endlich erlaubte ich mir, über die Teufelsgeschichte nachzudenken, die Jackie mir im Auto erzählt hatte. Ich glaube nicht, dass sie ahnte, wie ungewöhnlich diese Geschichte war. In den letzten zwei Jahren hatte ich regional verbreitete Geistergeschichten gelesen, und die meisten davon waren ziemlich zahm gewesen – so zahm, dass ich mich schon eine Stunde später kaum noch daran erinnern konnte. Diese Geschichten hatten so wenig Fleisch, dass die Autoren sie mit langen Passagen über die Schönheit der Personen ausschmücken oder irgendwelche unheimlichen Elemente hinzufügen mussten, die nichts mit der eigentlichen Story zu tun hatten. Man spürte, dass sie sich nur bemühten, die Seiten zu füllen.

Aber mit Jackies Geschichte war es anders. Die erste Version – die so genannten »Fakten«, die sie angeblich von ihrer Mutter gehört hatte – war interessant, aber sie klang genau wie etliche andere Kleinstadtlegenden, die ich gelesen hatte.

Jackie brauchte es nicht zu wissen, aber was mich interessierte, war ihre zweite Geschichte. Dass sie eine gute Erzählerin war, hatte ich schon gesehen, aber bei ihrem dramatischen Vortrag der Teufelsgeschichte hatte ich Gänsehaut bekommen.

Als Erstes hatte sie die Frau beschrieben, die da ermordet worden war. Eine Frau, die gut zu allen war. Die Kinder liebte und immer lächelte.

Die Frau habe ausgedehnte Wanderungen durch den Wald unternommen, und eines Tages sei sie zu einem Steinhaus gekommen, und dort sei ein Mann gewesen. Jackie beschrieb ihn als »lieb aussehend, wie der Weihnachtsmann, bloß ohne Bart«. Ich wollte sie fragen, woher sie das wusste, aber daran, wie sie diese Geschichte erzählte, war etwas so Merkwürdiges, dass ich sie nicht unterbrechen wollte.

Die Frau, sagte sie, sei dann oft zu dem Haus gegangen, und sie erzählte, was der nette Mann und die nette Frau zusammen gegessen hatten und wie sie miteinander geplaudert und gelacht hatten. Sie erzählte von den Blumen, die rings um das Haus wuchsen, und dass es drinnen nach Lebkuchen geduftet habe.

Nach einer Weile erkannte ich, was an ihrem Erzählen so merkwürdig war. Zweierlei. Das eine war, dass Jackie das alles erzählte, als habe sie es selbst gesehen, und zweitens hörte es sich an, als erzähle ein kleines Kind. Als sie zu der Stelle kam, wo die Leute aus der Stadt das Paar sahen, sagte sie: »Man sah all die Leute hinter den Büschen ...«

»Wie viele Leute?«, wollte ich fragen, aber ich tat es nicht, und als sie weiterredete, kam ich auf den Gedanken, das Kind, das all das gesehen hatte, sei vielleicht zum Zählen zu klein gewesen. Hätte ich Jackie gefragt, wie viele Leute da waren, wäre ich nicht überrascht gewesen, wenn sie geantwortet hätte: »Elfundsiebzig.«

Sie sagte, die »Erwachsenen« hätten die Frau gesehen, aber den Mann konnten sie nicht sehen, weil er unsichtbar war. Die Leute hatten die Frau angeschrien, aber anscheinend wusste sie nicht, was sie sagten – nur, dass sie »schrien«. Die Frau war zurückgewichen und gefallen, und sie war mit dem Fuß zwischen zwei Steinen hängen geblieben. »Sie konnte nicht aufstehen.« Jackies Stimme klang wie eine Kinderstimme. »Und da legten sie immer noch mehr Steine auf sie.«

Beim Rest der Geschichte sträubten sich mir die Nackenhaare. Als die Leute aus der Stadt wieder gegangen waren, war die Frau anscheinend noch nicht tot gewesen. Jackie sagte, sie »weinte noch lange«. Aber was mir wirklich unter die Haut ging, war dies: Jackie erzählte, dass »jemand versuchte, sie herauszuholen«, aber »sie« konnte die Steine nicht hochheben.

In jenem Augenblick sagte ich nichts dazu, und ich versuchte, auch nicht darüber nachzudenken, aber unwillkürlich spekulierte ich doch. Von Anfang an hatte ich gehört, dass dieses Pressen vor vielen hundert Jahren stattgefunden hatte. Aber nachdem ich die Geschichte gehört hatte, die Jackie als »erfunden« bezeichnete, fragte ich mich, ob sie sich nicht in jüngerer Zeit zugetragen hatte. War es möglich, dass Jackie dieses Geschehnis mitangesehen hatte? Hatte sie als Kind erlebt, wie Erwachsene eine Frau mit Steinen bedeckt hatten, um sie dann langsam und qualvoll sterben zu lassen? War das Kind Jackie aus seinem Versteck gekrochen, und hatte es versucht, die Steine von der Frau herunterzuheben – und sie waren zu schwer gewesen?

Jackie hatte mir erzählt, nachdem ihr Vater erfahren habe, dass seine Frau ihr die Teufelsgeschichte erzählt hatte, habe er sie noch in derselben Nacht von ihrer Mutter fortgebracht. Vom Standpunkt eines Erwachsenen aus fragte ich mich, ob ihr Vater vielleicht gewusst hatte, dass seine kleine Tochter den Mord mitangesehen hatte. War es der letzte Tropfen gewesen, der das Fass zum Überlaufen brachte, als seine Frau ihrer Tochter davon erzählte und das für »richtig« hielt?

Als Jackie ihre Erzählung beendet hatte, hatte ich geschwiegen und über all das nachgedacht. Ich hatte viele Fragen, aber ich wollte sie nicht stellen. Ich vermutete, dass Jackie sehr viel tiefer in diese Sache verstrickt war, als sie wusste – oder wissen wollte.

Ich machte es mir unter meiner Decke noch ein bisschen bequemer und fragte mich, ob ich über diese Geschichte wirklich schreiben wollte. Wenn meine Theorie zutraf, sollte ich mir vielleicht lieber etwas anderes suchen. Etwas, das weiter zurücklag und keine Lebenden mehr betraf.

Als ich einschlief, wusste ich, dass ich mich in einem Zwiespalt befand. Ich wollte niemandem wehtun, aber zugleich war ich seit Jahren zum ersten Mal von einer Story fasziniert. Von einer wahren Geschichte. Und auf wahre Geschichten verstand ich mich.

Am nächsten Morgen weckten mich Geräusche über mir. Als ich die Augen öffnete und die Tapete sah, erschrak ich, aber dann fiel mir ein, wo ich war, und ich seufzte. Das Haus des Grauens. Eine Weile lag ich nur da und lauschte. Meine Uhr auf der schweren Marmorplatte des Nachttischs sagte mir, dass es noch nicht einmal sechs war, und draußen war es kaum hell. Vielleicht waren es Einbrecher, die ich da oben hörte, dachte ich hoffnungsvoll. Vielleicht suchten sie auf dem Dachboden nach versteckten Juwelen. Vielleicht würden sie bei ihrer Suche ein wenig von dem Plunder mitnehmen, der das Haus verstopfte.

Ich hörte lautes Niesen.

Pech gehabt. Little Miss High Energy war schon dort oben und schob Kisten umher.

Widerstrebend stand ich auf. Mich fröstelte. In den Bergen des westlichen North Carolina war es morgens ziemlich kühl. In aller Ruhe nahm ich ein Bad (zumindest der Heißwassertank funktionierte bestens) und zog mich an, bevor ich die Treppe hinaufstieg, um nachzusehen, was da los war.

Ich öffnete ein paar Türen und sah mich um, ehe ich in den Raum ging, aus dem die Geräusche kamen. Ich sah zwei Schlafzimmer und ein Bad; sicher war hier einmal das Dienstbotenquartier gewesen. Die Tristesse dieser Zimmer war deprimierend. Sie waren lichtlos, luftlos, farblos.

An der Vorderseite des Hauses befand sich ein ziemlich geräumiges Zimmer mit einem großen Fenster. Hier kann ich schreiben, dachte ich, als ich aus dem Fenster schaute. Ich konnte über die niedrigeren Häuser auf der anderen Straßenseite hinweg bis zu den Bergen sehen. Blau und dunstig ragten sie in der Ferne empor, und sie waren so schön, dass ich den Atem anhielt.

Erst nach einer Weile betrachtete ich den riesigen Eichenholzschreibtisch, der rechtwinklig zum Fenster stand. Ich konnte hier sitzen und schreiben, und wenn ich nachdenken musste, konnte ich mich umdrehen und zu den Bergen hinausschauen. In der hinteren Ecke des Zimmers, wo jetzt ein hartes kleines Sofa stand, das aussah, als sei es mit Rosshaar gepolstert, könnte ich eine richtige Couch aufstellen, weich und mit breiten Armlehnen, auf denen man Papiere ablegen konnte.

Ein lautes Geräusch aus dem Korridor riss mich aus meinen Gedanken. Ich ging hinaus, um nachzusehen, was meine emsige kleine Assistentin da trieb.

Ich fand sie in einem großen Raum, der aussah wie der Inbegriff des Dachbodens, der in jedem alten Film vorkam. Ich sah mich nach der ausrangierten Schneiderpuppe um. Es gab immer eine ausrangierte Schneiderpuppe.

»Jetzt kommen Sie helfen«, sagte Jackie. Sie klang wütend.

Ich wollte sie anblaffen, aber dann sah ich ihr Gesicht. Sie sah furchtbar aus. Ihre Augen lagen tief in den Höhlen und hatten dunkle Ringe. In meinem Alter sah ich jeden Morgen so aus, aber in ihrem Alter hatte sie taufrisch zu sein. »Und was fehlt Ihnen?«, fragte ich in dem gleichen Ton, den sie angeschlagen hatte. »War ein Gespenst in Ihrem Zimmer?«

Zu meinem Entsetzen ließ sie sich auf eine alte Truhe sinken, schlug die Hände vor das Gesicht und brach in Tränen aus.

Mein erster Gedanke war, zu flüchten. Mein zweiter, ein Apartment in New York zu mieten und mich für alle Zeit von weiblichen Wesen fern zu halten.

Aber stattdessen setzte ich mich neben sie auf die Truhe und fragte: »Was ist denn?«

Sie brauchte ein Weilchen, um ihre Fassung wieder zu finden. Ich hatte keine Papiertaschentücher bei mir, und sie auch nicht, und jedes Stück Stoff in diesem Raum war vermutlich so staubig, dass sie daran erstickt wäre. Also schniefte sie ausgiebig.

»Es tut mir leid«, brachte sie schließlich hervor. »Sie werden's nicht glauben, aber mein Dad hat gesagt, ich weine nie. Nicht mal als Kind. Wir haben Witze darüber gemacht. Er hat immer gesagt: ›Was für eine Tragödie wäre nötig, damit du weinst?‹ Natürlich habe ich bei seiner Beerdigung geheult wie ein Schlosshund, aber ...«

Sie sah mich an und erkannte, dass ich so viel gar nicht wissen wollte. Ich hatte genug eigenen Schmerz in mir. Ich brauchte den von anderen Leuten nicht.

»Ich hatte einen Traum«, sagte sie.

Ich schaute zur Tür. War ich von Sinnen gewesen, dass ich diese Fremde eingeladen hatte, bei mir zu wohnen? War ich jetzt dazu verdammt, mir täglich ihre Träume anzuhören? Neigte sie zu Albträumen? Würde sie mich mitten in der Nacht mit ihrem Schreien wecken?

Dann würde ich sie trösten und beruhigen müssen, und ... ich sah sie an. Sie war eher niedlich als hübsch, und anscheinend konnte sie in einem unberechenbaren Rhythmus abwechselnd nett sein und eine Zunge wie eine Rasierklinge haben. Aber sie hatte auch eine schöne Stimme und einen runden kleinen Po, der ziemlich hübsch war. Und gestern an der Tankstelle hatte sie Verrenkungen vorgeführt, mit denen sie im Cirque du Soleil hätte auftreten können.

»Was haben Sie geträumt?«, hörte ich mich fragen, und ich ärgerte mich, denn ich hasste Träume so sehr, dass ich in Romanen, in denen von den Träumen des Helden – äh, Protagonisten erzählt wurde, diese Passagen überschlug.

»Es war ...« Sie brach ab, stand auf und öffnete einen alten Kasten, der mit antikem, vertrocknetem Klebstreifen bedeckt war.

Vermutlich wollte sie es mir nicht erzählen, aber sie konnte nicht anders. Sie drehte sich um, setzte sich auf den Kasten, und ich hörte etwas darin rascheln, wie wenn man altes Laub zerdrückte.

»Es war einfach so real«, sagte sie leise, »und ich war so hilflos.« Hohläugig sah sie zu mir auf, und ich schwieg. Ich hatte noch nie einen Traum gehabt, an den ich mich nach dem Frühstück noch erinnern konnte, und schon gar keinen, der mich so sehr durcheinander brachte.

»Sie und ich fuhren mit Ihrem Auto auf einer Bergstraße«, sagte sie, »und hinter einer scharfen Kurve sahen wir einen Wagen, der sich überschlagen hatte. Vier Teenager standen dabei, und sie lachten. Ich verstand, dass sie glücklich waren, denn sie hatten soeben einen Unfall gehabt, aber sie waren wohlbehalten und unversehrt. Aber im nächsten Augenblick explodierte der Wagen, und die Trümmer flogen überall umher.«

Jackie legte die Hände vor das Gesicht und sah mich dann wieder an. »Sie und ich waren in Ihrem Auto geschützt, aber diese Kids ... Sie wurden von den fliegenden Stahlfetzen in Stücke gerissen. Arme, Beine, ein ... ein Kopf flog durch die Luft.« Sie holte tief Luft. »Das Schreckliche war, wir konnten nichts tun, um sie zu retten. Absolut nichts.«

Das war tatsächlich ein seltsamer Traum. Handelten die Albträume der meisten Leute nicht davon, dass ihnen etwas drohte? Aber Jackie war in ihrem Traum völlig sicher gewesen. Natürlich, fliegende Körperteile waren etwas Furchtbares, aber sie war verstört, weil wir nichts tun konnten, um diesen armen, verstümmelten Kids zu helfen.

Ich weiß nicht, warum, aber es freute mich, dass sie »wir« gesagt hatte. Es war, als glaubte sie, ich hätte geholfen, wenn ich gekonnt hätte. In ihrem Traum hatte sie mich nicht für einen Menschen gehalten, der ein explodierendes Auto sah und nur an seine eigene Sicherheit dachte.

Es war sicher schrecklich von mir, aber ihr Traum tat mir gut.

Ich lächelte sie an. »Wie wär's, wenn wir jetzt frühstücken und dann ein paar Elektrogeräte kaufen? Kühlschrank, Waschmaschine, Trockner, Mikrowelle. Wollen Sie einen neuen Herd? Hey! Wie wär's mit Klimaanlagen?«

Schniefend sah sie mich an, als hätte ich etwas Falsches gesagt. »Klimageräte für die Fenster?«

Ich stellte mich dumm. »Na klar. Wir hängen sie unter die Fenster und streichen sie lila, damit sie farblich zum Haus passen.«

Einen Moment lang riss sie die Augen auf, als ob sie mir glaubte, aber dann entspannte sie sich. »Warum reißen wir nicht das große Buntglasfenster in der Decke über der Treppe heraus und hängen eine Klimaanlage hinein?«

»Großartige Idee«, sagte ich begeistert. »Glauben Sie, in dieser Größe kriegt man hier so was?«

»Reden Sie mit der Victorian Historical Society.« Sie lächelte. »Erzählen Sie denen, was Sie vorhaben. Die werden sich schon um Sie kümmern.« Sie zielte mit dem Zeigefinger auf mich und drückte ab wie ein fanatischer Architekturdenkmalschützer, der mich erschoss.

Wir lachten zusammen, und ich war froh, dass ich sie von ihrem bösen Traum hatte ablenken können.

»Kommen Sie«, sagte ich, »ich mache Ihnen ein Omelett.«

Das tat ich dann nicht, aber ich deckte den Tisch und schnitt nach Jackies Anweisungen ein bisschen Obst auf, während sie mir berichtete, was sie auf dem Dachboden gefunden hatte: alte Kleider und Kisten mit zerbrochenem Spielzeug, Modeschmuck aus dem fünfziger Jahren und eine Menge alte Schallplatten.

»Da sind ein paar hübsche Sachen dabei«, sagte sie, »und irgendjemand, irgendwo, würde sie sicher gern haben. Sogar die alten Zeitschriften in der Diele sind sicher für irgendjemanden interessant.«

»EBay«, sagte ich mit vollem Mund und kaute mein Omelett mit roter und grüner Paprika. Und ohne Speck. Im Supermarkt hatte Jackie so viel Wind um den hohen Fettgehalt von Speck gemacht – und dabei immer wieder Blicke auf meinen Bauch geworfen –, dass ich keinen gekauft hatte. »Hey!«, sagte ich. »Sie machen doch Fotos. Warum fotografieren Sie nicht den ganzen Kram« – ich wedelte mit der Hand – »und versteigern ihn bei eBay?«

»Bevor oder nachdem ich für Ihr Buch recherchiert habe?« Sie legte mir zwei Kartoffelpfannkuchen (gebraten in irgendeinem kalorienfreien Spray) auf den Teller. »Bevor oder nachdem ich einen Auktionator aufgetrieben habe, der die überschüssigen Möbel abgeholt hat? Bevor oder nachdem ich täglich drei Mahlzeiten für Sie gekocht habe?«

»Darauf komme ich noch zurück«, sagte ich, und ich beugte mich über den Teller und stopfte mir den Mund voll.

Nach dem Frühstück schlug ich vor, auch noch eine Geschirrspülmaschine anzuschaffen und jemanden zu engagieren, der sie anschloss.

»Gute Idee.« Jackie trocknete sich die Hände an einem Papierhandtuch ab. »Und wann fangen wir an, uns um die Teufelsgeschichte zu kümmern?«

»Darüber reden wir im Auto«, sagte ich, und wenige Minuten später waren wir unterwegs.

Ich muss sagen, das Einkaufen mit Jackie erinnerte mich an meine Kindheit. Sie hatte die gleiche Scheu vor dem Geldausgeben wie ich als Junge – oder als ich in ihrem Alter war, bevor mein erstes Buch erschienen war.

Ihr Entzücken darüber, gleich mehrere große Elektrogeräte auf einmal kaufen zu können, war ansteckend. Jetzt verstand ich, wie gut es schmutzigen alten Männern ging, wenn sie ihren jungen Geliebten säckeweise Schmuck kauften. Wir kauften Staubsauger (einen für jedes Stockwerk), massenweise Knöpfe für die Küchenschränke und genug Putzmaterial für ein ganzes Krankenhaus. Ich fing an, mich zu langweilen, bis wir in die Abteilung für Gartengeräte und Werkzeug kamen. Dort fühlte ich mich wohler.

»Ich dachte, Sie können Maschinen nicht ausstehen.« Sie lehnte an einem Regal und blätterte in einem Buch über Landschaftsgestaltung.

Ich antwortete nicht, aber ich lächelte.

»Was?!«, sagte sie.

»Das habe ich nie gesagt. Also müssen Sie meine Bücher gelesen haben.«

»Hab nie was anderes behauptet.« Sie stopfte das Buch in den ohnehin vollen Einkaufswagen. »Wer wird denn die Putz- und Gartenarbeit übernehmen? Und sehen Sie mich nicht so an. Übrigens haben Sie mir immer noch nicht gesagt, wie viel Sie mir zahlen und wie lange ich arbeiten muss.«

»Sieben Tage die Woche, vierundzwanzig Stunden täglich. Und wie hoch ist der gesetzliche Mindestlohn?«, sagte ich, um sie schnauben zu sehen.

Aber sie schnaubte nicht. Sie wandte sich ab und marschierte zum Ausgang. Sie ging so schnell, dass die großen Glastüren aufgeglitten waren, bevor ich ihren Arm zu fassen bekam. »Okay. Was verlangen Sie?«

»Von neun bis fünf. Zwanzig Dollar die Stunde.«

»Okay«, sagte ich. »Aber gelten Frühstück und Abendessen als Arbeits- oder als Freizeit?«

Sie sah mich angewidert an und zuckte dann die Achseln. »Wer weiß das schon? Ich habe von diesem Job überhaupt noch nichts begriffen.«

»Verzeihung«, sagte eine Frau mit lauter Stimme.

Jackie und ich versperrten ihr den Ausgang. Wir traten zur Seite.

»Okay«, sagte ich leise. »Wir wär's mit tausend pro Woche und flexibler Arbeitszeit? Wenn Sie frei haben wollen, bleibe ich zu Hause und kümmere mich um die Möbel.«

Dieser Scherz brachte mir ein winziges Lächeln ein, und wir kehrten zu unserem überladenen Einkaufswagen zurück.

Ich konnte mir beim besten Willen nicht erklären, wieso ich ihr streitsüchtiges Gebaren hinnahm. Bei den Frauen, die bisher für mich gearbeitet hatten, hatte ich *nichts* hingenommen. Eine Sekunde lang schlechte Laune, und sie waren draußen gewesen.

Aber jedes Mal, wenn Jackie mir den Kopf abriss, dachte ich an ihre Geschichte über den Pulitzerpreis. Sie war einsichtsvoll und kreativ gewesen. Und ich dachte daran, wie die entzückende kleine Autumn sich mitten im Zimmer hingesetzt und geweint hatte – und ich fragte mich, ob sie es getan hatte, nur damit Jackie ihr eine Geschichte erzählte. Wenn das so war, was für Geschichten mochte Jackie ihr dann sonst schon erzählt haben?

Ich sah mir Unkrautjäter an und dachte: Jackie kann die Geschichte recherchieren, und ich werde in der Zwischenzeit Jackie recherchieren.

Zu Mittag aßen wir in einem Fastfood-Lokal; Jackie nahm einen Salat und ich ein Vier-Pfund-Sandwich mit Fritten. Während der gesamten Mahlzeit sah ich ihr an, dass sie danach lechzte, mir einen Vortrag über Fett und Cholesterin zu halten.

Gegen zwei – wir waren unterwegs zu diesem Monstrum von Haus, der Wagen war bis unter das Dach vollgeladen, und die Großgeräte würden am nächsten Tag geliefert werden – konnte ich mir plötzlich nicht verkneifen, ihr zu sagen, sie müsse mehr essen. Es war, als hätte ich an der Kurbel gedreht, und der Springteufel schoss aus dem Kasten. Sie schwadronierte über Arterien und gesättigte Fettsäuren, bis ich gähnte und wünschte, ich hätte den Mund gehalten.

Aber wir beide schraken auf, als wir um eine Haarnadelkurve bogen und ein Auto vor uns sahen, das sich überschlagen hatte. Davor standen vier lachende Teenager, offenbar froh und erleichtert darüber, dass ihnen nichts passiert war.

Eine Sekunde lang blieben Jackie und ich wie erstarrt sitzen. Ihr Traum war Wirklichkeit geworden. Einen Augenblick später hatten wir unsere Türen aufgestoßen und schrien: »Weg von dem Wagen!«

Die vier Teenager drehten sich zu uns um; sie wirkten noch ein wenig benommen, nachdem sie eben aus dem Wagen gepurzelt waren, aber sie rührten sich nicht.

Jackie rannte auf die Kids zu, und ich lief ihr nach. Was zum Teufel hatte sie vor? Wollte sie etwa *mit* ihnen zerfetzt werden?

Ich glaube, ich kam überhaupt nicht auf den Gedanken, daran zu zweifeln, dass der Wagen jeden Augenblick explodieren und dass alles in seinem Umkreis zerfetzt werden würde. Als ich Jackie eingeholt hatte, umschlang ich ihre Taille und packte sie auf meine Hüfte wie einen Mehlsack. Auch in dieser Position hörte sie nicht auf, die Kids anzuschreien. Ich tat es auch nicht, aber ich würde sie nicht einen Schritt näher an das umgekippte Fahrzeug heranlassen. Auf keinen Fall!

Vielleicht lag es daran, dass ich nicht näher kam und dass ich Jackie festhielt – jedenfalls ging einem der Vier plötzlich ein Licht auf. Ein großer, gut aussehender Junge mit langem schwarzen Haar schien endlich zu kapieren, was Jackie und ich meinten, und er handelte sofort. Er packte eins der Mädchen und schleuderte es quer über die Straße. Sie rollte den steilen Hang hinunter. Der andere Junge ergriff die Hand des Mädchens neben ihm und fing sofort an zu rennen.

Wie im Film hechteten die drei Kids auf die andere Straßenseite, als der Wagen explodierte.

Ich sprang hinter einen großen Felsen, drückte Jackies schlanke Gestalt an mich und bedeckte ihren Kopf mit beiden Armen. Ich zog den Kopf ein und duckte mich unter ein paar überhängende Baumwurzeln an der Böschung.

Der Knall der Explosion war furchterregend, und bei dem grellen Licht presste ich die Augen so fest zu, dass es wehtat.

Innerhalb weniger Sekunden war es vorbei. Wir hörten stählerne Trümmer auf die Straße fallen, und dann brannte der Wagen. Ich hielt Jackie fest und wartete, bis ich sicher war, dass es wirklich vorüber war.

»Ich kriege keine Luft«, sagte sie und versuchte, den Kopf freizubekommen.

Jetzt erst begriff ich endlich, dass sie das alles gesehen hatte. Und ihr prophetischer Traum hatte soeben vier jungen Leuten das Leben gerettet.

Anscheinend wusste sie, was ich dachte, denn sie stemmte sich gegen mich und sah mich flehentlich an. »Ich wusste nicht, dass der Traum Wirklichkeit war. So etwas ist mir noch nie passiert. Ich ...«

Sie brach ab, als einer der Jungen auf uns zukam, um sich zu bedanken. Es war der Junge, der sie mit seinem schnellen Handeln alle gerettet hatte. »Woher wussten Sie das?«, fragte er.

Ich spürte, dass Jackie mich ansah. Dachte sie, ich würde sie verraten? »Ich habe einen Funken gesehen«, sagte ich. »Am Benzintank.«

»Ich bin Ihnen wirklich dankbar.« Er streckte uns die Hand entgegen und stellte sich als Nathaniel Weaver vor.

»Lassen Sie uns mit Ihrem Handy die Polizei rufen«, sagte Jackie. In ihrer Stimme lag so viel Dankbarkeit, dass ich nicht wagte, sie anzusehen, weil ich sonst rot vor Verlegenheit geworden wäre.

Es dauerte schließlich noch den ganzen restlichen Tag, bis alles geregelt war. Das Mädchen, das Nate über die Straße geworfen hatte – »wie einen Football«, sagte sie und schaute den Jungen mit einem Blick voller Heldenverehrung an –, hatte sich den Arm gebrochen. Ich fuhr sie ins Krankenhaus, und Jackie blieb bei den drei andern, bis die Polizei kam. Die Polizisten brachten sie und die Kids dann nach Hause.

Als die Eltern des Mädchens im Krankenhaus angekommen waren, fuhr ich zurück zum Unfallort und sah mich um. Der Schrottwagen war abtransportiert worden, aber am Straßenrand fand ich ein Stück Blech. Ich hob es auf und setzte mich neben den Felsen, der Jackie und mich vor den fliegenden Trümmern geschützt hatte

In den letzten zwei Jahren hatte ich Geister- und Hexengeschichten gelesen, in denen es von Wahrsagern und Hellsehern gewimmelt hatte. An diesem Morgen hatte Jackie mir einen Traum erzählt, der Wirklichkeit geworden war. Aber sie hatte gesagt, sie habe noch nie zuvor in die Zukunft blicken können.

War es meine schriftstellerische Fantasie, oder gab es einen Zusammenhang zwischen der Tatsache, dass Jackie an einen Ort zurückgekehrt war, an den sie sich zu erinnern schien, und ihrem hellsichtigen Traum?

Ein Pickup fuhr vorüber und riss mich aus meinen Gedanken. Mein Auto war immer noch beladen mit Wischmopps und Besen und einer Mikrowelle, und morgen würde ein Lastwagen mit Haushaltsgeräten kommen. Ich musste fahren.

6 – Jackie

Ich war entschlossen, die ganze Traumgeschichte zu vergessen. Ich habe nie viel für das Okkulte übrig gehabt, und schon gar nicht wollte ich etwas damit zu tun haben. Ja, ich hatte den Leuten mit meiner prachtvoll ausgeschmückten Teufelsgeschichte immer eine Heidenangst eingejagt, aber für das Okkulte hatte ich trotzdem nichts übrig. Einmal, auf einem Jahrmarkt, gingen meine Freundinnen zu einer Kartenlegerin, aber ich kam nicht mit. Ich wollte nicht meine Zukunft kennen, sondern meine Vergangenheit.

Natürlich sagte ich meinen Freundinnen nicht die Wahrheit. Ich sagte ihnen, ich glaubte nicht an Wahrsagerei und wollte deshalb mein Geld nicht verschwenden. Nur Jennifer sah mich durchdringend an und schien zu wissen, dass ich log.

Als ich heranwuchs, wurde es mir zur zweiten Natur, den Leuten so wenig wie möglich über mich selbst zu erzählen. Ich konnte mich eigentlich nur an einen einzigen Menschen erinnern, mit dem ich zusammengelebt hatte, nämlich an meinen Vater, und da er sich so große Mühe gegeben hatte, seine Geheimnisse zu bewahren, respektierte er auch die meinen. Wenn ich spät nach Hause kam, fragte er mich nie, wo ich gewesen war oder was ich getrieben hatte. Hätte er mich angeschrien, hätte ich rebellieren können wie ein normaler Teenager, aber mein Vater verstand es, mir ohne Worte zu sagen, dass ich nur ein einziges Leben hätte und dass es an mir liege, ob ich es vermasselte oder nicht.

Vermutlich war ich deshalb so »erwachsen«. Die anderen Kids in meiner Klasse wurden dauernd bestraft – weil sie zu viel Geld ausgegeben hatten, weil sie den Wagen

»ausgeborgt« hatten, weil sie so spät nach Hause gekommen waren oder irgendwelche anderen Kindereien begangen hatten. Aber ich bekam niemals Ärger. Ich gab nie zu viel Geld aus, weil ich unser Bankkonto führte, seit ich zehn Jahre alt war. Meine Kinderschrift stand auf allen Schecks, und mein Vater unterschrieb sie nur. Ich wusste immer, wie wenig wir auf der Bank hatten und wie hoch die Rechnungen waren, die wir bezahlen mussten. Ich war immer verblüfft, wenn ich meine Klassenkameraden über Geld reden hörte, als wachse es auf Bäumen. Sie hatten tatsächlich keine Ahnung, wie hoch die Wasserrechnung ihrer Familie war. Sie führten zwei Stunden lange Ferngespräche, und dann wurden sie von ihren Eltern angebrüllt und bekamen Hausarrest. Sie lachten darüber und planten schon das nächste Telefonat. Ich dachte oft, ihre Eltern sollten ihnen das Bankkonto für ein paar Monate überlassen. Dann würden sie schon sehen, was das Leben kostete.

Wie dem auch sei, vielleicht lernte ich, meinen Mund zu halten, weil meine Situation zu Hause anders war als bei allen andern. Und weil mein Vater so viel vor mir verbarg, lernte ich, wenige Fragen zu stellen und noch weniger zu beantworten.

Als ich Teenager wurde, hatte ich begriffen, dass es keinen Sinn hatte, meinen Vater nach meiner Mutter oder nach dem Grund für sein Fortgehen zu fragen. Wenn er solche Fragen beantwortete, widersprach er sich dauernd. Jahrelang lebte ich in dem romantischen Traum, er und ich gehörten zu einem Zeugenschutzprogramm der Regierung. Ich erfand eine lange, verwickelte Geschichte, in der meine Mutter von den Bösewichten umgebracht worden war; mein Vater hatte es mitangesehen, und zu unserem Schutz zogen wir jetzt von einem Staat in den anderen.

Aber nach und nach wurde mir klar, dass allein mein Vater die Wahrheit kannte und dass niemand außer uns im Spiel war. Irgendwann kam ich zu dem Schluss, dass es vermutlich besser war, wenn ich die Wahrheit über meine Mutter nicht kannte, wie auch immer sie aussehen mochte. Deshalb mied ich Hellseher, die mir vielleicht etwas über meine Vergangenheit hätten sagen können.

Aber Geheimnisse kommen immer irgendwie ans Licht, ob man will oder nicht. Als wir noch ungefähr zwanzig Meilen weit von der Kleinstadt Cole Creek entfernt waren, begann ich, die Gegend wiederzuerkennen. Zunächst sagte ich Newcombe nichts davon, aber dann fing ich an, ihn auf Dinge hinzuweisen, die mir vage bekannt vorkamen. Als ich es das erste Mal aussprach, hielt ich den Atem an. Wenn ich so etwas zu meinen Freundinnen gesagt hätte, hätten sie angefangen zu quieken und mich zu löchern. (Kirk hätte mich ignoriert, weil ihn überhaupt nichts neugierig machen konnte.)

Newcombe schien interessiert zu sein, aber er tat nicht so, als sei er Psychoanalytiker, und versuchte nicht, mehr aus mir herauszuholen. Er hörte zu und machte seine Bemerkungen, aber er benahm sich nicht wie jemand, der darauf brannte, alles über mein Leben in Erfahrung zu bringen – und gerade deshalb erzählte ich ihm am Ende mehr, als ich jemals einem Menschen erzählt hatte.

Und dabei konnte er in Sekundenschnelle zum Kern der Sache kommen! An unserem ersten Abend in dem Haus wäre ich fast in Ohnmacht gefallen, als er wissen wollte, ob ich vielleicht glaubte, meine Mutter sei noch am Leben. Denn daran hatte ich gedacht, seit ich ein paar Meilen vor der Stadt die alte Brücke gesehen hatte. Fast sah ich mich selbst als kleines Mädchen auf dieser Brücke, an der Hand einer großen, dunkelhaarigen Frau. War das meine Mutter? Mein Vater hatte mir zwei Geschichten über ihren Tod erzählt, und vielleicht waren sie beide gelogen.

Das Gute an Newcombe war, dass er nicht urteilte. Jennifer hätte erklärt, mein Vater sei ein schlechter Mensch gewesen, weil er mich entführt und von meiner Mutter weggebracht hatte. Aber Jennifers Mutter war liebevoll und gutherzig, und deshalb konnte Jennifer sich nicht vorstellen, dass nicht alle Mütter waren wie ihre.

Mit Sicherheit wusste ich nur eins: Was immer mein Vater getan hatte, er hatte gute Gründe dafür gehabt. Und er hatte es für mich getan. Er war intelligent und gebildet, und deshalb hätte er bessere Jobs finden können, statt als Schuhverkäufer in einem Discountladen zu arbeiten. Aber wie hätte er das tun sollen, wenn er keine Referenzen und Zeugnisse vorlegen konnte? Damit hätte er eine Spur aus Papier hinterlassen, mit deren Hilfe man ihn – und mich – hätte finden können.

Nach meinem Traum von den Kids und dem Auto begann ich mich zu fragen, ob mein Vater vielleicht vor etwas Bösem davongelaufen war. Und ob Cole Creek nicht vielleicht ein Ort war, an den ich lieber nicht hätte zurückkehren sollen.

Aber vierundzwanzig Stunden nach diesem Zwischenfall hatte ich mich wieder genügend beruhigt, um zu dem Schluss zu kommen, dass ich offensichtlich länger in Cole Creek gelebt hatte, als mein Vater behauptet hatte, und dass ich mich deshalb an vieles erinnerte. Und was den Traum anging – viele Leute träumten von der Zukunft, oder? Das war nichts Besonderes. Irgendwann wäre es eine tolle Partygeschichte.

Statt mir den Kopf zu zerbrechen, stürzte ich mich darauf, das wunderbare alte Haus bewohnbar zu machen. Ich weiß nicht, warum ich mir so viel Mühe gab, denn Newcombe fand das Haus abscheulich. Jeder zweite Satz aus seinem Munde war eine Klage darüber oder über das, was darin war. Er hasste die Tapeten und die Möbel und all den kleinen Nippeskram, den die Belchers in hundert Jahren zusammengetragen hatten. Sogar die Veranden fand er scheußlich! Das Einzige, was ihm wirklich gefiel, waren seine riesige Badewanne und der kleine, Feuer speiende Drache auf dem Pfosten des Treppengeländers. Ich glaube, der Drache hätte mir auch gefallen, aber die Tatsache, dass ich ihn so gut in Erinnerung hatte, bereitete mir Unbehagen.

Ich sagte es Newcombe nicht, aber ich erinnerte mich an jeden Zollbreit des Hauses. Und mehr noch – ich wusste, wie es früher ausgesehen hatte. Ich sprach nicht darüber, aber ich wusste, dass alle guten Möbel hinausgeschafft worden waren. Im Wohnzimmer waren ein paar Schränke nicht mehr da, und im »kleinen Salon« – ich wusste, dass er so geheißen hatte – fehlten etliche sehr elegante Stücke.

Newcombe hatte mir lachend berichtet, dass Mr Belcher ihm die gesamte Einrichtung für einen Dollar angeboten und dass die Maklerin diesen Dollar bezahlt hatte. Als ich gesehen hatte, was noch übrig war, hätte ich am liebsten gesagt: »Sie hätten sich noch Wechselgeld geben lassen sollen.« Aber Newcombe hatte so viel zu meckern, dass ich ein fröhliches Gesicht aufsetzte und ihm sagte, es sei alles ganz wunderbar. Außerdem spielte er an diesem ersten Tag mit ein paar ausgestopften Enten herum und drehte den Drachen an und aus, bis ich hätte schreien können, und auch deshalb sagte ich nichts von den fehlenden Möbeln. Und ich wusste, wenn ich seine Erlaubnis bekäme, ein paar Reparaturen vornehmen zu lassen, könnte ich dem Haus seine alte Schönheit wiedergeben.

Ich war immer »fleißig gewesen«, wie meine Lehrer mir in die Zeugnisse schrieben, aber ich muss sagen, dass ich nach dem Tag, als Newcombe den vier Kids das Leben rettete, in den Overdrive schaltete.

Vielleicht rührte diese Arbeitswut aus meiner abgrundtiefen Verlegenheit. Ich war verlegen wegen meiner Vision und verlegen, weil ich an diesem Morgen heulend vor meinem Arbeitgeber gesessen hatte. Aber besonders verlegen war ich wegen meiner Reaktion, als ich sah, dass mein Traum Wirklichkeit war. Als ich den Wagen und die Kids sah, konnte ich mich nicht bewegen.

Es war Newcombe, der etwas unternahm. Er sprang aus dem Wagen und fing an zu schreien. Erst da begriff ich, dass ich nicht noch einmal träumte. Dass dies die Realität war und dass die vier Kids gleich in Stücke gerissen werden würden. Einen Sekundenbruchteil nach ihm sprang ich blindlings aus dem Auto und rannte schreiend auf die Kids zu. Dem Himmel sei Dank, dass Newcombe mich festhielt, bevor ich den umgestürzten Wagen erreichen konnte.

Er war ein Held. Nur so kann ich es beschreiben. Er benahm sich heldenhaft und rettete uns alle. Und danach verriet er mich nicht. Er erzählte nicht, dass ich einen Traum gehabt und die Zukunft »gesehen« hatte.

Als er am Abend aus dem Krankenhaus zurückkam, wo er das Mädchen hingebracht hatte, stellte er mir nicht eine einzige Frage über meinen Traum. Bis an mein Grab werde ich ihm dafür dankbar sein, dass er es nicht getan hat, denn ich wäre mir unter Garantie wie eine Missgeburt vorgekommen.

Am nächsten Morgen wachte ich in aller Frühe auf und nahm mir vor, das Haus so schnell wie menschenmöglich bewohnbar zu machen. Beim Frühstück hatte ich eine kurze Diskussion mit Newcombe über Geld – bei der er mich aus unerfindlichen Gründen mit kopfschüttelndem Staunen anstarrte –, und dann machte ich mich an die Arbeit.

Die alten schwarzen Telefone im Haus waren abgeklemmt, aber ich fand ein Telefonbuch, das erst zwei Jahre alt war, und so konnte ich mit Newcombes Handy herumtelefonieren und Termine vereinbaren. Wenn ein Handwerker nicht noch in derselben Woche kommen konnte, rief ich einen anderen an. Ich wusste, dass es riskant war, Leute zu beauftragen, die ich nicht kannte, und dass ich mir wahrscheinlich ein paar Taugenichtse einhandeln würde, aber ich hatte keine Zeit, mich mit Einheimischen zu unterhalten und sie zu fragen, wer die besten Handwerker in der Umgebung waren.

Als ich das erledigt hatte, musste ich dafür sorgen, dass Newcombe mir nicht im Weg war; also gab ich ihm die Adresse eines Elektronikgeschäfts in der Nähe, und er schwirrte ab wie der Blitz. Er hatte ein bisschen nachgeforscht, und jawohl – das kleine runde silberne Ding in der Wand im kleinen Salon war der Anschluss einer Satellitenantenne (kein Kabel in dieser Stadt).

Newcombe kam erst am Abend gegen acht wieder zurück, und bei einem sehr angenehmen Essen wetteiferten wir miteinander, wer mehr zustandegebracht hatte.

Während ich veranlasst hatte, dass ein nahe gelegenes Auktionshaus mit einem Lastwagen vorbeikam und drei Ladungen hässlicher moderner Möbel abtransportierte, hatte Newcombe zwei Computer, eine Stereoanlage, einen Fernseher und ein Videogerät gekauft – und einen Pickup, um alles nach Hause zu schaffen.

Wir tranken eine Flasche Wein zusammen und lachten über das alles, während er auf einem neuen Edelstahl-Gasgrill mit Drehspieß Steaks briet. Und die ganze Zeit spielten wir unser »Wer war besser?«-Spiel. Ich persönlich finde, ich hatte gewonnen, denn ich hatte kein Geld ausgegeben, sondern würde mit dem Verkauf der Möbel welches verdienen. Und ich hatte – nur auf der Grundlage von Fotos – einen Handel mit dem Auktionator vereinbart, auf den ich ziemlich stolz war. Aber davon erzählte ich Newcombe nichts. Lieber wollte ich ihn am Freitagmorgen überraschen.

Der nächste Tag war ein einziges Chaos. Ich habe sie nicht gezählt, aber ich glaube, an diesem Tag gingen mindestens fünfzig Männer ein und aus. Ich hatte drei starke Möbelpacker, die die Einrichtungsgegenstände umräumten, die noch da waren, nachdem der Lastwagen des Auktionshauses abgefahren war, ich hatte Klempner und Schreiner, und ich hatte einen Tapezierer für Newcombes Schlafzimmer. Bei Lowe's hatte ich mir Bezeichnung und

Nummer einer schlichten Tapete notiert, blau in Blau, mit großen Vasen und Blumengirlanden. Sie wirkte maskulin und schlicht, wenn auch für meinen Geschmack ein bisschen beerdigungsmäßig, aber ich dachte mir, Newcombe würde sie gefallen. Der Tapezierer nahm Maß, besorgte die Rollen, die sie auf Lager hatten, und klebte sie auf die alte Tapete. Ich wusste, dass es nicht die ordentliche Methode war – eigentlich hätte die alte Tapete zuerst abgerissen werden müssen –, aber dies war ein Notfall. Ich musste befürchten, dass Newcombe in diesem Schlafzimmer einen Herzanfall bekam. Oder ich – von seinem dauernden Gemaule.

Während diese Arbeiten im Gange waren, ließ ich von drei Teams mit Dampfreinigern die Vorhänge, Teppiche und Polstermöbel säubern und die Schimmelflecken in der Küche beseitigen.

Newcombe schloss sich unterdessen mit seinen neuen elektronischen Geräten in der Bibliothek ein und wollte alles zusammenbauen. Zwei Mal schaute ich zu ihm hinein, und da saß er inmitten eines Kreises von Bücherstapeln und las. Er sah selig aus.

Gegen drei erschien ein außergewöhnlich gut aussehender junger Mann an der Hintertür und wollte mit mir reden, aber ich war so sehr damit beschäftigt, die Handwerker zu dirigieren, dass ich ihn zunächst gar nicht erkannte. Es war Nathaniel Weaver, der Junge aus dem verunglückten Auto.

Ich holte einen Krug Limonade und ein paar Kekse aus dem neuen Kühlschrank, und wir unterhielten uns draußen.

Er sei gekommen, um sich bei Newcombe zu bedanken, aber ich sagte, der Mann sei beschäftigt. In Wahrheit wollte ich nicht, dass die beiden über das, was passiert war, miteinander redeten, denn ich hatte Angst, dass dann meine Vorahnung zur Sprache kommen könnte.

Nate sah sich immer wieder nervös in dem unkrautüberwucherten Garten mit dem zerbrochenen Zierrat um. Ich nahm an, die Nähe eines Prominenten wie Newcombe mache ihn so unruhig, und ich wollte ihm gerade sagen, dass Newcombe auch nur ein ganz normaler, alltäglicher Mensch sei, als Nate herausplatzte: »Brauchen Sie jemanden, der das hier für Sie in Ordnung bringt?«

Ich ergriff und küsste seine Hände nicht – und ich umfasste auch nicht sein Gesicht und küsste ihn auf die wunderschönen, vollen Lippen –, aber in meiner Dankbarkeit hätte ich es am liebsten getan. Dieses einen Meter achtzig große Kind suchte einen Wochenendjob. Anscheinend glaubte er, einen knappen Hektar Gartenland vom Unkraut zu befreien sei etwas, das er könne.

Ich weiß nicht, was mich dazu brachte – ich hoffe inständig, es hatte nichts mit »hellsichtigem« Wahnsinn zu tun –, aber ich riss einen meiner lahmen Witze. Ich sagte, alles, was ich jetzt brauchte, sei jemand, der die über hundert (ich hatte angefangen, sie zu zählen, aber bei hundertfünfzig hatte ich aufgehört) Freiheitsstatuen in diesem Hause verkaufte, dann wäre ich im Nirwana.

Und dieser liebe, wunderschöne Junge erzählte mir, er lebe bei seiner Großmutter (die Eltern waren verstorben), und Granny gehe auf jeden Flohmarkt in der Umgebung und verkaufe alles Mögliche im Internet über eBay.

Da küsste ich ihn doch. Es war ein schwesterlicher Kuss – okay, auf den Mund, aber es war ein schneller, leichter Kuss der Dankbarkeit –, und nach seinem Gesichtsausdruck zu urteilen, war er vermutlich daran gewöhnt, von weiblichen Wesen aller Altersklassen geküsst zu werden. Gegen sechs hatten er und ich Newcombes neuen Pickup mit Kisten voller Kram beladen, der sich in hundert Jahren Souvenirjagd angesammelt hatte, und Nate und ich besiegelten unseren Deal per Handschlag (keine Küsserei mehr).

Aber an diesem Abend bekam ich beinahe Krach mit

Newcombe, weil ich jemandem erlaubt hatte, seinen nagelneuen 4x4 zu fahren. »Ich dachte, Sie wären Schriftsteller«, sagte ich. »Ich dachte, in allen Ihren Büchern hätten Sie etwas gegen Männer, die Trucks lieben.«

»Es geht um Kontrolle, nicht um Trucks«, sagte er, und ich tat, als wüsste ich nicht, was er meinte. Natürlich wusste ich es, aber ich wollte keinen Streit verlieren.

Männer sind so seltsame Wesen. Er hatte nichts dagegen, dass ich Tausende von Dollar von seinem Geld ausgab, um ein Haus instandzusetzen, das er verabscheute, aber wenn ich *seinen* neuen Pickup an einen Jungen verlieh, dem er das Leben gerettet hatte, wurde er wütend.

Aber ich nehme an, Männer verstehen einander, denn am Abend um halb elf brachte Nate den Pickup zurück, und die beiden verschwanden in der Bibliothek. Ich ging ins Bett, aber ungefähr vier Mal fuhr ich hoch, weil plötzlich dröhnende Musik die Wände beben ließ. Offensichtlich bauten sie die neue Stereoanlage auf.

Gegen zwei Uhr nachts hörte ich draußen ein Auto, und nach dem tuckernden Motorengeräusch zu urteilen war ich sicher, dass es Nates verrosteter alter Chevy Impala war. Kurz darauf hörte ich, wie Newcombe die knarrende Treppe heraufkam und in sein Schlafzimmer ging. Ich war schon seit Stunden im Bett, aber erst, als ich wusste, dass er ein Zimmer weiter wohlbehalten in seinem lag, erlaubte ich mir, in einen tiefen Schlaf zu versinken.

Am Donnerstagmorgen klopfte ein Junge an der Tür und reichte mir einen schweren Umschlag. Er war an Newcombe adressiert, in einer wunderschönen, altmodischen Handschrift, die aussah, als sei sie mit einem Federkiel geschrieben. Ich trug ihn in die Küche, wo er sein übliches Holzfällerfrühstück zu sich nahm und einen Stapel Betriebsanleitungen las, und reichte ihm den Umschlag. Ich tat, als achtete ich nicht weiter auf den Brief, aber in Wirklichkeit beobachtete ich ihn aufmerksam.

Er wischte sich die Hände ab, bevor er den Umschlag berührte. »Solches Papier habe ich bis jetzt nur im Museum gesehen.«

Ich hörte mit dem Tellerabspülen auf und setzte mich wieder zu ihm. Die Neugier fraß mich auf. »Sehen Sie sich die Handschrift an. Glauben Sie, Sie sind zu einem Cotillon eingeladen?«

»Hmmm.«

Er schob den Finger seitlich unter die Klappe und wollte den Umschlag aufreißen.

Solches Papier verdiente, geschlitzt, nicht gerissen zu werden. Ich gab ihm ein Messer.

Er schnitt den Umschlag auf und wollte ihn öffnen, aber dann legte er ihn auf den Tisch und griff nach seiner Gabel.

»Wollen Sie nicht sehen, wer Ihnen da was geschickt hat?«, fragte ich.

»Möglich«, sagte er und schob sich ein Stück Waffel in den Mund. »Vielleicht möchte ich Sie an dieser Information sogar teilhaben lassen – aber nur unter einer Bedingung.«

Da hätten wir's, dachte ich. Sex. Ich warf ihm einen schmutzigen Blick zu und wollte zum Spülbecken zurückkehren.

»Hören Sie auf, mich Mr Newcombe zu nennen«, sagte er. »Nennen Sie mich Ford, und wir machen das Ding zusammen auf.«

»Abgemacht«, sagte ich und setzte mich wieder an den Tisch.

Der cremefarbene Umschlag war mit hellblauem Seidenpapier gefüttert, und er enthielt eine gestochene Einladung. Gestochen, nicht thermographiert – kein imitierter Stich. Jemand hatte eins dieser winzigen Gravierwerkzeuge benutzt und in Messing geschrieben, dass am Freitagnachmittag auf dem Rasen des Town Square eine Party stattfinden werde.

»Morgen?« Ich sah ihn an. Was um alles in der Welt hatte ich anzuziehen, wenn ich die handgestochene Einladung zu einer Party befolgte? Andererseits – auf dem Umschlag stand nur Fords Name. »Hübsch.« Ich stand auf und kehrte zur Spüle zurück. »Sie müssen mir nachher alles erzählen«, sagte ich in meinem absolut besten »Ich-wollte-sowieso-nicht-mitkommen«-Ton.

Als Ford nicht antwortete, drehte ich mich um und sah, dass er mich anstarrte, als versuche er, einem Rätsel auf die Spur zu kommen. Aber er sagte nichts. Als er zu Ende gegessen hatte, stellte er seinen Teller in die Spülmaschine und ging nach oben in das Zimmer, das er als Arbeitszimmer hatte haben wollen.

Da er die Einladung auf dem Tisch hatte liegen lassen, sah ich sie mir an. »Zur alljährlichen Tea Party von Cole Creek«, stand da, und ich sah Ladys in hübschen Sommerkleidern und Bilderbuchhüten vor mir – genau das, was ich mir vorgestellt hatte, als ich den hübschen kleinen Platz mit dem Orchesterpavillon gesehen hatte.

Als ich die Einladung aufhob, fiel ein Blatt Papier heraus. Es war das gleiche schwere, cremefarbene Papier wie alles andere, und es trug die gleiche wunderschöne, ebenmäßige Handschrift wie der Umschlag. »Bitte bringen Sie Ihren Hausgast mit«, stand da.

Unterschrift: Miss Essie Lee Shaver.

Innerhalb eines Sekundenbruchteils hatte ich die Spülmaschine beladen und die Tür geschlossen, und obwohl ich überall Handwerker herumlaufen hatte, stürmte ich hinauf in mein Zimmer und schaute in meinen Schrank. Ich hatte nie viele Kleider besessen, aber solange ich mit meinen Freundinnen zusammen war, brauchte ich auch keine: Autumn liebte es, mich anzuziehen, als wäre ich eine der ungefähr fünfzig Puppen, die auf ihrem Bett saßen. Ich besaß nur ein einziges Kleid, ein altes, geblümtes Baumwollfähnchen mit einem Riss im Rock.

Ich nahm das Kleid aus dem Schrank und setzte mich auf das Bett. Ob ich den Riss reparieren konnte?

»Haben Sie mir nicht erzählt, auf dem Dachboden stehen Truhen mit alten Kleidern?«

Ich hob den Kopf und sah Newcombe – Ford – in der Tür. Ich begriff nicht gleich, wovon er redete. Als ich kapierte, ließ ich das alte Kleid auf den Boden fallen und rannte unter seinem Arm hindurch und die Treppe hinauf zum Dachboden. Er hatte Recht. In irgendeiner Truhe hatte ich alte Spitzenblusen gesehen. Ich hatte drei Truhen aufgeklappt, als Ford fragte: »Suchen Sie das hier?«

Er hielt eine exquisite Kreation aus weißem Leinen hoch. Weiße Spitzeneinsätze reichten von den Schultern bis zur Taille. Auch die langen Ärmel hatten solche Spitzeneinsätze, und der hohe, fischbeinverstärkte Stehkragen bestand ganz aus Spitze.

»Ooooh«, sagte ich und ging mit ausgestreckten Armen auf ihn zu.

»Glauben Sie, das passt?«, fragte er.

Ich hörte an seinem Ton, dass er sich über mich lustig machte, aber das war mir egal. Ich hielt die Bluse bei den Schultern. Natürlich konnte ich so etwas nicht *anziehen*, dachte ich. Es gehörte in ein Museum.

»Probieren Sie die Bluse an«, sagte er lächelnd.

Manchmal, bei schlechtem Licht, dachte ich, sah er gar nicht übel aus.

»Hier.« Er raffte zwei alte Vorhänge zusammen, hängte sie an ein paar Nägel in den Dachbalken, und ich hatte einen Wandschirm.

Ich verschwand dahinter, streifte hastig mein T-Shirt ab und zog die wunderschöne Leinenbluse an. Sie passte wie angegossen. Ich war froh, dass die ursprüngliche Besitzerin nicht die dralle Bertha gewesen war, die Autumn zu meiner Beinahe-Hochzeit aus mir hatte machen wollen.

Auf dem Rücken waren mindestens vierzig Knöpfe, und

ich konnte genug davon zumachen, um die Bluse zusammenzuhalten, aber nicht alle. Ein bisschen nervös trat ich hinter dem Vorhang hervor. »Ist es okay?«

Als Ford mich nur anstarrte, dachte ich: Wenn er jetzt einen Aufreißerspruch loslässt, kündige ich auf der Stelle.

»Wer hätte gedacht«, sagte er schließlich, »dass es auf dieser Welt zwei so dürre, flachbrüstige Mädels geben könnte?«

»Sie!«, schrie ich und sah mich nach etwas um, womit ich ihn bewerfen könnte. Ich packte ein hässliches Satinkissen mit zehn Zentimeter langen Fransen, auf dem »Atlantic Beach« stand, und warf es ihm an den Kopf.

Er duckte sich, und das Kissen prallte hinter ihm gegen die Wand und fiel mit lautem Krach zu Boden.

Ford und ich schauten einander an, riefen wie aus einem Munde: »Ein Schatz!« und stürzten uns auf das Kissen. Wie es sich für jemanden mit seiner Herkunft gehörte, hatte Ford ein Klappmesser in der Tasche, und damit schnitt er eine Naht auf. Als ein halbes Dutzend Freiheitsstatuen herauskullerte, bekamen wir einen Lachkrampf.

»Wer hat denn die versteckt, wenn unten noch ein paar hundert Stück davon sind?«, fragte ich.

»Vielleicht sind sie aus Gold.« Mit seinem Messerchen kratzte er an der Unterseite einer der Figuren die Farbe ab. Aber sie waren alle nur aus Plastik – und darüber lachten wir noch mehr.

Danach war es, als hätten wir eine Barriere der Zurückhaltung durchbrochen. Wir lebten zwar seit fast einer Woche im selben Haus, aber wir hatten wenig von einander gesehen. Ford hatte sich die meiste Zeit mit seiner Lastwagenladung Elektronik zurückgezogen, und ich hatte die Tage mit Handwerkern verbracht. Aber der Fund dieser albernen Souvenirs, die in einem Kissen versteckt waren, als wären sie eine große Kostbarkeit – oder etwas »Verbotenes«, wie Ford sagte –, entkrampfte uns beide.

Ich zog mein T-Shirt wieder an, und wir fingen an, die Truhen zu durchsuchen. Ich suchte noch etwas für meine untere Hälfte; was er suchte, weiß ich nicht. Ford sagte, ich hätte großartige Arbeit an dem Haus geleistet, und jetzt gefalle ihm sein Zimmer schon beinahe. »Beinahe«, sagte er augenzwinkernd.

Als er die Kisten mit der Modelleisenbahn aus der Zeit der Jahrhundertwende gefunden hatte, fing er an, sie gleich vor der Tür im Flur aufzubauen, während ich weitersuchte. Zu der Bluse musste ich etwas anderes anziehen als eine Jeans. Und hatte ich nicht irgendwo auch Modeschmuck gesehen?

Als ich Ford fragte, was er und Nate die halbe Nacht in der Bibliothek gemacht hätten, öffnete ich damit eine Schleuse. Anscheinend war der Junge sehr arm, sodass er nach der Schule und am Wochenende arbeiten musste. Aber der Mangel an Freizeit hatte ihm gesellschaftlich nicht geschadet, denn er war Kandidat für den Schulballkönig.

»Kein Wunder.« Ich schaute in eine Kiste mit alten Handtaschen. Bei den meisten war das Leder vertrocknet und rissig. »Der Junge ist hinreißend. Dieses Haar. Die Augen. Die Lippen. Ich sage Ihnen, er hat mich ...«

Ich verstummte.

Anscheinend hatte ich vergessen, wo ich war und dass ich mich mit meinem Boss und nicht mit meinen Freundinnen unterhielt. Ich tauchte aus der Kiste auf und sah Ford an. Er hatte seine Eisenbahnteile aus der Hand gelegt, starrte mich an und wartete, dass ich weitererzählte. Ich versteckte meinen roten Kopf wieder in der Kiste. »Und was hat Nate Ihnen sonst noch erzählt?«

»Wie dankbar er ist, weil Sie seiner Großmutter helfen wollen. Wissen Sie, Jackie, der Junge ist erst siebzehn.«

Ich warf ihm einen Blick zu, der ihm zu verstehen geben sollte, wie wahrscheinlich es war, dass ich eine Affäre mit einem Siebzehnjährigen anfing.

Mit leisem Lächeln wandte er sich wieder seiner Eisenbahn zu. »Seine Großmutter ist behindert; sie geht mit zwei Stöcken. Deshalb ist es für sie mühsam, das Haus zu verlassen. Der Junge hat es nicht gesagt, aber ich glaube, sie haben es ziemlich schwer. Und ich glaube, er macht sich Sorgen, weil er nicht weiß, was aus ihr werden soll, wenn er mit der Schule fertig ist und den ganzen Tag arbeiten muss.«

Ich zog einen kleinen weißen, perlenbestickten Beutel aus der Kiste und hielt ihn hoch. »Geht er denn nicht aufs College? Wenn er es sich nicht leisten kann, könnte er doch sicher ein Stipendium bekommen.«

Als Ford nicht antwortete, sah ich ihn an. Er machte ein Gesicht, als habe er ... ja, was? Ich war nicht sicher, aber ich glaube, er hatte Angst. Wie um alles in der Welt konnte ein Junge, der aufs College ging, eine solche Regung auslösen?

»O Gott«, sagte ich. »Er will schreiben. Der junge Nathaniel Weaver will Schriftsteller werden.«

»Genau«, sagte Ford.

Ich klappte eine neue Kiste auf. »Wissen Sie, auf dieser Einladung stand, es sei die ›alljährliche‹ Tea Party, aber weiter stand da nichts. Kann sein, dass es die erste alljährliche Tea Party ist. Sie glauben doch nicht, dass man sich das ausgedacht hat, damit eine ganze Stadt von Möchtegern-Schriftstellern Sie mit Fragen bombardieren kann, oder?«

Er war so bleich geworden, dass mich plötzlich der Teufel ritt. Ich ging auf ihn zu, rieb mir die Hände und machte Geräusche wie ein Schurke aus einem alten Tonfilm. »Und deshalb, Mr Newcombe, würde ich Ihnen gern den Plot meines Buches erzählen, damit Sie es für mich schreiben können. Das Geld werden wir uns dann teilen.«

Jetzt stand ich dicht vor ihm. Er riss beide Arme vor das Gesicht, als wollte ich ihn mit einer Axt angreifen.

»Nein! Nein!«, flehte er und kroch rückwärts über den Boden.

»Und einen Agenten.« Ich beugte mich über ihn und ließ ihn nicht entkommen. »Sie müssen mir einen Agenten besorgen, der mir einen Riesenhaufen Geld für meine Story bezahlt, sonst ...«

Er spähte zwischen seinen Armen hindurch zu mir herauf. »Sonst?«

»Sonst stelle ich Ihre Adresse ins Internet und sage allen, sie sollen Ihnen ihre Manuskripte schicken. Handgeschriebene Manuskripte, und Sie werden sie abtippen.«

»Nein, nein«, stöhnte er und tat, als wollte er im Boden versinken wie die Böse Hexe aus dem *Zauberer von Oz*, die einfach zerschmolz.

Ich beugte mich weiter herunter. »Und außerdem ...«

»Äh ... Verzeihung?« Eine Stimme kam von der Treppe. Es war einer unserer Handwerker. »Könnte einer von Ihnen sich den Ausguss in der Küche ansehen und eine Entscheidung treffen?«

Ford und ich sahen einander an wie zwei Kinder, die die Mutter zum Essen rief. Achselzuckend ging ich die Treppe hinunter. Eins hatte ich über Ford Newcombe inzwischen gelernt: Ausgüsse sah er sich *nicht* an.

7 – Ford

Kein Wunder, dass sie so dünn ist, dachte ich. Sie arbeitete wie ein Dutzend Dämonen auf Speed. Von morgens bis abends rannte sie die Treppe hinauf und hinunter, beantwortete die Fragen ungezählter Handwerker und beseitigte Katastrophen. Ein Teil meiner selbst meinte, ich sollte ihr helfen, aber der größere Teil wollte mit diesem Chaos nichts zu tun haben. Stattdessen übernahm ich die Aufgabe, dieses alte Haus an das 21. Jahrhundert anzuschließen. Ich veranlasste Jackie, ein Elektronikgeschäft in der Nähe ausfindig zu machen, und dann brachte ich einen Tag damit zu, die nötigen Geräte zu kaufen, um ein Arbeitszimmer mit Computern und Musik (die ich zur Inspiration brauchte) einzurichten. Außerdem sah ich mir ein paar Bücher in der Bibliothek an – nichts Wertvolles, keine Erstausgaben, aber ein paar ausgezeichnete Bücher über Geschichte, Flora und Fauna North Carolinas.

Aber soweit ich es feststellen konnte, gab es in der gesamten Bibliothek kein einziges Buch, in dem Cole Creek erwähnt wurde. Entweder hatte man solche Bücher absichtlich nicht angeschafft oder entfernt – oder die Stadt war zu bedeutungslos, als dass es sich für irgendjemanden gelohnt hätte, ihre Geschichte zu verzeichnen. Aber diese Theorie verwarf ich sofort. Ich hatte immer wieder festgestellt, dass die Menschen ihre Kleinstädte liebten und viel über sie schrieben.

Am Donnerstagmorgen kam eine Einladung zu einer nachmittäglichen Tea Party im Park. Wahrscheinlich hätte ich sie nicht angenommen, aber Jackie wäre fast geplatzt, weil sie so gern hingehen wollte. Also sagte ich ja.

Fünf Minuten, nachdem ich die Küche verlassen hatte, polterte sie so stürmisch die Treppe hinauf, dass sie beinahe einen Maler hinuntergeworfen hätte. Neugierig ging ich ihr nach. Sie saß auf ihrer Bettkante und hielt ein Kleid in der Hand, das in den Lumpensack gehörte. Ah, ein Kleid für die Party, dachte ich – das war ihre große Sorge. Jackie hatte mir erzählt, dass sie auf dem Dachboden alte Kleider gesehen hatte; also erwähnte ich es.

Wenn ich ihr im Weg gewesen wäre, hätte sie mich ganz sicher über den Haufen gerannt, um auf den Speicher zu kommen. Immerhin rannte sie so schnell unter meinem Arm hindurch, dass ich fast rotierte.

Wir durchsuchten ein paar Truhen, fanden etwas für sie und hatten ungefähr vierzig Minuten für uns, bis einer ihrer Handwerker kam und sie holte. Als sie weg war, blieb ich noch ein paar Minuten sitzen, und irgendwie fühlte ich mich wohl. Ich weiß nicht genau, was es mit Jackie auf sich hatte, aber in ihrer Nähe spürte ich die tiefe Trauer nicht, die mich seit Pats Tod begleitete.

Ich dachte darüber nach und kam zu dem Schluss, dass ich anfangen sollte, mit einer Frau auszugehen. Jackie sah allmählich besser aus, als mir lieb war. In dieser Spitzenbluse hatte sie ausgesehen wie eine Frau. In T-Shirt und Jeans konnte ich ihr widerstehen, aber in dieser femininen Spitze sah sie ... Na, sie sah zu gut aus, verdammt. Und da sie klargemacht hatte, dass sie sich für mich nur insofern interessierte, als ich ihre Gehaltsschecks ausstellte, ließ mein Stolz nicht zu, dass ich irgendwelche Annäherungsversuche an meine niedliche kleine Assistentin unternahm.

Am Freitagnachmittag sah das Haus gar nicht mehr so übel aus. Ich war so sehr damit beschäftigt gewesen, mein Arbeitszimmer einzurichten und die Bibliothek zu sichten, dass ich kaum darauf geachtet hatte, was Jackie tat. Vielleicht hatte sie mir erzählt, dass sie mit dem Auktionator irgendeinen Handel geschlossen hatte, aber ich hatte nicht zugehört, und als am Freitagmorgen die Lastwagen vor dem Haus hielten und ich sah, dass sie Möbel *hineintrugen*, protestierte ich. Aber anscheinend war irgendwo im Nachbar-County eine reiche alte Lady gestorben, und ihre erwachsenen Kinder hatten ihre gesamte Einrichtung verkauft. Jackie hatte das, was sie durch die Versteigerung von Belchers Sachen eingenommen hatte, für den Kauf der Möbel dieser Frau benutzt. Als sie geliefert wurden, rannte Jakkie im Kreis darum herum, als sei sie nicht bei Verstand, und dirigierte vier Männer dorthin, wo Sofas, Sessel und Tische aufzustellen waren.

Während draußen das Chaos regierte, schloss ich mich in die Bibliothek ein und frischte meine Erinnerungen daran auf, weshalb Frank Yerbys Bücher sich zu seiner Zeit so gut verkauft hatten.

Um eins klopfte sie an die Tür und brachte mir ein Tablett mit Essen, und um drei klopfte sie wieder – diesmal für die Party angezogen. Sie trug die weiße Bluse, die ich für sie gefunden hatte, und eine schwarze Hose mit weiten Beinen, wie aus einem Carole-Lombard-Film. Und sie sah gut aus.

»Ziehen Sie sich an«, befahl sie mir in dem gleichen Ton, den sie auch bei den Möbelpackern angeschlagen hatte.

Ich lachte sie aus, aber ich ging doch nach oben und zog ein frisches Hemd und eine saubere Hose an.

Wortlos gingen wir die Straße hinunter, und als wir um die Ecke des Hauses vor dem Park gebogen waren, hatten wir nur ein paar Sekunden Zeit, um die Szenerie zu betrachten, ehe die Leute sich auf uns stürzen würden. Picknicktische bogen sich unter Unmengen von Essen, und ungefähr fünfzig Leute wimmelten umher. Die Musiker im Orchesterpavillon stimmten ihre Instrumente. Kinder im Sonntagsstaat spazierten gesetzt über den Rasen und warteten auf den Moment, da sie den Adleraugen ihrer Eltern entkommen und all das tun könnten, was man ihnen verboten hatte. Alles in allem sah es nach einer angenehmen Veranstaltung aus, und Jackie und ich nahmen geradewegs Kurs auf die Picknicktische.

Ich versuchte, bei ihr zu bleiben, weil ich – kurz gesagt – eigentlich nicht gern mit Fremden zusammen bin, aber die kleine Betriebsnudel war innerhalb von Sekunden verschwunden.

Ich blieb zurück und wurde »willkommen geheißen« – das heißt, ich wurde vom Bürgermeister und von der Bibliotheksleiterin, Miss Essie Lee Shaver, in Beschlag genommen.

Der bloße Anblick dieser beiden ließ mich staunend blinzeln. Der Bürgermeister – ich weiß nicht, ob er einen Namen hatte; man nannte ihn immer nur »Bürgermeister« – trug eine grüne Jacke und eine Weste aus Goldbrokat. Er hatte einen mächtigen, rötlich-blonden Schnurrbart und eine Figur wie Humpty Dumpty. Sein Bauchumfang betrug sicher knapp anderthalb Meter, aber seine Beine waren dünn wie die eines Kranichs, und seine winzigen, glänzend schwarzen Schuhe hätten einem Dreijährigen gepasst. Außerdem hatte er eine hohe, piepsende Stimme, die ich nur mit Mühe verstand.

Ich stand da und hörte ihm zu, und ich bemühte mich, ihm in die Augen zu sehen, statt ihn dauernd von oben bis unten zu bestaunen, als Jackie mit einem vollen Teller vorbeikam und mir zuraunte: »Folge dem gelben Backsteinweg. Folge dem gelben Backsteinweg.«

Von da an konnte ich mir das Lachen kaum noch verkneifen, denn der Bürgermeister sah wirklich aus wie ein hochgewachsener Munchkin aus dem Land Oz.

Es dauerte eine ganze Weile, bis der Bürgermeister mit seiner Begrüßungsrede zu Ende kam und Miss Essie Lee übernahm. Sie war lang und dürr und noch flachbrüstiger als Jackie, und sie trug eine alte Bluse, die aussah wie Jackies. Ich wartete die ganze Zeit darauf, dass der Bürgermeister einmal Luft holte, damit ich Miss Essie Lee sagen könnte, dass mir ihre Bluse gefiel – um auf diese Weise vielleicht Vergebung für unser katastrophales Telefonat zu erlangen –, aber der Bürgermeister redete ohne Unterbrechung.

Jackie stand vor den beiden Picknicktischen, die aussahen, als seien zwei Füllhörner die ganze Nacht hindurch ausgeschüttet worden, und plauderte lachend mit einem runden Dutzend Leuten. Ich war hin und her gerissen zwischen Eifersucht und Verärgerung. Ich hatte auch etwas übrig für Essen und Lachen – wieso also rettete sie mich nicht?

Der Gedanke an das Essen lenkte mich so sehr ab, dass mir entging, was der Bürgermeister sagte.

»Sie sehen also, es war alles nur ein Irrtum«, erklärte er. »Die Kinder haben sich eine Geschichte ausgedacht, um zu erklären, was sie gefunden hatten. Und Miss Essie Lee nahm an, Sie wären jemand, der sich als der berühmte Schriftsteller ausgibt, der Sie sind, und deshalb hat sie einfach aufgelegt.«

Neben den Picknicktischen stand eine Frau. Sie sah auf eine Art, die mir gefiel, gut aus. Ein ovales Gesicht, dunkle Augen, langes, glattes, kastanienbraunes Haar, das ihr bis zur Taille reichte. Sie trug ein schwarzes T-Shirt-Kleid und kleine Sandalen. Sie hörte Jackie zu, und als sie sich umdrehte und einen Blick zu mir herüber warf, lächelte ich sie an. Sie lächelte nicht zurück, aber sie schaute auch nicht weg. Ich wollte mich eben bei Bürgermeister Munchkin entschuldigen, als Miss Essie Lee mich davonführte. Bedauernd sah ich mich noch einmal nach der dunklen Frau bei den Picknicktischen um, aber sie war verschwunden.

Seufzend wandte ich mich Miss Essie Lee zu. Wir beide waren jetzt allein, halb verborgen durch ein paar überhängende Bäume, und sie erzählte mir etwas, das ich ihrer Meinung nach anscheinend wissen sollte.

Es dauerte ein paar Augenblicke, aber dann begriff ich, dass mein schlimmster Albtraum wahr geworden war. Miss Essie Lee Shaver erzählte mir eine Geschichte, die ich schreiben sollte.

Da diese Frau die örtliche Bibliothek leitete, in der ich ein wenig recherchieren wollte, konnte ich nicht unhöflich sein und einfach weggehen. Ich musste ihr zuhören, ob ich wollte oder nicht.

Anscheinend glaubte sie, weil ich das Haus des »lieben alten Mr Belcher« gekauft hatte, sei ich versessen darauf, die große, romantische Tragödie seines einzigen Sohnes Edward zu hören. In allen Einzelheiten schilderte sie mir den heiligmäßigen Edward Belcher und berichtete, wie er mit dreiundfünfzig Jahren die wunderschöne Harriet Cole, siebenundzwanzig Jahre jünger als er, gebeten hatte, ihn zu heiraten.

Bei dem Namen Cole spitzte ich die Ohren. »Cole, wie in Cole Creek?«, fragte ich, und daraufhin erfuhr ich, die Stadt sei von sieben Familien gegründet worden, und, jawohl, Harriet Cole stamme von einem der Gründerväter ab.

Miss Essie Lee schwatzte weiter, und ein Mann spazierte vorbei, der einen Plastikbecher mit etwas Flüssigem in der Hand hielt. Ich fühlte mich versucht, ihm hundert Dollar anzubieten, wenn er mir etwas zu trinken besorgte. Aber stattdessen sah ich wieder die Bibliothekarin an.

Die furchtbare Harriet Cole, sagte sie gerade, habe mit dem »reizenden Edward« nichts zu tun haben wollen.

Ich verkniff mir die Bemerkung, dass Alter und Jugend vielleicht nicht so gut zusammenpassten, wie ich ja Tag für Tag in meinem eigenen Hause sah.

Anscheinend war die schöne und junge Ms Cole sodann mit einem gut aussehenden jungen Mann durchgebrannt, der in die Stadt gekommen war, um die örtliche Töpferei zu leiten.

Ich stand da und wartete auf den Rest der Geschichte, aber das war offenbar alles. Miss Essie Lee klappte den Mund zu und sagte nichts mehr. Ich sah sie an und dachte: Warum erzählt sie mir diese langatmige Geschichte über wahre Liebe und Leid? Das Wort »Ablenkungsmanöver« kam mir in den Sinn. Vielleicht wollte sie mich mit ihrer Geschichte von einer unerwiderten Liebe von meiner Teufelsstory abbringen.

Aber das würde nicht klappen. Meine Assistentin hatte mir eine Mordgeschichte erzählt, als sei sie dabei gewesen, und kurz nach ihrer Ankunft in dieser Stadt hatte sie die Zukunft geträumt. Nein, ich glaubte nicht, dass eine Geschichte über Liebesleid und Schmerz mich davon ablenken konnte.

Als Miss Essie Lee verstummt war, dachte ich: So, jetzt kann ich verschwinden. Ich kann essen und trinken und die Frau mit den langen Haaren suchen.

Aber ich konnte mich nicht von der Stelle rühren. Ich hatte schon gehört, dass Schriftsteller mit dem Zwang des Schreibens verflucht waren, und so, wie ich atmen musste, musste ich einfach das Ende dieser Geschichte hören. »Was ist aus ihnen geworden?«, hörte ich mich fragen.

»Sind natürlich jung gestorben«, sagte Miss Essie Lee, als sei sie enttäuscht, dass ich, ein Bestseller-Autor, eine solche Frage stellen musste. »Eine solche Liebe kann nicht lange leben.«

Es klang wie eine Selbstverständlichkeit – etwa so, wie man feststellte, dass Wasser nass ist.

Ich wollte fragen, welche Liebe sie meinte – die zwischen den beiden Durchgebrannten oder die zwischen dem alten Edward und der jungen Harriet. Aber Miss Essie Lees Gesichtsausdruck erlaubte mir keine weiteren Fragen. »Vielleicht könnte ich Sie in der Bibliothek besuchen, und dann erzählen Sie mir mehr«, sagte ich und bekam zum Lohn ein strahlendes Lächeln von ihr. Hübsche Zähne, dachte ich.

»Ja, tun Sie das.« Und unvermittelt wandte sie sich ab und ging davon.

Endlich frei! Schnurstracks ging ich zu den Tischen.

Als ich ankam, war fast alles aufgegessen, und ein paar Leute wollten sich schon verabschieden. Drei Fünfjährige hatten sich unter dem Pavillon verkrochen und wollten nicht herauskommen, ganz gleich, was ihre Eltern ihnen androhten. Jackie unterhielt sich mit zwei Frauen, aber sie entfernten sich, als sie mich kommen sahen. So war es, wenn man »berühmt« war. Entweder stürzten die Leute sich auf mich, oder sie liefen auf der Stelle weg

»Eine nette Gruppe«, sagte Jackie und hob ein Tuch von einer Bank. Darunter kam ein gut gefüllter Teller zum Vorschein. »Das habe ich für Sie aufgehoben. Was wollte die Essigmutter von Ihnen?«

Lächelnd nahm ich den Teller. »Sie wollte mich mit einer anderen Geschichte ablenken.«

»Lassen Sie mich raten. Ging's um die sieben ...«

»Gründungsfamilien«, sagte ich, um ihr zu zeigen, dass ich etwas gelernt hatte.

»Was hat sie Ihnen denn erzählt?« Jackie deutete mit dem Kopf auf Miss Essie Lee. »Es schien ihr sehr ernst zu sein.«

»Eine alte Liebesgeschichte«, sagte ich. »Ich erzähl's Ihnen später. Wer war die ...«

»Die Frau mit den langen Haaren? Die Sie wie verrückt angestarrt haben?«

»Ich habe überhaupt nicht ...«, setzte ich an, aber dann beschloss ich, nicht auf sie hereinzufallen. »Ja, genau«, sagte ich. »Verheiratet?«

»Zwei Mal.« Jackie sah mich durchdringend an, aber ich wich ihrem Blick aus. »Aber beide Male geschieden. Keine Kinder. Sie ist zweiundvierzig und arbeitet als persönliche Assistentin bei D.L. Hazel.«

Es war ihr anzuhören, dass ich diesen Namen schon gehört haben sollte, aber ich hatte den Mund voll Barbecue-

Hühnchen, und es schmeckte so gut, dass ich nicht denken konnte. Vor vielen Jahren hatte ich einmal etwas gehört, was ich nie mehr vergessen hatte: »Kein Nordstaatler hat je etwas gegessen, was er verkaufen konnte, und kein Südstaatler hat je etwas verkauft, was er essen konnte.« Das Essen auf meinem Teller war die Bestätigung, und deshalb hörte ich nicht auf zu essen, nur um mir zu überlegen, wer D.L. Hazel war

»Bildhauerin«, sagte Jackie. »Arbeiten von ihr stehen in etlichen großen Galerien der USA und in vielen Museen.«

»Wussten Sie das schon vor heute?« Ich biss in ein Maisbrot mit ganzen Maisstücken darin. Jackie lächelte. »Nein. Rebecca Cutshaw hat es mir erzählt. So heißt die Frau, wegen der Sie hyperventiliert haben.«

Ich sah Jackie an. Wollte sie mich aufziehen, oder war sie eifersüchtig? Ich konnte ihr Lächeln nicht deuten.

»Sehen Sie die blonde Frau da drüben?«, fragte Jackie.

Ich schaute hinüber und sah eine kleine, freundlich aussehende, rundliche Frau, die ernsthaft auf ein kleines Mädchen mit einem großen Lehmfleck auf dem weißen Kleid einredete. Beim Anblick der beiden musste ich lächeln. Sie waren offenbar Mutter und Tochter, aber sie hätten unterschiedlicher nicht sein können. Trotz des Kleides mit der großen blauen Schärpe war ich sicher, dass das Mädchen ein Wildfang war. Sie hatte rotes, zu kurzen Zöpfen geflochtenes Haar, Sommersprossen und Füße, die auch in den schwarzen Lackschühchen wie dazu geschaffen aussahen, auf Bäume zu klettern. Ihre Mutter dagegen schien dazu geschaffen sein, Schaumbäder zu nehmen und hilflos am Arm eines Mannes zu hängen.

»Ich mag sie«, erklärte Jackie mit Bestimmtheit. »Sie heißt Allie, und sie ist nett.« Sie sah mich an, als erwarte sie, dass ich etwas verstand.

Das Hühnerbein, in das ich beißen wollte, verharrte auf halbem Wege zu meinem Mund. »Sie *mögen* sie?«

»Könnten Sie vielleicht mal zehn Sekunden lang nicht an Sex denken? Sie ist nett, und sie hat Humor, und es ist Ihr Haus, aber hätten Sie etwas dagegen, wenn mich Freunde besuchen?«

Das alles kam in einem Atemzug über ihre Lippen.

Ich war so erleichtert, das ich das Hühnerbein mit zwei Bissen aufass. Natürlich interessierten mich die sexuellen Neigungen meiner Assistentin kein bisschen, aber ... Jackie starrte mich an. »Was?«, fragte ich.

»Es geht um Babysitting. Ich habe Allie gesagt, Tessa – so heißt ihre Tochter – kann donnerstags nachmittags zu uns ins Haus – in Ihr Haus – kommen. Ist das in Ordnung?«

»Ich denke schon«, sagte ich zögernd. Wie sollte ich mit kichernden Frauen im Wohnzimmer und krähenden Kindern im Garten arbeiten? Aber in der friedlichen Ruhe der letzten sechs Jahre hatte ich auch nicht gearbeitet; also würde der Lärm mir vielleicht helfen.

Bevor ich noch etwas sagen konnte, kam Nate auf uns zu. Er erinnerte mich an mich selbst. Auch er hatte schwere Zeiten hinter sich; seine Eltern waren gestorben, als er vier war, und danach hatte er bei einer halb verkrüppelten Großmutter leben müssen. Sein Leben lang hatte er für alles arbeiten müssen, was er besaß.

Es hatte Spaß gemacht, einen Abend lang mit ihm die elektronischen Geräte anzuschließen, und ich hatte mir vorgenommen, ihm zu helfen, so gut ich konnte. Aber Jackie hatte ihm am meisten geholfen, indem sie ihm anderthalb Tonnen Trödel geschenkt hatte.

»Granny lässt Ihnen danken«, sagte Nate. Er sah verlegen aus, aber ich schaute Jackie an. Sie hatte sich ziemlich hingerissen über diesen Jungen geäußert, und ich fragte mich, ob sie wirklich versuchen würde, ihn zu verführen. »Sie hat mich gefragt, ob sie irgendetwas tun kann, um sich zu revanchieren.«

»Wir waren doch froh, dass sie uns die Sachen abgenommen hat«, sagte ich. Jackie und ich hatten nicht darüber gesprochen, aber ich war froh, dass sie nicht gesagt hatte, Nate solle uns einen Teil des Erlöses abgeben. »Auf dem Dachboden ist noch mehr. Vielleicht könntest du nächste Woche vorbeikommen und noch eine Ladung abholen.« Ich schaute genau hin, aber ich konnte nicht erkennen, dass Jackie den Jungen mit lüsternen Blicken ansah.

»Hat Jackie es Ihnen nicht gesagt?«, fragte Nate aufgekratzt. »Ich werde den ganzen Sommer bei Ihrem Haus arbeiten. Ich bin Ihr neuer Gärtner. Oh! Da ist ...« Er brach ab, und ich sah, wohin er starrte. Das Mädchen, das ich ins Krankenhaus gebracht hatte, war gekommen. Sie hatte einen Gipsarm.

»Na los«, sagte ich, und der Junge war weg wie der Blitz. Ich sah Jackie an. »Finden Sie nicht, Sie hätten mich informieren können, wenn Sie jemanden einstellen?«

»Und Sie bei *Mandingo* stören? Außerdem habe ich ihn nur eingestellt, damit ich ihn verführen kann – das heißt, wenn ich nicht gerade mit Allie im Bett liege. Schauen Sie! Da kommt Rebecca, Ihr großer Schwarm.« Sie ging davon.

Ich würde mich von Jackies Bemerkungen nicht beirren lassen; also schlenderte ich hinüber, um mich mit Rebecca bekannt zu machen. »Hallo«, sagte ich, »ich bin ...«

»Ford Newcombe.« Aus der Nähe war sie noch hübscher. »Wir wissen alle, wer Sie sind. Unser Gast-Prominenter. Na, sagen Sie schon, Mr Newcombe, wie gefällt Ihnen unsere kleine Stadt?«

»Ehrlich gesagt, ich habe noch nicht viel davon gesehen.« Ein kleiner Wink mit dem Zaunpfahl – vielleicht würde sie mich herumführen.

Sie nahm einen Schluck von ihrem Drink, und ein Hauch von Bourbon wehte mich an. Wo mochten sie den servieren? »Wenn Sie von Ihrem Haus zu Fuß hierher gekommen sind, haben Sie die ganze Stadt gesehen.«

Ihre Stimme hatte einen verärgerten Unterton, der mich

abstieß. Aber ich lächelte weiter. »Stimmt. Aber die Umgebung habe ich noch nicht gesehen.«

Sie trank noch einen Schluck und sagte nichts. Ich versuchte es noch einmal. »Ich habe einen großen Gasgrill gekauft und brauche Hilfe, um ihn einzuweihen«, sagte ich in hoffentlich charmantem Ton. »Vielleicht könnten Sie nächsten Freitag mal zum Essen kommen.«

»Kann ich nicht.« Keine Ausrede. Kein Bedauern. Nur »Kann ich nicht«.

»Samstag?«

»Kann ich nicht«, wiederholte sie, und dann trank sie ihr Glas leer und ging einfach weg.

Ein feiner »Gast-Prominenter«, dachte ich. Bringe nicht mal ein Date zustande.

»War wohl nichts, wie?« Jackie kam hinter mir heran.

»Nein, ich ... sie ...«

»Machen Sie sich nichts draus. Allie sagt, Rebecca hat ein Problem.« Jackie machte die Bewegung des Trinkens. »Kommen Sie«, sagte sie. »Wir unterhalten uns mit Allie.«

Ich weiß nicht genau, was danach im Einzelnen passierte, aber vier Stunden später gab es eine Dinnerparty in meinem Haus. Nachdem ich bei der beschwipsten Rebecca eine Niete gezogen hatte, fingen die Leute an, mich um Autogramme zu bitten, und ich war eine Weile beschäftigt.

Aber irgendwann packte die Kapelle ihre Instrumente ein, die Party war zu Ende, und Jackie kam mich holen. Sie umschlang meinen Arm mit beiden Händen und zog mich von den Leuten weg, die sich um mich drängten.

»Wirklich!«, sagte sie. »Einen wie Sie habe ich noch nie gesehen. Warum sind sie so grob zu den Leuten, die für Sie arbeiten, und so nett zu denen, die sich aufführen, als wären Sie ihr Ticket zum Starruhm?«

»Das ist eine Frage des Geldes.« Ich war plötzlich froh, dass die Party zu Ende war. »An den Leuten, die ich bezahle, kann ich meine Frustrationen auslassen, aber zu den

Leuten, die mich bezahlen, muss ich nett sein. Wissen Sie, zu den Leuten, die meine Bücher kaufen.«

»Sie mit Ihrem Geld«, sagte sie, aber ich sah, dass sie lachte. »Ich hoffe, es ist okay, aber ich habe ein paar Leute eingeladen, und deshalb müssen wir jetzt gehen.«

Das Allerletzte, was ich wollte, war noch mehr Geselligkeit. Ich wollte zurück in meine Bibliothek und ...

»Gucken Sie mich nicht so an«, sagte Jackie. »Ich habe nur nette Leute eingeladen.«

Ich muss zugeben, das hatte sie wirklich. Allie kam mit ihrer neunjährigen Tochter, die sich als ziemlich pflegeleicht erwies. Sie verschwand in meinem überwucherten Garten, und wir sahen sie nur selten. »Wahrscheinlich erfindet sie etwas«, vermutete ihre Mutter.

Ein Ehepaar in meinem Alter kam auch, Chuck und Dee-Anne Fogle. Sie wohnten gar nicht in Cole Creek; sie waren durch die Stadt gefahren und hatten die Party gesehen. »Und sie gestürmt«, sagte Chuck. Er war Ingenieur, und deshalb interessierte er sich für das Equipment, das ich gekauft hatte. Wir stöberten eine Zeit lang im Haus herum und probierten alles aus.

Als Nate mit seiner verletzten Freundin kam, schickte Jackie sie mit meinem neuen Offroader los, damit sie Pizza holten, und sie und Allie und Dee-Anne besorgten Bier und Wein. Eine Stunde später saßen wir alle draußen und aßen und lachten – das heißt, alle außer den beiden Teenagern. Sie waren im Haus verschwunden, als es dunkel wurde. Mir war ein bisschen unwohl bei dem Gedanken an das, was sie dort vielleicht trieben, aber Jackie nicht; sie stellte sich in die Diele und schrie nach oben: »Es werden keine Kleider abgelegt, verstanden?« Nach ein paar Sekunden kam Nates Stimme von oben. »Ja, Ma'am«, rief er kleinlaut.

Es war ein schöner Abend. Als Tessa sich auf einer altmodischen Metallhängeschaukel ausstreckte und einschlief, holte Jackie eine Wolldecke, um sie zuzudecken, und die Erwachsenen lachten und plauderten weiter. »Was hat denn Miss Essie Lee Ihnen denn alles erzählt?«, fragte Allie.

Allie hatte einen schärferen Verstand, als ich auf den ersten Blick gedacht hatte. Sie hatte uns erzählt, sie sei in Cole Creek aufgewachsen und habe ihren Mann kennengelernt, als er in der Gegend für eine Mineralölfirma Bodenproben untersucht hatte. Aber als er nach Nevada versetzt worden war, hatten Allie und Tessa ihn nicht begleitet. »Warum nicht?«, hatte Jackie gefragt, aber Allie hatte nur die Achseln gezuckt und nichts weiter offenbart.

»Edward Belcher«, sagte ich. »Miss Essie Lee hat mir die Geschichte von Edward Belchers großer Liebe erzählt.«

Daraufhin schnaubte Allie so, dass ich sicher war, es steckte noch eine Geschichte dahinter.

»Jetzt sind Sie geliefert«, sagte Jackie. »Jetzt müssen sie ihm die Geschichte Wort für Wort erzählen, sonst lässt er Sie nicht nach Hause gehen.«

»Finden Sie so Ihre Ideen?«, fragte Dee-Anne. »Im wirklichen Leben?«

»Er findet sie beim Lesen«, sagte Jackie, bevor ich antworten konnte. »Wenn etwas Buchstaben hat, liest er es. Er sitzt ganze Tage in der Bibliothek und liest, und dann geht er hinauf in sein Zimmer und liest. Wenn ich ihn etwas fragen will, muss ich dafür sorgen, dass es im Umkreis von fünfzehn Metern nichts zu lesen gibt, sonst hört er kein Wort von dem, was ich sage.«

Chuck legte den Kopf in den Nacken, kniff ein Auge zu und sagte: »Mich dünkt, Sie flüchten da vor etwas.«

»Ja«, sagte Jackie. »Vor der Arbeit.«

Alle lachten, auch ich, und ich sah, dass Allie und Dee-Anne forschend von Jackie zu mir blickten. Bevor sie anfangen konnten, uns zu verkuppeln, sagte ich zu Allie: »Also, erzählen Sie uns von dem beinahe heiligen Sohn des alten Belcher.«

»Heilig – ha!« Allie nahm einen Schluck Wein. »Edward Belcher wollte Harriet Cole nur heiraten, weil die Stadt nach ihrer Familie benannt war. Anscheinend glaubte er, dass es seinen Status verbessern würde, wenn sich die Nachkommen von zwei der sieben Gründerfamilien zusammenschlossen. Er hatte ein Auge auf den Gouverneursposten geworfen.«

Ich sah die Sache mit den Augen des Schriftstellers. »Diese sieben Familien scheinen hier in Cole Creek sehr wichtig zu sein. Gibt es außer dem alten Belcher und Miss Essie Lee noch viele davon in der Stadt?«

»Ja«, sagte Allie leise. »Tessa und mich.« Sie sah mich an. »Und Rebecca gehört zu einer der alten Familien.«

»Erstaunlich, dass überhaupt noch welche von Ihnen hier sind«, sagte Dee-Anne.

Allie lächelte nicht mehr. Einen Moment lang verbarg sie ihr Gesicht hinter dem großen, bauchigen Weinglas, und als sie es hinstellte, war sie ernst. »Von jeder Familie gibt es noch einen direkten Nachkommen in Cole Creek. Mit Ausnahme der Coles. Die wichtigste Familie ist nicht mehr da.«

Ihr Ton dämpfte die fröhliche Partystimmung, und ich wollte schon fragen, was los sei, aber Jackie stieß mich unter dem Tisch an.

»Erzählen Sie uns doch von dieser großen Liebe«, sagte sie munter.

»Da gibt's nichts zu erzählen. Irgendwann in den siebziger Jahren beschloss der dicke alte Edward, den Namen seiner Familie mit dem der Coles durch die Ehe zu verbinden und die Stadt in Heritage umzubenennen. Aber Harriet lief mit einem gut aussehenden jungen Mann weg und bekam ein Kind. Ende.«

»Was ist aus ihnen geworden?« Ich beobachtete Allie aufmerksam und fragte mich, ob sie das Gleiche sagen würde, was Miss Essie Lee gesagt hatte.

»Weiß ich nicht genau.«

Sie lügt, dachte ich. Aber was gab es da zu lügen? Und warum?

»Edward ist kurz darauf gestorben, und ich glaube, Harriet auch«, sagte Allie schließlich. »Und ich glaube, Harriets gut aussehender junger Ehemann hat sie verlassen.«

»Was ist aus ihrem Kind geworden?«, fragte Jackie leise, und ich hoffte, dass nur mir der seltsame Klang ihrer Stimme auffiel.

Allie trank ihren Wein aus. »Ich habe keine Ahnung. In Cole Creek ist sie jedenfalls nicht aufgewachsen, das steht fest. Hier gibt es keine direkten Nachkommen der Coles mehr, und dafür verbürge ich mich mit meinem *Leben!*« Sie sprach mit so viel Nachdruck, dass wir andern uns ansahen, als wollten wir sagen: Was war denn das?

Wir alle außer Jackie. Sie saß sehr still da, und ich hätte wetten mögen, dass sie gerade ein bisschen Kopfrechnen betrieb. In den siebziger Jahren, hatte Allie gesagt. Harriet Cole hatte in den siebziger Jahren ein Baby bekommen, eine »sie«, und ihr junger Ehemann hatte sie verlassen.

Jackie war in den Siebzigern geboren, und ihr Vater hatte ihre Mutter verlassen. Und sie hatten in Cole Creek gewohnt, als Jackie sehr klein war.

8 – Jackie

Ich wollte es Ford nicht sagen, aber ich verspürte den heftigen Drang, zur nächsten Busstation zu rennen und Cole Creek so weit wie möglich hinter mir zu lassen. Allzu viele seltsame Dinge passierten mir, zu viele Dinge, an die ich mich zu erinnern schien.

Am Sonntag zog ich ein Kleid aus den vierziger Jahren an und ging zur Kirche. Sie lag etwa drei Meilen weit vom Haus entfernt, aber ich »kannte« eine Abkürzung durch den Wald. Als ich hinkam, sah ich die rußigen Grundmauern und den Ziegelkamin des einst so großen Gebäudes, und es machte mich traurig, dass »meine« Kirche abgebrannt war.

Als ich in Fords Haus zurückkam, fragte er, ob mir der Gottesdienst gefallen habe, aber ich brummte nur irgendetwas und ging hinauf in mein Zimmer. Ich zog mich um und kochte ein großes Abendessen, aber ich konnte nicht viel essen. Woher hatte ich den Weg durch den Wald gekannt? Wann war ich schon in dieser Stadt gewesen? O Gott, und was war hier mit mir passiert?

»Möchten Sie darüber reden, was Sie auf dem Herzen haben?«, fragte Ford.

Es war lieb von ihm, aber ich wollte ihm nichts erzählen. Was hätte ich sagen können? Dass ich ein »Gefühl« hatte? Kirk hatte mich ausgelacht, als ich ihm einmal gesagt hatte, ich hätte ein »Gefühl« bei etwas.

Am Nachmittag pusselte ich im Garten herum, während Ford sich im Fernsehen irgendeinen langen Film ansah, und ich wünschte, ich hätte Allie und Tessa eingeladen, herüberzukommen. Wenn ich meine Nase in die Angelegenheiten anderer Leute stecken konnte, beschäftigte ich mich weniger mit meinen eigenen Problemen; das hatte ich schon vor langer Zeit gelernt. Ich hätte den Nachmittag damit verbringen können, Allie auszufragen, warum sie Cole Creek nicht verlassen hatte, als ihr Mann versetzt worden war. Und auch wenn ich mir geschworen hatte, mit niemandem darüber zu sprechen, hätte ich ihr erzählen können, was Kirk mir angetan hatte. Ich war bereit, über alles zu sprechen, nur nicht darüber, wie ich mich in dieser kleinen Stadt fühlte.

Als Ford mich von hinten ansprach, machte ich einen Satz.

»Sie haben mich erschreckt«, sagte ich und rammte meinen kleinen Spaten in die Erde zwischen den Rosen.

»Warum rufen Sie nicht Ihre alten Freundinnen an?«, schlug er vor. »Ein bisschen lachen.«

»Vielleicht werde ich es tun«, sagte ich. »Nehmen Sie Ihren Fuß weg. Sie stehen auf meinem Handschuh.«

Er bewegte seinen Fuß gerade so weit, dass er nicht mehr auf meinem Handschuh stand, und schaute zwischen den Bäumen hindurch zum Himmel. »Ist hübsch hier.«

Ich unterbrach mein Unkrautausstechen und setzte mich auf den Boden. »Ja, stimmt.« Das Gebirgsklima war mir schon immer am liebsten gewesen: Die Sonne war warm, aber durch die Höhe war es im Schatten kühl.

»Was gab's heute in der Kirche?«, fragte er, sodass ich ihn ansehen musste.

Er hatte einen wirklich eindringlichen Blick, der einen durchbohren konnte. »Immer das Gleiche«, sagte ich. »Sie wissen doch, wie es im Gottesdienst zugeht. Oder etwa nicht?«

»Ich weiß genug, um zu wissen, dass kein Pfarrer die Gemeinde gleich wieder gehen lässt. Also, was ist passiert, dass Sie nicht bis zum Schluss im Gottesdienst geblieben sind?«

Ich wollte ihm eine Stegreiflüge auftischen, aber ich machte den Mund wieder zu, als ein dicker, schwerer Gegenstand durch die Bäume herangeflogen kam. Er pfiff durch die Luft, und wir gingen geduckt in Deckung.

Genauer gesagt, ich duckte mich, und Ford machte eine Art Hechtsprung von seinem Stuhl und landete auf mir. Das muss ich ihm lassen, er war ein Beschützer der Frauen.

»Sorry«, sagte er und rollte von mir herunter. »Ich hab gehört, wie ... und dann habe ich ...« Er war verlegen.

Ich rappelte mich auf und musste erst zwei Mal durchatmen. Er ist groß, und er ist schwer, aber schlimmer war, dass mein Spaten unter mir gelegen hatte. Ich betastete meine Rippen. Gebrochen war wohl nichts, aber ich würde am nächsten Morgen einen prächtigen Bluterguss haben.

Ford durchsuchte ein dorniges Gestrüpp nach dem Projektil, das da auf uns zugeflogen war. Ich verzog schmerzlich das Gesicht, weil mir meine geschundenen Rippen wehtaten, als ich aufstand, um ihm zu helfen.

Wir sahen ihn gleichzeitig: einen großen Stein, mit fünf Zentimeter breitem durchsichtigem Klebstreifen umwickelt, sodass man den Zettel darunter sehen konnte. Mit seinem Taschenmesser schnitt er den Klebstreifen ab.

Mit angehaltenem Atem betrachteten wir den Zettel. »Time Magazine«, stand darauf. »Juli 1992.«

Einen Moment lang schauten wir uns ratlos an, und was wir dachten, spiegelte sich in unseren Augen. Wer hatte diesen Stein geworfen? Warum? Hätten wir den Täter aufstöbern sollen, bevor wir uns um den Stein kümmerten? Und was hatte das Datum zu bedeuten?

»Schade, dass heute Sonntag ist«, sagte Ford. »Die Bibliothek ist geschlossen, sonst könnten wir ...«

Im selben Moment hatten wir dieselbe Idee. Als wir hier eingezogen waren, hatten Hunderte von alten Zeitschriften – *Time* eingeschlossen – auf der Treppe gelegen.

Ford sah mich entsetzt an. »Sie haben doch nicht ...?«,

flüsterte er. Ob ich womöglich alles weggeworfen hatte, wollte er wissen.

Nein. Hatte ich nicht. Ich hatte vorgehabt, sie Nates Großmutter zu geben, damit sie sie über das Internet verkaufen könnte, aber ich hatte es noch nicht getan. »Dienstbotenkammer. Dachboden«, rief ich über die Schulter, denn ich rannte bereits auf die nächste Tür ins Haus zu.

Mit seinen längeren Beinen war Ford trotz meines Vorsprungs gleichzeitig da. »Au!«, schrie ich, als er sich an mir vorbei ins Haus drängen wollte. »Meine Rippen.« Sofort hörte er auf, zu schubsen. Ich schlüpfte unter seinem Arm hindurch und war vor ihm an der Treppe, aber er nahm immer drei Stufen auf einmal.

»Hat Ihnen nie jemand beigebracht, dass man nicht mogeln darf?«, rief er herunter, als er als Erster oben angekommen war. Aber ich war trotzdem vor ihm im Zimmer, denn er war außer Atem und musste sich an die Wand lehnen. Ich stieß ihm den Finger in den Bauch, als ich an ihm vorbei in die Kammer mit den Zeitschriften rannte. Es waren so viele, und wir hatten so wenig Bewegungsspielraum, dass wir fast eine Stunde brauchten, um die vier Ausgaben von Juli 1992 zu finden. Und als wir sie gefunden hatten, waren wir schmutzig und verschwitzt. Ich wollte mich auf die Stapel setzen und die Hefte an Ort und Stelle durchblättern, aber Ford brauchte etwas Flüssiges; also gingen wir wieder hinunter, ich holte uns Limonade, und dann gingen wir nach draußen, wo es kühler war. Aber diesmal schlug ich vor, uns auf die runde Veranda vor meinem Zimmer im ersten Stock zu setzen, und Ford war sofort einverstanden. Wir hatten keine Lust, uns noch einmal von oben mit schweren Gegenständen bewerfen zu lassen.

Wir teilten uns die Zeitschriften, und ich fand den Artikel in einer von meinen. Nachdem ich ihn überflogen hatte, reichte ich Ford das Heft, denn ich traute meiner Stimme nicht genug, um ihn laut vorzulesen.

Der kurze Artikel war geschrieben, als handelte es sich um einen Scherz. »Ein geisterhafter Ruf nach Rache?«, lautete die Überschrift. Im Juli 1992 war eine Gruppe von jungen Leuten auf einer Wanderung durch die Berge in der Nähe der Kleinstadt Cole Creek, North Carolina, gewesen. Bei einer verfallenen Hütte hatten sie ihr Lager aufgeschlagen, und sie hatten den Kamin benutzt, um ihr Feuer anzuzünden.

In der Nacht hatte eine junge Camperin angefangen zu schreien. Sie berichtete, sie habe ein Stöhnen gehört, »das traurige, tiefe Stöhnen einer Frau, die große Schmerzen litt«, und es sei aus dem alten Steinfundament der Hütte gedrungen. Niemand hatte sie beruhigen können, und als die Sonne aufging, waren die Camper müde und gereizt. Damit das Mädchen endlich aufhörte zu weinen, fing ein junger Mann an, Steine beiseitezuwerfen, um ihr zu zeigen, dass da nichts war.

»Und dabei entdeckten sie ein Skelett«, las Ford und blickte zu mir auf. »Ihr langes, dunkles Haar war noch da, und Fetzen ihrer Kleidung waren auch noch erhalten.«

Ich zog die Knie an die Brust und legte mein Gesicht darauf. Wie es aussah, war meine Teufelsgeschichte – zumindest der Teil mit der zu Tode gedrückten Frau – wahr.

Und mir schwante, dass ich als kleines Kind hier in Cole Creek gewesen war, und weil meine Erinnerungen daran so lebhaft waren, hatte ich vermutlich alles mitangesehen. Darum war mein Vater so wütend geworden, als er erfuhr, dass meine Mutter mir die Geschichte erzählt – oder mich daran erinnert hatte.

»Alles okay?«, fragte Ford.

Ich schüttelte den Kopf, ohne ihn anzusehen.

Ford fragte nicht weiter. Er las den Artikel zu Ende: Die Polizei war gerufen worden, und man hatte das Skelett in ein Labor geschafft. Untersuchungen ergaben, dass die Frau wahrscheinlich 1979 gestorben war.

»›Wer also war sie?‹«, las Ford. »›Eine Wanderin, die bei einem Unwetter in dieser Hütte Zuflucht gesucht hatte und von einer einstürzenden Wand erschlagen worden war? Oder war alles viel unheimlicher? War sie ermordet worden? Was immer den Tod dieser Frau verursacht haben mochte – nach Aussage des Mädchens, das ihr Stöhnen gehört hatte, war die Frau nicht sofort gestorben, sondern hatte noch lange genug gelebt, um vor Schmerzen zu weinen.‹«

Ford legte das Heft aus der Hand, und ich spürte, dass er mich ansah. »Langes, dunkles Haar«, sagte er nach einer Weile. »Die Frau auf der Brücke.«

Ich hob den Kopf und sah ihn an. Ich hatte vergessen, dass ich ihm davon erzählt hatte – und jetzt bereute ich es. In diesem Augenblick wollte ich mich nur auf dem Schoß meines Vaters verkriechen und mich von ihm trösten lassen.

Aber mein Vater war nicht da.

»Hören Sie«, sagte Ford leise. »Das alles behagt mir nicht mehr. In dieser Stadt geschehen Dinge, die mir nicht gefallen. Ich glaube, Sie sollten fortgehen.«

Ich war seiner Meinung. Ich beschloss, aufzustehen, meine Sachen zu packen und Cole Creek augenblicklich zu verlassen.

Aber ich rührte mich nicht. Ich blieb mit hochgezogenen Knien sitzen und starrte auf den Boden der Veranda. Ich sprach es nicht aus, aber wir wussten beide, dass ich nicht gehen wollte. Es gefiel mir hier. Und außerdem wussten wir eigentlich nur, dass ich mich an Dinge erinnerte. Und dass ich die Zukunft geträumt hatte. Alles andere war Spekulation.

Nach einer Weile tat er einen tiefen, melodramatischen Seufzer. »Okay«, sagte er. »Erzählen Sie mir alles, was Sie den Leuten über Ihre Beziehung zu dieser Stadt gesagt haben.«

Szenen schwirrten mir durch den Kopf wie ein Video im schnellen Rücklauf. »Es ging um Sie«, flüsterte ich. »Die Leute wollen alles über Sie wissen. Nach mir hat kaum jemand gefragt.«

»Allie«, sagte er. »Was haben Sie ihr erzählt?«

»Dass ich Ihre Assistentin bin, und dass Sie an Geistergeschichten arbeiten.«

»An Geister- oder an Teufelsgeschichten?«

Ich sah ihn mit schmalen Augen an. »Sie haben die Bibliothekarin angerufen und nach dem Teufel gefragt, und da hat sie aufgelegt, wissen Sie noch? Ich wollte nicht, dass mir das auch passiert.«

Ford blickte eine Zeit lang starr über das Geländer. Ich störte ihn nicht; es sah aus, als sei er in Trance. In diesem Zustand hätte man meinen können, er sei im Vorstadium eines Schlaganfalls, aber ich hatte inzwischen gelernt, dass er »dachte«.

Nach einer Weile sah er mich wieder an.

»Die Kids haben sich etwas ausgedacht«, sagte er und verzog den Mund. »Ich war so genervt, weil der Bürgermeister und Miss Essie Lee mich in die Zange genommen hatten, dass ich nicht richtig zugehört habe. Der Bürgermeister sagte, die Kids hätten ...« Er stockte und riss die Augen auf. »Die Kids haben sich eine Geschichte ausgedacht, *um zu erklären, was sie gefunden hatten.* Das hat der Bürgermeister gesagt.«

Triumphierend und stolz, weil ihm das wieder eingefallen war, sah er mich an. Aber ich konnte mich immer noch nicht rühren. »Sie glauben also, die Leute hier wollen sagen, dass eine Frau, eine Touristin vielleicht, tödlich verunglückt sei, und später hätten die Kinder aus der Gegend sich um den Unfall eine Teufelsgeschichte ausgedacht?«

»Das glaube ich, ja. Es würde erklären, warum die Geschichte in keinem Buch über die regionale Folklore zu finden ist. Vielleicht konnte niemand sie verifizieren.«

Er versuchte offensichtlich, mich zu beruhigen. Vielleicht wollte er sich auch nur selbst einreden, dass es hier nie einen Mord gegeben hatte. »Das leuchtet ein«, sagte ich, und er lächelte. Was für ein Ego! Er bildete sich ein, er könnte mir etwas völlig Dämliches erzählen, und ich würde ihm glauben. »Bestimmt hat noch nie ein Mensch auch nur ein Wort geschrieben, das nicht wahr war. Und wenn ein Autor eine Hammergeschichte hörte, in der eine Stadt sich zusammenrottet und eine Frau zerquetscht, weil sie angeblich den Teufel geliebt hat, dann würde er diese Geschichte ganz sicher niemals aufschreiben, wenn er sie nicht ›verifizieren‹ könnte.«

Ford lächelte schief. »Okay, Sie haben gewonnen. Schriftsteller strapazieren ab und zu die Wahrheit. Wie auch immer – ich glaube, diese Stadt hat ein ziemlich großes Geheimnis. Und ich glaube, Miss Essie Lee wollte mich mit ihrer Geschichte über Edward und Harriet ablenken.«

»Aber wer interessiert sich für Liebe, wenn es Horror gibt, nicht wahr? Schreibt der meistverkaufte Autor der Welt Liebesromane? Oder ist er ein Horrorschriftsteller?«

Ford schwieg einen Augenblick. »Und was machen wir jetzt?«, fragte er dann leise. »Ich dachte, wir haben hier eine jahrhundertealte Teufelsgeschichte, aber jetzt handelt es sich womöglich um einen Mord, der erst fünfundzwanzig Jahre zurückliegt und über den etliche Leute in dieser Stadt Bescheid wissen. Genauer gesagt, allmählich glaube ich, hier hat vielleicht jemand – oder mehrere Leute – eine Frau ermordet, und der Mord wurde vertuscht.«

»Und die Mörder sind straflos davongekommen.« Ich umschlang meine Knie fester.

»Was bedeutet, dass der oder die Täter immer noch frei herumlaufen – und vielleicht noch einmal morden würden, um nicht entdeckt zu werden.«

Jetzt atmete ich tief durch. Ich hatte mir die Schuhe abgestreift, und so konnte ich mich auf meine nackten Zehen konzentrieren. Das war besser, als ernsthaft darüber nachzudenken, was er gerade gesagt hatte.

»Jackie«, sagte er leise, und unwillkürlich sah ich ihn an. »Bevor wir herkamen, habe ich ziemlich gründlich nach irgendeiner Erwähnung dieser Sage gesucht, und ich habe nichts gefunden. Vollständig scheint die Geschichte nur in Ihrem Kopf zu existieren. Wenn Sie die Details, die Sie darüber wissen, mit der Art und Weise kombinieren, wie Ihr Vater sich mit Ihnen abgesetzt hat ...« Er deutete auf das alte *Time*-Heft auf dem kleinen schmiedeeisernen Tisch. »Vielleicht waren Sie als Kind in dieser Stadt und haben etwas wirklich Furchtbares gesehen.«

Ich wusste nicht, was ich darauf sagen sollte. Ich versuchte, mir vorzustellen, wie ich im Bus saß und wie der Bus fuhr. Aber wohin? Alles, was ich in meinem Leben gehabt hatte, war mein Vater. Als er gestorben war, blieb ich in der Stadt, in der ich zuletzt mit ihm gewohnt hatte. Ich hatte sogar ja gesagt, als ein Mann, den ich eigentlich nicht liebte, mich hatte heiraten wollen. Ich hatte Wurzeln haben und irgendwo hingehören wollen.

Aber jetzt war ich hier in diesem Haus, das ich so gut kannte, mit diesem Mann, den ich inzwischen gern hatte, und da sollte ich fortgehen, »irgendwo anders hin«, wo ich niemanden kannte?

»Sie glauben, ich habe gesehen, wie diese Frau ermordet wurde?«, fragte ich.

»Ich würde sagen, es ist gut möglich.« Er nahm meine beiden Hände in seine, und die Berührung war tröstlich. »Mir scheint, Sie haben jetzt zwei Möglichkeiten. Sie können hier bleiben und vielleicht die Wahrheit über etwas Furchtbares herausfinden, das Ihnen passiert ist. Oder Sie ...«

»Oder ich laufe von hier weg, so schnell und so weit ich kann.« Ich versuchte zu lächeln. »Wenn ich wirklich gesehen habe, wie eine Frau ... zu Tode gequetscht worden ist, dann möchte ich mich daran nicht erinnern, glaube ich. Ich glaube, Gott hat es mich vergessen lassen, weil ich es vergessen soll.«

»Ich glaube, das ist eine kluge Entscheidung«, sagte er leise und lehnte sich zurück.

Schweigend saßen wir da und lauschten den Geräuschen des anbrechenden Abends.

Die letzte Nacht – das war das Einzige, was mir im Kopf herumging.

Die letzte Nacht.

Meine letzte Nacht mit diesem komischen, großzügigen Mann in diesem schönen, alten Haus.

9 – Ford

Okay, ich war neugierig. Berufskrankheit. Über Mord wusste ich nicht viel. Über Totschlag, ja. Ein oder zwei meiner Vettern waren mit einer Schrotflinte durchgedreht, aber da war eine Menge Alkohol und eine Menge Leidenschaft im Spiel gewesen.

Ich konnte mir nicht vorstellen, was jemanden – oder eine Gruppe von Leuten – dazu bringen konnte, Steine auf eine Frau zu häufen, bis sie tot war. Wenn das im 18. Jahrhundert passiert wäre, hätte ich es vielleicht verstanden. Ich habe einmal eine Fernsehsendung über die Hexen-Hysterie von Salem gesehen. Wissenschaftler vermuten heute, das Getreide in jener Zeit sei von einer Art Schimmelpilz befallen gewesen, der wie LSD gewirkt habe, und dieser Theorie zufolge waren die Mädchen, die den Vorwurf der Hexerei erhoben, auf einem halluzinogenen Trip.

Das war eine Erklärung für die Vergangenheit. Aber wie stand es mit einem Ereignis aus den siebziger Jahren? Wenn der Tod der Frau ein Unfall gewesen war, warum hatte man ihn dann nicht angezeigt? Vielleicht war die Frau ja allein gewesen, als eine Wand auf sie gestürzt war. Wenn das der Fall war, woher wusste Jackie dann so viel darüber? Aber Jackie hatte gesagt, sie wisse nicht, was die Wahrheit war und was sie selbst hinzugedichtet hatte.

Wie immer plagte mich die Frage nach dem Warum.

Als ich am Montagmorgen aufwachte, rechnete ich halb damit, dass Jackie nicht mehr da war. Es würde zu ihrer unabhängigen Natur passen, einen Zettel an den Kühlschrank zu kleben und einfach zu verschwinden. Eine Zeit lang lag ich da und versuchte mir auszumalen, was auf dem Zettel stehen würde. Ein paar freundliche Worte? Eine ätzende Bemerkung? Oder ein praktischer Hinweis? Sie werde mich kontaktieren und mir mitteilen, wohin ich ihren Gehaltsscheck schicken sollte?

Als der unverwechselbare Duft von Speck, der in einer Pfanne brutzelte, zu mir herauf wehte, zog ich meine Sachen von gestern so hastig an, dass ich die Schuhe noch einmal tauschen musste.

Jackie hatte mir den Rücken zugewandt, als ich in die Küche kam. Sie trug ihre gewohnten, winzigkleinen Sachen, die sich eng an die Kurven ihrer zierlichen Gestalt schmiegten, und ich war so froh, sie zu sehen, dass ich sie beinahe umarmt hätte.

Aber ich beherrschte mich und knurrte nur: »Ich dachte, Sie wollten abreisen.«

»Auch Ihnen einen guten Morgen«, antwortete sie und nahm eine große Scheibe gebratenen Speck aus der Pfanne.

»Jackie, ich dachte, wir hätten verabredet, dass Sie die Stadt verlassen.«

Sie stellte einen Teller mit Speck, Spiegeleiern und Vollkorntoast auf den Tisch. Ich nahm an, das Essen sei für mich, und setzte mich vor den Teller.

»Ich hab's mir überlegt«, sagte sie und schüttete sich etwas in eine Schale, das aussah wie Sägemehl. »Weil niemand weiß, dass ich mich an Cole Creek erinnere, kann auch niemand hier wissen, dass ich als Kind vielleicht einen Mord mitangesehen habe. Richtig?«

»Vermutlich, ja«, sagte ich mit vollem Mund. Sie hatte die Eier genau so gebraten, wie ich sie gern hatte.

»Also wird auch keiner wissen, dass ich mal hier war, wenn niemand etwas davon erzählt. Wir können recherchieren und Fragen stellen, und wenn der Mörder noch lebt, wird er ...« Sie brach ab und sah mich an.

»Wird er nur *mich* umbringen wollen, wenn *ich* zu viel herausfinde«, vollendete ich.

»Ja, wahrscheinlich.« Sie schaute in ihre Schale mit zermahlenen Zweigen. »Nicht besonders gut, die Idee, was?«

Nicht besonders, nein, dachte ich. Eigentlich eine ziemlich schlechte Idee. Aber dann meldete sich die alte Neugier wieder. Warum? Warum? Warum?

»Ihre Augen kreiseln«, stellte Jackie fest. »Glauben Sie, gleich kommt Rauch aus Ihren Ohren?«

»Nur, wenn Sie mir den Schwanz anzünden«, gab ich zurück.

Ich hatte auf den Schwanz des Teufels anspielen wollen, aber Jackie zog eine Braue hoch, als hätte ich einen Sexwitz gerissen, und zu meinem Ärger spürte ich, wie ich rot wurde. Grinsend widmete sie sich wieder ihrem Zimmermannsfrühstück.

»Also, was planen Sie?«, fragte sie, und ich merkte, dass sie über mich lachte. Warum, oh, warum bildete sich jede Generation ein, sie habe den Sex erfunden?

»Ich weiß es noch nicht.« Das war glatt gelogen. »Ich habe ein bisschen zu schreiben, und dazu werde ich zwei Tage brauchen. Wollen Sie sich nicht einfach ...« Ich wedelte mit der Hand.

»Irgendwie beschäftigen? Ihnen vom Hals bleiben? Mit den anderen Kindern spielen gehen?«

»So ungefähr.«

»Super.« Sie trug ihre leere Schale zur Spüle.

Ich merkte ihr an, dass sie etwas im Schilde führte. Aber wenn ich wollte, dass sie es mir erzählte, würde ich ihr auch sagen müssen, was ich plante.

Ich ging hinauf in mein Arbeitszimmer, um zu telefonieren. In meinem Verlag gab es eine berühmte True-Crime-Autorin. Von meiner Lektorin bekam ich ihre Telefonnummer, und wir unterhielten uns lange. Ich hatte keine Ahnung, wie man einen lange zurückliegenden Mordfall untersuchte, und sie gab mir ein paar Tipps – und einige Telefonnummern aus ihrem privaten Verzeichnis.

Ohne allzu viel zu verraten, erzählte ich ihr von dem Skelett, das man gefunden und das die Polizei weggeschafft hatte. Sie fragte mich nach den Daten und versprach, zurückzurufen. Ein paar Minuten später gab sie mir den Namen und die Nummer eines Mannes in Charlotte und sagte, er wisse etwas über den Fall.

Ich rief ihn an, stellte mich vor, versprach ihm sechs signierte Bücher (ich notierte mir die Namen für die einzelnen Widmungen), und er fing an, mir zu erzählen, was er wusste.

»Wir haben nie ermitteln können, wer sie war«, sagte er. »Nach unseren Schlussfolgerungen war sie auf einer Wanderung, und eine alte Mauer ist auf sie gestürzt.«

»Sie haben also nie herausgefunden, wer ...? Ich meine, Sie hielten es für einen Unfall?«

»Glauben Sie, sie wurde ermordet?«

»Ich weiß es nicht«, sagte ich. »Aber ich habe gehört, die Kids hier in der Gegend haben sich eine Geschichte ausgedacht ...«

»Eine Geschichte über den Teufel«, sagte der Mann. »Ja, einer der Cops hat mir davon erzählt. Jemand sagte, sie habe mit dem Teufel ›Umgang gehabt‹, und die Meute aus der Stadt hätte sie unter einem Steinhaufen begraben.«

Ich atmete ein und langsam wieder aus, damit meine Stimme nicht quiekte. Endlich hatte ich noch jemanden gefunden, der von Jackies Geschichte gehört hatte. »Das ist doch irgendwie ungewöhnlich, oder? Ich meine, eine solche Teufelsgeschichte.«

»Ach was, nein. Fast jeder alte Leichnam, den wir finden, gibt Anlass für irgendeine Story. Und in diesem Fall wurde die Tote von einem hysterischen Mädchen gefunden, das behauptete, sie habe die tote Frau weinen gehört.«

»Sie haben ein unglaubliches Gedächtnis«, sagte ich.

»Nein. Bess hat mich angerufen, und ich habe die Akte herausgeholt. Eine hübsche Frau.«

»Bess?« Meinte er die True-Crime-Autorin? Ich hatte Fotos von ihr gesehen, und »hübsch« war nicht das Wort, das mir in den Sinn gekommen wäre.

»Nein.« Der Mann gluckste. »Ich meine die Frau, die unter den Steinen begraben war. Wir haben ihr Gesicht aus Ton rekonstruieren lassen.«

Meine Augen fingen an zu kreiseln, wie Jackie es genannt hatte. »Wenn ich Ihnen meine FedEx-Nummer gebe, könnten Sie mir dann alles schicken, was Sie haben?«

»Warum nicht? Wir haben Bilder von ihrem Gesicht in der ganzen Stadt verteilt – wie heißt der Ort noch?«

»Cole Creek.«

»Ja, genau.«

Ich hörte im Hintergrund jemanden sprechen, und der Mann antwortete etwas. Dann wandte er sich wieder dem Telefonat zu und sagte: »Hören Sie, ich muss Schluss machen. Ich schicke Ihnen die Unterlagen so bald wie möglich.«

Ich nannte ihm meine FedEx-Nummer, und dann legte ich auf, lehnte mich zurück und schaute zur Decke. Warum tat ich das alles? Ich war doch kein Detektiv. Ich hatte kein Verlangen danach, in einer dunklen und stürmischen Nacht einem Mörder zu begegnen.

Ich wollte nur ...

Und da lag das Problem, dachte ich. Ich hatte kein Ziel im Leben. Ich hatte genug Geld, um bis ans Ende meiner Tage sorgenfrei zu leben, aber der Mensch brauchte mehr als das.

Ich schloss die Augen und dachte an die ersten Jahre mit Pat, die so wunderbar gewesen waren. Nichts auf Erden war so aufregend und beglückend gewesen wie das Erscheinen meines ersten Buches. Es hatte mir eine Befriedigung gegeben, die tief in die Seele hineinreichte.

Ich weiß noch, dass ich damals dachte: Jemand will lesen, was *ich* geschrieben habe. Diesen Gedanken hatte ich erst bewältigen können, als ich mir sagte, dass die Leute etwas über Pats Mutter lesen wollten, nicht über mich. Irgendwann im Laufe der Zeit war mir klar geworden, dass ich *mich* verkaufte, und es war ein gutes Gefühl, begehrt zu sein. Aber das alles hatte ich verloren, ich hatte meine treibende Kraft verloren, schon bevor Pat gestorben war, und nichts war seitdem wieder so gut gewesen.

Bis jetzt. Jetzt spürte ich plötzlich jeden Tag, wie ein kleines Stück meiner selbst zurückkehrte. Ich spürte, wie der alte Ford zurückkam, der für eine Sache bis aufs Messer zu kämpfen bereit war. Als Junge war ich entschlossen gewesen, nicht wie meine Verwandten zu werden, und so hatte ich wie ein Terrier dafür gekämpft, zum College zu gehen. Meine rückständigen, sturköpfigen Verwandten hatten nichts sagen oder tun können, was mich von diesem Ziel abgebracht hätte.

Aber seit Pat tot war, hatte ich nichts mehr getan. Ich hatte nicht mehr das Bedürfnis gehabt, zu schreiben oder überhaupt irgendetwas zu tun. Schon vor ihrem Tod hatte ich jedes Ziel erreicht, das ich mir gesetzt hatte, und dazu noch ein paar mehr.

Aber jetzt ... Jetzt änderte sich das alles. Lag es an Jackie? War sie es, die mich wieder zum Leben erweckte? Nur indirekt, dachte ich. Es war das Ganze: das Haus, die Stadt, die ... Die Geschichte, dachte ich. Die Antwort auf das zeitlose »Warum?«.

Jeder Schritt, mit dem ich tiefer in dieses Geheimnis eindrang, schien zu beweisen, dass Jackies ursprüngliche Geschichte wahr war. Aber die beste Neuigkeit hatte ich heute gehört. Vielleicht hatten irgendwelche Jugendlichen eine Horrorstory über den Tod einer Frau erfunden. Wenn Jackie als Kind in Cole Creek gelebt hatte, dann hatte sie diese Geschichte vielleicht von einem sadistischen Halbwüchsigen gehört, dem es Spaß machte, ein kleines Mädchen zu erschrecken.

Aber vielleicht hatten diese Kids auch nur erzählt, was sie wussten. Der Leichnam war erst 1992 gefunden worden – hatte die Teufelsgeschichte erst dort ihren Ursprung? Dann wäre Jackie doch alt genug gewesen, um sich daran zu erinnern, ob sie sie nur gehört hatte oder ob sie …

Ich legte die Hände vors Gesicht. Allmählich wuchs mir das alles über den Kopf. Außerdem knurrte mir der Magen. Also ging ich zur Treppe. Vielleicht war noch Speck da? Apropos – wieso war Jackie eigentlich von ihrem beinharten »Kein Speck!« abgerückt und hatte mir eine dicke Scheibe gebraten? Wollte sie, dass ich einen Herzinfarkt bekam? Was für ein Motiv könnte sie haben? Hmmm. Steckte vielleicht eine Story darin?

Ich war gerade zwei Stufen hinuntergegangen, als Jackie mir mit Volldampf entgegengestürmt kam. Zwei Stockwerke – und soweit ich sehen konnte, war sie kein bisschen außer Atem.

»Sie werden nie glauben, was wir im Garten gefunden haben«, verkündete sie, und ihre Augen waren so groß, dass sie fast das ganze Gesicht ausfüllten.

»Eine Leiche«, sagte ich.

»Waren Sie schon mal in Therapie?«

»In Anbetracht der letzten paar Tage …«, begann ich und wollte mich verteidigen, aber Jackie hörte überhaupt nicht zu.

Sie machte kehrt und rannte wieder hinunter.

Ich folgte ihr, und als ich sie unten an der Hintertür eingeholt hatte, pochte mir das Herz bis zum Hals. Sie sagte nichts, aber ich sah, dass sie meinen atemlosen Zustand zur Kenntnis nahm. Vielleicht sollte ich den Speck wirklich mal für eine Weile weglassen.

»Kommen Sie«, sagte sie strahlend vor Aufregung.

Ich weiß nicht genau, was ich erwartete – aber nicht das, was sie mir zeigte. Es war ein altes Gartenhaus, verborgen hinter einem Gestrüpp aus ungeschnittenen Weinranken und jungen Bäumen. Ich sah nur eine doppelte Glastür, abblätternde weiße Farbe und zerbrochene Fensterscheiben.

Nate stand da, mit nacktem Oberkörper und verschwitzt; er sah aus wie ein Model aus einer Calvin-Klein-Anzeige, und ich konnte plötzlich an nichts anderes mehr denken als daran, dass er und Jackie den ganzen Vormittag hier draußen allein gewesen waren.

»Ist das nicht wundervoll?«, fragte Jackie. »Tessa hat es gefunden. Erinnern Sie sich, wie sie am Freitagabend verschwand und Allie sagte, wahrscheinlich erfindet sie etwas?«

Ich konnte mich beim besten Willen nicht darauf besinnen, wer Tessa war.

»Allies Tochter.« Jackie runzelte die Stirn. »Wissen Sie noch?«

Ich sah das alte Haus und dann wieder Jackie an, und ich wusste, sie wollte etwas. Ohne Grund konnte niemand auf der Welt wegen eines aufrecht stehenden Haufens Termiten so sehr aus dem Häuschen geraten. »Also schön«, sagte ich. »Was wird es mich kosten?«

Nate gab ein Geräusch von sich, das klang, als ob er lachte, und erklärte dann, er werde jetzt wohl mal ein Weilchen im Vorgarten arbeiten. Als er weg sah, sah ich Jackie an. »Worum geht es hier eigentlich?«

»Ein ... ein Sommerhaus«, sagte sie. »Sie könnten hier draußen schreiben.«

Sie wusste genau, dass ich gern im oberen Stockwerk saß und auf die Berge hinausschaute. Also sparte ich mir die Mühe einer Antwort auf diesen Vorschlag.

Sie wartete kurz; dann seufzte sie und zog die Tür auf. Ich sah überrascht, dass die Angeln hielten. Ich folgte ihr ins Haus. Es hatte zwei Zimmer; wahrscheinlich war es als Gartenhaus mit Abstellkammer gedacht gewesen. Der eine Raum war ziemlich groß und hatte auf zwei Seiten Fenster, die vom Boden bis zur Decke reichten. Eine breite Tür in der dritten Wand führte in die ebenfalls ziemlich geräumige Abstellkammer. Meine erste Reaktion war Empörung über den Zustand eines Anwesens, auf dem ein Gebäude dieser Größe unbemerkt bleiben konnte.

Jackie schwatzte wie ein Wasserfall. Sie deutete auf das große verzinkte Waschbecken in einer Ecke des zweiten Raums und redete über das Licht, das durch die zerbrochenen Fenster im ersten fiel.

Mein Magen knurrte laut. Es war kurz vor zwei, und ich hatte Hunger, aber ich würde mir anhören müssen, wie sie eine Pointe aufbaute, die sicher noch geraume Zeit auf sich würde warten lassen.

»Sie haben Hunger!«, sagte Jackie in liebevollem und fürsorglichem Ton. »Kommen Sie, ich mache Ihnen etwas zu essen.«

Fünfzigtausend, dachte ich. So viel würde mich diese große Sorge um das Wohlergehen meines Magens kosten. Ich lebte zwar in dem Wahn, dass diese junge Frau meine Angestellte sei und deshalb zu tun habe, was ich wollte, aber das war nicht weiter wichtig. Ich war verheiratet gewesen, und ich wusste, was diese honigsüße Tonlage zu bedeuten hatte. Jackie wollte etwas Großes von mir.

Wortlos folgte ich ihr in die Küche. Und schweigend saß ich da und sah zu, wie sie mir eilig ein Sandwich machte, um das Dankwart mich beneidet hätte, und eine Tasse Suppe dazustellte. Es war eine teure Suppe; das Etikett auf der Dose sollte den Eindruck erwecken, sie komme aus Tante Rhodas Küche, aber sie war trotzdem nicht hausgemacht.

Der Himmel sei mir gnädig, aber ich fing an, Jackie von der wunderbaren Bohnensuppe zu erzählen, die Pat immer selbst gemacht hatte. In Wahrheit hatte Pat herausgefunden, sie konnte vier verschiedene Dosensuppen in einen Topf schütten, und was am Ende dabei herauskam, schmeckte ziemlich gut. Pats Mutter war eine Köchin gewesen, aber Pat nicht.

Es war interessant, zu sehen, wie Jackies Unterkiefer herunterklappte, als ich etwas von »hausgemachter Suppe« sagte. Sie blieb mitten in der Küche stehen und riss entsetzt die Augen auf.

Ich hatte Mühe, nicht zu lachen, aber ich hätte darauf gewettet, dass ich morgen eine hausgemachte Suppe bekommen würde. Was immer Jackie mit dem alten Schuppen vorhatte, war ihr offensichtlich sehr wichtig.

Während des ganzen Essens schwatzte Jackie drauflos, sichtlich bemüht, mich zu amüsieren. Eine Geisha konnte nicht so charmant sein wie sie.

Ich aß schweigend und wartete darauf, dass sie ihre Bombe platzen ließ.

Um vier hatte sie mich in den kleinen Salon manövriert, und ich wurde allmählich schläfrig. Ich hatte jetzt so viel Charme genossen, wie ich ertragen konnte. Alles in allem war mir die scharfzüngige Jackie lieber.

Nach und nach drang das Wort »Geschäft« zu mir durch, und ich begriff, dass sie endlich zum Kern der Sache kam. Weil ich gedöst hatte, war mir ein großer Teil dessen, was sie gesagt hatte, entgangen, aber anscheinend wollte sie meine Unterstützung für irgendein geschäftliches Unternehmen.

Hier. In Cole Creek.

Ich klapperte ein paar Mal mit den Lidern, um die Schläfrigkeit zu vertreiben. »Gestern haben wir noch davon gesprochen, dass Sie so schnell wie möglich aus Cole Creek verschwinden, weil Sie vielleicht Zeugin eines Mordes waren, und heute wollen Sie hier ein Geschäft eröffnen?«

»Ja. Na ja. Ich ...« Hilflos hob sie die Hände und sah mich flehentlich an. »Könnten Sie nicht über was anderes schreiben?«

»Jetzt ist es also *meine* Schuld«, sagte ich. »Sind Sie schon mal auf den Gedanken gekommen, dass es keinen Grund für mich gibt, mich in dieser Totenstadt aufzuhalten, wenn ich über etwas anderes als diese blöde Teufelsgeschichte schreibe?«

»Oh«, sagte sie und senkte den Blick, aber dann schaute sie strahlend wieder zu mir auf. »Aber Sie werden dieses Haus niemals verkaufen können. Da kann ich vielleicht hier bleiben und darauf aufpassen.«

»Und Ihr Geschäft betreiben«, sagte ich.

Jackie strahlte mich an, als hätte ich einen Preis gewonnen.

Ich beugte mich zu ihr hinüber. »Haben Sie mir bei Ihrem endlosen Süßholzraspeln eigentlich erzählt, *was* für ein Geschäft Sie eröffnen möchten?«

Sie öffnete den Mund, als wollte sie entgegnen, sie habe nicht Süßholz geraspelt, aber dann sprang sie auf, flankte über ein Sofa, und ich hörte, wie sie die Treppe hinauf polterte. Ich lehnte mich in meinem Sessel zurück. Ein hübscher Sessel. Eigentlich gefielen mir alle Möbel, die Jackie angeschafft hatte. Ich schloss die Augen. Ein Nickerchen würde mir vielleicht guttun. Mir beim Nachdenken helfen.

Aber nach drei Minuten war Jackie wieder da und warf mir zwei Bücher auf den Schoß. Das obere war ein großformatiges farbiges Paperback über Kinderfotografie, und sie schlug die hinteren Seiten auf. Ich sah ein paar wirklich vorzügliche Schwarzweißfotos von Kindern. Der Fotograf war ein Mann namens Charles Edward Georges.

Jackie setzte sich auf das Sofa zu meinen Füßen. »Alles mit natürlichem Licht aufgenommen«, sagte sie leise.

Man brauchte kein Genie zu sein, um zwei und zwei zusammenzuzählen. Das Buch enthielt sechs doppelseitige Fotos dieses Mannes, und im Hintergrund sah man Fenstersimse, von denen die Farbe abblätterte.

Ich blätterte in dem Buch. Wundervolle Kinderfotos. Schwarzweiß. Sepia. Farbe. Studioporträts, Schnappschüsse. Mehrere davon waren in einem üppigen Garten gemacht worden. In einem Garten wie dem, der mein Haus umgab.

Ich legte das Buch beiseite und nahm das zweite in die Hand. Es war ein kleines Paperback aus dem Verlag der University of North Carolina, und es handelte von Orchideen in den südlichen Appalachen.

Ich sah Jackie an. »Hobby«, sagte sie, und das sollte heißen, die Porträts seien ein Broterwerb, die Blumenfotos ein Hobby.

Ich legte die Bücher weg und lehnte mich im Sessel zurück. »Erzählen Sie mir alles.«

Ich musste ein paar Mal nachfragen, aber schließlich bekam ich heraus, weshalb sie ihre Hochzeit abgesagt hatte und warum sie so wütend auf ihren früheren Verlobten gewesen war. Anscheinend hatte dieses Arschloch sie um ihre Lebensersparnisse gebracht – Geld, mit dem sie ein kleines Fotoatelier hatte eröffnen wollen.

Ich wies sie darauf hin, dass sie ihn verklagen könne, aber sie sagte, der Vater ihres ehemaligen Verlobten sei Richter, und sein Cousin sei Chef der Bank. Ich war nicht in den Kreisen von Richtern und Chefs von irgendetwas aufgewachsen, aber wie das System der »Alten Kameraden« funktionierte, das wusste ich.

Während ich ihr zuhörte, überlegte ich, ob ich einen Anwalt anrufen sollte, den ich kannte, um zu sehen, was sich da machen ließe, aber dann sagte Jackie etwas, was meine Aufmerksamkeit erregte.

»Was?«, fragte ich.

»Es war der Name Harriet, bei dem es geklickt hat«, sagte sie. »Und die Daten natürlich.«

»Was hat geklickt?«

Ich sah, dass ihr eine bissige Bemerkung über meine Unaufmerksamkeit auf der Zunge lag, aber da sie dabei war, mich um eine Investition in ihr Geschäft anzugehen, hielt sie sich zurück. Junge! Zu gern hätte ich ausprobiert, wie viel sie sich bieten lassen würde, ohne ihre zuckersüße Maske fallen zu lassen.

»Harriet Cole«, sagte sie übertrieben geduldig. »Es war der Name, der mich darauf gebracht hat. Wissen Sie, mein Vater hatte ... na ja, eine Art Fetischbeziehung zu Harriet Lane. Sie war ...«

»Die Nichte des Präsidenten James Buchanan«, vollendete ich. »Mit einem prachtvollen ...« Ich hielt beide Hände vor meine Brust.

Mit großer Genugtuung sah ich, dass Jackie überrascht die Augen aufriss. Wie viele Leute hatten solche obskuren Kenntnisse? »Genau«, sagte sie langsam und sah mich aus dem Augenwinkel an. »Jedenfalls bekam ich einen Schrecken, denn als ich den Namen Harriet hörte, brachte ich ihn mit meinem Vater in Verbindung und dachte, sie war vielleicht meine Mutter.«

Sie hatte es mir nicht erzählt, aber ich hatte am Abend der Party so etwas Ähnliches schon vermutet. Ich konnte mir nicht vorstellen, wie es wäre, nichts über die eigenen Eltern zu wissen. Ich hatte meinen Vater nie kennengelernt, aber ich wusste, wo er war. Verdammt, ich kannte sogar die Nummer auf seinem Hemd.

»Und jetzt haben Sie entschieden, dass Sie hier in Sicherheit sind«, sagte ich. »Dass Sie nichts gesehen haben und dass Sie keinerlei Verbindung zu irgendjemandem in dieser Stadt haben. Und das alles nur, weil Sie unter einer halben Tonne ausgewucherter Weinranken eine halb verfallene alte Hütte gefunden haben.«

Sie lächelte. »Mehr oder weniger, ja.«

Sie brauchte es nicht zu wissen, aber der Mann in mir sprang auf und ab und schrie: »Halleluja!« Ich weiß nicht, was diese ausgestorbene Kleinstadt an sich hatte, aber allmählich gefiel es mir hier.

»Okay«, sagte ich. Es dauerte einen Moment, bis sie begriff, dass ich mit ihrem Projekt einverstanden war.

Sie sprang auf, fiel mir um den Hals und fing an, mir das Gesicht abzuküssen, als wäre ich ihr Vater.

Vielleicht hegte sie töchterliche Gefühle für mich, aber meine Gefühle für sie waren alles andere als väterlich. Um mich nicht lächerlich zu machen, indem ich es ihr zeigte, hielt ich die Arme starr an der Seite und die Lippen fest geschlossen – und wandte den Kopf ab, wenn sie ihnen zu nahe kam.

Nach diesem Anfall von kindlichem Überschwang wich sie zurück, hielt aber weiter meinen Nacken umschlungen. »Tut mir leid wegen Rebecca«, sagte sie leise.

Ein Teil meiner selbst wollte, dass sie sich weit von mir entfernte, und ein anderer Teil wollte sie noch sehr viel näher haben. Wenn sie sich nicht bald zurückzog, würde der zweite Teil gewinnen.

»Und auch wegen Ihrer Frau«, fügte sie hinzu.

Das wirkte. Ich legte die Hände auf ihre Schultern und schob sie von mir. »Bringen Sie den alten Schuppen in Ordnung«, sagte ich, »und geben Sie mir die Rechnung.«

10 – Jackie

Er war wunderbar, als ich ihm erzählte, was ich mit dem alten Gebäude vorhatte. Natürlich war es ein Stück harte Arbeit, ihm meine Idee schmackhaft zu machen, aber es lohnte sich.

Ich glaube, ich habe mein ganzes Leben lang ein Faible für Kameras gehabt. Mein Vater hat einmal gesagt, ich hätte schon mit drei Jahren fotografiert. Ich hatte ein paar Fotografiekurse belegt, aber weil wir so oft umzogen, hatte ich sie nie zu Ende gebracht. Und ich hatte nie so viele Bilder machen können, wie ich wollte, weil die Filme und das Entwickeln so teuer waren. Im Laufe der Jahre hatte ich immer wieder daran gedacht, einen Job in einem Fotoatelier anzunehmen, aber das hatte meine Eitelkeit nicht zugelassen. Ich befürchtete, wenn ich das Fotografieren von jemandem erlernte, der es kommerziell betrieb, würde ich niemals meinen eigenen Stil entwickeln.

Außerdem waren die einzigen Fotoateliers in den letzten drei Städten, in denen mein Dad und ich gewohnt hatten, in der örtlichen Shopping Mall gewesen.

Ich hatte vorgehabt, mich von Kirk ernähren zu lassen und mit meinen Ersparnissen und meinem Erbe ein kleines Fotostudio einzurichten. Als ich Ford von Kirk erzählte, war er höchst interessiert! Er stellte mir ungefähr fünfzig Fragen: wer, wo, wie viel. Ich sagte ihm, ich wollte nie wieder etwas mit Kirk zu tun haben, aber Ford fragte immer weiter, und weil ich ihn ja dazu bringen wollte, mein neues Geschäft zu finanzieren, konnte ich ihn nicht gut anfauchen, er solle sich um seinen eigenen Kram kümmern.

Am Ende ließ er sich überreden und versprach, die Kosten für die Herrichtung des Gartenhauses zu übernehmen, damit ich es benutzen könnte. Ich erwähnte nichts davon, dass ich natürlich auch eine kleine Toilette würde anbauen lassen müssen. Wenn Kinder aufs Klo müssen, müssen sie aufs Klo, also musste eins in der Nähe sein. Einen Wasseranschluss gab es, aber das Gartenhaus musste an die städtische Kanalisation angeschlossen werden, und das würde eine Stange Geld kosten.

Ich erwähnte auch nichts davon, dass ich Geld für die Ausrüstung brauchte. Ich hatte meine Kamera und ein wunderbares Objektiv, aber ich brauchte auch Lampen und Softboxen, Reflektoren, Stative, Blitzlichter, ein paar Hintergründe und – na ja, eine Dunkelkammer mit dem nötigen Material, denn ich hatte in Cole Creek und Umgebung – ha ha! – noch kein erstklassiges Fotolabor gesehen. Und ein oder zwei Objektive brauchte ich auch noch. Oder drei.

Während unseres langen Gesprächs über mein neues Geschäft fragte er mich, warum ich es mir anders überlegt hätte und Cole Creek nun doch nicht so schnell wie möglich verlassen wollte. Ich glaube, ich habe ganz gut gelogen. Eigentlich habe ich nur ein paar Dinge weggelassen. Es war die Wahrheit, als ich ihm sagte, der Name Harriet habe einen großen Gong in meinem Kopf angeschlagen – und ich war völlig von den Socken, als er wusste, wer Harriet Lane war.

Im Laufe der Nacht war ich zu dem Schluss gekommen, dass meine hyperaktive Fantasie mich hatte glauben lassen, dass ich über das, was sich in Cole Creek zugetragen oder nicht zugetragen hatte, mehr wisse, als ich tatsächlich wusste. Beim Abendessen – Kerzen, Seafood, Schokoladenkuchen – war ich ruhiger, weil Ford eingewilligt hatte, das Gartenhaus renovieren zu lassen, und so unterhielten wir uns ausführlich über das, was wir wussten und was wir herausgefunden hatten. Es war seit Tagen unser erstes vertrauliches Gespräch.

Ich erzählte ihm von meinen verschiedenen Déjà-vu-Erlebnissen in Cole Creek und in diesem Haus.

»Aber Sie wussten nichts von dem Gartenhaus da draußen«, sagte er.

»Vielleicht doch.« Ich war geradewegs darauf zugegangen, als ich an jenem Morgen angefangen hatte, im Garten zu arbeiten.

Wie immer zeigte er sich als aufmerksamer Zuhörer. Ich erzählte ihm, ich erinnerte mich an so viele Dinge in diesem Haus, dass ich sogar wisse, wo das versteckte Zimmer sei – und bis zu diesem Augenblick hatte ich noch nie daran gedacht, dass es überhaupt ein verstecktes Zimmer *gab*. Wir starrten einander an und verstanden uns wortlos.

»Im ersten Stock«, sagte ich. »Hinter den Kisten.«

Wir sprangen so schnell auf, dass beide Stühle umkippten, und waren gleichzeitig an der Tür. Ich wollte mich vor ihm hinausdrängen, aber dann fiel mir meine Fotoausrüstung ein, und ich trat einen Schritt zurück. »Nach Ihnen«, sagte ich.

Ford sah mich an, als wolle er den Gentleman geben und mir den Vortritt lassen, aber dann sagte er: »Wer zuerst oben ist«, und rannte los.

Wie konnte ich auf eine solche Herausforderung reagieren? Was er nicht wusste: Hinter einer kleinen Tür in der Küche, die aussah, als führe sie in eine Besenkammer, lag in Wirklichkeit eine Treppe, die so schmal war, dass er wahrscheinlich sowieso nicht hinaufgekommen wäre. Während er zu der großen Treppe in der Diele galoppierte, huschte ich hinten herum hinauf und erwartete ihn, als er oben ankam.

Dieser Gesichtsausdruck! Hätte ich meine Kamera gehabt – das Foto hätte jeden Preis gewonnen.

Er brannte darauf, zu fragen, wie ich das geschafft hatte, aber er tat es nicht. Wir stürmten in die Abstellkammer und fingen an, die Kisten in den Flur zu werfen.

Besonders eindrucksvoll war das geheime Zimmer nicht. Es war eher ein schrankartiges Kämmerchen, abgetrennt vom Raum und dann verkleidet. Jemand (ich als Kind?) hatte die alte Tapete abgezupft, sodass die Tür sich einen Spalt breit öffnen ließ. Wir mussten kräftig ziehen, um sie so weit aufzubekommen, dass Ford hindurchschlüpfen konnte.

»Warum versteckt jemand einen Wandschrank?«, fragte er.

Wir waren jetzt zusammen in der engen Kammer, und es war stockfinster.

Ford wühlte in seinen Taschen und holte ein Streichholzheftchen heraus – der Inhalt seiner Hosentaschen entsprach dem, was ein Neunjähriger mit sich herumschleppte. Als er ein Streichholz anzündete und die Flamme hochhielt, sah ich hinter ihm nur die alte Tapete.

Aber Ford riss die Augen so weit auf, dass ich das Weiße darin sehen konnte. Er blies das Streichholz aus und sagte mit so übertriebener Ruhe, dass ich Angst bekam: »Gehen Sie raus. Machen Sie die Tür auf, und gehen Sie raus.«

Ich tat, was er sagte – bei diesem Ton konnte man nur gehorchen –, und verließ den Wandschrank. Ford folgte dicht hinter mir. Als wir draußen waren, schloss er die Tür und lehnte sich dagegen.

»Was war da?«, wisperte ich, und das Wort »Teufel« kam mir in den Sinn. War der Teufel hier im Haus? Vielleicht hatte ich als Kind dieses Kämmerchen gefunden und ...

»Bienen«, sagte er. »Hinter Ihnen war der größte Bienenstock, den ich je gesehen habe. Wahrscheinlich hatten die Bienen sich in diesem Wandschrank angesiedelt, und statt sie auszuräuchern, hat irgendein fauler So-und-so einfach die Tür versiegelt.«

»Ich dachte ...« Ich fing an zu lachen, und als ich Ford von meinen Teufelsgedanken erzählte, musste auch er lachen.

Wir lachten zusammen, aber wir berührten uns nicht. Ich hatte beschlossen, ihn nicht mehr zu berühren. Kurz zuvor war ich ihm spontan um den Hals gefallen und hatte ihn abgeküsst, wie ich es mit meinem Vater getan hätte. Aber plötzlich hatte ich nicht mehr das Gefühl, mit meinem Vater zusammen zu sein.

Als ich mich von ihm löste, fand ich, dass er überhaupt nicht alt aussah. Genau genommen waren diese Fältchen an seinen Augenwinkeln Charakterfalten, keine Altersrunzeln. Und er hatte einen sehr netten Mund. John Travolta, dachte ich. Travolta war aus der Form gegangen, aber er war immer noch sexy. Und Ford auch.

Unvermittelt hatte ich meine Arme von seinem Hals genommen. Erst gelüstete es mich nach einem hinreißenden Siebzehnjährigen, und jetzt brachte mich ein Mann zum Sabbern, der alt genug war, um mein ... Na, zu alt für mich jedenfalls.

Es wurde Zeit, dass ich mal mit einem Mann ausging.

11 – Ford

Alles in allem betrachtet, war es wohl am klügsten, meine Prioritäten zu ändern. Ich würde mein verzweifeltes Verlangen danach, das »Warum« zu ergründen, von jetzt an bezwingen und mich mit etwas anderem als mit Jackies Teufelsgeschichte beschäftigen. Und Jackies leidenschaftliche Begeisterung für ihr Fotoatelier zeigte mir eine neue Richtung. Vor langer Zeit hatte ich sicher ausgesehen wie sie. Als ich mit dem Schreiben anfing, war ich getrieben, und das Schreiben war das Einzige, woran ich denken konnte – genau wie Jackie sich getrieben fühlte, ihr Fotostudio einzurichten und herauszufinden, ob sie es in dieser Welt zu etwas bringen konnte oder nicht.

Wir verbrachten über eine Woche in Ruhe und Frieden, und meinen guten Absichten zum Trotz dachte ich über alles nach. Angesichts der Fakten, die sich vor mir auftürmten, war ich sicher, dass Jackie als Kind etwas gesehen hatte, was sie nicht hätte sehen sollen – nämlich einen Mord. Und ich vermutete, dass ihre Mutter zu den Leuten gehört hatte, die mitgeholfen hatten, die arme Frau umzubringen, und dass ihre fehlende Reue Jackies Vater veranlasst hatte, das Kind zu entführen und die Flucht zu ergreifen.

Ich war kein Psychiater. Sonst hätte ich wahrscheinlich gewollt, dass Jackie es »herausließ«. Ich persönlich war immer der Ansicht, das »Herauslassen« eines tiefen Schmerzes werde als Heilmittel überschätzt. Was sollte es nützen, das alles wieder an die Oberfläche zu holen? Würde es Jackie helfen, wenn sie sich daran erinnerte, dass sie tatsächlich gesehen – und gehört – hatte, wie eine Frau langsam und qualvoll zu Tode kam? Und wenn wir wirklich herausfänden, wer sie umgebracht hatte, würde sie das wieder zum Leben erwecken? Und was würde der Mörder – was würden die Mörder – mit einer Augenzeugin machen?

Ganz gleich, wie ich es begründete – ich beschloss, die Teufelsgeschichte nicht weiter zu verfolgen. Ich hoffte, dass derjenige, der den Stein über die Mauer geworfen und uns Informationen gegeben hatte, sich nicht noch einmal melden würde. Und als die gerichtsmedizinischen Unterlagen aus Charlotte nicht kamen, rief ich den Mann nicht an, um ihn daran zu erinnern.

Okay, die Wahrheit war: Ich hatte eine Idee zu einem Buch, in dem kein Teufel vorkam. Es war ein Buch über Einsamkeit, über einen Mann, der den Glauben an sich selbst und an andere verloren hatte und der irgendwann etwas fand, woran er glauben konnte. Die Details hatte ich noch nicht ausgearbeitet – zum Beispiel, woran genau dieser Mann glauben sollte –, aber ich spürte, dass es mir einfallen würde.

Und die tiefere Wahrheit war, dass ich anfing, mich wohlzufühlen. Ich war nicht zu dumm, um zu merken, dass ich wieder eine Art von Ehedasein führte – wie in der Zeit meines Lebens, in der ich glücklich gewesen war. Und ich war nicht dumm genug, um nicht zu wissen, dass ich bei den vielen Sekretärinnen, die ich geheuert und gefeuert hatte, genau das gesucht haben musste. Ich hatte keine Recherche-Assistentin gesucht, sondern jemanden wie mich selbst – eine Frau, die kein Leben hatte und deshalb mein Leben mit mir teilen wollte. Ich hatte sie angebrüllt und ihnen Inkompetenz vorgeworfen, aber in Wahrheit war ich wütend – oder vielleicht eifersüchtig – gewesen, wenn sie zu ihren Freunden und Verwandten nach Hause gingen. Auch ich hatte einmal eine Familie, hätte ich am liebsten geschrien, Leute, mit denen ich Thanksgiving und Weihnachten feiern konnte.

Aber das konnte ich nicht. Zum einen hätte mir niemand geglaubt. Die Welt glaubt, ein Mensch, der anderen Autogramme gibt, braucht nicht das, was »gewöhnliche Menschen« brauchen.

Genau. *Lonely at the top.* Er weint den ganzen Weg bis zur Bank. Ich hatte das alles schon gehört. Aber was immer mein Problem war – ich spürte, dass ich glücklicher war, als ich es seit Pats Tod je gewesen war, und das wollte ich mir nicht verderben. Vormittags notierte ich meine Ideen, aber nachmittags saß ich in dem Garten herum, den Jackie vom Unkraut befreite, trank Limonade und plauderte mit jedem, der vorbeikam.

So scharfzüngig sie oft sein konnte, die Leute mochten Jackie, und ihre Begeisterung für das neue Studio war ansteckend. Jeden Nachmittag kam irgendjemand vorbei, um zu sehen, wie die Arbeiten vorangingen. Und ich muss gestehen, die ganze Aufregung bewirkte, dass ich auch dabei sein wollte. Beim Abendessen blätterte ich den dicken B&H-Katalog durch, den die Fotofirma aus New York geschickt hatte, und wir unterhielten uns über die vielen Gadgets, die es für Fotografen gab. Ich las alle Bücher über Fotografie, die sie hatte – es waren ganze drei Stück –, und dann orderte ich siebzehn weitere bei Amazon, und als sie da waren, verbrachten wir die Abende damit.

Eines Nachmittags kam Allies Tochter Tessa zu Besuch. Ich weiß nicht, ob ihre Mutter arbeiten musste oder ob sie nur eine kleine Erholungspause haben wollte – oder ob Jakkie das Mädchen eingeladen hatte. Aber egal. Am Ende genoss ich die Gesellschaft des Kindes.

Anfangs ärgerte mich ihre Anwesenheit. Meine Erfahrungen mit Kindern waren begrenzt, und hauptsächlich wollte ich immer, dass sie weggingen. Deshalb war ich nicht erfreut, als ich zu Limonade und Keksen herunterkam und Jackie mit einem neunjährigen Mädchen dasitzen sah. Ich hatte das Gefühl, mir wurde die Zeit gestohlen, und außerdem – wie sollte ich mit ihr umgehen? Sollte ich das Kind ignorieren und über erwachsene Dinge reden? Oder wäre es besser, die Kleine über die Schule auszufragen und ein paar Strichmännchenzeichnungen mit Lob zu überhäufen?

Da Tessa nichts sagte, beschloss ich, sie nicht weiter zu beachten und mich mit Jackie zu unterhalten. Aber dann klingelte das Telefon, und Jackie lief hinein. Ich war allein mit dem Mädchen. Sie schien sich für mich so wenig zu interessieren wie ich mich für sie. Also saßen wir einfach schweigend da und tranken unsere Limonade.

Nach einer Weile sah es so aus, als wollte Jackie nie mehr vom Telefon zurückkommen. Also fragte ich die Kleine: »Was hast du erfunden?«

Eins gefällt mir an Kindern: Sie haben keine Ahnung von Regeln. Sie haben nicht dauernd im Kopf, was man tun und was man nicht tun sollte. Ein Kind weiß zum Beispiel nicht, dass man den Tod eines niederträchtigen Cousins nicht feiert. Auf Grund des wenigen, was ich wusste, vermutete ich deshalb, dass ich keinen Smalltalk über das Wetter zu treiben brauchte, bevor ich zu den interessanteren Dingen überginge. Außerdem hatte ich noch nie ein Kind getroffen, das Lust hatte, sich über das Wetter zu unterhalten.

»So Sachen«, sagte sie, und die Art, wie sie mich von der Seite ansah, deutete ich als Einladung.

Ich antwortete nicht, sondern hob die Hand in einer Geste, die ihr sagte: Geh voran.

Ich folgte ihr ins Gebüsch. In den Dschungel, besser gesagt. Weit hinten in einer Ecke meines Grundstücks, wo seit vielen Jahren kein Schneidewerkzeug gewesen war, zeigte sie mir eine Öffnung im Gestrüpp, die einem Kaninchen gefallen hätte. Sie musterte mich von Kopf bis Fuß und stellte fest: »Sie passen da nicht durch.«

Ich hatte die Nase voll von weiblichen Wesen, die mir sagten, ich sei zu dick. Ich warf ihr einen kurzen Blick zu und sagte nur: »Versuchen wir's.«

Ich weiß nicht, was in mich gefahren war, aber plötzlich rutschte ich bäuchlings durch das Dickicht wie eine Schlange auf Rattenjagd. Natürlich vergrößerte ich das Loch dadurch, und das forderte seinen Tribut an meinen Kleidern und entblößten Hautpartien. Aber schließlich war ich durch.

Inmitten des Gebüschs hatte das Mädchen ein grünes Iglu geschaffen. »Das ist toll«, sagte ich, und ich meinte es ernst. Ich setzte mich auf die Erde, schaute hoch und sah mir an, wie sie Ranken und Zweige zusammengedreht und verflochten hatte. Es sah fast so aus, als sei diese Höhle wirklich wasserdicht.

Sie war ein unscheinbares kleines Mädchen, aber als ich ihr stolzes Lächeln sah, konnte ich mir fast vorstellen, wie sie eines Tages ein Unternehmen leitete. Sie war gescheit, entschlossen, ein Individuum. Kein alltägliches Kind, das brav die Linien in seinem Malbuch ausmalte und alles tat, um seine Lehrerin zu erfreuen.

»Schon mal jemandem gezeigt?«, fragte ich.

Als sie den Kopf schüttelte, war ich froh. Sie langte hinter sich, hob ein kleines grünes Ding auf und reichte es mir. Es war eine Assemblage aus Blättern, Stöckchen, Moos, Lehm, einzelnen Steinchen und Bucheckern – und es war fantastisch. »Gefällt mir«, sagte ich, und sie strahlte.

Als sie nichts weiter sagte, begriff ich, dass sie wieder gehen wollte – vielleicht, damit Jackie ihr Versteck nicht entdeckte. Ich legte mich auf den Bauch und robbte zurück durch den jetzt etwas weiteren Tunnel und hinaus ins Sonnenlicht. Als Jackie endlich vom Telefon zurückkam, saßen Tessa und ich wieder auf unseren Stühlen, als wären wir nie weg gewesen. Ich zwinkerte Tessa zu, und sie grinste mich an, bevor sie den Kopf senkte und fest in ihre Limonade schaute.

Tagelang machte ich mir Notizen zu meinem Buch über den einsamen Mann und verbrachte die Nachmittage damit, das gesellschaftliche Leben zu genießen, das Jackie für uns beide entwickelte. Es gab noch einmal ein Barbecue mit Allie, Tessa und ein paar Leuten aus Asheville, die gerade in der Gegend waren. Jackie hatte sie im Supermarkt kennengelernt, und fast hätten wir Streit bekommen, weil sie Fremde zum Essen eingeladen hatte. Aber dann waren es nette Leute, und wir verbrachten einen unterhaltsamen Abend miteinander.

Eines Nachmittags kam ich herunter und fand weder Limonade noch Kekse, keinen Nate bei der Gartenarbeit, keine Jackie. Ich suchte und fand sie in der Küche, wo sie sich lachend mit einer gut aussehenden Frau unterhielt, die mir irgendwie bekannt vorkam. Jackie stellte sie mir als D.L. Hazel vor.

»Ah«, sagte ich, »die Bildhauerin.« Ich war stolz auf mich, weil ich mich daran erinnert hatte, aber das erklärte noch nicht, warum sie mir bekannt vorkam.

Sie war ungefähr in meinem Alter, vielleicht ein bisschen älter, und ich sah, dass sie einmal schön gewesen war. Sie war es immer noch, aber sie war ein bisschen verblichen. Und vielleicht bildete ich es mir ein, aber mir war, als sähe ich etwas Unglückliches in ihrem Blick. Ich merkte, dass Jackie mir einen Blick zuwarf, und ich wusste, sie würde mir später etwas zu erzählen haben.

Und richtig – nachdem Dessie (wie wir sie nennen sollten) gegangen war, berichtete Jackie mir, dass die Frau einmal Schauspielerin in einer Soap Opera gewesen war. »Ah«, sagte ich. Ich wusste, in welcher, aber das behielt ich für mich. Pats Mutter hatte die Serie verfolgt, und ich hatte sie oft gesehen, wenn ich bei ihr gesessen und die Kartoffeln für das Abendessen geschält hatte.

»Und sie ist da ausgestiegen?«, fragte ich. »Um hier zu leben?«

Jackie zuckte die Achseln; sie verstand es auch nicht. »Es heißt, sie ist in Cole Creek aufgewachsen und schon in jungen Jahren nach L.A. gezogen. Sie bekam sofort eine Rolle in einer Soap und war ziemlich erfolgreich. Dann kam sie zur Hochzeit ihrer besten Freundin hierher zurück, und danach blieb sie in Cole Creek und ging nie wieder nach L.A. Ihre Figur wurde aus der Soap hinausgeschrieben, und Dessie fing mit der Bildhauerei an. D.L. Hazel ist ihr Künstlername. In Wirklichkeit heißt sie Dessie Mason.«

»Wer war denn die Freundin?«

»Die Liebe Ihres Lebens«, sagte Jackie, und ich begriff erst nach ein paar Augenblicken, von wem sie redete.

»Rebecca?«

»Genau.«

»Sie ist nicht die ...«, fing ich an, aber dann hielt ich den Mund. Was soll's?, dachte ich. Aber ich fragte mich doch, ob vielleicht die ganze Stadt annahm, ich triebe es mit einer Frau, mit der ich kaum ein Wort gesprochen hatte.

Dessie war mir bald sympathisch. Sogar sehr sympathisch. Sie kam am Freitag zu uns zum Abendessen und lud mich – nicht Jackie – für Sonntag zu sich zum Lunch ein.

Als ich sie das erste Mal gesehen hatte, war sie mir still, ja, bedrückt erschienen. Ein oder zwei Mal hatte sie mich dabei ertappt, dass ich sie anstarrte, und ich hatte schuldbewusst weggeschaut. Dabei hatte ich nur versucht, sie irgendwie unterzubringen, aber es war nicht gelungen.

Außerdem – je länger ich sie anschaute, desto besser sah sie aus. Sie war eine reife Frau mit einem erwachsenen Körper und erwachsener Kleidung, und sie verstand sich auf erwachsene Dinge.

Ich sah Jackie und Dessie Seite an Seite vor der Küchenspüle stehen und dachte an Sophia Loren und Calista Flokkhart.

Bei diesem ersten Besuch blieb Dessie nicht lange, aber als sie am Freitag zum Abendessen kam, sah sie fabelhaft aus. Sie trug ein Kleid mit einem breiten Gürtel und einem V-Ausschnitt, der ihren wunderbaren Busen betonte.

Und dann tat sie etwas, das mich beinahe vor unseren Gästen in Tränen ausbrechen ließ.

Sie kam als Letzte. Ich war gerade dabei, Teller mit Maiskolben und gegrilltem Huhn zu beladen, als sie hereinkam. Sie lächelte und duftete wie eine Frau, und ich kann Ihnen sagen, es war eine Erleichterung, ein weibliches Wesen in etwas anderem als Bluejeans und T-Shirt zu sehen. Ihr Haar war locker hochgesteckt, und sie trug große goldene Ohrringe und zierliche Sandalen, und ihre Zehennägel waren pinkfarben lackiert.

Sie trug einen Holzkasten vor sich, als enthalte er etwas Zerbrechliches. Ich nahm an, es sei eine Torte, und streckte die Hände aus, um ihr den Kasten abzunehmen, aber dann hörte ich Allie flüstern: »O Gott!«, und Nates Großmutter sagte: »Himmel, erbarme dich.« Da ließ ich die Hände wieder sinken und sah Jackie an. Sie zuckte nur die Schultern: Keine Ahnung.

Tessa, die sich meistens am Rande aufhielt, kam herbeigelaufen, blieb vor Dessie stehen und bat: »Darf ich es aufmachen? Bitte?«

Ich wusste nicht, was los war, aber mein Neugier-O-Meter schoss fast über die Skala hinaus.

Allie fing an, Teller und Gläser auf dem runden Eisentisch zusammenzuschieben, und ich dachte schon, sie würde sie auf den Boden werfen, aber Jackie nahm sie ihr ab. Dessie blieb stehen und wartete, bis der Tisch frei war. Erst dann stellte sie ihren Kasten mitten auf die Tischplatte.

Sie trat einen Schritt zurück, lächelte Tessa aufmunternd an und nickte.

Tessa strahlte ihre Mutter triumphierend an und legte die Hände auf den Kasten. Die Grundfläche bestand aus einer flachen Holzplatte, ungefähr dreißig Zentimeter im Quadrat, und der Kasten selbst war ein Würfel mit der gleichen Kantenlänge.

Jackie kam zu mir. Auf der Seite des Kastens stand das

Wort »vorn«, und dieses Wort war mir zugewandt. Mit großen Augen sah ich zu, wie Tessa den hölzernen Würfel senkrecht hochhob.

Natürlich konnte ich mir inzwischen denken, dass wahrscheinlich eine Skulptur in dem Kasten war, denn Dessie war ja Bildhauerin. Und da sie so berühmt war, wunderte es mich nicht, dass die Leute so schrecklich viel Ehrfurcht vor ihrer Arbeit hatten.

Aber nichts auf der Welt hätte mich auf das vorbereiten können, was ich jetzt sah. Vor mir stand eine kleine Tonskulptur: Kopf und Schultern zweier Frauen. Die jüngere lächelte und schaute auf etwas hinunter, und die ältere Frau sah sie liebevoll an.

Es waren Pat und ihre Mutter, perfekt eingefangen in Gesicht und Ausdruck.

Wenn Jackie mir nicht einen Stuhl in die Kniekehlen geschoben hätte, wäre ich zusammengebrochen. Niemand sagte ein Wort. Ich glaube, sogar die Vögel hielten den Atem an, als ich dieses Stück Ton anschaute. Sie waren es. Die beiden Frauen, die ich mehr geliebt hatte als meine eigene Seele.

Ich streckte die Hand aus, um sie zu berühren, ihre warme Haut zu fühlen.

»Vorsicht«, sagte Dessie. »Es ist noch feucht.«

Ich zog die Hand zurück und musste ein paar Mal durchatmen, um mich zu beruhigen. Jackie stand hinter meinem Stuhl. Sie hatte mir eine Hand auf die Schulter gelegt; der kräftige Druck ihrer Finger gab mir Kraft.

Ich fasste mich wieder so weit, dass ich Dessie ansehen konnte. »Woher …?«, stammelte ich mit trockenem Mund.

Sie lächelte. »Internet. Sie sind ein berühmter Mann, und deshalb findet man Sie überall im Netz. Ich habe Fotos von ihrer verstorbenen Frau und Ihrer Schwiegermutter heruntergeladen und …« Sie warf einen Blick auf die Figur. »Gefällt es Ihnen?«

Mir schwoll die Kehle zu, und ich spürte, dass mir die Tränen kamen. Gleich würde ich mich wirklich lächerlich machen!

»Er ist *hingerissen*!« Jackie rettete mich. »Er freut sich wahnsinnig. Nicht wahr?«

Ich konnte nur nicken und ein paar Mal schlucken, während ich das wunderschöne Kunstwerk anschaute.

»Ich würde sagen, das verlangt nach Champagner«, sagte Jackie. »Und ich brauche jede Hilfe, die ich kriegen kann, um ihn aus dem Kühlschrank zu holen.«

Ich war ihr dankbar, dass sie die Leute ablenkte. Sie nahm alle Gäste – ungefähr ein Dutzend – mit in die Küche und ließ mich mit Dessie allein.

Sie zog einen Stuhl zu mir heran, setzte sich und legte die Hände auf den Tisch.

»Ich hoffe, es ist okay«, sagte sie leise. »Es war anmaßend, aber *Pats Mutter* war eins der besten Bücher, die ich je gelesen habe. Ich glaube, ich habe von der zweiten bis zur letzten Seite geweint. Sie haben eine Heldin aus einer Frau gemacht, die sonst vergessen worden wäre. Als ich Sie jetzt kennenlernte, wollte ich Ihnen etwas schenken – zum Dank für das, was Sie mir mit diesem Buch gegeben haben.«

Ich konnte nicht sprechen. Ich wusste, wenn ich es täte, würde ich anfangen zu heulen. Also langte ich über den Tisch, nahm ihre Hand und drückte sie, und ich nickte nur stumm.

»Gut«, sagte sie. »Es bedeutet mir viel, dass es Ihnen gefällt. Aber das hier ist nur das Tonmodell; ich kann noch etwas ändern, wenn Sie wollen.«

»Nein!«, brachte ich heraus. »Es ist perfekt.«

Ich spürte, dass sie lächelte, aber ich konnte den Blick nicht von der Skulptur wenden. Genau so hatte ich Pat lächeln sehen, wenn sie meine Manuskripte las. Und ich hatte gesehen, wie ihre Mutter ihren Mann und ihre Tochter heimlich mit diesem liebevollen Gesichtsausdruck angeschaut hatte. Ob sie auch mich jemals so angesehen hatte?

Aber ich kannte die Antwort. Ja, das hatte sie getan, dachte ich und drückte Dessies Hand noch fester.

»Die Leute kommen zurück«, sagte sie. »Nehmen Sie sich zusammen.«

Darüber musste ich lächeln. Ich wischte mir über die Augen und schniefte ein paar Mal, und Dessie stülpte den Deckel wieder über die Skulptur. »Kommen Sie doch am Sonntag zum Lunch zu mir, und wir unterhalten uns über einen Bronzeguss, ja?«

Ich nickte. Es ging mir besser, aber ich wagte immer noch nicht, zu sprechen.

»Nur Sie«, sagte sie. »Allein. Um eins?«

Ich sah sie an und erkannte, dass dies mehr als nur eine Einladung zum Essen war. Wenn ich interessiert sei, ließ sie mich wissen, sei sie es auch. Ja, dachte ich, ich war es. Ich nickte, wir lächelten einander an, und den Rest des Abends hielten wir Abstand.

Aber dieser körperliche Abstand konnte Jackie nicht täuschen. Ungefähr dreieinhalb Sekunden, nachdem der letzte Gast gegangen war, teilte sie mir mit, mein Benehmen gegenüber Dessie sei »unschicklich« gewesen.

»Und was versteht jemand aus Ihrer Generation von ›Schicklichkeit‹?«, schoss ich zurück. »Sie laufen in Hemdchen herum, die so groß sind wie meine Socken, Ihr Bauchnabel guckt heraus, und Sie erzählen mir was von Schicklichkeit?«

Zu meinem großen Ärger sah Jackie mich mit einem kalten kleinen Lächeln an und ging hinaus.

Ich sah sie erst am nächsten Morgen wieder. Ich hatte damit gerechnet, dass sie in einem Anfall von Eifersucht mit Töpfen und Pfannen in der Küche herumlärmen würde. Warum waren Frauen nur so eifersüchtig?, fragte ich mich.

Aber Jackie war nicht in der Küche. Und schlimmer noch: Da war auch kein Frühstück. Zwanzig Minuten lang musste ich dieses riesengroße Haus durchsuchen, ehe ich sie fand. Sie war vorn auf der Veranda und packte eine Kameraausrüstung in einen großen, gepolsterten Rucksack. Sie trug hohe, dicksohlige Schuhe, die aussahen, als sei jeder von ihnen zwölf Pfund schwer.

»Wollen Sie weg?«, fragte ich.

»Ja«, antwortete sie. »Heute ist Samstag, und ich nehme mir frei. Es ist ein schöner Tag, und ich werde Blumen fotografieren.«

Ich hatte keine Lust, den Tag allein in dem großen Haus zu verbringen. Ich war sechs Jahre allein und ein paar Wochen mit Leuten zusammen gewesen, und schon konnte ich die Einsamkeit anscheinend nicht mehr ertragen. »Ich komme mit«, sagte ich.

Jackie schnaubte verächtlich und musterte mich von oben bis unten. Ich trug ein altes T-Shirt und ausgebeulte Shorts – meinen Schlafanzug. Und – okay, ich hatte in den letzten Jahren ein paar Pfund zugelegt, aber ich wusste, dass darunter immer noch Muskeln waren.

»Ich werde klettern«, erklärte sie, als ob das ein Ausschlussgrund für mich sei. »Außerdem haben Sie keine vernünftigen Schuhe. Und nicht mal eine Wasserflasche.«

Da hatte sie recht. Ich war nie ein großer Wanderer und Kletterer gewesen. Man kraxelt den ganzen Tag, schaut sich zehn Minuten lang eine fabelhafte Aussicht an und kraxelt dann wieder zurück. Lieber bleibe ich zu Hause und lese ein Buch. »War da nicht ein Laden neben dem Wal-Mart, der ›Mountain So-und-so‹ hieß?«

»Doch«, sagte Jackie und schob die Arme in die Tragschlaufen ihres Rucksacks. »Aber der öffnet sicher erst um neun. Jetzt ist es sieben, und ich bin fertig.« Mit einem kurzen Lächeln drehte sie sich zur Treppe um.

Ich tat einen mächtigen Seufzer. »Okay. Dann rufe ich Dessie an. Mal sehen, was sie heute vorhat.«

Jackie blieb wie angewurzelt stehen und drehte sich um. Sie sah aus, als wollte sie mich ermorden. »Ziehen Sie sich an«, sagte sie mit zusammengebissenen Zähnen. »Jeans, T-Shirt, langärmeliges Hemd.«

Ich salutierte spöttisch und ging die Treppe hinauf.

Das Sportgeschäft öffnete erst um zehn. Aber nachdem ich mich mit einem ordentlichen Frühstück für den anstrengenden Tag gestärkt hatte, holten wir in dem großen Barnes & Noble für 156 Dollar Bücher ab, die ich brauchte, und danach war der Laden offen. Inzwischen war Jackies Geduld ziemlich strapaziert. Drei Mal hielt sie mir einen Vortrag über Lichteinfallswinkel und die Position der Sonne, nur um mich wissen zu lassen, dass sie das beste Licht des Tages verpasste. Deshalb machte es ihr vermutlich besonders großen Spaß, mich auszurüsten wie für eine Mount-Everest-Expedition.

Was soll's, dachte ich, als ich der Kassiererin meine Kreditkarte reichte. Vielleicht konnten Tessa und ich das Zelt im Garten aufschlagen und ein bisschen Spaß damit haben. Zumindest würde ich diesmal nicht bäuchlings hineinrobben müssen.

Irgendwann in der vergangenen Woche hatte Tessa mir erzählt, sie und ihre Mutter seien in einem großen Antiquitätenspeicher am Rande der Interstate gewesen, und dort habe es einen Zaun gegeben. Ich brauchte volle drei Minuten, um zu kapieren, was sie mir da eigentlich erzählen wollte, und als ich es begriffen hatte, sprangen wir in meinen neuen Offroader und fuhren zu dem Speicher. Als wir zurückkamen, hatten wir einen viktorianischen Gitterzaun mit einem verschnörkelten Törchen, groß genug, um ihr geheimes Haus damit zu umgeben, damit Nate und seine Rodehacke es nicht zerstören konnten.

Tessa und ich kauften auch ein paar in Zement gegossene Figuren: zwei Kaninchen, vier Frösche, einen Drachen, zwei bunt bemalte Gänse, vierzehn Trittsteine in Form von Marienkäfern (die waren im Sonderangebot) und einen kleinen Jungen mit einer Angel. Jackie war nicht gerade entzückt gewesen, aber sie hatte nur gesagt: »Was denn? Keine Zwerge?« Tessa und ich hatten gelacht, denn wir hatten eine halbe Stunde lang darüber debattiert, ob wir auch noch Gartenzwerge kaufen sollten, aber am Ende hatte ich es ihr ausreden können.

Jedenfalls – als Jackie und ich alles erledigt und meine Outdoor-Ausrüstung gekauft hatten, war es schon nach elf. Sie sah, dass ich einen Blick auf die Uhr warf, und drohte: »Ich schwöre Ihnen bei allem, was mir heilig ist: Wenn Sie jetzt das Wort ›Lunch‹ auch nur erwähnen, wird es Ihnen leid tun, dass Sie geboren sind.«

Ich war neugierig, zu erfahren, wie sie das bewerkstelligen wollte, aber ich fragte doch lieber nicht. In meinem Rucksack hatte ich mehrere Päckchen High-Energy-Schokoriegel und ein paar Pfund Nuss- und Körnermischung. Das würde genügen. Um zu zeigen, dass ich kein Spielverderber war, strahlte sie sich an und sagte: »Von mir aus kann's losgehen.«

Jackie wandte sich kommentarlos ab, aber ich glaube, ich hörte sie leise sagen: »Es gibt einen Gott.«

Wir stiegen in den Pickup, und sie sagte mir, wie ich fahren sollte. Ich hätte gern gewusst, wie sie vorgehabt hatte, zu ihrem Ausgangspunkt zu kommen, wenn ich nicht mitgefahren wäre, aber sie sah nicht aus, als hätte sie Lust, irgendwelche Fragen zu beantworten.

Sie ließ mich endlose schmale Landstraßen fahren, bis wir zu einem Feldweg kamen, der in der Mitte von Unkraut überwuchert war. Es sah aus, als sei hier seit Jahren niemand mehr gefahren. »Ich nehme an, diesen Weg haben Sie nicht auf der Landkarte gefunden«, stellte ich fest. Sie sah nicht mehr wütend aus, sondern betrachtete die schöne Landschaft ringsum.

»Nein«, sagte sie. »Ich wusste, dass er hier ist.«

Das nun wieder, dachte ich, und halb wünschte ich, wir wären nicht hergekommen. Aber ich war froh, dass ich bei ihr war; ich wollte nicht, dass sie allein umherwanderte. Dabei hatte ich nicht so sehr Angst vor dem, was ihr zustoßen könnte, sondern viel mehr vor dem, was sie vielleicht sehen könnte. Eine verfallene Hütte zum Beispiel? Einen Platz, an dem eine Frau lebendig begraben worden war?

Ich hielt auf einer Lichtung an, aber als Jackie aussteigen wollte, hielt ich ihren Arm fest. »Das ist nicht die Stelle, wo ... Sie wissen schon?«

»Wo eine Frau mit dem Teufel gesprochen hat?« Sie lächelte, und ich lächelte auch. Ich war erleichtert, dass sie nicht mehr wütend auf mich war. »Nein«, sagte sie. »Ich bin nicht sicher, aber meine Intuition sagt mir, die Stelle liegt auf der anderen Seite von Cole Creek.«

Wieder wollte sie aussteigen, aber ich hielt sie fest. »Hören Sie, wenn Sie sich irren und wir doch eine alte Hütte finden ...«

»Dann mache ich kehrt und renne so schnell weg, dass nicht mal der Teufel mich einholen kann.«

»Versprochen?«, fragte ich ernst.

»Ich will tot umfallen.«

»*Nicht* die Antwort, die ich hören wollte«, sagte ich, und wir stiegen lachend aus.

Zwei Stunden später verfluchte ich meinen dummen Einfall. Warum war ich mitgekommen? Wovor hatte ich mich zu Hause gefürchtet? Vor der Einsamkeit? Davor, Zeit zu haben, mich in aller Ruhe hinzusetzen und ein Buch zu lesen? Vielleicht mit einem Bier in meiner riesigen Badewanne? Oder vor einem Nickerchen auf dem Sofa? War es das, was ich nicht hatte tun wollen?

Ich folgte Jackie auf einem Pfad, der so schmal war, dass meine kleinen Zehen rechts und links keinen Platz mehr hatten, den Berg hinauf. Jeder Schritt war ein Balanceakt; ich stolperte über Stöcke und Steine und im Moos verborgene Löcher, über glitschige Pflanzen, Ameisenhügel und schwarzen Schlamm, den Jackie »ein bisschen Matsch« nannte. Die Füße taten mir weh, der Rücken tat mir weh, und ich war nass. Die Sonne stand hoch und heiß am Himmel, aber ihre Strahlen drangen nicht bis auf den Waldboden, und deshalb tropfte es überall. Und dauernd fielen uns Dinge auf den Kopf: gelbe Dinge, weiße Dinge und Millionen von grünen Dingen. Jede Spinne im ganzen Staat hatte sich auf diesem Pfad zu schaffen gemacht, sodass ich mir immer wieder unsichtbare, klebrige Spinnweben aus dem Gesicht wischen musste. So sehr ich mich auch bemühte, ich bekam sie nicht alle herunter, und allmählich fühlte ich mich wie eine Fliege, die zum Abendessen eingewickelt wurde.

»Ist das nicht die schönste Gegend, die Sie im ganzen Leben gesehen haben?«, fragte Jackie, und sie drehte sich zu mir herum und ging auf diesem tückischen Pfad rückwärts.

Ich zupfte mir sechs lange, klebrige Fäden von der Zunge. Ich hätte den Mund ja geschlossen gehalten, aber die Luft war so gesättigt von Wasser, dass ich zwei Mal tief einatmen musste, um Sauerstoff aufzunehmen. »Ja. Wunderschön«, sagte ich und schlug nach einem Käfer. Ich entdeckte hier Arten, die noch kein Mensch je zu Gesicht bekommen hatte.

Zehn Minuten später geriet Jackie in eine Art Ekstase. Sie hatte ein paar große rosa Blüten entdeckt und erklärte, das seien Orchideen, und sie wolle sie fotografieren. Ich wollte mich auf einen Baumstumpf fallen lassen, aber da schrie sie »Halt!« und wollte erst die Umgebung absuchen. Nach – ich zitiere – »Mokassinschlangen, Copperheads und Klapperschlangen«.

Als sie schließlich Entwarnung gab und ich mich hinsetzen durfte, dachte ich mit einiger Zuneigung an meinen Cousin Noble. Wenn er Bilder von Orchideen hätte haben wollen (was ich mir nicht vorstellen konnte, aber darum ging es nicht), dann wäre er mit einem großen allradgetriebenen John Deere Gator hier heraufgefahren, und zum Teufel mit dem Umweltschutz. Beim Lärm des Dieselmotors hätte jede vernünftige Schlange angstvoll das Weite gesucht.

Aber ich war mit Jackie hier, und so »respektierten« wir Flora und Fauna und sämtliche giftigen Nattern.

Sie breitete eine riesige, glänzende Plastikplane auf dem Boden aus und befahl mir, großen Abstand zu halten, während sie arbeitete. Ich protestierte nicht gegen ihr Benehmen, sondern nahm meinen schweren Rucksack ab – schön, sie schleppte die Kameraausrüstung, und ich hatte bloß die kleinen Proviantpäckchen und ein bisschen Wasser, aber das Ding war trotzdem schwer – und legte mich hin. Ich war sogar zum Sitzen zu erschöpft.

Ich wäre umgefallen, aber der Baum über mir fing an, mich mit gelben und grünen Geschossen zu bombardieren. Jackie blickte kurz von ihrer Kamera auf. »Tulpenbaum«, sagte sie.

Ich wühlte mir etwas zu essen und zu trinken hervor, und dann drehte ich mich auf die Seite und sah ihr eine Weile zu. Sie hatte ihre Kamera auf ein schweres Stativ gesetzt und machte Fotos aus jedem erdenklichen Winkel. Und sie manikürte die Umgebung ihrer Blumen mit großer Gewissenhaftigkeit und entfernte mikroskopische Pflanzenabfälle, damit die Blüten gut zu sehen waren. Sie breitete noch eine Plane auf den Boden aus und legte sich darauf, um die Blumen von unten zu fotografieren.

Nach einer Weile hatte ich mich daran gewöhnt, mit Blättern beworfen zu werden. Ich drehte mich auf den Rücken und fing an zu dösen.

Ich wachte auf, weil jemand einen Eimer Eiswasser über mich ausschüttete. So fühlte es sich jedenfalls an.

»Aufstehen!«, schrie Jackie.

Sie hatte einen langen gelben Poncho an, der ihren Rucksack bedeckte, sodass sie aussah wie eine Bucklige, und sie war dabei, die Sachen, die ich ausgepackt hatte, in meinen Rucksack zu stopfen. »Ziehen Sie den an.« Sie warf mir einen blauen Regenponcho zu.

Das Ding war noch in seiner Verpackung. Ich riss sie mit den Zähnen auf.

»Nicht mit den ... Ach, schon gut.« Jackie raffte den leeren Plastikbeutel an sich, den ich auf den Boden geworfen hatte. Ich stülpte mir den Poncho über, und dann schlüpfte Jackie zu mir herein, um mir den Rucksack aufzusetzen. Der Situation, die daraus resultierte, konnte ich nicht mehr widerstehen. Ich zog den Kopf in den Poncho und schaute auf sie hinunter. Um uns herum prasselte der Regen. »Jackie Darling«, sagte ich, »wenn Sie mir wirklich nur an die Wäsche gehen wollten, hätten Sie doch nicht so viele Umstände zu machen brauchen.«

Ich dachte, sie würde lachen, aber stattdessen zog sie mir den Hüftgurt so stramm, dass ich vor Schmerz aufschrie. »Sparen Sie sich das für Dessie«, sagte sie und duckte sich wieder hinaus.

Ich nahm an, wir würden jetzt schleunigst durch Schlamm und Spinnweben zurück zum Truck flüchten, aber Jackie rief: »Kommen Sie mit«, und wir liefen in die andere Richtung. Und richtig – nach ungefähr hundert Metern kamen wir zu einem großen Felsvorsprung, der wie ein Dach über den Boden ragte. Die Decke war von tausend Lagerfeuern geschwärzt; wir waren also nicht die Ersten, die hier Unterschlupf gesucht hatten.

Als wir drinnen waren, legten wir Ponchos und Rucksäcke ab, setzten uns hin und schauten in den Regen hinaus. Es sah nicht aus, als wollte es so bald wieder aufhören, und mit Grauen dachte ich daran, durch diese Sintflut zu Fuß zurück zu meinem schönen warmen Truck zu marschieren. Und wieder fragte ich mich, warum ich nicht hatte zu Hause bleiben wollen.

Aber Jackie brauchte nichts von meinem Unbehagen zu

wissen. Also beschwerte ich mich nicht. »Wie geht's Ihrer Ausrüstung? Irgendwas nass geworden?«

»Nein.« Sie setzte ihren Rucksack auf den Steinboden. »Alles in Ordnung. Als ich die ersten Tropfen spürte ...« Sie legte sich plötzlich die Hand auf die Stirn.

»Was ist?«

»Ein Schmerz«, flüsterte sie. »Ich habe plötzlich ...«

Hätte ich sie nicht gerade noch aufgefangen, wäre sie mit dem Kopf an den Fels geschlagen. Aber ich hielt sie fest und zog sie an mich. »Jackie, Jackie«, rief ich, und ich zog ihren Kopf auf meinen Schoß und legte ihr die Hand an die Wange. Ihr Aussehen gefiel mir nicht; sie war sehr bleich geworden, und ihre Haut fühlte sich kalt und klamm an.

Unterkühlung, dachte ich. Was unternahm man da? Das Opfer musste warm gehalten werden und energiereiche Nahrung bekommen.

Ich schob Jackie an die trockenste Stelle unter dem Überhang und legte ihr meinen Rucksack unter den Kopf. In der Ecke lag ein Stapel trockenes Feuerholz – zweifellos bestimmte ein ungeschriebenes Camper-Gesetz, dass man ersetzen musste, was man genommen hatte. Dank Onkel Clyde und seinen zahllosen Warnungen trug ich immer ein Streichholzheftchen bei mir, und so hatte ich nach wenigen Minuten ein Feuer in Gang gebracht. Jetzt war ich froh, dass Jackie mich gezwungen hatte, auch zwei Blechtassen zu kaufen. In der einen erhitzte ich Wasser aus der Flasche, und als es heiß war, benutzte ich einen Stock, um sie vom Feuer zu nehmen, und schüttete das heiße Wasser in die kühle Tasse. Als ich damit zu Jackie kam, saß sie wieder aufrecht. Sie war geisterhaft bleich, aber sie sah nicht mehr aus, als würde sie sterben. Ich gab ihr die Tasse mit dem kühlen Henkel, und während sie das heiße Wasser nippte, holte ich einen Eiweißriegel aus meinem Rucksack, riss die Verpackung auf, brach ein Stück ab und schob es ihr in den Mund.

»Was ist passiert?«, flüsterte sie. Ihre Hände zitterten so sehr, dass ich ihr den Becher abnahm. Es sah aus, als wollte sie umkippen; ich setzte mich an den Felsen und zog sie an mich, sodass sie sich anlehnen konnte. »Sie sind ohnmächtig geworden«, sagte ich und dachte an all die Ärzte, zu denen ich sie bringen würde. Das Wort Diabetes-Koma kam mir in den Sinn.

Ich hielt ihr die Tasse an die Lippen, und sie trank einen Schluck. »Es war, als ob ich einschliefe und träumte«, sagte sie. »Feuer. Ich habe ein Feuer gesehen. Es war in einer Küche. Auf dem Herd brannte ein Topf, und ein Handtuch fing Feuer. Dann brannte die Wand, und alles ging in Flammen auf. Eine Frau war in der Nähe, aber sie telefonierte und sah das Feuer erst, als es zu spät war. Im Zimmer nebenan schliefen zwei kleine Kinder, und das Feuer zerstörte die Küche und das Zimmer. Die Kinder wurden ...« Jackie schlug die Hände vor das Gesicht. »Die Kinder sind gestorben. Es war entsetzlich. Und so lebendig. So real! Ich konnte alles genau sehen.«

Vielleicht liegt es daran, dass ich einen großen Teil meines Lebens in der Welt der Fantasie verbracht habe – aber ich wusste sofort, was geschehen war. Jackie hatte wieder eine Vision gehabt. Nur war sie diesmal wach gewesen, statt zu schlafen, und ich wusste, das würde ihr nicht gefallen. »Das ist wie in Ihrem Traum«, sagte ich langsam und wollte anfangen, sie zu überreden. »Es ist etwas, das noch nicht passiert ist, und ich glaube, wir sollten versuchen, es zu verhindern.«

Aber ich hatte sie unterschätzt: Sie wusste sofort Bescheid. So schwach sie war, sie versuchte sofort, aufzustehen. »Wir müssen diese Küche finden. Sofort.«

Ich wusste, dass sie Recht hatte. In ihrem Zustand konnte sie nichts tragen; also nahm ich ihren schweren Rucksack auf den Rücken und hängte mir meinen leichteren vor die Brust. Jackie füllte die Blechtassen mit Regenwasser und löschte das Feuer. Dann zogen wir unsere Ponchos über, gingen hinaus in den Regen und machten uns auf den Rückweg zum Truck. Diesmal übernahm ich die Führung, und diesmal bewegten wir uns im Laufschritt. Die Erinnerung an Nate trieb mich voran; ich dachte daran, was für ein großartiger Junge er war und wie Jackies Vision ihm das Leben gerettet hatte.

»Erzählen Sie mir alle Einzelheiten«, rief ich, während wir auf dem schlüpfrigen Weg bergab liefen. Ihr Gesicht war unnatürlich weiß über dem leuchtend gelben Poncho.

»Ich habe gesehen, wie die Kinder nach ihrer Mutter schrien, aber sie ...«

»Nein!«, unterbrach ich sie. »Erzählen Sie mir nicht, was passiert ist. Beschreiben Sie das Haus. Wir müssen das *Haus* finden«, rief ich durch den Regen. Ich lief rückwärts und sah sie an. »Welche Farbe hatte das Haus? Haben Sie die Straße gesehen? Fakten!«

»Ein rosa Flamingo.« Jackie musste fast rennen, um mit mir Schritt zu halten. »Im Garten stand ein rosa Flamingo. Aus Plastik, wissen Sie? Und ein Zaun. Der ganze Garten war eingezäunt.«

»Ein Holzzaun? Maschendraht?«, rief ich über die Schulter.

»Geißblatt. Er war ganz mit Geißblatt überwuchert. Ich weiß nicht, was unter den Ranken war.«

»Und das Haus? Was haben Sie drinnen und draußen gesehen?«

»Ich habe das Haus nicht von außen gesehen. In der Küche stand ein weißer Herd. Und da waren grüne Schränke. Alte Schränke.«

»Die Kinder!«, schrie ich. Wie weit war es denn noch bis zum Truck?! »Wie alt waren die Kinder? Hautfarbe? Haarfarbe?«

»Weiß – und beide waren blond. Ungefähr sechs, vielleicht jünger.« Sie schwieg, und ich wusste, sie dachte nach. »Da war ein Baby, weniger als ein Jahr alt. Ich glaube, sie konnte noch nicht laufen.«

»Sie?«

»Ja! Sie trug einen rosa Schlafanzug. Und das ältere Kind hatte einen Cowboy-Pyjama an. Ein Junge.«

Der Himmel sei gepriesen – ich sah den Pickup. Ich zog den Schlüssel aus der Tasche, drückte auf den Entriegelungsknopf und half Jackie beim Hineinpurzeln. Ich riss mir die Rucksäcke herunter, wühlte mein Handy heraus und gab es Jackie, und dann warf ich die Rucksäcke in den Stauraum hinter den Sitzen. Sekunden später hatte ich den Wagen gewendet, und wir fuhren zurück zur Stadt.

»Wer würde dieses Haus kennen, wenn Sie es beschreiben?«, fragte ich.

»Jeder, der sein Leben lang hier gewohnt hat«, sagte sie, und ich sah sie an.

»Ja, aber wenn wir jemanden anrufen und alles erklären, wird man Sie ...«

»Für verrückt halten?«

Wir hatten jetzt keine Zeit, darauf weiter einzugehen. »Wir brauchen jemanden, dem wir vertrauen können.« Ich fuhr so schnell über Rillen und Schlaglöcher, dass die Reifen kaum noch den Boden berührten. Ich hatte da jemanden im Sinn, aber damit würde Jackie kaum einverstanden sein. Sicher würde sie Allie anrufen wollen, aber irgendetwas an Allie ließ mich befürchten, dass ihr die Gelassenheit fehlte, die wir jetzt nötig hatten.

»Dessie«, sagte Jackie und fing an, die Tasten an meinem Handy zu drücken. Ich hatte Dessies Nummer gespeichert. Als sie sich meldete, hielt Jackie mir das Telefon ans Ohr, damit ich fahren konnte.

»Dessie«, sagte ich, »hier ist Ford Newcombe. Ich habe jetzt keine Zeit, ins Detail zu gehen, aber ich muss jemanden finden, und zwar sehr schnell. Eine Frau mit zwei blonden Kindern, einem Jungen von etwa sechs Jahren und einem Mädchen, das noch nicht laufen kann. Im Garten ihres Hauses steht ein rosa Flamingo, und der Zaun ist mit Geißblatt überwuchert.«

»Und eine Schaukel«, sagte Jackie.

»Und eine Schaukel«, sagte ich ins Telefon.

Dessie hielt mich nicht mit Fragen auf. Sie überlegte kurz und sagte dann: »Oak. Am Ende der Maple Street.«

Wir waren endlich wieder auf einer asphaltierten Straße. Der Regen hatte fast aufgehört. Ich suchte nach einem Straßenschild. »Wir sind jetzt an der Ecke Sweeten Lane und Grove Hollow. Wie geht's weiter?«

»Biegen sie nach rechts in die Sweeten Lane und fahren Sie bis zur Shell-Tankstelle«, sagte Dessie. »Sehen Sie ein Stoppschild?«

»Ja.«

»Fahren Sie nach links, zwei Blocks. Sind Sie jetzt an der Ecke Pinewood?«

»Ja.«

»Nach rechts. Es ist das Haus am Ende der Straße auf der linken Seite.«

»Ich sehe es!« Jackie hatte das Fenster heruntergedreht und streckte den Kopf hinaus in den Nieselregen. »Ich sehe die Schaukel und den Flamingo. Und ... und den Zaun mit dem Geißblatt.«

»Dessie«, sagte ich, »wir sehen uns morgen.« Ich versprach nicht, ihr alles zu erklären; ich trennte einfach die Verbindung. Vor dem Haus am Ende der Straße hielt ich an. Jackie und ich sahen einander an. Die Frage *Was machen wir jetzt?* hing unausgesprochen zwischen uns.

»Vielleicht sollten wir ...«, sagte Jackie.

Ich stieg aus, aber ich hatte keine Ahnung, wie es weitergehen sollte. Ich ging zur Haustür, dicht gefolgt von Jackie, und hoffte auf irgendeine Eingebung. Als ich angekommen war, drehte ich mich zu ihr um, damit sie mir Mut machen konnte, und dann holte ich tief Luft und läutete. Wir hörten Schritte, aber dann klingelte ein Telefon, und eine Frauenstimme rief: »Augenblick bitte.«

»Das Telefon«, flüsterte Jackie.

Ich drehte vorsichtig am Türknauf, aber die Tür war abgeschlossen.

Einen Augenblick später lief Jackie um das Haus herum zur Rückseite. Ich blieb ihr auf den Fersen. Die Hintertür war unverschlossen, und auf Zehenspitzen schlichen wir uns hinein. Wir hörten die Frau lachen, und als wir weiter in die Küche hineingingen, sahen wir sie im Profil durch eine Tür, die ins vordere Zimmer führte. Auf dem Herd stand der Topf, und daneben hing das Küchenhandtuch. Und das Handtuch brannte, und die Flammen leckten zu einem Bord mit Topflappen und getrockneten Blumensträußen hinauf, lauter leicht brennbaren Sachen.

Ich riss das Handtuch herunter, warf es in die Spüle und ließ Wasser darüber laufen.

Als ich mich umdrehte, stand ein kleiner Junge in einem Cowboy-Schlafanzug in der Tür. Er rieb sich die Augen und schaute Jackie und mich an. Jackie legte einen Finger an die Lippen, damit das Kind still blieb. Wir schlichen uns durch die Küche und zur Hintertür hinaus, und dann rannten wir um das Haus herum zum Truck.

12 – Jackie

Vielleicht war ich eifersüchtig auf Dessie, aber das glaube ich nicht. Zunächst mal – warum sollte ich eifersüchtig sein? Wenn ich rasend verliebt in Ford Newcombe wäre und irgendeine Frau ihn mir wegnehmen wollte – ja, dann wäre ich *sehr* eifersüchtig. Oder wenn Dessie die Sorte Frau wäre, die für einen Mann »sorgen« will (im alten Südstaatensinne, der besagt, dass sie ihn vorn und hinten bedient), und ich deshalb um meinen Job fürchten müsste, dann würde ich wahrscheinlich versuchen, etwas dagegen zu unternehmen.

Aber Dessie Mason war nicht so. Stimmt, ich konnte mir vorstellen, dass sie Ford heiratete und dann annahm, ich sei ihre Sklavin. Natürlich würde sie mich aus dem besten Schlafzimmer hinauswerfen und in der Dienstbotenkammer unter dem Dach einquartieren, aber dass sie mich entließ, konnte ich mir nicht vorstellen. Nein, ich arbeitete zu viel, als dass sie mich feuern würden. Ich führte den Haushalt, ich organisierte Fords gesellschaftliches Leben, war seine Köchin und Einkaufsbeauftragte. Ich war bei ihm für alles zuständig außer für Sex – und *den* Job würde Dessie sicher übernehmen.

Warum also sollte ich eifersüchtig sein, wie ich es nach Fords Meinung war? Das gab er mir jedenfalls dauernd zu verstehen; er grinste mich so oft mit hochgezogener Braue an, dass ich schon um sein Gesicht fürchtete.

Das Problem, das ich an jenem ersten Tag sofort sah, bestand eher darin, dass Dessie ihn ins Visier genommen hatte und dass es ihre feste Absicht war, ihn zu bekommen. Und wenn sie ihn erst hätte, würde sie ihm das Leben ganz sicher zur Hölle machen.

Ja, Dessie war schön. Genau genommen war sie mehr als schön. Sie war prachtvoll. Ich konnte mir vorstellen, dass ihr im Laufe der Jahre Tausende von Männern ihre unsterbliche Liebe geschworen hatten. Meiner persönlichen Meinung nach hatte sie L.A. verlassen, weil es dort zu viele schöne Frauen gab. Ihre Schönheit im Verein mit ihrem beeindruckenden Talent als Bildhauerin machte sie zur Königin von Cole Creek. Die Leute dort sprachen ihren Namen nur im Flüsterton aus.

Und jetzt hatte Dessie also beschlossen, dass sie meinen Boss haben wollte, und ich hatte keinen Zweifel daran, dass sie ihn auch kriegen würde. Ford war gescheit, wenn es um Bücher ging, aber was Frauen betraf, schien es mit seiner Klugheit nicht so weit her zu sein. Als Dessie am ersten Abend zu uns zum Essen kam, war er hinter ihr her wie ein Rüde hinter einer läufigen Hündin. Ehrlich gesagt, ich fand es abscheulich.

Als Erstes legte Dessie einen riesigen Auftritt hin und zeigte Ford eine Figur, die sie gemacht hatte. Okay, sie war gut, und vielleicht war es kleinlich, dass ich es anmaßend von ihr fand – aber meiner Meinung nach gehörte es sich nicht, ohne seine Erlaubnis eine Plastik von Fords verstorbener Frau und Schwiegermutter anzufertigen.

Aber wenn sie es schon mal getan hatte, warum zeigte sie ihm das Werk nicht unter vier Augen? Warum musste sie vor allen Leuten eine große Vorstellung geben und Ford dazu bringen, dass er heulte wie ein Baby? Dem armen Mann kullerten die Tränen über die Wangen, vom ersten Augenblick an.

Ich bin jetzt sicher zynisch, aber ich wette, sie hatte noch nie ohne Auftrag eine Skulptur für einen *armen* Mann geschaffen. Es war ein allzu großer Zufall, dass Ford reich war und dass sie ein 3D-Porträt zweier Frauen gemacht hatte, über die er eine Million Worte voller Liebe geschrieben hatte.

Als er mir erzählte, dass er sie am Sonntag besuchen würde, um über einen Bronzeguss dieser Skulptur zu sprechen, war ich gespannt, wie viele Stücke er danach noch bei ihr in Auftrag geben würde. Ford und Tessa hatten den Garten bereits mit ungefähr fünfzig scheußlichen kleinen Zementfiguren vollgestellt, und ich hatte bemerkt, wie Dessie sie mit kalkulierendem Blick betrachtete. Wahrscheinlich plant sie schon, wie sie die Dinger durch ihre eigenen Sachen ersetzen wird, dachte ich, und dafür wird sie Ford dann sechsstellig berappen lassen.

Aber das alles ging mich nichts an, sagte ich mir. Es war Fords gutes Recht, mit einer Frau eine Affäre zu haben oder sie zu heiraten, wenn er Lust dazu hatte. Meine Aufgabe war es – tja, um ehrlich zu sein, fragte ich mich allmählich, worin meine Aufgabe eigentlich genau bestand.

Jedes Mal, wenn ich im Laufe der letzten Woche das Wort »Recherche« aussprach, hatte Ford das Thema gewechselt. Er behauptete, er arbeite an etwas anderem, und auf die Teufelsgeschichte werde er »später« zurückkommen.

Aber ich hatte das Gefühl, in Wirklichkeit hatte er Angst um mich. Und da wir beide zu dem Schluss gekommen waren, dass meine Teufelsgeschichte wahrscheinlich auf etwas basierte, das ich als Kind mitangesehen hatte, war ich nicht unglücklich, als er die Sache nicht weiter verfolgte.

Außerdem war ich glücklich mit der Arbeit an meinem Atelier. Und – okay – ich war glücklich mit Ford. Er konnte sehr witzig sein, und bei allem, was mit Büchern zu tun hatte, war er ein wunderbares Gegenüber. Jeden Abend, wenn ich das Essen machte, las er mir aus einem der vielen Bücher über Fotografie vor, die er bestellt hatte, und wir lernten dabei beide eine Menge.

Und seine Großzügigkeit kannte keine Grenzen. Ich stellte eine Liste der wichtigsten Dinge zusammen, die ich für mein Fotostudio brauchte, aber Ford ergänzte und verbesserte sie, bis mir übel wurde, als ich den Gesamtpreis sah.

»Das kann ich Ihnen niemals zurückzahlen«, sagte ich und gab ihm die Liste zurück.

Ford zuckte die Achseln. »Da finden wir schon eine Möglichkeit.«

Anfangs hätte ich angenommen, er redete von Sex, aber inzwischen hatte ich begriffen, dass Ford nicht in solchen Kategorien an mich dachte. Tatsächlich glaubte ich allmählich, er sah in mir die Tochter, die er nie gehabt hatte. Und um ehrlich zu sein: So langsam deprimierte mich das. Schön, vielleicht hatte ich, als ich ihn kennenlernte, ziemlich beinhart darauf bestanden, dass es zwischen uns keinen Sex geben würde. Aber da war ich auch mit Kirk verlobt gewesen, und als ich mit Ford nach Cole Creek aufgebrochen war, war ich soeben von einem Mann beklaut worden. Da war mein Misstrauen gegen Männer vielleicht verständlich. Aber mittlerweile ... na ja, mittlerweile fand ich ihn eigentlich ziemlich attraktiv. Aber seit wir in Cole Creek waren, war er hinter anderen Frauen her gewesen, erst hinter Rebecca, jetzt hinter Dessie. Und ich durfte immer nur seine Assistentin und seine Geschäftspartnerin sein.

Am Samstag war unser kleiner Haushalt in Aufruhr. Zunächst mal hatte ich schlechte Laune, weil Ford sich am Abend zuvor wegen Dessie zum Narren gemacht hatte. Es störte mich nicht, dass er vor allen Leuten geweint hatte – das war ja irgendwie süß –, aber es störte mich durchaus, dass er nicht aufhörte, sie anzustarren. Sie trug ein Kleid, das von ihren gewaltigen Brüsten so viel zeigte, wie gerade noch legal war, einen breiten Gürtel, der ihre zunehmende Taille einschnürte, und einen weiten Rock, der einen Hintern zu tarnen versuchte, der einen Umfang von mindestens hundertzwanzig Zentimetern hatte. Dessie redete und lachte den ganzen Abend, aber Ford saß bloß da, nuckelte an einem Bier und schaute sie an. Er starrte auf ihre kleinen pinkfarbenen Zehennägel, bis ich den Stuhl wegzog, auf den sie die Füße gelegt hatte. Da musste sie ihre lackierten Zehen unter dem Tisch verstecken.

Aber – nein, ich glaube nicht, dass ich eifersüchtig war. Ich glaube, wenn Dessie sich benommen hätte wie eine Frau, die dabei war, sich zu verlieben, hätte mich das glücklich gemacht.

Selbst wenn ich gesehen hätte, dass sie scharf auf Ford war, wäre das okay gewesen. Aber Allie hatte mir erzählt, alle in Cole Creek wüssten, dass Dessie mit ihrem fünfundzwanzigjährigen Gärtner ins Bett ging.

Einmal sah ich, wie sie Nate anschaute, und sofort rückten Nates Großmutter und ich zwischen sie und den wunderschönen Jungen. Als Dessie da lachte, war es die einzige ehrliche Regung, die ich während des ganzen Abends in ihrem Gesicht sah.

Jedenfalls – am Samstagmorgen hatte ich schlechte Laune, und deshalb beschloss ich, meine Kamera einzupacken und ein paar Blumen zu fotografieren. Aber als ich gerade losziehen wollte, kreuzte Ford auf und bestand darauf, mitzukommen.

Er hat ein paar gute Seiten, aber er kann einen auch zur Raserei bringen wie kein zweiter Mann auf Erden. Als ich ihn schließlich ausgerüstet hatte, stand die Sonne hoch am Himmel. Das bedeutete, ich würde keine interessanten Schatten auf den Blumen mehr bekommen. Ich wünschte von ganzem Herzen, ich hätte ihn den Tag mit Dessie verbringen lassen. Sollte sie doch mit ihm machen, was sie wollte.

Und es kam noch schlimmer. Als wir endlich auf dem Pfad waren, maulte er bei jedem Schritt. Wir gingen höchstens eine Meile weit den Berg hinauf, aber wenn man Fords Gemecker hörte, hätte man glauben können, wir seien auf einem Dreißig-Meilen-Survival-Marsch. Er aß und trank ununterbrochen, er grunzte und ächzte bei jedem Zweiglein, das auf seinem Weg lag, und er winselte sogar wegen der Spinnweben, die er ins Gesicht bekam. Am liebsten hätte ich ihn geohrfeigt!

Am Ende aber war es doch gut, dass er dabei war, denn ich hatte wieder einen Katastrophentraum. Nur, dass ich diesmal wach war. Einigermaßen wach jedenfalls. Ich glaube, ich hatte einen kurzen Blackout. Als ich zu mir kam, hatte Ford ein Feuer angezündet und einen Becher Wasser heißgemacht und fing an, mich mit einem dieser pseudonahrhaften Riegel zu füttern, die er dutzendweise in sich hineinstopft.

Er war es, der auf den Gedanken kam, dass ich wieder eine Vision gehabt hatte, und kaum hatte er es ausgesprochen, wusste ich, er hatte Recht.

Noch dreißig Minuten vorher hatte er mit der Energie einer toten Schnecke auf dem Boden gelegen, und plötzlich legte er los wie ein Düsentriebwerk. Er schnappte sich beide Rucksäcke, hängte sich einen auf den Rücken und einen vor die Brust, und dann rannte er zurück zum Truck. Ja, er *rannte*.

Als er losfuhr, musste ich mich festhalten, als ginge es ums liebe Leben. Er stellte mir eine Million Fragen nach meiner Traum-Vision, aber ich konnte mich kaum konzentrieren, weil ich Angst hatte, der Truck würde sich überschlagen. Und was mich wirklich erstaunte, war die Tatsache, dass er dabei nur eine Hand am Steuer hatte und daran anscheinend überhaupt nichts Ungewöhnliches fand. In allen seinen Büchern ließ er keinen Zweifel daran, dass er (in seiner fiktionalen Gestalt) nicht so war wie seine Verwandten, die Rednecks, aber an diesem Tag fehlten nur noch eine Zigarette im Mundwinkel und eine Schrotflinte im Rückfenster, und ich hätte ihn gegen jeden Billy Joe Bob in den USA antreten lassen.

Obwohl ich mir mehrmals den Kopf an der Decke stieß, gelang es mir, mit seinem Handy Dessie anzurufen. Sie rief ich an, weil ich sicher war, dass sie sich für nichts interessierte außer für sich selbst. Allie hätte mir hundert Fragen gestellt, von denen ich keine beantworten wollte.

Dank Dessie fanden wir das Haus meiner Traum-Vision in Rekordzeit, und wir schlichen uns zur Hintertür hinein und löschten das Feuer, bevor alles in Flammen aufgehen konnte.

Ich muss sagen, die ganze Sache war berauschend. Die wilde Autofahrt, und dann die erfolgreiche Rettung der beiden Kinder ... na ja, um ehrlich zu sein, es törnte mich an. Am liebsten hätte ich mir die Kleider vom Leib gerissen, mich von oben bis unten mit Champagner begossen und dann Sex gehabt, bis die Sonne aufging. Mit Ford. Ja, das schockierte mich auch ein bisschen, aber als wir lachend nach Hause fuhren, sah es wirklich ein bisschen so aus, als könnten wir es am Ende miteinander treiben. Vielleicht nicht die ganze Nacht – bei einem Mann seines Alters und seiner Kondition –, aber doch ...

Auf meine Anregung hin machten wir unterwegs halt und holten uns Pizza und Bier zum Mitnehmen, und ich überlegte mir, wie ich am besten vorschlagen könnte, dass wir doch ... Hm ... Aber als wir bei unserem schönen Haus ankamen, saß Dessie mit einem Korb Champagner und geräucherten Austern vorn auf der Veranda und erzählte, sie sei fast krank vor Sorge um Ford gewesen. Ihr Akzent war jetzt noch mehr der einer klassischen Südstaatenschönheit, und sie hatte es sogar geschafft, den Gürtel noch ein Loch enger zu schnallen. Ich fragte mich, ob sie sich eine Darmspülung hatte machen lassen.

Ford warf mir einen Was-soll-ich-machen?-Blick zu, und ich sagte, ich sei müde und wolle ins Bett. Er wollte mir väterlich kommen, aber ich schob seine Hand von meiner Stirn und ging nach oben. Ich musste alle meine Fenster schließen, um Dessies exaltiertes Lachen nicht zu hören, während sie und Ford fast die ganze Nacht auf der Veranda saßen und plauderten.

Auch wenn ich nicht eifersüchtig war – am Sonntag war ich doch einsam. Weil er so lange aufgeblieben war, stand Ford erst gegen Mittag auf, und auch dann sah ich, dass er mit seinen Gedanken woanders war. Ich machte ihm ein großes Käse-Omelette, stellte ihm den Teller hin und ging in den Garten, um eins der neuen Bücher über Fotografie noch einmal zu lesen.

Ich hatte vorgehabt, in die Kirche zu gehen, aber ich war so faul, dass ich kein echtes Interesse dafür aufbrachte.

Gegen halb eins rief ich Allie an, aber sie meldete sich nicht.

Während das Telefon noch klingelte, hörte ich Fords Wagen. Ich schaute aus dem Fenster und sah ihn wegfahren. Er hatte nicht mal Auf Wiedersehen gesagt!

Ich sank auf den kleinen Polsterhocker neben dem Telefon und fühlte mich plötzlich allein gelassen.

Nein, eigentlich kam ich mir zum ersten Mal vor wie eine Angestellte. Ja, ich weiß, er zahlte mein Gehalt, aber trotzdem ...

Es war absurd, und ich wusste, dass ich mich aufführte wie ein kleines Kind, aber zum ersten Mal, seit wir hier waren, waren Ford und ich nicht zusammen. Ob Dessie ihm ein göttliches Essen kochen würde? Würde sie eine schwarze Stierkämpferhose und eine rote Bluse tragen? Würde sie ihm ein metertiefes Dekolleté präsentieren?

Ich tat einen tiefen Seufzer voller Abscheu gegen mich selbst. Dafür, dass ich nicht eifersüchtig war, benahm ich mich jedenfalls auffallend so, als wäre ich es.

Vielleicht hatte ich nur Langeweile. Ich rief bei Nate an. Vielleicht hatten er und seine Großmutter Lust, zum Lunch zu kommen, oder sie würden mich zu sich einladen. Die Großmutter war eine nette Frau, und es hatte mir Spaß gemacht, Ford zu erzählen, dass sie in seinem Alter war. Ford hatte geantwortet, er werde sie trotzdem nicht heiraten, und folglich werde Nate nicht das Zimmer mit mir teilen müssen. Ich könne meine Versuche ruhig aufgeben. Und wie immer hatten wir zusammen gelacht.

Bei Nate meldete sich auch niemand.

»Wo sind denn alle?«, fragte ich laut. Gab es wieder eine Tea Party, und ich war nicht eingeladen? Vielleicht war Ford jetzt da, dachte ich. Vielleicht gingen er und Dessie ohne mich auf die Party.

Ich musste mich zusammenreißen. Und ich musste eine Beschäftigung finden, die nichts mit anderen Leuten zu tun hatte. Mit anderen Worten: Ich musste fotografieren.

Ich zögerte und musste ein Gefühl der Panik niederkämpfen. Was wäre, wenn ich in den Wald ginge und wieder eine Vision hätte? Wer würde mir helfen, wenn ich noch einen solchen Blackout hätte? Und was noch wichtiger war: Wer würde mir helfen, das Entsetzliche zu verhindern, das ich sah?

Ich blieb einen Moment sitzen und hielt mir selbst einen Vortrag über Abhängigkeit. Ich hatte sechsundzwanzig Jahre herrlich und in Freuden gelebt, bevor ich Ford Newcombe kennenlernte. Also konnte ich jetzt wohl einen Nachmittag ohne ihn verbringen.

Ich stand auf und ging hinauf in mein Zimmer. So leer wie jetzt kam mir das Haus zu groß und zu alt vor, und es knarrte zu sehr. Es war, als hörte ich aus jeder Ecke ein Geräusch. Der Kammerjäger hatte die Bienen beseitigt, aber jetzt fragte ich mich, ob auf dem Dachboden vielleicht Wespen waren. Oder Vögel.

Ich sah nach, ob in meinem großen Kamerarucksack Batterien und Filme waren, und dann trug ich ihn nach unten. Ich wusste nicht, wohin ich gehen wollte, nur raus!

Ich brauchte nur eine Meile weit auf einer schmalen Straße zu gehen und kam zu einem Schild mit der Aufschrift »Wanderweg«. Es sah handgeschnitzt aus – und vielleicht war es das auch –, und es gab einem das Gefühl, auf eine abenteuerliche Wanderung zu gehen.

Der Weg war breit und ausgetreten, die nackte Erde festgestampft, und die bloßliegenden Baumwurzeln waren von ungezählten Füßen blank poliert. Warum erinnere ich mich nicht an diesen Pfad?, dachte ich und musste dann lachen. Ich fand es unheimlich, wenn ich mich an Dinge erinnerte, und ich war verwundert, wenn ich es nicht tat.

Schon nach wenigen Minuten hatte ich Blumen gefunden, die sich festzuhalten lohnten. Ich setzte meine F100 auf das Stativ, legte einen Fuji Velvia ISO 50 ein und fotografierte ein paar Klapperschlangen-Wegerichstauden, die an einem sonnenbeschienenen Fleckchen standen. Ich drückte auf den Drahtauslöser und hielt den Atem an, damit kein Lufthauch ein Blatt bewegen und das Bild verschwommen machen konnte. Es war in diesem Moment absolut windstill, und so konnte ich auf konturscharfe Fotos hoffen.

Ich fotografierte gern Blumen. Ihre leuchtenden Farben befriedigten das Kind in mir, das immer noch die grellsten Buntstifte in der Schachtel am liebsten hatte. Ich konnte Bilder in strahlendem Rot und Rosa und Grün anschauen und immer noch das Gefühl haben, ich hätte etwas »Natürliches« geschaffen.

Wenn ich Menschen fotografierte, gefiel mir das Gegenteil. Der Ausdruck auf den Gesichtern und die Gefühle, die sich darin zeigten, waren für mich die pyrotechnische »Farbe« solcher Fotos. Aber ich fand, dass Farbfilm die Aufmerksamkeit zu oft auf eine zu rote oder altersfleckige Haut lenkte und die Gefühle verbarg, die ich zeigen wollte. Und wie konnte man ein Kindergesicht anschauen, wenn es mit einem T-Shirt konkurrieren musste, auf dem vier orangerote Nashörner tanzten?

Im Laufe der Jahre hatte ich gelernt, meine Lust auf Farbe mit Fotos von bunten Blumen zu stillen, und dazu benutzte ich Filme von feinster Körnung. So konnte ich ein Staubfädchen auf 9x12 vergrößern und hatte immer noch ein gestochen scharfes Bild. Und meiner Vorliebe für das Innenleben anderer Menschen frönte ich mit Schwarzweißfilm – echtem Schwarzweißfilm, der noch in Handarbeit entwickelt und nicht durch eine riesige Maschine genudelt wurde.

Ich verschoss vier Rollen Velvia und zwei Ektachrome, und dann packte ich zusammen und machte mich auf den Heimweg. Es war kurz vor vier, und ich war hungrig und durstig, aber ich hatte nichts zu essen dabei. Vermutlich hatte ich mich in den vergangenen Wochen daran gewöhnt, mit Ford zusammen zu sein; wo immer er hinging, waren Essen und Trinken nicht weit entfernt.

Ich gestattete mir einen tiefen Seufzer voller Selbstmitleid, als ich meinen Rucksack schulterte und auf dem Pfad zurückging. Aber in Wahrheit ging es mir besser. Ich fühlte mich nicht mehr einsam, und ich war nicht mehr wütend auf Ford. Ich hatte einen schönen Nachmittag verbracht, und ich war sicher, dass ich ein paar gute Bilder gemacht hatte. Vielleicht könnte ich ja eine Serie von Ansichtskarten zusammenstellen und an Touristen verkaufen, die durch die Appalachen reisten, dachte ich.

Oder vielleicht ...

Ich blieb stehen und sah mich um. Ich erkannte die Gegend nicht mehr. Vor mir floss ein schmaler Bach, aber ich wusste, dass ich auf dem Herweg keinen Bach überquert hatte. Ich machte kehrt und suchte den Wanderpfad, auf dem ich gekommen war – und die ganze Zeit malte ich mir aus, wie leid es Ford Newcombe tun würde, wenn die Nationalgarde alarmiert werden müsste, damit sie nach mir suchte. »Ich hätte sie niemals allein lassen dürfen«, würde er dann sagen.

Ich ging ungefähr zwanzig Minuten geradeaus, aber ich sah nichts, woran ich mich erinnern konnte. Ich fing an, mir Sorgen zu machen, als ich nach links schaute und die Sonne auf etwas Beweglichem blitzen sah.

Neugierig, aber auch ein bisschen ängstlich, weil ich nicht wusste, wo ich war, verließ ich den Weg und ging in den Wald hinein. Ich bemühte mich, so leise wie möglich auf dem weichen Boden zu gehen, und machte tatsächlich kaum ein Geräusch. Im Wald war es ziemlich dunkel; es gab viel Unterholz, aber vor mir sah ich Sonnenschein. Wieder blitzte etwas auf, und das Herz schlug mir bis zum Hals. Was würde ich gleich sehen? Der Gedanke an Jack the Ripper und ein blitzendes Messer ging mir durch den Kopf.

Als ich den Rand des Waldes erreichte und durch die Bäume sehen konnte, hätte ich beinahe laut gelacht. Vor mir lag ein Garten. Ein alter Zaun auf der anderen Seite brach fast zusammen unter der Last der pinkfarbenen Rosen, die ihn überwucherten. Ein leichter Wind kam auf, und Rosenblätter wehten sanft flatternd zu Boden.

Das Gras war vor kurzem gemäht worden, und es duftete so himmlisch, dass ich für einen Moment die Augen schloss. Der Wald, in dem ich war, begrenzte den Garten zur einen Seite, der Zaun zur zweiten und zur dritten. Auf der vierten Seite, rechts von mir, wuchsen schattige Bäume so dicht, dass ich das Haus nicht sehen konnte, das vermutlich ein Stück weiter oben auf einer Anhöhe stand.

Aber in Wahrheit hätte da oben das Weiße Haus stehen können, und ich hätte es nicht gesehen. Ich war abgelenkt.

Unter einem riesigen Schattenbaum stand eine hölzerne Parkbank, und darauf saß ein Mann. Ein sehr, sehr gut aussehender Mann, groß und schlank. Sein Nacken ruhte auf der Lehne, und er hatte die langen Beine vor sich ausgestreckt. Er trug Bluejeans, graue Wanderstiefel und ein dunkelblaues Jeanshemd mit Druckknöpfen. Sein dichtes Haar war rabenschwarz – und es sah nicht gefärbt aus. Das silbrige Blitzen, das ich gesehen hatte, kam von einem Becher. Er trank etwas Heißes, Dampfendes aus dem Deckel einer großen Aluminium-Thermosflasche, die zu seinen Füßen auf dem Boden stand.

Daneben lag eine blaue Segeltuchtasche, aus der ein langes, krustiges französisches Brot ragte. Und neben dieser Segeltuchtasche sah ich – ich hielt den Atem an und riss die Augen so weit auf, dass sie wehtaten – eine Billingham-Kameratasche. Billingham-Taschen wurden in England hergestellt, und sie sahen aus wie etwas, das der Herzog von Dingsda mit sich herumtrug, ererbt von seinen Ahnen. Prinz Charles hat mal gesagt, er glaube nicht, dass irgendjemand Tweedjacken wirklich kaufe. Eine Tweedjacke sei etwas, das man einfach habe. So sahen Billingham-Taschen aus: Als wären sie immer schon da gewesen. Sie waren aus Segeltuch und Leder und hatten Messingschnallen. Und um Prinz Charles wieder beiseite zu lassen – die Wahrheit war, dass man Billingham-Taschen durchaus kaufen konnte, aber genau wie Tweedjacken kosteten sie ein Heidengeld.

Ich lauerte wie eine Voyeurin zwischen den Bäumen und gierte nach seiner großen Kameratasche, als ich spürte, dass der Mann mich anschaute. Und richtig, als ich aufblickte, sah er mich an. Ein leises Lächeln spielte auf seinen Lippen, und der Blick seiner dunklen Augen war warm.

Ich wurde um mindestens vier Schattierungen roter und wollte mich in den Wald zurückflüchten. Wie ein Einhorn, dachte ich. Aber Einhörner wussten wahrscheinlich, wie sie aus dem Wald hinausfanden.

Ich holte tief Luft und versuchte, so zu tun, als sei ich erwachsen, als ich auf ihn zuging. »Ich wollte Sie nicht beobachten«, sagte ich. »Ich wollte nur ...«

»Sicher sein, dass ich nicht der örtliche Massenmörder bin?«

Von vorn betrachtet, sah er noch besser aus, und er hatte eine wunderschöne Stimme, volltönend und weich. O nein, dachte ich. Ich sitze in der Tinte.

Er rückte auf der Bank zur Seite und winkte mir, neben ihm Platz zu nehmen. Er war auf eine kultivierte, elegante Art so schön, dass ich mich zwang, die Rosen anzuschauen, als ich den Rucksack abnahm. »Die sind hübsch, nicht wahr?«

»Ja.« Er schaute zu den Blumen hinüber. »Ich wusste, dass sie jetzt blühen. Deshalb bin ich eigens heute hergekommen.«

Ich stellte meine Vinyl-und-Segeltuch-Kameratasche auf den Boden neben seine Billingham. Es sah aus wie ein Statement: Neue Welt und Alte Welt.

Ich setzte mich ans äußerste Ende der Bank und schaute weiter zu den Rosen hinüber. Aber der Mann befand sich zwischen ihnen und meinen Augen, und deshalb schweifte mein Blick ab.

Er wandte sich mir zu. Seine Augen funkelten, und sein Lächeln war bezaubernd. Als ich Ford besser kennengelernt hatte, hatte ich mich an seine Blicke gewöhnt, aber vor diesem Mann fühlte ich mich wie ein pickliger Teenager, allein mit dem Captain des Football-Teams.

»Sie müssen Jackie Maxwell sein«, sagte er.

Ich stöhnte. »Eine kleine Stadt.«

»O ja. Sehr klein. Ich bin Russell Dunne.« Er streckte mir die Hand entgegen.

Ich schüttelte sie kurz und ließ sie wieder los. Das war genug Selbstdisziplin für dieses Jahr, dachte ich. Diese große, warme Hand loszulassen war nicht leicht gewesen.

»Ist das Ihr Haus da oben?« Ich drehte mich um und spähte zwischen den Bäumen hindurch, aber ich sah nur noch mehr Bäume.

»Nein«, sagte er. »Nicht mehr wenigstens.«

Ich hätte gern gefragt, was er damit meinte, aber ich tat es nicht. Ich fühlte mich so stark von diesem Mann angezogen, dass es wie ein elektrischer Strom durch meinen Körper ging.

»Sie haben nicht vielleicht Hunger? Ich habe zu viel Proviant mitgebracht; entweder wird es aufgegessen, oder ich muss es zurückschleppen.« Er sah mich unter langen, kräftigen Wimpern hervor an. »Es ist schwer. Sie würden mir helfen, wenn Sie es mit mir teilen würden.«

Was sollte ich machen? Mich weigern, ihm zu helfen? Ha ha.

»Gern«, sagte ich, und im nächsten Moment stand er vor mir und streckte sich. Ja, klar, er gab mit seinem zum Umfallen hinreißenden, sexy Körper an, aber trotzdem ...

Ich zwang mich, nicht länger hinzustarren, als er seine Tasche aufhob und ein rot-weiß kariertes Tischtuch herausnahm. Ich wusste, dass dieses Muster ein bisschen abgeschmackt war, aber auf dem dunkelgrünen Gras sah es trotzdem perfekt aus.

»Helfen Sie mir?«, fragte er und setzte sich an die eine Seite des Tuches.

Einen geradezu peinlich winzigen Augenblick später saß ich vor dem Tuch, genau wie er den prachtvollen Rosen zugewandt, und arrangierte die Sachen, die er aus seiner Tasche nahm.

Ich muss sagen, er hatte wirklich eine Menge in diese Tasche hineingekriegt. Es gab sogar eine kalte Flasche Weißwein und zwei Kristallgläser – von der Sorte, die »ping« macht, wenn man damit anstößt – und Teller von Villeroy und Boch. Und das Essen war wundervoll: diverse Käse, Paté, Oliven, verschiedene Päckchen mit kaltem Fleisch und drei Sorten Salat.

»Das ist wie mit den fünf Broten und zwei Fischen«, sagte ich.

Er hörte mit dem Auspacken auf und sah mich verständnislos an. »Wie meinen Sie das?«

Er hatte offenbar nicht viel Zeit in der Kirche verbracht. Also erzählte ich ihm, wie Jesus die Menge mit ein paar Fisch-Sandwiches gefüttert hatte.

Die Geschichte schien ihn zu erheitern. Er lächelte. »Nichts Biblisches. Nur ein geübter Einpacker.«

Bei jedem anderen hätte ich angenommen, mein Witz sei

danebengegangen, aber sein Lächeln war so freundlich, dass ich es erwiderte. Er schenkte uns Wein ein, brach ein paar Stücke von dem Baguette ab und reichte mir einen Teller mit Käse und Oliven. Es war genau die Art Mahlzeit, die ich am schönsten fand.

Nachdem wir ein bisschen gegessen hatten, lehnte ich mich zurück, stützte mich auf einen Ellenbogen, trank meinen köstlichen Wein und betrachtete die Rosen. »Erzählen Sie mir von sich«, sagte ich.

Er lachte, und der Klang war so voll und sahnig wie der Brie. »Viel lieber wäre mir, wenn Sie mir erzählen, worauf ganz Cole Creek schrecklich neugierig ist. Was ist zwischen Ihnen und Ford Newcombe?«

Verblüfft sah ich ihn an. »Wieso interessiert das irgendjemanden?«

»Aus dem gleichen Grund, weshalb Sie alles über mich wissen wollen.«

»Touché.« Ich lächelte und fing an, mich zu entspannen. Seine körperliche Anziehungskraft war so stark, dass ich auf mein gutes Benehmen nicht vertrauen konnte, aber ich beruhigte mich doch allmählich so weit, dass ich wieder denken und reden konnte. »Also, wer fängt an?«

»Wie wär's mit Schere, Papier und Stein?«, schlug er vor, und ich lachte wieder. Auf diese Weise hatten mein Vater und ich oft geklärt, wer die lästigeren Aufgaben zu übernehmen hatte.

Ich gewann. »Wer sind Sie? Warum waren Sie nicht auf der alljährlichen Tea Party von Cole Creek, und was ist mit Ihrem Haus da oben passiert?« Bei der letzten Frage spähte ich blinzelnd in den tiefen Schatten des Waldes.

»Okay.« Er kaute, schluckte und und klopfte sich die Krümel von den Händen. Dann stand er auf, verbeugte sich vor mir und legte einen Finger an die Schläfe. Ich wusste, jetzt imitierte er Jack Haley, den Blechmann aus dem *Zauberer von Oz* – einem meiner Lieblingsfilme.

»Russell Dunne«, sagte er. »Vierunddreißig Jahre alt. Außerordentlicher Professor für Kunstgeschichte an der University of North Carolina in Raleigh. Ich habe in Cole Creek gewohnt, bis ich neun war, und nach unserem Umzug waren wir noch manchmal hier auf Verwandtenbesuch. Meine Mutter ist in dem Haus aufgewachsen, das da oben stand, aber es ist vor ungefähr zehn Jahren abgebrannt. Ich war verheiratet, aber jetzt bin ich Witwer, ich habe keine Kinder und eigentlich keine echte Bindung. Auf der Party war ich nicht, weil ich nicht hier wohne und in der Stadt nicht als zugehörig gelte.« Er sah mich mit lachenden Augen an. »Sonst noch was?«

»Was ist in der Billingham?«

Aus seinem Lachen wurde gespielte Ernsthaftigkeit. »Jetzt kommen wir zu Ihrem wahren Interesse an mir. Und dabei dachte ich, es ist mein Charisma. Oder wenigstens der Käse.«

»Tja«, sagte ich und war froh, so tun zu können, als überlegte ich nicht bereits, wen ich als Brautjungfern nehmen wollte. »Was für eine Ausrüstung haben Sie da drin?«

Er ging zur Bank, holte die große Tasche, stellte sie auf den Rand des karierten Tischtuchs und nahm eine Kamera heraus, die ich nur aus Katalogen kannte: eine Nikon D1-X.

»Digital?«, sagte ich, und ich hörte den verächtlichen Unterton in meiner Stimme. Ich schätzte die automatische Entfernungseinstellung an meinen Kameras, aber das war für mich die Grenze des Modernen. Ich hasste Zoom-Objektive, weil ich fand, dass sie keine so klaren Bilder brachten wie ein starres Objektiv. Und was Digitalkameras anging – die waren was für Eigenheimbesitzer. Obwohl ich wusste, dass seine nackte Kamera – ohne Objektiv – ein paar tausend Dollar im Großhandel kostete, war es in meinen Augen doch keine »richtige« Kamera.

Er richtete die Kamera auf die sonnenbeschienenen Rosen, drückte zwei Mal auf den Auslöser, öffnete dann eine

Klappe an der Seite und zog eine Plastikkarte heraus. Während ich meinen Wein trank, holte er ein kleines Gerät aus seiner Tasche – zwei davon hätten in einen Schuhkarton gepasst. Zuerst hielt ich es für einen tragbaren DVD-Player und fragte mich, was für einen Film er mir jetzt zeigen wollte. Hoffentlich war er nicht allzu erotisch, denn sonst würde ich die Hände niemals von ihm lassen können.

Als er die Karte in das Gerät schob, hielt ich inne; das Weinglas schwebte vor meinem Mund, und ich glaube, ich atmete erst wieder, als ein Foto aus dem Ding hervorkam. Er reichte es mir herüber, und ich stellte mein Glas ab und bestaunte einen 10x16-Abzug von makelloser Farbe und Klarheit. Ich konnte die Dornen an den Rosenstielen sehen.

»Oh.« Mehr brachte ich nicht heraus. »Oh.«

»Natürlich kann man die Bilder noch im Computer bearbeiten, und es gibt sehr viel bessere Drucker als dieses Spielzeug – aber Sie sehen, worum es geht.«

O ja, dachte ich. Ich sah die Einsatzmöglichkeiten. Eine Art New-Age-Polaroid.

»Aber ich benutze auch die hier.« Er nahm eine große Nikon F5 aus der Tasche. Nehmen Sie meine Kamera, fügen Sie ein paar Features und ein Kilogramm hinzu, und Sie haben eine F5.

Ich liebe schwere Kameras. Wirklich. Das habe ich Jennifer mal erzählt, und da sagte sie: »Ja, das ist wie ein schwerer Mann.«

Vielleicht war da etwas Sexuelles im Spiel, wie sie es andeutete, aber eine Kamera, die viel wog, hatte etwas so fundamental Solides, dass ich mich für die kleinen, leichten nie interessieren konnte.

Was er mir zeigte, hatte mich beeindruckt, aber ich wollte nicht allzu überschwänglich reagieren. »Und was haben Sie da sonst noch?«

Er hob die Verschlussklappe und spähte in die Tasche. »Einen Scanner, 15x15. Zwei Lampen. Einen oder zwei

Hintergründe. Ein Motorrad zum Nachhausefahren.« Als er mich wieder ansah, lachten wir beide.

Das mit dem Motorrad war vielleicht ein Scherz gewesen, aber als er sich wieder hinsetzte, hatte er eine handflächengroße Nikon-Digitalkamera in der Hand, von der ich wusste, dass sie neu auf dem Markt war und als Spitzenklasse galt.

»Die letzte. Ehrlich«, sagte er. »Na los, probieren Sie's.«

Aber als ich die Kamera auf ihn richtete, legte er die Hände vor das Gesicht. »Alles außer mir.«

Ich visierte die Rosen an. Hätte ich mit Ford hier gesessen, hätte ich wahrscheinlich ein Dutzend Fotos von ihm geschossen, Hände hin, Hände her. Aber bei diesem Mann fühlte ich mich nicht sicher genug, um gegen seinen Wunsch zu handeln. Vielleicht hatte ich auch in diesen Mädel-Modus geschaltet und wollte ihn nicht verstimmen.

»Jetzt sind Sie an der Reihe«, sagte er, als ich mit der Kamera spielte und auf die vielen Knöpfe drückte, um zu sehen, was passierte.

»Zwischen Ford Newcombe und mir ist absolut nichts«, sagte ich mit Nachdruck. »Tatsächlich hat er heute ein Date mit der berühmtesten Einwohnerin von Cole Creek.«

»Ah«, sagte Russell in einem Ton, der mich aufblicken ließ. Er hatte ein beeindruckendes Profil mit scharf geschnittenen, klaren Zügen, wie aus Stein gemeißelt. Ich wette, Dessie würde ihn gern porträtieren, dachte ich, und dann begriff ich, was für einen Tonfall ich da gehört hatte.

»Kennen Sie Dessie?«, fragte ich gelassen.

»O ja. Aber kennen nicht alle Männer die Dessies dieser Welt?«

Autsch!, dachte ich. Das war ein Verdammungsurteil, wenn ich je eins gehört hatte. Im selben Augenblick schwor ich mir, mich nie und nimmer an den wunderschönen Russell Dunne heranzumachen. Niemals sollte er oder sonst irgendein Mann je so von mir sprechen. »Sie ist ...?« Ich wusste nicht genau, wie ich die Frage formulieren sollte. Wie groß war die Gefahr, in der mein Boss da schwebte?

Als Russell mich ansah, lag keine Spur von Humor in seinem Gesicht. Seine dunklen Augen schauten mich durchdringend an – und mir war, als müsste ich unter seinem Blick verwelken. »Hören Sie, tun Sie mir einen Gefallen, ja?«

»Was Sie wollen«, sagte ich, und leider meinte ich es ernst.

»Erzählen Sie niemandem in Cole Creek, dass Sie mich getroffen haben, vor allem nicht Newcombe. Er könnte es Dessie erzählen, sie würde es weitererzählen, und es könnte, na ja, unangenehm werden. Ich bin nicht willkommen in Cole Creek.«

»Warum denn nicht?«, fragte ich entsetzt. Ein Mann mit seinen eleganten Manieren war nicht willkommen? Neben ihm sah James Bond aus wie ein Redneck!

Russell lächelte mich an, und ich wollte mich auf den Rücken legen und die Arme ausbreiten.

»Sie tun meinem Ego gut, Miss Maxwell.«

»Jackie«, sagte ich und versuchte aufrecht sitzen zu bleiben. Ich zwang mich, wieder die Kamera zu betrachten. »Okay, ich werde Ihre Geheimnisse bewahren, aber ich muss sie alle erfahren.« Ich bemühte mich, unbekümmert und vielleicht sogar weltgewandt zu wirken. Ich fummelte an dem Zoom-Schalter herum, ließ das Objektiv ein- und ausfahren und schaltete dann auf Displaymodus, um mir die paar Bilder anzusehen, die er gemacht hatte. Lauter Landschaften. Alle perfekt.

Nach einer Weile schaute er wieder zu den Rosen hinüber, und ich entspannte mich.

»Ich habe eine schlechte Kritik über eine von Dessies Ausstellungen geschrieben«, sagte er. »Ich verdiene als Kunstkritiker ein bisschen Geld nebenher, und ich habe meine ehrliche Meinung wiedergegeben, aber niemand in Cole Creek hat es mir verziehen.«

Ich vollführte keinen Freudentanz, aber am liebsten hätte ich es getan. Natürlich war es richtig gemein von mir, Dessie schlechte Kritiken zu gönnen, aber trotzdem ...

»Das ist alles? Die Stadt kann Sie nicht leiden, weil Sie über eine Einwohnerin eine schlechte Kritik geschrieben haben?« Ich schaute zu ihm auf.

Bei seinem kleinen, halbseitigen Lächeln kräuselten sich mir die Socken von den Füßen. Wäre ich in einem Disney-Film gewesen, hätte jetzt kleine blaue Drosseln mich umflattert und an meinem seidenen Kleid gezupft.

»Das und zusätzlich die Tatsache, dass ich ein Außenseiter bin, der weiß, dass sie hier eine Frau zu Tode gequetscht haben«, sagte er.

Beinahe hätte ich die Kamera fallen lassen. Wenn ich von einer Klippe gestürzt wäre, hätte ich wahrscheinlich jede Kamera schützend an mich gedrückt, aber bei Russells Worten wäre mir das wunderbare Gerät wirklich beinahe aus der Hand gerutscht.

»Schockiert?« Er sah mich fest an, aber ich konnte nur nicken. »Schockiert über das, was ich gesagt habe, oder schockiert, weil ich es weiß?«

»Weil Sie es wissen«, brachte ich hervor, und meine Stimme war so heiser, dass ich mich räuspern musste.

Er betrachtete mich forschend, und dann schaute er weg. »Lassen Sie mich raten. Newcombe hat irgendwie Wind von der Geschichte bekommen, aber als er Fragen stellte, wusste kein Mensch in Cole Creek etwas darüber.«

Ich war bereit, mit diesem Mann durchzubrennen oder doch jedenfalls eine wilde Affäre anzufangen, aber ich war nicht bereit, ihm zu offenbaren, was ich herausgefunden hatte, seit ich in diese Stadt gekommen war. Wenn ich das täte, würde ich mich vielleicht verplappern und ihm von meinen Visionen und Erinnerungen erzählen. Ich beschloss, so wenig wie möglich von dem preiszugeben, was ich wusste.

»Genau«, sagte ich. »Miss Essie Lee.« Russell lächelte. »Ah ja. Die unnachahmliche Miss Essie Lee. Sie war dabei, wissen Sie. Sie hat Steine auf die arme Frau gehäuft, und nicht zu knapp.«

Ich bemühte mich, Ruhe zu bewahren. Ich hatte Zeitungsartikel über schreckliche Ereignisse gelesen, oder? Aber mir drehte sich der Magen um, wenn ich daran dachte, dass ich jemandem, der etwas so Abscheuliches getan hatte, so nah gewesen war. »Wurde irgendjemand angeklagt?«, fragte ich.

»Nein. Alles wurde vertuscht.«

Ich stellte die Frage, die Ford so sehr liebte. »Warum? Warum sollte jemand so etwas tun?«

Russell zuckte die Achseln. »Eifersucht, würde ich vermuten. Amarisa wurde von vielen geliebt – und von einigen gehasst.«

»Amarisa?«

»Die Frau, die zerquetscht wurde. Ich kannte sie, als ich klein war, und ich fand sie sehr nett. Sie war ... Sind sie sicher, dass Sie das alles hören wollen?«

»Ja.« Ich legte die Kamera aus der Hand, zog die Knie an die Brust und machte mich bereit, ihm zuzuhören.

»Amarisas Bruder, Reece Landreth, kam nach Cole Creek, um eine kleine Fabrik zu führen, in der Töpferwaren hergestellt wurden. Hier in der Gegend gibt es viel gute Tonerde, und es gab Touristen; vermutlich dachten die Eigentümer deshalb, es könnte ein gutes Geschäft sein. Reece eröffnete die Fabrik und stellte ein paar Einheimische als Mitarbeiter ein. Das Problem entstand, weil das hübscheste Mädchen in der Stadt eine Cole war ...«

»Eine der Gründerfamilien.«

»Ja«, sagte Russell. »Harriet Cole. Sie war jung und schön, und Edward Belcher wollte sie heiraten. An ihn erinnere ich mich auch. Er war ein aufgeblasener Langweiler.

Aber Miss Cole wollte weg aus Cole Creek, und deshalb hängte sie sich an einen Mann, der nicht an diesen Ort gebunden war.«
»An den jungen, gut aussehenden Töpfereifabrikanten.«
Er schwieg einen Moment lang. »Habe ich etwas von jung und gut aussehend gesagt?«
»Muss ich irgendwo gehört haben«, murmelte ich und verfluchte mich insgeheim für meine Geschwätzigkeit.
»Jedenfalls«, fuhr er fort, »das Problem war, erst nach der Hochzeit fand Reece heraus, dass Harriet das größte Biest der Stadt war. Sie machte ihm das Leben zur Hölle. Die Ironie der Sache war, sie hatte ihn zwar geheiratet, um aus Cole Creek zu entkommen, aber dann weigerte sie sich, ihre Eltern zu verlassen. Als der arme Reece endlich begriff, dass seine Frau niemals aus dieser Stadt fortgehen würde, hatten sie bereits eine Tochter, die er abgöttisch liebte. Also saß er in der Falle.«
Ich sagte nichts dazu. Ich hatte keinen Grund zu der Annahme, dass ich diese Tochter gewesen war. Dass meine Erinnerungen genau zu der Geschichte passten, war noch nicht Beweis genug. »Was hatte Reece' Schwester, Amarisa, mit all dem zu tun?«
»Ihr Mann war verstorben und hatte sie wohlversorgt zurückgelassen, aber sie war allein. Als ihr Bruder sie einlud, nach Cole Creek zu ziehen, nahm sie gern an. Ich erinnere mich, wie meine Mutter – die Harriet Cole nicht ausstehen konnte – einmal sagte, Amarisa habe gewusst, dass ihr Bruder in der Patsche saß. Deshalb sei seine wohlhabende Schwester nach Cole Creek gekommen, um ihm herauszuhelfen. Und als Amarisa hier ankam, hatte die Töpferei schließen müssen, und Reece arbeitete bei seinem Schwiegervater. Meine Mutter sagte immer, er arbeitete vierzehn Stunden am Tag, aber der alte Abraham Cole stahl ihm den ganzen Lohn.«
»Also rettete Amarisa ihren Bruder«, sagte ich.

»Ja. Amarisa ernährte ihren Bruder und seine kleine Familie.« Russell schwieg kurz und sah mich an. »Aber Geld war nicht das Problem. Das Problem war, dass jeder in der Stadt Amarisa gern hatte. Sie war eine wunderbare Frau. Sie konnte zuhören, und infolgedessen vertrauten die Leute ihr alle ihre Geheimnisse an.«

Als er nicht weitersprach, sah ich ihn an. »Sie glauben, sie kannte zu viele Geheimnisse?«

Russell fing an, das Essen einzupacken. »Ich weiß nicht genau, was passierte, aber ich erinnere mich, dass meine Mutter sagte, manche Leute in Cole Creek seien eifersüchtig auf Amarisa, und das bringe Ärger.«

»Also haben sie sie aus Eifersucht umgebracht.« Auch ohne die Details zu kennen, konnte ich mir die machtvollen Emotionen vorstellen.

»Das hat meine Mutter gesagt.« Russell nickte. »Eines Nachts weinte sie hysterisch. ›Sie haben sie umgebracht! Sie haben sie umgebracht!‹ Ich lag im Bett und tat, als schliefe ich, aber ich hörte alles. Am nächsten Tag packte mein Vater meine Mutter und mich ins Auto, und wir verließen unser Haus für immer.«

Meine Haut spannte sich. Ich fühlte mich verwandt mit diesem Mann. Auch ich war ins Auto gepackt und von zu Hause fortgebracht worden. Nur, dass ich auch von meiner Mutter fortgebracht worden war. War sie Harriet Cole gewesen, das »größte Biest in der Stadt«?

»Aber Sie sind zu Besuch nach Cole Creek zurückgekehrt.«

»Als ich elf war, starb meine Mutter«, sagte Russell leise. »Danach kamen mein Dad und ich gelegentlich wieder her. Nicht oft, und wir wohnten nie in dem alten Haus. Ich weiß nicht, warum nicht. Vielleicht verbanden sich damit zu viele Erinnerungen für ihn. Aber ich weiß, dass meine Mutter nie mehr dieselbe war, nachdem sie in jener Nacht weinend nach Hause gekommen war.« Er schwieg, und als er mich ansah, waren seine Augen dunkel vom Schmerz. »Ich glaube, in jener Nacht haben sie nicht nur Amarisa umgebracht, sondern auch meine Mutter. Meine Mutter brauchte nur länger, um zu sterben.«

Wir saßen in vertraulichem Schweigen da, und ich weiß nicht, was passiert wäre, wenn es nicht angefangen hätte zu regnen. Noch nie im Leben war ich jemandem begegnet, der das Gleiche durchgemacht hatte wie ich. Ich war kleiner als Russell gewesen, als ich meine Mutter »verloren« hatte, aber uns beiden war ein Trauma gemeinsam: Man hatte uns von allem, was wir kannten, weggerissen.

Aber was uns vielleicht erst wirklich verband, war der Umstand, dass wir möglicherweise beide durch dieselbe Tragödie ins Unglück gestürzt worden waren. Vielleicht hatte Amarisas Tod unser beider Leben in Trümmer gelegt.

Wir saßen auf der Tischdecke, betrachteten das schwindende Licht auf den Rosen, sagten nichts und hingen unseren eigenen Gedanken nach, aber als die ersten Regentropfen fielen, handelten wir sofort. Die Ausrüstung schützen!, lautete ein ungeschriebenes Gesetz. Ich riss meinen gelben Poncho aus meiner Tasche, und Russell zog einen blauen aus seiner. Wir warfen uns die großen Umhänge über und drückten die kostbaren Kameras an uns.

Als wir die Köpfe aus den Löchern schoben und uns sahen, fingen wir beide an zu lachen. Die Segeltuchtasche mit dem, was vom Essen noch übrig war (viel war es nicht), stand im Regen, und Russell hatte eine Jacke auf der Bank zurückgelassen – aber unsere Kameraausrüstungen waren wohlbehalten im Trockenen.

Er rutschte zu mir herüber, hob die Vorderseite seines Ponchos und dann auch meinen hoch, sodass wir wie in einem kleinen Zelt saßen, die Ausrüstungstaschen zwischen uns. Der Regen prasselte hart auf das Plastik über uns, aber in unserer kleinen Hütte war es behaglich und trocken. Zu behaglich eigentlich.

»Ich möchte, dass Sie das mitnehmen und damit spielen.« Russell hielt mir die kleine Kamera und den winzigen Drucker entgegen. Die Kamera hatte fünf Millionen Pixel. Junge! Ist doch komisch, wie die Skrupel verschwinden, wenn etwas umsonst ist. Hatte ich die digitale Fotografie verachtet, bloß weil ich mir keine Digitalkamera leisten konnte?

»Das geht doch nicht. Wirklich«, begann ich, aber er schob die Sachen schon in meine Tasche.

»Nur geliehen.« Er lächelte, und aus dieser Nähe konnte ich seinen Atem riechen. Blumen wären vor Neid erblasst. »Außerdem – um sie zurückzubekommen, muss ich Sie wiedersehen.«

Ich senkte den Blick auf meine Kameratasche und versuchte, sittsam zu lächeln. In Wirklichkeit hätte ich ihm lieber meine Adresse und Telefonnummer auf den Oberschenkel tätowiert.

»Okay«, sagte ich nach einer hoffentlich hinlänglichen Pause.

»Das heißt, nur, wenn Sie sicher sind, dass zwischen Ihnen und Newcombe nichts ist.«

»Überhaupt nichts.« Ich grinste, und ich fügte nicht hinzu, dass da vielleicht etwas hätte sein können, aber dass Ford mich hatte fallen lassen, kaum dass er einen Blick auf Miss Dessies Busen geworfen hatte. Und auf ihr Talent, dachte ich. Ich wollte gar nicht fair sein, aber ich war verflucht mit der Fähigkeit, beide Seiten eines Problems zu sehen.

Russell spähte aus unseren Ponchos hinaus. Der Regen schien nicht nachzulassen. »Ich glaube, wir sollten besser losgehen, sonst sitzen wir irgendwann im Dunkeln fest.«

Gott, ja, wie tragisch, hätte ich fast gesagt, aber ich hielt den Mund. Ich geriet in eine leise Panik, weil wir noch keine Telefonnummern ausgetauscht hatten, aber ich wollte nicht allzu eifrig erscheinen.

Russell löste das Problem, indem er ein Seitenfach an seiner Tasche öffnete und zwei Karten und einen Stift herausnahm. »Könnte ich Sie möglicherweise dazu überreden, mir Ihre Telefonnummer zu geben?«

Ich hätte ihm die Nummer meines Bankkontos gegeben, aber das hatte ich bei Kirk getan, und man hatte ja gesehen, wozu das führte. Na ja, das war Schnee von gestern. Ich notierte die Telefonnummer des Hauses, das ich mit Ford teilte, auf der Rückseite einer der Karten, aber bevor ich sie ihm gab, drehte ich sie um und sah sie mir an. »Russell Dunne« und eine Telefonnummer unten links in der Ecke, mehr stand da nicht. Ich sah ihn verdutzt an.

Er verstand meine unausgesprochene Frage. »Als ich sie drucken ließ, war ich dabei, umzuziehen, und ich wusste nicht, ob ich die neue oder die alte Adresse draufschreiben sollte.« Er zuckte die Schultern – eine betörende Geste, wie ich fand. »Fertig?«, fragte er. »Wir sollten versuchen, hier wegzukommen, solange wir noch können.«

Wenn wir die Nacht nicht miteinander verbringen konnten, würde ich ihm wohl folgen müssen, wo immer er hinging. Ein paar Minuten später waren wir auf dem Wanderweg und kämpften mit gesenktem Kopf gegen den brausenden Regen. Die Kameras waren geschützt unter unseren Ponchos, und an unseren Schuhen klebte der Schlamm. Irgendwann fiel mir ein, dass ich ihn nach seiner jetzigen Adresse fragen sollte. Wohnte er in der Nähe? Oder war er den weiten Weg von Raleigh hierher gefahren? Wann würde er zu seinem Job und in sein wirkliches Leben zurückkehren?

Nach einer Weile kamen wir auf die asphaltierte Straße, aber es regnete immer noch so heftig, dass ich nicht aufschaute. Merkwürdig – ich hatte diesen Mann eben erst kennengelernt, aber ich hatte vorbehaltloses Vertrauen darauf, dass er wusste, wohin er ging. Ich folgte ihm wie ein Kind seinem Vater, ohne zu fragen.

Als er stehen blieb, wäre ich beinahe gegen ihn geprallt. Jetzt blickte ich doch auf und sah überrascht, dass wir vor Fords Haus standen. Der Regen machte einen solchen Lärm, dass wir nicht reden konnten. Ich sah zu ihm auf und lud ihn mit einer Geste ein, hereinzukommen und etwas Heißes zu trinken.

Er hob den poncho-umhüllten Arm, deutete auf die Stelle, an die eine Armbanduhr gehörte, und schüttelte den Kopf. Dann führte er mit den Fingern pantomimisch vor, wie ihm die Tränen über die Wangen liefen, und schniefte. Wie die meisten Leute konnte ich Pantomimen nicht ausstehen, aber bei seinem Anblick änderte ich meine Meinung.

Ich bog die Mundwinkel nach unten und spielte tiefe Trauer. Das heißt, ich tat, als ob ich spielte. In Wirklichkeit wollte ich ihn mit ins Haus nehmen und Ford sagen, ich hätte ihn im Wald gefunden – und ob ich ihn behalten dürfte? Bitte bitte?

Lächelnd beugte Russell sich vor, schob sein schönes Gesicht unter die Kapuze meines Ponchos und küsste mich auf die Wange. Dann wandte er sich ab und war nach wenigen Sekunden verschwunden.

Ich stand da, schaute in den Regendunst und seufzte. Was für ein außergewöhnlicher Tag, dachte ich. Was für ein wahrhaft außergewöhnlicher Tag.

Ich drehte mich um, ging durch den Garten, auf die Veranda und ins Haus. Ich schwebte die Treppe hinauf wie in einem Teenagerfilm aus den fünfziger Jahren. Ich wollte nur noch ein heißes Bad nehmen, trockene Sachen anziehen und von Russell Dunne träumen.

13 – Ford

Ein übersinnliches Erlebnis, bei dem man zwei kleine Kinder in Flammen aufgehen sieht, war sicher nicht das, was ein normaler Mensch als »Spaß« bezeichnen würde. Aber die Rettung dieser Kinder hatte Spaß gemacht.

Manchmal hatte Jackie eine Art, mich anzusehen, die mir das Gefühl gab, ich könnte alle Probleme der Welt lösen. Dann wieder schaffte sie es, dass ich mir alt und hinfällig vorkam. Was immer sie in körperlicher Hinsicht von mir dachte, sie sah jedenfalls überrascht aus, als ich mir ihren und meinen Rucksack schnappte und den Pfad hinunterlief. Aber der Rückweg war auch leichter, denn zumindest waren jetzt die Spinnweben weg.

Dann die Fahrt mit dem Pickup. Als wir über den Feldweg holperten, erinnerte mich ihr Gesichtsausdruck an etwas, das mein Cousin Noble immer gern getan hatte. Er war damit gesegnet – oder verflucht, wie es eine meiner Cousinen sah –, dass er nicht aussah wie ein Newcombe. Mit anderen Worten, Noble hatte ein Gesicht, das die Mädchen liebten. Er ging in die Stadt, zog seine »Bin ja so schüchtern«-Nummer ab (wie es einer meiner Vettern nannte), und unweigerlich machte ein Mädchen sich an ihn heran. Und irgendwann spendierte Noble ihr dann ein »Newcombe Special«: eine schnelle Pickup-Fahrt über einen holprigen Feldweg. Wenn er dann nach Hause kam, unterhielt er uns alle mit einer lebhaften Schilderung der Empörung und Angst dieser Mädchen.

Damals hatte ich Nobles Aktionen weder komisch noch reizvoll finden können. Ich wollte immer gern mit einem Stadtmädchen zusammen sein – nämlich mit einer, die wahrscheinlich nicht mit sechzehn Jahren das erste Kind bekommen würde –, aber mit meiner Schüchternheit und meinem Aussehen konnte ich diese Twinset-Girls mit ihren perfekten Pagenköpfen und den schlichten Perlenketten nicht auf mich aufmerksam machen. Erst als ich auf dem College war und das Stigma der Familie Newcombe nicht mehr mit mir herumtrug, bemerkte mich eins dieser Mädchen. Als ich Pat kennenlernte, trug sie ein himmelblaues Twinset, einen dunkelblauen Rock und eine einzelne Kette aus cremeweißen Perlen. »Sind falsche«, verriet sie mir später lachend, als ich sie bat, sie anzubehalten, während wir miteinander schliefen.

Als ich jetzt mit dem Truck über die ausgefahrene Holperpiste raste, verstand ich, warum es Noble solchen Spaß gemacht hatte, diesen Stadtmädchen Angst einzujagen. Jackies Gesichtsausdruck zeigte eine Mischung aus Angst und Erregung, die eine sexuelle Wirkung auf mich hatte. Sie starrte mich entsetzt an, ja, aber auch, als wäre ich Zauberer, Rennfahrer und rettender Held in einer Person.

Auf den Kitzel dieser Autofahrt folgte dann das berauschende Erlebnis der Rettung dieser Kinder, und ich weiß nicht, was passiert wäre, wenn Dessie nicht erschienen wäre. Als Jackie und ich Pizza und Bier kauften, überschlugen sich in meinem Kopf die Bilder einer nackten Jackie, übersät mit kleinen schwarzen Olivenringen, und ich malte mir aus, wie ich mein Bier trinken und mir überlegen würde, welchen dieser köstlichen kleinen Ringe ich als Nächstes essen wollte.

Ich überlegte noch, wie ich diese Vision Wirklichkeit werden lassen sollte, als wir zu Hause ankamen und Dessie uns erwartete.

Seit unserer letzten Begegnung, als sie die Plastik enthüllt hatte, hatte ich ein bisschen Zeit zum Nachdenken gehabt, und – na ja, okay, Jackies sarkastische, aber schmerzlich zutreffende Bemerkungen hatten die Sterne in meinen Augen ein wenig verblassen lassen. Vielleicht war es nicht sonderlich geschmackvoll von Dessie gewesen, das Bildnis der geliebten verstorbenen Frau eines Mannes vor den Augen etlicher Gäste zu präsentieren. Und natürlich hatte Jackie recht: So etwas rührte jederzeit zu Tränen. Allerdings konnte ich nicht zustimmen, als Jackie sagte: »Besonders bei jemandem, der so weich und sentimental ist wie Sie.« Das klang nicht sehr männlich, und deshalb protestierte ich. Darauf entgegnete sie, ich hätte ja wohl ein paar Bücher geschrieben, die »ziemlich auf die Tränendrüsen gingen«.

Okay, jetzt hatte sie mich. Jackie verstand es, zum Kern der Dinge vorzudringen, und das war gut. Aber manchmal wünschte ich wirklich, sie wollte für sich behalten, was sie dort fand.

Als es am Sonntag Zeit wurde, zu Dessie hinüberzufahren, hätte ich sie am liebsten angerufen und ihr abgesagt. Beim Frühstück hatte Jackie beiläufig gefragt, welche der kleinen Figuren, die Tessa und ich gekauft hatten, Dessie wohl als erste würde ersetzen wollen. Ich war entschlossen, sie nicht wissen zu lassen, was ich dachte, und deshalb fing ich an, die Nährwertangaben auf der Rückseite der Schachtel mit dem Müsli, das sie immer aß, vorzulesen. »Unglaublich«, sagte ich. »Dieses Zeug hat mehr Vitamine und Mineralien als drei von den grünen Pillen, die Sie nehmen.« Das Etikett von denen hatte ich nämlich auch gelesen.

Als Jackie mich mit schmalen Augen ansah, wusste ich, dass sie wusste, wie gern ich ihrer Bemerkung auswich.

Am Abend zuvor war Dessie bis kurz nach Mitternacht geblieben. Ich hatte zweimal herzhaft gähnen müssen, damit sie ging. Natürlich wusste ich, was sie wollte. Sie wollte in mein Bett.

Aber das konnte ich nicht. Ein paar Stunden zuvor hatte es mich nach Jackie gelüstet, und ich war nicht der Mann, der im Laufe eines Abends von der einen zur anderen Frau wechselte.

Außerdem brachte Jackie mich zum Lachen. Ihr Sarkasmus und ihr schwarzer Humor amüsierten mich fast immer. Bei Jackie fühlte ich mich hellwach, und es war immer, als werde gleich etwas Aufregendes passieren. Jackie interessierte sich für alles Mögliche, wie ich es getan hatte, bevor Pat gestorben war. Ich fand Jackies Fotografie faszinierend, und wenn sie Leute zu uns einlud, unterhielt ich mich blendend.

Und so saß ich an diesem Abend da und tat mein Bestes, um mich mit Dessie zu unterhalten, aber ich kam nicht in Schwung. Zum einen schien das Gespräch immer wieder zu ihr und ihrer Bildhauerei zurückzukehren. Wenn ich von einem Film sprach, erinnerte sie das an einen anderen Film, der sie zu einer Bronze inspiriert hatte, die sie für einen wirklich berühmten Mann gemacht hatte. »Nicht so berühmt wie Sie«, sagte sie dann und schaute mich über ihr Weinglas hinweg an.

Natürlich war mir klar, dass sie damit andeutete, ich solle ihr eine Bronze abkaufen. Aber das störte mich nicht. Was mich störte, war der Umstand, dass sie überhaupt nicht wissen wollte, was Jackie und ich vorgehabt hatten, als wir sie anriefen und um Hilfe baten. War sie nicht neugierig zu erfahren, warum wir ein spezielles Haus finden mussten und warum wir es schnell finden mussten? Aber Dessie erwähnte den Zwischenfall nicht ein einziges Mal.

Als Dessie am Samstagabend – genauer gesagt, am frühen Sonntagmorgen – gegangen war, fiel ich ins Bett und schlief tief und fest.

Am nächsten Morgen studierte ich die Rückseite der Müslischachtel und äußerte mich nicht zu Jackies spitzer Bemerkung über die Fröschchen und anderen kleinen Tiere, die Tessa und ich im Garten verteilt hatten. Ich äußerte mich nicht einmal, als Jackie meinte, Dessie könne vielleicht einen Frosch mit einem so großen Maul machen, dass Tessa und ich uns darin verstecken könnten. Ich war im Begriff, zu sagen, das sei eine großartige Idee, aber ich wusste, Jackie wollte mich ködern, damit ich ... Ja, damit ich was tat? Damit ich am Nachmittag nicht zu Dessie ging? Wollte sie, dass ich zu Hause blieb und die neuen Fotosachen ausprobierte, die wir zusammen bestellt hatten?

Jackie und ich hatten darüber gesprochen, wie sie ihr Geschäft eröffnen sollte, und wir hatten entschieden, dass sie ein paar Kinder kostenlos fotografieren müsste. Mit diesen Bildern könnten wir ihre Arbeit öffentlich bekannt machen. Ein paar Leute würde sie dazu bringen können, nach Cole Creek zu kommen, aber sie würde auch viel an Ort und Stelle fotografieren müssen.

Wir hatten beschlossen, dass sie ihre Fotografenkarriere mit Fotos von Tessa beginnen sollte. »Und von Nate«, sagte Jackie. »Vergessen Sie nicht, er ist auch noch ein halbes Kind. Und mit Bildern von ihm würde ich sicher eine Menge Porträts verkaufen können.« Wie es von mir erwartet wurde, zog ich ein Gesicht und tat, als glaubte ich, Jackie sei hinter dem jungen Nate her. Tatsächlich hielt ich es für eine gute Idee, ihn zu fotografieren. Der Art Director meines Verlags kannte ein paar Modefotografen. Vielleicht würden sie gern Bilder des schönen Nate sehen. Wenn die Kamera ihn liebte, hätte er die Chance, eine Karriere zu machen, die ihn und seine von der Arthritis verkrüppelte Großmutter ernähren würde.

Seine Großmutter hatte mit dem Verkauf des Plunders aus dem Haus einen stattlichen Gewinn gemacht. Anscheinend gab es Leute in den USA – und in Europa, was mich überraschte –, die alte Freiheitsstatuen haben wollten und bereit waren, dafür zu bezahlen. Wenn Nate vom Roden des menschenfressenden Dschungels an meinem Haus abends heimkehrte, verpackte er, was seine Großmutter bei eBay verkauft hatte, und trug es auf die Post.

Am Sonntagmorgen stellte ich mir vor, wie ich Jackie half, Tessa und Nate zu fotografieren, und ich wusste, das würde ich lieber tun, als den Tag mit Dessie zu verbringen und mir eine gigantische Bronzestatue andrehen zu lassen. Was für eine? Ehrlich gesagt, nachdem ich Dessies Beschreibung ihrer früheren Arbeiten gehört hatte, gefiel mir Jackies Idee mit dem Großmaulfrosch am besten.

Als es Zeit war, zu Dessie zu fahren, ging ich einfach aus dem Haus. Ich wollte Jackie auf Wiedersehen sagen, aber dann tat ich es doch nicht. Was hätte ich sagen sollen? »Bye, Schatz, bis später«? Außerdem hatte ich keine Lust, mir noch mehr sarkastische Bemerkungen anzuhören. Vor allem wollte ich nicht hören, wie Jackie mir erzählte, was ich an diesem Nachmittag verpassen würde. Halb wollte ich ihr sagen, falls sie wieder eine Vision hätte, solle sie mich unbedingt gleich anrufen. Aber genauso gut könnte man einem Epileptiker sagen: »Wenn du einen Anfall hast, ruf an.«

Ich nahm den Wagen und ließ Jackie den Truck da. Erst bei Dessie merkte ich, dass ich den Truck-Schlüssel mitgenommen hatte. Ich klappte mein Handy auf und wollte Jackie sagen, dass ich den Schlüssel hatte, aber dann klappte ich es wieder zu. Ich wusste, es war nicht richtig, sie ohne Auto zurückzulassen. Ich wusste auch, dass es ein Rückfall in die Zeit des Höhlenmenschen war, wenn ich es tat. Andererseits – wer kam schon gegen jahrhundertealte Traditionen an?

Ich brachte ein Lächeln zustande und klopfte an Dessies Haustür. Sie hatte ein hübsches Haus, wenn auch ein bisschen aufgekünstelt für meinen Geschmack. All diese Glockenspiele auf der Veranda ...

Als Dessie mir öffnete, atmete ich auf. Es war mir nicht bewusst gewesen, aber mir hatte gegraut vor dem, was sie vielleicht anhaben würde. Einen Ausschnitt bis zur Gürtelschnalle? Aber es war eine hellbraune, ziemlich weite Hose und ein großer rosaroter Pullover mit hochgeschlossenem Kragen.

»Hi«, sagte ich und reichte ihr die Flasche Wein, die ich auf Jackies Anweisung mitgenommen hatte, und folgte ihr ins Haus.

Sofort sah ich, dass Dessie aus irgendeinem Grund nervös war. Sie hatte den Tisch in ihrem kleinen Esszimmer gedeckt, das neben der Küche lag. Eine große doppelte Glastür führte hinaus auf eine ziegelgepflasterte überdachte Terrasse. Es war ein schöner Tag, und ich wunderte mich, dass wir nicht draußen aßen.

»Moskitos«, sagte Dessie rasch, als ich danach fragte.

»Aber ich dachte ...« Ich sprach nicht weiter. Die wenigen Moskitos, die es in den Appalachen gab, waren wirklich kein Problem.

Sie ließ mich so Platz nehmen, dass ich mit dem Rücken zur Glastür saß. Das machte mich kribbelig. Als Kind hatte ich gelernt, mit dem Rücken zur Wand zu sitzen, weil Vettern die Neigung hatten, zum Fenster hereinzuspringen zu kommen, und allzu oft war ich hochgeschossen, weil Frösche, Schlangen oder Tümpelschleim von unterschiedlicher Farbe und Beschaffenheit durch das offene Fenster hinter mir in meinem Nacken gelandet waren.

Wir wollten gerade mit dem Essen anfangen, als draußen vor der Tür der Rasenmäher angeworfen wurde. Bei diesem Lärm war jede Unterhaltung unmöglich.

»Gärtner!«, schrie Dessie über den Tisch zu mir herüber.

»Am Sonntag?«, schrie ich zurück.

Sie wollte antworten, aber dann schaute sie links an mir vorbei durch die Glastür und riss entsetzt die Augen auf.

Ich drehte mich gerade noch rechtzeitig um und sah, wie ein junger Mann den Rasenmäher über ein Tulpenbeet schob. Als er am Ende angekommen war und der Rasen mit geköpften Tulpen übersät war, schaute er zu Dessie herein und lächelte.

Ein bösartiges Lächeln. Das erzürnte Lächeln eines eifersüchtigen Liebhabers.

Bei diesem Lächeln entspannte ich mich. Vielleicht hätte ich mich darüber ärgern sollen, dass Dessie mit mir flirtete, weil sie Streit mit ihrem Freund hatte, aber ich ärgerte mich nicht. Als ich sah, dass sie mehr oder weniger fest mit einem offensichtlich ziemlich eifersüchtigen Typen zusammen war, empfand ich nichts als Erleichterung.

Ich betupfte mir den Mund mit der Serviette, sagte: »Entschuldigen Sie«, und ging hinaus, um mit dem jungen Mann zu reden. Ich nahm mir keine Zeit für Smalltalk. Ich teilte ihm einfach mit, ich sei kein Rivale, ich hätte rein geschäftlich mit Dessie zu tun, und er könne aufhören, die Tulpen zu rasieren.

Anscheinend glaubte er mir nicht, dass ich nicht von rasender Lust und Liebe zu seiner Dessie verzehrt wurde, und das verstand ich. Für mich war Pat immer die schönste Frau auf Erden gewesen, und ich hatte nie begriffen, dass andere Leute es nicht genauso empfanden. Aber Dessies Gärtner war jung, ich war es nicht, und deshalb glaubte er mir schließlich doch und schob seinen Rasenmäher zurück in den kleinen Schuppen am Ende des Gartens. Ich blieb kurz draußen stehen, während er ins Haus ging. Nach einer Weile öffnete Dessie verlegen die Glastür. Ich sah, dass ihr Lippenstift abgewischt war: Offensichtlich hatten sie und der Rasenmähermann sich wieder vertragen.

»Sie können jetzt hereinkommen«, sagte sie, und ich lächelte. Verschwunden war die aggressive Verkäufermasche, verschwunden auch das Flirtgehabe.

Ich fragte: »Können wir *jetzt* draußen essen?«, und sie lachte.

»Sie sind ein netter Mann«, sagte sie, und das tat mir gut.

Wir trugen das Essen und die Teller nach draußen und saßen entspannt zusammen am Tisch. Zu meinem Pech hatte sie alle meine Bücher gelesen, sodass ich ihr nicht viel Neues über mich erzählen konnte. Aber Dessie wusste eine Menge Geschichten über ihr Leben in L.A. und in Cole

Creek, und ich lachte über das, was sie als Soap-Darstellerin hatte durchmachen müssen, weil die Zuschauer sie für die Schlampe hielten, die sie dort gespielt hatte.

Ich trank Bier, mampfte die kleinen, luftigen Käsedinger, von denen sie einen unbegrenzten Vorrat zu haben schien, und beobachtete sie, während ich ihr zuhörte. Die Geschichten, die sie erzählte, waren komisch, aber sie klangen, als seien sie schon oft wiederholt worden, und in ihrem Blick lag eine Trauer, auf die ich mir keinen Reim machen konnte. Ich hatte gehört, sie habe sich für das Leben in Cole Creek entschieden, um ihrer wahren Liebe, der Bildhauerei, nachzugehen.

Ich weiß nicht genau, was es war, aber irgendetwas klang unwahr. In ihrem Blick lag eine Sehnsucht, die ich nicht ergründen konnte. Wie sie ihre Geschichten erzählte, hatte ich den Eindruck, dass sie L.A. und ihren Job dort geliebt hatte. Warum also hatte sie ihn aufgegeben? Hätte sie Schauspielerei und Bildhauerei nicht nebeneinander betreiben können?

Als ich ihr diese Frage stellte, bot sie mir neuen Käseknabberkram an. Ich lehnte ab, aber sie sprang trotzdem auf, um ihn zu holen. Als sie wieder da war, erzählte sie mir noch eine lustige Soap-Opera-Story. Gegen drei fing ich an, mich zu langweilen, und fragte mich, ob es zum Gehen noch zu früh war. Anscheinend spürte sie, dass ich unruhig wurde, denn sie schlug vor, mir ihr Atelier zu zeigen. Es war ein separates Gebäude – groß, modern, schön. Durch eine holzgeschnitzte Tür kamen wir in ein kleines Büro, und auf dem Schreibtisch stand ein Foto mit zwei Mädchen im Teenageralter, die einander lachend umarmten. Dessie und Rebecca.

Ich hatte fast vergessen, dass Rebecca für Dessie arbeitete. Ich wollte mich nach ihr erkundigen, aber Dessie öffnete eine breite Flügeltür, und dahinter lag ein wunderbarer Raum, so groß und hoch wie ein Pferdestall mit sechs Boxen und Licht überall. Fenster füllten die eine Wand aus, und an der anderen standen riesige Schränke. In der Decke waren Reihen von Oberlichtern, und an beiden Enden gab es hohe, breite Schiebetüren.

Dessie arbeitete an mehreren großen Projekten, und in einem Schrank standen Dutzende kleiner Tonentwürfe für Skulpturen, die sie noch nicht begonnen hatte. Die meisten Skulpturen stellten Menschen dar. Eine war sehr hübsch; sie zeigte alte Männer auf einer Parkbank, und sie gefiel mir. In Lebensgröße, dachte ich mir, könnte sie in meinem Garten ganz interessant aussehen. Tessa und ich könnten mit den alten Männern Dame spielen.

Aber bevor ich danach fragen konnte, griff sie hinter einen Schrank, holte einen Schlüssel hervor und schloss den Schrank damit auf. »Die hier zeige ich nur ganz besonderen Leuten«, sagte sie mit funkelnden Augen.

O je, dachte ich. Die Erotica. Die pornographische Sammlung.

Aber als Dessie die Tür öffnete und die automatische Beleuchtung aufstrahlte, musste ich lachen. Das heißt, erst schnaubte ich nur, und dann lachte ich richtig. Ich sah Dessie an. Durfte ich sie in die Hand nehmen? Ihre Augen funkelten noch heller, und sie nickte.

In dem Schrank standen kleine Bronzefiguren von fast allen, denen ich in Cole Creek begegnet war. Aber es waren keine exakten Porträts, es waren Karikaturen. Sie sahen aus wie die Leute, aber sie zeigten auch ihre Persönlichkeit.

Als Erstes nahm ich einen fünfzehn Zentimeter großen Bürgermeister in die Hand. Dessie hatte Gestalt und Gesichtszüge in ihrer Absonderlichkeit übertrieben dargestellt. »Aufgeblasener Windbeutel« waren die Worte, die mir in den Sinn kamen. Er wippte auf den Fersen nach hinten, den Bauch vorgestreckt, die Hände auf dem Rücken verschränkt. »Sie sollten es ›Der kleine Kaiser‹ nennen«, schlug ich vor, und Dessie nickte zustimmend.

Als Nächstes nahm ich Miss Essie Lee und stieß einen leisen Pfiff aus. Dessie hatte sie als Gerippe dargestellt – nicht als wirkliches Gerippe, sondern es sah aus, als habe sie ein Knochengerüst mit Haut – ohne Muskeln oder Fett – überzogen und dann mit Miss Essie Lees altertümlicher Kleidung versehen.

Ein paar Figuren stellten Leute dar, die ich nicht kannte, aber ich konnte mir ihre Persönlichkeit vorstellen. Einer, erzählte Dessie, war ein ehemaliger Kunde, ein abscheulicher Mann, der ein schmeichelhaftes, selbstverliebtes Bildnis von sich in Auftrag gegeben hatte. Sie hatte es ihm geliefert, aber sie hatte auch diese kleine Skulptur gemacht, die ihn mit langen, schmalen Zähnen und gierig vorquellenden Augen zeigte.

»Erinnern Sie mich daran, dass ich Sie niemals bitte, mich zu porträtieren«, sagte ich.

Dessie wollten den Schrank eben wieder schließen, als ihr Handy klingelte. Sie riss es so schnell aus der Gürteltasche, dass ich mich an einen Revolverhelden aus dem Wilden Westen erinnert fühlte. Als sie auf dem Display sah, wer der Anrufer war, strahlte sie. Sicher war es der Rasenmähermann.

»Machen Sie nur«, sagte ich und gab ihr die Erlaubnis, ihren Gast allein zu lassen.

Als sie draußen war, schloss ich den Schrank wieder, aber dann sah ich darunter noch eine Schranktür, die ebenfalls verschlossen war. Ich folgte meinem Gefühl und griff hinter den Schrank, wo auch der andere Schlüssel gewesen war – und richtig, da hing noch einer.

Ich wusste, dass ich schnüffelte, aber ich konnte mich ebenso wenig bremsen wie ein Alkoholiker, der über Nacht in einen Schnapsladen eingeschlossen worden ist. Flink schob ich den Schlüssel ins Schloss und öffnete die Tür.

In diesem Schrank standen zwei Stücke. Das eine war eine kleine Bronze: sieben Leute in einer Reihe, fünf Männer und zwei Frauen. Es war keine Karikatur, sondern eine realistische Darstellung. Drei waren ältere Männer, einer war sehr alt und einer ein Junge, der nicht besonders intelligent aussah – eher wie jemand, zu dem man sagte: »Komm, wir rauben eine Bank aus«, und er antwortete: »Klar, wieso nicht?«

Die beiden Frauen waren jung, und die eine war so schön wie die andere hässlich. Sie standen in der Mitte, Seite an Seite, aber ohne einander zu berühren. Man sah, dass sie keine Freundinnen waren.

Und man sah noch deutlicher, dass die hässliche entweder Miss Essie Lee in jungen Jahren oder eine nahe Verwandte von ihr war.

Als ich Dessie nebenan lachen hörte, wollte ich den Schrank wieder schließen. Aber da stand noch eine zweite Figur, die mit einem Tuch bedeckt war.

Vielleicht war es der Schriftsteller in mir, der mich voreilige Schlüsse ziehen ließ, aber ich war sicher, dass die sieben Personen diejenigen waren, die 1979 die arme Frau mit Steinen erdrückt hatten. Und in meinem Schriftstellerkopf kreiste der Gedanke, dass unter dem Tuch das Bildnis der Frau verborgen war, die sie umgebracht hatten.

Dessies Schritte näherten sich schon, als ich das Tuch herunterriss – und eine kleine Bronzefigur sah, die Rebecca darstellte. Jung, lächelnd – aber es war Rebecca.

Superman hätte mich um die Schnelligkeit beneidet, mit der ich die Schranktür schloss und den Schlüssel in sein Versteck hängte. Als Dessie hereinkam, schaute ich friedlich durch die Glastür hinaus zu den malträtierten Tulpen.

Nach diesem Telefonat wimmelte sie mich ziemlich schnell ab; ich vermutete, dass sie und ihr eifersüchtiger Freund ihre Versöhnung jetzt schleunigst vollenden wollten. Ich war froh, dass ich gehen konnte. Vielleicht könnten Jackie und ich immer noch etwas unternehmen, dachte ich.

Aber als ich aus Dessies Einfahrt fuhr, fing es an zu regnen, und als ich zu Hause ankam, war ein Wolkenbruch im Gange. Ich war maßlos enttäuscht, als ich das Haus leer vorfand. Jackies große Kameratasche stand nicht in dem Schrank im Flur; ich konnte mir also denken, wo sie war. Ohne mich, dachte ich. Sie war ohne mich auf Tour gegangen.

Oder mit jemand anderem? Dieser Gedanke ärgerte mich noch mehr. Ich rief bei Nate an, und Nates Großmutter sagte, Jackie habe angerufen und eine Nachricht hinterlassen, aber sie sei nicht da. Ich rief Allie an, aber da war Jackie auch nicht.

Ich wusste nicht, wen ich in Cole Creek sonst noch anrufen sollte; also setzte ich mich hin und wartete. Als ich Hunger bekam, fing ich an, mir Spaghetti zu machen – das heißt, ich kippte Sauce aus einem Glas in einen Topf und drehte das Gas auf.

Die Nudeln waren fertig, und es goss wie aus Eimern, aber Jackie war immer noch nicht da. Zwei Mal flackerte das Licht; ich holte Kerzen und zwei Taschenlampen heraus und machte mir einen kleinen Teller Spaghetti zurecht. Ich würde mehr essen, wenn Jackie wieder da wäre; wir könnten zusammen essen und uns erzählen, was wir am Tag erlebt haten – wie wir es sonst auch taten.

Endlich, als es draußen schon fast dunkel war, hörte ich, wie die Haustür geöffnet wurde. Ich sprang vom Tisch auf und lief zur Tür. Als ich Jackie sah – und wusste, dass ihr nichts passiert war –, setzte ich ein Gesicht auf wie ein zorniger Vater und schickte mich an, einen ganzen Lastwagen voll Asche auf ihr Haupt zu laden. Wie konnte sie sich unterstehen, mir nicht zu sagen, wo sie hinging? Sie hätte einen Unfall haben können – oder eine Vision. Es war doch klar, dass ich jederzeit wissen musste, wo sie war.

Aber Jackie sah mich gar nicht an. Sie steckte mit ihrem Rucksack in ihrem riesigen gelben Poncho, nur ihr Gesicht lugte hervor, und ihre Augen ... na ja, hätte ich einen schlechten Roman geschrieben, dann hätte ich gesagt: »Ihre Augen waren voller Sterne.«

Wovon ihre Augen auch immer voll sein mochten, jedenfalls sah sie nichts. Sie blickte starr geradeaus, ohne mich wahrzunehmen, und ich bin gewiss nicht leicht zu übersehen. Sie ging zur Treppe – darf ich sagen: »Sie schien zu schweben«? – und hinauf in ihr Zimmer.

Ich blieb unten stehen und schaute ihr staunend nach. Jackie »schwebte« normalerweise nicht. Nein, sie rannte, und sie sprang, und sie hatte einen unnatürlichen Hang zum Klettern auf Felsen und Leitern, aber niemals, niemals, »schwebte« sie.

Ich ging die Treppe hinauf und blieb einen Augenblick lang vor ihrer Tür stehen; ich überlegte, ob ich anklopfen und ihr sagen sollte, dass ich etwas gekocht hatte. Eine Sekunde lang gestattete ich mir das Vergnügen, mir Jackies Bemerkungen über meine Kochkunst und meine schlagfertigen Entgegnungen vorzustellen, und ein paar Sekunden lang dachte ich sogar an meine Fantasie mit den schwarzen Olivenringen auf ihrer hellen Haut.

Ich hob die Hand, aber dann hörte ich sie summen, und das Badewasser rauschte. Ich ließ die Hand wieder sinken und ging hinunter. Nachdem ich eine Weile rastlos vor dem Fernseher gesessen hatte, ging ich in die Bibliothek, um mir etwas Fabelhaftes zu lesen zu suchen. Aber nichts weckte mein Interesse; also ging ich hinauf in mein Arbeitszimmer und schaltete den Computer ein.

Ich weiß nicht genau, warum ich es tat, aber ich ging ins Internet und rief eine Suchmaschine auf, um zu sehen, was ich über die Leute herausfinden könnte, die 1979 in Cole Creek gelebt hatten.

Ich gab die Namen aller Leute aus Cole Creek ein, die mir einfielen, einschließlich Miss Essie Lee, und auch die Namen der Gründerfamilien, soweit ich sie kannte.

Was auf dem Bildschirm erschien, waren Nachrufe – und was ich da las, war ein Schock. Das Oberhaupt der Familie Cole, Abraham, war 1980 bei einem seltsamen Unfall ums Leben gekommen. Er hatte auf dem Highway kurz hinter Cole Creek eine Reifenpanne gehabt. Ein Lastwagen mit einer Ladung Kies hatte angehalten, und der Fahrer hatte ihm helfen wollen. Durch irgendeinen Funktionsfehler hatte sich der Kippmechanismus in Gang gesetzt, und die ganze Kiesladung war auf Abraham Cole gefallen und hatte ihn umgebracht.

Ich lehnte mich zurück und versuchte zu begreifen, was ich da sah. Abraham Cole war zu Tode gequetscht worden. Mit Steinen.

Edward Belcher war ebenfalls 1980 gestorben. Ein »Wells Fargo«-Transporter war zu schnell um die Ecke gefahren. Sie hatten eben eine Ladung Gold abgeholt, und das Gewicht im Verein mit der Nervosität des Fahrers hatte dazu geführt, dass der Mann die Kurve falsch eingeschätzt hatte. Edward hatte an der Ampel gewartet, und der Wagen war auf ihn gestürzt.

Mit anderen Worten, er war zu Tode gequetscht worden.

»Mit Geld«, sagte ich. »Seinem Leben entsprechend.«

Ich fand einen Artikel über Harriet Cole Landreth und ihren tödlichen Autounfall. Bevor ich ihn las, gab ich eine kleine Prophezeiung ab, und leider hatte ich Recht. Ihr Auto war einen Berghang hinuntergestürzt, und sie war darunter begraben worden. Man hatte das Wrack erst nach zwei Tagen gefunden, und Harriet war eines langsamen und qualvollen Todes gestorben.

Ich stand auf und wandte mich von meinem Computer ab. Rache?, fragte ich mich. Hatte ein Verwandter der zu Tode gequetschten Frau Vergeltung geübt und dafür gesorgt, dass ihre Mörder starben wie sie? Aber wie hatte er das bewerkstelligt? Wie konnte jemand dafür sorgen, dass ein Kipplaster seine Ladung abwarf? Dass ein Goldtransporter umstürzte? Dass ein Auto in eine Schlucht fiel und nicht in Flammen aufging, sondern die Fahrerin zerquetschte?

Ich setzte mich wieder an den Computer und las den Artikel über Harriet Coles Autounfall zu Ende. Sie hatte ihren Mann und ihre Tochter hinterlassen – und ihre Mutter, die bei ihr im Wagen gewesen war. »Mrs Abraham Cole liegt im Krankenhaus; ihr Zustand ist kritisch«, hieß es da.

Ich holte tief Luft und rief Harriet Coles Nachruf auf. Sie war erst sechsundzwanzig Jahre alt gewesen, als sie starb. Vier Absätze handelten davon, dass ihre Familie zu den Gründern von Cole Creek gehört hatte, und ihr Vater, hieß es, sei vor ihr verstorben. Ihre Mutter hieß Mary Hattalene Cole; ihr Gesundheitszustand zum Zeitpunkt von Harriets Beerdigung wurde nicht erwähnt. Harriets Ehemann war Reece Landreth, und ihre Tochter hieß ...

Als ich den Namen las, hielt ich den Atem an. Jacquelane Amarisa Cole Landreth. JacqueLANE. Wie in Harriet Lane. Die reizende Nichte des Präsidenten Buchanan.

Ich stürzte aus dem Zimmer und rannte so schnell die Treppe hinunter, dass ich beinahe ausrutschte. Jackies Zimmertür war immer noch geschlossen. Auf Zehenspitzen ging ich hinunter in den Eingangsflur. Auf dem kleinen Tisch neben der Tür lag Jackies Handtasche. Jeder Mann auf der Welt weiß, dass der Blick in die Handtasche einer Frau ein ultimatives Tabu darstellt, auf einer Ebene mit Kannibalismus. Man kann einer Frau die Handtasche stehlen, aber jeder weiß, dass nur ein wirklich kranker Mann tatsächlich *darin* wühlt.

Ich musste zwei Mal durchatmen, bevor ich den Reißverschluss öffnete. So viel Pat und ich auch miteinander geteilt hatten – ich hatte nie in ihre Handtasche geschaut.

In Anbetracht dessen, was ich jetzt tat, benahm ich mich immerhin so höflich, wie es nur ging. Mit Daumen und Zeigefinger zupfte ich ihre Brieftasche heraus. Ich sagte mir, dass ich nicht wirklich schnüffelte. Ich wollte nur eins: ihren Führerschein.

Er steckte gleich zuoberst in dem kleinen durchsichtigen Fach ihrer Brieftasche. Ich hielt ihn ans Licht. Jackies voller Name lautete: Jacquelane Violet Maxwell. Jacque-LANE – wie bei Harriet Lane, der Frau, für die ihr Vater geschwärmt hatte. Und Violet bezog sich zweifellos auf Miss Lanes veilchenblaue Augen.

Ich ließ mich auf den Stuhl neben dem Dielentisch fallen. Glückwunsch, Newcombe, dachte ich. Du hast soeben herausgefunden, was du nicht wissen wolltest. Die Frau, die du eingestellt hast, war Augenzeugin eines Mordes, das ist so gut wie sicher. Und schlimmer noch: Wahrscheinlich hat sie mitangesehen, wie ihre eigene Mutter und ihr Großvater diesen Mord begingen.

Lange saß ich so da. Ich hielt Jackies Führerschein in der Hand, und ab und zu warf ich einen Blick darauf und versuchte, mir zu überlegen, was ich vielleicht getan hatte. Vielleicht hatte meine Schnüffelei jemanden in Lebensgefahr gebracht. Jackie mochte sehr jung gewesen sein, als sie den Mord gesehen hatte, aber offensichtlich erinnerte sie sich an vieles aus ihrer Zeit in Cole Creek.

Sie erinnerte sich an jeden Zollbreit des alten Hauses, das ich gekauft hatte. Noch zwei Tage zuvor hatte ich gesehen, wie sie in der Küche an eine Wand klopfte. Ich sparte mir die Mühe, sie zu fragen, was sie da machte; ich blieb einfach in der Tür stehen und sah zu. Nach ein paar Augenblicken klang das Klopfen hohl, und sie sagte: »Gefunden!« Sie wußte oft, wo ich war; deshalb wunderte ich mich nicht, als sie sich umdrehte und mich ansah.

»Ich wollte das Olivenöl auf das Bord stellen, aber das Bord war nicht da«, sagte sie und nahm eins der Messer, die ich gekauft hatte. Es hatte einen Sägeschliff, und in der Anzeige hatte gestanden, man könne damit Aluminiumdosen zerschneiden. (Konnte man auch – Tessa und ich hatten sechs Dosen zersägt, bevor Jackie uns befahl, endlich damit aufzuhören.)

Ich sah zu, wie Jackie die alte Tapete betastete und dann anfing zu schneiden. Sie tastete und schnitt ungefähr zehn Minuten, und dann nahm sie ein großes quadratisches Stück Tapete herunter. Dahinter war ein Mäusepalast. Isoliermaterial (wahrscheinlich illegales Asbest), Schmutz, verklumptes Papier, Fäden, Fusseln und Haare in ungefähr vier verschiedenen Farben – und das alles verfilzt und verklebt von der Mäusepisse vieler Jahre und Millionen kleiner schwarzer Köttel.

Hinter dem Nest waren Borde, die so schmierig waren, dass Onkel Regs Autowerkstatt dagegen sauber gewesen war. Deshalb hatte man das Regal auch zutapeziert. Wäre ich zuständig gewesen und hätte ich die Wahl zwischen Saubermachen und Tapete gehabt, ich hätte mich auch für die Tapete entschieden.

»Ein guter Platz für Lebensmittel«, sagte ich.

Jackie drehte sich zu mir um und rieb sich finster entschlossen die Hände. »Mr Hoover, übernehmen Sie«, sagte sie und lief hinaus, um den Staubsauger zu holen.

Als ich zum Lunch herunterkam, waren die Borde blitzblank und sauber, und die ganze Küche roch nach dem Scheuermittel, mit dem Jackie sie gereinigt hatte.

Ich sparte mir die Frage, woher sie von dem Regal gewusst habe, und sie schien ihr Wissen für selbstverständlich zu halten. Sie servierte uns irgendetwas mit Shrimps und vier Sorten gedämpftem Gemüse und erging sich dabei in einer endlosen Tirade über den faulen Idioten, der einen Wandschrank zunagelte, statt einen Bienenkorb zu entfernen, und ein Küchenregal übertapezierte, nur weil der Fettdunst von hundert Jahren sich darauf gelegt hatte.

Ich beugte mich tiefer über meinen Teller.

Wie dem auch sei – ich wusste, dass Jackie klare Erinnerungen an ihre Zeit in Cole Creek hatte, ganz gleich, wie alt sie damals gewesen war. Ich bezweifelte, dass ein Gericht jemanden auf der Grundlage dieser Erinnerungen wegen Mordes verurteilen würde, aber ich hielt Mörder nicht für logisch denkende Menschen.

Andererseits – nach dem, was ich im Internet gefunden hatte, waren anscheinend alle, die beteiligt gewesen waren – oder von denen ich es vermutete – kurz nach dem Tod der Frau ebenfalls gestorben.

Ich schob Jackies Führerschein wieder in die Brieftasche und steckte die Brieftasche zurück in die Handtasche, wo ich sie gefunden hatte. Dann zog ich den Reißverschluss zu und ging wieder hinauf in mein Arbeitszimmer.

Meine Internetsuche hatte noch einen weiteren Namen zutage gefördert. Miss Essie Lee war die Schwester und einzige noch lebende Verwandte einer gewissen Icie Lee Shaver, die ebenfalls bei einem »seltsamen« Unfall ums Leben gekommen war. Anscheinend war Icie Lee im Wald unterwegs gewesen und in einen alten Brunnenschacht gestürzt. Sie hatte bis zum Hals in den verrotteten Balken der Abdeckung gesteckt, aber das Holz hatte so weit gehalten, dass sie hatte atmen können. Schließlich, nach einem oder zwei Tagen, hatten ihre Versuche, sich zu befreien, die Wände zum Einsturz gebracht und sie unter sich begraben.

»Zerquetscht«, sagte ich laut. Wie sie gemordet hatten, so waren sie alle gestorben.

Ich schaltete den Computer aus und ging zu Bett, aber ich schlief nicht gut. Die Worte auf meinem Computerbildschirm verfolgten mich. »Wie sie gelebt hatten« – dieser Satz ging mir immer wieder durch den Kopf.

Gegen drei Uhr morgens gab ich meine Versuche, einzuschlafen, endgültig auf. Ich schob die Hände hinter den Kopf und schaute zum Deckenventilator hinauf. Er lief auf vollen Touren, und ich starrte den kleinen hölzernen Knopf am Ende der Schalterkette an wie die Glaskugel eines Hypnotiseurs.

Als der erste Sonnenstrahl durch mein Fenster fiel, dachte ich, wenn ich wissen wollte, wer diese Frau zerquetscht hatte, brauchte ich nur sämtliche Nachrufe zu lesen, die in dem Jahr nach ihrem Tod erschienen waren. Aus dem, was ich bisher gefunden hatte, konnte ich schließen, dass jeder, der zu Tode gequetscht worden war, vermutlich an der Mordtat beteiligt gewesen war.

Als ich meine Gedanken einigermaßen sortiert hatte, entspannte ich mich ein wenig und schlief schließlich ein. Als ich aufwachte, war es schon Mittag. Beim Blick auf die Uhr geriet ich in Panik. Wo war Jackie? Sie war so emsig, dass ich immer hören konnte, wo sie war, aber jetzt war es totenstill im Haus.

Ich fand sie in der Küche. Sie saß am Tisch, beschäftigt mit einem der coolsten Spielzeuge, die ich in meinem ganzen Leben gesehen hatte. Es war ein winziger Hewlett-Pakkard-Farbdrucker, und daneben stand eine kleine Kamera mit einer offenen Klappe an der Seite.

Ich setzte mich an den Tisch und sah zu, wie die kleine Maschine einen perfekten Ausdruck von sich gab, und zu meiner Beschämung muss ich gestehen, dass ich völlig vergaß, wer warum zu Tode gequetscht worden war. Als ich anfing, auch mit den beiden Geräten herumzuspielen, stand Jackie wortlos auf und fing an, Rührei zu machen.

Der Drucker war sehr einfach zu bedienen, und als Jackie mir die Eier vorsetzte, hatte ich zwei 10x15-Vergrößerungen gedruckt. Auf dem einen Bild sah man Rosen an einem Zaun, auf dem andern ein rot-weiß kariertes Tischtuch mit einer Flasche Wein und einem halben Brot.

»War es das, was Sie gestern gemacht haben?«, fragte ich lächelnd. »Ein Picknick, ganz allein?«

Aber meine Frage schien Jackie durcheinanderzubringen. Sie riss die kleine Speicherkarte aus dem Drucker, schob sie in die Kamera, drückte ein paar Tasten und stellte die Kamera auf den Tisch. Ich wusste, dass sie die beiden

Picknickfotos gelöscht hatte. Und als Nächstes verbrannte sie die Fotos, die ich ausgedruckt hatte, an der Gasflamme des Herdes.

Natürlich starb ich vor Neugier, aber ich stellte ihr keine Fragen. Schon weil Jackie mir mit einem einzigen Blick zu verstehen gab, dass ich es sonst bereuen würde.

Das war okay. Ich hatte auch meine Geheimnisse. Ich dachte überhaupt nicht daran, Jackie zu erzählen, was ich im Internet gefunden hatte. Und ich würde ihr auch nicht sagen, dass Harriet Coles Tochter ihren Namen auf die gleiche einzigartige Weise buchstabierte wie sie.

In den nächsten zwei Tagen benahm Jackie sich auf eine Weise, die nur mit dem Wort »merkwürdig« zu beschreiben war. Sie war nicht sie selbst. Nicht, dass ich schon Unmengen von Zeit mit ihr verbracht hatte, aber nach meinem Sonntagsbesuch bei Dessie erschien Jackie verändert. Es war, als sei sie mit ihren Gedanken woanders. Sie kochte täglich drei Mahlzeiten für mich, sie bediente das Telefon, und sie sagte sogar Nate, was er tun sollte, aber irgendetwas war anders. Zum einen war sie still und sprach kaum noch ein Wort. Und zum andern war sie nicht mehr so viel in Bewegung. Drei Mal schaute ich aus dem Fenster meines Arbeitszimmers, und sie stand einfach da und starrte ins Leere. Wie ein Kolibri, der ausnahmsweise seine Flügel nicht bewegte.

Natürlich fragte ich sie, was los sei, aber sie schaute nur in weite Fernen und sagte: »Mmmm.«

Ich versuchte, sie zu einer Reaktion zu bewegen. Ich erzählte ihr, dass Dessie und ich uns am Sonntag fabelhaft amüsiert hätten. Kein Kommentar. Ich erzählte ihr, der Sex mit Dessie sei großartig gewesen. »Mmmm«, sagte sie und schaute ins Leere. Ich sagte, ich würde jetzt mit Dessie nach Mexiko durchbrennen, und Tessa würden wir mitnehmen. Kein Kommentar. Ich behauptete, ich sei in eine grünäugige Grizzlybärin verliebt, und sie sei schwanger von mir.

»Schön«, sagte Jackie und schwebte zur Tür hinaus. Am Mittwoch machte sie mit dieser neuen Kamera ein paar Fotos von Nate. Ich sagte nichts, aber ich war ein bisschen gekränkt, weil sie dieses Ding und den kleinen Drucker gekauft hatte, ohne mich beim Aussuchen helfen zu lassen. Wir schauten uns die Fotos an, und Nate sah aus, als komme er geradewegs aus einer Modezeitschrift. Und dabei war er nicht mal gewaschen.

Ich versuchte, mich mit ihm über eine mögliche Zukunft in der Welt der Modefotografie zu unterhalten, aber er wollte nichts davon wissen. Dafür hatte ich Verständnis. Welcher Mann mit Selbstachtung wollte sein Geld als Fotomodell verdienen? Andererseits – es würde gutes Geld sein. Ich wollte, dass Jackie mit ihm redete, aber sie stand am anderen Ende des Gartens und wollte nichts damit zu tun haben.

Am Donnerstagmorgen kam endlich der FedEx-Bote mit dem Paket von dem Mann in Charlotte. Halb wollte ich es öffnen, halb lieber verbrennen.

Ich hatte jetzt zwei Tage Zeit gehabt, um über die Situation nachzudenken. Ich war zu dem Schluss gekommen, dass ein paar sehr wütende Leute im Jahr 1979 eine Frau mit Steinen erdrückt hatten und dass Jackie es als Kind mitangesehen hatte. Und nach dem Mord hatte anscheinend jemand Selbstjustiz geübt und die Mörder auf irgendeine Weise einen nach dem andern umgebracht.

Wenn meine Theorie stimmte, war Jackie nicht in Gefahr. Und allem Anschein nach wusste sie nichts von den nachfolgenden Vendetta-Morden. Sie wusste nur von der Frau.

Sie wusste auch, mit welcher Begründung ihre Mutter, die wahrscheinlich zu den Tätern gehört hatte, den Mord an der Frau gerechtfertigt hatte. Sie hatte gesagt, wer den Teufel liebe, müsse *sterben*.

Der Teufel hat mich dazu gebracht, dachte ich. War das nicht die Begründung für so viele Morde im Laufe der Jahrhunderte? »Es war nicht meine Schuld«, hörte ich die Leute in den Fernsehnachrichten sagen. »Der Teufel hat meine Gedanken gesteuert.« Als ich Jackie kennengelernt hatte, hatte sie mir erzählt, die Leute in einer Kleinstadt hätten geglaubt, eine Frau habe den Teufel geliebt.

Ich legte eine Hand vor die Augen. Wenn Jackie nicht in Gefahr war, konnten wir hier bleiben. Aber wenn wir blieben, würde ich graben, bis ich den wahren Grund für den Tod der Frau gefunden hätte; das wusste ich, denn ich kannte mich gut genug. Welche *menschliche* Regung hatte die Leute zu dieser Tat getrieben? Und wer hatte ihren Tod gerächt? Auch das wollte ich wissen.

Mit zitternden Händen öffnete ich das FedEx-Paket. Das oberste Blatt war ein Entschuldigungsschreiben. Er sei krank gewesen, schrieb der Mann, und deshalb schicke er das Material mit Verspätung, aber er hoffe, ich würde ihm trotzdem die signierten Bücher schicken. Eins zu Null für ihn, dachte ich. Ich war nicht krank gewesen; ich hatte einfach vergessen, ihm die Bücher zu schicken.

Das Foto des rekonstruierten Gesichts war das, was ich sehen wollte, und es lag zuunterst in dem Stapel. Ich sah das Gesicht einer hübschen Frau, vermutlich Ende dreißig – und ohne Zweifel war sie eine Verwandte von Jackie. Wenn Jackie in ihrem Alter wäre, würde sie aussehen wie diese Frau.

Ich stand da, betrachtete das Foto und fragte mich, wer sie sein mochte. Die Frau auf der Brücke, ja – aber darüber hinaus? Jackies Mutter war sie nicht; ich war ziemlich sicher, dass ihre Mom von einem Auto zerquetscht worden war.

Ich blätterte in den Unterlagen, die der Mann mir geschickt hatte. »Unbekannt« stand allenthalben. Sie war eine unbekannte Frau, und es war unbekannt, ob die Todesursache Unfall oder Mord gewesen war. Die Polizei hätte es vielleicht an der Art und Weise erkennen können, wie die Steine auf ihr gelegen hatten, aber bevor die Polizei erschienen war, hatten die Kids, die den Leichnam gefunden hatten, sämtliche Steine beiseite geräumt. Offenbar hatte das Mädchen, das in der Nacht das Weinen »gehört« hatte, hysterisch geschrien, man müsse »die arme Frau herauslassen«, und deshalb hatten sie die Steine restlos von dem Skelett heruntergenommen.

Die Polizei hatte die Kids vernommen, und alle hatten mit hundertprozentiger Sicherheit beschreiben können, wie die Steine angeordnet gewesen waren. Aber die einen hatten es so beschrieben, die andern so. Am Ende waren die Aussagen »ohne Beweiskraft«.

Ich sah mir die Namen der jungen Leute an. Was würde ich erfahren, wenn ich sie in eine Suchmaschine eingäbe? Ich sollte so etwas nicht tun, sagte ich mir, dabei war ich schon auf dem Weg zur Treppe und zu meinem Arbeitszimmer.

Aber ich kam nicht weit, denn die Haustür flog auf, Tessa kam hereingestürmt, sprang mich an und schlang mir die Beine um die Taille und die Arme um den Hals.

»Danke, danke, danke«, sagte sie und küsste mich ab.

Ich hatte keine Ahnung, was sie meinte, aber ich freute mich. Sie war noch nicht alt genug, um sich zu verstellen; was immer sie empfand, äußerte sie offen und ehrlich.

»Was ist denn los?«, fragte ich lächelnd. Das ganze Paket mit den Unterlagen über die ermordete Frau war mir aus den Händen gefallen und lag verstreut auf dem Boden. Am liebsten hätte ich alles liegen lassen und gehofft, dass es durch die Dielenritzen verschwand.

Ich wand Tessas Arme von meinem Hals, damit ich wieder Luft bekam. »Danke wofür?«

»Für den Zwerg.«

Ich hatte keine Ahnung, wovon sie redete. Als wir die Figuren für den Garten gekauft hatten, hatten wir eine ganze Weile über Gartenzwerge diskutiert, aber ich war ziemlich entschlossen dagegen gewesen. In der ersten Klasse hatten Johnnie Foster und ich Streit gehabt, weil er gesagt hatte, ich sähe aus wie ein Gartenzwerg. Ich hatte noch nie von Gartenzwergen gehört, deshalb fragte ich die Schulbibliothekarin, und sie gab mir ein Buch. Was ich da sah, gefiel mir nicht.

Und in Wahrheit befürchtete ich, Tessa wollte Gartenzwerge haben, weil sie *mich* mochte.

Ich schälte Tessa von mir herunter, stellte sie auf den Boden und fing an, die Unterlagen aufzulesen.

»Wer ist das?«, fragte sie, als sie das Foto mit dem rekonstruierten Gesicht sah. Wie die meisten Kinder ging Tessa mit ihren Kräften sparsam um und half mir nicht beim Aufheben der Papiere.

»Irgendjemand«, sagte ich und stopfte alles zurück in den Pappumschlag. Ich wollte nicht, dass Jackie in das Paket hineinschaute, und deshalb legte ich es unübersehbar auf den Tisch im Flur. Ich dachte mir, wenn ich es hinter einem Buch im obersten Regal in der Bibliothek versteckte, würde sie es innerhalb von drei Sekunden finden.

»Okay«, sagte ich zu Tessa. »Was ist los?«

»Du hast den größten Gartenzwerg der Welt gekauft und in den Garten gestellt. Er ist wunderschön, und ich liebe ihn jetzt schon. Danke.«

Eine Nanosekunde lang durchzuckte mich der Gedanke, Jackie habe sich mit Dessie zusammengetan und einen Gartenzwerg in Auftrag gegeben. Natürlich. Und nächste Woche würde der Frosch kommen.

Ich streckte die Hand aus, Tessa nahm sie, und wir gingen zusammen hinaus in den Garten.

Sie hatte Recht.

Im Schatten auf einer der alten Parkbänke, die Nate repariert hatte, saß etwas, das aussah wie ein Gnom. Aufrecht stehend wäre er ungefähr einen Meter sechzig groß gewesen, und er hatte einen dicken Kopf, einen rundlichen Leib und kurze, kräftige Gliedmaßen. Die runden Augen waren blicklos, und der Mund stand halb offen. Er hatte große Augen mit dichten Wimpern, eine breite Nase mit einer platten Spitze, volle Lippen, riesige, anliegende Ohren, und seine langen schwarzen und grauen Haare waren hinten zu einem Zopf geflochten.

»Ssschh.« Tessa zog an meiner Hand, »Er sieht ganz lebendig aus, nicht wahr?«

Ich ließ mich um die Büsche herumführen und bekam den Rest des »Gartenzwergs« zu Gesicht. Er trug eine dunkelgrüne Hose, ein verschlissenes gelbes Hemd und eine lila Weste, die übersät war von emaillierten Anstecknadeln, die aussahen wie Insekten. Der Traum eines Entomologen.

Tessa ging näher an das Wesen heran, und ich blieb stehen und starrte es an. Das war keine Statue, das war ein Mann. Und er schlief fest. Er saß aufrecht und mit weit offenen Augen auf der Bank, aber er schlief.

Weit hinten in meinem Hinterkopf wusste ich, ich sollte Tessa sagen, er sei lebendig und sie solle sich von ihm fern halten, aber ich konnte mich einfach nicht rühren. Natürlich wusste ich, wer er war. Ich hatte ihn nur noch nie leibhaftig vor mir gesehen.

Tessa streckte die Hand aus und berührte seine Wange. Er zuckte nicht einmal mit der Wimper, aber ich wusste, dass er augenblicklich wach war. Seine Augen leuchteten auf, und er sah mich an.

»Hallo, mein Sohn«, sagte mein Vater.

»Hallo, Cousin«, sagte mein Cousin Noble und kam aus dem Gebüsch.

Beide lächelten mich an.

14 – Jackie

Ich wollte nur noch mit Russell zusammen sein. Bei ihm fühlte ich mich gut, und zwar auf eine Weise, wie ich es noch nie erlebt hatte.

Mein Leben lang hatte man mich bezichtigt, ich sei zornig. Allzu viele Frauen, denen ich begegnet war, hatten beschlossen, Therapeutin zu spielen und mir zu erklären, meine sarkastischen Bemerkungen rührten aus einem tief verborgenen Zorn in mir.

Dem konnte ich zustimmen, aber meine Zustimmung war zu Ende, wenn sie sagten, ich solle es »herauslassen«. Sie waren nicht glücklich, wenn ich mich weigerte, ihnen meine tiefsten Geheimnisse anzuvertrauen. Ich glaube, sie fanden, ich spielte das Mädchen-Spiel nicht nach den Mädchen-Regeln, die offensichtlich besagten, dass jede immer allen alles erzählen müsse.

Die Wahrheit war, dass ich keinen Grund hatte, zornig zu sein. Das Schlimme, das ich erlebt hatte, war so schlimm auch wieder nicht gewesen, und eigentlich hatte ich ein schlechtes Gewissen, weil ich überhaupt zornig war. In einer Stadt, in der mein Dad und ich zwei Jahre lang wohnten, während ich auf der High School war, gestand meine beste Freundin mir, dass ihr Vater abends zu ihr ins Bett kam und »es mit ihr machte«. Ich musste ihr Stillschweigen schwören, bevor sie es mir erzählte, aber ich hielt meinen Schwur nicht. Ich erzählte es meinem Dad.

Als der Staub, den er daraufhin aufwirbelte, sich wieder gelegt hatte, verließen wir diese Stadt.

Nein, es gab keinen tief verborgenen Grund für mich, zornig zu sein. Es war nur so, dass ich mich fast meine ganze Kindheit hindurch in zwei Hälften gerissen fühlte. Ich liebte meinen Dad sehr, aber ich war auch wütend auf ihn, weil er mir nichts über mich erzählte. Als ich erwachsen geworden war und gesehen und gelesen hatte, was in der Welt vor sich ging, begriff ich, dass etwas Furchtbares passiert sein musste, wenn mein Vater mich mitten in der Nacht fortgeschafft hatte. Ich wollte immer nur, dass er mir sagte, was es gewesen war.

Aber wenn ich auch nur andeutete, dass ich etwas über meine Mutter oder über die Tante, die er erwähnt hatte, wissen wollte, murmelte er etwas, das dem vorher Gesagten widersprach, oder er verstummte völlig. Es machte mich rasend! Besonders deshalb, weil ich über alles andere auf der Welt mit ihm reden konnte. Als Heranwachsende informierten wir Mädchen einander mit überlegenem Lächeln über das Treiben von Bienchen und Blümchen. Dann ging ich nach Hause und berichtete meinen Vater Wort für Wort, was ich gehört hatte, und er sagte mir, ob es stimmte oder nicht. Und die Mädels quietschten: »Du hast deinen *Dad* danach gefragt?!«

Aber meinen Dad brachte nichts in Verlegenheit. Einmal sagte er: »Früher war ich normal. Vor langer Zeit war ich wie die Väter deiner Freundinnen, und Sex und andere Privatangelegenheiten waren mir peinlich. Aber wenn man durchmacht, was ich durchgemacht habe, setzt es das Leben in eine andere Perspektive.«

Natürlich fragte ich ihn, was er damit meinte. Was hatte er denn durchgemacht? Aber das erzählte er mir nicht.

Ich musste meinen Zorn über seine Weigerung, mir etwas von unserer Vergangenheit zu erzählen, im Zaum halten. Und ich musste meinen Groll darüber verbergen, dass mein Vater und ich anscheinend nirgendwohin und zu niemandem gehörten. Wie sehr beneidete ich meine Freundinnen um ihre Familien! Ich fantasierte mir riesige Weihnachtsessen zusammen, mit fünfzig Verwandten an einem Tisch. Ich

lauschte begierig, wenn meine Freundinnen vom »Horror« der Festtage berichteten. Sie erzählten, wie dieser Cousin etwas Entsetzliches getan und wie jener Onkel ihre Mutter zum Weinen gebracht hatte, und wie eine Tante in einem Kleid aufgekreuzt war, das alle schockiert hatte.
Es hörte sich wundervoll an.
Mein Vater war ein echter Einzelgänger. Er und Ford hätten sich bestens verstanden. Sie hätten sich zusammen hinter ihren Büchern verkriechen können. Mein Vater hatte seine Liebe zu Harriet Lane, die längst nicht mehr lebte, und Ford liebte seine verstorbene Frau. Dass er angesichts einer Plastik, die sie darstellte, in Tränen ausbrechen konnte, zeigte nur, wie sehr er sie liebte.
Ach was. Fords Probleme hatten mich bekümmert bis zu dem Sonntag, an dem ich Russell Dunne kennenlernte. Mit Russell fühlte ich mich verwandt wie nie zuvor mit einem Mann. Äußerlich war er genau mein Typ: dunkel, elegant und auf eine Weise kultiviert, die mich an meinen Vater erinnerte. Und Russell und ich hatten so viel gemeinsam: die Fotografie und unsere Liebe zur Natur. Und wir beide mochten das gleiche Essen. Den Ausdruck »seelenverwandt« konnte ich nicht ausstehen, aber er kam mir in den Sinn, wenn ich an Russell dachte.
Als ich am Sonntagabend wieder zu Hause war, verbrachte ich ungefähr eine Stunde in der Badewanne. Als das Wasser kalt wurde, stieg ich heraus, zog mein bestes Nachthemd und meinen Hausmantel an und setzte mich für ein Weilchen auf den kleinen Balkon vor meinem Schlafzimmer. Die Nacht kam mir besonders warm und duftend vor, und die Glühwürmchen funkelten wie kleine Diamanten in der samtenen Luft.
Wenn jemand solche dämlichen Gedanken bloß hatte, wurde mir schon schlecht. Irgendein weibliches Wesen redete in diesem bescheuerten Stil über einen Typen, und gleich musste ich kotzen. Ich weigerte mich sogar, Romane

zu lesen, in denen es darum ging, sich in einen Mann zu verlieben. »Checken Sie seine Referenzen«, sagte ich dann immer und klappte das Buch zu.

Natürlich hatte ich bei Kirk alles Naheliegende unternommen und die ganze Sache gewissenhaft geplant, und trotzdem war ich übers Ohr gehauen worden. Aber zumindest hatte ich nie von der Farbe seiner Augen geschwärmt, oder »wie süß er das Näschen kräuselte«. Örk!

Aber über Russell Dunne hätte ich mich endlos verbreiten können. In seinen Augen waren kleine goldene Pünktchen, die in der Sonne aufleuchteten, wenn er den Kopf bewegte. Seine Haut hatte die Farbe von sonnenwarmem Honig. Seine wunderschönen Hände sahen aus, als könnten sie Engelsmusik spielen.

Und so weiter. Ich hätte immer so weitermachen können – und in Gedanken tat ich es auch –, aber ich zwang mich, damit aufzuhören. Ich bemühte mich wirklich, nicht an Russell zu denken, sondern an meine Arbeit – was immer das sein mochte. Ich wartete immer noch darauf, dass Ford mir sagte, wie ich ihn beim Schreiben unterstützen sollte, aber er sagte nie etwas darüber. Stattdessen war ich so was wie eine Kombination aus Haushälterin und Gesellschafterin. Im Grunde war alles, was Ford nicht machen wollte, meine Aufgabe.

Am Montag, nachdem ich Russell begegnet war, hatte ich Mühe, überhaupt einen klaren Gedanken zu fassen. Draußen war eine Menge zu tun, und noch immer hatte ich die Bibliothek und die Durchsicht der Bücher nicht in Angriff genommen. Und natürlich musste ich einkaufen. Außerdem hatte ich Allie anrufen wollen, um zu verabreden, dass Tessa herüberkam und für mich Modell saß, damit ich mein Fotoatelier in Gang bringen könnte.

Am Samstagabend hatte ich den Kopf voll von Dingen gehabt, die ich tun wollte, aber nach diesem Sonntag konnte ich mich an nichts mehr erinnern. Stattdessen hockte ich

– stundenlang, wie mir schien – am Küchentisch und betrachtete den kleinen Drucker, den Russell mir geliehen hatte. Er hatte mir einen Packen Fotopapier in die Tasche geschoben, und nach einigem Gefummel brachte ich eine Indexkarte mit winzigen, nummerierten Bildern aller Fotos auf dem Speicherchip zustande. Dann saß ich da und starrte die Bilder an, bis ich sie auswendig kannte. Vielleicht hoffte ich, dass ein Foto von Russell dazwischen auftauchen würde. Aber das geschah nicht.

Irgendwann im Laufe des Tages – ich hatte nicht mal meine Uhr angelegt – kam Ford die Treppe heruntergepoltert und übernahm den Drucker. Er hatte ein Händchen für technischen Kram, und in Sekundenschnelle hatte er heraus, wie das Ding funktionierte. Er drückte auf ein paar Tasten, und was herauskam, war ein großes Foto von dem Picknick, das Russell im süßen Gras ausgebreitet hatte.

Ich weiß nicht, was da über mich kam, aber sofort schob ich die Speicherkarte wieder in die Kamera und klickte, so schnell ich konnte, auf die kleine Mülltonne. Diese Szene hatte etwas so Privates, dass niemand anders sie sehen sollte. Und ich wusste, wenn ich ihn weitermachen ließe, würde Ford abfällige Bemerkungen über unser wunderbares Picknick machen. Wo war denn das gebratene Hühnchen?, würde er fragen und das auch noch komisch finden. Und die Kühltasche mit dem Bier? Was war denn das für ein Pikknick – mit einem Haufen Käse und ein paar Crackern?

Nein, ich wollte seine Kommentare nicht hören.

In meiner Hast war mir nur nicht klar, dass ich mir selbst eins auswischte. Nachdem ich die Fotos in der Kamera gelöscht und die Abzüge, auch die Indexkarte, verbrannt hatte, war nichts mehr da, was ich hätte anschauen können.

Aber ich war so euphorisch, dass mich meine Dummheit nicht weiter ärgerte. Was soll's, dachte ich. Ich hatte meine Erinnerungen. Und bei diesem Gedanken wäre ich beinahe in lauten Gesang ausgebrochen.

Russells Karte mit seinen Namen und der Telefonnummer trug ich in meinem BH, links über dem Herzen. Keine Minute verging, ohne dass ich ihn anrufen wollte. Aber ich hatte eine eiserne Regel: Ich rief keine Männer an.

Natürlich rief ich Ford an. Ich rief ihn mit dem Handy, das er mir gegeben hatte, aus dem Supermarkt an und fragte ihn, ob er Roastbeef oder Schweinebraten haben wollte (Er sagte: »Ich dachte, Schweinebraten ist ungesund.«). Ich rief ihn von der Gemüsetheke an und fragte, ob er gern einen gelben Kürbis hätte (»Das ist ein Witz, ja?«). Und ich rief ihn von der Tankstelle an und fragte ihn, welches Öl der Wagen brauchte (»Lassen Sie diese Affen nicht an mein Auto. *Ich* mache den Ölwechsel.«).

Ford konnte ich anrufen, weil ich nicht vorhatte, ihn zu beeindrucken. Schon vor langer Zeit hatte ich gelernt, dass man niemals einen Mann anrief, den man wirklich, wirklich haben wollte. Unter keinen Umständen. Wenn man Rauch aus seinem Haus kommen sah, rief man die Nachbarn an, damit sie ihn retteten. Aber man rief keinen Mann an. Wirklich nicht.

Diese Lektion hatte ich im jahrelangen Zusammenleben mit einem gut aussehenden, ledigen Mann gelernt: mit meinem Vater. Manchmal dachte ich, er zog nur von einer Stadt in die andere, um den Frauen zu entkommen, die ihm nachstellten. Ich war elf, bevor ich wusste, was eine Küche war. Mein Dad und ich brauchten nie eine zu benutzen, weil ledige Frauen uns Essen brachten. »Ich hatte das hier übrig, und ich dachte, Sie und Ihr anbetungswürdiges kleines Mädchen möchten vielleicht etwas davon«, sagten sie. Einmal betrachtete ich einen solchen perfekt zubereiteten Schmortopf und fragte, wie das »übrig« sein könne, wenn überhaupt noch nichts fehle. Mein Dad, der manchmal einen boshaften Humor an den Tag legte, stand einfach da und sah zu, wie die arme Frau ins Schwimmen geriet, als sie versuchte, mir meine Frage zu beantworten.

In Wahrheit waren sie weniger darauf aus, meinem Dad etwas zu essen zu machen, als viel mehr darauf, ihn anzurufen und zu fragen, was denn sein »Leibgericht« sei. Denn damit hatten sie einen Grund, wiederzukommen. Oder noch mal anzurufen. Und noch mal. Es kam nicht selten vor, dass mein Dad in einer Stadt vier Mal in drei Monaten seine Telefonnummer änderte.

Jedenfalls, als ich älter wurde, leistete ich einen heiligen Eid, niemals einen Mann anzurufen, für den ich mich interessierte. Ein Mann, der so schön war wie Russell Dunne, wurde sicher den ganzen Abend angerufen, und deshalb wollte ich anders sein. Einzigartig.

Ich hätte mir aber keine Sorgen zu machen brauchen, denn Russell stand am Dienstagnachmittag vor der Tür. Hastig bugsierte ich ihn in mein Studio, denn ich wollte nicht, dass Ford ihn sah. Ich konnte mir nicht vorstellen, dass Ford es gern sah, wenn ein anderer Mann etwas mit »seiner« Assistentin zu tun hatte.

»Ich habe Sie hoffentlich nicht gestört«, sagte Russell mit seiner seidenweichen Stimme.

Warum hatte ich nichts mit meinen Haaren gemacht?, fragte ich mich. »Nein, überhaupt nicht«, brachte ich hervor. Ich wollte ihm etwas zu essen anbieten. Genauer gesagt, ich wollte ihm mein Leben anbieten, aber ich dachte mir, vielleicht sollte ich mit einer Limonade anfangen. Aber Fords Irrwege durch das Haus waren unberechenbar, und es war durchaus möglich, dass er in die Küche spaziert kam.

»Und wo sind Ihre Fotos?«, fragte er, und bei seinem Lächeln fing mein Herz an zu flattern.

»Sie sind mein erstes.« Ich schnappte mir meine liebe F100, richtete sie auf ihn und drückte auf den Auslöser. Ist ein Autofocus nicht was Tolles?, dachte ich.

Aber am Klicken hörte ich, dass ich kein Foto gemacht hatte. Ich schaute auf das LCD-Display. Kein Film.

Nein, ich brach nicht in Tränen aus.

Russell sah mich kopfschüttelnd an und lächelte. »Sie sind wirklich unartig«, sagte er, und ich wurde rot. Auf den gleichen Satz von Ford hätte ich etwas über schmutzige alte Männer erwidert, aber aus Russells Mund klang er sexy.

»Ich will alles sehen«, sagte Russell, und ich fing an zu reden.

Ich zeigte ihm die Ausrüstung, die Ford und ich ausgesucht hatten, und erzählte ihm von Fords Idee, einziehbare Markisen über den Fenstern anzubringen. Ich erzählte, wie Ford und ich die Abstellkammer angestrichen und wie Ford und Nate die Regale für mich angebracht hatten.

»Sie scheinen sehr an diesem Mann zu hängen«, stellte Russell fest.

Beinahe wäre ich auf diesen Trick hereingefallen, aber da ich tausend Mal gesehen hatte, wie mein Vater ihn bei tausend Frauen anwandte, fing ich mich gerade noch. Ich hatte immer peinlich berührt weggeschaut, wenn eine Frau verbale Saltos gesprungen war, um meinen Vater davon zu überzeugen, dass es keinen anderen Mann in ihrem Leben gebe.

»Ja, stimmt«, sagte ich und schaute zu Boden, als habe Russell mir ein großes Geheimnis entlockt. Dann spähte ich schräg nach oben, um zu sehen, wie er diese Neuigkeit aufnahm, und zu meiner Freude sah ich, dass er anscheinend ein bisschen überrascht war. Gut, dachte ich. Er brauchte nicht zu wissen, was ich für ihn empfand.

»Dann muss ich mich wohl ein wenig mehr anstrengen, nicht wahr?«, sagte er lächelnd.

Ich machte einen winzigen Schritt auf ihn zu, aber Russell sah auf die Uhr.

»Ich muss gehen«, sagte er und war an der Tür, bevor ich ihn einholen konnte. Er blieb einen Moment stehen, und ein Sonnenstrahl fiel auf seine Wange. »Jackie«, sagte er leise, »ich glaube, ich habe neulich zu viel geredet. Über ... Sie wissen schon.«

Ich wusste. Über die Frau, die zu Tode gequetscht worden war. »Das ist schon in Ordnung«, sagte ich. »Es macht mir nichts.«

»Das ist alles lange her, und ...« Er brach ab und lächelte mich an. Ich bekam weiche Knie. »Außerdem, wer weiß? Vielleicht hat die Frau wirklich etwas mit dem Teufel gehabt. Ich habe damals gehört, sie hatte Visionen.«

»Visionen?« Ich klapperte mit den Lidern und traute meiner eigenen Stimme nicht. Er sprach leichthin, aber mir war überhaupt nicht leicht zumute. Im Gegenteil, ich wollte mich hinsetzen.

»Ja. Sie hatte Visionen von bösen Taten. Niemand in der Stadt konnte etwas Böses tun, weil sie es sah, *bevor* man es tat.«

Ich schluckte. »Aber wären solche Visionen nicht ein Geschenk Gottes? Die Fähigkeit, das Böse zu verhindern, muss doch von Gott kommen, oder?«

»Vielleicht«, sagte er. »Ich glaube, so fing es an, aber ihre Visionen wurden immer stärker, bis sie das Böse in den Köpfen der Menschen sehen konnte. Es hieß, sie habe ...« Er schwieg und winkte ab, als wolle er nichts weiter sagen.

»Was denn?«, flüsterte ich. »Was hat sie getan?«

»Mein Vater sagte, sie habe angefangen, die Leute daran zu *hindern*, zu tun, was sie in ihren Köpfen sah.«

Ich dachte nicht gern darüber nach, was das bedeutete. Ich legte die Hände an meine Schläfen.

»Jetzt habe ich Sie beunruhigt«, sagte Russell. »Ich wusste, ich hätte Ihnen nicht erzählen sollen, was hier passiert ist. Es ist nur ... ich habe diese Geheimnisse so lange mit mir herumgetragen, und Sie sind so interessiert. Es ist, als ob ...«

Er sprach nicht zu Ende.

»Das bin ich auch«, sagte ich. »Es ist bloß ...« Ich wollte ihm nicht sagen, was mir durch den Kopf ging. Ich konnte ihm ja nicht gut erzählen, dass ich schon zwei Visionen gehabt hatte, eine von einem Autounfall und eine von einem Brand. Was wäre, wenn ich als Nächstes sah, dass jemand vorhatte, jemand anderen umzubringen? Wie sollte ich das verhindern?

Russel sah wieder auf die Uhr. »Ich muss jetzt wirklich gehen. Ist wirklich alles in Ordnung mit Ihnen?«

»Ja.« Ich bemühte mich zu lächeln.

»Wie wär's mit einem Lunch am Wochenende?«, fragte er. »Noch ein Picknick? Und *keine* Geistergeschichten?«

»Versprochen?«

»Großes Ehrenwort. Ich rufe Sie an, und wir verabreden, wann und wo.« Noch ein strahlendes Lächeln, und er war verschwunden.

Ich lehnte mich an die Wand und versuchte, mein pochendes Herz zur Ruhe zu bringen. Die erste Vision hatte mich sehr verstört, und als ich gesehen hatte, wie sie Wirklichkeit wurde, war ich starr vor Schrecken gewesen. Beim zweiten Mal war Ford dabei gewesen, und die ganze Sache hatte beinahe Spaß gemacht.

Aber was würde passieren, wenn ...?

»Mit wem hast du gesprochen?«

Ich drehte mich um. Tessa stand in der Tür. Sie war ein komisches kleines Mädchen, das wenig sprach, außer mit Ford. Die beiden hatten offenbar eine gemeinsame Wellenlänge; sie waren sich in allem einig. Allie sagte, so etwas habe sie noch nie gesehen. Sie habe sich immer darüber beklagt, dass ihre Tochter so gar nicht gesellig sei und weder mit Erwachsenen noch mit Gleichaltrigen redete. Aber Ford und Tessa waren oft zusammen und machten allerlei Unsinn – zum Beispiel spähten sie in irgendein Loch im Boden und spekulierten darüber, was wohl drin sein mochte.

»Mit einem Mann«, sagte ich zu Tessa.

Sie stellte keine weiteren Fragen, aber im Laufe des Tages schaute sie mich ein paar Mal merkwürdig an. Ich ignorierte sie. Ich wusste aus Erfahrung, dass sie meine Fragen mit Schweigen und ausdruckslosem Blick beantworten würde.

Einmal sah Allie, wie Fords Füße verschwanden, als er bäuchlings in ein Buschgewölbe kroch, das er und Tessa sich gebaut hatten, und sie seufzte tief. »Meine Tochter hungert nach männlicher Gesellschaft.«

Ich ergriff die Gelegenheit, mehr über ihre Ehe zu erfahren. Schließlich hatte ich Allie auch alles über Kirk erzählt. Tatsächlich war Allie die einzige Frau, der ich mehr offenbart hatte, als ich von ihr erfahren hatte. »Sieht Tessa ihren Vater oft?«

»Nein«, sagte Allie kurz angebunden und ging davon. Das war alles, was ich aus ihr herausbekam.

Also ignorierte ich Tessas komische Blicke am Dienstag und ließ sie Modell sitzen. Das heißt, ich ließ sie Modell sitzen, nachdem Ford gesagt hatte, sie solle es tun.

Ich wünschte, ich könnte beschreiben, wie gut meine Fotos von Tessa wurden. Es war eins dieser kosmischen Ereignisse, die man hin und wieder erlebt. Ich glaube, wenn ich an diesem Tag ich selbst gewesen wäre, hätte ich nicht halb so gute Bilder zustande gebracht. Normalerweise bin ich ein bisschen analfixiert, was Tiefenschärfe und Belichtungswerte angeht, aber an dem Tag war ich so abgelenkt, dass ich gar nicht daran dachte, jeden einzelnen Knopf an meiner Kamera gewissenhaft zu bedienen. Meine Kamera hatte einen Vorschaumodus für die Schärfentiefe; den benutzte ich, und als Tessa und der Hintergrund okay aussahen, drückte ich auf den Drahtauslöser. Fertig.

Vielleicht spürte Tessa meine Stimmung an diesem Tag. Normalerweise konnte sie es nicht erwarten, zu verschwinden und ihren eigenen Kram zu machen; deshalb hatte ich mir überlegt, womit ich sie bestechen könnte, damit sie sich vor die Kamera setzte. Mit einem Geschenkgutschein für das Gartencenter, wo sie und Ford eine Wagenladung hässlicher kleiner Figuren gekauft hatten?

Aber an diesem Nachmittag brauchte ich sie nicht zu bestechen, denn Tessa war anscheinend in einem ganz ähnlichen Traumzustand wie ich. Meine Aufmerksamkeit schweifte ab, und ich dachte an Russell Dunne. Ich sah mich in einem Ballkleid – nicht, dass ich eins besaß oder je eins getragen hätte – und tanzte im Mondlicht Walzer mit ihm.

Ich setzte Tessa auf einen alten Stuhl ans Fenster, gab ihr ein Buch zum Lesen und machte Fotos. Nicht zu viele, und nicht zu schnell hintereinander, denn mein Kopf arbeitete zu langsam. Statt herumzuwieseln und Haare zu ordnen und Reflektoren einzurichten, wie ich es sonst tat, ließ ich einfach alles, wie es war.

Tessa und ich sprachen kaum ein Wort in den drei Stunden, während ich sie fotografierte. Normalerweise brauchte ich nur eine Stunde, um sechs mal so viele Fotos zu machen wie an diesem Tag, aber ich war so verträumt, dass ich mich wie in Zeitlupe bewegte: also mehr Zeit und weniger Fotos.

Nach einer Weile gingen Tessa und ich ins Freie. Sie streckte sich im Tüpfelschatten eines Baumes im Gras aus und schaute zu den Blättern hinauf. Wäre ich an diesem Tag ich selbst gewesen, hätte ich mich spreizbeinig über sie gestellt und ihr tausend Anweisungen gegeben: wohin sie gukken sollte, wie sie gucken sollte, ja, was sie denken sollte. Aber ich war nicht der Feldwebel, der ich sonst war – ich ließ Tessa tun, was sie wollte, und vertraute darauf, dass meine Kamera funktionierte.

Am Abend blieb Ford lange in seinem Arbeitszimmer; also ging ich in mein Atelier und fing an, die Schwarzweißfotos von Tessa zu entwickeln. Als die Konturen des ersten Bildes hervortraten, wusste ich, dass ich da etwas hatte.

Nein, Etwas – mit großem E.

Ich bewegte mich immer noch mit halber Geschwindigkeit, aber ich war wach genug, um zu sehen, dass ich endlich getan hatte, wovon ich immer geträumt hatte. Ich hatte eine Stimmung eingefangen. Ich hatte eine Persönlichkeit auf Film gebannt. Nicht nur ein Gesicht, sondern eine ganze Person.

Ich schaute mir die nassen Bilder an, und innerhalb eines Augenblicks lernte ich eine ganze Menge. Wenn ich früher Kinder fotografiert hatte, war ich in Eile gewesen, weil sie sich viel bewegen und sich schnell langweilen. »Sieh mich an! Sieh mich an!«, hatte ich dauernd gesagt und meine Filme so schnell verknipst, wie ich auf den Auslöser drücken konnte.

Vielleicht musste man als Fotografin bei manchen Kindern so arbeiten, aber es gab auch Kinder wie Tessa. Sie war introvertiert und launenhaft, und heute war ich es rein zufällig auch gewesen. Das hatte ich auf den Fotos eingefangen.

Die Fotos waren gut. Sehr, sehr gut. Vielleicht sogar preisverdächtig gut. Ein paar Nahaufnahmen von Tessa waren so gut, dass mir die Tränen kamen. Und beim Betrachten sah ich, warum Allie und ich von Tessa nur Schweigen bekamen, während Ford in ihr geheimes Haus eingeladen wurde.

Allie und ich waren einander ähnlich; wir waren aktiv und immer in Bewegung. Ford konnte zwölf Stunden im selben Sessel sitzen, während ich es nirgends länger als eine halbe Stunde aushielt. Lesen konnte ich am besten auf einem Hometrainer. In Tessas Kopf war eine ganze Welt in Bewegung, und Ford konnte sie sehen. Heute hatte ich Tessas innere Welt auf meinen Film gebannt.

Ich ließ die Fotos im Atelier hängen, spazierte ins Haus und auf mein Zimmer, und ich lächelte die ganze Zeit. Offensichtlich tat Russell mir gut. Seine Anwesenheit hatte mich in einen Zustand versetzt, in dem ich lange genug still sein konnte, um Tessa mit meiner Kamera zuzuhören.

Erst als ich schlafen gehen wollte, fiel mir ein, was Russell über Amarisas Visionen gesagt hatte. Ich war erschrocken gewesen, als er mir erzählt hatte, sie habe das Böse in den Gedanken anderer Menschen sehen können, und wieder fragte ich mich, was ich tun würde, wenn mir das Gleiche passieren sollte.

Während ich mein Nachthemd anzog, dachte ich, dass ich es Russell vielleicht erzählen würde, wenn ich noch einmal eine Vision hätte. Vielleicht würde ich gegen meine eiserne Regel verstoßen und ihn anrufen, ihm sagen, was ich gesehen hatte. Vielleicht würde er es verstehen. Vielleicht würde auf diese Weise ein Band zwischen mir und Russell entstehen. Ein Band für die Ewigkeit.

Lächelnd ging ich ins Bett und schlief ein.

Am Mittwoch wanderte ich immer noch wie benommen umher. Ich weiß nicht genau, was ich den ganzen Tag tat, aber alles schien doppelt so lange zu dauern wie sonst. »Was zum Teufel ist los mit Ihnen?«, fragte Ford, und ich war geistesgegenwärtig genug, um zu antworten: »Prämenstruelles Syndrom.« Wie ich richtig vermutete, brachte diese Antwort ihn zum Schweigen. Er kommentierte meine Laune nicht noch einmal.

Die Fotos, die ich von Tessa gemacht hatte, zeigte ich Ford nicht. Als sie trocken waren, legte ich sie in eine große Mappe. Ich wollte sie zuerst Russell zeigen. Schließlich teilten wir beide, er und ich, die Liebe zur Fotografie, nicht wahr?

Am Nachmittag machte ich mit der kleinen Digitalkamera ein paar Schnappschüsse von Nate im Garten. Er war verschwitzt, hatte Grashalme im Gesicht und blinzelte in die Sonne. Die Fotos würden sicher schrecklich werden. Als ich das Abendessen zubereitete, druckte Ford die Bilder mit Russells kleinem Drucker.

Ich nahm eben einen Topf Süßkartoffeln vom Herd (mit braunem Zucker überzogen und in Marshmallows schwimmend – nur so aß Ford sie), als er mir ein Foto unter die Nase hielt. Es war unglaublich, aber auf dem Foto sah Nate noch besser aus als in Wirklichkeit. Er war erst siebzehn, aber auf dem Bild wirkte er wie dreißig, und er war so gut aussehend, dass es einem den Atem verschlug.

Ich stellte die Kartoffeln beiseite und betrachtete das Foto, während Ford weitere Bilder ausdruckte. Als er einen Stapel fertig hatte – und jedes einzelne war hinreißend –, sagte er, die werde er an den Art Director seines Verlags schicken.

Aber als er Nate die Bilder am nächsten Morgen vorlegte und meinte, er könne vielleicht als Fotomodell Karriere machen, antwortete Nate, er könne Cole Creek nicht verlassen. Er stellte es einfach fest, als sei es eine unabänderliche Tatsache, und dann startete er den Rasenmäher und fing an zu arbeiten.

Ich hielt mich abseits und sah zu, wie Ford den Rasenmäher wieder abschaltete und väterlich auf Nate einredete. Ich war zu weit weg, um alles zu hören, aber ich bekam Satzfetzen mit: »Entscheidend für deine Zukunft« und »Das ist deine Chance« und »Wirf sie nicht einfach weg«. Nate sah Ford mit undurchdringlicher Miene an, hörte ihm höflich zu und sagte nur: »Sorry, ich kann nicht.« Dann schaltete er den Rasenmäher wieder ein.

Ford sah zu mir herüber, als wolle er fragen, ob ich wüsste, was da los sei, aber ich zuckte nur die Achseln. Vermutlich wollte Nate einfach sagen, er könne seine Großmutter nicht allein lassen. Sie hatte ihn großgezogen, und sie wäre allein, wenn Nate von hier fortginge. Andererseits machte seine Großmutter auf mich den Eindruck, als sei das Letzte, was sie haben wollte, ein Enkel, der seine Zukunft für sie opferte.

Ich würde Ford die Sache überlassen. Er konnte gut mit Leuten reden, und ich nahm an, er würde Nate schon irgendwann überzeugen. Außerdem hatte ich keine Zeit, mich da einzumischen. Ich musste einkaufen, für Fords Essen – und für das Picknick mit Russell. Er hatte noch nicht angerufen, aber wenn er es täte, wollte ich bereit sein. Ich würde so viel Proviant mitnehmen, dass Russell und ich den ganzen Tag draußen bleiben könnten. Nur wir beide. Allein im Wald.

Also ließ ich Ford weiter mit Nate reden und fuhr zum Supermarkt. Als ich nach ein paar Stunden zurückkam, war das Haus leer. Auf dem Tisch im Flur lag ein offener FedEx-Umschlag. Vermutlich »Wartungsunterlagen«, wie Ford es nannte. Sein Verlag schickte ihm oft irgendwelche Vorgänge, zu denen er sich zustimmend oder ablehnend äußern musste; es ging um seine Bücher, die sich nach all den Jahren immer noch gut verkauften.

Wie immer schleppte ich alle meine Einkäufe selbst ins Haus. Ich warf einen wütenden Blick auf mein Handy, das mir immer noch keinen Anruf von Russell anzeigte. Dann räumte ich alles weg und ging zur Spüle, um ein Glas von unserem köstlichen Brunnenwasser zu trinken.

Als ich den Hahn aufdrehte, brach er ab, und das Wasser spritzte mir ins Gesicht. Ich riss die Schranktür unter der Spüle auf und wollte den Haupthahn zudrehen, aber ich konnte das verrostete alte Ding nicht bewegen.

Ich rannte aus dem Haus und schrie nach Ford, aber ein außergewöhnlicher Anblick ließ mich wie angewurzelt stehen bleiben. Ford und Tessa standen Seite an Seite im Garten vor zwei Männern, die ich noch nie gesehen hatte.

Der eine stand hinter der alten Bank, die Nate repariert hatte. Er war groß und sah auf seine raue Weise gut aus – der Country-and-Western-Typ, bei dem manche Frauen schwach werden.

Vor ihm auf der Bank saß ein kleiner Mann, der aussah wie Ford – das heißt, wenn man ihn in einem Zerrspiegel betrachtet hätte. Es waren Fords Züge, aber jeder einzelne war übertrieben. Bei diesem kleinen Mann sahen Fords dichte Wimpern aus wie bei einer Schlafpuppe. Und Fords ziemlich hübsche Lippen erschienen bei ihm wie der Schnullermund eines Babys. Und die Nase erst! Ja, Fords Nase war ein bisschen ungewöhnlich, aber sie war so klein, dass man es nicht bemerkte. Die Nase dieses Mannes dagegen sah aus, als habe man einen Mini-Hotdog quer auf die Spitze gelegt und dann plattgedrückt.

Mein Gesicht war nass, meine Haare trieften, das Wasser tropfte mir in die Augen, und als ich den Mann dort sitzen sah, dachte ich zuerst, er sei nicht echt. Wütend wollte ich Ford und Tessa befehlen, diese Riesenfigur in den Laden zurückzuschaffen.

Aber als ich mir das Wasser aus den Augen wischte, drehte das stämmige kleine Wesen den Kopf und zwinkerte mich an.

In diesem Moment wusste ich, wer die Männer waren. Der Gutaussehende, der mit dem Gesicht, das aussah, als könne er Songs über sein »Honky-Tonk«-Leben schreiben, hieß in Fords Büchern »King«. Ford hatte ihn so gut beschrieben, dass ich ihn erkannte – und ich erinnerte mich, dass er nicht zu den Guten gehört hatte.

Und der kleine Mann, das war Fords Vater. In seinen Büchern nannte Ford ihn »81462« – denn das war die Nummer auf seinem Hemd im Gefängnis, wo er schon gesessen hatte, bevor der Protagonist auf die Welt gekommen war.

Der Mann hinter der Bank, der Country-and-Western-Sänger, sagte zu mir: »Stimmt was nicht?« In seiner Stimme klang jede Zigarette, die er geraucht, jede verqualmte Bar, die er jemals betreten hatte. Und er sprach mit einem Akzent, den ich kaum verstehen konnte.

»Die Spüle!« Plötzlich fiel mir wieder ein, dass die Küche meines schönen Hauses gerade überflutet wurde. »Die Spüle!« Die Lethargie der letzten Tage fiel von mir ab; ich war wieder ich selbst. Ich sprintete zurück in die Küche, und alle vier folgten mir dicht auf den Fersen.

»Hast du 'n Engländer?«, fragte der jüngere Mann Ford, sowie wir alle in der Küche waren. Verachtung lag in seinem Tonfall – die Verachtung des blauen Overalls für den weißen Kragen. Das Wasser schoss bis unter die Decke, und diese beiden Typen würden jetzt einen Klassenkampf vom Zaun brechen.

Der kleine Mann – 81462 – nahm ein Backblech von der Arbeitsfläche und lenkte den Wasserstrahl damit durch das offene Fenster über der Spüle hinaus. Clever, dachte ich. Wieso war ich nicht darauf gekommen?

»Natürlich hat er Werkzeug. Er ist 'n Newcombe«, sagte 81462.

Zumindest glaube ich, dass er so etwas sagte. Kisuaheli hätte ich eher verstanden als sein Geknautsche.

Ford verschwand in der Kammer und kam mit einem schweren, rostigen Schraubenschlüssel zurück, der wahrscheinlich neu gewesen war, als man das Haus erbaut hatte. Ich hatte das Ding noch nie gesehen und fragte mich, wo er es gefunden haben mochte.

Zwei Minuten später war das Wasser abgestellt, und wir standen zu fünft in der überfluteten Küche, schauten einander an und wussten nicht, was wir sagen sollten.

Tessa sprach als Erste. Sie war fasziniert von 81462 und konnte den Blick nicht von ihm wenden. »Gottesanbeterin?«, fragte sie. Wovon redete sie?

81462s Augen begannen zu funkeln, und plötzlich sah er so niedlich aus wie ein ... Na ja, so niedlich wie ein Gartenzwerg. Oder wie ein Schweineöhrchen. Oder wie ein ...

Er drehte sich leicht zur Seite. »Halb unten.«

Ich bemühte mich, seinen Dialekt zu verstehen – es war viel mehr als nur ein Akzent –, und erst jetzt bemerkte ich seine Weste. Sie war bedeckt mit Hunderten kleiner emaillierter Anstecknadeln, die Insekten darstellten. Sie waren alle ungefähr gleich groß, und soweit ich sehen konnte, war keine davon doppelt vorhanden.

»Tausendfüßler«, sagte Tessa. 81462 hob den linken Arm und zeigte ihr den Tausendfüßler.

Ich konnte es nicht glauben, aber aus meinem Mund kam: »Japanischer Käfer.« Der Fluch meines Gärtnerinnenlebens.

Als 81462 mich ansah und lächelte, musste ich unwillkürlich zurücklächeln. Er war einfach so niedlich!

»Genau hier.« Er hob den oberen Rand der Weste hoch. »Wo ich sehen kann, dass er nichts Gutes anfrisst, der Schlingel.«

Ich weiß nicht, warum, aber ich schmolz einfach dahin. Vielleicht lag es an den Schmalzfilm-Hormonen, die Russell in mir freigesetzt hatte. »Sind Sie beide hungrig?«, fragte ich. »Ich war eben einkaufen, und ich könnte ...«

»Die bleiben nicht«, sagte Ford. Genauer gesagt, er grunzte.

Ich sah ihn an. Sein Gesicht war hart wie der Stahl seines Trucks, und seine Augen blitzten zornig. Aber wissen Sie, was ich über Ford Newcombe gelernt hatte? Er hatte ein Herz aus Marshmallow-Creme. Er maulte und meckerte über vieles, aber seine Taten passten nie zu seinen Worten. Ich hatte gesehen, wie er sein Leben riskierte, um eine Bande von Teenagern zu retten, die er nicht kannte. Und ich wusste genau, warum er für seine Teufelsgeschichte nicht mehr recherchierte: Er befürchtete, dass ich darin verwickelt war.

»Unsinn«, sagte ich. »Natürlich bleiben sie. Es ist Ihre Familie.« Eine Familie wünschte ich mir mehr als alles in der Welt, und ich wollte verdammt sein, wenn ich jetzt zusähe, wie Ford seine Verwandten wegen irgendwelcher Kinderstreitereien hinauswarf.

»Glühwürmchen.« Tessa ignorierte das Erwachsenendrama, das sich um sie herum abspielte.

81462 winkte sie mit einem gekrümmten Finger zu sich heran, und Tessa watete durch das Wasser und blieb vor ihm stehen. Er beugte sich herunter, bis der obere Teil seiner Weste vor ihren Augen war. Dann schob er die Hand hinein, drückte auf irgendetwas – und der Schwanz eines Glühwürmchens leuchtete auf.

Tessa betrachtete das Schauspiel einen Moment lang ehrfürchtig, und dann sah sie Ford an. Ich hatte keinen Spiegel in der Küche, aber ich nahm an, dass mein Gesichtsausdruck genauso aussah wie ihrer. Selbstverständlich würden die beiden bleiben.

Als Ford Tessas Gesicht sah, verflüssigte sich sein Marshmallow-Creme-Herz. Er gab sich geschlagen, warf die Hände in die Höhe und verließ die Küche.

Einen Augenblick lang standen wir vier schweigend da. Dann fragte Country-and-Western: »Ma'am, haben Sie einen Mopp?«

»Natürlich.« Ich klapperte verdutzt mit den Lidern, als er mich »Ma'am« nannte.

Tessa nahm 81462 bei der Hand und zog ihn hinaus. Country-and-Western und ich waren allein. Er nahm einen der beiden Mopps, die ich aus dem Besenschrank holte, und seinem geschickten Hantieren war anzusehen, dass er so etwas nicht zum ersten Mal tat. Wir wischten schweigend, und er erledigte den größten Teil der Arbeit.

»Noble«, sagte er und wrang seinen Mopp über dem Eimer aus.

»Wie bitte?«

»Ich heiße Noble.«

»Ah«, sagte ich. Deshalb hatte Ford die Figur »King« genannt.

Er hörte mit dem Wischen auf und sah mich an. »Und Sie sind Fords neue Frau, nehme ich an?«

Darüber musste ich lächeln. »Nein. Seine Assistentin.«

»Assistentin?«, wiederholte Noble ungläubig.

Ist die Ehe nicht ein seltsames Ding? Ich hatte Ford vor den Augen dieses Mannes angefaucht und herumkommandiert. Deshalb nahm er an, wir seien verheiratet. Wieso war im Ehegelübde eigentlich die Rede von »lieben und ehren«?

»Ja. Seine Assistentin«, sagte ich fest. »Jackie Maxwell.«

»Nett, Sie kennenzulernen, Miss Maxwell.« Er wischte sich die Hand an der Jeans ab, bevor er sie mir entgegenstreckte.

Ich tat das Gleiche, und wir schüttelten uns die Hände. Jetzt, nachdem Ford den Raum verlassen hatte, waren die Arroganz und die Feindseligkeit in seinem Blick verschwunden, und er wirkte ganz nett.

»Und ...?«, begann ich zögernd. »Sie und Mr Newcombe sind ...?«

»Toodles ist gerade aus dem ...« Er sah mich an. Er wusste nicht, wie ich mit meiner reinen, leicht zu schockierenden Middleclass-Moral die kommende Enthüllung aufnehmen würde.

»Aus dem Gefängnis entlassen worden, ich weiß«, sagte ich. Ehrlich gesagt, der Name »Toodles« schockierte mich mehr als die Vorstellung vom Gefängnis.

»Yeah, aus dem Gefängnis«, sagte Noble. »Und um die Wahrheit zu sagen, er hat kein Zuhause.«

Ach du liebe Güte, dachte ich. Das würde Ford nicht gefallen. Sein Vater wollte bei ihm *wohnen*? »Und Sie?«, fragte ich.

Noble zuckte bescheiden die Achseln. »Ich kann für mich sorgen. Drifte so im Land herum. Mache Gelegenheitsjobs.«

»Verstehe.« Ich wrang meinen Mopp aus. »Sie sind völlig pleite, und da haben Sie angeboten, äh ... Toodles zu seinem reichen Sohn zu bringen, damit er Ihnen vielleicht ... ja, was wollen Sie von ihm? Ein Darlehen? Oder doch eher eine Bleibe?«

Noble schaute mich an, und ich sah den »King« von dem Ford geschrieben hatte: einen Mann, dessen Charme »jede Frau umhauen konnte«.

Aber ich war nicht in Gefahr. Ich hatte Ford sehr gern, ich lebte in einem Tagtraum mit einem schönen Fremden, und dazwischen war in meiner Psyche kein Platz mehr für einen dritten Mann.

»Sind Sie *wirklich* nicht mit meinem Cousin verheiratet?«, fragte Noble.

»Wirklich und wahrhaftig nicht. Also sagen Sie mir, was Sie wollen, und wenn es mir gefällt, helfe ich Ihnen vielleicht.« Ich sagte es nicht, aber meiner Meinung nach brauchte Ford eine Familie genauso sehr wie ich. Wenn man ihn so reden hörte, verabscheute Ford seine Familie. Aber andererseits war seine Verbundenheit mit seinen seltsamen Verwandten so groß, dass er Bücher über sie geschrieben hatte.

Ich sah Noble an, dass er mit sich uneins war, ob er mir die Wahrheit sagen sollte oder nicht. Ich hatte das Gefühl, dass »Wahrheit« und »Frauen« zwei Wörter waren, die für ihn nicht unbedingt zusammengehörten.

Nach einer Weile seufzte er, als habe er einen Entschluss gefasst. »Ich brauche was, wo ich wohnen kann. Ich hatte ein bisschen Ärger zu Hause, und ... na ja, im Moment bin ich da nicht gerade willkommen.«

Ich zog die Brauen hoch und wagte eine Vermutung. »Ärger, der, sagen wir, neun Monate dauert?«

Noble schaute zu Boden und grinste. »Ja, Ma'am. Einer meiner Onkel hat eine neue Frau, und sie ist sehr jung und sehr hübsch und seeehr einsam, und ...« Er brach ab, sah mich an, und sein Grinsen sagte: *Was sollte ich machen?*

Ich ließ mir durch den Kopf gehen, was er mir soeben offenbart hatte, und fragte mich, warum ich mich jemals nach einer Familie gesehnt hatte.

»Das wird Ford nicht gefallen«, sagte ich.

»Verstehe ich.« Langsam und dramatisch lehnte er seinen Mopp an den Küchenschrank. Er wandte sich ab, ließ die Schultern hängen, und sein Kopf war so tief gesenkt, dass er aussah wie eine Schildkröte, die sich in ihren Panzer zurückzog.

»Sie sollten zum Theater gehen«, sagte ich zu seinem Rücken. »So schlechte Schauspielerei habe ich nicht mehr gesehen, seit ich in der vierten Klasse war. Okay, womit könnten Sie sich Ihren Unterhalt verdienen?«

Er drehte sich wieder um, und ich war sicher, dass jetzt der wahre Noble vor mir stand. Seine Schultern hingen nicht mehr herab. Aufrecht und stolz stand er da.

»Ich könnte dieses Rattenloch von Haus in Schuss bringen«, sagte er. Die bescheidene Attitüde war auch verschwunden – und die Hälfte seines Akzents. »Und einmal im Knast habe ich in der Bäckerei gearbeitet.«

Ich würde nicht so uncool sein, ihn zu fragen, warum er im Knast gewesen sei. Ich beschloss, ihn auf die Probe zu stellen. »Wie macht man ein Croissant?«

Er lächelte kurz und beschrieb mir – korrekt –, wie man mit Butter zwischen den Teigschichten ein Croissant buk.

Ich wiederhole mich ungern, selbst in Gedanken. Aber ich konnte nur eins denken: Das wird Ford nicht gefallen.

»Passen Sie auf«, sagte ich nach einer Weile. »Stöbern Sie herum, suchen Sie sich zusammen, was Sie brauchen, und fangen Sie an zu backen. Je fetter und klebriger das Zeug ist, das Sie machen, desto besser. Dieser Plan erfordert eine Menge Zucker, wenn er dem Boss schmecken soll.«

Und Informationen, dachte ich. Wenn es etwas gab, das Ford noch lieber mochte als fette, süße Sachen, dann waren es Informationen. Er wusste natürlich, dass ich ihm in letzter Zeit ein paar Informationen vorenthalten hatte. Wenn ich ihn also überreden wollte, Noble und, äh, Toodles hier wohnen zu lassen, würde ich einen Handel mit ihm machen müssen.

Als ich die Treppe zu Fords Arbeitszimmer hinaufstieg – ich war sicher, dass er sich dort verkrochen hatte –, sah ich, wie absurd das alles war. Ich würde private Informationen über mich selbst preisgeben müssen, um Ford dazu zu bringen, seine eigenen Verwandten bei sich wohnen zu lassen. Das ergab keinen Sinn.

Aber als ich vor seiner Tür stand, dachte ich: Wem willst du hier etwas vormachen? Ich lechzte danach, jemandem von Russell zu erzählen. Und da Ford allmählich der beste Freund war, den ich je gehabt hatte, war er auch derjenige, dem ich es erzählen wollte. Und ich war nicht Russells Meinung, dass Ford es gleich Dessie weitererzählen würde. Seit seinem Date mit ihr waren Tage vergangen, und soweit ich wusste, hatten sie seitdem nicht wieder Kontakt miteinander gehabt. Und, jawohl, ich hatte die Taste am Telefon gedrückt, mit der man sich alle eingegangenen Anrufe des letzten Monats anzeigen lassen konnte. Kein Anruf von Miss Mason.

Ich hob die Hand und klopfte an.

15 – Ford

Ich wollte die beiden hinauswerfen. Ich wollte Noble sagen, dass ich ihn noch nie habe leiden können, dass er immer mein Feind war, und dass ich mit diesem Teil meines Lebens abgeschlossen hatte, damit er in seinen verrosteten alten Chrysler steigen und verschwinden konnte. Und meinen Vater wollte ich auch hinauswerfen. Er bedeutete mir nichts.

Aber ich konnte nicht. Obwohl ich wusste, was sie von mir wollten, konnte ich sie nicht vor die Tür setzen.

Ich hätte mir einreden können, es sei heldenhaft von mir, sie bleiben zu lassen, aber die Wahrheit war, ich war neugierig auf meinen Vater, und ich ... na ja, irgendwie hatte ich Noble vermisst. Vielleicht, weil ich älter geworden war, oder weil ich Pats Familie nicht mehr hatte – jedenfalls hatte ich in den letzten zwei Jahren ab und zu daran gedacht, meine Verwandten wieder zu besuchen. Aber dann dachte ich an dieses dämliche »Du wirst dich nicht erinnern, aber ...«, und ich verwarf meine Pläne.

Und jetzt war dieser Mann hier, den ich nur von Bildern kannte, und der Cousin, der mich meine ganze Kindheit hindurch gequält hatte, und ich wusste, sie brauchten eine Bleibe. Niemand hatte mir gesagt, dass mein Vater vor Ablauf seiner Strafe entlassen werden würde (wegen guter Führung? Weil er seinen Doktor in Entomologie gemacht hatte?), aber Nobles älteste Tochter hatte mir in einer E-Mail erzählt, was ihr Vater getan hatte. Vanessa war wütend gewesen und hatte sich von ihrem Vater lossagen wollen, aber um ehrlich zu sein, ich hatte über ihre Geschichte lachen müssen. Onkel Zeb war drei Mal so alt wie das Mädchen, das er da geheiratet hatte, und dann hatte er das arme Ding

Tränen der Einsamkeit weinen lassen. Vanessa erzählte mir, dass ihr Dad eben aus dem örtlichen Knast entlassen worden war, wo er dreißig Tage abgesessen hatte, weil er gedroht hatte, den endlos kläffenden Hund eines Nachbarn abzuknallen. Vielleicht hätte man Noble dafür noch nicht eingesperrt, aber er war hinter dem Elektrozaun des Mannes erwischt worden, die geladene Schrotflinte im Anschlag. Schlimmer noch – Noble hatte gewaltsam zu Boden gerungen werden müssen, um zu verhindern, dass er den Hund noch erschoss, als der Sheriff schon da war. Er sagte, wenn er sowieso ins Gefängnis kommen sollte, dann wenigstens für ein richtiges Verbrechen und nicht für etwas, woran er nur gedacht habe.

Jedenfalls war Noble dreißig Tage im Gefängnis gewesen und hatte dort vermutlich zölibatär gelebt, und dann hatte er einer mannbaren, extrem vernachlässigten jungen Ehefrau gegenüber gestanden. Vanessa sagte, sie wolle ihren Vater nie wiedersehen, aber ich fand das alles nicht so schlimm.

Ich nahm an, Noble hatte erfahren, dass mein Vater aus der Haft entlassen werden sollte; er hatte dieses Wissen für sich behalten und den Alten aufgelesen, als er die Stadt verließ. Und jetzt waren sie hier – zwei Ex-Sträflinge ohne Job, ohne Geld und ohne Bleibe.

O ja, ich wusste, was sie wollten. Ich war sicher, Noble wollte eine kleine Grundausstattung, und sobald ich ihm genug Geld gegeben hätte, um irgendwo ein Geschäft aufzumachen, wäre er verschwunden. Und den Alten würde er bei mir lassen.

Und was sollte ich denn bloß mit einem geriatrischen Gnom anfangen?

Ich kam mit diesen Gedanken nicht weiter, denn Jackie klopfte an meine Tür, und als ich sie hereinkommen sah, wusste ich sofort, dass sie etwas wollte. Mal sehen. Was konnte das sein?

Sie fing an zu sprechen, und beinahe hätte ich gesagt, sie solle sich ihren Vortrag sparen, ich würde einfach einen Scheck schreiben. Ich würde Noble ein Geschäft kaufen, weit weg von seinen wütenden Verwandten (wie ich sie kannte, war vermutlich nur die jüngere Generation wütend. Onkel Clyde und seine Altersgenossen lachten sich wahrscheinlich kaputt), und den alten Mann würde ich in einem Seniorenheim unterbringen.

Aber kaum hatte ich Jackies Gesicht gesehen, beschloss ich, ihr schlechtes Gewissen auszunutzen, um sie dazu zu bringen, mir zu erzählen, warum sie in letzter Zeit so komisch gewesen war. Zuerst musste ich mir allerdings anhören, was sie über Familien zu sagen hatte. Jeder Mensch brauche eine, erklärte sie, und je älter man werde, desto mehr bedeute sie; eines Tages würde ich bereuen, meinen Vater nicht kennengelernt zu haben, und ich solle die alten Geschichten ruhen lassen und ...

Ich hatte meinen Vater dasitzen sehen, aufrecht und mit weit offenen Augen, aber tief schlafend. Nachdem er mir unnötigerweise gesagt hatte, wer er war, und vor Jackies dramatischem Auftritt als begossener Pudel hatte Tessa ihn gefragt, wieso er das könne. Da, wo er gewesen sei, sagte er, habe er gelernt, jederzeit auszusehen, als sei er hellwach. Ein Mann von seiner vorzüglichen äußeren Erscheinung, sagte er, müsse stets auf der Hut sein. Tessa hatte gekichert, weil sie annahm, das mit der »vorzüglichen äußeren Erscheinung« sei ein Witz, aber ich sah ihm an, dass er es ernst meinte.

Jackie schwadronierte weiter über Familien, und ich versuchte, festzustellen, ob ich seine Fähigkeit, mit offenen Augen und aufrecht sitzend zu schlafen, vielleicht geerbt hatte. Als ich beinahe sicher war, dass ich es konnte, verstummte Jackie plötzlich und schaute auf ihre Hände. Oha, dachte ich. Sie hatte das Thema Familie verlassen und war bei etwas anderem, aber ich hatte nicht zugehört. Was hatte sie gesagt? Ach ja. Kamera. Irgendetwas von einer Kamera. Ihre neue Digitalkamera vielleicht? Oder der fantastische kleine Drucker, den sie gekauft hatte?

»Wo haben Sie den eigentlich her?« Die Frage war unverfänglich genug.

»Ich ...«, setzte sie an. »Ich habe da diesen Mann kennengelernt, und er hat mir die Sachen geliehen ...«

Sie hätte mich nicht wirkungsvoller wecken können, wenn sie auf mich geschossen hätte. »Ein Mann?«

»Sie ...« Sie starrte mich eindringlich an. »Er will nicht, dass ich Ihnen von ihm erzähle, weil er glaubt, Sie würden es Dessie erzählen. Aber ich glaube, so sind Sie nicht. So sind Sie doch nicht, oder?«

»Natürlich nicht«, sagte ich. Ich sah keinen Grund, ihr zu erzählen, dass Dessies wilde Leidenschaft nur der Versuch gewesen war, ihren segelohrigen Rasenmäher-Boy eifersüchtig zu machen.

Auf der Stelle gab Jackie mir so viele Informationen, dass ich Mühe hatte, alles zu verstehen. Natürlich war vielleicht auch nur mein Gehör durch die Tatsache beeinträchtigt, dass meine Temperatur um ein paar Grad angestiegen war. Was für eine Stadt war denn das hier? Ich war ein reicher Junggeselle. Wo waren die Frauen, die mir zu Füßen lagen? Die Frauen, die *alles* tun würden, um mich zu bekommen? Dessie wollte irgendeinen Bengel, der nichts weiter konnte als einen Rasenmäher schieben, und jetzt hatte Jackie – meine Temperatur stieg um ein weiteres Grad – »einen Mann kennengelernt«.

»Moment«, sagte ich. »Noch mal von vorn. Er heißt ...?«

»Russell Dunne.«

»Und er ist ...?«

»Außerordentlicher Professor für Kunstgeschichte an der University of North Carolina.«

»Okay. Und von ihm haben Sie ...«

»Er hat mir die Digitalkamera und den Drucker *geliehen.*

Sie gehören ihm, nicht mir. Beim Picknick hat er ein Foto gemacht und es ausgedruckt, und ich fand es ...«

»Der Drucker hat keine Batterie. Wie konnte er draußen im Wald damit drucken?«

»Ich weiß es nicht. Vielleicht hatte er einen Akku dabei. Er hatte so viel Zeug in seiner Tasche – es war fast wie Zauberei.«

Ich glaubte, sie wollte mich zum Lachen bringen, aber Lachen war das Letzte, was ich jetzt im Sinn hatte. »Zauberei«, sagte ich.

»Wenn Sie gemein sein wollen, erzähle ich Ihnen gar nichts mehr.«

Ich bat um Verzeihung, aber ich hätte mir zu gern den Namen dieses Typen buchstabieren lassen. Wenn ich seine Referenzen im Internet suchte, wollte ich sicher sein, dass ich den Namen richtig schrieb.

Ich hörte höflich zu, als sie mir erzählte, wie »nett« er war, aber meine Gedanken überschlugen sich. Sie musste ihn am Sonntag getroffen haben. Als ich bei Dessie gewesen war, deren Liebesleben gerettet und mich als wunderbarer Freund einer Frau gezeigt hatte, die ich kaum kannte, hatte Jackie einen Mann aufgelesen ... Wo?

»Wo haben Sie ihn getroffen?«, fragte ich. »Wo *genau*?«, fügte ich hinzu – für den Fall, dass sie es mir schon gesagt hatte.

Sie wedelte mit der Hand. »Ist doch egal. Ich hatte Blumen fotografiert, und ...«

»Sie haben auf irgendeinem Waldweg einen Mann aufgegabelt?« Ich war wirklich schockiert. »Für so eine Frau hätte ich Sie nicht gehalten. Aber Sie sind eben eine andere Generation als ich, nicht wahr?«

Jackie biss darauf nicht an. »Er ist in Cole Creek aufgewachsen, aber er ...« Sie schaute auf ihre Hände. »Er hat mich gebeten, Ihnen nicht von ihm zu erzählen. Wegen Ihrer Beziehung zu Dessie.«

Wieder Dessie. War ich jetzt für immer an sie gekettet, weil ich mit ihr gegessen hatte? Erst Rebecca, jetzt Dessie. »Was hat denn Dessie damit zu tun?« Mein Ton war schärfer als beabsichtigt.

»Russell hat eine schlechte Kritik über ihre Arbeiten geschrieben, und seitdem gilt er in der Stadt als Aussätziger.«

Darüber war ich so verblüfft, dass ich mir ein Lächeln nicht verkneifen konnte. Was für ein altmodisches Wort. »Als Aussätziger, hm?« Ich lächelte nicht mehr. Die Sache erforderte ein bisschen Logik. »Warum sollte es die Stadt interessieren, ob Dessie Mason gute Kritiken bekommt oder nicht?«

»Sie ist eine prominente Bürgerin. Deshalb wollen sie nicht, dass man sie kränkt.«

»Ach, wirklich? Ich habe den Eindruck, dass diese Stadt sich kein bisschen für Prominente interessiert. Nehmen Sie mich zum Beispiel. Da, wo ich Sie kennengelernt habe, hat man mich keinen Augenblick in Ruhe gelassen, aber hier hatten wir eine einzige Nachmittagseinladung in den Park, und seitdem – Null.«

»Was bedeutet das?« Jackie runzelte die Stirn.

»Nur, dass hier etwas nicht zu stimmen scheint.« Ich merkte, dass ich wütend wurde. Also lächelte ich, um abzumildern, was ich sagen wollte. »Sind Sie sicher, dass dieser Typ Sie nicht nur deshalb gebeten hat, mir nichts zu erzählen, weil ich ihn sonst vielleicht daran hindern würde, zu bekommen, was er will?«

Jackie sah mich mit schmalen Augen an. »Und was, glauben Sie, will er?«

»Sie. Er will Sie ins Bett kriegen.«

»Soll mich das schockieren? Sie haben gesagt, ich bin eine andere Generation als Sie. Die Frauen von heute sind keine ewig jungfräuliche Doris Day. Ich *hoffe*, er will mich ins Bett kriegen. Ich hoffe es sogar sehr. Aber bisher – Fehlanzeige.«

Jackie sollte nicht sehen, wie schockiert ich war. War ich schockiert? Oder doch eher rasend eifersüchtig?

»Lassen Sie uns nicht streiten, okay?«, sagte sie leise. »Ich bin heraufgekommen, um mit Ihnen über Ihre Verwandten zu sprechen. Sie wissen nämlich nicht, wo sie bleiben sollen.«

Sorry, aber so schnell brachte ich meine Gedanken nicht um die Kurve. Ein Mann hatte eine schlechte Kritik über Dessie Masons Arbeiten geschrieben, und jetzt hasste ihn dafür die ganze *Stadt*? Auch Miss Essie Lee? Sie war ebenso vertrocknet, wie Dessie sinnenfroh war, und ich kannte die Natur des Menschen gut genug, um zu wissen, dass die Miss Essie Lees dieser Welt die Dessies nicht verteidigten.

Ich wollte Jackie noch viele Fragen über diesen Mann stellen. Ganz oben auf meiner Liste stand die Frage nach seiner Sozialversicherungsnummer, damit ich eine umfassende Internet-Recherche über ihn anstellen könnte. Aber als ich Jacke ansah, erkannte ich, dass sie mir soeben selbst eine Frage gestellt hatte. Ach ja, Toodles. Mein lieber alter Dad.

»In Ihren Büchern haben Sie es nicht erwähnt«, sagte Jackie.

Ich war verblüfft. Hatte ich jemals einen Gedanken gehabt, den ich nicht in meinen Büchern untergebracht hatte? Sie sprach weiter. Ach so – warum war mein Dad im Gefängnis gewesen? Richtig, diese Geschichte hatte in keinem Buch gestanden. Natürlich hatte ich sie erzählt, aber das Manuskript war tausend Seiten lang geworden, und Pat hatte einiges gekürzt. Sie meinte, es sei besser, nicht zu sagen, warum der Vater des Helden im Gefängnis war, denn diese fehlende Geschichte verleihe dem Buch etwas Geheimnisvolles. Sie sagte nicht, dass ich zu viel preisgab, aber Pat konnte manchmal auch genauso höflich sein wie ihre Mutter.

»Als Baby«, sagte ich jetzt, »ist mein Vater auf den Kopf

gefallen, und danach war er immer ein bisschen langsam. Nicht schwachsinnig, sondern ...« Ich überlegte. »Schlicht. Kindlich. Meine Mutter sagte, er nahm immer alles wörtlich.«

Ich lehnte mich zurück. Ich hatte diese Geschichte erst ein einziges Mal erzählt, nämlich Pat. Und ein Teil meiner selbst hatte in diesem Augenblick keine Lust, Jackie die Ehre zu erweisen, der zweite Mensch auf Erden zu sein, der sie hörte. Schließlich hatte sie, während ich das Liebesleben einer Fremden reparierte, mitten im Wald einen fremden Mann aufgelesen, sie hatte jedes seiner Worte geglaubt, und sie war scharf auf ihn. Ich brachte es nicht über mich, über ihre Worte nachzudenken: Sie *wollte* mit diesem Fremden ins Bett. Hatte ich ihren Charakter falsch eingeschätzt? War sie hinter *allen* Männern her? Würde Noble sie abwehren müssen? Oder mein komisch aussehender Vater?

Ich nahm mir vor, nie wieder schwarze Oliven zu essen, die in kleine Ringe geschnitten waren.

»Meine Onkel«, begann ich, »wollten eine Bank ausrauben. Sie waren jung, ihnen schwoll der Kamm, und sie sahen darin eine Möglichkeit, reich zu werden. Natürlich fragten sie sich nicht, wie sie später erklären sollten, wieso sie sich plötzlich Häuser und Autos leisten konnten, obwohl die Hälfte von ihnen arbeitslos war. Wie dem auch sei – sie hatten sich einen Plan zurechtgelegt, den sie für narrensicher hielten: Sie würden Toodles als Lockvogel benutzen. Er ...«

»Wieso heißt er Toodles?«

Ich sah sie an. »Er hieß immer schon Toodles. Als Baby. Und er ist lange eins geblieben. Ich kann Ihnen die Einzelheiten später erzählen, aber vielleicht genügt's, wenn ich sage, dass eine der Folgen seiner Kopfverletzung darin bestand, dass es sehr lange dauerte, bis er wirklich sauber war.«

»Oh«, sagte Jackie. »Und wie sollte ein armer, unschuldiger Mann wie er Ihren Onkeln helfen, ein Verbrechen zu begehen?«

»Toodles sollte vor der Bank mit laufendem Motor im Fluchtwagen sitzen. Er dachte, er sollte mit ihnen wegfahren, wenn sie herausgelaufen kämen. Aber meine Onkel wollten ihn übers Ohr hauen. Sie wollten die Bank ausrauben und dann durch die Hintertür flüchten, wo ein zweites Auto wartete. Sie dachten sich, bis die Polizei käme, wären sie längst weg. Und zuerst würde man Toodles verhaften. So hätten sie einen Vorsprung.«

»Sie *wollten*, dass Ihr Vater verhaftet wird?«

»Ja. Als Ablenkung. Toodles hatte ja nichts getan; was sollte man ihm also zur Last legen? Dass er bei laufendem Motor vor der Bank im Wagen gesessen hatte? Meine Onkel nahmen an, dass man ihn nach ein paar Stunden wieder laufen lassen würde, und dann würden sie das Geld teilen und glücklich und in Frieden leben bis an ihr Ende.«

»Ohne dass die Polizei die Bankräuber suchen würde? Würde man Ihre Onkel denn nicht verdächtigen?«, fragte Jackie mit großen Augen.

»Das war ihnen egal. Die Polizei konnte ruhig kommen, dachten meine Onkel, denn sie hatten alle ein wasserdichtes Alibi – nämlich einander. Wer konnte elf Männern etwas anhaben, die schworen, dass sie zusammen gewesen waren?«

»Okay – und was ging schief?«

»Meine Onkel wussten nicht, dass Toodles ein Mädchen hatte.«

»Ihre Mutter.«

»Ja. Sie war im Waisenhaus aufgewachsen und ziemlich allein auf der Welt. Wegen ihres üblen Temperaments hatte sie kaum einen Verehrer, und sie war auch schon über dreißig. Vielleicht war sie endgültig zu allem bereit, als der kleine Toodles kam.« Ich zuckte die Achseln. Wer wusste schon, was im Kopf meiner Mutter vorgegangen war? Mit *mir* hatte diese Frau ihre innersten Gefühle jedenfalls nicht geteilt.

»Jedenfalls – meine Onkel wussten nicht, dass meine Eltern am Abend vor dem Raub über die Staatsgrenze gefahren waren und sich von einem Friedensrichter hatten trauen lassen. Drei Tage vorher hatte meine Mutter Toodles eröffnet, dass sie mit mir schwanger war. Ich glaube, ihre genauen Worte waren: ›Sieh nur, was du mit mir gemacht hast, du kleiner Kretin.‹ Aber wie gesagt, mein Vater sieht die Dinge anscheinend nicht so wie die meisten anderen, und deshalb freute er sich sehr darüber, dass seine Freundin ein Baby von ihm bekam, und er fragte sie, ob sie ihn heiraten wollte. Eine meiner Tanten hat mir erzählt, meine Mutter habe gesagt, lieber lasse sie sich eine Lokomotive über die Füße fahren, ehe sie ihn heiratete, aber da sagte mein Vater, er werde ihr ein Haus und ein Auto kaufen, und sie werde nie wieder eine Kuh melken müssen.«

»Er stand unter einem ziemlichen Druck, nicht wahr?«, sagte Jackie. »Er hatte eine schwangere Frau und wusste nicht, wie er seine neue Familie ernähren sollte. Da saß er jetzt im Auto und wartete darauf, dass seine Brüder mit der Beute aus der Bank kämen, aber stattdessen erschien die Polizei. Er muss in Panik geraten sein.«

»Ja. Als die Polizei kam, waren meine Onkel bereits durch die Hintertür entwischt, aber das wusste er nicht. Und seine Brüder wussten nicht, dass Toodles eine Waffe hatte. Sie haben nie herausgefunden, woher er sie hatte, aber unter uns gesagt: Ich glaube, meine Mutter hat sie ihm gegeben. Bei der Polizei gab sie an, nichts zu wissen, aber ich glaube, mein Vater hatte ihr von dem Bankraub erzählt. Meine Mutter war nicht die Frau, die irgendjemandem einfach glaubte, und wenn Toodles ihr sagte, er werde ihr ein Haus und ein Auto kaufen, dann wollte sie wissen, woher er das Geld dazu nehmen wollte. Toodles wird ihr erzählt haben, was er und seine Brüder vorhatten, und meine Mutter misstraute den Burschen und gab ihm einen alten Revolver, den sie irgendwoher hatte. Sie wollte dafür sorgen, dass sie auch bekam, was sie wollte.«

Jackie warf mir einen ihrer »gewissen« Blicke zu. »Und was sie wollte, war ein Heim für ihr Kind.« Als ich darauf nichts sagte, fragte sie: »Und hat ihr Vater auf jemanden geschossen?«

»Auf drei Leute, zwei davon Polizisten. Als die Polizei mit gezogener Waffe in die Bank stürmte, nahm Toodles an, seine geliebten Brüder seien noch drin. Also rannte er hinein und ballerte los.«

»Mit anderen Worten, Ihr Vater riskierte sein Leben, um seine nichtsnutzigen, verlogenen, doppelzüngigen, hinterlistigen Brüder zu retten.«

»So sah meine Mutter es auch. Umgebracht hat Toodles niemanden, aber zwei Polizisten wurden verletzt, und eine hysterische Kassiererin bekam einen Streifschuss ab. Ihr linkes Ohrläppchen war weg.«

Jackie lehnte sich zurück. »Und so kam Ihr Vater ins Gefängnis, und als Sie geboren waren, gab Ihre Mutter Sie zu Ihren Onkeln, damit sie Sie großzogen.« Sie hob den Kopf. »Was passierte denn mit dem Geld aus dem Bankraub?«

Ich lächelte. »Sie bekamen keinen Cent. Eine Kassiererin – nicht die, die angeschossen wurde, sondern eine andere – erkannte Onkel Cal an der Stimme und rief ihn beim Namen. Da gerieten sie in Panik und rannten zur Hintertür hinaus.«

Jackie stand auf und ging zu einem der Bücherregale an der Wand. Aber ich wusste, sie schaute nicht die Bücher an, sondern dachte an meine Familie. So wirkte sie auf die Leute. War das nicht schon dadurch bewiesen, dass die Bücher, die ich über sie geschrieben hatte, gekauft worden waren?

Ich beschloss, das Thema zu wechseln. »In letzter Zeit irgendwelche Visionen gehabt?« Die Frage entsprang reiner Boshaftigkeit: Ich wollte sie daran erinnern, wie viel

Spaß wir beide gehabt hatten, als ich da gewesen war, um den Leuten, die sie gesehen hatte, das Leben zu retten. Hätte dieser Russell Dunne das auch getan? Oder hätte er gezögert und gemeint, sie habe nur geträumt? Hätte er sie vielleicht zum Arzt gebracht?

Jackie ließ sich Zeit mit der Antwort. »Was würde passieren, wenn ich anfinge, das Böse in den Köpfen der Menschen zu sehen?«

Wow! Wie kam sie denn darauf? Und was für eine faszinierende Frage. Eine Frage, die zu einem ganzen Roman inspirieren könnte. Ich wollte antworten, aber plötzlich saß ich kerzengerade da. Kam diese Frage vielleicht von dem Kerl, den sie im Wald aufgegabelt hatte? Wenn ja, dann hatte sie ihm von ihren Visionen erzählt. Mit jemandem zu schlafen war eine Sache, aber dieses ... dieses Erlebnis, das nur sie und mich anging, jemandem weiterzuerzählen, das war Verrat. Als ich nichts sagte – ich konnte nichts sagen –, redete sie weiter. Nur gut, dass sie mir den Rücken zuwandte; wenn sie mein Gesicht gesehen hätte, wäre sie aus dem Zimmer geflüchtet.

»Wenn wir zum Beispiel mit zwei Ehepaaren zu Abend äßen und ich plötzlich sehen könnte, dass der Mann und die Frau, die nicht miteinander verheiratet sind, eine Affäre haben und die beiden andern umbringen wollen? Wie würden Sie – oder wie würde ich – das verhindern?«

Es gefiel mir, wie diese Frage meine Gedanken in Gang setzte, und deshalb schob ich Jackies Verrat beiseite und dachte darüber nach. »Die Opfer warnen?«, erwog ich.

Sie drehte sich zu mir um. »Ja, klar. Die Leute glauben ja jederzeit, dass ihr Ehepartner sie umbringen möchte. Meinen Sie nicht, dass ein Mann, der seine Frau umbringen will, besonders nett zu ihr ist? Dass er andere sehen lässt, wie sehr er sie liebt – den wichtigsten Menschen in seinem Leben? Wenn man dieser Frau erzählt, ihr liebevoller Gatte will sie ermorden, wird sie es doch niemals glauben.«

»Sie haben schon richtig intensiv darüber nachgedacht, nicht wahr?«

»Ja.« Sie plumpste schwer in den Sessel vor meinem Schreibtisch. Wenn es kein Polstersessel gewesen wäre, hätte sie sich das Steißbein gebrochen. »Ich ... äh ... ich glaube, ich weiß, warum Amarisa ermordet wurde.«

Selbst wenn man mir eine Pistole an die Schläfe gehalten hätte, hätte ich ihr niemals verraten, dass ich den Namen Amarisa noch nie gehört hatte. Aber ich brauchte nur eine Sekunde, um zu kapieren, wen sie meinte.

»Warum wurde sie ermordet?«, flüsterte ich und warf unwillkürlich einen Blick zur Tür. Bitte, lass jetzt niemanden klopfen und uns stören.

»Sie hatte Visionen. Anfangs waren sie wie meine, aber nach und nach wurden sie immer stärker, bis sie schließlich sehen konnte, was in den Köpfen der Leute vorging. Und da fing sie an zu ... verhindern, dass das Böse geschah.«

Verhindern, dachte ich. Wollte sie andeuten, dass diese Amarisa Leute umgebracht hatte, bevor sie in die Tat umsetzen konnten, was sie dachten? Aber wie hatte sie *sicher* sein können, dass sie es tun würden? Dachte nicht jeder mal daran, jemanden umzubringen? »Hat dieser Russell Dunne Ihnen von ihr erzählt?«, fragte ich und ärgerte mich über meinen eifersüchtigen Unterton.

»Ja. Ich sollte Ihnen das nicht sagen, aber ...«

»Warum sollten Sie es mir nicht sagen?«, fuhr ich sie an. Wann war *ich* der Feind geworden? Der Außenseiter?

Jackie zuckte die Achseln. »Ich weiß nicht. Russell hat mir diese Dinge im Vertrauen erzählt, aber wenn sie an die Öffentlichkeit kämen, würden die Leute vielleicht sagen, was sie wissen. Vielleicht würde diese böse Wolke dann nicht mehr über Cole Creek hängen.«

»Ich wüsste nicht, was sich klären sollte, wenn diese Geschichte an die Öffentlichkeit käme«, sagte ich entschlossen und mit zusammengebissenen Zähnen.

Jackie sah mich an. »Glauben Sie, die Leute, die diese Frau umgebracht haben, sind noch am Leben?«

»Nein.«

»Woher wissen Sie das?«

Jetzt war ich an der Reihe mit meinen Geheimnissen. »Ich habe ein paar Leute aus dieser Stadt im Internet gesucht. Mehrere von ihnen sind im Laufe eines Jahres nach dem Zwischenfall bei merkwürdigen Unfällen ums Leben gekommen.«

»Wie merkwürdig?«

»Sitzen Sie gut? Sie wurden zerquetscht. Auf diese oder jene Weise wurden sie alle zerquetscht.«

»Und wer hat das getan?«

»Darüber habe ich mir den Kopf zerbrochen. Glauben Sie, Russell würde es wissen?« Das sollte ein Witz sein, und ich rechnete damit, dass Jackie mir eine Kopfnuss verpassen würde, wie sie es sonst immer tat, aber stattdessen stand sie auf und ging wieder zum Bücherregal.

»Ich glaube, er weiß wahrscheinlich viel mehr über diese Sache, als er mir erzählt hat. Sie hat sein Leben verändert – genau wie meins. Ich glaube jetzt wirklich, dass ... dass ...«

»Dass Ihre Mutter zu den Leuten gehört hat, die Steine auf Amarisa gehäuft haben?« Der Name klang seltsam, aber er passte. Halb hatte ich Lust, ihr das Foto von dem rekonstruierten Gesicht der Toten zu zeigen, aber ich brachte es nicht über mich. Zum einen war ich sicher, dass Jackie die Ähnlichkeit mit sich selbst sofort sehen würde. Und genauso sicher war ich, dass sie sich an die Frau erinnern würde. Sie erinnerte sich an alles andere in dieser Stadt – warum also nicht an ihre eigene Verwandte? Ich hatte gehört, dass wir traumatische Ereignisse in unserem Leben niemals vergessen, und deshalb bezweifelte ich, dass Jackie dieses Foto sehen und sich nicht an das erinnern würde, was sie miterlebt hatte.

Aber ich kam über meine Kränkung nicht hinweg. Ich war vom ersten Tag an ehrlich zu Jackie gewesen. Ich hatte ihr alles über mein Leben erzählt. Schön, okay, genau genommen hatte ich meine Lebensgeschichte aufgeschrieben und verkauft und eine Menge Geld damit verdient, aber trotzdem – Jackie wusste alles über mich. Es stimmte vielleicht, dass ich ihr nicht besonders viel über mein Essen mit Dessie erzählt hatte, aber da hatte ich auch nicht viel herausgefunden, was ich Jackie hätte mitteilen können. Abgesehen von den Figuren in Desssies verschlossenem Schrank. Und dass ich eine der Frauen, die darin dargestellt waren, für Jackies Mutter hielt. Aber ich hatte ihr nichts verheimlicht, was so bedeutsam war wie das, was Jackie mir vorenthielt. Vielleicht noch mit Ausnahme des Fotos in dem FedEx-Umschlag.

»Jackie«, sagte ich leise, »wenn Sie wieder eine Vision hätten, würden Sie es mir sagen, oder? Mir. Nicht jemandem, den Sie kaum kennen.«

Sie sah mich an, und anscheinend überlegte sie, ob sie mir antworten sollte oder nicht. Und ob sie es zuerst mir erzählen sollte – oder ihm.

Was hatte dieser Mann getan, um ihre Loyalität so vollständig zu erobern? Das fragte ich mich. Allzu viel Zeit konnte sie nicht mit ihm verbracht haben, denn in den letzten paar Tagen war sie fast jede Minute mit mir zusammen gewesen. Dennoch zog sie in Betracht, ihm und nicht mir etwas zu erzählen, das ich mittlerweile als unser beider Geheimnis ansah.

»Ja, ich würde es Ihnen sagen«, erklärte sie schließlich und lächelte leise. »Aber was mache ich, wenn ...«

»Wenn Sie das Böse im Kopf eines anderen sehen?« Ich hatte keine Ahnung. Für die Beantwortung dieser Frage würde ein Philosoph ein ganzes Leben brauchen. Ich versuchte, die Stimmung zu entkrampfen. »Schauen Sie mir in die Augen, und sagen Sie mir, was ich über Russell Dunne denke.« Ich beugte mich über den Schreibtisch und starrte sie an.

»Sie wollen, dass er hier bei uns einzieht, zusammen mit Ihrem Vater und Ihrem Cousin«, antwortete sie wie aus der Pistole geschossen und ohne die Spur eines Lächelns.

Stöhnend lehnte ich mich zurück. »Sehr witzig. Sie hätten Komikerin werden sollen.«

»In diesem Hause bleibt mir nichts anderes übrig. Was fangen wir mit Ihrer Verwandtschaft an?«

»Warum fragen wir nicht Russell?«, sagte ich.

»Bevor oder nachdem wir Dessie gefragt haben?«

Ich klappte den Mund zu, bevor ich ausplaudern konnte, dass zwischen mir und Dessie nichts war. In diesem Augenblick bereute ich, dass ich ein so wunderbarer Kerl gewesen war und die Probleme zwischen Dessie und ihrem jugendlichen Lover ausgebügelt hatte. Ich hätte Dessie vor dem Fenster grabschen und küssen sollen. Dann hätte ich jetzt wenigstens eine Freundin zum Ausgleich für Jackies neuen Freund.

Ich verkniff mir die Frage, ob Jackie ihr zerrissenes Hochzeitskleid noch würde flicken können, und erklärte stattdessen, dass mein Vater und Noble niemals, nie im Leben und unter gar keinen Umständen, bei mir in diesem Hause wohnen könnten. Wie ich gehofft hatte, brachte ich Jackie damit in Fahrt und lenkte sie von Russell Dunne ab.

Ich bekam wieder Gelegenheit, die Kunst des Schlafens im Sitzen und mit offenen Augen zu üben, und ich war kurz davor, sie zu meistern, als ein köstlicher Duft durch die alten Bodendielen heraufwehte. »Was ist das?«, fragte ich, und an Jackies verschlagenem Gesicht sah ich, dass sie noch ein Ass im Ärmel hatte.

»Wussten Sie, dass Ihr Cousin backen kann?«

Ich klapperte mit den Lidern. Heute jagte wirklich ein Schock den andern. Wenn Jackie mir eröffnet hätte, Noble sei Spiderman, wäre ich nicht minder überrascht gewesen.

»Es riecht, als hätte er da was aus dem Ofen geholt. Wollen wir hinuntergehen und die Ware verkosten?«

Ich wollte mich reserviert zeigen. Ich wollte sagen, ich hätte zu arbeiten und könne mich nicht mit etwas so Banalem wie Doughnuts abgeben. Oder Zimtbrötchen. Oder was immer da so himmlisch duftete.

Aber ich folgte ihr wie ein Hund an der Leine hinunter in die Küche. Der Tisch in der Mitte bog sich unter diversen Backwaren, und an den Unmengen war nicht schwer zu erkennen, wo Noble seine Ausbildung erhalten hatte. Offensichtlich war er es gewohnt, für eine große Zahl von Männern zu backen, vielleicht für einen ganzen Knast voll Männer.

Toodles und Tessa saßen schon am Tisch. Beide hatten ein großes Glas Milch vor sich und einen weißen Schnurrbart. Wieder flammte meine Eifersucht auf. Erst stahl mir irgendein Fremder die Loyalität meiner Assistentin, und jetzt raubte mein eigener Vater mir meine Freundin.

Noble kippte eine Ladung dicke, extrem klebrige Zimtbrötchen auf einen Teller dicht unter meiner Nase und boxte mich auf die Schulter. »Anscheinend sind bloß noch wir beide übrig.«

Das eigentliche Problem mit Verwandten ist, dass sie dich zu gut kennen. Wenn du mit ihnen aufgewachsen bist, kannten sie dich schon, als du noch zu klein warst, um deine Gefühle zu tarnen. Vor Jackie konnte ich sie vielleicht verbergen, denn sie kannte mich noch nicht so lange. Aber nicht vor Noble. Er sah mein Gesicht, als mein ehemaliger Kumpel Tessa praktisch auf dem Schoß meines Vaters saß, und er wusste, ich war eifersüchtig.

Als ich ein oder zwei von Nobles Backwerken gegessen hatte – keineswegs so viele, dass Jackies Bemerkung, Heinrich der Achte sei offenbar noch sehr munter und am Leben, gerechtfertigt gewesen wäre –, beschloss ich, einstweilen den Mund zu halten und ein bisschen nachzudenken. Ich musste mir ansehen, was um mich herum vorging, und dann ein paar Entscheidungen treffen. Und, nein, ich »schmollte« nicht, wie Jackie behauptete.

Ich holte mir ein Buch, streckte mich im Garten in der Hängematte aus und sah der ganzen Bande bei ihrem Treiben zu. Okay, was ich eigentlich suchte, war ein Grund, meinen Vater ins Altenheim zu schicken und Noble mitzuteilen, er müsse selbst zusehen, wie er durchs Leben kam. Nobles Kindern hatte ich bereitwillig einen guten Start ermöglicht, aber ihm schuldete ich nichts.

Aber verflucht – wieso musste das alles so verdammt *angenehm* sein?

Anscheinend kannte mein Vater tausend verschiedene Arten, irgendwo zu sitzen und sich zu beschäftigen. Fasziniert sah ich zu, wie er Tessa ein Fadenspiel zeigte. Ich kannte so etwas aus Büchern. Mit einer kurzen Drehung seiner Handgelenke machte er aus einer verschlungenen Schnur ein Ruderboot, und mit einer weiteren Drehung wurde daraus ein Schweinchen auf der Leiter.

Vollends fasziniert war ich, als er sagte, meine Mutter habe ihm Bücher geschickt, aus denen er alles Mögliche gelernt habe. Ich wusste, dass meine Mutter ihn nie im Gefängnis besucht hatte. Tatsächlich war sie nicht einmal bei der Gerichtsverhandlung gewesen, und meines Wissens hatte sie ihn nach der Hochzeitsnacht überhaupt nicht wiedergesehen. Zu sagen, sie habe mich nicht ermutigt, ihn zu besuchen, wäre eine Untertreibung. Pat hatte mir vorgeschlagen, ihn zu besuchen, aber ich hatte darauf nicht einmal geantwortet.

Und jetzt hörte ich Toodles erzählen, seine Frau – und er sprach den Namen mit großer Zuneigung aus – habe ihm Ratgeberbücher geschickt, aus denen er viele wirklich interessante Sachen gelernt habe. »Kinderbücher hat sie ihm geschickt«, sagte Noble leise, als er sah, wie ich hinüberstarrte. »Zaubertricks sollte er lernen.«

Ich schaute in mein Buch und tat, als beobachtete ich niemanden.

Noble hatte immer zu den wirklich nützlichen Leuten gehört. Von Kindheit an waren Werkzeuge für ihn das gewesen, was Wörter für mich waren. Schon in der Vorschule hatte ich mir Sachen ausgedacht, und er hatte sie gebaut.

Als Erstes machte Noble sich über die Weinranken her, die eine halb verrottete Laube überwuchert hatten. Innerhalb von Minuten hatte er die Ranken zurechtgestutzt – und zwar auf professionelle Weise, da war ich sicher. Nate war dabei, und er trat ehrfurchtsvoll zurück. »Wo haben Sie denn das gelernt?«

»War mal ein paar Jahre bei einer Landschaftsgärtnerei.« Noble wackelte an dem alten Holzgerüst, das die Weinranken trug.

»Ich helfe Ihnen, es herauszureißen«, sagte Nate, aber Noble bremste ihn.

»Da ist noch einiges gut. Habt ihr Holz hier, das ich zum Reparieren nehmen könnte?«

»Na klar«, sagte Nate. »Hinter Jackies Haus liegt ein Stapel Bretter.«

»Jackies Haus«, war ihr Atelier, wie sich herausstellte. Ich spähte über den Rand meines Buches hinweg und beobachtete, wie die beiden hinter dem Atelier verschwanden, um Holz zu holen, von dessen Existenz ich nichts gewusst hatte. Unterdessen loderte meine Eifersucht von neuem auf, als ich sah, wie mein Vater in dem Tunnel verschwand, der zu Tessas »geheimem« Haus führte. So geheim konnte es ja wohl nicht sein, wenn sie jeden aus der Nachbarschaft hineinließ, oder?

Kurze Zeit später kam Jackie aus der Küche. Sie trug ein Tablett mit großen Gläsern Limonade und ein paar anderen Sachen, die Noble gebacken hatte – pikantes Knabberzeug diesmal, mit Käse, Zwiebeln und (tatsächlich!) schwarzen Olivenringen. Sie gab mir einen Teller davon, und ich war gerade dabei, die Olivenringe vom dritten Stück herunterzupicken, als jemand so laut jauchzte, dass mir beinahe alles aus der Hand gefallen wäre.

Noble kam mit einer großen schwarzen Mappe hinter dem Atelier hervor und blätterte darin. Es sah aus, als enthalte sie Fotos. »Die sind super!«, sagte er zu Jackie. »Das sind die besten Bilder, die ich je im Leben gesehen habe!«

Jackie hielt ihm vor, er habe nicht das Recht, sich etwas anzuschauen, das sie für privat halte.

Daraufhin ratterte Noble eine lange Geschichte herunter: Er habe »aus Versehen« ein Fenster an ihrem Studio geöffnet, als er ein Brett aufgehoben habe, und das Brett sei »aus Versehen« hineingefallen. Als er durch das Fenster geklettert sei, um es zu holen, habe er »aus Versehen« die Mappe vom Tisch gestoßen, und dabei habe er »aus Versehen« die Bilder entdeckt. Er war noch keine zwei Sekunden fertig mit seinem Bullshit, als Jackie um Lob bat. Um Lob förmlich bettelte.

Noble blickte unwillkürlich zu mir herüber, und unter der Bräune von jahrelangem Sonnenschein sah ich, dass er rot geworden war. Wir wussten beide, dass er log. Durch wie viele Fenster waren Noble und ich geklettert, als wir klein waren? Vor der Kombination aus meiner rasenden Neugier und seinen kriminellen Neigungen hatte niemand in der Familie irgendetwas verbergen können.

Nate rief Toodles und Tessa aus dem Haus, das ich bisher für meins und Tessas gehalten hatte, damit sie sich die Fotos anschauten und etwas aßen. Ich blieb in meiner Hängematte und hielt mir das Buch vor das Gesicht, während die andern mit lautem Ooooh und Aaaah die Fotos anschauten, die Jackie mir nicht gezeigt hatte. Ob Russell Dunne darauf zu sehen war?

Aber nach einer Weile hielt Toodles eins neben Tessas Gesicht. Es war mir zugewandt, und es war ein umwerfendes Bild von der Kleinen. Ich war ein paar Schritte weit entfernt, aber trotzdem konnte ich erkennen, wie gut es war. Jackie hatte Tessa gezeigt, wie sie wirklich war: kein süßes kleines Mädchen, sondern eins, das auf einer anderen Ebene lebte als wir andern.

Als allen die Lobesworte ausgegangen waren, sammelte Jackie die Fotos ein, legte sie in die Mappe und kam damit zu mir. Sie stellte sich einen Stuhl neben die Hängematte und überreichte mir die Mappe wie eine Opfergabe.

Feierlich nahm ich sie in Empfang und sah mir ein Foto nach dem andern an. Mann, o Mann, waren sie gut! Ich war wirklich und wahrhaftig *zutiefst* beeindruckt.

Obwohl ich Schriftsteller bin, fielen mir keine passenden Worte ein, die vermittelt hätten, was ich über diese Bilder dachte. Ich kannte Tessa und wusste deshalb, wie perfekt Jackie sie eingefangen hatte, aber selbst wenn ich sie nicht gekannt hätte, wäre es mir leicht gefallen, einen Essay über dieses Kind zu schreiben.

Ich klappte die Mappe zu und überlegte, wie ich Jackie sagen sollte, was ich dachte. Aber es gab kein Wort in irgendeiner Sprache, das mein Staunen beschrieben hätte. Also drehte ich mich zu ihr um und drückte die Lippen auf ihre. Es war das Einzige, was mir angemessen erschien.

Aber was ein Kuss hatte werden sollen, der ihr sagte, wie fabelhaft ich ihre Bilder fand, verwandelte sich in mehr als das. Ich berührte sie nur mit den Lippen, aber einen Augenblick war mir, als hörte ich Glockenläuten. Vielleicht waren es auch Sterne, die klingelten wie kleine Silberglöckchen. Ich wich zurück und starrte sie erschrocken an. Noch so ein Schock an diesem Tag. Ein Erdbeben war nichts dagegen. Und sie empfand es offenbar genauso, denn sie starrte mich ebenfalls mit weit aufgerissenen Augen an.

»Ich weiß nicht, wie es euch allen geht, aber ich habe Hunger«, verkündete Noble und brach den Bann, der auf mir und Jackie lag.

Ich drehte mich um und sah die vier an, wie sie dastanden, und ich musste ein paar Mal blinzeln, um wieder einen klaren Blick zu bekommen. *Hab ich's nicht gesagt?*, schien Nobles Blick zu fragen, und Nate sah verlegen aus. Tessa runzelte die Stirn, und Toodles schaute mich irgendwie, na ja, zärtlich an, wie ein Vater seinen Sohn anschauen könnte. Ich wandte mich ab und betrachtete die Fassade von Jakkies Atelier.

Einen Augenblick später waren alle wieder normal; nur ich fand, ich hätte genug davon, in der Hängematte zu liegen und die andern zu beobachten. Also stand ich auf, und nachdem wir alle von Nobles Käsegebäck gegessen hatten, half ich ihm, die alte Laube über der Gartenbank wieder zusammenzubauen. Ich holte die Werkzeugkiste, die ich von Pats Vater bekommen hatte, und wir benutzten das Werkzeug. Noble gab keinen Kommentar ab, als er die Sachen sah, aber als er ein Teil schmutzig machte, bat er um Entschuldigung. Das sei okay, sagte ich, und einige Minuten später brummte er: »Tut mir leid wegen deiner Frau.«

Ich antwortete nicht, aber seine Worte bedeuteten mir eine Menge. Es waren Worte des Mitgefühls, ja, aber sie zeigten auch, dass er sich dafür interessiert hatte, was in meinen Büchern stand.

Am Spätnachmittag ging Nate nach Hause, und als Allie kam, um Tessa abzuholen, befürchtete ich, Toodles werde anfangen zu weinen. Allie schaute ihn immer wieder an; sie bemühte sich, es nicht zu tun, aber er war wirklich ein komisch aussehender kleiner Mann. Toodles und Tessa standen Hand in Hand da und starrten Allie an, als sei sie die böse Sozialarbeiterin, die Tessa von ihrem geliebten Großvater wegreißen wollte, und schließlich fragte Jackie, ob Tessa nicht ausnahmsweise bei uns übernachten dürfe.

Allie sagte: »Sie meinen, ich könnte einen Abend für mich allein haben? Ein langes, heißes Bad nehmen? Im Fernsehen einen Film angucken, in dem Sex vorkommt? Wein trinken? Nein, so viel Glück verdiene ich nicht.« Und sie rannte zum Gartentor hinaus, bevor irgendjemand es sich anders überlegen konnte.

Irgendwann gingen Noble und Jackie in die Küche, um das Abendessen zu machen, und Toodles, Tessa und ich blieben draußen. Tessa rannte umher und jagte Glühwürmchen, und ich setzte mich mit meinem Dad auf die Gartenstühle.

Was für ein seltsamer Gedanke: mein Dad. Mein Leben lang war er immer nur ein Kopf auf Gruppenfotos gewesen. Ich glaube nicht, dass es ein Bild von ihm allein gab. Und keiner meiner Onkel hatte je von ihm gesprochen. Bei einer Familie wie meiner ist es schwer zu glauben, aber vermutlich hatten sie ein schlechtes Gewissen. Die Gefängnishaft meines Vaters hatte zumindest ein Gutes hervorgebracht: Meine Onkel begingen nie wieder absichtlich eine Straftat. Nicht geplant und nicht im nüchternen Zustand jedenfalls.

Toodles und ich sagten nicht viel. Genau genommen sagten wir gar nichts. Ich, der Wortschmied, hatte kein einziges Wort im Kopf, das ich hätte sagen können. Erzähl mal, Dad, wie war's denn so, die dreiundvierzig Jahre im Gefängnis? Hasst du deine Brüder? Vielleicht hätte ich ihn fragen können, ob er einen Maikäfer an der Weste habe.

Als Jackie uns zum Essen rief, rannte Tessa in die Küche. Es war spät, und wir alle hatten Hunger. Ich ließ meinen Vater vorgehen, aber in der Tür blieb er stehen. Er sah mich nicht an, sondern schaute hinein zu Noble und Jackie, die den Tisch mit Essen beluden.

»Behältst du mich?«, fragte er mit diesem schweren Akzent, den ich seit Jahren nicht mehr gehört hatte.

Einen Moment lang war es, als stehe die Erde still. Sogar die Glühwürmchen schienen innezuhalten und auf meine Antwort zu warten.

Was konnte ich sagen? Wie Jackie schon festgestellt hatte: Der Mann hatte versucht, Geld zu beschaffen, um seine Frau zu ernähren. Und seinen Sohn. Mich.

Vermutlich war jetzt die Reihe an mir, ihn zu ernähren.

Jackie hatte behauptet, ich neigte zur Rührseligkeit. Also musste ich jetzt etwas sagen, damit es nicht dazu kam. »Nur, wenn du mir das Fadenspiel beibringst.«

Im nächsten Augenblick erfuhr ich, woher ich meine Rührseligkeit hatte. Ich bemühte mich, cool zu bleiben, aber mein Dad versuchte gar nicht erst, sich zurückzuhalten. Er vergrub das Gesicht an meiner Brust und fing an zu flennen. Er klammerte sich an mein Hemd, als ginge es um sein liebes Leben, und heulte so laut, dass der Putz von den Wänden fiel.

»Was haben Sie mit ihm gemacht?«, schrie Jackie. Sie packte Toodles bei den Armen und wollte ihn dem großen bösen Onkel entreißen.

Halb wollte ich meinen Vater an mich ziehen und ihn in die Arme schließen und mit ihm weinen, aber zugleich fand ich sein Gebaren auch befremdlich. Er weinte und weinte und drückte das Gesicht an meine Brust. Er liebe mich und sei froh, dass ich sein Sohn sei, er sei so stolz auf mich, und er kenne Leute, die meine Bücher gelesen hätten, und er liebe mich und wolle sein Leben lang bei mir bleiben und …

Noble genoss mein Unbehagen sichtlich, und Jackie versuchte immer noch, Toodles wegzuziehen. Vermutlich verstand sie nicht, was mein Vater da redete. Ich glaube, man musste mit einem solchen Dialekt aufgewachsen sein, um ihn zu verstehen, zumal wenn ein Mann dabei heulte und mein Hemd im Mund hatte.

Der Teil meiner selbst, den die überreichen Tränen meines Vaters anrührten, war anscheinend auch der Teil, der mit meinen Muskeln verbunden war, denn ich kam nicht von Toodles los. Jackie zerrte an ihm, aber auch sie kam nicht voran, denn er war ein kräftiger kleiner Kerl. Ich hatte ihm die Hände auf die Schultern gelegt, aber immer wenn er sagte, er liebe mich, verwandelten meine Arme sich in nasse Spaghetti, und ich konnte ihn nicht wegdrücken. »Ich liebe dich« – diese Worte hatte ich noch nie von einem Blutsverwandten gehört. Meine Mutter, weiß der Himmel, hatte sie zu niemandem gesagt.

Noble hatte schließlich Mitleid mit mir; er zog meinen Vater weg und setzte ihn an den Tisch, und da saß er mit hängendem Kopf und schluchzte. Tessa schob ihren Stuhl neben ihn, nahm seine Hand und bekam Schluckauf, weil sie solche Mühe hatte, nicht mit ihm zu weinen. Immer wieder sah sie mich verwirrt an. Hatte ich etwas Gutes oder etwas Böses getan, dass ihr Freund so furchtbar weinen musste?

Ich war so matt, dass ich kaum aufrecht sitzen konnte.

Wir waren eine merkwürdige Gesellschaft. Toodles und Tessa saßen auf der einen Seite; er schluchzte, als habe man ihm das Herz gebrochen, und sie hielt seine Hand und hatte Schluckauf. Jackie saß am Kopfende des Tisches und sah aus, als wollte sie gleichfalls in Tränen ausbrechen, ohne zu wissen, warum. Ich saß Toodles gegenüber und fühlte mich wie ein Ballon, aus dem die Luft entwichen war, und Noble saß am Ende des Tisches und lachte über uns alle.

Noble griff zu einer Schüssel Stampfkartoffeln und schaufelte einen ganzen Berg davon auf Toodles' Teller, und dann legte er noch einmal so viel Hackbraten und grüne Bohnen daneben. Jetzt wusste ich auch, woher ich meinen guten Appetit hatte.

Aber Toodles schaute das Essen nicht einmal an.

»Wusstest du, dass Ford Geschichten erzählen kann?«, fragte Noble laut und sah Toodles an. »Im Haus hat er nie was getaugt. Wusste nicht, wo bei einem Stemmeisen vorne und hinten ist. Aber Geschichten kann er erzählen wie niemand sonst. Meine Mom sagte immer, die Mahlzeiten waren nicht mehr wie früher, als Ford weggegangen war.«

»Ach ja?«, sagte ich.

»Ja«, sagte Noble. »Mein Dad sagte, das ganze Lügentalent der Newcombes hat sich in dir versammelt, und so konntest du die besten Lügen der Welt erzählen.«

»Ach ja?«, wiederholte ich. Das war wirklich ein gewaltiges Lob. Ich schaute zu Jackie hinüber, um zu sehen, ob sie Notiz davon nahm, aber sie machte ein Gesicht, als wisse sie nicht, ob das nun alles gut oder schlecht war.

Toodles schniefte geräuschvoll, und Jackie stand auf, um ihm ein Kleenex zu holen. Er putzte sich die Nase so durchdringend laut, dass Tessa kicherte; dann zwinkerte er ihr zu, griff nach seinem Löffel und sagte zu mir: »Erzähl mir eine Geschichte.«

Ich gehorchte.

Nach dem Essen sagte ich Noble, ich wolle mit ihm reden. Ich wollte wissen, was in Wahrheit hinter all dem steckte. Ich kannte ihn zu lange und zu gut, um nicht den Verdacht zu haben, dass er etwas im Schilde führte. Wir nahmen ein Sixpack mit hinauf und setzten uns in mein Arbeitszimmer, wo wir von Mann zu Mann miteinander reden konnten.

»Okay, warum bist du hier, und was willst du?«, fragte ich ihn. »Und überleg dir, mit wem du redest, bevor du dir irgendwelche Lügengeschichten ausdenkst.«

»Die Lügengeschichten überlasse ich dir«, sagte er, und sein Ton war bescheiden, damit er keinen Anstoß erregte.

Ich ließ mir nichts vormachen. Noble war ein erwachsener Mann, kräftig und gesund. Auch wenn er ein paar Mal im Gefängnis gesessen hatte, konnte er Arbeit finden. Warum also kam er her? Warum zu mir? Der Name Noble passte zu ihm. Er hatte eine Menge Stolz, und deshalb würde es kein leichtes Stück Arbeit werden, herauszubekommen, was er im Sinn hatte.

Es dauerte eine Weile, bis ich ihn zum Reden gebracht hatte, aber als er einmal angefangen hatte, dachte ich, er würde nie wieder aufhören.

Er erhob sich vom Sofa, baute sich vor mir auf und funkelte mich an.

»Ich bin hier, weil du mein Leben ruiniert hast. Ich denke, dafür bist du mir was schuldig.«

»Und wie habe ich das gemacht?«, fragte ich ruhig. Ich hielt meinen Zorn im Zaum.

Was für eine Undankbarkeit! Ich hatte nie zusammengerechnet, was ich ausgegeben hatte, um all meinen Nichten und Neffen eine Ausbildung zu finanzieren, Nobles Kinder, die ehelichen und die unehelichen, eingeschlossen. Aber es war eine Menge.

Er funkelte mich immer noch an. »Ich war glücklich. Ich war gern als Kind bei allen meinen Onkeln, und ich war verrückt nach meinem Vater. Und weißt du noch was? Wenn ich so zurückdenke, an dich und mich, dann fand ich, dass wir eine Menge Spaß zusammen hatten. Yeah, ich weiß, wir haben dir manchmal ganz schön zugesetzt, aber du warst ein solcher Snob, dass du es nicht besser verdient hattest. Du hast immer auf uns runtergeschaut.«

Er schwieg und wartete, dass ich etwas sagte, aber was konnte ich sagen? Sollte ich bestreiten, dass ich auf sie herabgeschaut hatte? Mein Überlegenheitsgefühl war der einzige Schutz gewesen, den ich hatte.

»Als du zum College gingst, habe ich drei Kreuze gemacht – aber weißt du was? Du hast mir gefehlt. Du hast uns immer zum Lachen gebracht. Wir andern, wir konnten mit Trucks und Taschenmessern umgehen, aber du konntest was aus Wörtern machen.«

Er nahm einen Schluck Bier und lächelte bei seinen Erinnerungen. »Ich war ziemlich sauer, als du zum College gingst. Weißt du noch, dass ich mit dem Traktor über deinen Koffer gefahren bin? Du konntest losziehen und dir die Welt ansehen, und ich hatte 'ne schwangere Freundin, deren Dad mich erschießen wollte, wenn ich sie nicht heiratete. Wusstest du, dass ich mit zweiundzwanzig Jahren zwei Mal verheiratet und wieder geschieden war und drei Kinder zu unterhalten hatte? Und das alles, während du auf dem College warst und dich mit den Stadtmädels rumtreiben konntest.«

Noble trank noch einen Schluck Bier und setzte sich dann ans andere Ende der Couch. Sein Zorn war verraucht. Wir waren nur noch zwei Männer mittleren Alters, die sich in ihren Erinnerungen ergingen. »Dann hast du ein Buch geschrieben, und alle Tanten haben es gelesen und gesagt, es handelte von uns. Bloß, sagten sie, hast du uns dargestellt, als ob wir überfahrene Hasen zum Abendessen verspeisten. Onkel Clydes Frau sagte: ›Keine Ahnung, von wem er redet, aber wir sind's nicht.‹ Danach dachten wir dann, du erinnerst dich überhaupt nicht an uns. Du hast die Leute erfunden, von denen du schreibst.«

Noble lächelte kurz. »Ich kann dir nicht sagen, wie oft ich gefragt worden bin, ob ich mit diesem ›Bücherschreiber‹ verwandt bin. Und weißt du, was ich darauf gesagt habe?«

Er wartete nicht auf meine Antwort. Ich glaube, er wollte keine. Ich glaube, er hatte lange darauf gewartet, mir sagen zu können, was er jetzt sagte. Vielleicht war er sogar den ganzen weiten Weg nur gefahren, um mir zu sagen, was er von mir dachte.

»Nein. Ich habe gesagt: Nein. Immer wenn mich jemand gefragt hat, ob ich mit Ford Newcombe verwandt bin, habe ich gesagt: Nein.«

Ich versuchte das, was er da sagte, philosophisch zu nehmen, aber ein bisschen gekränkt war ich doch. Jeder möchte ja, dass seine Familie stolz auf ihn ist, oder nicht?

»Du hast uns vor den Augen der Welt erniedrigt, aber weißt du, was das Schlimmste war, was du uns angetan hast? Du hast die Kids verändert. Meine Tochter Vanessa – die zur Welt kam, kurz nachdem du aufs College gegangen warst – ist genauso wie du. Sie sah sogar so aus wie du, bis sie sich die Nase hat machen lassen. Sie hat dein Buch gelesen, als sie noch klein war, und danach wollte sie mit uns Newcombes nichts mehr zu tun haben.«

Noble machte sich eine neue Dose Bier auf. »Du kannst dir nicht vorstellen, wie ich wegen dieser Göre aufgezogen worden bin. Die Leute sagten, sie wäre von dir, nicht von mir.« Er sah mich über sein Bier hinweg an. »Erinnerst du dich an ihre Mutter? Die kleine Sue Ann Hawkins? Du hast doch nicht ...?«

Natürlich erinnerte ich mich an Sue Ann Hawkins. Jeder junge Mann und ein paar alte im Umkreis von zwanzig Meilen um ihr Haus waren mit ihr im Bett gewesen. Natürlich wagte niemand, Noble das zu sagen. Damals nicht, und jetzt nicht. Damals hielten wir den Mund und wünschten ihnen Glück an ihrem Hochzeitstag. Später atmete das halbe County erleichtert auf, als das Mädchen mit einer Newcombeschen Nase zur Welt kam. Ob diese Nase von Noble, von mir oder von sonst einem aus unserer Verwandtschaft stammte, war niemals auch nur unter vier Augen erörtert worden. Nobles legendärer rechter Haken war sehr gefürchtet.

Noble hob die Hand. »Nein, antworte lieber nicht. Das Mädel hat mir geschworen, dass sie in ihrem ganzen Leben nur mit mir im Bett war, und wenn ich ihr nicht geglaubt hätte, hätte ich sie nicht geheiratet, Schrotflinte hin, Schrotflinte her. Andererseits, wenn sie so verdammt rein war, wieso hat sie dann später mit jedem gottverdammten ...«

Er brach ab. »Na, darauf will ich jetzt nicht weiter eingehen. Sagen wir einfach: Ihre Mutter war so übel, dass Vanessa bei mir lebte, seit sie vier war. Aber nachdem sie dein Buch gelesen hatte, lebte sie nur noch mit *dir* im Kopf. Dauernd hieß es: ›Mein Onkel Ford hier, mein Onkel Ford da‹, bis ich mir wünschte, ich hätte dich nicht gerettet, als du damals in den Bach gefallen warst und dir den Kopf angeschlagen hattest. Weißt du das noch? Weißt du noch, wie ich dich anderthalb Meilen nach Hause geschleppt habe? Ich habe kein Gramm mehr gewogen als du, aber ich habe dich geschleppt. Und dann fuhr Onkel Simon mit seinem alten Pickup quer über die Felder und durch die Zäune, um dich möglichst schnell ins Krankenhaus zu bringen. Du bist zwei Tage nicht aufgewacht, und wir dachten, du bist hinüber. Weißt du das noch?« Ich wusste es noch. Aber merkwürdigerweise hatte ich mich nicht daran erinnert, als ich meine Bücher geschrieben hatte.

»Weißt du was?« Noble sah mich an. »Meine Tochter hat mir nicht geglaubt, als ich ihr erzählte, wie ich dich gerettet habe. Sie sagte, wenn das wirklich passiert wäre, hättest du es in deinem Buch geschrieben, denn du hättest alles da reingeschrieben. Und weil es nicht drinstände, wäre es auch nicht passiert. Wie kommt's, dass du *diese* Story nicht aufgeschrieben hast?«

Ich schaute zu Boden. Auf diese Frage hatte ich keine Antwort.

»Na, wie auch immer – du hast alle meine vier Kids aufs College geschickt. Verflucht, du hast sogar meiner dritten Frau Geld gegeben, damit sie wieder zum College gehen und Lehrerin werden konnte. Nach ihrem ersten Jahr an der Schule hat sie sich von mir scheiden lassen. Ich wäre nicht gebildet genug für sie, sagte sie. Und jetzt wollen meine studierten Kids auch nichts mehr mit mir zu tun haben. Dich wollen sie sehen, dich, dem sie vielleicht zweimal im Leben begegnet sind, aber ihren eigenen Dad nicht. Aber du hast ja mit uns allen nichts zu tun, oder? Außer dass du über uns schreibst.«

Er trank einen großen Schluck Bier, und ich wartete schweigend darauf, dass er weiterredete. Ich muss zugeben, ich war fasziniert von seinen Ansichten darüber, wie ich »sein Leben ruiniert« hatte. Außerdem beschäftigte mich die Frage, ob die clevere kleine Vanessa *meine* Tochter sein könnte.

»Na, jedenfalls – als wir hörten, dass sie Toodles rauslassen würden, dache ich mir, es wird Zeit, dass du bezahlst für das, was du uns und vor allem mir angetan hast. ›King‹? Musstest du mich ›King‹ nennen? Ist ›Noble‹ nicht schon schlimm genug?«

»Was willst du von mir?«, fragte ich. »Du bist ja nicht hergekommen, um in dein Bier zu weinen. Also, was willst du?«

Noble brauchte eine Weile, um zu antworten.

»Ich habe Ärger zu Hause«, sagte er schließlich mit dramatischem Ton in der Stimme. »Ich rede nicht vom Knast. War ganz bestimmt nicht das erste Mal, dass ich den Knast von innen gesehen habe, wie du weißt. Aber diesmal habe ich Ärger mit der Familie, jede Menge Ärger.«

Ich hatte nicht vor, ihm zu erzählen, dass Vanessa mir bereits ihre Version von diesem »Ärger mit der Familie« dargelegt hatte.

»Als ich das letzte Mal aus dem Knast kam, hatte ich gar nichts mehr. Meine drei Ex-Frauen hatten mich rausgeworfen, und niemand gibt einem Ex-Knacki einen Job; also konnte ich nur nach Hause zurückgehen. Onkel Zeb bot mir einen Platz bei sich an; er meinte, ich könnte das hintere Zimmer haben, das er nie heizt – du weißt ja, was für ein alter Geizkragen er ist. Da sitze ich also da draußen in der Schweinekälte, und wer kommt rein? Onkel Zebs neue Frau. Du solltest sie mal sehen. Sie ist fünfundzwanzig und sieht haargenau aus wie Joey Heatherton. Erinnerst du dich an die? Gott allein weiß, wieso sie einen alten Zausel wie Onkel Zeb geheiratet hat. Ich werde wach, und da liegt sie bei mir im Bett. Ich bin ein Mann, und ich hatte lange keine Frau gehabt – wie sollte ich ihr da nicht geben, was sie wollte? Am nächsten Morgen sagte sie nichts, und ich sagte auch nichts, und ich dachte, vielleicht ist alles okay. Aber drei Monate später ist sie drüben bei Onkel Cal und heult sich die Augen aus dem Kopf, und sie sagt, sie ist eine treue

Ehefrau, aber ich hätte mich eines Nachmittags in ihr Bett geschlichen, als sie gerade ein Nickerchen machte, und jetzt kriegt sie ein Kind von mir.«

Ich wollte einwerfen, dass eine solche Geschichte in unserer Familie nichts Neues sei, aber Noble war nicht mehr zu bremsen.

»Als ich ein Junge war, hätten die Leute Verständnis gehabt, wenn so was passierte. Aber du hast unsere Familie zerstört. Als wir Kids waren, hätten die Onkel über so was nur gelacht. Und das Mädel hätte es gar nicht erst erzählt. Sie war mit einem alten Kerl verheiratet, der ihr nicht geben konnte, was sie haben wollte, also habe ich es getan. Worüber regt sie sich da auf?«

Er atmete tief durch, um seinen Zorn zu bändigen. »Aber als sie jetzt heulend bei den Onkeln saß, war einer der Jungs da, die du aufs College geschickt hast, und er meinte, was ich getan hätte, das ›ziemt sich in unserer Familie nicht mehr‹. Genau das hat er gesagt, denn so reden sie jetzt. Dann brach die Hölle los, und es war meine eigene Tochter, die älteste, die du als erste und am meisten verdorben hast, die mir sagte, ich solle verschwinden. Sie schämte sich für mich, sagte sie, und ich sollte gehen. Weißt du, was die da jetzt haben? Einen ›Familienrat‹. Klingt, als wär's was aus *Der Pate*, findest du nicht auch?«

Noble schüttelte fassungslos den Kopf. »Du schickst all diese Kids zum College, und was haben wir jetzt? Sie sind ›aufgestiegen‹, wie sie es nennen, und jetzt geht's bei uns zu wie bei der Mafia. Ein feiner Aufstieg, was?«

Ich hatte Mühe, nicht zu lachen, aber ich dachte mir, wenn ich jetzt lachte, würde Noble mir einen Kinnhaken verpassen. Nicht, dass ich es nicht mit ihm hätte aufnehmen können, dachte ich, aber – na ja, wenn man so Tag für Tag nur am Computer sitzt ...

»Und weißt du, was du noch gemacht hast? Du hast unser Land ruiniert. Es gibt keine Trailer mehr. Einer der

Jungs – sie sehen jetzt alle so geleckt aus, dass ich sie gar nicht mehr unterscheiden kann – ist Architekt geworden, und er hat einen Haufen kleine Häuschen entworfen und auf Newcombe-Land gesetzt. Niedliche kleine Häuschen mit Garagen, in denen man die Autos verstecken kann. Der Bengel hat sogar die passenden Hundehütten dazu entworfen, und für jedes Haus hat er ein Ding angeschafft, das ›Pooper Scooper‹ heißt. Weißt du, was das ist? Er sagt, damit müssen wir die Hundehäufchen wegmachen. ›Hundehäufchen‹ – so nennt er das. Ein erwachsener Mann! Sämtliche Trailer sind weggeschleppt worden, und den alten Badetümpel haben sie zugeschüttet, nur weil da ein paar Blutegel drin waren, und haben diese Häuschen da hingebaut. Sehen alle gleich aus; jedes ist nur ein klitzekleines bisschen anders. Sie sehen aus, als kämen sie aus einer Cornflakes-Schachtel. Und Regeln! Zu diesen Häusern gehören Regeln. Keine Autoreifen draußen! Nicht mal, wenn man Blumen reinpflanzt. Keine kaputten Autos. Kein Unkraut, nirgends. Nicht mal im Knast gab's so viele Regeln.«

Noble sah mich mit schmalen Augen an. »Und weißt du, was *wirklich* schlimm ist? Die ganze Siedlung hat Preise gewonnen. Einer der Neffen hat ihr einen Namen gegeben und sie bei einem Wettbewerb angemeldet, und sie hat gewonnen. Weißt du, wie sie sie genannt haben? ›Newcombe Manor Estates‹. Als wär's ein Villenviertel. Ist das zu fassen?«

Was Preise anging, hatte ich inzwischen auch einen verdient, weil ich mein Lachen so meisterhaft unterdrückte. Um meine Heiterkeit zu verbergen, hielt ich mir die Bierdose vor den Mund, bis mir die Unterlippe gefror.

»Jedenfalls, sie hielten einen ›Familienrat‹ ab und entschieden, dass ich ›etwas Unverzeihliches‹ getan hätte, und deshalb müsste ich gehen. Keiner der Onkel ist für mich eingetreten. Die haben reiche, studierte Kinder, die für sie sorgen und ›Investments‹ für sie machen, und jetzt haben sie überhaupt nichts mehr zu tun; sie hocken bloß noch von morgens bis abends vor dem Fernseher und machen die ›Hundehäufchen‹ weg, bevor eins der Kinder mit diesen zimperlichen Enkelkindern zu Besuch kommt. Diese Kids haben gesagt, ich bin ›ein Rückfall in ein finsteres Zeitalter‹. Kannst du dir vorstellen, dass jemand so was zu mir sagt? Was hätten unsere Onkel mit uns gemacht, wenn wir so was zu ihnen gesagt hätten, als wir Jungs waren? Die hätten uns so den Hintern versohlt, dass wir heute noch nicht wieder sitzen könnten.

Na, jedenfalls sagten sie, ich müsste weggehen, weil ich ›den Namen der Familie verunreinigt hätte‹, und ich fragte: ›Was ist mit Toodles?‹ Einer der Jungs – vielleicht einer von meinen, ich weiß es nicht – sagte, Toodles sei ein Krimineller und müsse sich allein durchschlagen. Sie haben keinen Familiensinn mehr, diese Kids. Keine Spur. Da sagte ich, wenn ich verschwinden soll, hole ich Toodles ab und nehme ihn mit. Weißt du, ich dachte, ich packe sie bei ihrem Stolz, und sie würden wenigstens anbieten, dafür zu zahlen, dass wir Toodles in einem richtig netten kleinen Altenheim unterbringen können. Aber keiner hat was gesagt, und da hab ich mir eins von Onkel Cals alten Autos geschnappt und bin losgefahren. Und auf dem ganzen Weg bis zum Bundesgefängnis habe ich mich gefragt, was ich mit ihm anfangen soll. Ich hatte keine Bleibe und keinen Lebensunterhalt – wie sollte ich da für einen alten Mann mit einer Delle im Hirn sorgen? Aber kurz bevor ich dort ankam, dachte ich: ›Ford hat unsere Familie ruiniert. Also schuldet er uns was.‹ Im Knast fragte ich Cousin Fanner – erinnerst du dich an ihn? Er arbeitet jetzt in der Gefängnisverwaltung. Hat lebenslänglich – ich fragte also Cousin Fanner, ob er wüsste, wo du jetzt wohnst, und er meinte, wenn irgendetwas auf der Welt dein Eigentum ist, dann kann er dich finden. Als Toodles reisefertig war, hatte ich deine Adresse, und wir fuhren los. Und hier sind wir.«

Und zwar für immer, dachte ich. Ich habe viel Schlechtes über meine Verwandten gesagt – und nichts davon unverdient –, aber ich wusste, dass sie trotz allem, was Noble mir da über die derzeitigen Umstände erzählt hatte, Familiensinn besaßen. Sie reisten ziemlich viel – meine Verwandten diskutierten über die Vorzüge und Nachteile diverser Gefängnisse, wie Geschäftsleute sich über Flughäfen unterhielten –, aber sie kamen immer wieder nach Hause. Tatsächlich war »zu Hause« ein wichtiges Wort für die Newcombes.

Ich saß schweigend mit meinem Cousin in meinem Zimmer und ließ mir seine Geschichte durch den Kopf gehen, und ich wusste, was er mir eigentlich sagen wollte. Er brauchte eine Heimatbasis. Vielleicht würden wir morgen früh aufwachen, und er wäre verschwunden, aber er würde irgendetwas zurücklassen – ein Hemd, ein Taschenmesser, irgendetwas zum Zeichen dafür, dass mein Haus jetzt sein »Zuhause« war.

Mit seiner langen Geschichte hatte er mir nur eines sagen wollen: Er hatte derzeit kein Zuhause, keinen Ort, wo er das Ende seiner langen Leine festbinden konnte.

Ich wusste nur zu gut, was für ein Gefühl das war. Nach Pats Tod hatte ich jahrelang kein Zuhause gehabt. Es war ein lausiges Gefühl.

Ich zögerte mit meiner Zustimmung, weil ich damit eine große Verpflichtung eingehen würde. Das, was wir »Newcombe-Land« nannten, gehörte uns seit hundert Jahren. 59,4 Hektar im gemeinschaftlichen Besitz aller erwachsenen Newcombes. Wenn ein Junge oder ein Mädchen einundzwanzig Jahre alt wurde, trug man seinen oder ihren Namen in die Besitzurkunde ein. Der Haken bestand darin, dass das Land ohne schriftliche Zustimmung jeder einzelnen Person auf dieser Urkunde weder aufgeteilt noch verkauft werden konnte. Da dort inzwischen über hundert Namen versammelt waren, würde so etwas kaum passieren.

Wenn ich Noble und meinen Vater bei mir aufnähme, wäre das eine Art Newcombe-Gelübde. Ich müsste hier in diesem Haus in Cole Creek bleiben. Wenn ich umziehen wollte, brauchte ich die Zustimmung Nobles und meines Vaters.

Ja, ich wusste, das war lächerlich. Das Haus gehörte mir, und ich konnte es jederzeit verkaufen, wenn ich wollte. Aber die Regeln, die man mir als Kind beigebracht hatte, waren für mich so unumstößlich wie das Tabu des Inzests (den es in meiner Familie nicht gab) oder das Verbot, Blutsverwandte an die Polizei zu verraten.

Ich holte tief Luft. »Es gibt zwei freie Schlafzimmer und ein Bad im ersten Stock. Du und ...« Wie sollte ich ihn nennen? »Äh, Dad – ihr könnt sie haben.«

Noble nickte und schaute weg, und ich wusste, ich sollte sein erleichtertes Lächeln nicht sehen. Als er mich wieder ansah, sagte er: »Die Bude hier bricht bald zusammen. Und ich habe kein Werkzeug, um sie herzurichten.«

Nach kurzem Zögern sagte ich: »Du kannst meins benutzen. Das Werkzeug in dem Eichenholzkasten.«

Noble machte ein schockiertes Gesicht. »Das kann ich nicht – jedenfalls nicht allein. Vanessa hat mir von diesem Werkzeug erzählt. Sie sagt, es wäre berühmt. Ein ...« Er überlegte. »Sie sagt, es wäre ›ein Symbol großer Liebe‹. Eine ...« Konzentriert runzelte er die Stirn. »Sie sagt, dieses Werkzeug wäre eine Meta... Meta irgendwas.«

»Eine Metapher.« Ich runzelte ebenfalls die Stirn. Wie Jackie immer sagte: Örk! Wenn Vanessa auf dem College, auf das ich sie geschickt hatte, so zu reden gelernt hatte, dann hätte ich das Geld besser nicht geschickt.

Die Wahrheit war: Die Vorstellung, dass Newcombe-Land in eine preisgekrönte Reihensiedlung umgewandelt worden war, gefiel mir nicht. Ich hatte nie bewusst daran gedacht, aber wenn ich Kinder gehabt hätte – eheliche Kinder, meine ich –, dann hätte ich mir gewünscht, dass sie mit einem Autoreifen an einem Ast schaukeln und in den Newcombe-Tümpel springen könnten. Was zum Teufel machten schon ein paar Blutegel? Als ich im zweiten Schuljahr war, sagte meine Lehrerin: »Wir haben einen Newcombe in der Klasse. Er soll uns mal alles über Blutegel erzählen.« Damals wäre ich vor Stolz beinahe geplatzt; ich hatte keine Ahnung, dass die Lehrerin es abfällig meinte. Aber der Witz ging auf sie, denn ich trat an die Tafel und zeichnete nicht nur das Äußere, sondern auch das Innere (fragen Sie nicht!) eines Blutegels. Als ich wieder auf meinen Platz ging, sahen die Lehrerin und die ganze Klasse mich merkwürdig an. Ich erfuhr es erst Jahre später, aber an diesem Nachmittag taufte man mich im Lehrerzimmer den »cleveren Newcombe«.

Clever ist eine Sache, prätentiös eine andere. Und meine Nichte – oder Tochter? – Vanessa hatte ein paar Flausen zu viel im Kopf.

»Es ist Werkzeug«, blaffte ich. »Benutz es.«

Drei Minuten später war ich endlich allein, und sofort saß ich am Computer und gab den Namen Russell Dunne ins Internet ein. Es schien eine Ewigkeit zu dauern, aber dann erschien die Meldung, er sei unbekannt. Zumindest der Russell Dunne, auf den Jackies Beschreibung passte.

Um Mitternacht ging ich zu Bett. Kein Russell Dunne unterrichtete irgendetwas an der University of North Carolina. Verflixt, dachte ich, jetzt würde ich Jackie erzählen müssen, dass ihr Ausbund an Tugend ein Lügner war. So ein Pech aber auch. Ich lächelte beglückt vor mich hin und fragte mich, ob ich es ihr bei Champagner und Kerzenschein erzählen sollte. Sanft und behutsam.

Mit einem breiten Lächeln schlief ich ein.

16 – Jackie

Ich kapierte nicht mal annähernd, was um mich herum vorging. Anscheinend gab es Probleme zwischen Ford und seinem Dad und zwischen Ford und seinem Cousin, die mein Fassungsvermögen überstiegen.

Ich hatte alle seine Bücher gelesen, und deshalb dachte ich, ich wüsste alles über Ford, aber dann überraschte er mich mit der Geschichte über seinen Vater und warum er ins Gefängnis gekommen war. Er erzählte sie angstbesetzt wie immer, mit seinem »Ach, ich armer Kleiner«-Gesicht, das er jedes Mal aufsetzte, wenn er von seiner Familie sprach, aber das ignorierte ich. Ich konnte nicht anders – ich sah Fords Vater als einen Mann, der alle Tugenden eines wahren Helden verkörperte.

Während Ford mir die Geschichte erzählte, überschlugen sich meine Gedanken. Ich war sicher, Toodles – ein abscheulicher Name, aber er passte zu ihm – hatte gewusst, dass Fords Mutter ihn nicht liebte, aber er hatte sie trotzdem geheiratet. Dann hatte er getan, was er konnte, um für seine Frau zu sorgen und seinem Kind einen guten Start ins Leben zu ermöglichen. Dass eine Straftat die Grundlage für diesen Start bildete, war nicht wichtig. Toodles hatte versucht, es richtig zu machen. Er hatte alles riskiert, für seine Frau, für sein ungeborenes Kind – und für seine schmierigen Brüder, die Toodles benutzen wollten, um ihre eigene nichtsnutzige Haut zu retten.

Mit dem, was Fords Mutter getan hatte, als sie den Jungen an seine schuldbeladenen Onkel übergeben hatte, war ich nicht einverstanden, aber ich konnte verstehen, warum sie es getan hatte.

Obwohl ich einiges über diese Familie wusste, war ich auf Toodles' Zusammenbruch nicht vorbereitet. Zunächst mal verstand ich nicht, was sie sagten. Toodles sagte etwas, was ich nicht verstand, und dann sagte Ford, er wolle das Fadenspiel lernen, und dann brach die Hölle los. Toodles weinte – heulte, besser gesagt – dermaßen laut, dass ich schreien musste, um ihn zu übertönen. Ich glaube, er hatte etwas Wichtiges zu sagen, aber weil er abwechselnd heulte und sein Gesicht an Fords Bierbauch vergrub, konnte ich kein Wort verstehen.

Immerhin sah ich, dass das, was er sagte, auch Ford zum Weinen brachte. Ich brummte leise: »Holt einen Mopp – jetzt haben wir zwei von der Sorte«, aber Noble hörte mich und lachte. Ich wollte Toodles von Ford wegziehen, aber er klammerte sich an ihm fest wie ein Koala an einem Eukalyptusbaum.

Schließlich umschlang Noble das rundliche Kerlchen mit beiden Armen und zog ihn weg. Die Szene hatte alle am Tisch zu Tränen gerührt, nur Noble nicht. Er war der Einzige, der anscheinend »normal« fand, was soeben passiert war. Aber wenn das normal war, dann war Fords Familie noch schräger, als er sie in seinen Büchern dargestellt hatte. War das möglich?

Schließlich schlug Noble vor, Ford solle eine Geschichte erzählen, und ich muss sagen, ich fand diese Idee faszinierend. Konnte Ford sich Geschichten ausdenken? Anscheinend konnte er doch nur Schlüsselromane über seine bizarre Familie schreiben.

In Anbetracht seiner Zuhörerschaft – ein neunjähriges und ein erwachsenes Kind – fing Ford an, von zwei kleinen Jungen und den Schlamasseln zu erzählen, in die sie gerieten. Noble grinste still vor sich hin, und ich sah, dass Ford sich an sein altes Muster hielt und von Missgeschicken erzählte, die ihm und seinem Cousin wirklich passiert waren.

Ich hörte nur mit halbem Ohr zu, denn ich musste an

etwas denken, was kurz vorher geschehen war. An diesem Nachmittag war Noble durch ein Fenster in mein Atelier geklettert und hatte die Mappe mit meinen Tessa-Fotos herausgeholt – mit den Fotos, die ich aufgehoben hatte, um sie Russell zu zeigen. Ich war verblüfft, dass Noble, nachdem er unbefugt in mein Atelier geklettert war, einfach mit den Fotos in den Garten kam und sie allen zeigte. Als wäre es sein gutes Recht, sich an Privateigentum zu vergreifen!

Ich sah darin einen Übergriff, und das ließ ich ihn wissen. Ich hätte ihm gern gesagt, dass ich eine Menge Einfluss auf Ford hätte, und wenn ich etwas Nachteiliges äußerte, könnte es leicht passieren, dass Ford ihn nicht bleiben ließe. Aber weil Ford dabei war (er lag in der Hängematte und schmollte, aber er war da), sagte ich lieber nichts dergleichen, weil dieser Schuss leicht nach hinten hätte losgehen können.

Aber dass ich äußerst ungehalten war, gab ich ihm mit einem so wütenden Blick zu verstehen, dass seine Augenbrauen fast in Flammen aufgingen. Ich musste allerdings bald wieder aufhören, denn immerhin war er der Cousin meines Arbeitgebers; also tat ich, als sei ich interessiert an seinem Lob. Aber ich nahm das, was er zu sagen hatte, ziemlich reserviert auf, damit ihm klar war, dass er nie wieder in meinen Privatsachen schnüffeln durfte. Ich hörte ihm ein Weilchen zu, und dann ging ich mit den Fotos zu Ford. Noble sollte wissen, dass Ford hier der Hausherr war. Außerdem – nachdem die Bilder jetzt einmal an die Öffentlichkeit gekommen waren, wollte ich wissen, wie sie Ford gefielen.

Ford sah sich die Bilder langsam an, eins nach dem andern, und er sagte kein einziges Wort. Nichts. Bei einem, der so wortgewandt war wie er, war dieses Schweigen kränkend. Ich war kurz davor, ihm die Bilder aus der Hand zu reißen, als er etwas Sonderbares tat.

Er küsste mich.

Er lehnte sich aus der Hängematte – und dass er dabei nicht herauskippte, zeigte mir, dass er schon oft und lange in Hängematten gelegen hatte – und drückte seine Lippen auf meine.

Ich wollte »Uuuuuh« sagen, im Ton des Abscheus, aber ... äh, na ja ... ehrlich gesagt – tja, es war die Mutter aller Küsse. Ein richtiger Kuss. Mit Gefühl. Seele.

Zu Anfang war es, als wollte Ford mir sagen, er finde meine Fotos wirklich großartig. Aber dann, als der Kuss ein paar Sekunden im Gange war, passierte etwas, und ich fing an, kleine Sterne zu sehen. Okay, vielleicht waren es keine kleinen sternförmigen Sterne, aber doch winzige bunte Lichtpunkte. Wie wenn ein eingeschlafenes Bein wieder aufwacht und man hunderttausend kleine Schmerzpunkte spürt. Bei meinem Kuss mit Ford spürte ich diese kleinen Punkte – aber es war kein Schmerz, no, Sir, es war alles andere als Schmerz, es waren leuchtend bunte Punkte. Ich sah sie hinter den geschlossenen Augenlidern, und ich konnte sie fühlen.

Nach einer Weile wich Ford zurück. Er sah ein bisschen verblüfft aus, aber anscheinend hatte er nicht gefühlt, was ich gefühlt hatte, und so gab ich mich lieber cool. Trotzdem konnte ich den Blick nicht von ihm wenden, und ich machte einen winzigen Schritt auf ihn zu. Keine Ahnung, was passiert wäre, wenn ich nicht auf etwas ausgerutscht wäre. Wie benommen schaute ich zu Boden. Im Gras verstreut lagen ungefähr hundert kleine schwarze Olivenringe. Offenbar hatte Ford sie von den Mini-Quiches heruntergepickt, die Noble gebacken hatte (genug für achtundzwanzig Mann – so viele waren in seinem Zellenblock gewesen, erzählte er mir). Aber das kapierte ich nicht. Am Abend nach meiner zweiten Vision hatten Ford und ich Pizza geholt, und er hatte eine dreifache Portion schwarze Oliven bestellt und gesagt, dass er sie schrecklich gern esse. Weil ich das nun wusste, hatte ich Unmassen davon gekauft und Noble aufgetragen, die Quiches großzügig damit zu belegen. Wieso also hatte er sie jetzt heruntergepickt?

Ich kam nicht dazu, ihn zu fragen, denn Noble sagte, er habe Hunger, und das bedeutete natürlich, dass ich, die literarische Assistentin, wieder in die Küche gehen musste.

Nach dem Abendessen durfte ich fortfahren, mich als hoch qualifizierte Assistentin eines berühmten Autors zu betätigen, indem ich für alle die Betten bezog. Ford hatte sich nicht die Mühe gemacht, zu entscheiden, wo alle schlafen sollten; wie ich ihn kannte, hatte er nicht mal darüber nachgedacht, und so hing es an mir. Schon wieder eine richtungsweisende Führungsentscheidung, die ich zu treffen hatte. Als ich feststellte, dass nicht genug Bettwäsche im Haus war und ich abends um acht Uhr in den Supermarkt fahren musste, und als Toodles und Tessa mitfahren wollten, sodass mir klar wurde, dass aus einem Ein-Stunden-Einkauf jetzt drei Stunden werden würden, fing ich an, mir zu überlegen, wie hoch meine Gehaltserhöhung ausfallen sollte.

Es war halb elf, als ich uns drei endlich wieder nach Hause gebracht hatte. Toodles und Tessa schleppten vierzehn Kartons Eiscreme, weil sie es nicht über sich gebracht hatten, eine Sorte nicht zu kaufen, und ich stapfte die Treppe hinauf, um die Betten zu machen.

Noble und Ford waren inzwischen endlich fertig mit dem, was immer sie da in seinem Arbeitszimmer getrieben haben mochten – hatten sie mit der Eisenbahn gespielt? –, und Noble half mir beim Bettenmachen. Mir wurde das alles langsam zu viel, aber Noble brachte mich zum Lachen. Er sah, dass ich meine Wut an der Kreditkarte ausgelassen hatte, die Ford mir gegeben hatte. Und – na schön, vielleicht hatte es auch ein bisschen Spaß gemacht, zusammen mit Toodles und Tessa vier Einkaufswagen mit Badezimmerartikeln und Bettwäsche zu füllen. Als Noble die Sachen nach oben trug, erklärte er, kein Bauunternehmer schaffe es, so viel Zeug hinten auf seinen Pickup zu packen. Es war albern, aber ich fasste es als Kompliment auf – und das gefiel mir nicht. Wenn ich anfinge, wie die Newcombes zu denken, würde ich auf der Stelle die Stadt verlassen.

Er nahm die elektrische Bohrmaschine, die ich gekauft hatte (im Koffer, mit einem kompletten Satz Bohrer) und brachte die Vorhangstangen an, während ich mit dem neuen Bügeleisen (De-Luxe-Ausstattung, das Teuerste, das sie hatten) die Vorhänge bügelte, ehe er sie aufhängte. Ich muss sagen, als wir fertig waren, sah Toodles' Zimmer toll aus. Ich hatte ihm mit Käfern bedruckte Bettlaken, Vorhänge und Teppiche und sogar Badezimmerartikel gekauft. Schön, genau genommen hatten er und Tessa sie ausgesucht, und Ford hatte sie bezahlt – oder würde sie bezahlen –, aber ich hatte mein Okay gegeben. Die ganze Käferei wurde abgemildert durch eine blau-grün karierte Bettdecke, und die Vorhänge waren aus dünnem weißem Stoff mit kleinen Taschen. Dazu gehörten sechs gestickte Käfer, die man in die Taschen schieben konnten, und Tessa und Toodles hatten vierzig Minuten darüber diskutiert, was für andere Käfer sie noch sticken würden, um sie in die leeren Taschen zu schieben

Tessa suchte sich die Farben für ihr Zimmer selbst aus. Keine Muster, keine Ornamente, aber jedes Stück Stoff hatte eine andere Farbe. Im Geschäft hatte ich angesichts ihrer Auswahl meine Zweifel gehabt, aber als Noble und ich die Vorhänge angebracht und das Bett bezogen hatten, betrachteten wir das Zimmer voller Staunen. Die Kleine hatte Talent. Irgendwie wirkten all die verschiedenen Grün-, Lila-, Blau- und Gelbtöne gut zusammen. Im Einkaufswagen waren ihre Pakete mit Toodles Käfer-Textilien zusammengewürfelt gewesen, und Tessas Farben hatten chaotisch ausgesehen – als hätte man lauter verschiedene Play-Doh-Stücke zusammengeknetet. So zumindest sah ich es, und deshalb war es verzeihlich, dass ich Tessa sagte, ihre Farben passten überhaupt nicht zueinander. Aber als alles zusammen in einem Zimmer war, sah es fabelhaft aus. Und erst jetzt erkannte ich, dass sie alle ihre Farben auf die alte Blumentapete abgestimmt hatte.

»Wow«, sagte ich und sah mich um. Selbst unter der Folter hätte ich mich nicht daran erinnert, wie die Tapete in diesem Zimmer aussah, aber Tessa schien sämtliche Farben im Kopf zu haben, und jetzt fanden sie sich in Vorhängen und Bettwäsche wieder.

»Wow«, sagte ich noch einmal.

Noble betrachtete das Zimmer schweigend, den Bohrer in der Hand wie einen modernen Revolver. Er legte den Kopf schräg und fragte: »Und wer hat die Sachen für *mein* Zimmer ausgesucht?«

»Tessa«, sagte ich. »Gut«, sagte er, und wir lachten beide. In Wahrheit hatten die weitschweifigen Diskussionen zwischen Tessa und Toodles über Textilien mich so sehr gelangweilt, dass ich in die Bilderrahmenabteilung gegangen war und die Gehaltserhöhung, die ich von Ford bekommen würde, schon im Voraus ausgegeben hatte. Als ich zurückkam, hatten sie zwei große Einkaufswagen vollgepackt, und deshalb hatte ich noch gar nicht gesehen, was sie für Nobles Zimmer ausgesucht hatten.

Plötzlich waren wir beide neugierig. Wir sahen einander an, und dann stürzten wir gleichzeitig zur Tür. Als er mir, der Dame, unhöflicherweise nicht den Vortritt ließ, versuchten wir, uns beide gleichzeitig hindurchzuzwängen, und kamen nicht weiter. Hätte man mir nicht gesagt, dass er Fords Cousin war, hätte ich es jetzt gewusst.

Die erste Runde gewann ich. Angewidert trat ich einen Schritt zurück und sagte: »Bitte nach Ihnen.« Noble zog ein betretenes Gesicht und machte mir Platz, und ich rannte durch die Tür und die Treppe hinunter. Aber er hatte kein Übergewicht wie Ford und war trotzdem vor mir unten und in dem Zimmer neben Fords.

Wie schauten einander wachsam an und wussten nicht,

ob wir über unsere kleine Wettkampf-Eskapade lachen sollten oder nicht, aber dann sahen wir, dass Toodles und Tessa die Pakete für Nobles Zimmer auf das Bett gekippt hatten, bevor sie verschwunden waren – vermutlich, um alle vierzehn Sorten Eis zu verkosten.

Für Noble hatten sie Braun und Weiß ausgesucht. Der Staubvolant war weiß mit ovalen römischen Münzen in Braun, die lorbeerbekränzte Männerprofile zeigten. Decke und Laken waren dunkelbraun, die Vorhänge braun-weiß gestreift. In dem Badezimmer, das er mit Toodles teilen würde, waren keine Käfer, sondern braune Handtücher und eine Seifenschale aus kantig behauenem, maskulin aussehendem Alabaster.

Als wir mit Nobles Zimmer fertig waren, war es kurz vor Mitternacht, und wir gähnten, aber wir nahmen uns die Zeit, zurückzutreten und unser Werk zu bewundern.

»In so 'nem Zimmer habe ich noch nie gewohnt«, sagte Nobles, und ich dachte, wenn er mir jetzt rührselig werden sollte wie Ford und sein Dad, würde ich ihm einen Tritt ans Schienbein geben.

»Jetzt fehlt nur noch eine nackte Rothaarige im Bett, und das Zimmer wäre perfekt.«

Ich war so erleichtert, dass ich lachen wollte, aber ich sagte: »Wenn die für *Sie* sein soll, dann wäre sie oben rot und unten grau.«

Noble warf mir einen Blick zu, der mich zweimal zwinkern ließ, und sagte, wenn ich wollte, werde er mir jederzeit gern zeigen, wie alt er sei.

Das war sicher ein Witz. Vielleicht. Jedenfalls verzog ich mich ziemlich schnell in mein Zimmer und schloss die Tür ab. Zehn Minuten später hörte ich Ford mit schwerem Schritt die Treppe herunterkommen, und ich fragte mich, was er den ganzen Abend allein da oben gemacht hatte. Ich hatte ihm gesagt, ich hoffte, er werde die Geschichte aufschreiben, die er beim Essen erzählt hatte. Angesichts des

Erfolgs der Harry-Potter-Bücher dachte ich, Ford wäre vielleicht gut beraten, wenn er auch einmal Romane für Kinder schreiben würde. Oder, in seinem Fall, Tatsachenberichte.

Beim Frühstück am nächsten Morgen saßen viele Leute am Tisch, und Noble machte Pfannkuchen. Große Stapel Pfannkuchen. Ich schätzte, dass Noble Teig für achtundzwanzig Mann angerührt hatte. Aber ich fragte ihn nicht.

Ich weiß nicht genau, wie es dazu kam oder wer damit anfing – ich glaube, es war Tessa –, aber als das Frühstück zu Ende war, planten alle eine Party für Samstagabend.

Um ehrlich zu sein, bei dem Gedanken an eine Party war ich hin und her gerissen. Was wäre, wenn Russell mich anriefe, um mich für diesen Abend einzuladen? Ich müsste nein sagen, und dann wäre mir elend zumute. Ich stellte mir vor, wie ich Ford Newcombe eine Bowle über den Kopf schüttete, weil ich so mieser Laune war.

Ich war bereit, ihm alles Mögliche über den Kopf zu schütten, denn an diesem Morgen war ich gerade halb die Treppe heruntergekommen, als Ford mir entgegengerannt – jawohl, gerannt – kam, um mir zu erzählen, dass an der University of North Carolina kein Russell Dunne unterrichtete.

Selbstverständlich nahm ich Russell in Schutz. Was hätte ich angesichts dieser »Hab ich's nicht gesagt?«-Attitüde sonst tun sollen? Kein Junkie hat jemals einen Schuss so sehr genossen, wie Ford Newcombe es genoss, mir zu eröffnen, dass Russell Dunne mich belogen hatte.

Am liebsten hätte ich ihn die Treppe hinuntergestoßen, aber wie ich ihn kannte, würde er mich im Fallen mitreißen und wahrscheinlich auf mir landen. Bei seiner zunehmenden Leibesfülle wäre ich dann so platt, dass Toodles mich an seine Weste heften könnte.

Also wurde ich nicht handgreiflich. Ich setzte nur ein hochfahrendes Gesicht auf und behauptete, das wisse ich alles, denn Russell habe es mir längst erklärt. Was natürlich nicht stimmte.

Deshalb war ich beim Frühstück hin und her gerissen. Halb wollte ich keine Party, weil ich dann dabei sein müsste und nicht mit Russell ausgehen könnte. Und halb wünschte ich mir verzweifelt eine Party, damit ich sagen könnte, ich hätte zu tun, falls Russell mich einladen sollte. Er sollte wissen, dass er ein bisschen vorausplanen musste, wenn er ein Date mit Jackie Maxwell haben wollte.

Aber ich hatte nicht viel Zeit, über Russell Dunne nachzudenken, denn die Newcombes – und allmählich zählte Tessa für mich auch schon dazu – planten eine PARTY. In großen Buchstaben. Nicht Häppchen und Drinks, sondern eine große Party. Und wissen Sie was? Ich kam mir nutzlos vor. Neben Nobles Fähigkeit, für achtundzwanzig Leute zu kochen, Tessas und Toodles' Fähigkeit zum Dekorieren, Nates Fähigkeit, etwas aufzubauen, und Fords Fähigkeit, für alles zu bezahlen, gab es für mich nicht mehr viel zu tun. Außer vielleicht, das alles zu fotografieren. Ich hielt allen nacheinander meine Kamera vor das Gesicht und drückte auf den Auslöser, und dann zog ich mich zum Entwickeln in mein Atelier zurück. Es waren ein paar gute Bilder dabei, aber sie waren nichts im Vergleich zu denen, die ich von Tessa gemacht hatte. Zwei hatte ich von Toodles gemacht, wie er aufrecht sitzend und mit offenen Augen schlief, aber als ich sie entwickelt hatte, sah er tot aus. Die Bilder waren zu gespenstisch für meinen Geschmack. Ich pinnte sie an die Wand, aber eigentlich gefielen sie mir nicht.

Ich versuchte, eine Gästeliste zusammenzustellen, aber bald war klar, dass wir in Cole Creek keine achtundzwanzig Leute kannten. »Ich könnte ein paar Onkel anrufen«, schlug Noble vor. Ich muss ein entsetztes Gesicht gemacht haben, denn als ich aufschaute, lachten Ford und Noble mich aus.

Als Allie am Nachmittag kam, um Tessa abzuholen, erzählte ich ihr von unserem Problem. Allie meinte: »Servieren Sie was zu essen, und die ganze Stadt wird kommen.« Nicht alle Leute schienen uns zu mögen, wandte ich ein, ohne Namen zu nennen, und sie würden vielleicht nicht kommen. Darüber lachte Allie nur. »Wollen Sie, dass ich sie einlade?«, fragte sie. »Aber so, dass wir zusammen achtundzwanzig sind«, sagte ich ohne weitere Erklärungen.

Allie ging ohne Tessa, und Tessa und Toodles brauchten ihre tragische Oper nicht zu wiederholen.

Am Nachmittag der Party hatte ich immer noch nichts von Russell gehört, und allmählich war ich froh. Tatsächlich hatte ich mir sogar beinahe ausgeredet, dass ich mich zu ihm hingezogen fühlte. Ich erinnerte mich, dass er gut ausgesehen hatte – na und? Offenbar hatte er keinen so guten Charakter, denn sonst hätte er doch angerufen, wie er es versprochen hatte. Außerdem hatte er mich angelogen, was seine Stelle an der Universität anging. Mit einem solchen Mann wollte ich nichts zu tun haben.

Dazu kam Fords Kuss. Ich ertappte mich dabei, dass ich hin und wieder verwundert zu ihm hinüberschaute. Er hatte mir nie erzählt, was passiert war, als er bei Dessie zu Besuch war – und ich würde ihn auf keinen Fall danach fragen –, aber soweit ich wusste, hatte er sie seitdem nicht wieder gesehen oder auch nur mit ihr gesprochen.

Je näher der Samstagabend rückte, desto mehr freute ich mich darauf – und zwar, weil Dessie da sein würde. Ich konnte es nicht erwarten, dass Noble und Dessie sich begegneten, denn im Grunde meines Herzens wusste ich, dass die beiden aufeinander fliegen würden. Und wenn Noble Dessie aus dem Weg räumte, könnten Ford und ich ...

Ich verbot mir, weiter darüber nachzudenken. Außerdem wurde ich ein paar Stunden vor der Party noch einmal mit Fords Pickup losgeschickt, damit ich Eis und noch einen Haufen andere Sachen besorgte, die vielleicht gebraucht werden würden, und das lenkte mich ab.

Unterwegs kaufte ich auch noch einunddreißig Filme. Leider sah Ford die Tüte und stieß einen leisen Pfiff aus. »Was um alles in der Welt wollen Sie denn fotografieren?«, fragte er. Ich riss ihm die Tüte aus der Hand und gab keine Antwort. Aber verdammt! Ich wurde rot.

Und Ford sah es natürlich. Er war der neugierigste Mensch auf der ganzen Welt. Ich machte mir in der Küche zu schaffen, und Ford stand da und gaffte mich an, und ich sah, wie die kleinen Rädchen in seinem Kopf sich drehten. Gleich würde Rauch aus seinen Ohren kommen.

Endlich lächelte er selbstgefällig und erklärte: »Den Bürgermeister und meinen Dad.«

Ich hätte ihm eine Bratpfanne über den Schädel hauen können. Falsch, hätte ich gern gesagt, aber weil er Recht hatte, lief mein blödes Gesicht jetzt violett an. So violett wie eine reife Aubergine.

Ford lachte und warf sich eine Handvoll Erdnüsse in den Mund, und im Hinausgehen sagte er: »Diane Arbus kann einpacken.«

Irgendwie brachte mein Gesicht es fertig, noch röter zu werden. Diane Arbus hatte Zirkusleute fotografiert. Sie liebte das Schräge und Absonderliche.

Als ich draußen Stimmen hörte, verließ ich die Küche (die inzwischen anscheinend sowieso Nobles Revier war – was nur bewies, dass Gott Gebete erhörte) und ging hinaus. Es war viertel nach sieben, und das Gartentor öffnete sich. Herein kamen Miss Essie Lee und Dessie.

Es war erstaunlich, dass die menschliche Gestalt so unterschiedliche Erscheinungsformen annehmen konnte. Dessie war eine üppige Frau, und Miss Essie Lee war dünn wie ein drei Tage alter Weizenhalm und ungefähr genauso saftig.

Unwillkürlich starrte ich die ausgemergelte Frau an und musste daran denken, was Russell mir erzählt hatte. Hatte diese Frau mitgeholfen, jemandem mit Steinen zu begraben? Hatte Miss Essie Lee wirklich mitgeholfen, einen Mord zu begehen?

Toodles und Tessa waren dabei, die Origami-Insekten, die sie gemacht hatten, an die Bäume zu hängen. Ich sah, wie Toodles innehielt und Dessie anstarrte. An den Fingerspitzen seines ausgestreckten Arms baumelte eine rote Papiergiraffe.

Nein, nein, nein!, dachte ich. Toodles hatte den Verstand eines Kindes, aber er war ein erwachsener Mann. War er wie sein Sohn? Würde er sich Hals über Kopf in die vollbusige Dessie verlieben?

Einen Moment lang stand ich wie angewurzelt da. Was um alles in der Welt konnte ich dagegen unternehmen? Ich ging Toodles entgegen und versuchte, mich zu fassen und mir zu überlegen, was ich sagen konnte, um dieser Sache ein Ende zu machen, bevor sie angefangen hatte. Dass sein Sohn bereits eine Affäre mit Dessie habe? Dass Toodles sich brav in die Warteschlange stellen müsse? Dass Dessie Mason sich nur dann für einen Mann wie Toodles interessieren würde, wenn sie eine Skulptur von ihm machen und verkaufen könnte?

Als ich die drei Schritte getan hatte, die nötig waren, um bei Toodles anzukommen, war mir immer noch nichts eingefallen. Sein Blick ging immer noch starr geradeaus, sein Arm war immer noch ausgestreckt, die kleine Giraffe baumelte immer noch im Wind – und die Zunge hing ihm heraus. Keine Spur von Feingefühl!

»Sie ist die schönste Frau, die ich je gesehen habe«, sagte er, und ich stöhnte auf. Wieso konnte ich ihn nie verstehen, wenn ich es wollte? Wieso war seine Sprache jetzt, da er etwas sagte, was ich nicht hören wollte, völlig klar und deutlich?

Als er auf Dessie zugehen wollte, streckte ich die Hand aus, um ihn aufzuhalten, aber er schob sich einfach an mir vorbei. Ich überlegte, Ford zu Hilfe zu rufen, als etwas Unglaubliches geschah: Toodles marschierte an Dessie vorbei, als sei sie unsichtbar. Mit offenem Mund sah ich zu, wie Toodles immer weiter ging, bis er vor Miss Essie Lee stand. Er schaute zu ihr auf – denn sie war größer als er – und überreichte ihr seine Papiergiraffe.

Ich wollte zu ihm stürzen und ihn beschützen. Was würde diese stocksteife, vertrocknete alte Frau ihm antun? Ich hatte erst einen Schritt gemacht, als ich sah, wie Miss Essie Lees Gesicht sehr sanft wurde, und sie war plötzlich ein ganz anderer Mensch.

Toodles bot ihr seinen Arm, Miss Essie Lee schob die Hand in seine Ellenbeuge, und zusammen spazierten sie zum Büffet. Soweit ich es mitbekommen hatte, hatten sie noch kein Wort miteinander gewechselt.

Es war, als hätte ich soeben etwas aus einem Science-Fiction-Film mitangesehen. Ich ging zurück ins Haus. Gleich und Gleich gesellt sich gern, hieß es. Aus Fords Geschichten über seine Verwandten ging klar hervor, dass sie alles über die verschiedenen Spielarten kriminellen Verhaltens wussten. Fühlte Toodles sich unterschwellig zu Miss Essie Lee hingezogen, weil diese Frau an einem Mord beteiligt gewesen war?

Auf dem Küchentisch und den Arbeitsplatten standen lauter große Speiseschüsseln. Ich stopfte mir den Mund voll und ließ mir durch den Kopf gehen, was ich soeben erlebt hatte, als Ford schrie: »Was zum Teufel ist los mit Ihnen?«

Ich machte einen kleinen Satz. »Gar nichts«, sagte ich. »Wieso schreien Sie mich an?«

Mit zwei Schritten durchquerte er die Küche und nahm eine Schüssel Kartoffelchips vom Tisch. Ich war dabei, einen davon – es waren die von der dicken, gekräuselten Sorte – zum Munde zu führen, aber jetzt sah ich das Ding als das nährwertmäßige Giftzeug, das es war, und warf es auf den Tisch.

Ford runzelte die Stirn, als sei es unmoralisch, wenn ich

357

einen Kartoffelchip aß. Drei Sekunden lang überlegte ich, ob ich mich verteidigen und Streit mit ihm anfangen sollte, aber dann streckte ich einfach die Hand aus. Er nahm sie wie ein kleines Kind und folgte mir nach draußen.

Meine Augen hatten mich nicht getäuscht. Miss Essie Lee stand auf einer Bank, Tessa reichte ihr Origami-Tiere hinauf, und die dürre Frau hängte sie an die oberen Zweige. Als sie heruntersteigen wollte, umfasste Toodles ihre schmale Taille und hob sie schwungvoll herunter. Sie legte ihm dabei die Hände auf die Schultern und kicherte wie ein Teenager.

»Ihr Vater ist verliebt«, sagte ich. Aber Ford glotzte genauso, wie ich es ein paar Augenblicke zuvor getan hatte, und brachte keinen Laut hervor.

Einige Zeit später sah ich Miss Essie Lee endlich allein. Inzwischen war die Party in vollem Gange und sehr laut. Ein paar Tage zuvor waren Ford und Noble losgezogen und hatten ein paar ernsthafte Lautsprecherboxen gekauft. Das Gute daran war, wenn sie jemals kaputtgehen sollten, könnten wir sie als Wohnungen vermieten.

Wie dem auch sei – jetzt sah ich Miss Essie Lee mit einem Glas in der Hand allein am Zaun stehen. Wie immer trug sie eine ihrer altertümlichen Blusen, aber ihr sonst so straff geknotetes Haar hatte sich ein wenig gelockert, und sie sah beinahe gut aus. Ich rannte zu ihr, bevor Toodles zurückkommen konnte und ich meine Chance verpasste.

Ich brauchte einen Moment, um mich so weit unter Kontrolle zu bringen, dass ich sie nicht anstarrte. Natürlich wollte ich wissen, ob sie eine Mörderin war, aber das war eine uralte Geschichte, und jetzt hatte ich etwas Dringlicheres auf dem Herzen. »Wie finden Sie Fords Vater?«, schrie ich über die Musik.

»Er ist rein wie ein Sonett.« Ihre Stimme war durchdringender als meine. »Wussten Sie, dass er nicht lesen kann? Ist das nicht erfrischend?«

Ich war verblüfft. »Ja ... hmmm ... ist es wohl«, stammelte ich.

»Sie haben keine Ahnung, wie oft ich von belesenen Leuten die Nase voll habe. Alle reden mit mir immer nur über das, was in Büchern steht.«

»Aber ich dachte ...«

»Weil ich Bibliothekarin bin, will ich, dass mein ganzes Leben sich immer nur um Bücher dreht? Nicht ganz. Wir alle wollen auch ein *Leben* haben.«

Plötzlich dachte ich daran, wie Russell mich belogen hatte – zumindest hatte er ein paar grundlegende Fakten weggelassen. Womöglich hatte Miss Essie Lee ja eine zweifelhafte Vergangenheit, aber trotzdem wollte ich nicht, dass sie – oder irgendeine Frau – verletzt wurde. »Wissen Sie, dass Mr Newcombe ... na ja, dass er ...«

»Dass er sein ganzes Leben im Gefängnis verbracht hat?« Sie beugte sich zu mir und flüsterte laut: »Ich finde es faszinierend. Sie nicht auch?« In der nächsten Sekunde veränderte sich ihr Gesicht. Sie sah aus wie ein Mädchen, das zum ersten Mal einen Freund hatte. »Da kommt er.« Sie lief Toodles entgegen, und ich starrte ihr wie vom Donner gerührt hinterher.

Ungefähr eine halbe Stunde später sah ich Russell. Ich schloss eben das Gartentor – keine Ahnung, warum, denn alle in Hörweite, ob eingeladen oder nicht, und weit mehr als meine ursprünglich geplanten achtundzwanzig Personen, waren inzwischen gekommen –, als ein Arm erschien und mich packte. Der Arm wirbelte mich aus dem Garten und hinter die Ecke des Grundstücks, und ich stieß einen kleinen Schrei aus, aber die Lippen eines Mannes auf meinem Mund ließen mich verstummen.

Ich brauchte ein paar Sekunden, um zu begreifen, dass es Russell war, aber als ich seinen Körper an meinem spürte, kam ich zu dem Schluss, dass ich ihn nicht mehr unattraktiv fand. Dazu kam, dass ich drei dieser fruchtigen Drinks intus hatte, die Ford mit der Küchenmaschine zusammengemixt und »mit sechs lebenswichtigen Vitaminen aufgepeppt« hatte.

Trotzdem konnte ich immer noch so tun, als sei ich wütend. Ich drehte das Gesicht zur Seite und schmollte: »Du hast mich nicht angerufen.«

Statt mich loszulassen, küsste er meinen Hals. Wie waren wir nach zwei Begegnungen so weit gekommen? Ich wusste es nicht, aber ich schob ihn nicht weg – diesen starken, schlanken, muskulösen Körper. Zur Hölle mit Ford und seinem Vitamindrink. Bestand das Zeug zur Hälfte aus Rum? Oder zu zwei Dritteln?

»Es tut mir leid, Jackie«, sagte er mit seiner himmlischen Stimme. »Ich konnte nicht anrufen. Mein Vater ist krank gewesen, aber jetzt geht es ihm wieder gut. Wir dachten, er hätte einen Herzinfarkt, und deshalb bin ich schleunigst nach Raleigh zurückgefahren, aber es waren nur Beklemmungen. Ich war wütend über die ganze Sache, aber auch erleichtert. Kannst du mir verzeihen?«

»In Raleigh gibt es Telefone«, sagte ich noch schmollender. Konnte man schmollend steigern? Konnte ich am schmollendsten reagieren? »Außerdem unterrichtest du nicht an der University of North Carolina«, fügte ich hinzu.

Lächelnd zog Russell mich fester an sich. »Nicht mehr. Seit diesem Frühjahr nicht mehr. Ich habe gekündigt, weil ich an einem eigenen Projekt arbeite und weil ich zwei andere Stellenangebote hatte.«

Er wollte wieder meinen Hals küssen, aber ich wich zurück. Seine Hände lagen in meinem Kreuz, und meine Hüften schmiegten sich an seine. »Warum hast du mir das denn nicht erzählt?«

Als Russell die Hände sinken ließ, wollte ich die Frage zurücknehmen. Ich wollte die Gekränkte spielen, damit er mich überreden konnte, ihm zu verzeihen. Er schaute zu den Sternen hinauf, und irgendein wunderbarer Mensch stellte die Musik leiser. »Ich weiß nicht, was du mit mir gemacht hast«, sagte er leise. »Seit ich dich kenne, denke ich an nichts anderes mehr.«

Ich versuchte meinen rasenden Herzschlag zu bändigen, aber ich konnte es nicht. Er beschrieb das, was ich für ihn empfand.

Er sah mich an. »Versprich mir, dass du nicht lachst, aber nachdem ich dich das erste Mal gesehen hatte, war ich drei Tage lang wie eine Cartoon-Figur. Ich bin gegen Wände gelaufen.«

Ich musste meine vom Rum durchtränkten Gedanken konzentrieren, um nicht damit hinauszuplatzen, dass es mir ganz genauso gegangen war.

»Ich bin nur ein langweiliger College-Dozent, der sich beurlaubt hat, um ein Forschungsprojekt zu betreiben, aber ich kann nicht mehr an meine Arbeit denken, weil ich immer nur dein Gesicht sehe.« Er hob die Hand und strich mit den Fingerrücken über meine Wange, und ich spürte seine Berührung bis in die Zehen. »Normalerweise gebe ich anderen Leuten nicht viel über mich preis, aber dir ... dir habe ich in einer Stunde mehr erzählt als der Frau, die ich beinahe geheiratet hätte, im Laufe von drei Jahren.«

Ich verzieh ihm. Verdammt, verdammt, und drei Mal verdammt – aber ich verzieh ihm. Vielleicht war er ein Lügner. Vielleicht war er überhaupt nie an der University of North Carolina gewesen, aber vielleicht hatte er ein paar Geheimnisse, die er niemandem anvertrauen konnte. Hatten wir die nicht alle? Saß ich selbst nicht auch auf ein paar ziemlich fetten?

Ich hakte mich bei ihm unter. »Komm auf die Party, damit du sie alle kennenlernst. Fords Vater und sein Cousin sind hier, und außerdem möchte ich dir ein paar Fotos zeigen, die ich gemacht habe.«

Russell wich zurück und schaute zum Zaun, als hätte er

vor etwas Angst. »Sie hätten es nicht gern, wenn ich da erscheine«, sagte er.

Warum nicht?!, wollte ich schreien, aber mir war so wirr im Kopf, dass ich kaum denken konnte. Ich holte tief Luft. »Ich habe Ford von dir erzählt.« Ich straffte die Schultern und machte mich auf seinen Zorn gefasst.

Aber Russell wurde nicht zornig. Er lächelte nur schief und fragte: »Was hat er gesagt?«

»Er war eifersüchtig.«

Russell lachte, und beim Klang dieses Lachens wurde mir warm. »Hat er Grund dazu?«

Er wollte mich wieder umarmen, aber ich trat zurück. »Ford bezweifelt, dass die ganze Stadt dich nicht leiden kann, nur weil du eine schlechte Kritik über Dessie Mason geschrieben hast.«

Russell lächelte, und seine Augen leuchteten sogar im Dunkeln. »Ich bin ertappt.« Er sah mich an, als müsste er überlegen, ob er mir die Wahrheit sagen sollte oder nicht. »Das Forschungsprojekt, an dem ich arbeite ...«

»Ja?« Irgendwie wusste ich, was er jetzt sagen würde.

Und Russell sah mir an, dass ich es wusste. Schulterzuckend wandte er sich ab. »Seit ich zwanzig war, bin ich wütend über das, was mit meiner Mutter passiert ist. Verstehst du das?«

O ja, dachte ich und nickte.

»Ich wollte immer nur wissen, was passiert ist. Was damals wirklich und wahrhaftig passiert ist. Leuchtet das ein?«

So viele Worte drängten sich in meinem Kopf, dass keins davon herauskam. Also nickte ich nur wieder.

»Ich habe in dieser Stadt zu viele Fragen gestellt. Die Leute wollen mich nicht mehr sehen.«

Ich sprach nicht davon, aber Ford und ich hatten das Gleiche erlebt. »Miss Essie Lee«, sagte ich nur.

»Sie ist nur eine davon.«

»Aber eine der Hauptpersonen, denn sie hat mitgeholfen, Steine auf die arme Frau zu häufen.«

Russell sah mich verblüfft an. »Nein, das war ihre Schwester.

»Aber du hast gesagt ...«

Russells Augen blitzten auf, und unwillkürlich wich ich einen Schritt zurück. »Nein, das war ihre Schwester. Du musst dich verhört haben.«

Ich legte die Hand auf den Riegel des Gartentors. Allmählich machte er mir Angst.

»Es tut mir leid.« Russell legte eine Hand vor das Gesicht.

Bitte nicht weinen, dachte ich. Um mich herum wurde schon genug geweint. Aber als Russell wieder aufblickte, war der Zorn verschwunden.

»Es tut mir leid. Ich bin müde und deshalb wohl ziemlich gereizt. Vielleicht habe ich gesagt, dass Miss Essie Lee unmittelbar beteiligt war, weil ...«

Ich wartete schweigend darauf, dass er weitersprach.

Russell hob den Kopf, und ich sah in die Augen eines Mannes, der einen großen Schmerz erlebt hatte. »Kann ich dir vertrauen? Ich meine, wirklich, wirklich vertrauen? Ich brauche jemanden, zu dem ich offen sein kann.«

Am liebsten hätte ich das Tor aufgerissen und wäre in den Garten zurückgerannt. Ich wusste, er wollte mir etwas über das Pressen erzählen, aber ich wollte es nicht hören. Ford hatte Recht: Wir sollten nicht weiter an dieser Geschichte arbeiten, denn es sah so aus, als hätte ich etwas damit zu tun gehabt.

Ich wollte unter keinen Umständen irgendetwas hören oder sehen, das die Erinnerung an das wecken konnte, was ich vielleicht mitangesehen hatte.

Aber da war auch diese uralte Sache zwischen Mann und Frau. Und so hörte ich mich flüstern: »Ja, du kannst mir vertrauen.«

»Es kann sein, dass mein Vater ... dass er die Sache danach selbst in die Hand genommen hat. Ich glaube, er hat ...« Russell holte tief Luft. »Vielleicht hat mein Vater ein paar von denen umgebracht, die Steine auf die Frau gelegt haben. Vielleicht sogar alle.«

Es war gut, dass Russells Schmerz zu mir durchdrang und mich berührte, denn sonst hätte ich mich versucht gefühlt, ihm zu sagen, dass Ford von diesen Todesfällen wusste. Aber ich behielt es für mich. Ich wollte wirklich nicht tiefer in diese Geschichte verstrickt werden.

Vermutlich sah Russell mir an, dass mein Schweigen etwas bedeutete. Er nahm meine Hand. »Ich habe dir so viel erzählt. Und du ...« Er schwieg und liebkoste meine Finger. »Darf ich dich wiedersehen? Irgendwann diese Woche?«

Ich nickte. Wir mussten miteinander sprechen. Ohne Lügen und ohne Geheimnisse – wenn das möglich war.

»Nächsten Mittwoch«, sagte ich. »Um zwei. Und, Russell – wenn du zu beschäftigt bist, um zu kommen, will ich nie wieder etwas von dir hören. Verstanden?« Unglaublich, wie gut sich das anfühlte!

Er nickte zustimmend, und seine Augen funkelten. Lächelnd beugte er sich zu mir, küsste mich auf den Hals und verschwand in der Dunkelheit.

Ich kehrte in den Garten zurück, und da war Ford, CD in der Hand, und sah mich neugierig an. »Alles okay?«

»Ja«, sagte ich und versuchte, möglichst übergangslos von ernster Miene auf Partygesicht umzuschalten. »Wenn Ihr Vater Miss Essie Lee heiratet, müssen Sie dann Mom zu ihr sagen? Und einmal im Monat einen Vortrag im Gartenclub halten?« Ich riss die Augen auf. »Und wird sie bei Ihnen einziehen?«

Als Ford in ehrlichem Entsetzen aufstöhnte, ging ich lächelnd davon.

Danach tanzte und amüsierte ich mich. Aber im Hinterkopf dachte ich an Russell. Und an Ford. Was ich von den beiden gehört hatte, schien sich zu widersprechen, aber Russell hatte für alles eine geschmeidige Erklärung.

Wissen Sie, was mir in Wirklichkeit durch den Kopf ging? Als Kind war Russell mitten in der Nacht weggebracht worden, und jetzt hatte er den Verdacht, sein Vater habe die Leute umgebracht, die diese Frau erdrückt hatten. Und jetzt – ganz gleich, wie laut die Musik war und wie ausgelassen ich tanzte – jetzt dachte ich, vielleicht hatte mein Dad Russells Dad dabei geholfen, diese Leute umzubringen. Und vielleicht war das der wahre Grund dafür, dass mein Vater und ich unser Leben lang auf der Flucht gewesen waren.

17 – Ford

Am Sonntag schliefen wir alle gründlich aus. Alle außer Jackie natürlich. Sie war schon vor Sonnenaufgang aus den Federn und unterwegs und tat, was immer sie den ganzen Tag tun mochte. Ich drehte mich auf die andere Seite und hörte sie – mal im Haus, mal draußen und dann wieder drinnen. Irgendwann kam mir das Wort »aufräumen« in den Sinn, und der bloße Gedanke an so viel Energieaufwand machte mich noch schläfriger.

Irgendwann gegen Mittag stand ich auf, zog meine alte graue Jogginghose und ein T-Shirt an und ging hinunter, um nachzusehen, ob Noble irgendetwas gebacken hatte. Ich war hungrig genug, um alle achtundzwanzig Portionen zu vertilgen.

Beeindruckt sah ich, dass die Küche blitzblank und aufgeräumt war. Selbstgebackenes war nicht da, aber ich fand eine Tüte Bagels. Da keine Doughnuts dabei waren, wusste ich, dass es Jackie gewesen war, die eingekauft hatte. Ich aß ein oder zwei Bagels, und dann ging ich in den Garten, wo ich Stimmen hörte.

Draußen war alles genauso sauber wie drinnen, und im Schatten saßen Noble, Tessa und mein Vater. Jackie war nirgends zu sehen. Auf dem kleinen runden Tisch vor ihnen standen drei weiße Bäckereischachteln mit Doughnuts und vier große Kartons Orangensaft. Ah, dachte ich, ein richtiges Newcombe-Frühstück. Ich setzte mich dazu und nahm mir ein Gelee-Doughnut; ich war überrascht, dass Noble sie nicht schon alle aufgegessen hatte, denn Gelee-Doughnuts mochte er am liebsten.

»Gleich da drüben«, sagte Noble; er fuhr einfach fort mit

dem, was er gerade erzählt hatte, und tat, als hätte er mich gar nicht gesehen. Ich bezweifelte, dass einem Newcombe die Worte »guten Morgen« jemals über die Lippen gekommen waren.

Ich wusste natürlich, dass dieser Halbsatz dazu gedacht war, mich neugierig zu machen, aber lieber würde ich sterben, als dass ich ihn fragte, wovon er redete.

Aber Tessa war keine Newcombe. Sie saß auf Toodles' Knie, lehnte an seiner Brust und leckte den Puderzucker von einem Bisquit-Doughnut – die Sorte, die ich am wenigsten mag. »Noble macht mit meiner Mom zusammen eine Bäckerei auf.«

»Ach ja?«, sagte ich unwillkürlich und betrachtete sein Profil. An seinem Unterkiefer war ein rosiger Rand zu sehen, und daran erkannte ich, dass sein Plan ihn aufgeregt machte, aber natürlich gab er sich cool.

Er zuckte die Achseln, als sei das alles nichts weiter. »Mal sehen. Ist 'ne Überlegung wert. Tessas Mutter – wie heißt sie?«

»Persephone«, sagte ich sofort.

Noble warf mir einen Blick zu, und ich lächelte zufrieden. Ich griff zu einem Literkarton O-Saft und sah mich um, ob Jackie in Sicht war. Es war Jahre her, dass ich zuletzt aus einem Karton getrunken hatte – seit Pat und Jakkie nicht mehr.

»Allie«, sagte Noble, »gehört eins der viktorianischen Häuser auf der anderen Straßenseite.«

Ich konnte diese Häuser von meinem Arbeitszimmer aus sehen und kannte sie deshalb gut. Allerdings nicht allzu gut, denn natürlich arbeitete ich die meiste Zeit und starrte nicht etwa aus dem Fenster. »Ist es das gelbe oder das mit der Plane über dem Loch im Dach?«

»Rate mal«, sagte Noble, und ich schnaubte. Da gab es nichts zu raten.

»Es ist ein tolles Haus«, sagte Tessa, »aber Mom hat mir

verboten, reinzugehen, weil die Fußböden nicht mehr sicher sind.« Sie beugte sich vor, nahm noch ein Doughnut, brach es entzwei und gab die eine Hälfte meinem Vater. Dann lehnte sie sich wieder an. Ich war nicht mehr eifersüchtig. Mein Dad und Tessa schienen einander zu brauchen.

Noble zog die Brauen über dem Saftkarton hoch und trank. »Nur noch aus Gewohnheit«, sagte er und meinte damit das Haus: Es stand nur noch aus Gewohnheit aufrecht.

»Und wie sieht der Plan aus?«

Toodles lächelte. »Allie sagt, sie kann Kaffee kochen, und Noble kann backen. Also machen sie ein Bäckereicafé auf.«

Als ich Noble anschaute, war die rosarote Linie an seinem Kiefer wieder da, aber jetzt leuchtete sie kräftiger. So, so, so, dachte ich. Die Sache war ernst. Am Abend zuvor hatte ich gesehen, wie Noble sich an Dessie herangemacht hatte, und ich wusste, dass er versuchte, sie ins Bett zu kriegen, aber Noble und Allie hatte ich überhaupt nicht zusammen gesehen. Aber wenn Noble daran dachte, eine Bäckerei mit einer Frau zu eröffnen, die gerade mal Kaffee kochen konnte, dann dachte er ans Heiraten. Wäre das seine dritte oder seine vierte Ehe? Oder die fünfte? Vanessa behauptete, ihr Vater kaufe Trauringe im Dutzend.

Nach einer Weile gab Noble den Versuch auf, mich mit seiner Coolness zu beeindrucken, und fing an, mir zu erzählen, worüber er und Allie gesprochen hatten. Toodles und Tessa bekamen Langeweile und verzogen sich nach vorn auf die Veranda, um einen Drachen zu bauen. Noble berichtete, als sie die Doughnuts gekauft hätten, seien sie unterwegs in einem Geschäft gewesen, wo sie Bäckereiutensilien bekommen hätten.

»Beim besten Willen«, sagte Noble, »begreife ich nicht, was es mit Bagels auf sich hat. Diese harten Dinger. Was glaubst du, was die Yankees daran finden?«

»Keine Ahnung«, sagte ich und nahm mir das letzte Creme-Doughnut. Wie immer quetschte ich mir die Creme auf die ausgestreckte Zunge, und erst als nichts mehr drin war, verspeiste ich das Doughnut mit zwei Bissen.

»Erzähl weiter.«

Ich weiß nicht genau, wann sie über all das gesprochen hatten, aber angesichts seiner rot geränderten Augen konnte ich mir vorstellen, dass sie miteinander telefoniert hatten, nachdem alle nach Hause gegangen waren. Offenbar hatten Allie und ihr Ex-Mann das verrottete alte Haus auf der anderen Straßenseite gekauft, um es instandzusetzen und darin zu wohnen. Aber dann war ihm der Job in einem anderen Staat angeboten worden, und er hatte ihn angenommen.

»Warum ist sie nicht mitgegangen?«, fragte ich.

»Was weiß ich?«, sagte Noble. »Ich wollte mich nicht ins Revier eines anderen Mannes drängen, und deshalb ...«

Er brach ab, als ich ihm mit einem wortlosen Blick zu verstehen gab, dass ich seinen Bullshit nicht hören wollte. Wenn Noble sich für den Ex einer Frau interessierte, dann nur, weil er wissen wollte, ob er wieder mal mit der Mündung einer Schrotflinte unter dem Kinn aufwachen würde.

Aber Noble zuckte in aufrichtiger Ratlosigkeit die Schultern. »Ich weiß nicht, warum sie nicht mitgegangen ist. Sie hat nur gesagt, sie ›konnte nicht‹.«

»Komisch. Das hat Nate auch gesagt. Er ›kann nicht‹ weg.« Ich betrachtete die Doughnuts. In den Schachteln lagen noch sechs Stück. Eine Schande, sie verkommen zu lassen. »Also, wie sieht der Plan aus?«, fragte ich noch einmal.

Noble erzählte, er habe sich Allies Haus am Morgen angeschaut. Es sei ein Saustall, aber er könne es wieder hinkriegen.

Er nahm eine der Servietten, die niemand benutzt hatte – Zuckerguss von den Fingern *abwischen*? Ein Sakrileg! –, und sah sich nach einem Stift um. Ich zog einen kleinen Aluminium-Kugelschreiber aus der Hosentasche. Man wusste ja nie, wann man eine Idee hatte.

Mit schnellen Strichen zeichnete Noble den Plan des Erdgeschosses. So etwas hatte ich ihn noch nie tun sehen, und ich war beeindruckt. Ich hätte gewettet, die Zeichnung war so maßstabsgetreu, wie das ohne Lineal zu bewerkstelligen war.

Ich sah mir den Plan an und dachte an das, was Noble mir über die neue Generation der Newcombes erzählt hatte. Einer der Bengel besaß als Architekt genug Talent und Hirnschmalz, um Preise zu gewinnen. Nach dieser Zeichnung zu urteilen, hätte Noble unter anderen Umständen zur Schule gehen können und ... Hm ...

Ich versuchte, mich auf den Grundriss und auf Nobles Erklärungen zu konzentrieren, aber irgendetwas rumorte mir im Hinterkopf, und ich konnte es nicht nach vorn holen. Noble zeigte mir, wie er diese und jene Wand versetzen und eine Tür vergrößern könnte, und wenn er die Küche mit der Speisekammer zusammenlegte, könnte er einen kommerziellen Küchenbetrieb darin unterbringen.

Ich spitzte die Ohren, als er von einem »Wohnbereich« im ersten Stock redete. Das war kein Newcombe-Ausdruck. Noble musste ihn von jemand anderem haben – vermutlich von Allie. Wenn ich es richtig verstand, wollte er das obere Stockwerk renovieren, sodass Allie und Tessa dort einziehen könnten, und Allie und Noble würden im Erdgeschoss ihre Bäckerei betreiben.

Natürlich sollte ich das alles bezahlen; das verstand sich von selbst. Aber ich hatte nichts dagegen. Tessa auf der anderen Straßenseite und mein Dad als Pendler zwischen den beiden Häusern, das kam mir entgegen. Und in Anbetracht der Mengen, die Noble kochte, würden wir immer noch alle zusammen essen.

Ich hörte Noble zu und versuchte herauszubekommen,

was mich störte. Es war irgendeine Idee, aber ich konnte sie immer noch nicht festnageln.

»Wo ist Jackie?«, fragte ich nach einer Weile.

»Bis an die Ellenbogen in Säure«, sagte Noble und deutete mit dem Kopf zu ihrem Atelier hinüber.

Am Abend zuvor hatte ich ungefähr hundert Mal ihren Kamerablitz gesehen; sie hatte alles und jeden fotografiert. Ich wusste, damit wollte sie nur davon ablenken, dass sie in Wirklichkeit lediglich ein paar Superfotos von meinem Vater und dem Bürgermeister machen wollte. Ein Munchkin und ein Gnom.

»Wer war eigentlich der Mann?«, fragte Noble mit einem Blick zum Gartentor.

Ich zog eine Grimasse. Meinem Cousin entging nicht viel. Ungefähr auf halber Strecke der Party war Jackie durch das Gartentor verschwunden und ein paar Minuten später mit diesem Gesicht zurückgekommen. Es war das Gesicht, das ich mir tagelang hatte anschauen müssen, nachdem sie diesen Mann im Wald aufgegabelt hatte. Ich nannte es ungern das »Russell-Dunne-Gesicht« – aber das war es.

Aber gestern Abend hatte ich sie wenigstens schnell wieder in einen normalen Zustand bringen können. Ich brauchte nur einen oder zwei Witze über Miss Essie Lee zu machen, und sie war wieder vergnügt und tanzte mit allen.

Noble sah mich an und wartete auf eine Antwort, aber ich wusste keine und zuckte nur die Achseln.

Angewidert schaute Noble weg und schüttelte den Kopf. »Was haben sie da oben in New York mit dir gemacht? Das Ding abgeschnitten? Was ist los mit dir, dass du 'n anderen Mann nehmen lässt, was deins ist?«

Ich richtete mich auf. »Jackie ist meine Assistentin. Sie ist ...«

»Quatsch! Sie ist deine Frau – außer im Bett. Ich habe noch nie zwei Leute biestiger miteinander umgehen sehen als euch beide. Wenn einer von euch miese Laune hat, giftet er den andern an, und schon geht's ihm wieder prima. Wenn das nicht wahre Liebe ist, dann weiß ich es nicht.«

Ich konnte nicht glauben, was jetzt aus meinem Munde kam. »Liebe bedeutet gegenseitigen Respekt. Liebe ist die Achtung vor ...«

Aber Noble stand einfach auf und ging zu Tessa und Toodles, um ihnen bei ihrem Drachen zu helfen.

Verdammt, aber ich wusste, wovon Noble redete. Ich wusste sehr wohl, dass ich verrückt nach Jackie war. Ja, sie kommandierte mich herum, und manchmal schnitt sie mich mit ihrer scharfen Zunge in Fetzen, aber ich war gern mit ihr zusammen.

Ich blieb allein am Tisch sitzen, aß die letzten Doughnuts auf und trank den Orangensaft, und ich versuchte, an etwas anderes zu denken als an Jackie, wie sie sich durch das Gartentor hinausschlich, um einen Kerl zu treffen, den sie längst nicht so lange kannte wie mich – aber anscheinend lieber mochte.

Wie sollte ich Noble erklären, dass ich mich bei Jackie einfach unsicher fühlte? Sie war ein ganzes Stück jünger als ich. Und ungefähr halb so schwer. Sie brauchte einen Mann, der morgens um fünf aufstand und sechs Meilen rannte.

Erst vor ein paar Tagen hatte ich sie geküsst, und es hatte mich umgehauen, aber Jackie hatte bloß angefangen, mit dem Zeh die Olivenringe zusammenzuschieben, die ich von meinem Gebäck abgezupft hatte. Sie interessierte sich mehr für das Saubermachen als für mich.

Ich saß eine Weile da und suhlte mich in Selbstmitleid, aber zugleich versuchte ich, herauszufinden, was da in meinem Hinterkopf herumschwirrte. Es hatte etwas mit Noble zu tun. Ich ließ mir alles durch den Kopf gehen, was er mir über die Familie und über Newcombe-Land erzählt hatte, aber ich bekam einfach nicht zu fassen, was mich da beschäftigte.

Den Rest des Tages verbrachte ich im Garten; ich saß herum, lag in der Hängematte, und irgendwann fing ich an, auf und ab zu gehen, aber noch immer konnte ich nicht dingfest machen, was da so klar und deutlich in meinem Hinterkopf war. Es war, als sei in meinem Gehirn ein winziges Körnchen Gold vergraben, verborgen unter Bergen von Müll, aber so sehr ich mich auch bemühte, ich konnte es nicht finden.

Gegen vier kam Jackie aus ihrem Atelier und zeigte uns ihre Bilder von der Party. Die besten waren die, auf denen Dad und Miss Essie Lee einander anhimmelten. Jackie sah mich an, und ich wusste, dass sie daran dachte, wer meine Stiefmutter werden würde.

Aber ich grübelte so angestrengt, dass ich nicht einmal lächelte.

»Was hat er denn?«, hörte ich sie Noble fragen.

»So war er schon immer«, sagte Noble. »Denkt über irgendwas Großes nach, und wenn er's hat, kehrt er zu den Lebenden zurück. Und bis dahin hat's keinen Sinn, mit ihm zu reden, denn er kann Sie nicht hören.«

Ich wollte widersprechen, wollte Noble sagen, das sei absurd, aber ich war zu sehr damit beschäftigt, nach der Idee zu suchen, die irgendwo in meinem Kopf vergraben war.

Am Montagmorgen wachte ich um sechs Uhr morgens auf, und in meinen Kopf leuchtete das Wort »Kids«. Es stand in Riesenlettern in meinem Hirn, und alles, wonach ich gesucht hatte, lag in diesem Wort.

Ich zog an, was ich am Abend zuvor auf den Boden geworfen hatte, und ging hinauf in mein Arbeitszimmer. Den Computer ließ ich links liegen. Dies erforderte die Intimität der Handschrift. Ich nahm ein Clipboard und einen der fünfundzwanzig unlinierten Blocks, die ich gekauft hatte, sowie einen meiner geliebten Kugelschreiber und fing an zu schreiben.

Es war Nobles Anwesenheit und seine Geschichte, wie er

mich als Kind einmal gerettet hatte, was mir das Goldkorn in den Kopf gepflanzt hatte. Das, und die Geschichte, die ich beim Abendessen erzählt hatte. Und Jackies Bemerkung über die Harry-Potter-Bücher. Eigentlich, glaube ich, wuchs meine Idee aus jedem Wort, das ich gehört hatte, seit Noble und mein Vater hier waren.

Noble hatte mich daran erinnert, dass jede Geschichte zwei Seiten hatte. Er und ich hatten – mehr oder weniger – die gleiche Kindheit erlebt. Aber in seiner Erinnerung war sie wunderschön, und für mich war sie die Hölle.

Und als er mir berichtet hatte, was mit dem Newcombe-Land geschehen war, mit dem Teich, mit den Trailern, mit den alten Autos und Autoreifen, sträubten sich mir die Nackenhaare. Woher nahmen diese rotznäsigen Kids das Recht, Amerika zu homogenisieren? Wer sagte, dass ganz Amerika perfekte kleine Häuser mit »Bodendeckerbepflanzung« brauchte? Wer sagte, dass jeder Zollbreit des Landes von »Landschaftsgärtnern« bearbeitet werden musste? Für einen Newcombe führten Pflanzen und Menschen gegeneinander Krieg. Eine Pflanze, die nichts Essbares hervorbrachte, machte Bekanntschaft mit der Newcombeschen Kettensäge.

Das winzige Goldstück in meinem Hirn bestand darin, dieselben Geschichten, die ich aufgeschrieben hatte, noch einmal zu erzählen. Nicht die Geschichten über Pats Familie, denn die gehörten mir allein, sondern die über die Newcombes. Aber statt sie »angstbesetzt« zu schreiben (wie Jackie meine Gefühle über meine Vergangenheit hartnäckig bezeichnete), würde ich über meine Verwandten schreiben, als wären sie das, was von den echten Amerikanern übrig geblieben ist. Keine homogenisierten Nicht-Menschen, sondern Individuen.

Mein erster Gedanke war Harley. In meinem vierten Roman hatte ich diese junge Frau erwähnt, die geboren wurde, während ihre Mutter an einem Motorrad lehnte, und die daher ihren Namen hatte. Ich hatte geschrieben, sie sei gestorben, wie sie gelebt habe – mit vierundzwanzig Jahren, gerammt von einem fünfundneunzigjährigen Mann mit einem dreißig Jahre alten Auto: Harleys Motorrad war über einen Graben geflogen, ehe es herunterkrachte und ihr das Genick brach.

Ich hatte meine Sache gut gemacht, denn viele Leser hatten mir geschrieben, ich hätte sie zum Weinen gebracht. Ich hatte Harley als wildes Mädchen dargestellt, das nach seinen eigenen Regeln lebte – ein Mädchen, das zum Scheitern verurteilt war, weil es sich den Regeln der Gesellschaft nicht anpassen konnte.

Diese Geschichte war in fast allen Einzelheiten erlogen. Ihr wirklicher Name war Janet, und sie sah haargenau so aus wie ihr Zwillingsbruder Ambrose. Sie waren identisch, zumindest an allen sichtbaren Stellen – und keiner von uns wollte einem von ihnen unter die Kleider schauen, um nachzusehen, wie es darunter aussah.

Ihre Mutter war die einzige Schwester meines Vaters; sie war mit fünfzehn nach Louisiana durchgebrannt und hatte dort einen Cajun geheiratet, der kaum Englisch sprach. Sie kamen alle zwei Jahre zu Besuch, und für uns waren sie die merkwürdigsten Leute, die wir je gesehen hatten. Einer der Onkel erzählte uns, dass die Cajuns Flusskrebse aßen; also liefen Noble und ich herum und warfen Knallfrösche in alle Flusskrebslöcher, damit unsere Verwandten aus Louisiana unsere nicht essen konnten.

Die Ähnlichkeit bedeutete, dass Janet ein hässliches Mädchen und Ambrose ein hübscher Junge war. Aber nicht nur die Gesichter waren vertauscht – auch das Geschlecht war es. Ambrose hatte vor allem Angst, und Janet – die Noble immer nur »Jake« nannte – fürchtete sich vor nichts.

Jake kletterte höher, als irgendein Newcombe-Junge zu klettern wagte. Und wenn man sie herausforderte, machte sie alles.

Sie balancierte auf einem vier Meter langen 5x10-Kantholz über eine Schlucht, wo tief unter ihr nichts als Felsen waren. Sie balancierte auf der fünf Zentimeter breiten, nicht auf der Zehnerseite.

Sie kletterte durch Mr Barners Schlafzimmerfenster – während er schlief – und klaute sein Gebiss, und dann hängte sie es mit einer Schnur in sein Plumpsklosett.

Einmal schlich sie sich abends in die Küche der Grundschule und kippte zwei Gläser Ameisen, die wir gesammelt hatten, in die Baked Beans, die am nächsten Tag auf der Schulpflegschaftssitzung serviert werden sollten. Die Schule war drei Tage geschlossen und musste ausgeräuchert werden.

Jake stahl die Predigt des Pfarrers aus seiner Bibel und legte stattdessen den Text der Gettysburg Address hinein. Es war ein schwülheißer Tag, und es gab keine Klimaanlage, und weil alle schläfrig waren – auch der Pfarrer –, hatte er die Rede zur Hälfte vorgelesen, bevor er es bemerkte. Er sah Jake, Noble und mich scharf an und fügte ein: »Wie unser großer, verstorbener Präsident Abraham Lincoln sagte ...«, und dann las er die Rede bis zum Ende.

Nach der Kirche nahm der Pfarrer meine rechte und Jakes linke Hand in seine und erklärte, er hoffe aufrichtig, dass wir jeden Abend darum beteten, nicht auf den Pfad des Bösen zu geraten, der uns am Ende in die Flammen der Hölle führen würde.

Und bei diesen Worten quetschte er unsere Hände so fest, dass ich winselte. Ich wollte auf die Knie fallen und um Gnade bitten, aber dann sah ich Jake: Sie hatte Tränen in den Augenwinkeln, aber er hätte ihr die Hand zermalmen können, und niemals hätte sie um Gnade gefleht. Da konnte ich es natürlich auch nicht tun.

Ich begann, die Geschichten meiner Verwandten grob zu skizzieren und hatte tausend Ideen auf einmal. Ich fing an, einen Plot zu entwickeln, einen Konflikt zwischen Gut und

Böse. In meinen früheren Büchern waren meine Verwandten vielleicht nicht schlecht, aber doch verächtlich dargestellt gewesen. In meinem neuen Entwurf dagegen zeigte ich sie von ihrer heroischen Seite. Ich würde nichts davon erzählen, wie sie ihr Leben dem Leiden widmeten und eifersüchtig auf jeden waren, der den Mumm besaß, etwas zu tun. Ich sah sie allmählich als faule, aber liebenswerte Leute. Und wie jeder Autor weiß: Was er fühlt, fühlt auch der Leser.

Ich wusste, was ich konnte, und daran hielt ich mich und ließ meine Erzählung auf Wahrheit beruhen. Ich ließ ein paar Angehörige der neuen Generation zum College gehen und als gebildete, aufgeblasene Neunmalkluge zurückkehren, entschlossen, die Familie nach einem keimfreien Ideal zu formen. Und ich zeigte, wie meine fiktionale Familie um eine Lebensweise kämpfte, die zusehends verschwand.

Als ich meine Ideen umriss, kam ich darauf, Jake zu Vanessa heranwachsen zu lassen. Wie wuchs ein verschlagenes, hinterhältiges, furchtloses Mädchen zu einer verschlagenen, hinterhältigen, furchtlosen Frau heran? Das musste ich zeigen.

Ich erfand einen Ehemann für Jake beziehungsweise Vanessa und nannte ihn Borden – wie die Eiscrememarke –, und natürlich hieß er bei den Kids nur Ice Cream. Er stammte aus einer reichen Yankee-Familie, und Jake bemühte sich, seinem Ideal von Achtbarkeit gerecht zu werden.

Jake, das Kind, sollte ein paar tiefgründige Entbehrungen erleiden, damit verständlich wurde, warum sie einen so steifen, strengen Ehemann begehrte und warum sie sich so sehr bemühte, in ihrer eigenen Familie Ordnung zu schaffen.

Ich modelte den Stammbaum ein wenig um, sodass Jake und mein Held – ich – angeheiratete und keine Blutsverwandten waren. Er war ein Witwer mit tiefen Depressionen – etwas, was ich gut beschreiben konnte –, und er war in demselben Sommer nach Hause gekommen, in dem auch Jake zurückgekehrt war. Sie beabsichtigte, die Trailer fortschaffen zu lassen und mit Geld, das sie von der Familie ihres Mannes bekommen hatte, lauter adrette kleine Häuschen zu bauen, vor denen keine Hundehäufchen zu sehen sein würden. Sie wusste nicht, dass die Familie ihres Mannes das alles nur finanzierte, damit sie in ihrem Country Club in Connecticut Dias von den armen, heruntergekommenen Rednecks zeigen konnten, denen sie Fortschritt und Aufklärung gebracht hatten – um damit zu demonstrieren, dass die Ehe ihres Sohnes mit einer dieser »Unglücklichen« in Wirklichkeit ein philantropischer Akt war.

Natürlich prallten Jake und mein Held im Streit aufeinander, aber am Ende verliebten sie sich und ritten zusammen der untergehenden Sonne entgegen.

Aber der Plot war nicht die Hauptsache bei diesem Roman. Die Figuren, was sie waren, und was aus ihnen wurde – das war die Story.

Ich schrieb eine Geschichte aus meiner Kindheit nach der anderen auf und überlegte mir, wie ich sie in den Gesamtzusammenhang einfügen wollte.

Ich bemühte mich sehr, meinen Vater in die zentrale Story zu integrieren, aber es gelang mir nicht, und da entwarf ich etwas Eigenes über ihn. »Eine Short Story!«, sagte ich laut, und dann schrieb ich noch ein paar Sachen über andere Verwandte. Am Ende hatte ich acht Geschichten, genug für eine Story-Sammlung – etwas, was ich schon immer gern hatte schreiben wollen.

Als jemand an die Tür klopfte, blickte ich verärgert auf. Wie sollte ich arbeiten, wenn mich dauernd jemand störte? Wütend rief ich: »Herein!« und setzte ein Gesicht auf, bei dem jeder Störenfried das Fürchten lernen würde.

Mein Vater und Noble kamen herein. Beide sahen todernst aus.

Gebt mir mein Scheckbuch, wollte ich sagen. Ich unterschreibe alles, wenn ihr mich in Ruhe lasst.

Noble schien meine Gedanken zu lesen. »Es geht nicht um Geld«, sagte er, und beide setzten sich nebeneinander auf die Couch.

Als ich sah, wie dicht sie beieinander saßen – als wollten sie sich gegenseitig schützen oder trösten –, dachte ich: Das wird eine *große* Sache. Und eine zeitraubende.

»Hört mal«, sagte ich, »hat das nicht Zeit bis zum Essen?«

»Du warst seit zwei Tagen nicht mehr beim Essen.« Noble sah mich mit schmalen Augen an.

»Ach«, sagte ich. »Äh ... welchen Tag haben wir heute?«

»Mittwoch«, sagte Noble.

Ich war am Montagnachmittag gegen sechs in mein Arbeitszimmer gegangen, und jetzt war es Mittwoch – ich schaute aus dem Fenster. Mittwochnachmittag. Hatte ich in diesen zwei Tagen geschlafen? Gegessen? Neben der Tür stand ein Tablett mit schmutzigen Tellern, also hatte ich anscheinend gegessen.

Wenn heute Mittwoch war, konnte ich vielleicht wirklich eine Pause machen. Eine kurze. »Was gibt's?«

Toodles und Noble schauten einander an, und anscheinend hatte Noble den Auftrag, es mir zu sagen. »Du hast uns nicht gesagt, dass Jackie verrückt ist.«

Ich unterdrückte ein Gähnen. »Sie ist eher ungewöhnlich als verrückt. Sie ist ...«

»Verrückt!«, sagte mein Vater. »Ich habe schon Verrückte gesehen.«

Was war jetzt wieder los? Konnten diese Kinder ihre Streitereien nicht allein regeln? »Was ist passiert?«

»Du kennst den Mann, mit dem deine Frau sich trifft?«, fragte Noble.

»Jackie ist nicht ›meine Frau‹. Sie ist – egal. Ja, sie trifft sich mit Russell Dunne. Sie hat mir von ihm erzählt.«

»Der ist nicht real«, sagte Noble. »Er ist überhaupt nicht *da*.«

Mein Gähnreiz war weg. »Erzähl«, sagte ich.

»Heute Nachmittag nach dem Lunch – wo du seit drei Tagen nicht mehr gewesen bist –, sagte Jackie, sie wollte uns mit jemandem bekannt machen. Er würde sie um zwei in ihrem Atelier besuchen, und ob wir nicht hinkommen wollten.«

Ich sah Dad an, und er nickte zustimmend.

»Toodles und ich wollte Jackie nicht vergrätzen; sie ist ja so was wie der Boss hier. Also waren wir um fünf vor zwei in ihrem kleinen Häuschen.«

Wieder nickte Toodles.

»Wir sahen uns die Fotos an, die Jackie gemacht hat, und auf einmal blickte sie hoch und sagte: ›Oh! Da kommt er‹, und wir drehten uns um.«

Als Noble verstummte, sagte ich: »Und?«

»Und da war niemand.«

»Das gibt's doch nicht. Vielleicht hat sie ...« Aber mir fiel keine Erklärung ein.

»Erzähl du es ihm«, sagte Noble zu Toodles.

Und jetzt erfuhr ich, was für ein guter Pantomime mein Vater war. Er stand vom Sofa auf, stemmte eine Hand in die Hüfte, wie ich es bei Jackie schon so oft gesehen hatte, und sagte: »Ich bin *beschäftigt*. Sehr, sehr *beschäftigt*.« Er flitzte im Zimmer umher und suchte nach Staub und Spinnweben und entfernte dann alles mit einem imaginären Federwisch. Als ich lachte, schien Dad in Fahrt zu kommen, und er zog eine richtige Show ab. Er blieb vor einem imaginären Spinnennetz stehen, betrachtete es aus verschiedenen Blickwinkeln und fing dann an, es zu fotografieren.

Es war eine so perfekte pantomimische Darstellung Jackies, dass ich laut lachen musste. Das einzige Wort, das mein Vater sprach, war »beschäftigt«, und damit war Jackie umfassend beschrieben.

In meiner Heiterkeit schaute ich hinüber zu Noble, aber der saß mit versteinerter Miene auf dem Sofa und sah Toodles nicht einmal an.

Schließlich hörte mein Vater auf zu putzen und zu fotografieren und wandte sich einer imaginären Tür zu. »Oh! Da kommt er«, rief er und ahmte Jackies Stimme ziemlich gut nach.

Er öffnete die nicht vorhandene Tür und machte Russell Dunne mit Toodles und Noble bekannt. Und abwechselnd spielte er sich selbst und Noble, wie sie sich nach Jackies Gast umschauten und ihn nicht sahen.

Es dauerte ein paar Augenblicke, bis ich aufhörte zu lachen, aber dann tat ich es, und ich konnte nicht recht glauben, dass mein Vater ein so glänzender Imitator war. Aber allmählich wurde die Sache grotesk.

Jackie hatte Toodles und Noble einen Mann vorgestellt, der nicht da war. Sie hatte sich mit allen dreien unterhalten, aber als Toodles und Noble auf die Fragen des unsichtbaren Mannes nicht geantwortet hatten, war sie wütend geworden. Toodles spielte Jackies Zorn, und dann trat er zur Seite und zeigte seine eigene Bestürzung. Er zeigte, wie Noble sich seitlich mit dem Handballen an den Kopf schlug und erklärte, er habe am Morgen in der Dusche Wasser ins Ohr bekommen und könne deshalb überhaupt nichts hören. Und wie Noble den Arm um Toodles Schultern legte und sagte, Toodles sei ein bisschen schüchtern vor Fremden und rede deshalb nicht viel.

Toodles spielte vor, wie Jackie sich entspannte und wieder lächelte und dem ertaubten Noble ins Ohr schrie, Russell gefalle Toodles' Weste, und ob er auch einen Hirschkäfer habe? Und Toodles führte mit weit aufgerissenen Augen seinen Hirschkäfer vor.

Jackie hörte dem Mann kurz zu und schrie dann, Russell müsse jetzt wieder gehen, und Noble möge bitte beiseitetreten, damit Russell zur Tür hinaus könne. Toodles spielte mir vor, wie Noble die Tür versperrte und Jackie bat, Russell doch auch mit Ford bekanntzumachen.

»Möchtest du das?«, fragte Jackie ins Leere und wartete kurz. »Sorry«, sagte sie dann zu Noble, »Russell hat keine Zeit mehr, Ford kennenzulernen. Also ...« Sie winkte Noble zur Seite.

Toodles zeigte, wie er und Noble mit angehaltenem Atem die Tür beobachtet hatten, um zu sehen, ob sie sich von allein öffnen würde. Aber das tat sie nicht, und Jackie sagte: »Manchmal klemmt sie«, und dann öffnete sie sie und ging hinaus – nachdem sie Russell den Vortritt gelassen hatte.

Toodles und Noble blieben in der Tür stecken, als sie sich beide gleichzeitig hinauszwängen wollten. Toodles kniff Noble, Noble schrie auf, und Toodles war als erster draußen.

Und als sie draußen waren, sah ich fassungslos – und mit einigem Abscheu – die pantomimische Darstellung meines Vaters, wie Jackie ihren unsichtbaren Freund umarmte und küsste. Unter Einsatz der Zunge.

Nach dem Kuss starrten mein Vater und Noble mich an, als müsste ich wissen und ihnen erklären, was da vorgegangen war. Als Kind hatte ich diesen Blick oft gesehen. Seit ich ungefähr neun Jahre alt war, sollte ich immer alles erklären, was aus der Außenwelt zu uns hereingesickert war. Man reichte mir juristische Dokumente und alles, was vom Arzt kam, und ich sollte es lesen und ins Englische übersetzen.

Natürlich war mir klar, dass dieser imaginäre Freund nicht bedeutete, dass sie vielleicht verrückt war. Hätte er das bedeutet, und wäre sie es gewesen, hätte man die Sache leicht in Ordnung bringen können. Ein paar hundert Milligramm von irgendeinem Medikament, und sie wäre wieder okay. Keine Rendezvous mit Männer im Garten mehr. Wir könnten alle weitermachen wie bisher.

Aber so viel Glück hatte ich nicht. Ich sah Toodles und Noble an, die wieder dicht nebeneinander auf der Couch saßen. Sie sahen aus wie zwei Erstklässler, die darauf warteten, dass der Lehrer ihnen erklärte, warum der Himmel eingestürzt war.

»Tja, wisst ihr ...«, begann ich. Du bist ein Wortschmied, dachte ich. Also fang jetzt an, ein paar Worte zu schmieden. »Jackie ist ... na ja, offen gesagt, ich glaube, sie ... Ich meine, *wir* glauben, Jackie ist vielleicht, äh ...«

Der Herr sei gepriesen: In diesem Augenblick flog die Tür auf und lenkte uns alle drei ab. Tessa stand mit großen Augen vor uns. »Jackie hat einen epileptischen Anfall«, sagte sie.

Wir sprangen auf.

»Hol einen Löffel«, sagte Noble.

»Willkommen im einundzwanzigsten Jahrhundert«, schrie ich ihm zu und stürmte hinter Tessa die Treppe hinunter, dicht gefolgt von Noble und Dad.

Jackie saß im Eingangsflur auf dem Stuhl. Sie hatte die Hände vor das Gesicht geschlagen und weinte. Ich wusste gleich, sie hatte wieder eine Vision gehabt, und fragte mich, wie viel Zeit wir hatten.

Ich fiel vor ihr auf die Knie, packte ihre Handgelenke und zog ihr die Hände vom Gesicht. Sie sah furchtbar aus, und mir war klar, was sie diesmal gesehen hatte, war wirklich schlimm.

Sie schien nur zwanzig Pfund zu wiegen, als ich sie hochhob, ins Wohnzimmer trug und auf die Couch legte. Noble, Toodles und Tessa folgten so dicht hinter mir, dass sie mir in die Hacken traten. Als ich Jackie hingelegt hatte, setzte ich mich vor ihr auf eine Ottomane, und die Drei Musketiere drängten sich hinter mir.

»Wo und was?«, fragte ich.

Wenn Jackie die drei hinter mir sah, ließ sie es sich nicht anmerken. Sie schlug wieder die Hände vors Gesicht und weinte weiter. »Es ist passiert«, sagte sie. »Genau das, was Russell vorausgesagt hat, ist passiert.« Sie sah angstvoll zu mir auf. »Ich habe etwas Böses in jemandes Kopf gesehen.«

Ich nahm ihre beiden Hände. »Beruhigen Sie sich, und sagen Sie mir, was es war.«

Sie atmete zwei Mal tief durch und schaute an mir vorbei. Inzwischen lag Toodles' Kopf auf meiner linken Schulter, Tessas Kopf lag auf seiner Schulter, und Noble hatte das Kinn auf meine rechte Schulter gelegt. Ich muss ausgesehen haben wie ein vierköpfiges Monster.

Ich zuckte zweimal die Achseln, und für eine Sekunde wichen sie zurück, aber dann waren sie gleich wieder da – wie Obstfliegen auf einer Wassermelone. Ich konnte Jackie nur wortlos vermitteln, dass sie ruhig sprechen konnte.

»Rebecca Cutshaw will die Stadt niederbrennen.« Die Tränen liefen ihr über die Wangen. »Ich war in ihrem Kopf, und was ich da gesehen habe, ist entsetzlich. Sie ist voller Zorn. Eine Wut, wie ich sie noch nie gesehen habe. Sie will hier weg, will Cole Creek verlassen, aber sie kann nicht. Finden Sie, dass das irgendeinen Sinn ergibt?«

»Nein«, sagte ich. »Aber vieles in dieser Stadt ergibt keinen Sinn für mich.«

Tessa nahm den Kopf von Toodles' Schulter und seufzte vernehmlich. Es war das Geräusch kindlicher Langeweile. Als sie gesehen hatte, dass Jackie gar keinen besonders aufregenden Anfall hatte, war sie vermutlich nicht mehr interessiert. »Der Teufel lässt uns nicht gehen«, sagte sie.

Wir alle sahen das Kind an. »Wie meinst du das?«, fragte ich so gelassen wie möglich.

Tessa zuckte die Achseln. Ihre Langeweile nahm zu. »Mein Dad muss herkommen und uns besuchen, weil meine Mom zu den Leuten gehört, die nicht weiter als fünfzig Meilen von Cole Creek weggehen können. Wenn sie stirbt, bin ich es, und deshalb muss ich weg, bevor sie stirbt, und kann nie wieder herkommen.«

Wir vier Erwachsenen saßen da, klapperten mit den Lidern und machten den Mund auf und zu wie der sprichwörtliche Fisch auf dem Trockenen. Ich glaube, jeder von uns hatte eine Million Fragen, ohne ein Wort hervorbringen zu können. Aber nach einigen Augenblicken des Schweigens dämmerte mir, dass Jackies Vision jetzt vordringlich war. Ich sah sie wieder an. Ihre Tränen waren versiegt, und sie starrte Tessa an.

»Wie viel Zeit haben wir?«, fragte ich.

Jackie brauchte einen Moment, um sich zu erinnern, wovon wir gesprochen hatten. »Ich weiß es nicht«, sagte sie. »Es war Nacht.«

»Zeit wofür?«, fragte Noble und wandte sich von Tessa ab. Sein Kinn lag nicht mehr auf meiner Schulter. Wie ich meinen Cousin kannte, dachte er an einen Ölwechsel bei seinem Truck. Newcombes hatten nichts übrig für »Geisterkram«, wie sie es nannten. Ihr Aberglaube hatte mittelalterliche Ausmaße.

»Bevor eine Frau diese Stadt anzündet«, sagte ich ungeduldig. Ich dachte lieber an Feuer als an den Teufel.

Wieder legte Jackie die Hände vors Gesicht. »Was ich gesehen habe, war eine Katastrophe. Die Leute starben, weil sie nicht weg konnten. Sie konnten die Stadt nicht verlassen. Und, Ford« – sie nahm meine Hände – »die Feuerwehr konnte nicht herkommen. Sie kam nicht nach Cole Creek herein. Irgendetwas ließ sie nicht in die Stadt.«

Tessa war zu der kleinen Vitrine neben der Tür spaziert und schaute sich Porzellanvögel an. »Das ist, weil der Teufel diese Stadt hasst und will, dass sie stirbt«, sagte sie.

Mein erster Gedanke war, meine Patsy-Cline-CD herauszusuchen und mir den Song »Crazy« anzuhören. Mein zweiter war, den Kühlschrank zu plündern, mit Proviant für sechs Tage in meinem Arbeitszimmer zu verschwinden und die Tür zu verriegeln. Was war nur in mich gefahren, dass ich jemals auf die Idee gekommen war, über etwas Okkultes zu schreiben? Wenn ich nicht nach einer Möglichkeit gesucht hätte, Kontakt zu Pat aufzunehmen, hätte mich Jackies Teufelsgeschichte nicht interessiert, und dann hätte ich auch nicht ...

Jackie sah mich an, als wollte sie sagen, alle außer uns beiden seien wahnsinnig. Es fiel mir schwer, ihr in die Augen zu schauen, denn mir war klar, früher oder später würde ihr jemand – also ich – sagen müssen, dass Russell Dunne nicht existierte. Und ich hoffte aufrichtig und von ganzem Herzen, das Problem möge darin bestehen, dass Jackie an paranoider Schizophrenie oder multipler Persönlichkeit litt.

Vielleicht weil mein Vater das hatte, was Noble als »Delle im Hirn« bezeichnete, hatte er keinen Sinn für die Nuancen eines Problems. Er stand von der Ottomane auf, setzte sich neben Jackie, legte ihr den Arm um die Schultern und sagte: »Wenn du ihn das nächste Mal siehst, bitte ihn einfach, sie gehen zu lassen.«

Jackie wich zurück und starrte meinen Vater verwirrt an. »Wen soll ich um was bitten?«

»Na, den Teufel«, sagte mein Vater. »Wenn du ihn das nächste Mal siehst, bittest du ihn, die Leute in dieser Stadt gehen zu lassen.«

Jackie schaute in die Runde, und erst jetzt schien sie zu merken, wie wir sie ansahen. »Und wie kommst du auf die Idee, dass ich den Teufel sehe?«, fragte sie. Sie klang ruhig, aber ihre Augen blitzten.

Wir Erwachsenen, sogar mein Vater, hörten den scharfen Unterton und hielten den Mund.

»Der Mann, mit dem du immer redest«, sagte Tessa. »Der Mann in deinem Atelier. Der nicht da ist. Der Mann, den du sehen kannst, aber niemand sonst. Das ist der Teufel.«

»Russell?« Jackie war fassungslos. »Ihr glaubt, Russell Dunne ist ... er ist der *Teufel*?«

Wir alle starrten Tessa staunend an. Anscheinend hatte auch sie Jackies nicht vorhandenen Freund gesehen – oder, besser gesagt, nicht gesehen.

Als ich mich wieder zu Jackie umdrehte, war sie rot vor Zorn. Ich hatte ihren Zorn schon einmal erlebt – an dem Tag, als sie hatte heiraten sollen –, und ich wollte ihn nicht hervorlocken.

Ich lächelte zaghaft und zuckte die Schultern. »Ist bloß eine Theorie«, sagte ich und hoffte, sie werde lachen.

Aber sie lachte nicht. Sie warf die Hände hoch und sagte: »Mir reicht's. Ich bin weg.«

Und damit marschierte sie aus dem Zimmer. Ich hörte Schlüssel klirren, als sie sie vom Dielentisch nahm, und ein paar Sekunden später sprang draußen mein Wagen an.

Ich versuchte nicht, sie aufzuhalten, denn sie handelte so, wie ich es gern getan hätte. Aber ich war nicht so frei wie sie. Ich hatte Verwandte zu versorgen und ein Haus, das ich loswerden müsste. Ich konnte nicht einfach davonspazieren.

Die Wahrheit war: Ich *wollte*, dass sie fortging.

Ich glaubte nicht, dass ich oder meine Familie bedroht waren, aber seit längerem hatte ich das Gefühl, Jackie sei hier in Gefahr. Ob diese Gefahr von jemandem drohte, der schon andere umgebracht hatte, oder von einem Mann, der in physischer Gestalt nicht existierte, oder ob die Bedrohung sich gegen Jackies geistige Gesundheit richtete, wusste ich nicht.

Nur eins war sicher: Es war gut, wenn sie fortging.

Jetzt.

Sofort.

Wir sagten nicht mehr viel, als Jackie aus dem Haus gerannt war, aber ich hatte auch keine Lust mehr, in mein Arbeitszimmer zurückzukehren.

Ich verzog mich in die Bibliothek und starrte auf die Seiten eines Buches, ohne etwas zu sehen, und Noble ging hinaus, klappte die Motorhaube meines Pickups auf und tauchte darunter ab.

Toodles wanderte mit Tessa in den Garten, aber immer wenn ich ihn draußen sah, sprach er nicht, und in seinem Blick lag Furcht.

Nur Tessa war anscheinend wie immer. Aber sie lebte – Vielleicht? Möglicherweise? – mit dem Teufel, seit sie auf der Welt war.

Jackie war noch keine Stunde weg, als mein Handy klingelte. Es war Jackie, und sie hatte kein Benzin mehr. Genau fünfzig Meilen südlich von Cole Creek war ihr der Sprit ausgegangen.

Ich hatte den Wagen am Abend zuvor vollgetankt.

18 – Jackie

Schweigend fuhr ich mit Ford im Pickup nach Cole Creek zurück. Schweigen war das Beste, was ich unter diesen Umständen tun konnte, denn ich wusste, dass Ford und Noble mir etwas vorgemacht hatten. O ja, die beiden waren mit einem Benzinkanister auf der Ladefläche aufgekreuzt, aber ich war nicht »dummes Weibchen« genug, um nicht zu sehen, dass der Kanister leer war. Sie hatten ihn nur zum Schein mitgebracht, damit mir wohler wäre, denn sie wussten, dass sie kein Benzin in einen fast vollen Tank zu schütten brauchten.

Als ich mit Ford in den Truck stieg, schaltete er das Radio ein. Das tat er sonst nie, denn sein Schriftstellerkopf war so voll von anderen Sachen, dass er es gar nicht hörte, und deshalb war mir klar, dass er mich ablenken wollte. Und richtig, als ich das Radio wieder abschaltete, hörte ich, wie der Motor des BMW ansprang.

Ich drehte mich nicht um, aber ich wusste, dass dieses Auto vor knapp einer Stunde tot gewesen war. Schön, vielleicht hatte Noble unter der Motorhaube irgendwelchen Jungskram veranstaltet, damit er wieder ansprang. Auf eine Zündkerze geklopft. Gin in die Lichtmaschine gekippt.

Aber das hatte er nicht getan. Der Wagen war tot für mich und lebendig für Noble. Wie Tessa gesagt hatte: Es gab Leute, die »konnten« nicht weiter als fünfzig Meilen von Cole Creek weggehen.

Ich lehnte den Kopf zurück und schloss die Augen. Ich *wollte* das alles nicht.

Aber die Neugier überwältigte mich. Ich öffnete die Augen wieder und fing an, Tasten an meinem Handy zu drücken. Eine beliebige Nummer mit New Yorker Vorwahl. Als sich ein Anrufbeantworter meldete, trennte ich die Verbindung. Noch vor wenigen Minuten hatte ich nur eine einzige Nummer anrufen können, nämlich Fords. Nicht mal die Notrufnummern hatten funktioniert.

Ford schwieg; offenbar wollte er mir Zeit geben, meinen Kopf zu sortieren. Aber wie kann man so etwas sortieren? Hatte ich wirklich den Teufel gesehen und mit ihm gesprochen? Und ihn begehrt? Oder war ich nur wahnsinnig? Ich hoffte es.

Ich konnte mir vorstellen, dass Noble und Toodles sich »geirrt« hatten, als sie behaupteten, sie hätten Russell nicht gesehen. Vielleicht hatten sie sogar gelogen. Vielleicht ärgerte es Noble, dass ich seinen Cousin »ausrangierte«. Toodles würde er alles Mögliche einreden können, und er würde es glauben. Aber Tessa? Sie war das Kind, das dem Kaiser sagte, er habe nichts an.

Ich dachte daran, wie unhöflich Noble und Toodles sich aufgeführt hatten, als sie Russell kennenlernten. In dem Augenblick hatte ich angenommen, es passe Noble nicht, dass ich mich mit einem anderen Mann traf, und deshalb zeige er Russel die kalte Schulter. Als er so tat, als könne er Russell nicht hören, spielte ich mit und schrie ihm jedes Wort ins Ohr. Ich konnte ihm nicht gut sagen, was ich von ihm dachte, aber wenigstens hatte ich Gelegenheit, meine bevorzugte Lautstärke einzusetzen.

Russell hatte sich wundervoll benommen. Er hatte Noble und Toodles angelächelt und war freundlich geblieben, als sie seine Fragen nicht beantworteten. Er hatte sogar noch gelächelt, als sie seine ausgestreckte Hand ignorierten.

Ich war so wütend auf die beiden gewesen, dass ich Russell draußen einen Superkuss gab. Die beiden sollten zu Ford laufen und ihm erzählen, dass Jackie Maxwell ihm nicht »gehörte«, wie alle Welt anscheinend annahm.

Außerdem hatte ich es satt, dass Ford nicht mehr da war.

Es war ziemlich langweilig, wenn er nicht da war. Während Fords dreitägiger Abwesenheit waren Noble und Allie ziemlich oft in dem heruntergekommenen Haus auf der anderen Straßenseite gewesen, und manchmal war ihr Lachen bis zu mir herübergedrungen.

Am Dienstagabend trödelte Allie so lange bei uns herum, dass wir sie bitten mussten, zum Essen zu bleiben. Danach erwischte sie mich draußen allein und fragte mich, ob Noble impotent sei. Als ich wissen wollte, wie sie auf die Idee komme, dass *ich* darüber Bescheid wüsste, fiel mein Ton sehr viel schärfer aus, als ich es wollte. Nicht, dass ich eifersüchtig war, aber verdammt …! Ich hatte *zwei* Männer in meinem Leben, aber beide waren so schräg, dass man sie für Außerirdische hätte halten können. Der hinreißende Russell kam und ging wie ein Zugvogel, und Ford hatte sich in den Winterschlaf zurückgezogen wie ein Bär – und so sah er ja auch aus. Resultat? Ich war männerlos.

»Ich frage ja nur«, sagte Allie, ohne meine miese Laune zu bemerken. »Ich dachte, vielleicht hat Ford mal etwas über Nobles Fähigkeit zum … Sie wissen schon … geäußert.«

»Das ist das einzige Thema, über das wir noch nicht gesprochen haben«, erwiderte ich, aber mein Sarkasmus entging ihr. Es war komisch, aber ich hatte Allie wirklich gemocht, bis sie und Noble sich zusammengetan hatten. Jetzt kam sie mir ein bisschen frivol vor. Es ging nicht darum, dass sie die Aufmerksamkeiten eines Mannes genoss und ich nicht. Es war mehr als das. Ich sah jetzt alles mit aufmerksameren Augen.

Jedenfalls machte Allie sich anscheinend Gedanken über Nobles Männlichkeit, weil er noch keinen Annäherungsversuch unternommen hatte. Er hatte nicht mal versucht, sie zu küssen. Sie waren jeden Tag stundenlang zusammen gewesen, und Allie hatte aus ihren Gelüsten kein Hehl gemacht – tatsächlich hatte sie sich beinahe lächerlich aufgeführt –, aber Noble hatte noch nicht mal mit ihr Händchen gehalten.

Ich war empört über Allies Gekicher, aber um ihr zu zeigen, was für ein netter Mensch ich war, beschloss ich, ihr behilflich zu sein. Kurz zuvor, als sie sich einmal auf die Zehenspitzen streckte, um ein paar Trauben zu pflücken, hatte ich gesehen, wie Noble sie vom Grill her mit rot glühender Wollust im Blick angestarrt hatte. Offensichtlich spielte er also irgendein Männerspiel mit ihr, wenn er sie in dem Glauben ließ, er sei nicht scharf auf sie.

Ich sagte ihr, sie solle um neun Uhr allen sagen, sie erwarte jetzt einen Anruf von ihrem Ex-Mann, den sie nicht verpassen wolle. Widerstrebend willigte sie ein. Tessa durfte wieder bei uns übernachten, Noble bot an, Allie nach Hause zu fahren, und um halb zehn rief ich bei ihr an und wollte mich als die Sekretärin ihres Ex ausgeben – aber niemand meldete sich.

Als ich am nächsten Morgen aufstand, war Noble schon in der Küche; er lächelte und pfiff, und als er mich sah, gab er mir einen Kuss auf die Wange. Kurz darauf klingelte mein Handy, und es war Allie. Sie wollte mich beruhigen und mir mitteilen, Noble sei *nicht* impotent. »Nicht, nicht, nicht, nicht, nicht!«, sagte sie. Ungefähr beim zwölften »Nicht« trennte ich die Verbindung.

Als ich wieder in die Küche kam, musste ich ertragen, dass Toodles, Tessa und Noble zu irgendeinem Country-and-Western-Stück herumtanzten. Ich hielt mich abseits und machte ein Frühstückstablett für Ford zurecht. Ich hatte seine fortgesetzte, selbst auferlegte Isolation genutzt, um ihn mit gesundem Essen zu füttern. Ich gab ihm Müsli mit hohem Faserstoffanteil (Eichenholzsägemehl wäre leichter gewesen) und mit Sojamilch, und dazu Saft aus der Presse mit Unmengen von Fruchtfleisch und trockenen braunen Toast, aus dem ganze Körner ragten.

Okay, vielleicht versuchte ich auch nur, ihn wütend zu

machen, damit er aus seinem Loch käme und ein bisschen Leben in die Bude brächte, aber das klappte nicht. Am Mittag lieferte ich ihm ein vegetarisches Sandwich (und vegetarische Chips mit einem Artischocken-Dip) und holte sein leeres Frühstückstablett ab. Jawohl. Es war *leer*.
Ich sagte kein Wort, wenn ich ihm das Essen brachte, und manchmal hatte ich das Gefühl, er sah mich nicht. Zwei Mal war ich sogar sicher, dass er meine Anwesenheit überhaupt nicht bemerkte. Ich hätte mich bemerkbar gemacht, aber einmal ging er gerade auf und ab und las etwas laut vor; also blieb ich da und hörte zu. Es handelte von Toodles und Tessa, und es war komisch und so herzerwärmend, dass ich mich am liebsten hingesetzt und mir jedes Wort angehört hätte, das er schrieb. Aber das tat ich nicht. Was immer er brauchte, um eine solche Story zu schreiben – er sollte es von mir bekommen.
Ich schloss die Tür und schlich mich auf Zehenspitzen davon. Bei seiner Brummigkeit und der Tatsache, dass ich ihn alle zwei Stunden füttern musste, hatte ich manchmal vergessen, dass er Ford Newcombe war, der Autor, der die Herzen Amerikas erobert hatte.
Wenn ich ehrlich war, steckte auch eine Portion Egoismus dahinter, dass ich ihm Essen brachte und für Ruhe sorgte, damit er schreiben konnte. Er hatte seit dem Tod seiner Frau nichts mehr geschrieben, und wenn er es jetzt tat, hatte ich vielleicht etwas mit dem Verschwinden seiner Blockade zu tun. Vielleicht hatte die schlichte alte Jackie Maxwell etwas getan, das diesen Mann befähigte, diesen Millionen von Leuten, die seine wunderbaren Bücher gelesen hatten, noch mehr Glück zu schenken.
Als der Mittwoch kam, an dem ich Russell treffen sollte, ging es mir ziemlich gut. Ich gab Ford gute Sachen zu essen, und ich tat, wozu er mich engagiert hatte: Ich half ihm beim Schreiben.
Andererseits dachte ich mir, es könnte nichts schaden,

wenn Ford, falls er irgendwann doch wieder aus seinem Bau käme, erzählt bekam, dass mir ein göttlich schöner Mann den Hof machte. Deshalb lud ich Toodles und Noble ein, Russell kennenzulernen.

Aber das Treffen wurde zu einer Katastrophe. Zu einer halben Katastrophe, besser gesagt.

Halb war ich wütend über die Haltung, die Toodles und Noble gegen Russell eingenommen hatten, aber halb hatte ich mich auch darüber gefreut. Sahen sie Ford und mich so sehr als Paar, dass sie es nicht ertrugen, einen anderen Mann in meiner Nähe zu wissen? Waren sie deshalb so unhöflich gewesen?

Vielleicht hatte ich übertrieben, als ich Russell vor ihren Augen um den Hals gefallen war und ihn mit so viel Enthusiasmus geküsst hatte, aber ich hatte ihnen wirklich zeigen wollen, dass ich niemandem gehörte.

Und wie ich es vorausgesehen hatte – okay, ich hatte es *gehofft* –, waren sie sofort, nachdem Russell gegangen war, zu Ford in sein Arbeitszimmer hinaufgaloppiert. Ich ging in die Küche und fing an, Gemüse für das Abendessen zu schneiden. Wenn Ford herunterkäme, wollte ich beschäftigt und unbekümmert aussehen. Ich unterhielt mich damit, das überraschte Gesicht zu probieren, das ich aufsetzen wollte, wenn er sich darüber aufregte, dass ich mich mit einem anderen Mann traf.

Aber die Uhr tickte, und Ford kam nicht herunter. Im Gegenteil – alle drei blieben oben. Was jetzt?, dachte ich. Sollte ich jetzt drei Tabletts die Treppe hinaufschleppen?

Ich schnitt genug Gemüse für vierzehn Personen (Noble war dabei, seine Mengen zu halbieren – nächste Woche wollte er versuchen, für sieben Personen zu kochen) und legte es in den Kühlschrank. Dann ging ich zum Fuße der Treppe und spähte hinauf. Von oben kam kein Laut.

Ich spielte ein paar Minuten mit dem Drachen herum; ich sah zu, wie die Flamme aus seinem Maul schoss, und frag-

te mich, ob irgendjemand das kleine Ungeheuer schon Toodles gezeigt hatte. Wahrscheinlich würde es ihm gut gefallen. Vielleicht sollte ich ihn rufen. Vielleicht sollte ich auch zu Fords Arbeitszimmer hinaufgehen und fragen, ob jemand Hunger hatte.
Aber im nächsten Augenblick schoss ein Schmerz durch meinen Kopf, und ich brach auf dem Teppich vor der Treppe zusammen. Unversehens war ich in Rebecca Cutshaws Kopf. Ich weiß nicht, woher ich wusste, in wessen Kopf ich war – ich wusste es einfach. Ich sah das Innere eines Hauses, das ihr gehörte, und ich fühlte ihre alkoholdunstigen, unklaren Gedanken.
Aber vor allem fühlte ich ihre Wut. Sie trank, um die Wut in sich abzutöten. Ich wusste nicht genau, worüber sie so wütend war, aber ich hatte das Gefühl, auf einen Scheiterhaufen gebunden zu sein und von den Flammen verzehrt zu werden.
Alkoholismus habe ich nie begriffen – bis zu diesem Augenblick. Wenn ich wie Rebecca bei lebendigem Leibe verbrennen müsste und wenn Alkohol die Glut der Flammen lindern könnte, dann würde ich trinken, so viel ich könnte.
Ich war nur ein paar Sekunden in ihrem Kopf, und das war beinahe mehr, als ich ertragen konnte. Aber ich sah, was sie tun wollte. Aus irgendeinem Grund schien die Stadt Cole Creek der Gegenstand ihres Zorns zu sein, und sie war fest davon überzeugt, dass es nur eine Möglichkeit gab, diesen Zorn für immer loszuwerden: Sie musste Cole Creek niederbrennen. Die Vision in ihrem Kopf war so realistisch, dass sie sie offenbar schon seit langem geplant hatte. Und was noch schlimmer war: Es kümmerte sie nicht, ob sie selbst in den Flammen umkam oder nicht. Sie hatte nur noch das Gefühl, sie müsse Cole Creek vom Antlitz der Erde tilgen. Und da war noch etwas, das ich nicht verstand: Sie glaubte, dass es Leute gab, die den Flammen nicht ent-

kommen könnten – und Leute wie die Feuerwehr, die nicht herkommen könnten, um das Feuer zu löschen.

Als ich aus dieser Vision erwachte, taumelte ich zum Stuhl, und ein paar Augenblicke später war Ford da – wie immer, wenn ich ihn verzweifelt brauchte.

Er trug mich ins Wohnzimmer und forderte mich auf, ihm meine Vision zu erzählen. Ich war so verstört, dass ich die anderen Leute kaum bemerkte. Es war, als seien Ford und ich allein.

Während ich berichtete, schaltete Noble sich irgendwann ein, dann Toodles und schließlich auch Tessa, und sie wollten mir erzählen, Russell Dunne existiere gar nicht, und ich hätte mit einem Geist gesprochen. Nur sagten sie nicht, er sei ein Geist. Sie sagten, er sei ein Teufel. Nein, sorry. *Der Teufel.* Der, der fast so mächtig ist wie Gott. *Der Teufel.*

Es war alles so lächerlich.

Ich meine, wenn sie einen Keil zwischen mich und Russell treiben wollten, hätten sie sich doch etwas weniger Dramatisches einfallen lassen können, oder? Sie hätten sagen können, er sei schwul. Oder vorbestraft – über so etwas musste Fords Familie doch wohl Bescheid wissen. Aber nein, sie gingen aufs Ganze und erzählten mir, ich sähe den Teufel.

Na klar. Genau.

Wieso um alles in der Welt sollte jemand, der so wichtig war, seine Zeit mit einer Sekretärin-Strich-Köchin-Strich-Amateurfotografin verplempern? Was war dabei für den Teufel drin? Hatte er nicht alle Hände voll mit dem zu tun, was draußen in der Welt vorging?

Das alles war mir zu absurd, und deshalb ging ich. Ich glaube nicht, dass ich für immer weggehen wollte, aber ich brauchte ein bisschen Zeit und Abstand von allen, die Newcombe hießen – und dazu gehörte auch Tessa mit ihrer Story vom Teufel, der Cole Creek hasste.

Andererseits war da in meinem Hinterkopf ganz sicher auch das tiefe Verlangen, endlich alles zu *wissen*. Seit Wochen tänzelten Ford und ich jetzt um die Möglichkeit herum, dass ich mit dem, was Jahre zuvor mit dieser Frau passiert war, etwas zu tun hatte. Aber dafür hatten wir keinen handfesten Beweis.

In unausgesprochener Übereinkunft hatten Ford und ich den ursprünglichen Grund für unsere Anwesenheit in Cole Creek zu den Akten gelegt. Warum auch nicht? Er schrieb wieder, und der Himmel wusste, ich war glücklich, denn ich hatte jetzt mein eigenes Fotoatelier. Warum also sollten wir eine Sache weiterverfolgen, bei der wir es uns mit den Einheimischen verdarben?

Das Einzige war anscheinend diese Geschichte mit Russell Dunne.

Und natürlich das Fünfzig-Meilen-Limit. Ging es noch absurder?

Als ich mir die Wagenschlüssel schnappte, dachte ich nicht bewusst daran, aber ich glaube, ich war entschlossen, allen zu zeigen, dass Tessa sich ihre Geschichte nur ausgedacht hatte.

Als ich im Wagen saß, drückte ich auf den Knopf, der den Meilenzähler zurücksetzte, und dann fuhr ich mit Fords schnellem BMW nach Süden. Vor lauter Aufregung schnitt ich ein paar Kurven, und zwei Mal musste ich in die Bremse steigen, um nicht mit einem entgegenkommenden Wagen zusammenzustoßen. Wenn ich mich jetzt umbrächte, würden sie bestimmt behaupten, das habe der Teufel getan.

Ich beobachtete, wie der Meilenzähler auf achtundvierzig sprang, dann auf neunundvierzig.

Als die Fünfzig hereinrollte, fing ich an zu lächeln. Idioten! Wie konnten sie sich nur ein solches Märchen ausdenken? Wie konnten ...?

Als die Fünfzig auf dem Zähler stand, ging der Motor aus. Kein rotes Licht an der Tankanzeige. Überhaupt keine

Warnung irgendwo auf dem Armaturenbrett dieses teuren Autos. Der Motor war einfach tot. Und er sprang nicht wieder an, so oft ich auch den Schlüssel im Zündschloss drehte.

Zufall, dachte ich und stieg aus. Zum Glück hatte ich genug Verstand gehabt, auch mein Handy mitzunehmen, als ich nach dem Autoschlüssel gegriffen hatte. Aber das Telefon funktionierte nicht. Auf dem Display stand, dass ich Netzverbindung hatte, aber wenn ich eine Nummer anrief, hörte ich nichts.

Ich konnte weder die Polizei noch einen Abschleppdienst anrufen.

Ich wählte jede Nummer in meinem Verzeichnis, aber aus dem Hörer kam kein Laut.

Schließlich rief ich Fords Handynummer an, und er meldete sich.

Er und Noble waren schneller da als ich, und das bedeutete, dass sie *alle* Kurven geschnitten hatten.

Als ich Ford sah, verkniff ich es mir, ihm entgegenzulaufen und mich an ihn zu klammern.

Ja, natürlich war es purer Zufall, dass der Wagen nach exakt fünfzig Meilen krepiert war. Aber ich fühlte mich doch entschieden unsicher.

Ford schien zu wissen, wie ich mich fühlte, denn er hielt den Mund, sodass ich auf dem Heimweg nachdenken konnte. Aber vielleicht wollte er auch nur selbst nachdenken.

Als wir ankamen, bog Ford in die Zufahrt ein und stellte den Motor ab, und wir blieben in der Kabine des Pickups sitzen.

Und plötzlich legte Ford seine große Hand an meinen Hinterkopf und küsste mich heftig.

»Was auch passiert, Jackie Maxwell«, sagte er, »vergiss nicht, dass ich auf deiner Seite bin.«

Damit stieg er aus und ging ins Haus.

Ich blieb im Wagen sitzen und hörte mich seufzen – und dann sah ich mich um und vergewisserte mich, dass niemand es mitbekommen hatte.

Was ist denn bloß los mit uns Frauen, dass wir immer wieder auf diesen Quatsch von Stärke und Männlichkeit hereinfallen?

Ich stieg aus, schloss die Wagentür und betrachtete einen Moment lag dieses schöne Haus. Wenn ich eingesperrt wäre – und das war ich natürlich nicht –, konnte ich mir schlimmere Gefängnisse vorstellen als diese Stadt mit diesem Haus und diesem Mann.

Als ich die Vordertreppe hinaufstieg, fühlte ich mich sehr viel besser als beim Wegfahren.

19 – Ford

Ich glaube, das Leben bereitet einen Menschen nicht darauf vor, dem Teufel zu begegnen. Oder wenigstens darauf, nur eine Person zwischen sich und dem Gottseibeiuns zu wissen.

Als ich mit Jackie nach Cole Creek zurückfuhr, wusste ich, dass ich mich am liebsten in mein Zimmer verkriechen und mit all dem nichts mehr zu tun haben wollte. Niemand kann beschreiben, was ein Schriftsteller empfindet, wenn er eine großartige Idee für ein Buch hat – und dann kommt die Welt und lässt ihn nicht schreiben. Ich glaube, es war Eudora Welty, die gesagt hat: »Wenn du aus dem Fenster schaust und denkst: ›O verdammt! Heute ist ein schöner Tag – bestimmt kommt jemand zu Besuch‹, dann bist du *wirklich* ein Schriftsteller.«

Aber wissen Sie, was merkwürdig war? Zum ersten Mal seit Jahren dachte ich nicht an Pat. Ich dachte nicht, dass all das nicht passiert wäre, wenn sie noch lebte.

Ja, ja, ich wünschte, ich hätte die ganze Sache mit dieser Teufelsstory niemals angefangen, aber ich wünschte *nicht*, ich hätte Jackie niemals kennengelernt. Und ich wünschte *nicht*, ich wäre niemals nach Cole Creek gezogen. Schön, das Haus ächzte vor Altersschwäche und machte immer wieder Arbeit, aber das störte mich nicht mehr. Jackie hatte fast alle Tapeten erneuert, und jetzt ragten keine Dornen mehr über mir empor. Sogar die eine oder andere kleine Veranda gefiel mir inzwischen. Was sie mit dem Garten gemacht hatte, war wunderbar, und ...

Und dazu kam das, was sie mit meiner Familie gemacht hatte. Vielleicht würde ich niemals das für sie empfinden, was ich für Pats Familie empfunden hatte, aber durch

Jackie hatte ich wieder Verbindung zu meinen Verwandten gefunden.

Alles in allem war ich zum ersten Mal seit Jahren glücklich mit meinem Leben. Und ich dachte mir, dass Jackie und ich – vielleicht, irgendwann – sogar dazu kommen könnten, meine kleine Fantasie mit den Oliven zu verwirklichen. Ich wusste, sie wähnte sich hin und her gerissen zwischen mir und einem anderen Mann, aber ich sah das anders. Ich hatte sie nie neben dem Telefon sitzen und auf einen Anruf von diesem Russell Dunne warten sehen, und seit jener ersten Begegnung hatte sie nicht über ihn geredet, als verzehre sie sich nach ihm. Im Gegenteil, als sie sich auf der Party vor das Gartentor geschlichen hatte, um ihn zu treffen, hatte sie bei ihrer Rückkehr eher wütend ausgesehen – jedenfalls nicht wie eine Frau, die soeben mit der Liebe ihres Lebens gesprochen hatte. Vielleicht lag es an meinem Ego, aber allmählich kam ich zu der Überzeugung, dass ihr eigentliches Interesse an Russell Dunne darin bestand, mich eifersüchtig zu machen.

Natürlich hatte ich alle diese Schlussfolgerungen gezogen, bevor ich herausfand, dass dieser Mann unsichtbar und der Teufel war.

Wie gern hätte ich Jackie ausgefragt! Ich wollte sein Aussehen in allen Einzelheiten beschrieben haben. Ich wollte jedes Wort hören, das er gesagt hatte. Ich zermarterte mir das Hirn, um mich zu erinnern, was sie mir über ihn erzählt hatte. Er hatte so viel Zeug in seiner Tasche gehabt, dass es wie »Zauberei« gewesen sei, hatte sie gesagt. Er hatte einen Drucker, der keinen Akku hatte, im Wald drucken lassen. Hatte er den Drucker gekauft? Welche Kreditkarte benutzte der Teufel? Oder zahlte er bar? Vielleicht mit Gold. Oder mit Dublonen.

Ich befahl mir, nicht weiter wie ein Schriftsteller zu denken, sondern wie ein ... Ja, wie? Wie ein Ghostbuster? Ein parapsychologischer Forscher? Ein Exorzist?

Ich sah Jackie an, dass sie ziemlich erschüttert war, und ich wusste, es gab nur eine Möglichkeit, das alles zu beenden: Wir mussten die Wahrheit herausfinden. Wir mussten wissen, was 1979 passiert war, damit wir herausbekommen könnten, wie der Bann zu brechen war. Konnten wir das? *Konnte* man den Bann brechen?

Und dann war da noch Jackies letzte Vision: Rebecca, die diese Stadt in Schutt und Asche legte. Wann würde sie ihr erstes Streichholz anreißen? Und wo?

Als wir zu Hause ankamen, hatte ich den ersten Ansatz zu einem Plan im Kopf. Ich versuchte, Jackie ein bisschen aufzumuntern, weil sie so verloren aussah wie ein ausgesetztes Hündchen, und dann lief ich ins Haus, um Nobles Hilfe einzufordern. Wir hatten eine kurze und ziemlich lautstarke Auseinandersetzung, weil er nach all dem eine Heidenangst bekommen hatte. In jeder Kneipenschlägerei hätte Noble es allein mit zwölf Holzfällern aufgenommen, aber bei der bloßen Erwähnung des Übernatürlichen wurde er zur Memme.

Ich führte ihm eine Hand voll Fakten vor Augen: Er wolle sich in Cole Creek niederlassen, aber das könne er nicht, solange hier der Teufel herumlaufe und die Leute dazu bringe, die Stadt anzuzünden. Als das ohne Wirkung blieb, fragte ich mich laut, ob der Teufel vielleicht als Nächstes auch Allie küssen werde. Die Vorstellung, irgendein Mann – und wenn es der Teufel wäre – könnte »seine« Frau anrühren, verlieh Noble ein Rückgrat aus Stahl.

Ich rief Dessie an und fragte sie, wo Rebecca sei. Sie sagte, Rebecca sei seit zwei Tagen nicht zur Arbeit erschienen. Das sei nichts Ungewöhnliches, denn Rebecca bleibe oft zu Hause, um zu saufen. Aber Dessie hatte zwei Mal vor ihrer Haustür gestanden, und Rebecca war nicht da gewesen, und auch sonst hatte sie sie nirgends gefunden. »Diesmal mache ich mir doch Sorgen um sie«, sagte Dessie.

Ich erinnerte mich an das Foto mit den beiden High-

School-Mädchen, das ich bei Dessie gesehen hatte. Sie waren seit langem befreundet, und ich hoffte nur, sie würden noch lange genug leben, um weiter Freundinnen zu bleiben.

Ich fragte Dessie, wer in dieser Stadt am meisten über den Teufelsbann wisse, der auf dieser Stadt lag.

Sie schwieg lange, und ich sagte, ich hätte keine Zeit für Spielchen. Ich müsse es *sofort* wissen!

»Miss Essie Lee«, sagte sie. Ich hätte es mir eigentlich denken können.

Als ich aufgelegt hatte, sagte ich Noble, er solle Tessa holen und sich dann mit Jackie zusammensetzen und jede Sekunde ihrer Vision durchsprechen, um Details über Orte und Zeiten herauszufinden.

Und dann fuhren Dad und ich zu Miss Essie Lee.

Ihr Haus war ein perfektes kleines englisches Pralinenschachtel-Cottage. Ich glaube nicht, dass es von Anfang an so gewesen war, aber sie hatte es dazu gemacht. Anstelle eines Strohdachs – wer konnte in den USA einen Strohdachdecker auftreiben? – hatte sie das ganze Dach mit Weinranken überwuchern lassen. Die Mauern waren weiß verputzt, und die Fenster hatten steinerne Mittelpfeiler. Das Haus war umgeben von einem malerischen Cottage-Garten, in dem Gemüse und Blumen bunt durcheinander wuchsen.

Als wir auf dem altmodisch gepflasterten, dick bemoosten Gartenweg zur Haustür gingen, wehten rosarote Blütenblätter um uns herum zu Boden. Wir betätigten den Türklopfer (eine Damenhand aus Messing), und während wir warteten, betrachtete ich meinen Vater vor dem Hintergrund dieses Hauses und des Gartens. Sie passten wunderbar zusammen.

Impulsiv drückte ich meinem Dad einen Kuss auf die Stirn. Ich wusste instinktiv, er würde bald bei mir ausziehen, um hier zu wohnen.

Miss Essie Lee öffnete die Tür, und während Dad und sie

einander ein paar Sekunden lang verzückt anstarrten, betrachtete ich sie. Ihre häusliche Kleidung war ebenso perfekt wie das ganze Anwesen. Sie trug ein Baumwollkleid, das aus den vierziger Jahren stammen musste, und ihre Füße steckten in pinkfarbenen, hochhackigen Pantoffeln mit Marabufedern über den offenen Spitzen, wie sie eine Sexbombe aus den Fünfzigern getragen hätte.

Ohne eine Frage zu stellen, öffnete Miss Essie Lee die Tür noch weiter, und wir traten ein.

Wenn ich genau hinschaute, konnte ich sehen, dass dieses Haus einmal ein ganz gewöhnliches Siedlungshaus gewesen war, aber Miss Essie Lee hatte daraus die Filmkulisse eines englischen Cottages gemacht. Die Wände waren verputzt, an der Decke waren Balken, die so geschickt angemalt waren, dass sie antik aussahen, und die Polstermöbel sahen bequem aus und waren mit jener englischen Mischung aus einem Dutzend verschiedener Muster bezogen, die irgendwie trotzdem gut zusammenpassten.

O ja, dachte ich, hier würde mein Vater wohnen – ja, er war ein perfektes Accessoire für dieses Haus, fast als habe Miss Essie Lee sich gesagt: »Jetzt brauche ich nur noch einen komisch aussehenden kleinen Mann, und die Einrichtung ist vollkommen«, und habe ihn dann im Internet bestellt.

Oder herbeigezaubert. Und dieser Gedanke erinnerte mich an den Grund unseres Besuchs.

Aber bevor ich etwas sagen konnte, sprach mein Vater.

»Jackie spricht mit dem Teufel.«

Miss Essie Lee sah mich fragend an, und ich nickte.

»Ich ziehe mich um«, sagte sie. »Wir dürfen keine Zeit verlieren.«

Nach wenigen Minuten war sie wieder da. Jetzt trug sie ein Kostüm aus den dreißiger Jahren und schwarze, feste Schuhe. Ich wollte sie fragen, ob auch sie sich nicht weiter als fünfzig Meilen von Cole Creek entfernen könne.

Ich wollte sie auch nach all den Leuten fragen, die nach dem Pressen auf unterschiedliche Weise zu Tode gequetscht worden waren.

Aber dazu war keine Zeit. In diesem Augenblick konnte Rebecca ein brennendes Streichholz in der Hand halten.

Als ich in meine Einfahrt bog, sagte ich zu Miss Essie Lee: »Jackies voller Name lautet Jacque*lane*.«

Sie starrte mich entsetzt an, und im nächsten Augenblick weinte sie. Ich war so überrascht, dass ich mich nicht rühren konnte.

Mein Dad sprang hinten aus dem Wagen, riss die vordere Beifahrertür auf und zog Miss Essie Lee in seine Arme – und dann fing er an, mich zu beschimpfen: Ich hätte ein echtes Talent dazu, Frauen zum Weinen zu bringen, und wenn jemand, der so gescheit sei wie ich, Frauen immer nur traurig mache, dann wolle er doch viel lieber dumm sein.

Mein Dad sagte noch mehr, aber ich hatte keine Zeit zum Zuhören. Ich stürzte ins Haus, um Jackie zu suchen, und die Stimme meines Vaters folgte mir. Ich blieb nicht stehen, um mich zu fragen, weshalb ich oder sonst jemand eigentlich so erpicht auf eine Familie war.

Jackie saß in der Küche und aß Schokoladencremetorte. Aus der Form. Mit den Fingern. Und der Tisch war übersät von leeren Kartons, Flaschen und Schachteln: Eiscreme, Kekse, Maraschino-Kirschen. Überall stand das Wort »Schokolade«.

»Hi«, rief sie fröhlich und mit sehr viel Energie.

Wenn ich eine Beruhigungsspritze gehabt hätte, hätte ich sie ihr verpasst.

Langsam und vorsichtig zog ich ihr die fast leere Tortenform weg.

»Mmmmmm.« Sie leckte sich die Schokolade von den Fingern und wollte nach der Torte greifen.

Ich fasste sie bei den Ellenbogen und steuerte sie in Richtung Wohnzimmer, wo Miss Essie Lee sich hoffentlich inzwischen wieder beruhigt hatte. Im Vorbeigehen grabschte sie eine Schachtel Doughnuts mit Schokoladenüberzug, die ich nicht gesehen hatte.

Miss Essie Lee hatte den Kopf auf die Schulter meines Vaters gelegt. In Anbetracht dessen, dass sie einen Kopf größer war und nur die Hälfte seines Gewichts hatte, war das ein sonderbarer Anblick.

Jackie ließ sich auf die Couch plumpsen und machte sich über ihre Doughnuts her.

Als Miss Essie Lee den Kopf hob und Jackie sah, schob sie einen Stuhl heran und setzte sich vor sie. »Ich hätte es sehen sollen«, sagte sie. »Ich hätte die Ähnlichkeit sehen müssen. Du hast große Ähnlichkeit mit deinem Vater, weißt du.«

»Danke.« Jackie grinste strahlend und mit vollem Mund.

Ich nahm ihr die Doughnut-Schachtel weg und griff hinein, aber sie hatte sie alle aufgegessen.

Ich will verdammt sein, dachte ich unversehens, wenn ich mit einer Frau zusammenlebe, mit der ich mich um die Doughnuts streiten muss! Wir müssen diese Geschichte erledigen – und wenn es nur aus diesem Grund wäre.

»Orchideen«, sagte Miss Essie Lee. »Wo du ihn getroffen hast – wuchsen da wilde Orchideen?«

»Ja.« Jackie strahlte mich an. »Du hast die Fotos mit den Rosen gesehen. Da waren auch Orchideen.«

»Ja«, sagte ich, »die habe ich gesehen.« Jackies Munterkeit gefiel mir nicht. Mir wäre wohler gewesen, wenn sie geweint hätte. Wobei mir einfiel: Warum war Miss Essie Lee in Tränen ausgebrochen, als ich ihr Jackies Namen gesagt hatte?

»Können Sie gehen?«, fragte Miss Essie Lee und musterte mich von Kopf bis Fuß.

Ich war vielleicht nicht gerade höllisch dünn – und ich meine, was ich sage –, aber zu dick zum *Gehen* war ich noch nicht.

Eine Stunde später wünschte ich, wir hätten Zeit gehabt, unterwegs einen Jeep zu kaufen. Miss Essie Lee und Jackie, mein Vater dicht hinter ihnen, liefen im Sturmschritt auf einem Pfad voller Steine und Pflanzen, die ganz sicher giftig waren.

Jackie führte die Meute an und schwatzte dabei mit neunzig Meilen pro Stunde; sie erzählte, wie sie und ich einmal zusammen gewandert waren, wobei ich – wie sie behauptete – »unaufhörlich« über die Spinnweben geklagt hätte, die sich über den Weg spannten. Ich hätte meine Ehre verteidigt, aber ich hatte zu viel damit zu tun, mein Leben zu verteidigen – gegen Äste, lose Steine und zwei Kamikaze-Insekten, die tödlich aussahen.

Ab und zu stellte Miss Essie Lee Jackie eine leise Frage nach ihrem Vater und nach den Erinnerungen an ihre Mutter. Jackie beantwortete sie mit solcher Unbekümmertheit, dass ich ihr am liebsten eine Tablette gegeben hätte, um sie ruhigzustellen. Ihr Benehmen war der Beweis dafür, dass niemand sich das Zuckeressen abgewöhnen sollte. Man musste eine Toleranzschwelle aufbauen, damit man, wenn man welchen bekam, nicht gleich in einen Insulinschock fiel und sich aufführte wie ein Aufziehspielzeug mit einer kaputten Feder.

Nach langer Zeit kamen wir auf eine Waldlichtung. Es war ein gespenstischer Ort. Eine verrottete Bank stand vor einer dichten Wand aus Bäumen, und dicht daneben stand ein halb verfallener Zaun. Nur wenige Pflanzen wuchsen hier, als sei mit der Erde etwas nicht in Ordnung. Verstrahlt vielleicht. Es war düster im Kreis der hohen, dunklen Bäume, aber als ich zum Himmel schaute, sah ich keine Wolke. Hinter mir schien die Sonne, aber hier auf dieser Lichtung, obwohl sie offen war, schien sie nicht.

Das Schlimmste war: Es war unheimlich hier. Es war wie der Wald, in dem Hänsel und Gretel sich verirrt hatten. Es war wie der Wald in einem Gruselfilm. Ich sah mich um und rechnete jeden Augenblick damit, dass große graue Vögel mit langen Klauen von den Bäumen auf uns herabstießen.

Miss Essie Lee, mein tapferer Vater und Jackie gingen bis in die Mitte dieser trostlosen Lichtung. Ich blieb auf dem Pfad. Dort gab es Licht und Luft.

»Was siehst du, Kind?«, fragte Miss Essie Lee leise. Hinter ihrem Rücken hielt sie die Hand meines Vaters.

Jackie wirbelte im Kreis herum wie Aschenputtel im Ballkleid. »Es ist wunderschön«, rief sie. »Es ist der schönste Ort, den ich je gesehen habe. Die Rosen ...« Sie schloss die Augen und atmete tief ein. »Könnt ihr sie riechen?«

»Warum pflückst du nicht welche?«, fragte Miss Essie Lee im Ton einer Psychiaterin, die mit einer verrückten und womöglich gewalttätigen Patientin redete.

»O ja!«, rief Jackie, und sie lief zu dem morschen alten Zaun und fing an, verdorrte Ranken abzubrechen. Als sie den Arm voll davon hatte, vergrub sie das Gesicht in dem hässlichen Gestrüpp. »Sind sie nicht himmlisch?«, fragte sie. »Ich habe noch nie solchen Rosenduft gerochen.«

Als Kinder sperrten wir Käfer in Marmeladengläser, schraubten den Deckel fest zu und ließen sie tagelang stehen, bis sie sich in schwarzen Schleim verwandelt hatten. Auf dieser Lichtung roch es nach diesem Käferschleim.

»Was wächst da auf dem Boden?«, fragte Miss Essie Lee, und ich sah, wie mein Vater dichter an sie herantrat. Ihm war dieser Ort genauso unheimlich wie mir.

»Orchideen«, sagte Jackie. »Frauenschuh. Sie sind überall. Oh! Ich wünschte, ich hätte meine Kamera dabei.«

»Wann blüht der Frauenschuh?«

»Im Juni.« Jackie sah sich lächelnd um und drückte ihren »Rosenstrauß« an sich.

»Und welchen Monat haben wir jetzt?«

»August.« Jackie hob den Kopf von den Ranken. »Wir haben August«, wiederholte sie leise.

Ich wünschte, ich könnte sagen, die logische Schlussfolgerung hätte Jackie geholfen, die Lichtung als das zu sehen, was sie war, aber das geschah nicht. Langsam ging sie zu der alten Bank und legte das Rankenbüschel hin, als wäre es eine Kostbarkeit.

Miss Essie Lee ging mit meinem Vater im Schlepptau zu der Bank und legte Jackie eine Hand auf den Arm. Sie deutete mit dem Kopf zu den Bäumen hinter der Bank, die dort dicht und undurchdringlich wie eine steinerne Mauer aufragten. »Deine Großmutter wohnt in dem Haus dort oben. Sie wartet schon sehr lange auf dich.« Sie lächelte Jackie an. »Als Kind hast du in diesem Garten gespielt, und da sah er so aus, wie du ihn jetzt siehst.«

Ich sah, wie Miss Essie Lees Hand Jackies Arm fester umklammerte. »Ich hoffe, du kannst uns verzeihen.«

Der letzte Satz schien ihr im Halse stecken zu bleiben. Sie wandte sich ab und rettete sich in die tröstenden Arme meines Vaters.

Jackie schaute zu der Anhöhe hinauf, und einen Moment lang schien sie zu überlegen, ob sie diese neugefundene Großmutter besuchen sollte oder nicht.

Ich persönlich wäre am liebsten schleunigst von hier verschwunden. Wenn Jackie verdorrte Ranken als duftende Rosen sah, was würde sie dann als ihre Großmutter sehen? War diese Frau die Hexe aus dem Märchen? Des Teufels Dienstmagd? War sie überhaupt *lebendig*?

Fragend sah ich Miss Essie Lee an. »Ich kann nicht gehen«, sagte sie leise. »Jacquelane muss allein gehen.«

Allein, dachte ich und sah Jackie an. Offenbar hatte sie sich entschieden, denn sie machte zwei Schritte auf die Wand aus Bäumen zu.

Allein – zum Teufel!, dachte ich.

Bei ihrem dritten Schritt war ich an ihrer Seite. Ich schob ihren Arm in meine Ellenbeuge, und obwohl ich nicht katholisch war, bekreuzigte ich mich. Dann gingen wir zusammen den Hang hinauf.

20 – Jackie

Ich weiß, sie dachten alle, ich sei am Rande des Wahnsinns. Ich hatte nie darüber nachgedacht, aber ich glaube, der Mensch ist das, was die andern in ihm sehen. In den letzten vierundzwanzig Stunden hatten die Leute angefangen, mich als eine zu sehen, die vielleicht nicht mehr alle Tassen im Schrank hatte, und daher sah ich mich allmählich auch so.

Ford hatte mich verwöhnt. Von Anfang an hatte er so getan, als wären meine Visionen etwas »Normales«. Keine große Sache. Er hatte sich meinen ersten »Traum« angehört, und als er ihn in der Realität sah, hatte er entsprechend gehandelt. Danach hatte er mich nicht ausgefragt oder mich auch nur angesehen, als wäre ich ein Freak. Und bei meiner zweiten Vision hatten wir sogar Spaß gehabt.

Während Ford bei Miss Essie Lee war, hatte Noble mich verhört, als wäre ich eine Kreuzung zwischen Hexe und Spionin. Anscheinend war er der Ansicht, das Verbrennen auf dem Scheiterhaufen gehöre wieder eingeführt. Er deutete an, ich sei vielleicht nur nach Cole Creek zurückgekehrt, um die schmutzigen kleinen Geheimnisse der Leute auszugraben und sie zu benutzen, um ... ja, zu welchen hinterhältigen Zwecken ich meine Erkenntnisse benutzen sollte, war nicht recht klar.

Ich weiß nicht, warum *ich* plötzlich die Böse in dieser Geschichte war. Wenn es überhaupt jemanden gab, dem ein Vorwurf zu machen war, wäre es dann nicht Ford? Für mich hatte die ganze Sache damit begonnen, dass mein Verlobter mir meine Lebensersparnisse geklaut hatte. Ich hatte verzweifelt einen Job gesucht, vorzugsweise einen in einem anderen Land. Ich hatte nichts weiter getan, als Fords Angebot anzunehmen und mit ihm nach Cole Creek zu gehen. Okay, vielleicht war meine Geschichte für Ford der Auslöser gewesen, aber wenn er nicht so neugierig gewesen wäre, hätte ich diese Geschichte mit ins Grab genommen. Wieso also gab man mir die Schuld? Weil ich die eine oder andere Vision gehabt hatte? Ich und die Hälfte der Menschheit? Sahen diese Leute kein Kabelfernsehen?

Und Tessa war genauso schlimm wie Noble. Laut sagte sie nicht viel, aber sie flüsterte Noble etwas zu, und dann stellte er die übelsten Fragen. Nach einer Weile sah ich sie nicht länger als unschuldiges Kind und fing an, ihr meinerseits Fragen zu stellen. Ich brauchte nicht lange, um zu erkennen, dass sie nicht viel wusste. Ich konnte mir lediglich zusammenreimen, dass ein Mitglied jeder Gründerfamilie von Cole Creek mitgeholfen hatte, die Frau umzubringen, und die Folge davon war, dass der älteste Abkömmling jeder dieser Familien die Stadt nicht verlassen konnte.

»Und wie kann man den Bann brechen und von hier verschwinden?«, wollte ich wissen.

Tessa zuckte die Achseln. »Ich weiß nicht. Meine Mom sagt's mir nicht. Sie sagt nur, ich muss hier weg, bevor sie stirbt.«

»Und dann wirst du sie nie wiedersehen?«, fragte ich. »Oder wenn du doch zurückkommst und sie besuchst, und wenn sie stirbt, während du hier bist – sitzt du dann hier fest? Für immer?«

Tessa klappte den Mund zu und schob den Kiefer vor, um mir zu verstehen zu geben, dass sie nichts mehr sagen würde. Vielleicht wusste sie auch nichts weiter.

Zwischen den Fragen bot Noble mir Whiskey in einem Eisteeglas an – wie er ihn auch trank – und schaute immer wieder zur Tür, als hätte er am liebsten das Weite gesucht. Aus Fords Büchern wusste ich, wie groß die Angst dieser Familie vor dem Übernatürlichen war, und deshalb konnte ich mir denken, was ihm durch den Kopf ging.

Aber ob er nun Angst hatte oder nicht, Noble ließ nicht locker und befragte mich nach meiner Vision über Rebecca. Immer wieder schilderte ich sie in allen Einzelheiten, um herauszufinden, wo Rebecca den Brand legen würde. Aber wir bekamen es nicht heraus. Ich hatte hohes, trockenes Gras und die Ecke eines hölzernen Gebäudes gesehen. Aber nichts, was wir identifizieren konnten.

Schließlich beschloss Noble, Allie anzurufen, um sich von ihr in der Stadt herumfahren zu lassen und Rebecca zu suchen. Ich konnte mir eine Bemerkung über die fast leere Whiskeyflasche nicht verkneifen: Er sei jetzt ein menschlicher Kompass und könne vermutlich jeden Alkoholiker finden.

Ich fand mich ziemlich witzig, aber Tessa übte Verrat. Sie sah mich sehr erwachsen an und sagte: »Du weißt, was die Stadt mit der letzten Frau gemacht hat, die den Teufel liebte.« Und mit hoch erhobener Nase nahm sie Nobles Hand und zog ihn aus dem Zimmer.

Das Bild, das dieses »Kind« in meinem Kopf heraufbeschworen hatte, brachte mich zu dem Entschluss, einmal zu sehen, ob ich meine Probleme mit Alkohol nicht vergessen könnte. Aber als ich Nobles Glas in die Hand nahm, war schon der Geruch unüberwindlich; also stellte ich es wieder hin und ging in die Küche. Vielleicht hatten wir noch Koch-Sherry.

Aber da war kein Sherry. Ich schaute in den Kühlschrank. Bevor Noble gekommen war, hatte ich die absolute Kontrolle über die Lebensmittel gehabt, die ins Haus gekommen waren. Von Fords Speck abgesehen war das Ungesundeste, was ich gekauft hatte, Jogurt mit einer Schicht stark gezuckerter Marmelade gewesen.

Aber mit Nobles und Toodles' Ankunft hatte ich die Herrschaft über den Inhalt des Kühlschranks verloren. Jetzt war dieser weiße Kasten voll von Zucker und Fett und Fett und Zucker. Marmelade wäre mir wie Vollwertkost erschienen. Verachtungsvoll wollte ich die Kühlschranktür schließen, als etwas in mir ausrastete. Ich sah mich als eine Person, die bei Sinnen war, fleißig und vernünftig, aber die Welt sah mich ganz anders – nämlich als Spinnerin, halb psychopathisch, Furcht erregend. Und Frauen, die Visionen hatten, aßen nicht gesund. Frauen, die Visionen hatten, trugen lila Halstücher und große Ohrringe, und sie aßen in Fett gebratene Sachen.

Als Ford zurückkam, hatte ich so ziemlich alles im Haus, was Zucker enthielt, aufgegessen.

Ich fühlte mich so wohl, dass ich überhaupt nichts dagegen hatte, mit Miss Essie Lee, Toodles und Ford eine kleine Wanderung zu unternehmen. Wir wanderten durch den grünen Wald von North Carolina zu der Stelle, wo ich Russell begegnet war, und dort war es so schön wie an jenem ersten Tag. Aber die andern taxierten mich ständig, als wäre ich eine Verrückte. Ich dachte mir, wenn sie ihre düstere Stimmung nicht ablegen und diese Schönheit genießen konnten, hatten sie eben Pech. Ford wollte nicht mal aus dem Wald herauskommen. Alles nur, weil ich hier einen anderen Mann kennengelernt hatte. Sein Benehmen verlieh dem Wort »Eifersucht« eine ganz neue Dimension.

Miss Essie Lee brachte mich zwei Mal aus dem Gleichgewicht. Sie wies mich darauf hin, dass die spezielle Orchideensorte, die ich so deutlich sah, im Juni und nicht im August blühte. Ich war ein bisschen verunsichert, aber dann dachte ich mir, dass schon verrücktere Dinge passiert waren, als dass eine Blume außerplanmäßig blühte. Die Umweltbedingungen waren unterschiedlich. Wenn es im Juni Schneestürme gab, konnten dann nicht auch im August wilde Orchideen blühen?

Das zweite Mal brachte Miss Essie Lee mich aus dem Gleichgewicht, als sie sagte, meine Großmutter sei am Leben – und alle schienen zu erwarten, dass ich in den dunklen Wald hineinging, um sie zu besuchen.

Okay, sie »brachte mich aus dem Gleichgewicht« ist vielleicht ein bisschen zu mild ausgedrückt. Zutreffender wäre es, wenn ich sage, sie überfuhr mich mit einem Kipplaster, setzte zurück und tat es gleich noch einmal.

Ich hätte gern gesagt: Können wir vielleicht noch mal ein kleines Stück zurückgehen? Brauchte ich nicht erst mal ein paar weitere Informationen, bevor ich zur »Großmutter« hüpfte? Vielleicht sollten wir damit warten, bis wir genau wussten, »wer« ich war. Ich hatte da ein paar Vermutungen, aber sicher war ich nicht. Miss Essie Lee dagegen schien es zu wissen, und als ich Ford ansah, hatte ich den Eindruck, er wisse es auch. Nur Toodles und ich waren ratlos.

Als es hieß, ich solle in diesen Wald hineinmarschieren, war mein erster Gedanke, Ford vorzuschlagen, die Sache bei einem Lunch aus Doughnuts zu besprechen. Es sollte doch Doughnuts mit Kirschgelee-Füllung geben, oder? Für Kirschen hatte ich schon immer eine Schwäche gehabt.

Ich schaute zu den dunklen, dichten, abweisenden Schatten der Bäume hinüber und wusste, sie erwarteten alle, dass ich jetzt da hineinging und meine Großmutter besuchte. Aber meine Füße wollten sich nicht bewegen. Mein Zucker-Kick war vorbei, und wie eine Süchtige wollte ich einen neuen.

Ich drehte mich zu Ford um. Er würde doch sicher verstehen, dass ich das nicht tun wollte.

Aber Ford sah mich mit seinem Heldengesicht an. Es war das Gesicht, das ich gesehen hatte, als er eine Sekunde später aus dem Wagen gesprungen war und ein paar Teenager davor bewahrt hatte, in die Luft gesprengt zu werden. Ich hatte es gesehen, als er nach meiner zweiten Vision verhindert hatte, dass ich eine Unterkühlung bekam. Und ich hatte es gesehen, als er mich nach der dritten Vision ins Wohnzimmer trug.

Warum nur, warum musste ich an den einzigen Schriftsteller auf der ganzen Welt geraten, der ein waschechter, in der Wolle gefärbter Held war? Hieß es nicht, moderne Autoren beobachteten, sie nähmen nicht teil? Die Hemingways waren längst ausgestorben. Heutzutage trainierten Bestseller-Autoren Kinderbaseballmannschaften. Sie rannten nicht mit Stieren um die Wette. Sie schrieben eBooks.

Ich wandte mich von Ford ab und schaute in die schwarze Finsternis unter den Bäumen. Wenn ich diese Sache überleben sollte und wenn Ford über unsere Erlebnisse schriebe, würde er das Buch *Die widerstrebende Heldin* nennen müssen. Ich wollte keine sein, und ich wollte jetzt nicht gehen.

Ich atmete tief durch, widerstand dem Drang, Ford zu fragen, ob er einen Schokoriegel dabei habe, und tat einen Schritt nach vorn.

Ich war nicht überrascht, als Ford plötzlich an meiner Seite war, meinen Arm fest unter seinen schob und mitging.

Mir gingen mehrere Dinge gleichzeitig durch den Kopf, die ich gern gesagt hätte. Zum Beispiel hätte ich ihn gern angefleht, mich das alles nicht tun zu lassen. Aber stattdessen sagte ich nur: »Wenn du über das hier schreibst, will ich fünfzig Prozent.«

Ford lachte leise, aber ich sah ihn nicht an. Der Wald schien immer dunkler zu werden, und die Stille war nervenaufreibend. Kein Insekt, kein Vogel war zu hören.

Ich hielt Fords Arm fest und blickte starr geradeaus. »Vielleicht könntest du eine Story schreiben, und ich könnte sie mit meinen Fotos illustrieren«, sagte ich. »Oder du schreibst etwas über deinen Dad und Tessa.« Das Reden würde vielleicht helfen, meine Angst zu vertreiben.

»Ja, gute Idee«, sagte er, und ohne meine Andeutung aufzunehmen, erzählte er mir, dass er über die beiden schon etwas geschrieben hatte.

Vor uns war es stockfinster – eine Wand aus Dunkelheit, so tief, dass sie massiv aussah. In der Abteilung Tapferkeit hatte ich mich bisher wacker geschlagen, aber diese samtene Schwärze drohte mich umzuhauen. Vielleicht sollte ich meine Ziele im Leben neu überdenken. War es denn so schlimm, in Zukunft im Umkreis von fünfzig Meilen um Cole Creek herum zu bleiben? Mir gefiel es hier. Ich ...

»Ich wünschte, ich hätte den Truck genommen«, sagte Ford, und zum ersten Mal, seit wir in den Wald eingedrungen waren, sah ich ihn an.

»Hals- und Beinbruch, Kid«, sagte er. Er drückte mir einen Kuss auf die Stirn, und wir wandten uns der Wand aus Dunkelheit zu.

Und dann stürmten wir unter lautem Geschrei geradewegs in das schwarze Nichts.

21 – Ford

Es war vorbei.

Vielleicht nicht vorbei, aber so weit erledigt, dass wir alle wieder unser Leben leben und die Teufelsgeschichte hinter uns lassen konnten. Ich hatte noch nicht entschieden, ob ich über das, was geschehen war, schreiben wollte. Darüber würde ich wohl mit Jackie sprechen müssen.

Wir waren jetzt wieder zu Hause. Ich hatte Jackie nach oben getragen und in ihr Bett gelegt. Gern hätte ich sie ausgezogen und mich an sie gekuschelt, während sie schlief, und wenn sie dann aufwachte, würde man sehen, was geschah.

Aber das tat ich nicht. Ich zog ihr Schuhe und Jeans aus, aber sonst nichts, und dann setzte ich mich auf den Stuhl an ihrem Bett und betrachtete sie. Es war ein anstrengender Tag gewesen, und sie schlief wie ein Baby.

Bei diesem Gedanken verspürte ich ein leises Kribbeln. Kinder. Als ich mit Pat zusammen gewesen war, hatte ich so oder so nicht viel über Kinder nachgedacht. Aber seit ich Tessa kannte, fragte ich mich: Was wäre, wenn …? Was wäre, wenn Pat und ich Kinder gehabt hätten? Wie würden sie aussehen? Wessen Talente hätten sie geerbt? Wessen technische Fertigkeiten? Würden diese Kinder richtig buchstabieren können?

Alle möglichen Dinge gingen mir durch den Kopf, und ich wusste, dass ich mit dem Gedanken spielte, Jackie könnte mich nehmen, und wir würden …

Ach was, dachte ich. Später.

Am Abend zuvor waren wir aus dem Wald auf einen Weg hinausgekommen, und auf der anderen Seite hatte ein kleines, heruntergekommenes Haus gestanden. Einen Moment lang hatten Jackie und ich dagestanden und uns stumm angestarrt. Der Weg und das Haus hatten ganz alltäglich ausgesehen, erreichbar mit dem Auto.

Ich sah mich nach dem Wald um, der düster, dunkel und still hinter uns lag. »Was zum Teufel war denn *das*?«, fragte ich.

Jackie war genauso ratlos wie ich. »Eine Abkürzung durch die Hölle?«, erwog sie, und ich musste lächeln.

Ohne ihren Arm loszulassen, wollte ich den Weg überqueren, aber Jackie blieb stehen. Fragend sah ich sie an.

»Was hast du da hinten gesehen?«, fragte sie. »Du weißt schon – da, wo ich … ihm begegnet bin.«

Langsam überquerten wir den Weg, und ich beschrieb ihr die Lichtung in allen Einzelheiten.

Jackie sagte kein Wort. Sie nickte nur. Ich glaube, sie dachte das Gleiche wie ich: Warum? Immer wieder hatte ich mich das gefragt.

Warum? Warum hatte der Teufel Cole Creek auserwählt? Warum die Frau Amarisa? Warum Jackie?

Als wir vor der Tür des kleinen Hauses standen, merkte ich, dass Jackie zitterte. Ich drückte ihre Hand und klopfte an. Eine große Frau in einer weißen Schwesterntracht öffnete und ließ uns herein. Und drinnen, in einem Bett, saß Jackies Großmutter.

Mary Hattalene Cole war über achtzig, und ich fand, sie sah aus, als wollte sie schon seit langem sterben. In den wässrigen blauen, alten Augen sah ich Einsamkeit, Schmerz und Sehnsucht. Offenbar erkannte sie Jackie sofort, denn sie streckte ihr die Hände entgegen, und Tränen rannen über das runzlige alte Gesicht.

Ich sah, wie die beiden sich umarmten – Jackie zeigte kein Widerstreben, keine Schüchternheit –, und ich konnte mir nicht vorstellen, wie es wäre, keine Verwandten zu haben. Ich hatte so viele, dass ich Flugzeuge benutzt hatte, um ihnen zu entkommen. Aber Jackie hatte ihren Vater gehabt und sonst niemanden.

Weder Mrs Cole noch Jackie schien über den Teufel oder über die Frau sprechen zu wollen, die von den Leuten aus der Stadt erdrückt worden war. Ich wusste, dass diese Frau dabei nicht mitgemacht hatte, denn sonst wäre sie jetzt tot gewesen. Und da sie eine angeheiratete Cole war, galt für sie auch der Bann nicht.

Jackie und Mrs Cole wollten nichts weiter tun, als dicht beieinander zu sitzen und über ihre gemeinsamen Vorfahren zu reden. Mrs Cole hatte einen halbmeterhohen Stapel Fotoalben, und Jackie wollte jedes einzelne Bild sehen und über jeden einzelnen Verwandten sprechen.

Ich warf einen Blick auf die Daten auf den Rücken der Alben, zog eines heraus und blätterte darin, bis ich ein Foto der Frau gefunden hatte, deren Gesicht von der Gerichtsmedizin in Charlotte rekonstruiert worden war. »Wer ist das?«, fragte ich.

Mrs Cole sah mich so durchdringend an, dass ich rot wurde. Sie mochte alt sein, aber mit ihrem Kopf war noch alles in Ordnung. Offensichtlich wusste sie, dass ich wusste ...

Jackie betrachtete das Foto. Ich war sicher, dass auch sie wusste, wer die Frau auf dem Foto war, und unglücklicherweise sah ich auch, wie sehr sie sich bemühte, sich nicht an das zu erinnern, was sie da anscheinend sah.

Ich hatte tausend Fragen, aber ich brachte es nicht über mich, sie auszusprechen. Jackie schien zu glauben, sie habe alle Zeit der Welt, aber wenn ich ihre Großmutter und die Apparate neben ihrem Bett anschaute, glaubte ich nicht, dass ihr noch viel Zeit blieb.

War es wahr?, wollte ich fragen. Hatte Amarisa den Teufel gesehen? Hatte Jackie ihn gesehen? Warum hatte der Teufel sich diese Frau auserwählt? Wer hatte die Leute umgebracht, die bei dem Pressen dabei gewesen waren?

Als ich aus dem Fenster schaute, sah ich, dass es nicht nur im Wald, sondern auch um das Haus herum stockfinster war.
Meine Fantasie schaltete in den Overdrive. Hatte der Teufel ein schützendes Kraftfeld um das Haus herum errichtet? War dieses Haus wie Brigadoon? Existierte es nur zu bestimmten Zeiten für eine gewisse Dauer?
Um meine Gedanken zu beruhigen, ging ich ins Wohnzimmer, zog mein Handy aus der Tasche und rief Noble an. Als er mir berichtete, er und Allie hätten Rebecca in einer Bar gefunden, bevor sie irgendein Feuer gelegt habe, sprach ich ein kurzes Dankgebet. Und anscheinend hatte Allie schon öfter nach Rebecca gesucht, sodass sie jetzt keine Fragen gestellt hatte.
Ich kehrte ins Schlafzimmer zurück und brachte Jackie die gute Nachricht. Sie und ihre Großmutter hörten höflich zu, aber sie waren beide nicht sonderlich interessiert. Sie sprachen über das Geschäft, das Jackies Vater nach der Heirat mit ihrer Mutter geführt hatte.
»Wie können wir den Fluch brechen?«, platzte ich heraus, und die beiden Frauen verstummten und starrten mich an.
»Ich denke doch, Essie dürfte Ihnen das gesagt haben«, antwortete Mrs Cole. Sie sah ihre Enkelin an und lächelte, und in ihrem Blick lag eine Welt von Schmerz. Aus einem Wandschrank in dem alten Haus ragte ein Rollstuhl hervor, und ich erinnerte mich, dass in der Zeitung gestanden hatte, sie habe mit im Wagen gesessen, als ihre Tochter den Unfall hatte. Und ich erinnerte mich, dass es zwei Tage gedauert hatte, bis ihre Tochter gestorben war. Sie musste eingeklemmt daneben gelegen und zugesehen haben, wie ihre Tochter starb.
»Niemand in der Stadt hat uns irgendetwas gesagt«, brachte ich hervor; die Bilder in meinem Kopf schnürten mir die Kehle zu, und ich dachte plötzlich, dass meine Bü-

cher so vielen Leuten gefielen, weil sie genauso viel Schmerz erlebt hatten wie ich. Jemanden so sehr zu lieben und ihn dann zu verlieren ... was konnte es auf Erden Schlimmeres geben?

»Es wird Zeit, dass Sie alles erfahren«, sagte Mrs Cole und winkte ab, als die Schwester einwenden wollte, die Patientin sei zu müde. Mary Hattalene erzählte uns die Geschichte, die ihre Tochter ihr erzählt hatte, als sie zwei Tage unter dem verunglückten Wagen gelegen hatten. Ein paar Minuten nach Harriets Tod waren die Retter gekommen.

Einen großen Teil der Geschichte hatten wir uns selbst zusammengereimt, seit wir in Cole Creek waren. Harriet Cole, die, wie Jackies Großmutter eingestand, ihr Leben lang verwöhnt und verhätschelt worden war, hatte sich den hübschen jungen Mann – Jackies Vater – geangelt, der nach Cole Creek gekommen war, um die Töpfereifabrik zu eröffnen. Aber nach der Hochzeit war die Fabrik geschlossen worden, und Reece Landreth – so hatte Jackies Vater in Wirklichkeit geheißen – hatte die Stadt verlassen wollen. Doch Harriet hatte sich geweigert. Im Laufe der nächsten Jahre hatten die beiden einander mehr und mehr verabscheut, und nur die Liebe zu ihrer gemeinsamen Tochter hatte sie zusammengehalten. Reece führte einen kleinen Lebensmittelladen, und Harriet, die Tochter im Schlepptau, verbrachte ihre Zeit mit Edward Belcher – was erklärte, warum Jackie mein Haus so gut kannte. Sie hatte als Kind endlose Stunden lang dort gespielt.

Als Jackie zweieinhalb Jahre alt war, war die ältere Schwester ihres Vaters – Amarisa – verwitwet, und Reece hatte sie eingeladen, bei ihnen zu wohnen. Es sei wahr, sagte Mary Hattalene: Reece habe seine Schwester sehr geliebt, aber er habe auch ihre finanzielle Unterstützung dringend nötig gehabt, denn was er in dem Laden verdient habe, sei sehr wenig gewesen.

Amarisa kam gern nach Cole Creek. Sie war eine ruhige

Frau, so sanft und freundlich, wie Harriet turbulent war. Die Probleme begannen, weil Jackie ihre Tante anbetete. Es war verständlich, dass Jackie lieber mit ihrer Tante zusammen war, die mit ihr spazieren ging und sie mit ihrer Kamera Blumen fotografieren ließ, als mit ihrer Mutter, die ihre Zeit immer nur mit dem aufgeblasenen alten Edward Belcher verbrachte. Nicht lange, und Harriet begann, Amarisa zu hassen, und sie gab ihr die Schuld an allen ihren Problemen.

Die Monate vergingen, erzählte Mary Hattalene, und Amarisas Leben wurde immer unerträglicher. Harriets Zorn und ihre Eifersucht auf die Liebe, die ihr Mann und ihre Tochter und auch die Bewohner der Stadt dieser sanftmütigen Frau entgegenbrachten, wuchsen mit jedem Tag. Als Jackie, die gerade sprechen lernte, eines Tages von einem Spaziergang mit ihrer Tante nach Hause kam und mit vielen Worten von dem Mann erzählte, dem sie begegnet waren, lief das Fass für Harriet über. Auf ihre Fragen errötete Amarisa schüchtern und berichtete, sie habe einen Mann kennengelernt, der ein hübsches Sommerhaus im Wald habe. Nein, sagte sie, der Mann sei nicht verheiratet.

Harriet befürchtete, wenn Amarisa heiratete und Cole Creek verließe, würde Reece ebenfalls fortgehen und Jackie mitnehmen. Harriet begann einen Feldzug, um zu verhindern, dass Amarisa heiratete, aber als sie dem Mann eine Einladung übermitteln ließ, erfuhr sie verwundert, dass er sie nicht annehmen wollte.

Neugierig geworden, beschloss Harriet, Amarisa und Jackie heimlich zu folgen und sich den Mann mit eigenen Augen anzusehen.

Was sie zu sehen bekam, war nicht das hübsche Sommerhaus, das Amarisa beschrieben hatte, sondern einen Haufen Schutt und eingestürzte Steinmauern. Aber aus ihrem Versteck beobachtete sie, wie ihre Tochter und Amarisa lachten und plauderten, als sei da noch jemand. Sie machten sogar die Bewegungen des Essens und Trinkens. Nachher erzählte Harriet ihrer Mutter, wenn es nur Amarisa gewesen wäre, hätte sie die Frau für wahnsinnig gehalten, aber dass ihre Tochter den Mann auch »gesehen« habe, mache ihr große Angst.

Harriet lief zum Pfarrhaus und berichtete dort, was sie gesehen hatte. Es war der Pfarrer, der sagte, Amarisa habe mit dem Teufel gesprochen. Noch am selben Abend berief er eine Sitzung des Stadtrates ein, der aus einem Mitglied jeder der Gründerfamilien und zwei Angehörigen der Familie Cole, nämlich Harriet und ihrem Vater, bestand. Sie schmiedeten einen Plan.

Am nächsten Tag ging Harriet zu Amarisa und sagte, Jackie gehe es nicht gut, und sie könne heute keinen Spaziergang mit ihrer Tante machen. Amarisa lächelte freundlich und ging allein los, und Harriet ließ Jackie bei einer Nachbarin. Dann ging sie Amarisa nach. Sie wusste nicht, dass Jackie wenige Minuten später durch eine Lücke im Zaun der Nachbarin schlüpfte und ihrer Mutter und ihrer Tante folgte.

Acht Erwachsene und ein Kind versteckten sich an diesem Tag im Gebüsch vor der verfallenen Hütte. Als Amarisa anfing, lachend mit jemandem zu plaudern, den sie nicht sehen konnten, traten die Erwachsenen hervor, aber die kleine Jackie kauerte in ihrem Versteck und rührte sich nicht.

Als die Leute Amarisa zur Rede stellten und sie bezichtigten, mit dem Teufel Umgang zu haben, erzürnten sie ihn. »Einen Augenblick lang«, erzählte Mary Hattalene, »erschien er ihnen. Gerade noch standen sie in den Ruinen einer Hütte, und im nächsten Moment war da ein schönes Haus, und sie sahen einen Mann, einen sehr gut aussehenden Mann. Er lächelte sie an, und meine Tochter sagte, sie hätte am liebsten zurückgelächelt. Nur der eifersüchtige Edward Belcher hob einen Stein auf und warf damit nach

dem Mann – und da sahen sie den Teufel eine Sekunde lang so, wie er nach der Vorstellung der Menschen aussah: rot glühend, mit Hörnern und gespaltenen Hufen. Im nächsten Augenblick hatte er sich in Rauch aufgelöst, und das Haus war wieder Schutt und verkohltes Holz.
Meine Tochter wusste nicht mehr genau, in welcher Reihenfolge die Ereignisse danach weitergegangen seien. Amarisa sei vor den Leuten zurückgewichen und gefallen, dann habe jemand einen Stein auf sie geworfen, dann noch jemand. Sekunden später seien alle in Raserei verfallen, und nach fünf Minuten sei Amarisa unter Hunderten von Steinen begraben gewesen. Die Leute seien mit dem Pfarrer in die Stadt zurückgekehrt und hätten den Nachmittag auf den Knien in der Kirche verbracht und gebetet.«
Erst spät am Abend kam Harriet erschöpft nach Hause zurück. Reece wollte wissen, wo seine Tochter und seine Schwester geblieben seien. Harriet tischte ihm die Lüge auf, die sie und die andern ausgeheckt hatten: Amarisa sei zu einem Notfall in der Familie ihres verstorbenen Ehemannes gerufen worden. Einer der Mörder hatte sich ins Haus geschlichen, Amarisas Sachen gepackt und den Koffer bei Harriets Vater auf dem Dachboden versteckt. Jackie, sagte Harriet, sei bei einer Nachbarin. Aber als sie hingingen, um Jackie abzuholen, erfuhren sie von der Nachbarin, sie habe gesehen, wie Jackie dicht hinter ihrer Mutter in den Wald gegangen sei; deshalb habe sie gedacht, Harriet habe es sich anders überlegt und ihre Tocher mitgenommen. Zitternd vor Entsetzen begriff Harriet, was passiert war, aber sie bewahrte lange genug Ruhe, um ihrem Mann zu erzählen, Jackie sei wahrscheinlich in den Wald gelaufen, um ihre Tante zu suchen. Reece entdeckte seine kleine Tochter mitten im dunklen Wand neben einem Steinhaufen. Sie war nicht ansprechbar. Zwei Tage später, als Jackie noch immer kein Wort gesprochen hatte und Amarisa nicht bei der Familie ihres verstorbenen Mannes angekommen war, brach-

te Reece seine Frau dazu, ihm zu sagen, was wirklich passiert war.

Reece war außer sich vor Wut. Zuerst wollte er die Polizei rufen, aber dann begriff er, dass er seine Tochter damit nur weiter traumatisieren würde, denn dann würde sie nicht nur ihre Tante verlieren, sondern auch ihre Mutter und ihren Großvater. Außerdem – wer würde ihm glauben? Sein Wort stand gegen das der andern, nicht zuletzt gegen das des Pfarrers. Letzten Endes war die Genesung seiner Tochter das Wichtigste.

Aber nicht lange nach dem Mord an Amarisa kam der Pfarrer zu Tode, als der Marmoraltar seiner Kirche auf ihn stürzte. Bevor er starb – langsam und unter Qualen, während die Männer vergebens versuchten, den schweren Altar von ihm herunterzuwuchten –, vertraute er Edward Belcher an, der Teufel sei ihm erschienen. Zwei Tage zuvor, mitten im Schnee, habe er einen wunderbaren Garten gesehen, in dem überall wilde Orchideen gewachsen seien. Dort sei der Teufel in seiner schönen Gestalt erschienen und habe erklärt, die sieben Familien müssten in Cole Creek bleiben, bis »die Unschuldige« ihnen vergeben hätte.

Sie wussten nicht, wer »die Unschuldige« war, bis Harriet ihnen eröffnete, dass ihre Tochter alles gesehen hatte. Aber Jackie war in den Zustand eines Säuglings zurückgefallen; sie trug wieder Windeln und versuchte nicht mehr, zu sprechen. Dieses Kind konnte nicht sagen, dass es ihnen vergab.

In der Nacht nach dem Tod des Pfarrers versuchten die Leute, die Amarisa umgebracht hatten – unter ihnen auch Harriet –, die Stadt zu verlassen, aber sie konnten es nicht. Ganz gleich, welches Transportmittel sie benutzten, sie kamen nie mehr als fünfzig Meilen weit.

Als Mary Hattalenes Mann, Harriets Vater, seiner Frau berichtete, er habe zur falschen Jahreszeit wilde Orchideen blühen sehen, und zwei Tage später unter einer Ladung Kies begraben wurde, wussten die Beteiligten, wie jeder von ihnen sterben würde.

Reece blieb noch mehrere Monate in Cole Creek und bemühte sich, so zu tun, als sei alles normal. Er verbrachte so viel Zeit wie möglich mit seiner Tochter. Aber als Jackie endlich wieder anfing zu sprechen und das Haus verlassen konnte, ohne vor Angst in Tränen auszubrechen, erzählte Harriet ihrer Tochter, dass »Leute, die den Teufel liebten, sterben müssten«.

Als Reece das erfuhr, begriff er, dass seine Frau keine Reue für ihre Tat empfand. In derselben Nacht setzte er seine Tochter ins Auto und fuhr mit ihr weg. Er hatte Angst vor den Leuten, die seine Schwester ermordet hatten; er befürchtete, sie könnten mit Belchers Geld dafür sorgen, dass ihm seine Tochter weggenommen wurde, und deshalb änderte er seinen Namen und wechselte bis zu seinem Tod immer wieder den Wohnort. Von da an war er ein Mann auf der Flucht. Alle sechs Monate beauftragte er einen Privatdetektiv, nach Cole Creek zu fahren und herumzuschnüffeln. Wenn der Mann etwas in Erfahrung brachte, rief er Reece an, und oft veranlassten ihn diese Informationen, mit seiner Tochter wieder in eine andere Stadt zu ziehen.

Als 1992 Amarisas Leichnam entdeckt wurde, ließ der alte Belcher, bei dem die meisten Bewohner der Stadt in Lohn und Brot standen, die wenigen Leute, die zur Zeit des Mordes in Cole Creek gelebt hatten, wissen, dass jeder, der das von der Polizei herumgereichte Bild identifizierte, seinen Job verlieren werde. In jenen Tagen war Belchers Wort das Gesetz.

Was Reece nicht wusste und auch nicht geglaubt hätte, war dies: Die Leute von Cole Creek suchten ihn und Jackie, damit das Kind ihnen vergeben und den Fluch aufheben könnte, den der Teufel über sie gesprochen hatte.

Obwohl alle, die Amarisa unter den Steinen begraben

hatten, zwei Jahre nach der Mordtat ums Leben gekommen waren, hatte dieser Fluch weiter Bestand. Die ältesten Nachkommen der Mörder konnten Cole Creek nicht verlassen. Allie hatte dableiben müssen, als ihr Mann den Job in einem anderen Staat angenommen hatte. Dessie, die zur Hochzeit ihrer Freundin nach Cole Creek gekommen war, hatte in der Falle gesessen, als ihre Tante am Tag vor der Hochzeit unerwartet gestorben war. Rebecca hatte angefangen zu trinken, als ihr Mann, der ihr die Geschichte mit dem Teufel nicht hatte glauben wollen, sie verlassen und sich auf eine Weltreise begeben hatte. Nate war gefangen gewesen, als seine junge Mutter bei einem Autounfall gestorben war.

Als Mrs Cole fertig war, sah sie Jackie an. »Das alles kann nur beendet werden, wenn du, die du alles gesehen hast, ihnen verzeihst, was sie deiner Tante angetan haben. Kannst du das?«

»Ja«, sagte Jackie, und ich wusste, sie meinte es ernst. Viele andere hätten Rache nehmen wollen, aber nicht meine Jackie. Bei diesem Gedanken musste ich lächeln. »Meine« Jackie.

Mrs Cole nahm Jackies junge Hand in ihre alte, und in ihren Augen funkelten Tränen. Sie musste unvorstellbare Erleichterung empfinden, als sie jetzt sah, dass dieses Grauen bald zu Ende sein würde.

Es war schon spät, als die Krankenschwester, die jedes Wort mitangehört hatte, uns sagte, wir müssten jetzt gehen. Ich war frustriert, denn ich hatte immer noch zahllose Fragen, aber unsere Zeit war abgelaufen. Ich sagte mir, es sei albern, aber trotzdem schwante mir, dass wir diese Frau nie wiedersehen würden.

Als ich Noble angerufen hatte, hatte ich ihm auch gesagt, wo wir waren, und er hatte Allie gefragt, wie man dort hinkam. Ich hatte gehört, wie Allie aus dem Hintergrund fragte, warum wir bei Mary Hattalene seien – alle schienen sie so zu nennen –, und als Noble ihr sagte, Jackie sei ihre Enkelin, hatte Allie einen so hysterischen Weinkrampf bekommen, dass er das Gespräch einfach abgebrochen hatte.

Dann rief er wieder an und sagte, er könne sich keinen Reim auf das machen, was Allie da stammelte. Er verstehe nur einen einzigen Satz: »Wir haben sie jahrelang gesucht.«

Mir war klar, dass ich meinem Cousin und meinem Vater später alles würde erklären müssen – und dieser Gedanke überraschte mich. Wann waren meine Verwandten von Feinden zu Vertrauten geworden?

Als die Schwester uns schließlich hinauswarf, war ich keineswegs überrascht, dass draußen im mondbeschienen Garten die sieben Nachkommen der Gründerfamilien von Cole Creek auf uns warteten. Allie hatte sie zusammengetrommelt. Ein paar kannten wir, andere nicht.

Trotz ihrer Erschöpfung bestand Mary Hattalene darauf, dass ich ihr in den Rollstuhl half, und so begaben wir uns alle zu einer improvisierten Zeremonie nach draußen. Einem nach dem andern verzieh Jackie, was sie ihrer Tante angetan hatten. Es war eine stille Versammlung, aber wenn die Emotionen hörbar gewesen wären, hätten sie wie ein himmlischer Posaunenchor geklungen.

Es war spät, als die Leute nach Hause gingen. Sie alle waren zu ausgelaugt, um glücklich zu sein – oder sie konnten noch nicht glauben, dass ihre Gefangenschaft wirklich zu Ende war.

Noble hatte den Pickup dagelassen, und so konnte ich Jackie jetzt nach Hause fahren. Ich war nicht überrascht, als sie neben mir einschlief. Nach allem, was sie an einem einzigen Tag durchgemacht hatte, musste sie erschöpft sein.

Aber ich täuschte mich. Als wir fast zu Hause waren, öffnete sie die Augen und sagte: »Ich will die Stelle sehen.«

Sie brauchte mir nichts weiter zu erklären. Sie meinte die Stelle, wo sie Russell Dunne begegnet war.

Gern hätte ich gesagt, es sei spät, wir seien beide müde,

und wir könnten morgen immer noch hingehen, aber im Grunde meines Herzens wusste ich, dass ich ein Feigling war. Ich hatte Angst vor diesem abscheulichen Ort.

Aber Jackies Mut feuerte mich an. Wenn sie es konnte, konnte ich es auch. Ich riss den Truck herum, und wir fuhren bis zum Anfang des Waldpfades, aber als ich den Motor abstellen wollte, sah Jackie mich boshaft an. »Kannst du uns nicht hinfahren?«

Unwillkürlich musste ich lächeln. Die Jahre fielen von mir ab – schließlich war ich ein Newcombe, und ich hatte ein Stadtmädchen an meiner Seite. Ich war sicher, dass der Pfad an manchen Stellen zu schmal für den Offroader sein würde, aber ich wollte mein Bestes tun.

Es war eine Höllenfahrt! Ich war mit Noble und ein paar anderen Cousins schon über ein Terrain gerast, das mir ziemlich rau vorgekommen war, aber das war nichts im Vergleich zu dem, was ich in dieser Nacht mit Jackie erlebte. Wenn es taghell gewesen wäre und ich gesehen hätte, was ich alles um Haaresbreite verfehlte, wäre ich ganz sicher nicht weitergefahren. So aber hörte ich nur hin und wieder ein Kichern von Jackie, und dazu kam der prickelnde Anblick, wie sie manchmal bis unters Wagendach flog – also fuhr ich weiter.

Auf der Lichtung angekommen, stellte ich den Motor ab. Wir blieben sitzen und betrachteten den grausigen Ort. Ich hätte es nicht für möglich gehalten, aber im Licht der Scheinwerfer sah er noch gespenstischer aus.

Ich schaute Jackie nicht an. Sah sie Rosen? Wilde Orchideen?

»Das ist ja entsetzlich«, sagte sie schließlich, und ich war so erleichtert, dass ich am liebsten laut geschrien und gesungen hätte.

Stattdessen schaltete ich das Radio ein, und aus den Lautsprechern dröhnte Acid Rock. Altmodisch und schmutzig. Ich sah Jackie fragend an und zog die Brauen hoch.

Sie lächelte kurz, umklammerte den Haltegriff über der Tür, stemmte die Füße gegen das Armaturenbrett und nickte. Sie hatte meine Gedanken gelesen, und sie war bereit.

Und mit meinem Truck planierte ich die Lichtung im Wald. Jackie jauchzte entzückt, als ich den Zaun und die abscheuliche Bank niederwalzte. Ich merkte, dass ein Reifen platzte, und ich richtete sicher auch beträchtliche Schäden am Unterboden an, aber solange der Pickup mitspielte, würde ich meine Zerstörungsfahrt fortsetzen.

Als die ganze Lichtung eingeebnet war, fuhr ich rückwärts ein Stück weit bergab und richtete die Scheinwerfer auf die schwarze Wand des Waldes, durch den Jackie und ich am Nachmittag gelaufen waren. Wieder sah ich sie fragend an, und sie nickte ein donnerndes »JA!«

Ich fuhr bergauf und wich Bäumen und Felsen und namenlosen Schatten aus. Als wir oben ankamen und Mary Hattalenes Haus sahen, das im Dunkeln lag, friedlich und still, brachen Jackie und ich in Triumphgeheul aus.

Der arme Pickup schleppte sich stotternd und mit einem platten Reifen nach Hause. Unter der Haube quoll schwarzer Rauch hervor. Von Noble würde ich einiges zu hören bekommen. Ein Newcombe verlor kein überflüssiges Wort, wenn eine Frau oder ein Kind mit blauen Flecken nach Hause kam, aber mit einem Pickup machte man nicht, was ich gemacht hatte.

Als wir zu Hause waren, fühlte ich mich so pudelwohl, dass ich mich fragte, ob noch Oliven da waren. Ich hatte meine kleine Fantasie mit Jackie noch nicht vergessen, und vielleicht wäre dies der richtige Augenblick, sie zu verwirklichen.

Aber als ich den Motor abstellte, schlief Jackie tief und fest, und ich konnte sie nicht wecken.

Ich würde noch ein Weilchen warten müssen, bis ich meine Hände und meinen Mund über ihren süßen kleinen Körper wandern lassen könnte.

Ich öffnete die Beifahrertür und fing sie auf, ehe sie herauskippen konnte, und dann trug ich sie in das leere Haus und die Treppe hinauf. Von der Anstrengung bekam ich heftiges Herzklopfen. Um mich davon abzulenken, sang ich die ganze Zeit lauthals: »Ich bin Rhett Butler, und du bist Scarlett.« Natürlich hoffte ich, Jackie werde davon aufwachen und lachen, und wir würden doch noch zusammen im Bett landen.

Aber daraus wurde nichts. Stattdessen zog ich ihr Schuhe und Jeans aus, seufzte zweimal inbrünstig und voller Selbstmitleid und ging schließlich hinunter.

Niemand war zu Hause. Noble und Allie waren sicher irgendwo zusammen, Toodles war zweifellos bei Miss Essie Lee, und beides machte meine Einsamkeit noch größer.

Ich ging in die Küche, goss mir einen Bourbon ein und ging damit ins Wohnzimmer.

Dort saß ein Mann. Ein hoch gewachsener, schlanker Mann, der überwältigend gut aussah.

Russell Dunne.

Vielleicht schmeichle ich mir, aber sofort bemerkte ich ein paar Dinge, die nicht stimmten. Es war wie ein Bild in einer Kinderzeitschrift: Finde die sechs Fehler, die hier versteckt sind.

Zum einen war alles zu vollkommen. Die Blumen, die Jackie drei Tage zuvor ins Zimmer gestellt hatte und die inzwischen verwelkt waren, standen wieder in frischer Blüte – und sie waren makellos. Keine von Insekten angefressenen Blätter, keine braunen Flecken auf den Blüten. Und der verschlissene Chintzbezug auf dem gebrauchten Sofa, das Jackie gekauft hatte, leuchtete farbenfroh wie neu.

Ach ja, und obwohl es drei Uhr nachts war, strahlte das Zimmer in hellem Sonnenlicht. Und das Sonnenlicht kam nicht durch die Fenster herein.

Ich wollte weglaufen und mich verstecken, aber ich konnte nicht. Ich weiß nicht, ob er es war, der mich zu sich zog, oder ob es meine eigene neugierige Natur war – jedenfalls konnte ich nicht anders: Ich musste das Zimmer betreten.

Er zündete sich eine Zigarette an, eine von diesen schwarzen mit goldenem Mundstück, die aussehen wie elegante Zigarillos, und sah mich durch eine Rauchwolke an.

»Ich glaube, Sie haben ein paar Fragen an mich«, sagte er mit wohlklingender Stimme.

Der Himmel sei mir gnädig, aber ich sah, warum Jackie geglaubt hatte, sie sei in ihn verliebt. Ich verstand jetzt sogar, warum sie drei Tage wie benommen herumgelaufen war, nachdem sie ihn getroffen hatte.

»Ein paar.« Ich räusperte mich, denn meine Stimme war brüchig. Er war doch sicher nicht nur erschienen, um mir ein paar Fragen zu einem Mord zu beantworten?

»Warum«, sagte er. »Sie wollen immer wissen, warum.« Sein Lächeln gab mir zu verstehen, dass er alles über mich wusste, was es zu wissen gab. »Ich mochte diese Frau, diese Amarisa«, sagte er nach einer Weile. »Hat man Ihnen erzählt, dass sie Visionen hatte? Nur ab und zu, nichts Bedeutendes, aber es gelang ihr doch, ein paar meiner Projekte zu stoppen. Was Jackies Mutter wirklich wütend machte, war der Umstand, dass Jackies Vater Amarisa half, wenn sie ihre Visionen hatte.«

»Wie bei Jackie und mir«, sagte ich.

Ich hatte Angst, ja, aber zugleich hüpfte ich innerlich auf und ab. Ich sprach mit dem Teufel. Mit dem leibhaftigen Gottseibeiuns. Ich tastete umher wie ein Blinder, zog mir einen Stuhl heran und setzte mich ihm gegenüber. Ich wollte nicht einmal mit der Wimper zucken. Vielleicht würde ich diese Nacht nicht überleben, aber wenn doch, wollte ich jedes Wort aufzeichnen können, jeden Blick, jede Nuance dessen, was ich sah, hörte und fühlte.

Statt mir zu antworten, lächelte er. »Amarisa konnte mich sehen, und sie sah einen schönen Mann. Die kleine

Jackie hat den Weihnachtsmann gesehen. Sie können sich nicht vorstellen, wie sehr ich es satt habe, immer nur als rot glühend und mit einem Schwanz dargestellt zu werden. So banal.«

Eine Kapitelüberschrift durchzuckte meine Gedanken. »Die Ängste des Teufels«. Oder vielleicht besser: »Das Leben aus der Sicht des Satans«?

»Amarisa sprach mit mir. Haben sie Ihnen erzählt, dass der Pfarrer den ersten Stein auf sie geworfen hat? Er ist jetzt in meinem Haus.« Er lächelte bezaubernd. »Ich habe viele sogenannte fromme Männer bei mir.«

Die flapsigen Gedanken vergingen mir, denn was er sagte, ließ mir einen Schauer über den Rücken laufen.

»Aber Amarisa war anders. Sie hatte keine Angst vor mir. Sie ...«

»Sie haben sie geliebt«, hörte ich mich sagen, und ich war verblüfft von meinem eigenen Mut – oder meiner Dummheit.

Wieder dieses Lächeln. »Geliebt? Vielleicht, denn sogar ich habe Gefühle. Sagen wir einfach, es gibt Menschen, die begehre ich mehr als andere.«

Mich schauderte wieder, und ich hätte gern gefragt, wo mein Platz auf seiner Wunschliste war. Oben? Oder unten?

»Ihre Mutter« – er deutete mit dem Kopf hinauf zu Jackies Zimmer – »war eifersüchtig auf Amarisa, weil sie gut war. Sie war ... innerlich gut. Das sehe ich nicht oft.«

Während er sprach, schwebte hinter ihm wunderschön bunter Rauch vom Boden zur Decke. Ich konnte den Blick nicht davon abwenden, als er hin und her und auf und ab waberte. Erst nach und nach erkannte ich, dass der Rauch sich zu Bildern formte.

Ich sah Szenen aus meinem Leben mit Pat. Ich sah Pat mit ihren Eltern. Die drei lachten miteinander und wechselten Blicke. Dann sah ich Pats Vater beim Angeln. Die Szene wechselte, und ich sah ihn auf der Veranda mit seinem

Werkzeug, während Pats Mutter in der Küche arbeitete. Sie buk ihre speziellen Kekse aus einer Kombination aus Gewürzen und Rosinen, die das Haus mit ihrem Duft erfüllten. In diesem Augenblick konnte ich den Duft wieder riechen. Ich schloss die Augen und atmete tief ein. Als ich sie wieder öffnete, stand Pats Mutter vor mir und hielt mit einen Teller voller Kekse entgegen.

Impulsiv wollte ich einen nehmen. Aber es war nur eine Vision, und meine Hand griff durch den Teller.

»Darf ich?«, fragte er, und er nahm einen Keks von dem Teller und knabberte daran. »Sehr gut. Wo war ich stehen geblieben?«

Vermutlich war er es gewohnt, dass die Leute zu verdattert waren, um ihm zu antworten; jedenfalls fuhr er fort, ohne dass ich etwas sagte. Aber ich dachte nicht an ihn. Ich erinnerte mich an Pat. Der Duft des Gebäcks hing in der Luft, und während er sprach, schwenkte er einen dieser kostbaren Kekse hin und her. Einen Bissen, dachte ich. Lass mich nur einen Bissen nehmen, damit ich mich noch besser erinnern kann. Damit ich mich *wirklich* erinnern kann.

»Ach ja«, sagte er. »Sie wollen mehr Informationen. Mal sehen. Wo soll ich anfangen?« Er stand aus dem Sessel auf und ging auf und ab. Ein sehr eleganter Mann, wunderschön gekleidet. »Es hat mich überrascht, aber Sie haben nie erraten, dass ich derjenige war, der den Stein über die Mauer geworfen hat. Sie waren allmählich zu sehr zufrieden für meinen Geschmack, und ich hatte ein wenig Sorge, Sie könnten aufhören zu forschen. Und wenn das geschehen wäre, tja ...« Er zuckte die Achseln, um mir zu verstehen zu geben, dass er und ich jetzt hier waren, weil er es so geplant hatte.

Er zeigte mit dem Keks auf mich und warf dann einen überraschten Blick darauf. »Stört Sie das?« Im nächsten Augenblick war der Keks verschwunden, und er sah mich mit seinem gewinnenden Lächeln an. »Sie müssen wissen, dass ich einen sehr, sehr leichten Job habe. Die Menschen glauben, ich laufe herum und flüstere ihnen ins Ohr, und ich verführe sie, Böses zu tun. Aber das tue ich nicht. Ich überlasse sie einfach sich selbst, und sie tun mehr Böses, als ich mir ausdenken könnte. Die Menschen haben viel mehr Fantasie als ich. Sie haben schon von Leuten gehört, die die Ideen zu ihren Verbrechen aus Romanen beziehen, nicht wahr?«

Ich nickte, aber da ich keine Horrorromane geschrieben hatte, nahm ich nicht an, er meine mich.

Er las meine Gedanken.

»Sie glauben, Ihre Bücher haben nichts Böses hervorgebracht, weil sie so freundlich sind? Damals im Jahr ... herrje, ich bin nicht gut mit Jahreszahlen. 1283, 1501 – für mich ist das alles eins. Aber Sie erinnern sich, dass Sie darüber geschrieben haben, wie Ihr Cousin Ronny ertrank und Sie sich alle freuten?«

Er wartete meine Antwort nicht ab.

»Ein Junge in Kalifornien brachte seinen Cousin um. Er ertränkte ihn, weil er den Jungen nicht leiden konnte. Die Idee hatte er aus Ihrem Buch.«

Ich sackte nach hinten, als ich das hörte.

»Also, wo war ich gleich? Ach ja, Amarisa. Sie hatte keine Affäre mit mir, wie später behauptet wurde. Ich finde es interessant, was die Leute sich ausdenken, um ihre Taten zu rechtfertigen – Sie nicht auch? Wissen Sie, nur zwei Menschen auf der ganzen Welt wussten, dass Amarisa ein Kind erwartete. Erinnern Sie sich an den Pfarrer?«

Mit großen Augen starrte ich ihn an. »Sie erwartete ein Kind von ihm?«

»Ja. Aber es war keine so genannte Liebesfrucht. Der Mann begegnete ihr eines Nachmittags auf einem Waldweg und vergewaltigte sie. Amarisa erzählte nie jemandem etwas davon, weil sie wusste, dass es anderen wehtun würde – zum Beispiel der Frau des Pfarrers. Als sie merkte, dass sie schwanger war, wissen Sie, was sie da tat? Es ist kaum zu glauben: Sie dankte ...«

Er sprach das Wort nicht aus, sondern deutete nur nach oben und lächelte verschwörerisch, ehe er fortfuhr. »Natürlich hatte der nichts damit zu tun, aber ich stelle fest, dass die Menschen es Ihm oft zuschreiben, wenn ihnen etwas Gutes widerfährt. Wissen Sie, Amarisa dachte, sie sei unfruchtbar. Die dumme Frau – sie war ihrem verstorbenen Mann absolut treu gewesen, und er hatte ihr weisgemacht, es sei ihre Schuld, dass sie keine Kinder hatten.« Bei seinem Lächeln sträubten sich mir die Nackenhaare. »Ihr Mann kam vom Sterbebett geradewegs zu mir.«

Hinter ihm setzte das Rauchvideo wieder ein. Diesmal war es nur Pat; sie saß an unserem Esstisch und schrieb mit Bleistift in einem meiner Mauskripte. Ich stand dann immer in der Tür und sah ihr zu, teils aus Eitelkeit, teils weil ich sie einfach so gern ansah.

Bei ihrem Anblick erinnerte ich mich so lebhaft an sie, dass ich an nichts anderes mehr denken konnte. Ich musste mich ablenken. Schau nicht hin, befahl ich mir. »Der Pfarrer hatte Angst, seine Tat könnte ans Licht kommen, und deshalb warf er den ersten Stein. Die andern taten es ihm nach.«

Russell Dunne – einen besseren Namen hatte ich nicht für ihn – stand wieder auf, und einen Moment lang betrachtete er Pat. Sie war jetzt in der Küche und goss eine Dosensuppe in einen Topf. So alltägliche Szenen, aber sie zerrissen mir das Herz, bis es zu bluten schien.

Er drehte sich um und lächelte mich an, und die Szene hinter ihm wechselte. Jetzt sah ich einen jungen Mann auf einer Party. Ich war verwirrt. Wer war das?

»Als Harriet sah, dass da niemand war, mit dem Amarisa sprach, war sie entzückt, denn jetzt sah sie eine Möglichkeit, die Frau loszuwerden. An Mord dachte sie noch nicht – das kam erst später. Natürlich wusste ich, dass sie alle im Gebüsch versteckt waren, als Amarisa an diesem Tag kam, aber ich ließ mir nichts anmerken. Ich wollte sehen, was sie tun würden. Ich weiß, ich gelte als humorlos, aber ich habe durchaus Humor. Er ist nur ...«

»Schwarz?«

»Ja, genau. Dinge, über die andere nicht lachen können, amüsieren mich köstlich.«

»Sie haben Sie gesehen!« Als ich erkannte, wer der Junge in der Vision hinter ihm war, wurde mir fast schlecht. Es war der Junge, der Pats Mutter getötet hatte. In der rauchumwölkten Szene war er auf der Party, trank und unterhielt sich, aber ich wusste, in ein paar Minuten würde er das Leben mehrerer Leute zerstören. Eins würde er mit seinem Auto beenden, und das der andern würde er am Schmerz zugrundegehen lassen.

»Ja«, fuhr Russell Dunne fort. »Sie stürzten aus ihren Verstecken und behaupteten, Amarisa rede mit niemandem. Und wissen Sie was? Ihr war es gleichgültig. Sie war nicht bigott. Meistens geraten die Menschen in Panik, wenn sie herausfinden, dass sie mit mir gesprochen haben. Oder« – er lächelte – »sie fangen an, sich zu überlegen, wie sie mich benutzen können. Können Sie sich das vorstellen? Sie glauben, sie können mich benutzen, um zu bekommen, was sie haben wollen – und das ist immer eine der Sieben Tödlichen.« Er verdrehte die Augen, um zu zeigen, wie sehr ihn die Fantasielosigkeit mancher Leute langweilte.

Die Sieben Todsünden, dachte ich. Ich hörte ihm zu, aber ich konnte den Blick nicht von der Szene hinter ihm wenden. Der Junge war dabei, in sein Auto zu steigen. Es war ein teurer Wagen, bezahlt von seinem Vater.

»Aber Amarisa tat nicht, was andere getan haben«, sagte ich. Die Szene wechselte, und ich sah, wie Pats Mutter in ihren Wagen stieg. Ich wollte in die Vision hineinspringen und sie aufhalten. Bitte nicht, wollte ich schreien. Bitte, bitte, fahr nicht.

»Nein«, sagte er, als ginge in diesem Zimmer nichts weiter vor sich als unsere zivilisierte Unterhaltung. »Amarisa war davon überzeugt, dass jedermann Freundlichkeit verdiente.«

»Sogar der Teufel.« Ich versuchte, den Blick von Pats Mutter abzuwenden. Sie ließ den Motor an. Das letzte Mal, dachte ich. Das letzte Mal, dass sie irgendwo hinfahren würde. Hatte ich ihr auf Wiedersehen gesagt? Wann hatte ich ihr zum letzten Mal gesagt, dass ich sie liebte?

»Ja. Sie war sogar zu mir freundlich. Aber sie wollten nicht auf sie hören. Stattdessen benahmen sie sich wie die Leute in ... wie hieß dieser Ort in Ihrem Land? Die Sache mit den kleinen Mädchen? Aus der man Theaterstücke und Filme gemacht hat?«

»Salem.«

»Richtig. Salem. Sie behaupteten, sie sei eine Hexe. Jackies Mutter und der Pfarrer hatten natürlich noch andere Motive.«

Pats Mutter stand vor einer Ampel. Als Grün kam, wusste ich, dass sie jetzt sterben würde. Die Szene wechselte; ich sah den Jungen in seinem Wagen, wie er aus einer Bierdose trank und einen tiefen Zug an einem Joint nahm. Von Marijuana hatte nichts im Polizeibericht gestanden. Wie viel hatte es wohl gekostet, das zu vertuschen?

»Also zeigte ich mich ihnen. Nicht so, wie man mich gern in Büchern abbildet, sondern so, wie ich bin. Wie Sie mich jetzt sehen. Als das nicht half, ließ ich sie einen Augenblick lang sehen, was sie erwarteten.«

Ich sah zu, wie Pats Mutter den Fuß von der Bremse nahm und der Wagen sich in Bewegung setzte. Der Junge warf nicht einmal einen Blick auf die Verkehrsampel. Er suchte auf dem Rücksitz nach einer neuen Dose Bier.

Pats Mutter näherte sich der Kreuzungsmitte, und mir blieb fast das Herz stehen. Ich streckte die Hand aus, als könnte ich sie aufhalten.

In der nächsten Sekunde sah ich ihr Gesicht unmittelbar vor dem Zusammenstoß. Sie wusste, dass sie gerammt werden würde, wusste, dass sie sterben würde.

Er hielt die Vision an. Das Gesicht erstarrte, und er vergrößerte es. Der Ausdruck des Grauens im Gesicht einer Frau, die ich so sehr geliebt hatte, stand bewegungslos vor mir.

Mit meiner ganzen Willenskraft riss ich mich von dem Anblick los und konzentrierte mich, damit ich ihr Gesicht nicht mehr zu sehen brauchte. »Und was erwarteten sie?«, fragte ich.

»Ach, das Übliche. Viel glühendes Rot. Einen gegabelten Schwanz. Soll ich's Ihnen zeigen?«

»Nein danke.«

Lachend wedelte er mit der Hand, und Pats Mutter war verschwunden.

Ich musste blinzeln, um die Tränen der Erleichterung niederzukämpfen. »Und da wussten sie, Amarisa sprach mit dem ...«

»Sie können es ruhig sagen. Mit dem Teufel. Auch wenn ich noch ein paar andere Namen habe. Sie hatten Angst und wären weggelaufen, aber zwei von ihnen glaubten, Amarisa sei der Grund für ihre Probleme, und sie flohen nicht. Als Amarisa ihre mörderische Absicht sah, wich sie zurück. Aber sie stolperte über einen der Steine, die für den Kamin der alten Hütte benutzt worden waren.« Sein Schulterzucken verriet mir, dass er sie hatte stürzen lassen – und er hatte ihren Fuß so eingeklemmt, dass sie nicht mehr aufstehen konnte. »Ich war noch da, und ich hätte sie aufhalten können, aber das tat ich nicht. Wissen Sie, warum nicht?«

»Nein.« Das Herz schlug mir bis zum Hals. Ich schaute in das schöne Antlitz des reinen Bösen.

»Kommen Sie – Sie sind doch Schriftsteller. Was vermuten Sie?«

»Ich habe keine Ahnung.«

Der Humor verschwand spurlos aus dem schönen Gesicht. »Wenn Sie je wieder etwas schreiben wollen, schlage ich vor, dass Sie sich ein bisschen anstrengen.«

Ich schluckte. »Sie wollten sie haben?«

Das Lächeln kehrte zurück. Aufmunternd sah er mich an.

Vielleicht gab er mir die Gedanken ein, denn plötzlich kannte ich die Antwort. »Wenn Amarisa im Hass gestorben wäre, hätte sie Ihnen gehört.«

»Sie sind gut. Sehr gut. Ja, so war es. Ich hoffte, sie werde sie verfluchen, sie hassen – und dann hätte ich sie haben können. Sie hätte bei mir gelebt.«

Die Rauchererscheinungen hinter ihm waren zurückgekehrt, und jetzt sah ich wieder alltägliche Dinge. Pat und ihre Eltern am Esstisch, wie sie lachten. Sie warten auf mich, dachte ich. Ich sah, dass Pats Mutter einen Kuchen gebacken hatte, auf dem mein Name stand. Welcher kostbare Geburtstag war das gewesen?

»Haben Sie denn nicht schon genug Leute bei sich?«, fragte ich, und es sollte klingen, als fürchtete ich – wage ich, es zu sagen? – weder Tod noch Teufel.

»Nein. Ich verrate Ihnen ein kleines Geheimnis. Ich möchte alle haben. Ich möchte, dass jeder Mensch auf Erden zu mir kommt.«

»Wenn man die Nachrichten so hört, machen Sie in letzter Zeit aber gute Fortschritte.«

»O ja, das stimmt«, sagte er stolz. »Im großen und im kleinen Maßstab. Das Internet hilft mir sehr. Die Leute können jetzt Böses tun, ohne aufzufallen. Das Böse bleibt gern unauffällig.«

Pat und ihre Mutter packten ein Geschenk für mich ein. Es war eine teure Software, die mir helfen sollte, einen großen amerikanischen Roman zu schreiben. Aber das würde ich nicht können, solange sie alle noch da waren. Der Tod musste kommen, damit ich schreiben konnte. Ich räusperte mich. »Und haben Sie Amarisa bekommen?«

»Nein.« Er seufzte. »Sie hat sie nicht verflucht. Nicht einmal am Schluss, als sie furchtbare Schmerzen litt, hat sie sie verflucht. Ihr stärkstes Gefühl war die Trauer um ihr Kind. Sie wollte dieses Kind, ganz gleich, wer der Vater war.« Staunen klang in seiner Stimme.

»Aber Sie haben sich an ihnen gerächt.«

»O ja. Das habe ich getan. Einen nach dem andern habe ich ihre Mörder von der Erde geholt. Sie sind jetzt alle bei mir. Ich kann sie in Ewigkeit behalten.«

Ich atmete tief ein und versuchte, mich zu beruhigen. »Und was ist mit Jackie?«

»Oh, sie war dabei, im Gebüsch versteckt, und sie sah alles mit an. Am Ende versuchte sie sogar noch, ihre Tante zu retten. Wissen Sie, ich habe Amarisa eine Menge Zeit gelassen, die Leute zu hassen, die sie umgebracht hatten. Jackie liebte ihre Tante; sie liebte sie wirklich. Das war die Ursache des Ganzen. Harriet ertrug es nicht, dass ihre Tochter ihre Tante viel mehr liebte als sie. Sie suchte eine Möglichkeit, Amarisa loszuwerden, und sie fand eine.«

»Sie haben Amarisa nicht bekommen, und da haben Sie ihre Mörder umgebracht und deren Nachkommen verboten, Cole Creek zu verlassen. Sie ...« Ich sprach nicht weiter, denn wieder hatte die Szene gewechselt. Jetzt sah ich mich selbst – jünger, schlanker, aber ich war es. Ich war mit Pat im Bett, und sie strich mit der Hand über meinen nackten Schenkel. O Gott, ich konnte es fühlen. Ich fühlte ihre Berührung. Wenn ich die Augen schloss, konnte ich ihren Atem riechen, ihr Haar. Ich hatte so viel vergessen.

»... es zurückbekommen ...«

Ich hörte weder den ersten noch den letzten Teil seines Satzes. Pat glitt jetzt unter die Decke. In all den Jahren seit Pats Tod hatte ich mir nicht gestattet, an den fabelhaften Sex mit ihr zu denken. Es war »vollständiger« Sex gewesen. Nicht nur in körperlicher, sondern auch in geistiger und emotionaler Hinsicht. »Was?«, krächzte ich.

»Sie können sie alle sofort wieder zurückbekommen«, sagte er leise.

Ich brauchte meine ganze Willenskraft, um meine Gefühle und das, was ich sah, beiseite zu schieben und ihm zuzuhören. Blinzelnd sah ich ihn an. Selbst wenn ich Pat und mich nicht anschaute, konnte ich sie spüren. Ihre Lippen waren jetzt an meinem Ohr. Ich konzentrierte mich angestrengt und richtete meine ganze Aufmerksamkeit auf ihn.

Er warf einen Blick hinter sich, und das Bild begann zu verblassen. Und mein Gefühl ebenfalls. Jackie, Jackie, Jackie, dachte ich und versuchte, mich zu konzentrieren. Und je mehr es mir gelang, desto blasser wurde Pat.

»Ich bin beeindruckt«, sagte er. »Aber ihr Schriftsteller habt eine ausgezeichnete Konzentrationsgabe.« Als er mich jetzt anlächelte, wurde mir am ganzen Körper warm und wohlig. Was für ein netter Mann, ging es mir durch den Kopf.

»Ich kann Ihnen das alles zurückgeben«, sagte er. »Ich kann Pats Seele in Jackies Körper schicken – oder in Dessies, oder in irgendeinen Filmstar, wenn Sie wollen. Aber es wird Pat sein. Ich kann sie Ihnen alle geben, die ganze Familie. Sie werden ein langes Leben mit ihnen haben können. Zusammen alt werden.«

»Ich ...«, fing ich an und rang nach Atem. »Es geht hier nicht um mich. Es geht um Jackie und um eine Frau, die Sie gern hatte.« Konnte man dem Teufel ein schlechtes Gewissen einreden?

»Ah, aber da irren Sie sich. Diesmal hat mein Besuch nichts mit Jackie zu tun. Diesmal geht es mir hier in Cole Creek um Sie. Was interessiert es mich, ob diese Leute hier im Ort einkaufen gehen oder in irgendeiner Shopping Mall hundert Meilen weiter? Nicht Jackie hat mir eine Einladung geschickt.«

Offenbar war mein Blick so leer, wie mein Gehirn sich anfühlte.

»Sie tun so, als ob Sie sich nicht erinnern könnten. Warten Sie, ich habe es hier.« Er griff nach einem Blatt Papier, das in der Luft schwebte, und sah es an. »Ich will es exakt haben. Man wirft mir sehr zu Unrecht Dinge vor, mit denen ich nichts zu tun habe, und deshalb will ich sicher sein, dass ich es genau richtig mache. Ah ja. ›Haben Sie je einen Menschen verloren, der Ihnen mehr bedeutete als Ihre eigene Seele?‹« Er legte das Blatt auf den Tisch und sah mich an. »Haben Sie das geschrieben?«

»Ja«, sagte ich.

Er stand auf und ging ans andere Ende des Zimmers. Ihm gegenüber erschien eine Vision von Pat im Sommerkleid. Sie saß auf einer Schaukel, und ich stieß sie an. Sie sah schön aus, aber ich zwang mich, wegzuschauen. »Es hat nichts mit Jackie zu tun.« Das hatte er gesagt. »Es geht um Sie.« Um mich.

Er sah mich an. »Sie haben Jackie zu sich geholt, weil Sie Ihre Frau so verzweifelt wiederhaben wollten. Sie wollten sie so sehr, dass Sie bereit waren, Ihre Seele zu verkaufen, um sie zu bekommen. Sage ich das richtig?«

Ja, das sagte er richtig.

»Ihnen war sehr früh klar, dass Jackie eine Beziehung zu mir hatte, und Sie suchten eine Möglichkeit, Kontakt mit mir aufzunehmen, um einen Handel zu schließen. Ihre Seele sagte mir, Sie würden alles tun, um Ihre Frau zurückzubekommen. Sie sehnten sich nach ihnen allen so sehr, dass Sie mich zu sich gerufen haben.«

Ich brachte kein Wort hervor. Dass ich der Grund für sein Erscheinen war – bei dieser Vorstellung wurde mir schwindlig.

»Ich sage Ihnen etwas«, fuhr er fort. »Normalerweise tue ich das nicht, aber ich mache Ihnen ein noch besseres Angebot. Statt ihre Seelen in neue Körper zu schicken, werde ich die Geschichte umschreiben.«

Sein Blick ging zur Wand gegenüber, und wieder sah ich

das Gesicht von Pats Mutter, kurz bevor sie von einem betrunkenen, bekifften Jungen gerammt und getötet wurde. Aber diesmal sah ich, wie der Junge seinen Wagen gerade noch rechtzeitig herumriss und ihr auswich. Im nächsten Augenblick hielt Pats Mutter am Straßenrand, erschrocken, aber unversehrt.

Ich war machtlos gegen meine Tränen, und ich sah immer neue Szenen. Ich sah, wie Pats Mutter an der Seite ihres Mannes alt wurde. Er starb nicht jung, denn es gab den Schmerz nicht, der ihn tötete. Und er erblindete nicht.

In der nächsten Sekunde sah ich ein kleines Mädchen auf dem Fahrrad, und ich wusste nicht gleich, worum es ging. Aber dann fiel es mir ein. Es war Pat als Kind, und es war der Tag, an dem sie auf den Armierungsstahl gestürzt war, der sie unfruchtbar gemacht hatte. Aber jetzt drehte sich ihr junger Körper zur Seite, bevor sie auf das spitze Metall fallen konnte.

Dann sah ich mich mit einem kleinen Mädchen auf dem Schoß. Unsere Tochter – und sie sah aus wie Pat.

»Das alles kann ich Ihnen geben«, sagte Russell Dunne.

Die Tränen liefen mir über die Wangen, und ich hatte nicht die Kraft, sie wegzuwischen. Nicht nur ich wäre davon betroffen, sondern auch sie. Hatten sie nicht auch ein glückliches Leben verdient? Ein ganzes Leben?

»Es gehört Ihnen, wenn Sie wollen«, sagte er. »Und übrigens, die Antwort werde ich in Ihrem Herzen lesen, nicht in Ihren Worten. Wenn ein Mensch nein, sein Herz aber ja zu mir sagt, nehme ich das Ja.«

»Nein«, sagte ich, als Pat wieder erschien. Sie war älter als zur Zeit ihres Todes, und sie nahm ein Kind auf den Arm. Es war unser Enkelkind. »Nein«, sagte ich noch einmal. Ich sah mich selbst, ebenfalls älter, und ich rollte mich im Gras mit den drei schönsten Enkelkindern, die die Welt je gesehen hatte. Ich sagte zum dritten Mal »nein«, aber sogar ich hörte, dass mein Herz ja sagte. Ja. Was ich da sah, wünschte ich mir so sehr, dass ich meine Seele dafür geben würde.

Pat sah mich an und lächelte. »Ich liebe dich, Ford. Ich will bei dir sein. Lass mich nicht noch einmal sterben.«

Und in diesem Augenblick ließ ich sie gehen. So etwas hätte Pat nie gesagt. Sie gab mir nicht die Schuld an ihrem Tod. Sie hätte niemals angedeutet, dass ich sie hätte sterben lassen. Wen immer ich in dieser Vision sehen mochte, es war nicht Pat, nicht meine Pat, nicht die Frau, die ich so sehr geliebt hatte. Ich sah Russell Dunne an. »Nein«, sagte ich leise, aber diesmal entschlossen. »Nein.«

Das Bild verschwand, und ich wusste nicht, ob es Erleichterung war, was ich empfand, oder eine tiefe Leere.

»Ich hab's versucht.« Russell Dunne lächelte sein bezauberndes Lächeln. »Dass ich es versuche, kann man mir nicht vorwerfen.« Er deutete mit dem Kopf nach oben, wo Jackies Zimmer war. »Sie liebt Sie nicht, wissen Sie. Niemand wird Sie so ganz und gar lieben, wie Ihre Frau es getan hat.«

»Vielleicht nicht«, sagte ich mit dem kühnsten Blick, den ich zuwegebrachte. Ich hatte – buchstäblich – eine Höllenangst vor ihm, und das wusste er. Trotzdem sollte er nicht sehen, wie weh seine Worte mir taten. Ich wusste, dass ich Jackie liebte, und ich hoffte, dass auch sie etwas für mich empfand. Aber wenn nicht ... Ich zuckte die Achseln: Ich würde nehmen, was das Leben mir brachte. »Ich werde Pat sagen, wie viel sie mir bedeutete, wenn ich sie wiedersehe.«

Er verzog einen Mundwinkel zu einem leisen Lächeln. »Ah. Dort, meinen Sie. Da war ich auch einmal. Wussten Sie das?« Er wartete nicht auf meine Antwort. »Vielleicht versuche ich es später noch einmal bei Ihnen.«

»Ja. Tun Sie das«, sagte ich.

Und im nächsten Augenblick war er verschwunden.

Ich weiß nicht, wie lange ich dort im Dunkeln saß. Als er verschwand, war auch der Sonnenschein weg. Ich setzte mich in einen der großen Ledersessel und versuchte, über das, was ich gehört und gesehen hatte, nachzudenken. Wie lange würde es wohl dauern, bis ich wieder aufhörte, innerlich zu zittern. Jahre?

Die Sonne ging auf, aber ich bemerkte es nicht. Ich erwachte erst wieder zum Leben, als Jackie gähnend hereinkam.

»Hast du mir letzte Nacht die Jeans ausgezogen?«, fragte sie.

»Ja«, sagte ich abwesend.

Zu meiner Überraschung setzte sie sich auf meinen Schoß und fing an, mich zu küssen. »Warum tust du das nie, wenn ich wach bin, du alter Mann?«

Ich brauchte ein paar Augenblicke, um aus den dunklen Regionen meiner Seele zurückzukommen, aber ich schaffte es.

Ich brauchte Jackie in diesem Moment, ich brauchte ihre Wärme, ihre Kraft, ihr Lachen. Ich küsste sie wieder, und kurz darauf liebten wir uns auf dem Wohnzimmerteppich. Nach ungefähr einer Stunde hielten wir es für besser, nach oben zu gehen, falls jemand nach Hause kommen sollte, aber wir schafften es nur bis zur Treppe. Ich legte ihre geschmeidige Gestalt auf die Stufen und zeigte ihr, wie »alt« ich war.

Es dauerte Stunden, bis wir endlich in ihrem Zimmer waren.

Irgendwann gegen Mittag ließen wir voneinander ab, und ich lief nach unten, um etwas zu essen zu holen. Ich lächelte. Genauer gesagt, ich grinste, denn die junge Jackie war erschöpft. Ha ha! Endlich hatte sie gesehen, wofür ich meine Kräfte schonte.

Ich machte uns Sandwiches und aß ein Stück von der Pfirsichtorte, die Noble gebacken hatte – und ich dankte dem Himmel dafür, dass Jackie geschworen hatte, nie wieder Zucker anzurühren –, und dann holte ich eine Dose schwarze Oliven und einen Büchsenöffner aus dem Schrank.

Auf dem Weg zur Treppe sah ich ein Blatt Papier auf dem Boden. Ich stellte das Tablett ab und hob es auf. *Haben Sie je einen Menschen verloren, der Ihnen mehr bedeutete als Ihre eigene Seele?*, las ich.

Mich schauderte. Langsam drehte ich die Schwanzspitze des kleinen Drachen und verbrannte das Blatt an der Flamme, die aus seinem Maul schoss. Irgendwie fand ich es angemessen, das Papier mit Feuer zu vernichten.

Eine Stunde später, als ich jede Olive aus der Dose auf sehr interessante Weise verspeist hatte, sagte Jackie mir, dass sie mich liebte. Sie war ein bisschen gekränkt, als ich lachte, und es half nichts, dass ich ihr erklärte, warum: Sie hatte soeben bewiesen, dass der Teufel ein Lügner war.

Sie sah mich an, als sei ich verrückt. »Hast du was anderes gedacht?«, fragte sie. »Hast du gedacht, der Teufel ist gütig, liebevoll und ehrlich?«

»Du hast es gedacht.« Ich zog sie auf meine nackte Brust. »Als du ihn kennengelernt hast, mochtest du ihn sehr.«

»Nein. Ich wollte bloß seine Fotoausrüstung.«

»Ach ja?«, sagte ich. »Zufällig habe ich hier auch eine Kameraausrüstung, die du haben kannst.«

»Lass mich raten«, sagte sie. »Ein Stativ. Voll ausgefahren.«

Wir lachten beide.

Aber schließlich hatte Jackie mich ja von Anfang an zum Lachen gebracht.

Das Werk einschließlich aller seiner Teile ist urheberrechtlich
geschützt. Jede Verwertung außerhalb des Urhebergesetzes
ist ohne Zustimmung des Verlages unzulässig und strafbar.
Dies gilt insbesondere für Vervielfältigungen, Übersetzungen,
Mikroverfilmungen und die Einspeicherung und Verarbeitung
in elektronischen Systemen

Weltbild Buchverlag – Originalausgaben –
Genehmigte Lizenzausgabe 2006 für
Verlagsgruppe Weltbild GmbH,
Steinerne Furt, 86167 Augsburg
Copyright © 2003 by Deveraux, Inc.
This edition published by arrangement with the
original publisher, Atria Books, an imprint of
Simon & Schuster, Inc., New York
4. Auflage 2008
Alle Rechte vorbehalten

Projektleitung: Dr. Ulrike Strerath-Bolz
Übersetzung: Rainer Schmidt
Redaktion: Wibke Weilacher
Umschlag: Hauptmann & Kompanie
Werbeagentur GmbH, München –Zürich
Umschlagabbildung: © Paul A. Souders/CORBIS
Satz: kontur24, Augsburg
Gesetzt aus der Sabon 10,5/12,5 pt
Druck und Bindung: CPI Moravia Books s.r.o., Pohorelice

Gedruckt auf chlorfrei gebleichtem Papier

Printed in the EU

ISBN 978-3-89897-794-4